Öffentliche Finanzen und Verhaltensökonomik

Thomas Döring

Öffentliche Finanzen und Verhaltensökonomik

Zur Psychologie der budgetwirksamen Staatstätigkeit

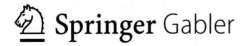

Thomas Döring
Hochschule Darmstadt
Darmstadt
Deutschland

ISBN 978-3-658-09912-1   ISBN 978-3-658-09913-8 (eBook)
DOI 10.1007/978-3-658-09913-8

Die Deutsche Nationalbibliothek verzeichnet diese Publikation in der Deutschen Nationalbibliografie; detaillierte bibliografische Daten sind im Internet über http://dnb.d-nb.de abrufbar.

Springer Gabler
© Springer Fachmedien Wiesbaden 2015
Das Werk einschließlich aller seiner Teile ist urheberrechtlich geschützt. Jede Verwertung, die nicht ausdrücklich vom Urheberrechtsgesetz zugelassen ist, bedarf der vorherigen Zustimmung des Verlags. Das gilt insbesondere für Vervielfältigungen, Bearbeitungen, Übersetzungen, Mikroverfilmungen und die Einspeicherung und Verarbeitung in elektronischen Systemen.
Die Wiedergabe von Gebrauchsnamen, Handelsnamen, Warenbezeichnungen usw. in diesem Werk berechtigt auch ohne besondere Kennzeichnung nicht zu der Annahme, dass solche Namen im Sinne der Warenzeichen- und Markenschutz-Gesetzgebung als frei zu betrachten wären und daher von jedermann benutzt werden dürften.
Der Verlag, die Autoren und die Herausgeber gehen davon aus, dass die Angaben und Informationen in diesem Werk zum Zeitpunkt der Veröffentlichung vollständig und korrekt sind. Weder der Verlag noch die Autoren oder die Herausgeber übernehmen, ausdrücklich oder implizit, Gewähr für den Inhalt des Werkes, etwaige Fehler oder Äußerungen.

Gedruckt auf säurefreiem und chlorfrei gebleichtem Papier

Springer Fachmedien Wiesbaden ist Teil der Fachverlagsgruppe Springer Science+Business Media
(www.springer.com)

Inhaltsverzeichnis

1 **Einleitung und Zielsetzung** 1
   Literatur 11

2 **Zentrale Erkenntnisse der Verhaltensökonomik – Zur begrenzten Rationalität des individuellen Entscheidungsverhaltens** 15
   2.1 Zur Notwendigkeit einer Erweiterung des ökonomischen Verhaltensmodells aus Sicht der Verhaltensökonomik 16
   2.2 Entscheidungsanomalien aufgrund von kognitiven Beschränkungen und der Verwendung von Heuristiken 20
   2.3 Melioration, dynamische Präferenzausbildung und situationsgebundene Entscheidungen 26
   2.4 Zur Bedeutung von Fairnessnormen, Vertrauen, sozialer Reziprozität und Reaktanz für das individuelle Entscheidungsverhalten ... 30
   Literatur 33

3 **Staatsfinanzierung und Verhaltensökonomik – Zur Psychologie der Besteuerung (und Verschuldung)** 39
   3.1 Rechtfertigungsargumente und ökonomische Wirkungen von Steuern – eine verhaltensökonomische Erweiterung der traditionellen Sicht 40
      3.1.1 Psychologische Aspekte der Besteuerung nach Maßgabe von Leistungsfähigkeits- und Äquivalenzprinzip 40
      3.1.2 Effizienzwirkungen der Besteuerung – Verhaltensökonomische Bestimmungsfaktoren steuerbedingter Substitutionseffekte 45
      3.1.3 Verteilungs- und Stabilisierungswirkungen der Besteuerung – zur Relevanz von Einkommensvergleichen und Herdenverhalten 54
   3.2 Verhaltensökonomische Erklärungen von Steuerwiderstand, Steuerhinterziehung und Steuermoral 64
      3.2.1 Ökonomisches Standardmodell zur Erklärung von Steuerhinterziehung als Ausgangs- und Bezugspunkt 64

	3.2.2	Psychologische Bestimmungsfaktoren von Steuerwiderstand und Steuerhinterziehung	70
	3.2.3	Bedeutung der Steuermoral für das Verhalten von Steuerzahlern und ihre Bestimmungsfaktoren	82

3.3 Exkurs: Psychologie der Staatsverschuldung als „aufgeschobener Besteuerung" 86

3.4 Verhaltensökonomische Schlussfolgerungen für die Ausgestaltung von Steuern und Steuersystemen sowie der Verschuldungspolitik 94

Literatur 100

4 Staatsausgaben und Verhaltensökonomik – Zur Psychologie der öffentlichen Ausgabentätigkeit 113

4.1 Entwicklung der Staatsausgaben und ihre ökonomische Wirkung: Ergänzung der traditionellen Perspektive um verhaltensökonomische Einsichten 114

  4.1.1 Ökonomische und psychologische Aspekte des Anstiegs der öffentlichen Ausgaben im Zeitverlauf 114

  4.1.2 Zur Wahrnehmung der Staatsausgaben aus Sicht der Nutznießer – Perzipierte Vorteile, Dringlichkeitseinschätzungen und Fairnesserwägungen 130

  4.1.3 Verhaltensökonomische Bestimmungsfaktoren von Einkommens-, Verteilungs- und Anreizeffekten der öffentlichen Ausgaben 146

4.2 Zur Psychologie der politischen Willensbildung bezüglich Niveau und Struktur der öffentlichen Ausgaben 166

  4.2.1 Politökonomische Erklärung des Verhaltens von Politikern, Wählern sowie Bürokraten und verhaltensökonomische Kritik 166

  4.2.2 Psychologische Bestimmungsfaktoren der Interaktion zwischen Politikern und Wählern – das Phänomen der Fiskalillusion 178

  4.2.3 Wählerverhalten in der Demokratie – weitere (sozial-)psychologische und kognitive Einflussfaktoren des politischen Entscheidungsverhaltens 189

4.3 Verhaltensökonomische Schlussfolgerungen für die staatliche Ausgabenpolitik 204

Literatur 211

5 Markteingriffe und Verhaltensökonomik – Zur Psychologie der Rechtfertigung und Gestaltung staatlicher Interventionstätigkeit 229

5.1 Staatseingriffe unter Effizienzaspekten – Standardargumentation und verhaltensökonomische Ergänzungen 230

  5.1.1 Bereitstellung öffentlicher Güter aus traditioneller und verhaltenspsychologischer Sicht 231

		5.1.2	Internalisierung externer Effekte – technologische, pekuniäre und psychologische Externalitäten	244
		5.1.3	Marktunvollkommenheiten aufgrund von Informationsasymmetrien unter Berücksichtigung kognitionspsychologischer Aspekte	255
		5.1.4	Bereitstellung (de-)meritorischer Güter aus traditioneller und verhaltensökonomischer Sicht	265
	5.2	\multicolumn{2}{l	}{Staatseingriffe unter Verteilungsaspekten – Erweiterung der traditionellen Perspektive um Einsichten der Verhaltensökonomik .....}	276
	5.3	\multicolumn{2}{l	}{Staatseingriffe unter Stabilisierungsaspekten – Verhaltensökonomische Erkenntnisse zu Geldwert und Arbeitslosigkeit ....}	292
		5.3.1	Geld und Finanzmärkte aus psychologischer Sicht – Eigenwert des Geldes, wahrgenommene Inflation und Finanzmarktregulierung	294
		5.3.2	Verhaltensökonomische Aspekte der Verursachung, Attribution und Folgewirkungen von Arbeitslosigkeit	315
	5.4	\multicolumn{2}{l	}{Verhaltensökonomische Schlussfolgerungen für die Notwendigkeit und Gestaltung staatlicher Interventionspolitik .... }	328
	\multicolumn{3}{l	}{Literatur ....}	336
6	\multicolumn{3}{l	}{**Schlussbetrachtung und Ausblick** ....}	361
	\multicolumn{3}{l	}{Literatur ....}	364
\multicolumn{4}{l	}{**Sachverzeichnis** ....}	365

Tabellenverzeichnis

Tab. 2.1 Ausgewählte Wahrnehmungsverzerrungen („cognitive biases") 22
Tab. 2.2 Häufig zur Anwendung kommende Entscheidungsheuristiken 26
Tab. 2.3 Bedeutsame Kontexteffekte des Entscheidungsverhaltens 27

Tab. 4.1 Subjektive Bewertung der erwünschten Entwicklung der Staatsausgaben in ausgewählten Politikfeldern in den USA in 2013 (Angaben in % der Befragten) 135
Tab. 4.2 Subjektive Bewertung von „Steuererhöhung" und „Ausgabenkürzung" im Vergleich differenziert nach Einkommensgruppen in Deutschland in 1958 (Angaben in % der Befragten) 137
Tab. 4.3 Subjektive Bewertung des Subventionsbedarfs einzelner Wirtschaftszweige differenziert nach Berufsgruppen in Deutschland in 1958 (Angaben in % der Befragten) 138
Tab. 4.4 Subjektive Bewertung der „Wichtigkeit" ausgewählter Staatsausgaben in Deutschland in 1958 (Angaben in % der Befragten) 139
Tab. 4.5 Subjektive Bewertung der Höhe ausgewählter Staatsausgaben differenziert nach Berufsgruppen in Deutschland in 1958 (Angaben in % der Befragten) 139
Tab. 4.6 Wahrgenommene und gewünschte Höhe sowie wahrgenommener und erwünschter Nutzen öffentlicher Ausgaben in Österreich in 1997 (Angaben als Mittelwert und Standardabweichung) 145
Tab. 4.7 Einstellungen deutscher Landesparlamentarier zu Länderfinanzausgleich und Steuerautonomie der Länder in 2011 und 2012 187

Tab. 5.1 Exemplarische Darstellung der Ergebnisse von Ultimatum- und Diktatorspielen anhand eines ausgewählten Experiments 236

Abbildungsverzeichnis

Abb. 2.1 Bausteine des traditionellen ökonomischen Verhaltensmodells und deren Modifikation 18
Abb. 2.2 Elemente und Implikationen des dualen Handlungsmodells. 21
Abb. 2.3 Divergenz zwischen objektivem und empfundenem Wert von Gewinnen und Verlusten 24
Abb. 2.4 Unterschied zwischen tatsächlicher und gefühlter Wahrscheinlichkeit von Ereignissen (Möglichkeits- und Sicherheitseffekt) 25

Abb. 3.1 Equity-Theorie, subjektives Empfinden von Steuergerechtigkeit und Steuerwiderstand 41
Abb. 3.2 Alternativen der Staatsfinanzierung und reaktantes Verhalten 44
Abb. 3.3 Zusammenhang zwischen Preiselastizität und Substitutionsmöglichkeiten aus traditioneller und verhaltensökonomischer Sicht 50
Abb. 3.4 Verhaltensökonomische Bestimmungsfaktoren von Steuerwiderstand und Steuerhinterziehung 71
Abb. 3.5 Schuldenillusion als subjektive Fehlwahrnehmung der Finanzierungslast (Kosten) öffentlicher Leistungen 89

Abb. 4.1 Zusammenhang zwischen Bedürfnisintensität und motivationaler Entwicklung im Zeitablauf 119
Abb. 4.2 Niveauverschiebungseffekt (displacement effect) und Entwicklung der Staatsausgaben im Zeitablauf 123
Abb. 4.3 Subjektive Einschätzung der Konsolidierungsmöglichkeiten des öffentlichen Haushalts in Deutschland in 2012 141
Abb. 4.4 Akzeptanz von Ausgabenkürzungen am Beispiel des Landes Thüringen in 2011 (Angaben in % der Befragten) 143
Abb. 4.5 Auswirkungen des psychologischen Effekts erlernter Hilflosigkeit auf die Anreizwirkung der Höhe von Sozialtransfers 162
Abb. 4.6 Flypaper-Effekt als ausgabenbezogener Unterfall des Effekts der Fiskalillusion 183

Abb. 4.7 Sozial- und kognitionspsychologische Bestimmungsfaktoren des Wählerverhaltens und der Präferenzen für öffentliche Ausgaben 190

Abb. 5.1 Altruismus als Nutzenkomponente und Nutzensteigerung durch kooperatives Spendenverhalten 251

Abb. 5.2 Zusammenhang zwischen Quantität an verfügbaren Informationen und Grad an Entscheidungsrationalität 261

Abb. 5.3 Gegenüberstellung der Kernaussagen von Meritorik und Asymmetrischem Paternalismus 268

Abb. 5.4 Ausprägungsformen sozialer Präferenzen als wünschenswerte Vorstellungen der Einkommens- und Vermögensverteilung 278

Abb. 5.5 Psychologische Auswirkungen einkommensbezogener Knappheit auf das individuelle Entscheidungsverhalten 288

Abb. 5.6 Tatsächliche Geldentwertung, gefühlte Geldentwertung, Reizschwelleneffekt und Geldillusion 302

Abb. 5.7 Gegenüberstellung der Kernaussagen von Market-Efficiency-Hypothesis und dem Ansatz der Behavioral Finance 312

Abb. 5.8 Psychosoziale Folgen von Arbeitslosigkeit 319

Einleitung und Zielsetzung 1

Mit der Finanzwissenschaft verbindet sich eine lange wirtschaftswissenschaftliche Tradition. Als ökonomische Lehre von der öffentlichen Finanzwirtschaft und Bestandteil der Staatswissenschaften zählt sie nicht nur seit Anbeginn der Nationalökonomie zu deren Kernfächern, sondern ist auch aktuell festes Element des volkswirtschaftlichen Lehrkanons, was sich nicht zuletzt in einer Vielzahl an finanzwissenschaftlichen Lehrbüchern dokumentiert (vgl. nur allein für die deutschsprachige Lehrbuchliteratur im Bereich der Finanzwissenschaft stellvertretend Zimmermann et al. 2012; Blankart 2011; Brümmerhoff 2011; Scherf 2009; Wellisch 2000; Rosen und Windisch 1992; Musgrave et al. 1987, 1988, 1990; Stiglitz und Schönfelder 1989; oder auch Andel 1983). Anders als die Mikroökonomik oder auch die Makroökonomik verfügt die Finanzwissenschaft jedoch über keinen eigenständigen, bereichsspezifischen Theorieansatz. Die Abgrenzung zu anderen Teildisziplinen der Volkswirtschaftslehre erfolgt vielmehr ausschließlich über den Gegenstandsbereich in Form der budgetwirksamen Staatstätigkeit. Hinsichtlich der Analyse der diesen Gegenstandsbereich kennzeichnenden öffentlichen Ausgaben und Einnahmen wird demgegenüber weit mehrheitlich auf vorhandene ökonomische Theorien zurückgegriffen, um auf dieser Grundlage etwa die Notwendigkeit zur Bereitstellung öffentlicher Güter, die Wirkungsweise von Steuern und staatlicher Verschuldung oder auch die Effekte der Staatsausgaben und deren Entwicklung im Zeitverlauf zu untersuchen. Die Finanzwissenschaft kann in Anbetracht dessen auch als ein gegenstandsspezifisches Anwendungsfeld von Mikro- und Makroökonomik verstanden werden (für eine entsprechende Sichtweise auf die Finanzwissenschaft vgl. etwa Otter 2005, der zudem auch den Rückgriff der Finanzwissenschaft auf Ansätze der klassischen Nationalökonomie zusätzlich zu den hier benannten theoretischen Ansätzen hervorhebt.). In den zurückliegenden Jahren ist zu den beiden genannten Theoriebereichen zudem noch die Neue Politische Ökonomik als ein weiterer Ansatz hinzugekommen, der bei der Erklärung von politischen Entscheidungsprozessen innerhalb der öffentlichen Finanzwirtschaft Anwendung findet. Der Ansatz der Neuen Politischen Ökonomik könnte allerdings auch selbst als eine bloße Anwendung der Mikroökonomik auf den Bereich der politischen Willensbildung eingeordnet werden. Mit den unterschiedlichen Theorieperspektiven verbindet sich ein je spezifischer Erkenntnisgewinn, der erst in seiner Summe den jeweils aktuellen Wissensstand innerhalb der Finanzwissenschaft kennzeichnet.

In Anbetracht dieses besonderen Charakters finanzwissenschaftlicher Analysen liegt die Frage nahe, in welchem Umfang neue ökonomische Ansätze zu einer Erweiterung – gegebenenfalls auch Korrektur – des bisherigen Erkenntnisstandes im Bereich der Finanzwissenschaft beitragen können. Mit dem vorliegenden Buch soll diese Frage in Hinblick auf den noch jungen Ansatz der Verhaltensökonomik beantwortet werden. Dies geschieht in Form der Behandlung von drei in sich geschlossenen Themenbereichen, zu denen neben einer überblicksartigen Darstellung der vorliegenden verhaltenswissenschaftlichen Untersuchungsergebnisse zur Finanzierung staatlicher Tätigkeit sowie zur Ausgabentätigkeit des Staates ebenso die Erläuterung verhaltensökonomischer Implikationen für eine finanzwissenschaftliche Rechtfertigung und Gestaltung staatlicher Eingriffe in das Marktsystem zählt. Die Ausführungen erfolgen dabei auf der Grundlage früherer Beiträge des Autors zur Psychologie der budgetwirksamen Staatstätigkeit (siehe diesbezüglich Döring 2013, 2014a, b), die aus Anlass der Erstellung des vorliegenden Buches mit umfangreichen inhaltlichen Ergänzungen und Aktualisierungen versehen wurden.

Seit geraumer Zeit gewinnen Erkenntnisse der Verhaltensökonomik gegenüber den Einsichten des traditionellen (neoklassisch geprägten) ökonomischen Ansatzes an Boden. Dies trifft nicht allein auf die mikroökonomische Erklärung des Angebots- und Nachfrageverhaltens von Unternehmen und privaten Haushalten auf Güter-, Faktor- und Finanzmärkten zu, bei der vermehrt auf psychologische Untersuchungsergebnisse zurückgegriffen wird (vgl. für einen Überblick Kirchler 2011; S. 199 ff.; vgl. für die Verhaltensanalyse auf Oligopol- und Konkurrenzmärkten die frühen Arbeiten von Hoggatt 1959; Selten und Berg 1970; Selten 1970; Bartos 1972 oder auch Tietz und Weber 1980). Dies gilt ebenso für die Analyse makroökonomischer Phänomene wie etwa den Zusammenhang von Innovationen und wirtschaftlichem Wachstum, der Wirkung von Geld und Inflation oder auch der Entstehung von Konjunkturkrisen und Arbeitslosigkeit, in die zunehmend theoretische wie empirische Erkenntnisse der verhaltenswissenschaftlichen Forschung einfließen (vgl. für einen Überblick Pelzmann 2012, S. 97 ff. oder auch Wiswede 2012, S. 115 ff.; vgl. für frühe verhaltenswissenschaftliche Untersuchungen zur Arbeitslosigkeit stellvertretend Rothschild 1978 ebenso wie Lippman und McCall 1976, zur Psychologie von Geld und Inflation Polanyi 1957, Schmölders 1966 oder auch Pryor 1977 sowie für den Bereich der Konjunktur- und Wachstumsforschung Katona 1951 oder auch Reynaud 1954). Die Verhaltensökonomik stellt dabei kein in sich geschlossenes Theoriegebäude dar. Vielmehr sammeln sich darunter eine Reihe neuerer Forschungsansätze, die teilweise in Ergänzung, teilweise aber auch in Abgrenzung zu herkömmlichen ökonomischen Überlegungen in der jüngeren Vergangenheit verstärkt Aufmerksamkeit erfahren haben und die von der

Ökonomischen Psychologie über die experimentelle Ökonomik bis hin zur ökonomischen Glücksforschung reichen.

Den genannten Ansätzen gemeinsam ist eine Kritik am Akteurs-Modell der traditionellen Ökonomik, welches mit seinen radikalen Annahmen der strikten Nutzenmaximierung, der umfassenden Information, des vollständigen Rationalverhaltens unter Berücksichtigung lediglich externer (quantitativer) Restriktionen sowie der Existenz stabiler und zeitkonsistenter Präferenzen zwar für eine mathematische Formalisierung als besonders geeignet gilt, jedoch aufgrund dessen für eine Erklärung des realen Akteursverhaltens häufig nur sehr eingeschränkt brauchbar ist. So stellt beispielsweise Kirchler (2011, S. 121) fest: „Die Ökonomie hat ein einfaches aber potentes Konzept entwickelt, welches das menschliche Verhalten nicht nur zu prognostizieren, sondern auch zu beschreiben vorgibt. Der Vorteil der mathematischen Formelsprache und der dadurch erreichten Präzision kann aber nicht darüber hinwegtäuschen, dass Menschen auch im wirtschaftlichen Kontext häufig a-rational entscheiden. Die Grundannahmen der klassischen ökonomischen Theorie werden häufig verletzt: weder erfolgen Urteile immer nach rational-logischen Regeln noch ist die (egoistische) Nutzenmaximierung immer das vorrangige Ziel. Selbst die zunehmend leichter verfügbare Information über Entscheidungsalternativen, beispielsweise über Internet, führt nicht zu besseren Entscheidungen […]".

Diese Kritik am neoklassischen Verhaltensmodell zeigt sich keineswegs nur auf die Bereiche von Mikro- und Makroökonomik beschränkt. Auch mit Blick auf die Finanzwissenschaft finden sich zunehmend verhaltensökonomische Analysen, die auf die Notwendigkeit einer (zum Teil weitreichenden) Ergänzung des bisherigen Erkenntnisstandes in diesem Bereich hinweisen. Dies gilt insbesondere für den Bereich der finanzwissenschaftlichen Steuerlehre in ihrer Ausprägung als Theorie der optimalen Besteuerung (vgl. zur finanzwissenschaftlichen Steuerlehre etwa Homburg 2010, Cansier 2004 oder auch Reding und Müller 1999; siehe für eine zusammenfassende Darstellung der zentralen Erkenntnisse der Optimalsteuertheorie zudem Brunner 2004 sowie Keuschnigg 2005). Stärker noch, als dies in der traditionellen Finanzwissenschaft der Fall war (vgl. stellvertretend Neumark 1970 oder auch Haller 1981), ist die vorherrschende ökonomische Steuerlehre dadurch gekennzeichnet, dass unter Rückgriff auf das neoklassische Standardmodell alle Verhaltensfunktionen streng entscheidungstheoretisch fundiert sind. Damit wird für die Wirkungsanalyse von steuerlichen Gestaltungsparametern (Steuersätze, Steuerbemessungsgrundlagen etc.) auf Marktpreise, Angebots- und Nachfragemengen, Wohlfahrt sowie Einkommens- und Vermögensverteilung unterstellt, dass die Steuerpflichtigen sich entsprechend ihrer bestehenden Präferenzen und unter Berücksichtigung bestimmter Restriktionen nutzen- bzw. gewinnmaximierend an gegebene steuerliche Maßnahmen anpassen. Steuerpolitisch gewendet resultiert daraus die Einsicht, dass der Staat unter Zugrundelegung dieses rationalen Optimierungsverhaltens nur noch jene Bemessungsgrundlagen und Tarifverläufe auszuwählen braucht, die unter Effizienz- und Verteilungsaspekten als gesellschaftlich wünschenswert anzusehen sind (vgl. zur Optimalsteuertheorie die grundlegenden Beiträge von Ramsey 1927; Diamond und Mirrlees 1971a, b; Mirrlees 1971; Sandmo 1976 sowie Atkinson und Stiglitz 1976; vgl. für eine zusammenfassende Darstellung der Optimalsteuertheorie auch Windisch 1981; Wiegard 1987; Richter und Wiegard 1993a, b). Auch hier dient das zur Anwendung kommende Verhaltensmodell mit seinen in psychologischer Hinsicht restriktiven Annahmen dazu, die steuerliche Wirkungsanalyse möglichst weitgehend einer mathematischen Formalisierung zugänglich zu machen.

Dies bleibt jedoch nicht ohne weitreichende Konsequenzen für die Analyse des realen Akteursverhaltens, was im Bereich von Staatseinnahmen und Besteuerung vor allem die Erklärung des Steuerzahlerverhaltens und die davon ausgehenden ökonomischen Wirkungen betrifft. In Form der Optimalsteuertheorie stellt sich die finanzwissenschaftliche Steuerlehre im Kern als eine ausschließlich *normative Theorie* dar, die lediglich Aussagen darüber zulässt, wie eine Steuer oder ein gesamtes Steuersystem unter Berücksichtigung von ökonomisch als relevant anzusehenden Nebenbedingungen zur Steigerung von Effizienz und Wohlfahrt gestaltet sein sollte. Zwar wird das der Theorie zugrunde liegende (neoklassische) Verhaltensmodell bisweilen auch zur Plausibilisierung tatsächlichen Verhaltens herangezogen, wie dies etwa bei der Erklärung von Verhaltensweisen der Steuerhinterziehung der Fall ist (vgl. diesbezüglich etwa das ökonomische Erklärungsmodell von Allingham und Sandmo 1972, das eine Anwendung der ökonomischen Theorie der Kriminalität von Becker 1968 auf den Bereich der Besteuerung darstellt; für eine zusammenfassende Darstellung der letztgenannten Theorie vgl. auch Martiensen und Hetmank 2009). Als *positive Theorie* individuellen Entscheidungsverhaltens greift das ökonomische Standardmodell aufgrund seiner einseitigen Betonung von vollständiger Rationalität und Maximierungsmotiv jedoch zu kurz, da es eine Vielzahl an bedeutsamen Eigenschaften und Motiven des menschlichen Verhaltens unberücksichtigt lässt. Es handelt sich dabei nicht nur um solche kognitiven Beschränkungen und Mechanismen, die erheblichen Einfluss darauf ausüben, wie Akteure entscheidungsrelevante Informationen wahrnehmen und verarbeiten. Hinzu kommen Merkmale des individuellen Verhaltens, wie die häufige Situationsgebundenheit von Präferenzen ebenso wie die besondere Bedeutung von Fairness- und Gerechtigkeitsmotiven. Schließlich zeigt sich zudem das tatsächliche Verhalten in aller Regel von Faktoren wie Vertrauen, Erwartungen und Zuversicht beeinflusst, die gerade in einem Umfeld für Handlungsorientierung sorgen, das durch unvollständige Information und Unsicherheit bezüglich Gegenwart und Zukunft geprägt ist. Wenn aus verhaltensökonomischer Sicht die Berücksichtigung der genannten Eigenschaften und Motive bei der Erklärung individuellen Verhaltens als unerlässlich gilt, dann folgt dies der Einsicht, dass diese Einflussgrößen ebenso systematisch wie kontinuierlich auf die Entscheidungen von Marktteilnehmern, Unternehmensangehörigen, Staatsdienern, Steuerzahlern, Wählern etc. einwirken und damit die (ökonomischen) Ergebnisse von deren Handeln bestimmen (vgl. zu dieser Feststellung etwa Pelzmann 2012, S. 4 ff.; Wiswede 2012, S. 26 ff. oder auch Kirchler 2011, S. 34 ff.).

Auch wenn im Bereich der öffentlichen Finanzen verhaltensökonomische Studien sich bislang vor allem mit Fragen der Besteuerung beschäftigen, um das in psychologischer Hinsicht restriktive Verhaltensmodell der finanzwissenschaftlichen Steuerlehre auf eine realitätsgerechtere Grundlage zu stellen, existieren aber auch Untersuchungen, die sich aus verhaltenswissenschaftlicher Sicht sowohl mit den öffentlichen Ausgaben als auch mit der Rechtfertigung und Ausgestaltung staatlicher Markteingriffe beschäftigen. Bezogen auf die Ausgabentätigkeit des Staates umfassen diese Untersuchungen neben einer Analyse der Entwicklung der Staatsausgaben im Zeitablauf zugleich auch die Betrachtung der ökonomischen Wirkungsweise der Staatsausgaben ebenso wie das Zustandekommen ausgabenpolitischer Entscheidungen im Rahmen des politischen Willensbildungsprozesses. Die im Vergleich zum Bereich der „Steuerpsychologie" nach wie vor geringere Zahl an verhaltensökonomischen Studien zur staatlichen Ausgabenpolitik reflektiert dabei jedoch allein den Stellenwert, der den öffentlichen Ausgaben innerhalb der traditionellen Finanzwissenschaft selbst bislang beigemessen wurde. So führt die finanzwissenschaftliche Ausgabenlehre des Staates im Unterschied zu den Theorien der Besteuerung und öffentlichen Verschuldung bis heute ein vergleichsweise stiefmütterliches Dasein. Eine Ausnahme von dieser Regel bildet das Lehrbuch zur staatlichen Ausgabenpolitik von Corneo (2012). In der überwiegenden Zahl der finanzwissenschaftlichen Lehrbuchliteratur werden die öffentlichen Ausgaben demgegenüber entweder gar nicht gesondert oder nur auf wenigen Seiten behandelt (vgl. für ein solches Vorgehen etwa Wellisch 2000 oder auch Bajohr 2003). In diesen Fällen wird sich zwar eingehender mit der Analyse staatlicher Aufgaben beschäftigt, die öffentlichen Ausgaben gelten dabei jedoch lediglich als eine Folge bestehender Staatsaufgaben, die keine der Besteuerung oder Verschuldung vergleichbare Aufmerksamkeit erfordern. Die Einbindung verhaltensökonomischer Erkenntnisse in die Analyse der Staatsausgaben kann diesbezüglich zugleich als ein Beitrag verstanden werden, um diesen herkömmlicherweise eher vernachlässigten Bereich der öffentlichen Finanzen stärker ins ökonomische Blickfeld zu rücken. Mit Blick auf die Rechtfertigung und Gestaltung staatlicher Interventionstätigkeit enthalten verhaltensökonomische Untersuchungen wiederum – neben einigen interessanten theoretischen Überlegungen – vor allem eine Vielzahl an empirischen Befunden, die für eine Erweiterung der herkömmlichen finanzwissenschaftlichen Begründung der Staatstätigkeit unter dem Effizienz-, Verteilungs- oder Stabilisierungsziel genutzt werden können.

Die Kritik am neoklassischen Verhaltensmodell, wie sie für die Verhaltensökonomik als konstitutive gelten kann, hat bekanntermaßen Ökonomen wie etwa Simon (1947) schon früh dazu veranlasst, unter Einbeziehung psychologischer Erkenntnisse das Verhaltensmodell der „Bounded Rationality" als Gegenkonzept zur traditionellen Optimierungstheorie mit ihren Annahmen der unbeschränkten Denk- und Rechenfähigkeit sowie des Bestehens vollständiger und konsistenter Präferenzen zu entwickeln (vgl. zum Konzept der „bounded rationality" auch Simon 1957, 1972, 1978). In seiner Nobelpreis-Rede stellt Simon (1979, S. 493) diesbezüglich fest: „In its actual development, however, economic science has focused on just one aspect of man's character, his reason, and particularly on the application of that reason to problems of allocation in the face of scarcity. Still, modern definitions of the economic sciences, whether phrased in terms of allocating scare resources or in terms of rational decision making, mark out vast domain for conquest and settlement. In recent years there has been considerable exploration by economists even of parts of this domain that were thought traditionally to belong to the disciplines of political science, sociology, and psychology".

Auch innerhalb der Finanzwissenschaft findet sich schon früh die Einsicht, dass sich eine Vielzahl der ökonomischen Aspekte von Besteuerung und Steuerpolitik nur mittels psychologischer Erkenntnisse zufriedenstellend erklären lassen. Im deutschsprachigen Raum ist hier vor allem auf die Arbeiten der „Kölner Schule der Finanzpsychologie" zu verweisen, deren Erkenntnisse unter anderen in Schmölders (1960) Werk über „Das Irrationale in der öffentlichen Finanzwirtschaft" ihren Niederschlag gefunden haben. Als Mitbegründer der Steuerpsychologie widmete er sich bereits in den 1950er Jahren in einer Reihe von empirischen Untersuchungen den Einstellungs- und Verhaltensmustern von Steuerzahlern (aber auch von Steuerpolitikern), um sich mit Fragen des Einflusses psychischer und sozialer Faktoren auf die subjektive Steuerbelastung, die Steuermentalität, die Steuermoral sowie daraus resultierende steuerliche Widerstände eingehender zu beschäftigen (vgl. als einen frühen Beitrag hierzu Schmölders 1951). Bezogen auf die Finanz- und Steuerpsychologie spricht Schmölders (1970, S. 49) selbst vom Konzept einer „sozialökonomischen Verhaltensforschung", mit dem er sich vom finanzwissenschaftlichen Mainstream seiner Zeit abzugrenzen versuchte. In ähnlicher Weise klassifiziert auch Strümpel (1970, S. 237) die Arbeiten von Schmölders als „Aufbau einer erfahrungswissenschaftlichen Theorie der öffentlichen Finanzwirtschaft" (vgl. zur Kölner Schule der Finanzpsychologie zudem Mackscheidt 1994, 2004).

Wie schon bei Simon bestand auch bei Schmölders (1966, S. 9) eine erhebliche Unzufriedenheit mit der vorherrschenden ökonomischen Verhaltenstheorie und ihrer Beschränkung auf nur wenige (quantifizierbare) Handlungsparameter: „Die ökonomische Theorie pflegt z. T. noch bis heute die aus der Antithese zum Historismus stammende Tradition, sich bei der Erklärung von Ergebnissen eines wirtschaftlich relevanten Verhaltens, wie z. B. der Nachfrage, der Preise, Löhne, Zinsen und Investitionen, ausschließlich auf die Analyse der sogenannten ‚ökonomischen Faktoren' zu beschränken; alle anderen Kräfte, die auf das Verhalten der Wirtschaftssubjekte von Einfluß sind, pflegt sie dagegen in den Bereich der ‚Imponderabilien' zu verweisen. Diese Selbstbeschränkung führt naturgemäß dazu, daß die überwiegend quantitativ angelegten Verhaltensmodelle, mit denen die Wirtschaftstheorie die wirtschaftliche Wirklichkeit explikativ zu deuten versucht, zwar optisch elegant wirken und den Eindruck großer Exaktheit machen, die komplexen Prozesse des realen Wirtschaftslebens jedoch nicht erklären können". Schmölders (1966, S. 9) ergänzt diese Feststellung noch in der folgenden Form: „Da es nun für den Theoretiker auf die Dauer unerträglich ist, wichtige und als wesentlich anerkannte reale Faktoren der ökonomischen Prozesse nur deshalb unerforscht zu lassen, weil sie prima facie als nicht wägbar oder meßbar erscheinen, kündigt sich hier vernehmbar ein Wandel der Auffassung an [...]." Als Alternative zum neoklassischen Mainstream wird daher unter Verweis auf Psychologie und Soziologie für eine Ausrichtung der Ökonomik plädiert im Sinne „einer allgemeinen Wissenschaft vom menschlichen Verhalten, deren konkrete Ergebnisse die

Volkswirtschaftslehre zu ihrer Blutauffrischung derzeit am nötigsten braucht" (ebenda; S. 11). Als Grund für diesen Bedarf zur Neuausrichtung verweist Schmölders (1966, S. 15) auf den Sachverhalt, dass „es zahlreiche ökonomische Phänomene [gibt], angefangen von den banalsten wirtschaftlichen Verhaltensweisen wie Kaufen und Verkaufen, Kredit nehmen und Kredit geben bis zum Investieren, Konzentrieren und Spekulieren, für die wir immer wieder auf Erklärungen angewiesen sind, die letztlich in der Eigenart der menschlichen Psyche gesucht und gefunden werden müssen; die Volkswirtschaftslehre bleibt dabei auf die Ergebnisse der Psychologie angewiesen".

Maßgeblich angestoßen und geprägt wurden die Untersuchungen von Schmölders zum einen durch die frühe Arbeit von Puviani (1903, 1960), der den Begriff der „Fiskalillusion" zur Kennzeichnung eines bedeutsamen psychologischen Phänomens bereits zu Beginn des letzten Jahrhunderts in die Finanzwissenschaft eingeführt hat (vgl. hierzu auch Engelhardt et al. 1994; vgl. zu Stand und Entwicklung der Finanzpsychologie bis in die 1990er Jahre zudem die verschiedenen Beiträge in Smekal und Theurl 1994). Zum anderen dürften aber auch solche (überwiegend theoretischen) Überlegungen für Schmölders finanzpsychologische Studien von Bedeutung gewesen sein, wie etwa jene von Szende (1932) oder auch Schorer (1947), die ebenfalls auf die Notwendigkeit einer psychologischen Fundierung finanzwissenschaftlicher Theorien insbesondere im Bereich der Besteuerung verweisen. So stellt Schorer (1947, S. 338) beispielsweise fest: „Es ist [...] doch etwas erstaunlich, daß der hochwichtige und umfassende Problemkreis der Besteuerung noch in keiner Weise mit der Psychologie in Verbindung gebracht worden ist, gewinnt man doch beim Studium der Entwicklung der Finanzwirtschaft zur neuzeitlichen Steuerwirtschaft den Eindruck, daß hierbei psychologische Faktoren maßgebend beteiligt waren". Mit einer ähnlichen Stoßrichtung heißt es auch bei Szende (1932, S. 427): „[...] einerseits beeinflussen die vorhandenen Theorien das Denken der Steuersubjekte, andererseits ist jede richtige Theorie nicht nur eine Verallgemeinerung und Synthese der erfahrungsmäßigen Steuertatsachen, sondern auch die der einzelnen *Steuerseelenzustände* (Hervorhebung im Original – T. D.)". Neben den empirischen Arbeiten der Kölner Schule der Finanzpsychologie in Form von Verhaltensbefragungen sind es vor allem experimentelle Untersuchungen zu Steuermoral und Steuerhinterziehung, die seit den 1970er Jahren der Steuerpsychologie zu neuen Erkenntnissen über das tatsächliche Verhalten von Steuerzahlern verholfen haben und die damit aus verhaltensökonomischer Sicht von besonderem Interesse sind. Stellvertretend für diesen Forschungszweig kann hier die Pionierarbeit von Friedland et al. (1978) genannt werden. Für weitere einflussreiche Untersuchungen in diesem Bereich ist stellvertretend auf die Laborexperimente von Robben et al. (1990), Webley et al. (1991) oder auch Kirchler et al. (2001) hinzuweisen (für eine Zusammenfassung der Untersuchungsergebnisse vgl. auch Klopp 2007). Im Unterschied zu den frühen Arbeiten von Schmölders wird bei diesen Untersuchungen nicht mehr das (hypothetische) Steuerverhalten abgefragt, sondern es werden in Laborversuchen individuelle Entscheidungen in einer fiktiven Steuersituation beobachtet. Dies bietet die Möglichkeit, das dergestalt simulierte Verhalten hinsichtlich seiner psychologischen Einflussgrößen isoliert von exogenen Parametern zu untersuchen.

Da jedoch sowohl die Untersuchungsergebnisse der Kölner Schule der Finanzpsychologie als auch jene im Rahmen von Laborexperimenten gewonnen Resultate nicht ohne weiteres in die Verhaltensmodelle der Optimalsteuertheorie im Allgemeinen sowie der neoklassischen geprägten Erklärungsmodelle zur Steuerhinterziehung im Besonderen integriert werden konnten, kommt ihnen mit Blick auf den Mainstream der finanzwissenschaftlichen Steuerlehre – wenn überhaupt – lediglich eine randständige Rolle zu. Dies hat dazu geführt, dass grundlegende Ansätze der Steuer- und Finanzpsychologie nicht weiter verfolgt wurden, wodurch zentrale Ergebnisse über die Zeit teilweise oder vollständig in Vergessenheit geraten sind. Aber auch dort, wo steuerpsychologische Erkenntnisse in der Finanzwissenschaft aufgegriffen wurden, erfolgte dies in aller Regel nur in Form marginaler Ergänzungen zum nach wie vor als maßgeblich angesehen Wissensstand der traditionellen (Optimal-)Steuertheorie. Aus verhaltensökonomischer Sicht ist dies ein wenig zufriedenstellender Zustand, da auf diese Weise wichtige psychologische Verhaltenseinsichten weder in der finanzwissenschaftlichen Rechtfertigungs- noch in der ökonomischen Wirkungslehre der Besteuerung eine angemessene Berücksichtigung finden. Zieht man als Beleg für diese Feststellung einschlägige Lehrbücher der finanzwissenschaftlichen Steuerlehre zu Rate, finden sich beispielsweise weder in Homburg (2010) noch in Cansier (2004) entsprechende Hinweise auf Untersuchungsergebnisse der Finanz- und Steuerpsychologie. Lediglich Reding und Müller (1999) enthalten bezogen auf die Bestimmung des optimalen Grads an Steuerhinterziehung einen Hinweis auf die in diesem Zusammenhang ebenfalls bedeutsame Ausprägung der Steuermoral.

Diese Feststellung gilt in gleicher Weise mit Blick auf die finanzwissenschaftliche Analyse von historischer Entwicklung und ökonomischer Wirkung der staatlichen Ausgabentätigkeit. So wurde zwar innerhalb der Finanzwissenschaft bei der Erklärung des Anstiegs der Staatsausgaben im Zeitverlauf neben rein ökonomischen Bestimmungsfaktoren schon früh auch auf psychologische Einflussgrößen verwiesen, wie dies bekanntermaßen bei Peacock und Wiseman (1961) in Form der Wirksamkeit von Gewohnheitseffekten oder bei Timm (1961) in Gestalt verhaltenswirksamer (ideologischer) Einstellungsmuster der Fall ist. Auch werden Phänomene wie die systematische Unterschätzung der Kosten staatlicher Ausgabenprogramme („fiscal illusion") oder die mangelnde Wahrnehmung innerstaatlicher Transferzahlungen und daraus resultierende Fehlbewertungen von Ausgabenvorteil und Steuerlast auf Seiten der Bürger („flypaper effect") in der finanzwissenschaftlichen Literatur schon länger diskutiert (vgl. zum Phänomen der Fiskalillusion stellvertretend Buchanan 1967, Buchanan und Wagner 1977 sowie Oates 1988; vgl. zum „flypaper effect" etwa Bailey und Connolly 1989; Wildasin 1990 oder auch Wyckoff 1991). Allerdings sind die genannten Beispiele die sprichwörtlichen Ausnahmen von der Regel und können daher als ein weiterer Beleg dafür gelten, dass verhaltenspsychologische Effekte bislang lediglich punktuell und damit nicht systematisch innerhalb der traditionellen Finanzwissenschaft berücksichtigt wurden. Eine Bestätigung findet diese Einschätzung nicht zuletzt mit Blick auf die finanzwissenschaftlichen Begründungen staatlicher Interventionstätigkeit, bei der verhaltensökonomische Argumente und Konzepte nach wie vor keinerlei Rolle zu spielen scheinen. So findet man – um lediglich ein Beispiel zu nennen

1 Einleitung und Zielsetzung

– auch in den aktuellen Auflagen von Standardlehrbüchern der Finanzwissenschaften wie etwa Zimmermann et al. (2012) oder auch Blankart (2011) keinen Verweis auf das von Camerer et al. (2003) entwickelte Konzept eines asymmetrischen (libertären) Paternalismus, welches zu einer grundlegenden Neubewertung der finanzwissenschaftlichen Debatte um meritorische Staatseingriffe aus Sicht der Verhaltensökonomik führt.

Das vorliegende Buch zielt darauf ab, die zentralen Erkenntnisse der Steuerpsychologie, der Psychologie der staatlichen Ausgabentätigkeit sowie der verhaltenspsychologischen Begründung und Gestaltung staatlicher Marktinterventionen aus verhaltensökonomischer Sicht aufzuarbeiten, sich daraus ergebende Korrekturen an den gängigen Einsichten und Argumentationsweisen der Finanzwissenschaft, wie diese sich in einschlägigen Lehrbüchern finden, darzulegen sowie sich daraus ergebende finanzpolitische Implikationen abzuleiten. Um diese Zielsetzung umzusetzen, gliedert sich das Buch in vier Hauptteile, von denen der erste Teil zunächst eine Darstellung der zentralen Einsichten und Implikationen des verhaltensökonomischen Ansatzes umfasst (Kap. 2), wobei neben den Ursachen einer begrenzten Rationalität individuellen Entscheidungsverhaltens in Gestalt von subjektiven Wahrnehmungsfehlern, der „verzerrenden" Wirkung kognitiver Heuristiken und Illusionen sowie der Zeitinkonsistenz individueller Präferenzen auch auf die Bedeutung von Fairnessnormen und Gerechtigkeitseinschätzungen einschließlich damit verbundener Reaktanzpotenziale für das individuelle Entscheidungsverhalten näher eingegangen wird.

Auf Grundlage dieser allgemeinen Ausführungen zum Ansatz und zu den Ergebnissen der Verhaltensökonomik werden im zweiten Teil des Buches (Kap. 3) die in der Finanzwissenschaft gängigen Rechtfertigungsargumente der Besteuerung ebenso wie die herkömmliche ökonomische Steuerwirkungslehre einer kritischen Betrachtung unterzogen. Dabei kann nicht nur gezeigt werden, dass die traditionelle Begründung von Steuern und sonstigen Abgaben mittels Leistungsfähigkeits- und Äquivalenzprinzip einer Erweiterung um verhaltensökonomische Einsichten bedarf. Zudem wird verdeutlicht, dass die gängige effizienz-, verteilungs- und stabilitätsbezogene Wirkungsanalyse der Besteuerung ohne eine zusätzliche verhaltensökonomische Fundierung rasch an Grenzen stößt. Letzteres gilt auch und insbesondere für die Analyse des Phänomens der Steuerhinterziehung, das mittels traditioneller ökonomischer Ansätze nur unzureichend erklärt werden kann und sich daher zu einem Kernbereich der Steuerpsychologie entwickelt hat. Mit dem sich anschließenden Exkurs zum staatlichen Verschuldungsverhalten wird zudem verdeutlicht, dass sich verhaltensökonomische Einsichten nicht bereits in einer „Psychologie der Besteuerung" erschöpfen, sondern vielmehr für die Gesamtheit der staatlichen Einnahmen fruchtbar gemacht werden können.

Die in der Finanzwissenschaft gängigen Begründungen der Entwicklung der Staatsausgaben im Zeitverlauf ebenso wie die herkömmliche ökonomische Wirkungsanalyse der öffentlichen Ausgaben werden im dritten Teil des Buches einer erweiterten Betrachtung unterzogen (Kap. 4). Dabei kann nicht nur gezeigt werden, dass bereits die bestehenden finanzwissenschaftlichen Erklärungsansätze zum Staatsanteilswachstum in vielfältiger Form auf psychologische Erkenntnisse zurückgreifen. Zudem wird dargelegt, wie perzipierte Vorteile, Dringlichkeitseinschätzungen und Fairnesserwägungen die subjektive

Wahrnehmung der Staatsausgaben aus Sicht der Nutznießer öffentlicher Leistungen beeinflussen. Schließlich wird ebenso verdeutlicht, dass die gängige effizienz-, verteilungs- und stabilitätsbezogene Wirkungsanalyse der Ausgabentätigkeit ohne eine zusätzliche verhaltensökonomische Fundierung unvollständig bleibt. Letzteres gilt auch für die Analyse des (haushalts-)politischen Willensbildungsprozesses, der nur unzureichend durch bestehende politökonomische Ansätze erklärt werden kann und daher um eine Betrachtung der psychologischen Bestimmungsfaktoren politischen Verhaltens in der Demokratie – und hier insbesondere des Wählerverhaltens – ergänzt werden muss.

Im vierten und letzten Teil des Buches werden schließlich die in der Finanzwissenschaft gängigen Begründungen der Staatstätigkeit einer verhaltensökonomischen Betrachtung unterzogen (Kap. 5). Dabei kann unter Bezug auf das Effizienzziel nicht nur gezeigt werden, wie psychologische Erkenntnisse zu ergänzenden Einsichten mit Blick auf die Bereitstellung öffentlicher Güter, die staatliche Internalisierung externer Effekte oder auch die Korrektur informationsbedingter Marktunvollkommenheiten durch den Staat führen. Zudem wird dargelegt, wie das verhaltensökonomische Konzept des asymmetrischen (libertären) Paternalismus zu einem grundlegenden Perspektivenwechsel in der finanzwissenschaftlichen Diskussion um die Bereitstellung meritorischer Güter beiträgt. Unter dem Verteilungsziel liefern darüber hinaus die Berücksichtigung sozialer Präferenzen – erklärt mit Hilfe von Verhaltensmotiven wie Altruismus oder einer Ungleichheitsaversion – ebenso wie Ergebnisse der ökonomischen Lebenszufriedenheitsforschung sowie psychologischer Untersuchungen zur Wirkung von Knappheit und Armut zusätzliche Argumente für eine Umverteilungspolitik des Staates. Unter dem Stabilisierungsziel sind es schließlich zum einen die Psychologie von Geld, Inflation und Finanzmärkten und zum anderen verhaltensökonomische Ursachen und Effekte von Arbeitslosigkeit, die zu einer Erweiterung der finanzwissenschaftlichen Perspektive in der Bewertung des staatlichen Handlungsbedarfs beitragen.

Mit Ausnahme des ersten Buchkapitels, das die Kernaussagen der Verhaltensökonomik (und mit ihr eng verwandter Ansätze wie der ökonomischen Glücksforschung und der experimentellen Spieltheorie) wiedergibt, enden die drei folgenden Buchkapitel zu den öffentlichen Einnahmen und Ausgaben sowie zur staatlichen Interventionstätigkeit jeweils mit der Ableitung finanzpolitischer Schlussfolgerungen. Bezogen auf das Themenfeld der Besteuerung und staatlichen Kreditaufnahme umfasst dies jene politischen Implikationen, die sich aus verhaltensökonomischer Sicht für die Gestaltung von einzelnen Steuern, des Steuersystems insgesamt sowie der Verschuldungspolitik ergeben. Analog dazu schließen auch die beiden weiteren Buchkapitel zur staatlichen Ausgabentätigkeit einerseits sowie zur Begründung der öffentlichen Interventionstätigkeit andererseits mit entsprechenden verhaltensökonomischen Hinweisen für eine verbesserte Wahrnehmung und höhere Wirksamkeit der staatlichen Ausgabenpolitik sowie für eine umfassendere Rechtfertigung und problemadäquate Gestaltung staatlicher Eingriffe in den Marktmechanismus. Das Buch schließt mit einer knappen Bewertung des Erkenntnisfortschritts, der sich für die Finanzwissenschaft aus der Einbindung von Ergebnissen der verhaltensökonomischen Forschung ergibt (Kap. 6).

Literatur

Allingham, M. und A. Sandmo (1972): Income Tax Evasion – A Theoretical Analysis, in: Journal of Public Economics, Vol. 1, S. 323–338.
Andel, N. (1983): Finanzwissenschaft, Tübingen.
Atkinson, A.B. und J. Stiglitz (1976): The Design of Tax Structure – Direct versus Indirect Taxation, in: Journal of Public Economics, Vol. 6, S. 123–162.
Bailey, S. und S. Connolly (1989): The Flypaper Effect – Identifying Areas for further Research, in: Public Choice, Vol. 95, S. 335–361.
Bajohr, S. (2003): Grundriss staatliche Finanzpolitik, Opladen.
Bartos, O. (1972): Is Toughness Profitable, in: Sauermann, H. (Hrsg.), Beiträge zur experimentellen Wirtschaftsforschung, Band 3, Tübingen, S. 166–219.
Becker, G.S. (1968): Crime and Punishment – An Economic Approach, in: Journal of Political Economy, Vol. 76, S. 169–217.
Blankart, Ch.B. (2011): Öffentliche Finanzen in der Demokratie, 8. Auflage, München.
Brunner, J.K. (2004): Optimale direkte und indirekte Steuern bei unterschiedlicher Anfangsausstattung, in: Genser, B. (Hrsg.), Finanzpolitik und Umverteilung, Berlin, S. 11-53.
Brümmerhoff, D. (2011): Finanzwissenschaft, 9. Auflage, München.
Buchanan, J.M. (1967): Public Finance in Democratic Process, Chapel Hill.
Buchanan, J.M. und R.E. Wagner (1977): Democracies in Deficit, New York.
Camerer, C. F., Issacharoff, S., Loewenstein, G.F., O'Donoghue, T. und M. Rabin (2003): Regulation for conservatives: Behavioral Economics and the Case for Asymmetric Paternalism, in: University of Pennsylvania Law Review, Vol. 151, S. 1211–1254.
Cansier, D. (2004): Finanzwissenschaftliche Steuerlehre, Stuttgart.
Corneo, G. (2012): Öffentliche Finanzen – Ausgabenpolitik, 4. Auflage, Tübingen.
Diamond, P.A. und J.A. Mirrlees (1971a): Optimal Taxation and Public Production I – Production Efficiency, in: American Economic Review, Vol. 61, S. 8–27.
Diamond, P.A. und J.A. Mirrlees (1971b): Optimal Taxation and Public Production II – Tax Rules, in: American Economic Review, Vol. 61, S. 261–278.
Döring, T. (2013), Staatsfinanzierung und Verhaltensökonomik – Zur Psychologie der Besteuerung und Verschuldung, Sofia-Studien zur Institutionenanalyse, Nr. 13–1, Darmstadt.
Döring, T. (2014a), Staatsausgaben und Verhaltensökonomik – Zur Psychologie der öffentlichen Ausgabentätigkeit, Sofia-Studien zur Institutionenanalyse, Nr. 14–1, Darmstadt.
Döring, T. (2014b): Staatliche Markteingriffe und Verhaltensökonomik – Zur Psychologie der Rechtfertigung und Gestaltung öffentlicher Interventionstätigkeit, Sofia-Studien zur Institutionenanalyse, Nr. 14–3, Darmstadt.
Engelhardt, G., Hegmann, H. und S. Panther (1994): Fiskalillusion aus Sicht der Neuen Institutionenökonomik, in: Smekal, Ch. und E. Theurl (Hrsg.), Stand und Entwicklung der Finanzpsychologie, Baden-Baden, S. 121–152.
Friedland, N., Maital, S. und A. Rutenberg (1978): A Simulation Study of Income Tax Evasion, in: Journal of Political Economics, Vol. 10, S. 107–116.
Haller, H. (1981): Die Steuern, 3. Auflage, Tübingen.
Hoggatt, A.C. (1959): An Experimental Business Game, in: Behavioral Sciences, Vol. 4, S. 192–203.
Homburg, S. (2010): Allgemeine Steuerlehre, 6. Auflage, München.
Katona, G. (1951): Psychological Analysis of Economic Behavior, New York.
Keuschnigg, Ch. (2005): Öffentliche Finanzen – Einnahmenpolitik, Tübingen.
Kirchler, E. (2011): Wirtschaftspsychologie – Individuen, Gruppen, Märkte, Staat, 4. Auflage, Göttingen et al.

Kirchler, E., Maciejovsky, B. und F. Schneider (2001): Everyday Representations of Tax Avoidance, Tax Evasion, and Tax Flight – Do Legal Differences Matter?, ECONSTOR Discussion Papers, No. 2001–43.

Klopp, K. (2007): Steuerhinterziehung – Empirie und Experimente, Norderstedt.

Lippman, S.A. und J.J. McCall (1976): The Economics of Job Search – A Survey, in: Economic Inquiry, Vol. 14, S. 347–368.

Mackscheidt, K. (1994): Die Entwicklung der Kölner Schule der Finanzpsychologie, in: Smekal, C. und E. Theurl (Hrsg.), Stand und Entwicklung der Finanzpsychologie, Baden-Baden, S. 41–62.

Mackscheidt, K. (2004): Die Entwicklung der Steuermoralforschung, in: Bizer, K. Falk, A. und J. Lange (Hrsg.), Am Staat vorbei – Transparenz, Fairness und Partizipation kontra Steuerhinterziehung, Berlin, S. 15–28.

Martiensen, J. und M. Hetmank (2009): Die ökonomische Theorie der Kriminalität, in: Wirtschaftswissenschaftliches Studium, Jg. 38, S. 301–305.

Mirrlees, J.A. (1971): An Exploration in the Theory of Optimum Income Taxation, in: Review of Economic Studies, Vol. 38, S. 175–208.

Musgrave, R.A., Musgrave, P.B. und L. Kullmer (1987): Die öffentlichen Finanzen in Theorie und Praxis, Band 3, 3. Auflage, Tübingen.

Musgrave, R.A., Musgrave, P.B. und L. Kullmer (1988): Die öffentlichen Finanzen in Theorie und Praxis, Band 2, 4. Auflage, Tübingen.

Musgrave, R.A., Musgrave, P.B. und L. Kullmer (1990): Die öffentlichen Finanzen in Theorie und Praxis, Band 1, 5. Auflage, Tübingen.

Neumark, F. (1970): Grundsätze gerechter und ökonomisch rationale Steuerpolitik, Tübingen.

Oates, W.E. (1988): On the Nature and Measurement of Fiscal Illusion: A Survey, in: Brennan, G., Grewel, B.S. und P. Groenwegen (Hrsg.), Taxation and Fiscal Federalism, Sydney, S. 65–82.

Otter, N. (2005): Ökonomische Erkenntnisprogramme in der Finanzwissenschaft, Marburg.

Pelzmann, L. (2012): Wirtschaftspsychologie – Behavioral Economics, Behavioral Finance, Arbeitswelt, 6. Auflage, Wien.

Peacock, A.T. und J. Wiseman (1961): The Growth of Public Expenditure in the United Kingdom, Princeton.

Polanyi, K. (1957): The Economy as Instituted Process, in: Polanyi, K., Arensberg, C.M. und H.W. Pearson (Hrsg.), Trade and Market in the Early Empire, New York, S. 243–270.

Pryor, F. (1977): The Origins of Money, in: Journal of Money, Credit and Banking, Vol. 9, S. 391–409.

Puviani, A. (1903, 1960): Die Illusion in der Finanzwirtschaft, in: Finanzwissenschaftliche Forschungsarbeiten, Neue Folge, Heft 22, Berlin, S. 51–53.

Ramsey, F.P. (1927): A Contribution to the Theory of Taxation, in: Economic Journal, Vol. 37, S. 47–61.

Reding, K. und W. Müller (1999): Einführung in die Allgemeine Steuerlehre, München.

Reynaud, P.L. (1954): Economic Psychology, New York.

Richter, F. und W. Wiegard (1993a): Zwanzig Jahre „Neue Finanzwissenschaft" – Teil I: Überblick und Theorie des Marktversagens, in: Zeitschrift für Wirtschafts- und Sozialwissenschaften, Jg. 113, S. 169–224.

Richter, F. und W. Wiegard (1993b): Zwanzig Jahre „Neue Finanzwissenschaft" – Teil II: Steuern und Verschuldung, in: Zeitschrift für Wirtschafts- und Sozialwissenschaften, Jg. 113, S. 337–400.

Robben, H.S.J., Webley, P., Weigel, R.H., Waerneryd, K-E, Kinsey, K.A., Hessing, D.J., Alvira Martin, F., Elffers, H., Wahlund, R., Langenhove, L.v., Long, S.B. und J. Scholz (1990): Decision Frame and Opportunity as Determinants of Tax Cheating – A Cross-Cultural Study, in: Journal of Economic Psychology, Vol. 11, S. 341–364.

Rosen, H.S. und R. Windisch (1992): Finanzwissenschaft, München.

Rothschild, K.W. (1978): Arbeitslose – Gibt's die?, in: Kyklos, Jg. 31, S. 21–35.

Sandmo, A. (1976): Optimal Taxation – An Introduction to the Literature, in: Journal of Public Economics, Vol. 6, S. 37–54.
Scherf, W. (2009): Öffentliche Finanzen – Eine Einführung in die Finanzwissenschaft, Stuttgart.
Schmölders, G. (1951): Finanzpsychologie, in: FinanzArchiv, NF, Jg. 13, S. 1–36.
Schmölders, G. (1960): Das Irrationale in der öffentlichen Finanzwirtschaft – Probleme der Finanzpsychologie, Hamburg.
Schmölders, G. (1966): Psychologie des Geldes, Berlin.
Schmölders, G. (1970): Finanz- und Steuerpsychologie, Hamburg.
Schorer, E. (1947): Allgemeine Steuerpsychologie, in: FinanzArchiv, Jg. 9, S. 338–368.
Selten, R. (1970): Ein Marktexperiment, in: Sauermann, H. (Hrsg.), Beiträge zur experimentellen Wirtschaftsforschung, Tübingen, S. 33–98.
Selten, R. und C. Berg (1970): Drei experimentelle Oligopolserien mit kontinuierlichem Zeitablauf, in: Sauermann, H. (Hrsg.), Beiträge zur experimentellen Wirtschaftsforschung, Band 2, Tübingen, S. 162–221.
Simon, H.A. (1947): Administrative Behavior, New York.
Simon, H.A. (1957): Models of Man – Social and Rational, New York et al.
Simon, H.A. (1972): Theories of Bounded Rationality, in: McGuire, C.B. und R. Radner (Hrsg.), Decision and Organization, North-Holland, S. 161–176.
Simon, H.A. (1978): Rationality as a Process and as a Product of Thought, in: American Economic Review, Vol. 68 (2), S. 1–16.
Simon, H.A. (1979): Rational Decision-Making in Business Organizations, in: American Economic Review, Vol. 69, S. 493–513.
Smekal, Ch. und E. Theurl (1994)(Hrsg.): Stand und Entwicklung der Finanzpsychologie, Baden-Baden.
Stiglitz, J.E. und B. Schönfelder (1989): Finanzwissenschaft, 2. Auflage, München und Wien.
Strümpel, B. (1970): Die neue Fachdisziplin ‚Finanzpsychologie', in: Schmölders, G. (1970), Finanz- und Steuerpsychologie, Hamburg, S. 225–238.
Szende, P. (1932): Steuerpsychologie, in: Zeitschrift für die gesamte Staatswissenschaft, Bd. 93, S. 427–464.
Tietz, R. und W. Weber (1980): Experimentelle Wirtschaftsforschung, in: Handwörterbuch der Wirtschaftswissenschaft, Stuttgart et al., S. 518–524.
Timm, H. (1961): Das Gesetz der wachsenden Staatsausgaben, in: Finanzarchiv, Jg. 21, S. 201-247.
Webley, P., Robben, H., Elffers, H. und D. Hessing (1991): Tax Evasion – An Experimental Approach, Cambridge.
Wellisch, D. (2000): Finanzwissenschaft, Bände 1–3, München.
Wiegard, W. (1987): Was brachte – oder bringt – die Optimalsteuertheorie?, in: Rahmann, B. und O. Roloff (Hrsg.), Beschäftigungspolitik zwischen Abgabenwiderstand und Ausgabenwachstum, Regensburg, S. 99–137.
Wildasin, D.E. (1990), Budgetary Pressures in the EEC – A Fiscal Federalism Perspective, in: American Economic Review, Vol. 80, S. 69–74.
Windisch, R. (1981): ‚Neue Finanztheorie' – Einführung in Modelle optimaler Besteuerung, in: Wirtschaftswissenschaftliches Studium, Jg. 10, S. 210–218.
Wiswede, G. (2012): Einführung in die Wirtschaftspsychologie, 5. Auflage, München und Basel.
Wyckoff, P.G. (1991): The Elusive Flypaper Effect, in: Journal of Urban Economics, Vol. 30, S. 310–328.
Zimmermann, H., Henke, K.-D. und M. Broer (2012): Finanzwissenschaft, 11. Auflage, München.

Zentrale Erkenntnisse der Verhaltensökonomik – Zur begrenzten Rationalität des individuellen Entscheidungsverhaltens

2

„Ökonomen werden gerne als realitätsfern und vage, marktgläubig und modellverliebt beschrieben. […] In den letzten zwei Jahrzehnten hat sich in der Wirtschaftswissenschaft jedoch eine aufregende Entwicklung breit gemacht: Das Fach ist näher an die Menschen und ihre Probleme gerückt". Diese von Ockenfels (2007, S. 1) getroffene Feststellung kann vorrangig als das Verdienst verhaltensökonomischer Forschung gewertet werden. Bei der Verhaltensökonomik handelt es sich um eine noch junge Forschungsrichtung, welche die Anwendbarkeit des in der Ökonomik gängigen Rational-Wahl-Modells unter Einbeziehung psychologischer Erkenntnisse und experimenteller Methoden kritisch hinterfragt, um realistischere Modelle menschlichen Verhaltens zu entwickeln. In einer Vielzahl von Laborexperimenten und empirischen Feldstudien wurde dabei auf die Grenzen des neoklassisch geprägten Verhaltensmodells (vollständige Rationalität, Eigennutzmaximierung, stabile Präferenzen) bei der Erklärung individuellen Entscheidungsverhaltens insbesondere in komplexen Handlungssituationen verwiesen. Storbeck (2010, S. 2) fasst die Ergebnisse der verhaltensökonomischen Forschung plakativ wir folgt zusammen: „Der reale Mensch ist kein ‚Homo Oeconomicus'. Wir irren uns häufig, sind leicht zu beeinflussen und treffen oft objektiv falsche Entscheidungen. Wir entscheiden auf der Basis schwammiger Faustregeln, überschätzen unsere Fähigkeiten, werden aus Verlustangst träge und hängen am Status quo. Und es fehlt uns oft an Selbstkontrolle".

Dies steht im Einklang mit neueren psychologischen Untersuchungen, welche – ausgehend vom Modell der begrenzten Rationalität – das regelmäßige Auftreten und die nachhaltige Wirksamkeit von mentalen Beschränkungen im Entscheidungsverhalten von Akteuren belegen. Um eine genauere Antwort auf die Frage geben zu können, wie subjektive Prozesse der Aufnahme und Verarbeitung von Informationen in Entscheidungssituationen gestaltet sind, wurden in den zurückliegenden Jahren verstärkt Ergebnisse der kognitiven Psychologie in ökonomische Analysen integriert (vgl. für einen Überblick etwa Smith 2005 oder auch Miljkovic 2005). Verschiedene Untersuchungen zeigen dabei, wie im

Rahmen von individuellen Entscheidungsprozessen spezifische kognitive Mechanismen zum vereinfachten Umgang mit Informationen zur Anwendung kommen. Nach Maital (2004, S. 7) dienen diese Mechanismen dazu, „to distil masses of information into understandable bites, to make uncertain less so, to make complexity more simple, and to conserve the increasingly scarce cognitive resources on which a complex world places heavy demands on". Auch konnte nachgewiesen werden, dass sich die Präferenzen von Akteuren häufig erst in der konkreten Handlungssituation herausbilden bzw. von dieser stark beeinflusst werden (vgl. stellvertretend Kahneman 2003; Kahneman et al. 1991 sowie Bettman et al. 1998). Schließlich zählt die Bedeutung von Gerechtigkeits- bzw. Fairnesserwägungen zu den zentralen Erkenntnissen der Verhaltensökonomik. Danach verhalten sich Akteure weitaus kooperativer und bestrafen deutlich öfter unfaires Verhalten, als dies bei rein eigennützigen Akteuren zu erwarten wäre (vgl. für einen knappen Überblick Falk 2001; vgl. für eine Zusammenfassung der Ergebnisse der Fairness-Literatur auch Fehr und Gächter 2000). Mit den schlagwortartig benannten Untersuchungsergebnissen verbindet sich aus Sicht der Verhaltensökonomik die Notwendigkeit, dass innerhalb der Ökonomik gebräuchliche Verhaltensmodell mit Blick auf seine verschiedenen „Bausteine" in Richtung realitätsgerechterer Verhaltensannahmen hin zu revidieren. Vor allem bezogen auf die Reichweite des reklamierten Revisionsbedarfs unterscheidet sich die Verhaltensökonomik dabei von anderen ökonomischen Ansätzen, die – wie etwa die Neue Institutionenökonomik – ebenfalls eine Kritik am herkömmlichen ökonomischen Verhaltensmodell beinhalten.

2.1 Zur Notwendigkeit einer Erweiterung des ökonomischen Verhaltensmodells aus Sicht der Verhaltensökonomik

Auch wenn die Ökonomik seit ihrer Ausdifferenzierung als eigene sozialwissenschaftliche Teildisziplin eine Vielzahl an theoretischen Ansätzen hervorgebracht hat, kommt der neoklassischen Markt- und Verhaltenstheorie die Rolle des ökonomischen Standardmodells zur Analyse wirtschaftlicher und gesellschaftlicher Phänomene zu. Vor allem die Anwendung dieses Modells in Gestalt des Homo Oeconomicus auf solche Bereiche, die – wie etwa Politik, Recht, Familie oder auch Kriminalität – nicht zu den typischen ökonomischen Erklärungsgegenständen zählen, hat dabei bekanntermaßen zum Schlagwort des *ökonomischen Imperialismus* geführt (vgl. zum „expansiven Einsatz" des neoklassischen Verhaltensmodells auf den Gegenstandsbereich sozialwissenschaftlicher Nachbardisziplinen vor allem Becker 1993; vgl. hierzu kritisch Aretz 1997). Nach den Anfangserfolgen dieser Ausweitung des ökonomischen Verhaltensmodells auf eine Vielzahl gesellschaftlicher Fragestellungen mehren sich jedoch seit geraumer Zeit die kritischen Stimmen, die auf die Grenzen des Erklärungsgehalts dieses Ansatzes verweisen. Neben den Erkenntniszuwächsen der Verhaltensökonomik haben dabei auch Einsichten der Neuen Institutionenökonomik dazu beigetragen, dass das neoklassische Verhaltensmodell aufgrund seiner einseitigen Betonung von vollständiger Rationalität und Maximierungsmotiv sowie der

Vernachlässigung rechtlicher, sozialer und kultureller Handlungsbeschränkungen für eine positive Analyse individuellen Entscheidungsverhaltens zunehmend als unzureichend erscheint, da es eine Vielzahl an bedeutsamen Eigenschaften, Motiven und Restriktionen des menschlichen Verhaltens unberücksichtigt lässt (vgl. für einen Überblick zum Erkenntnisstand der Neuen Institutionenökonomik etwa Richter und Furubotn 2010; Erlei et al 2007 oder auch Voigt 2002).

So wird aus institutionenökonomischer Sicht kritisiert, dass die externen Verhaltensrestriktionen und die damit verbundenen Anreize der Akteure weiter gefasst werden müssen, als dies herkömmlicherweise im neoklassischen Verhaltensmodell der Fall ist. Dabei gilt als zentrale Einsicht, dass neben den von Gütern, relativen Preisen oder auch dem verfügbaren Einkommen ausgehenden Verhaltensanreizen formelle wie informelle Institutionen ein wesentliches Element der Steuerung menschlichen Verhaltens darstellen (vgl. hierzu etwa den von Vanberg 2002 formulierten Ansatz eines programm- bzw. regelgeleiteten individuellen Verhaltens). Beide Arten von Institutionen erfüllen diese Funktion, indem sie interagierenden Individuen ermöglichen, Erwartungen über das Verhalten anderer zu bilden und ihr Verhalten aufeinander abzustimmen. Institutionen dienen somit dazu, Unsicherheit in sozialen Interaktionsbeziehungen zu reduzieren, womit ihnen eine wesentliche Ordnungsfunktion innerhalb von Wirtschaft und Gesellschaft zukommt. Im Unterschied zu den jederzeit gestaltbaren formellen Institutionen (rechtliche Regeln) gelten die informellen Institutionen (soziale und kulturelle Normen) demgegenüber als historisch gewachsen und damit für kurzfristige intentionale Veränderungen nur bedingt zugänglich (vgl. diesbezüglich vor allem die Überlegungen zum Konzept der mentalen Modelle in Denzau und North 1994; für eine zusammenfassende Darstellung und kritische Würdigung dieses Konzepts vgl. Döring 2009 sowie Leschke 2015). In gleicher Weise wird auch von Granovetter (1985) ebenso wie von Bénabou und Tirole (2012) die Bedeutung von sozialen Normen und Netzwerken betont, in die das individuelle Entscheidungsverhalten eingebettet ist, ohne dass dies im neoklassischen Verhaltensmodell eine entsprechende Berücksichtigung findet. Etwa bezogen auf die Erklärung wirtschaftlicher Entwicklung folgt daraus, dass nicht allein die auf einem rationalen Abwägungskalkül fußende Vermehrung von Sach- und Humankapital noch die Generierung von neuen Technologien und Innovationen, sondern vielmehr Institutionen und institutioneller Wandel einerseits sowie kulturelle und ideelle Faktoren andererseits als die wesentlichen Bestimmungsgrößen gelten, die – je nach Ausprägung und Wirksamkeit – wirtschaftliches Wachstum befördern oder langfristige wirtschaftliche Stagnation verursachen können.

Zwar gehen diese Erkenntnisse der Neuen Institutionenökonomik inhaltlich über das ökonomische Standardmodell individuellen Verhaltens hinaus. Im Unterschied zur Verhaltensökonomik verbindet sich mit der Berücksichtigung von formellen wie informellen Institutionen jedoch lediglich eine Erweiterung, nicht aber die Notwendigkeit zu einer grundlegenden Revision des bisherigen ökonomischen Verhaltensmodells (vgl. zum Verhaltensmodell des Homo Oeconomicus und seinen Varianten überblicksartig Suchanek 1994; Kirchgässner 2000 oder auch Schattschneider 2013; vgl. zur „verhaltensökonomischen Herausforderung" des traditionellen (neoklassischen) Verhaltensmodells ebenso

Albert 2015 sowie Güth und Kliemt 2015). Zur Begründung dieser Feststellung ist es hilfreich, das ursprüngliche *neoklassische Verhaltensmodell* in seine *verschiedenen Bausteine* zu zerlegen. Wie die Abb. 2.1 verdeutlicht, wird individuelles Verhalten danach als ein spezifisches Zusammenspiel von Handlungsrestriktionen und den davon ausgehenden Anreizen (Baustein 1), der informationellen Aufnahme und Verarbeitung dieser Handlungsrestriktionen (Baustein 2), der Spezifität des zur Anwendung kommenden Entscheidungsmodus (Baustein 3) sowie der bestehenden individuellen Präferenz- und Motivstruktur (Baustein 4) verstanden. Die Besonderheit des neoklassischen Verhaltensmodells in seiner ursprünglichen Fassung liegt dabei in den Annahmen, die hinsichtlich der Ausprägung der genannten vier Bausteine getroffen werden. So werden bezogen auf die Restriktionen in aller Regel vor allem materielle Anreize thematisiert, wie sie beispielsweise aus einer Änderung der relativen Preisstruktur, des verfügbaren Einkommens oder

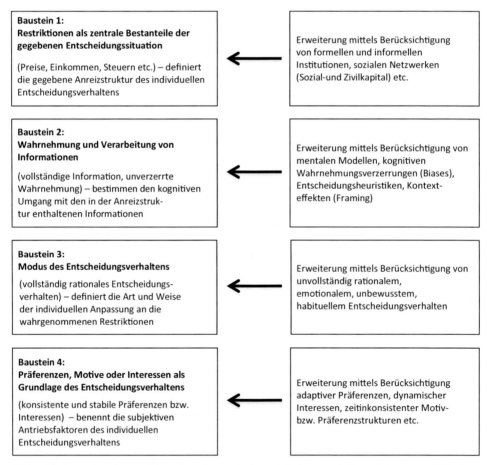

Abb. 2.1 Bausteine des traditionellen ökonomischen Verhaltensmodells und deren Modifikation. (Quelle: Eigene Darstellung in Anlehnung an Döring (2014))

auch von Niveau und Struktur der Besteuerung resultieren. Bezüglich der Aufnahme und Verarbeitung von Informationen über bestehende Verhaltensrestriktionen wird des Weiteren davon ausgegangen, dass es zu einer vollständigen Wahrnehmung und unverzerrten kognitiven Bearbeitung der damit verknüpften Anreize kommt. Hinsichtlich des Entscheidungsmodus wird zudem ein vollständig rationales Verhalten unterstellt, d. h. es kommt zu einer umfassenden Vor- und Nachteilsabwägung gegebener Handlungsalternativen unter der Zielsetzung der Nutzenmaximierung. Schließlich gilt mit Blick auf die individuellen Präferenzen und Motive im Rahmen des neoklassischen Verhaltensmodells, dass diese für eine jeweilige Handlungssituation als gegeben und konsistent angesehen werden.

Setzt eine Erweiterung des neoklassischen Verhaltensmodells bei den Handlungsrestriktionen an, wie dies etwa im Rahmen der Neuen Institutionenökonomik vorrangig geschieht, wenn zusätzlich zu materiellen Anreizen auch institutionelle Anreize in die Analyse mit einbezogen werden, ist dies vergleichsweise unproblematisch. Dies gilt in gleicher Weise für den sogenannten Embeddedness-Approach, der in seinen Varianten als Sozial- oder Zivilkapital-Ansatz ebenfalls lediglich für eine Erweiterung der Verhaltensrestriktionen steht (vgl. für diesen Ansatz neben Granovetter 1985 ebenso Putnam 2000 oder auch Lin 2001). Eine solche Ergänzung des Homo Oeconomicus ist insofern friktionslos möglich, als das diese konzeptionelle Änderung keine tiefgreifenden Auswirkungen auf die übrigen Bausteine (Informationsverarbeitung, Entscheidungsmodus, Präferenzen und Motive) hat. Dies ist allerdings auch der Grund, warum diese Form der Erweiterung des neoklassischen Verhaltensmodells beispielsweise von Kultursoziologen mit Nachdruck kritisiert wird (vgl. für die entsprechende Kritik stellvertretend DiMaggio 1994 oder auch DiMaggio 1997). Zielt die Erweiterung des ökonomischen Verhaltensmodells demgegenüber auf die Aufnahme und Verarbeitung von Informationen, um die Verhaltensrelevanz kulturell geprägter Wahrnehmungsschemata, individueller Wahrnehmungsfehler oder auch den Gebrauch von Entscheidungsheuristiken zu betonen, was auf die Verhaltensökonomik – wie dies in den nachfolgenden Kapiteln noch zu zeigen sein wird – zutrifft, ist ein solcher ‚Einbau' der genannten Elemente in das neoklassische Verhaltensmodell nicht ohne dessen grundlegende Neugestaltung möglich. Dies gilt insbesondere dann, wenn Störungen in der kognitiven Informationsverarbeitung nicht durch Lernprozesse korrigiert werden und aufgrund dessen die Rationalität der Entscheidungsfindung dauerhaft beeinträchtigt wird, wovon allerdings mit Blick auf die Realität ausgegangen werden muss (vgl. dazu auch Schattschneider 2013, S. 42 ff. mit weiteren Literaturverweisen).

In jedem Fall unvereinbar mit dem ökonomischen Standardmodell individuellen Verhaltens sind solche Formen der Modifikation, die auf eine Änderung bezüglich des Entscheidungsmodus oder der Annahme stabiler und konsistenter Präferenzen und Motive hinauslaufen, wie dies in vielen verhaltensökonomischen Arbeiten anklingt. Das in diesem Zusammenhang betonte unbewusste, emotionale oder auch habituelle Entscheidungsverhalten ebenso wie die spontane oder auch adaptive Ausbildung von Präferenzen sind Verhaltenselemente, die im Widerspruch zum herkömmlichen Modell des Homo Oeconomicus stehen und daher über eine bloße Erweiterung des neoklassischen Verhaltensmodells hinausreichen (vgl. zur verhaltensökonomischen Analyse unbewussten und habituellen Verhaltens etwa Gigerenzer und Brighton 2009; Bargh und Morsella 2008; Gigerenzer 2008; Bargh 2006; Camerer et al. 2005 oder auch Bargh et al. 1996; vgl. für das verhaltensökonomische Konzept der adaptiven Präferenzen stellvertretend Weizsäcker 2015, Croitoru 2011 oder auch Weizsäcker 2011). Es kann in Anbetracht dessen nicht überraschen, dass sich mit der Verhaltensökonomik zugleich auch die Entwicklung eines zum neoklassischen Standardmodell alternativen Handlungsmodells verbindet, auf dessen Merkmale und Eigenschaften nachfolgend näher eingegangen wird.

2.2 Entscheidungsanomalien aufgrund von kognitiven Beschränkungen und der Verwendung von Heuristiken

Mit der Einbeziehung psychologischer Verhaltensannahmen verbindet sich aus verhaltensökonomischer Sicht die Zielsetzung, das individuelle Entscheidungsverhalten besser als bislang in der ökonomischen Theorie erklären zu können (vgl. etwa Camerer und Loewenstein 2004, S. 3 sowie Rabin 1998, S. 15; vgl. für einen Überblick zudem Conlisk 1996 oder auch DellaVigna 2009). Dabei wird abweichend vom neoklassischen Standardmodell in Frage gestellt, dass die Akteure selbst für den Fall vollständiger Information in der Lage sind, zutreffende Erwartungen über künftige Ereignisse zu bilden, sich bietende Handlungsalternativen vollständig zu erfassen und adäquat zu bewerten sowie sich über einen längeren Zeitraum konsistent zu verhalten. Die in einer Vielzahl empirischer Studien gewonnenen Ergebnisse deuten vielmehr darauf hin, dass es sich hierbei um systematische Abweichungen von einem als rational unterstellten Verhalten handelt. Die Ursache für diese systematischen „Fehlleistungen" kann aus psychologischer Sicht in einem dualen Handlungsmodell gesehen werden, welches dem menschlichen Entscheidungsverhalten zugrunde liegt (siehe Abb. 2.2). Dabei kann zwischen einem intuitiv-automatischen und einem reflexiv-rationalen System unterschieden werden, wobei ersteres permanent und ohne großen mentalen Aufwand auf der Grundlage unbewusster und erlernter Verhaltensmuster funktioniert, während letzteres selektiv und mühevoll mittels eines deduzierenden, kontrollierenden sowie regelgeleiteten Denkens arbeitet (vgl. auch Thaler und Sunstein 2012, S. 33 ff.). Kahneman (2011; S. 28) stellt hierzu wörtlich fest: „Because System 1 operates automativcally and cannot be turned off at will, errors of intuitive thought are often difficult to prevent. Biases cannot always be avoided, because System 2 may have no clue to the error. Even when clues to likely errors are available, errors can be prevented only by the enhanced monitoring and effortful activity of System 2. […] Constantly questioning our own thinking would be impossibly tedious, and System 2 is much too slow and inefficient to serve as a substitute for System 1 in making routine decisions". Die aus diesem dualen Handlungsmodell resultierenden Abweichungen von einem streng rationalen Verhalten sind zahlreich. Zu ihnen zählen sowohl die verzerrte Wahrnehmung von Informationen als auch die Verwendung von Entscheidungsheuristiken. Darüber hinaus führen aber auch eine mangelnde Selbstkontrolle und sogenannte Kontexteffekte zu entsprechenden systematischen Abweichungen von einem als rational unterstellten Ent-

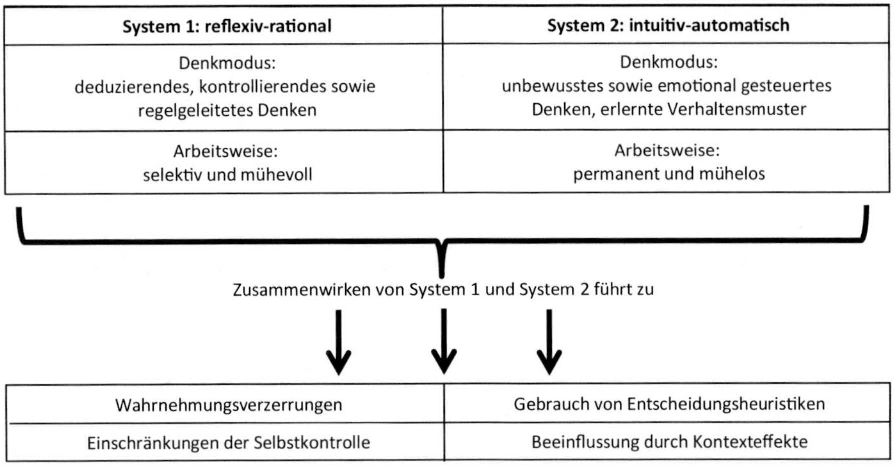

System 1: reflexiv-rational	System 2: intuitiv-automatisch
Denkmodus: deduzierendes, kontrollierendes sowie regelgeleitetes Denken	Denkmodus: unbewusstes sowie emotional gesteuertes Denken, erlernte Verhaltensmuster
Arbeitsweise: selektiv und mühevoll	Arbeitsweise: permanent und mühelos

Zusammenwirken von System 1 und System 2 führt zu

Wahrnehmungsverzerrungen	Gebrauch von Entscheidungsheuristiken
Einschränkungen der Selbstkontrolle	Beeinflussung durch Kontexteffekte

Abb. 2.2 Elemente und Implikationen des dualen Handlungsmodells. (Quelle: Eigene Darstellung auf der Grundlage von Kahneman (2011))

scheidungsverhalten (vgl. für einen Überblick Jungmann et al. 1998; vgl. ebenso Kirchler 2011, S. 50 ff. oder auch Pelzmann 2012, S. 12 ff.).

Verzerrungen in der Wahrnehmung – In der Psychologie wurde überzeugend nachgewiesen, dass „die Wirklichkeit" von Akteuren nicht immer so wahrgenommen wird, wie sie sich objektiv darstellt, d. h. subjektive Wahrnehmungs-, Erinnerungs- und Urteilsprozesse bilden nicht immer die Realität ab. Verantwortlich hierfür sind „kognitive Biases", aufgrund deren es den Akteuren nicht gelingt, die gegebenen Randbedingungen und Merkmale einer Entscheidungssituation angemessen zu erfassen. Eine Auswahl bekannter Wahrnehmungsverzerrungen findet sich in Tab. 2.1. Solche Wahrnehmungsverzerrungen führen dazu, dass individuelle Entscheidungen unter der Annahme falscher Voraussetzungen getroffen werden. So neigen beispielsweise Akteure bei der Bewältigung komplexer Handlungssituationen zu einem überzogenen Optimismus, was sich darin ausdrückt, dass die Wahrscheinlichkeit, Opfer von negativen Ereignissen zu sein, geringer eingeschätzt wird als die Möglichkeit, Nutznießer positiver Ereignisse zu sein (overoptimistic bias). Im Hinblick auf ihr Können und Wissen neigen Akteure zudem zu einem übersteigerten Selbstvertrauen, d. h. sie überschätzen nicht selten ihre eigenen Fähigkeiten oder vertrauen zu stark auf ihr zukünftiges Glück (overconfidence bias).

Damit verbunden ist das Phänomen, dass Informationen häufig den eigenen Interessen entsprechend interpretiert werden (self-serving bias). Dies kann zu subjektiven Resistenzen führen, etwa dergestalt, dass nur solche Informationen berücksichtigt werden, die eine bereits bestehende Entscheidungsdisposition legitimieren. Auch kann dies bewirken, dass Akteure nur sehr zögerlich den Wechsel zwischen zwei Handlungsalternativen vollziehen, obwohl bei genauerer Betrachtung ein solcher Wechsel vorteilhaft wäre. Verantwortlich hierfür ist sowohl die Tendenz, an der gegenwärtigen Situation festzuhalten (status-quo bias), als auch der Sachverhalt, dass man Dingen, die man bereits besitzt, einen zu ho-

Tab. 2.1 Ausgewählte Wahrnehmungsverzerrungen („cognitive biases"). (Quelle: Eigene Zusammenstellung)

Art der Wahrnehmungsverzerrrung	Inhaltliche Erläuterung
Overconfidence Bias	Übersteigertes Selbstvertrauen bezüglich des subjektiven Könnens und Wissens
Status Quo Bias	Man hält an den Gegebenheiten der bestehenden Situation fest
Overoptimistic Bias	Die Möglichkeit, Opfer negativer Ereignissen zu werden, wird geringer als die Wahrscheinlichkeit eingeschätzt, Nutznießer positiver Ereignisse zu sein
Endowment Effect	Man misst dem, was man hat, einen zu hohen Wert bei
Self-Serving Bias	Es werden vor allem solche Informationen berücksichtigt, die eine bestehende Meinung stützen
Certainty Effect	Ereignisse, die als vergleichsweise sicher gelten, erhalten eine zu hohe Gewichtung
Loss Aversion	Mögliche Verluste werden stärker gewichtet als gleich große potentielle Gewinne
Focus Illusion	Aktuell mental verfügbare Informationen werden als besonders wichtig eingestuft
Impact Bias	Die Dauer der Wirksamkeit von Emotionen wird überschätzt
Projection Bias	Aktuelle Gefühle werden als auch in Zukunft dominierend angenommen
Self-Control Bias	Überschätzung des Ausmaßes an individueller Kontrolle bezüglich des Ausgangs von Ereignissen
Facilitation Effect	Kleinste Hinweise auf Ideen oder Konzepte reichen aus, um Gedanken oder Reaktionen mit starker Auswirkung zu erzeugen
Hindsight Bias	In der Rückschau auf Ereignisse vertretene Ansicht, immer schon gewusst zu haben, dass ein Ereignis so ausgehen würde

hen Wert beimisst (endowment effect). Dieses Verhalten führt aus Sicht von Kahneman und Tversky (1984, S. 13) zu dem Effekt, dass „buying prices will be significantly lower than selling prices". Darüber hinaus werden innerhalb von Entscheidungprozessen nicht selten Ereignisse, die als sicher gelten, mit einem zu hohen Gewicht bzw. mit einer zu hohen Eintrittswahrscheinlichkeit belegt (certainty effect). Auch neigen Akteure zu der Einschätzung, dass das, woran sie gerade denken, besonders wichtig sei (facilitation effect). Werden durch diese Konzentration auf nur wenige Aspekte weitere entscheidungsrelevante Informationen ausgeblendet, sind Fehlurteile nicht selten (focus illusion). Schließlich gilt es zu berücksichtigen, dass Akteure sich gegenüber unsicheren Zukunftsereignissen oft übertrieben risikoavers verhalten, d. h. Verluste werden deutlich stärker gewichtet als gleich große Gewinne (loss aversion). Hierzu stellt Kahneman (2003, S. 1457) fest: „[T]he value of a good to an individual appears to be higher when the good is viewed as something that could be lost or given up than when the same good is evaluated as a potential gain". Zugleich besteht jedoch eine Asymmetrie zwischen Gewinn- und Verlustsituationen und zwar dergestalt, dass Akteure sich aufgrund der bestehenden Verlustaversion in Verlustsituationen wiederum übertrieben sorglos verhalten. Eine graphische Illustration der beiden Wahrnehmungsverzerrungen von Verlustaversion und Sicherheitseffekt findet sich in den Abb. 2.3 und 2.4.

Gebrauch von Heuristiken – Neben den genannten Wahrnehmungsverzerrungen kann auch die Verwendung von Entscheidungsheuristiken ein „irrationales" Verhalten bewirken (siehe hierzu auch Tab. 2.2). Solche Heuristiken kommen insbesondere dann zur Anwendung, wenn Akteure aufgrund von Zeitdruck und Informationsvielfalt überfordert sind, die Konsequenzen ihrer Entscheidungen umfassend zu reflektieren (vgl. Todd und Gigerenzer 2000 oder auch Schwarz et al. 1994). Ein Beispiel für solche „Abkürzungen" im Entscheidungsprozess ist der Gebrauch von mentalen Ankern, die bewirken, dass Entscheidungen zwischen Handlungsalternativen nicht frei von vorgefertigten Urteilen gefällt werden (Ankerheuristik). D. h. Akteure neigen dazu, Entscheidungen nicht rein sachbezogen, sondern in Anlehnung an gegebene Orientierungsgrößen zu treffen. So konnten Strack und Mussweiler (1997) solche Ankereffekte – bei Laien wie bei Experten – auch dann nachweisen, wenn die verwendeten Anker völlig willkürlich und damit logisch unplausibel waren. Ariely (2010, S. 62 f.) spricht in diesem Zusammenhang auch von „willkürlicher Kohärenz" (vgl. hierzu ebenso Thaler und Sunstein 2012, S. 39 ff.). Diesen Anker-Effekt macht sich beispielsweise die Werbeindustrie zunutze, wenn mittels entsprechender Marketing-Methoden die Zahlungsbereitschaft für ein Produkt beeinflusst wird, indem dieses Produkt mit einem möglichst hochwertigen Anker mental verknüpft wird. Ein solcher Anker, der durch externe Einflüsse manipuliert werden kann, muss dabei nicht zwingend etwas mit dem entscheidungsrelevanten Sachverhalt zu tun haben. Die Anwendung mentaler Anker kann jedoch zu Lock-In-Effekten führen, wenn bestehende Vorurteile im Rahmen der Bewertung von Handlungsalternativen eine potenziell verbesserte Bedürfnisbefriedigung verhindern.

Ebenfalls von signifikanter Bedeutung ist die sogenannte Verfügbarkeitsheuristik. Mit ihr verbindet sich das Phänomen, dass Akteure ihre Entscheidungen nicht zwingend auf die als relevant anzusehenden Informationen stützen, sondern auf solche, an die sie sich am leichtesten erinnern können. Es ist nach Kirchler (2011, S. 72) leicht nachvollziehbar, dass auch damit die Wahrscheinlichkeit steigt, falsche Entscheidungen zu treffen, da „die Verfügbarkeit von Informationen nicht nur von der Erlebnis- und Darbietungshäufigkeit abhängt, sondern auch von einer Reihe anderer Faktoren". Solche anderen Faktoren können beispielsweise die Auffälligkeit von Ereignissen oder auch die aktuelle Stimmungslage zum Zeitpunkt der Erinnerung sein (vgl. hierzu auch Tversky und Kahneman 1974 sowie Bower 1981). Schließlich ist ebenso zu berücksichtigen, dass Akteure dazu neigen, gemachte Beobachtungen einem bekannten Verhaltensmuster zuzuordnen. Dieses Denken in Stereotypen wird auch als Repräsentativitäts-heuristik bezeichnet. Eng damit verwandt ist die Rekognitionsheuristik, die dazu führt, dass Akteure bei Konfrontation mit

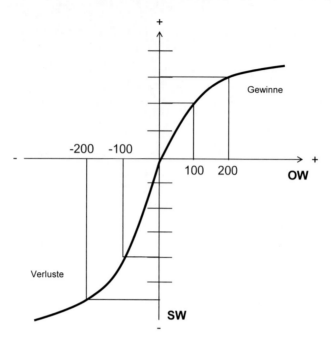

Abb. 2.3 Divergenz zwischen objektivem und empfundenem Wert von Gewinnen und Verlusten. (*Erläuterung*: Im Rahmen der Verhaltensökonomik wird davon ausgegangen, dass Akteure ihre Entscheidungen nicht unter Berücksichtigung des objektiven Wertes (OW) von Entscheidungsoptionen (ausgedrückt in Nutzen oder Kosten bzw. Gewinnen oder Verlusten) beurteilen, sondern Entscheidungsergebnisse anhand des subjektiven (empfundenen) Wertes (SW) in Form der Abweichungen von einem Referenzpunkt beurteilen. Damit ist der Wert einer Entscheidungsoption sowohl vom Referenzpunkt selbst als auch von der Höhe der Abweichung von diesem Referenzpunkt abhängig. Bezogen auf die Abbildung wird dieser Referenzpunkt durch den Ursprung des Koordinatensystems abgebildet, der als Maßstab für die Bewertung von Gewinnen und Verlusten von Entscheidungsergebnissen fungiert. Als Besonderheit der Wertekurve gilt hierbei, dass diese konkav im Bereich der Gewinne und konvex im Bereich der Verluste verläuft. Der Grund hierfür ist, dass aus psychologischer Sicht die subjektive Wahrnehmung von der (relativen) Größe eines Reizes abhängt. Der im Vergleich zum Gewinnbereich steilere Verlauf der Werte-Kurve im Bereich der Verluste spiegelt dabei die (empirisch nachgewiesene) Verlustaversion wider und bedeutet, dass betragsmäßig gleich große Gewinne und Verluste unterschiedlich bewertet werden. Quelle: Eigene Darstellung in Anlehnung an Kahneman und Tversky (1979))

einem bekannten und einem unbekannten Sachverhalt davon ausgehen, dass der bekannte Sachverhalt wertmäßig höher einzuschätzen ist. Weitere bekannte kognitive Abkürzungen sind die Take the Best-Heuristik sowie die Eliminationsheuristik, die beide besagen, dass bei (komplexen) Entscheidungen nur selten klassisch rational im Sinne einer Bewertung aller verfügbaren Handlungsalternativen vorgegangen wird (vgl. hierzu Tversky 1972).

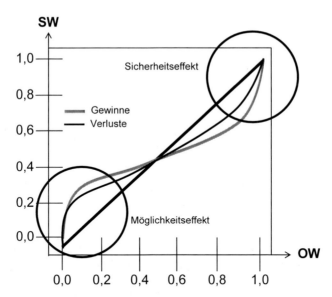

Abb. 2.4 Unterschied zwischen tatsächlicher und gefühlter Wahrscheinlichkeit von Ereignissen (Möglichkeits- und Sicherheitseffekt). (*Erläuterung*: Aus Sicht der Verhaltensökonomik erfolgt im Fall von Entscheidungsunsicherheit die Zuordnung von Wahrscheinlichkeiten zu (zufälligen) Ereignissen – anders als von der ökonomischen Standard-Erwartungsnutzentheorie angenommen – durch Akteure nicht in konsistenter Weise. Dies gilt selbst unter der Bedingung vollständig bekannter Wahrscheinlichkeiten, bei der es häufig zu Diskrepanzen zwischen objektiver (tatsächlicher) Wahrscheinlichkeit (OW) und subjektiv wahrgenommener Wahrscheinlichkeit (SW) von Ereignissen (hier: von möglichen Gewinnen oder Verlusten) kommt. In der Abbildung wird die Verteilung der objektiven Wahrscheinlichkeiten durch die 45-Grad-Linie repräsentiert, während der Verlauf möglicher subjektiver Ereigniswahrscheinlichkeiten durch die geschwungenen Linien abgebildet wird. Der Sicherheitseffekt (certainty effect) kennzeichnet dabei das Phänomen, dass der Schritt von sehr wahrscheinlich auf sicher bedeutsamer ist als jener von nicht ganz so wahrscheinlich auf wahrscheinlich (Einkreisung *oben rechts*). Spiegelbildlich hierzu beschreibt der sogenannte Möglichkeitseffekt (Einkreisung *unten links*) den Sachverhalt, dass der Schritt von nicht wahrscheinlich auf etwas wahrscheinlich ebenfalls als bedeutsamer eingestuft wird als jener von etwas wahrscheinlich auf wahrscheinlich. Quelle: Eigene Darstellung in Anlehnung an Kahneman und Tversky (1992))

Allgemein muss aus verhaltensökonomischer Sicht davon ausgegangen werden, dass die Verwendung der genannten Heuristiken insbesondere in neuen oder schlecht strukturierten Entscheidungssituationen zu negativen Konsequenzen im Hinblick auf die „Güte" von Entscheidungen führt (vgl. Camerer und Loewenstein 2012 sowie Elster 1998, S. 60). D. h. der individuelle Gebrauch von Entscheidungsheuristiken führt manchmal, aber keineswegs immer zu optimalen Entscheidungen, wie es das neoklassische Standardmodell rationalen Verhaltens unterstellt.

Tab. 2.2 Häufig zur Anwendung kommende Entscheidungsheuristiken. (Quelle: Eigene Zusammenstellung auf der Grundlage von Kirchler (2011))

Art der Entscheidungsheuristik	Inhaltliche Erläuterung
Verfügbarkeitsheuristik	Die Schätzung der Auftrittswahrscheinlichkeit oder Häufigkeit eines Ereignisses erfolgt in Orientierung an der Schwierigkeit oder Leichtigkeit, mit der einzelne Informationen aus dem Gedächtnis abgerufen werden können
Repräsentativitätsheuristik	Anhand des geschätzten Grads an Übereinstimmung zwischen einem Element und einer Klasse bzw. Kategorie, einer Handlung und einer Person oder auch einer Wirkung und einer Ursache mit dem Ergebnis ordnen Akteure Beobachtungen (vor-) schnell einem bekannten Muster (bzw. Klischee) zu
Ankerheuristik	Häufigkeits- und Wahrscheinlichkeitseinschätzungen von Akteuren orientieren sich an einem Ausgangswert, der durch die Problemformulierung oder durch einen anderen Akteur vorgegeben ist, was im Laufe der Schätzung zu einer unzureichenden Anpassung ihrer Entscheidungsurteile führt
Rekognitionsheuristik	Wenn Akteure eines von zwei Objekten kennen und das andere nicht, dann ziehen sie häufig daraus die Schlussfolgerung, dass das erkannte Objekt einen höheren Wert besitzt bzw. wichtiger ist
Take the Best-Heuristik	Wenn von Akteuren eine Entscheidungsoption aus mehreren ausgesucht werden soll, dann erfolgt diese Auswahl oft anhand eines Merkmals, das als besonders relevant erscheint und die Optionen werden anhand dieses Merkmals verglichen bzw. ausgeschieden
Eliminationsheuristik	Die Merkmale von Entscheidungsoptionen werden von Akteuren nicht umfassend sondern schrittweise zur Bewertung dieser Optionen herangezogen und jene Optionen, die dem Merkmal nicht entsprechen, werden sukzessive ausgeschieden

2.3 Melioration, dynamische Präferenzausbildung und situationsgebundene Entscheidungen

Folgt man der klassischen Lerntheorie, beeinflussen die wahrgenommenen Konsequenzen des gegenwärtigen Verhaltens die Auftrittswahrscheinlichkeit des zukünftigen Verhaltens, d. h. die Wahrscheinlichkeit für solche Entscheidungen steigt, welche die höchste Verstärkung erfahren. Wäre diese Annahme zutreffend, würden Akteure entsprechend der Rational-Wahl-Theorie ihren Nutzen maximieren. Psychologische Studien zeigen jedoch, dass es in der Realität zu Abweichungen vom Maximierungsprinzip kommen kann, wobei sowohl emotionale Einflussfaktoren als auch situative Gegebenheiten hierbei von Bedeutung sind (siehe auch Tab. 2.3).

Tab. 2.3 Bedeutsame Kontexteffekte des Entscheidungsverhaltens. (Quelle: Eigene Zusammenstellung auf der Grundlage von Kirchler (2011))

Art des Kontexteffekts	Inhaltliche Erläuterung
Framing-Effect	Das gedankenlose und eher passive Treffen von Entscheidungen führt dazu, dass Akteure sich an den jeweiligen Gegebenheiten der Entscheidungssituation orientieren
Isolation-Effect	Eine unterschiedliche Präsentation ein und derselben Entscheidungsoption führt bei Akteuren zu unterschiedlichen Präferenzen mit Blick auf die verschiedenen Präsentationsvarianten
Sunk-Costs-Effect	Bei der Entscheidung zwischen verschiedenen Handlungsoptionen werden von den Akteuren häufig vergangene Kosten berücksichtigt, die bei einer rationalen Nutzen-Kosten-Abwägung jedoch keine Rolle spielen dürften
Herding-Effect	Akteure lassen sich in ihrem Entscheidungsverhalten leicht durch die Entscheidungen anderer Akteure beeinflussen
Spotlight-Effect	Das Entscheidungsverhalten von Akteuren wird durch die Vorstellung beeinflusst, dass andere Akteure genau darauf achten, wie man sich selbst verhält
Disposition-Effect	Das Prognoseverhalten sowie die Entscheidungsergebnisse von Akteuren werden davon beeinflusst, in welcher situativen Stimmung bzw. Gefühlslage diese getroffen werden
Mental Accounting	Eine Verbuchung von Ausgaben erfolgt ergebnisspezifisch, wobei Akteure für unterschiedliche Entscheidungsbereiche bestimmte Budgetvolumina vorab festlegen, womit die Wahrscheinlichkeit abnimmt, dass mehr als der vorgegebene finanzielle Betrag für eine jeweilige Entscheidungsoption verausgabt wird
Meloriation/ Prokrastination	Aktuell bestehende (kurzfristige) Vorteile bestimmen das Entscheidungsverhalten von Akteuren, was dazu führt, dass der Nutzen von Entscheidungsoptionen über die Zeit kaum berechnet werden kann und es zum Aufschub langfristig vorteilhafter Entscheidungen kommt

Emotionale Entscheidungsirrtümer – Solche Irrtümer kommen dadurch zustande, dass es Akteuren oft nicht gelingt, einmal entworfene und subjektiv als optimal bewertete Pläne über einen längeren Zeitraum auch in die Tat umzusetzen. Die Ursachen für diese Art von Willensschwäche und damit verbundenen Fehlentscheidungen sind durchaus unterschiedlich. So kann zum einen das frühere Verhalten eines Akteurs dessen jeweils gegenwärtige Entscheidung beeinflussen. Emotionale Bindungen, Gewohnheiten oder auch Traditionen sind hier als relevante Bestimmungsfaktoren zu nennen, die dazu führen können, dass vergangene Handlungen, die sachlich und zeitlich unabhängig von aktuellen Problemen sind, negativ auf das gegenwärtige Entscheidungsverhalten einwirken (Beispiel: Suchtphänomene). Ein Mangel an Selbstkontrolle gegenüber diesen zeitlich zurückliegenden Ereignissen kann dazu beitragen, dass Akteure sich nicht in der Lage sehen, an ihren einmal gefassten Plänen (hier: Abkehr vom Suchtverhalten) auch entsprechend festzuhalten ("problem of conditional preferences"). Offensichtlich fällt Akteuren der Aufschub von Belohnungen auch dann schwer, wenn diese zu einem späteren Zeitpunkt deutlich größer als in der Gegenwart ausfallen (vgl. Hernstein (1991) sowie Hernstein und Prelec 1992; vgl. ebenso Laibson (1997) oder auch Frederick et al. 2002). Das beschriebene Phänomen wird von Laibson und Zettelmeyer (2003) auch als „hyperbolische Abzinsung" oder „gegenwärtige Tendenz" bezeichnet. Mullainathan und Shafir (2013, S. 136) stellen hierzu fest: „Wir überschätzen den sofortigen Gewinn auf Kosten späterer Gewinne. Das ist der Grund, warum es so schwer ist zu sparen, zum Training zu gehen oder die Steuern pünktlich zu zahlen".

Ein weiterer Grund für entsprechende Willensschwächen ist, dass Akteure zwar problemlos in der Lage sind, für die Zukunft Handlungspläne zu entwickeln, jedoch nicht hinreichend antizipieren können, dass es zu einem späteren Zeitpunkt zu emotionalen Nivellierungen der ursprünglichen Pläne aufgrund von hedonistischen Anpassungen kommen kann. Ausgelöst werden diese Anpassungen dadurch, dass zum Zeitpunkt der Planung in der Zukunft liegende Kosten zugunsten der Minimierung gegenwärtiger Kosten vernachlässigt werden. Nahe und entfernte Ereignisse unterliegen somit einer unterschiedlichen Bewertung, wobei die Kosten eines Ereignisses umso geringer erscheinen, je weiter entfernt dieses vom aktuellen Zeitpunkt ist. Orientiert sich das Verhalten dergestalt an zeitlich nahe liegenden Handlungsalternativen, spricht man auch vom Prinzip der Melioration, das an die Stelle des Maximierungsprinzips tritt. Dieses Prinzip der „kurzfristigen Besserstellung" ist nachweislich selbst dann wirksam, wenn die Wahl der momentan besseren Alternative langfristig zur schlechtesten Lösung führt. Ökonomisch bedeutet dies, dass die Diskontierung von Gewinnen und Verlusten über die Zeit sowohl besonders hoch ist als auch inkonsistent sein kann (vgl. hierzu auch Ainslie und Haslam 1992 sowie Loewenstein und Thaler 1989). Im Ergebnis resultiert daraus das Phänomen zeitinkonsistenter Präferenzen, welches sich aus Sicht der Verhaltensökonomik auch als ein „multiple-selves" Problem charakterisieren lässt, da der betroffene Akteur – entgegen dem ökonomischen (neoklassischen) Standardmodell – keine einheitliche Präferenzordnung aufweist. Dieses Problem wird noch dadurch verschärft, dass Akteure häufig nicht in der Lage sind, weder ihre vergangenen noch ihre zukünftigen Präferenzen zu benennen. Eine Maximierung des eigenen Nutzens über die Zeit gestaltet sich jedoch unter dieser Bedingung als besonders schwierig (vgl. zu diesem Phänomen ausführlich Kahneman 1994).

Situationsabhängiges Verhalten – Das situative Entscheidungsverhalten von Akteuren wird aus verhaltensökonomischer Sicht nicht allein durch gegebene Restriktionen wie Güterpreise oder Einkommen bestimmt. Vielmehr wird dieses auch durch die Entscheidungssituation, wie sie sich für den Akteur präsentiert (oder durch ihn konstruiert wird), beeinflusst. D. h. Entscheidungen erweisen sich in hohem Maße als kontextabhängig (framing effect), da – folgt man Thaler und Sunstein (2012, S. 58) – Akteure „ihre Entscheidungen oft gedankenlos und eher passiv fällen". Eine illustrative Darstellung der Auswirkungen solcher Kontexteffekte auf das Entscheidungsverhalten findet sich in Ariely (2010, S. 137 ff.)

am Beispiel sexueller Erregung. Von Relevanz ist dabei zum einen, wie Handlungsalternativen präsentiert bzw. beschrieben werden. Danach führt nach Thaler (1985) sowie Kahneman und Tversky (1984) nicht selten eine unterschiedliche Dekompositionen ein und derselben Handlungsalternative zu unterschiedlichen Präferenzen gegenüber den verschiedenen Formulierungsvarianten, auch wenn es sich jeweils um denselben Sachverhalt handelt (isolation effect). Auch ist von Bedeutung, in welcher aktuellen emotionalen Stimmungslage Entscheidungen getroffen bzw. Prognosen über zukünftige Entscheidungen abgegeben werden (disposition effect). Befindet sich beispielsweise ein Akteur zum Zeitpunkt einer Vorhersage über zukünftige Ereignisse, Entscheidungen oder auch Gefühlslagen in einer positiven Stimmung, fallen dessen Prognosen systematisch anders aus als jene Vorhersagen, die ein Akteur in einer schlechten oder „neutralen" Stimmung abgibt. Loewenstein et al. (2003) sprechen im Zusammenhang mit solchen stimmungsabhängigen Prognoseunterschieden auch von einem „projection bias". Zudem konnte nachgewiesen werden, dass Akteure – entgegen der ökonomischen Erwartungsnutzentheorie – in ihren Entscheidungen häufig vergangene Kosten berücksichtigen (sunk-costs effect), die aus Sicht der Rational-Wahl-Theorie für die gegenwärtige Nutzenmaximierung jedoch keine Rolle spielen dürften. D. h. sie stellen vergangene Erfahrungen in Rechnung und definieren dadurch einen Kontext für aktuelle Entscheidungen. Damit eng verknüpft ist das Phänomen der sogenannten mentalen Buchführung (mental accounting), bei dem Akteure für unterschiedliche Entscheidungsbereiche bestimmte Budgetposten vorab festlegen. Wird dergestalt ereignisspezifisch verbucht und ist das dafür vorgesehene Budget aufgebraucht, sinkt die Wahrscheinlichkeit, dass für den entsprechenden Budgetbereich weitere Mittel ausgegeben werden, selbst wenn dies individuell von Vorteil wäre (vgl. grundlegend Thaler 1992; vgl. zudem Häring und Storbeck 2007).

Einen weiteren Bestimmungsfaktor kontextgebundenen Entscheidens benennt das sogenannte Konzept der konstruktiven Präferenzen (vgl. etwa Bettman und Park 1980, Payne et al. 1992 oder auch Bettman et al. 1998). Dabei wird davon ausgegangen, dass ein Akteur seine je spezifischen Präferenzen erst während des Entscheidungsprozesses („on the spot when needed") und damit abhängig von den Rahmenbedingungen des Entscheidungsvorgangs bildet. Erklärt wird dieses Phänomen damit, dass kognitive Kompetenzen zur Bildung wohl definierter und stabiler Präferenzen häufig fehlen. Auch wird unterstellt, dass aus subjektiver Sicht im Regelfall verschiedene Ziele in eine Entscheidungssituation eingebracht werden, deren Abwägung erst im Laufe des Entscheidungsprozesses erfolgt. Schließlich ist ebenso von Bedeutung, dass sich Akteure leicht durch das, was andere kommunizieren und entscheiden, beeinflussen lassen (Herden-Effekt). Dies gilt sowohl für die (sozial konforme) Übernahme von Verhaltensmustern, die auch bei (vielen) anderen zu beobachten sind, als auch die Angewohnheit, bestehenden Gruppenzwängen nachzugeben. Dieses Verhalten wird zusätzlich dadurch begünstigt, dass die handelnden Akteure davon ausgehen, von ihrem sozialen Umfeld beobachtet zu werden, wodurch sie sich an das anzupassen versuchen, was sie für die Erwartungen der anderen halten (spotlight effect). Shiller (2008) spricht im Zusammenhang mit dem „Herden-Effekt" auch von sozialer Ansteckungskraft (vgl. hierzu auch Thaler und Sunstein 2012, S. 90 ff.).

2.4 Zur Bedeutung von Fairnessnormen, Vertrauen, sozialer Reziprozität und Reaktanz für das individuelle Entscheidungsverhalten

Nicht allein die bislang vorgestellten Untersuchungsergebnisse der Verhaltensökonomik, sondern auch empirische Studien aus dem Bereich der experimentellen Ökonomik deuten darauf hin, dass das im neoklassischen Standardmodell unterstellte Rational- und Maximierungsverhalten zumindest in Konkurrenz zu weiteren handlungsleitenden Motiven steht. Im Zentrum von Laborexperimenten steht dabei die Frage, welche Regelmäßigkeiten sich im tatsächlichen Verhalten von Akteuren in Entscheidungs- bzw. Interaktionssituationen zeigen, in denen ein Konflikt zwischen individueller und kollektiver Rationalität besteht (vgl. für einen Überblick Plott und Smith 2008 oder auch Kagel und Roth 1995). Dabei hat sich bislang unter anderem gezeigt, dass für die Realisierung wechselseitiger Kooperationsgewinne Einflussgrößen wie die Kommunikation zwischen den Akteuren, deren kultureller Hintergrund oder auch die Bereitschaft zu einseitigen Vorleistungen wichtige Voraussetzungen für ein gelungenes Kooperationsverhalten darstellen. Darüber hinaus wurde die bereits erwähnte Situationsgebundenheit des individuellen Entscheidungsverhaltens, zudem aber auch die Relevanz von Vertrauen sowie von Fairness- und Reziprozitätsnormen in sozialen Interaktionsbeziehungen durch empirische Studien der experimentellen Ökonomik nachweislich bestätigt. So stellen etwa Weimann et al. (2012, S. 196) vor diesem Hintergrund fest: „Menschen sind bereit, in bestimmten Situationen auf die Wahrnehmung ihres eigenen Vorteils zu verzichten und sie beachten bei Entscheidungen den Kontext, in dem sie sich bewegen – auch wenn er für die logische Struktur des Entscheidungsproblems unerheblich ist". Zudem – folgt man Falk (2001, S. 300) – „verhalten sich viele Teilnehmer in Experimenten kooperativ und belohnen faires bzw. bestrafen unfaires Verhalten, selbst wenn es mit Kosten verbunden ist". Werden Vertrauen oder Fairnesserwartungen verletzt, kann dies sowohl zu Sanktionen als auch zu Reaktanz führen. Insbesondere diese zuletzt genannten Einflussfaktoren des Akteursverhaltens bedürfen aufgrund ihrer besonderen Relevanz einer näheren Erläuterung.

Bedeutung von Fairnessnormen – Die durchgeführten Experimente zeigen, dass in genau bestimmbaren Situationen die meisten Akteure hinsichtlich ihres Entscheidungsverhaltens durch eine „Ungleichheitsaversion" geprägt sind. Dies führt zu einem altruistischen Verhalten, wenn der andere relativ zur eigenen Position schlechter gestellt ist, und zu einem neidgesteuerten Verhalten, wenn der andere über eine bessere als die eigene Position verfügt. Diese Präferenz für Gleichheit schlägt sich in der Bevorzugung von Normen der Fairness und Reziprozität nieder. Nach Akerlof und Shiller (2009, S. 40 ff.) ist Fairness, d. h. die Vorstellung von einem gerechten und anständigen Verhalten, insofern einer der entscheidenden Verhaltensantriebe (vgl. zum sozialen Einfluss auf die individuellen Präferenzen auch Fehr und Hoff 2011). Dies gilt insbesondere dann, wenn die in sozialen Interaktionsbeziehungen getroffenen Entscheidungen mit Rechten und Pflichten verbunden sind, die als nicht vollständig definiert gelten, so dass deren Durchsetzung in möglichen

2.4 Zur Bedeutung von Fairnessnormen, Vertrauen, sozialer Reziprozität …

zukünftigen Situationen ungewiss ist. In Experimenten wie dem sogenannten Ultimatum-, dem Diktator- oder auch dem Vertrauensspiel wird dabei deutlich, dass die Interaktionspartner – entgegen der Annahme einer Maximierung des eigenen Vorteils – keine grob ungleichen Aufteilungsvorschläge mit Blick auf die realisierbaren Kooperationsgewinne machen, um Fairness und Reziprozität zu gewährleisten (vgl. zu den genannten Verhaltensexperimenten Güth et al. 1982; Thaler 1988, Fehr und Gächter 1998; Fehr und Schmidt 1999; Frohlich et al. 2001; Chaudhuri et al. 2002 sowie Henrich et al. 2004; eine Zusammenfassung der Ergebnisse der genannten Spiele findet sich in Behnke 2013, S. 200 ff.; Weimann et al. 2012, S. 194 ff. oder auch Englerth 2004, S. 10 ff.).

Bezogen auf die Ergebnisse der genannten Experimente stellt Gigerenzer (2008, S. 79) fest: „Diese Untersuchungen zeigen, dass Menschen selbst in einer extremen Situation, in der die andere Person unbekannt und die Begegnung anonym und mit Kosten verbunden ist, dazu tendieren, sich um das Wohl anderer zu kümmern". Mit diesen Experimenten werden zugleich psychologische Austausch- und Gerechtigkeitstheorien (insbesondere die sogenannte Equity-Theorie) bestätigt, denen zufolge ein reines Maximierungsverhalten in Interaktionsbeziehungen gegen internalisierte Normen verstoßen kann, wobei eine besonders gewichtige Norm hier die Vorstellung von sozialer Gerechtigkeit ist. Dabei gilt für Psychologen – folgt man Wiswede (2012, S. 104) – als evident, dass „Gerechtigkeitsüberlegungen […] in nahezu allen Interaktions- und Verhandlungssituationen eine Rolle spielen". Was den Zusammenhang zwischen Fairness und Gerechtigkeit betrifft, wird davon ausgegangen, dass Fairness auf die Einhaltung expliziter oder impliziter Spielregeln zielt, deren Zweck wiederum vor allem darin besteht, die Wahrscheinlichkeit gerechter Interaktionsergebnisse zu erhöhen. Auch gelten Vertrauen und Vertrauenswürdigkeit als lohnend, wobei letzteres bedeutet, dass die Akteure bereit sind, gewisse Nachteile in Kauf zu nehmen, um bestehende Fairnessnormen nicht zu verletzen. Begründet wird dieses Verhalten damit, dass die Akteure neben materiellen Präferenzen auch solche für die Bestätigung oder die Erzeugung eines bestimmten (sozialen) Rufs und eines sympathischen Selbstbildes in Abhängigkeit davon haben, wie sie zuvor von den anderen Interaktionspartnern behandelt wurden (vgl. hierzu auch Rabin 1993, S. 1281; vgl. ebenso Jolls et al. 1998, S. 1496). Folgt man Hartmann (2011, S. 474), gilt für die Erzeugung von Vertrauen in Marktbeziehungen zudem: „Vertrauen ist kein Phänomen, das einer kalkulatorischen Kosten-Nutzen-Analyse entspringt".

Verzerrte Fairnesswahrnehmungen – Die Bedeutung von Fairnessnormen im Rahmen von Interaktionsbeziehungen schließt per se noch kein eigeninteressiertes Akteursverhalten aus. Vielmehr ist – folgt man den Ergebnissen der experimentellen Ökonomik – davon auszugehen, dass eine Interdependenz zwischen Fairness-Erwägungen und Eigeninteresse besteht. So wird nicht nur das eigeninteressierte Verhalten von Akteuren durch die Präferenz nach einer gerechten Behandlung beeinflusst. Vielmehr steht auch die subjektive Einschätzung dessen, was als fair zu bewerten ist, unter dem Einfluss des Eigeninteresses der Akteure und wird nicht selten durch dieses verzerrt. Im Ergebnis kann dies zu Hemmnissen führen, die entweder eine Einigung zwischen den Interaktionspartnern scheitern lassen oder die zu Problemen bei der anschließenden Durchsetzung von Maßnahmen führen, ohne dass dies durch die ökonomische Standardtheorie (vollständig) erklärt werden kann. Aus verhaltensökonomischer Sicht wird dieses Phänomen demgegenüber häufig durch den Verweis auf einen bestehenden „Self-serving Bias" plausibilisiert. Dabei handelt es sich um die wechselseitige Überzeugung seitens der involvierten Akteure, dass ihnen mit Blick auf das angestrebte Ergebnis eines Interaktionsprozesses mehr zusteht, als aus einer neutralen Perspektive als angemessen gelten kann (vgl. zur Untersuchung dieses Effekts Babcock et al. 1993; Babcock et al. 1995 oder auch Sunstein 1999). Nach Englerth (2004, S. 14 f.) lassen sich die empirischen Ergebnisse auch nicht durch eine asymmetrische Informationsverteilung oder durch ein taktisches Verhalten der Verhandlungsparteien erklären, da im Rahmen der Versuchsanordnungen der durchgeführten Verhaltensexperimente auf diese Faktoren kontrolliert wurde. Liegen solche verzerrten Fairnesswahrnehmungen im Sinne einer systematischen Überschätzung der eigenen Anspruchsberechtigung vor, kann dies dazu führen, dass es zu keiner wechselseitig vorteilhaften Einigung kommt oder die Bindungswirkung an die erzielten Ergebnisse zumindest bei einem Teil der betroffenen Akteure vergleichsweise gering ausfällt.

Reaktantes Verhalten – In ihrer ursprünglichen Form diente die sogenannte Reaktanztheorie dazu, Verhaltensweisen in Hinsicht auf einen subjektiv erfahrenen Freiheitsverlust zu erklären. Unter einem Verlust an Freiheit ist dabei zu verstehen, dass bislang vorhandene Wahlmöglichkeiten oder Entscheidungsalternativen (unerwartet) nicht mehr zur Verfügung stehen. Reaktanz wird dann als Reaktion auf diese Beschränkungen verstanden und stellt den Versuch dar, die Einschränkung von Freiheitsspielräumen zu revidieren. In einer Spezifizierung lässt sich darunter anstelle des Verlusts an Wahlfreiheit auch die Einbuße an Kontrollmöglichkeiten über Handlungsalternativen verstehen (vgl. grundlegend zur Reaktanztheorie Grabitz-Gniesch und Grabitz 1973; Wortmann und Brehm 1975 sowie Snyder und Wicklund 1976; für eine zusammenfassende Darstellung der Reaktanztheorie vgl. zudem Pelzmann 2012, S. 41 ff. oder auch Wiswede 2012, S. 89 ff. mit weiteren Literaturverweisen). Gleichwohl in beiden Interpretationsvarianten von Reaktanz die Überwindung des Verlusts von oder der Kontrolle über Entscheidungsalternativen im Vordergrund steht, lässt sich in einer Erweiterung ebenso die unerwartete Missachtung von Spielregeln, die der expliziten oder impliziten Strukturierung von Interaktionsprozessen dienen und die in Gerechtigkeits-, Fairness- und Reziprozitätserwägungen ihren Ausdruck finden, mit Reaktanz-Effekten in Verbindung bringen. Der Widerstand gegen subjektiv als unfair oder ungerecht empfundenes Verhalten, der sich etwa in der Bestrafung von Akteuren, die Fairness- oder Gerechtigkeitsnormen verletzen, ausdrücken kann, würde danach der Wiederherstellung der Wirksamkeit der wechselseitig als handlungsleitend interpretierten Verhaltensnormen dienen.

Sowohl die Ausführungen zu den Anomalien im Entscheidungsverhalten aufgrund von kognitiven Beschränkungen, Heuristiken, zeitinkonsistenten Präferenzen und Kontexteffekten als auch die Überlegungen zur Relevanz von Vertrauen, Fairness-Erwägungen und Reaktanz in Interaktionsprozessen sollten deutlich gemacht haben, dass das psychologisch fundierte Verhaltensmodell ein sehr differenziertes Bild vom individuellen Entscheidungsverhalten liefert, welches in vielen Fällen genauere Voraussagen als der ökonomische Standardansatz erwarten lässt. Daran anknüpfend steht in den nachfolgenden drei Teilen des vorliegenden Buches die Frage im Mittelpunkt, welche inhaltlichen Ergänzungen und Korrekturen sich mit Blick auf die finanzwissenschaftliche Analyse der Rechtfertigungs- und Wirkungsanalyse von Steuern und sonstigen staatlichen Einnahmen (Kap. 3), der zeitlichen Entwicklung und ökonomischen Wirkung öffentlicher Ausgaben (Kap. 4) sowie der Begründung und Ausgestaltung staatlicher Markteingriffe unter Effizienz-, Verteilungs- und Stabilisierungsaspekten (Kap. 5) formulieren lassen. Dabei wird sich zeigen, dass die Gesamtheit der hier benannten psychologischen Effekte und Mechanismen – wenngleich selektiv und mit unterschiedlicher Gewichtung – für die unterschiedlichen Formen der budgetwirksamen Staatstätigkeit sowie den haushaltspolitischen Willensbildungsprozess von Bedeutung ist.

Literatur

Ainslie, G. und N. Haslam (1992): Hyperbolic Discounting, in: Loewenstein, G. und J. Elster (Hrsg.), Choice over Time, New York, S. 57–92.

Akerlof, G.A. und R.J. Shiller (2009): Animal Spirits – Wie Wirtschaft wirklich funktioniert, Frankfurt am Main.

Albert, M. (2015): The Behavioral Challenge to Normative Economics, in: Müller, C. und N. Otter (Hrsg.), Behavioral Economics und Wirtschaftspolitik, Stuttgart, S. 3–28.

Aretz, H.-J. (1997): Ökonomischer Imperialismus? – Homo Oeconomicus und soziologische Theorie, in: Zeitschrift für Soziologie, Jg. 26, S. 79–95.

Ariely, D. (2010): Denken hilft zwar, nützt aber nichts – Warum wir immer wieder unvernünftige Entscheidungen treffen, 2. Auflage, München.

Babcock, L., Camerer, C., Loewenstein, G.F. und S. Issacharoff (1993): Self-Serving Assessments of Fairness and Pretrial Bargaining, in: Journal of Legal Studies, Vol. 22, S. 135–159.

Babcock, L., Camerer, C., Loewenstein, G.F. und S. Issacharoff (1995): Biased Judgments of Fairness in Bargaining, in: American Economic Review, Vol. 85, S. 1337–1343.

Bargh, J.A. (2006): What Have We Been Priming all these Years? – On the Development, Mechanisms, and Ecology of Nonconscious Social Behavior, in: European Journal of Social Psychology, Vol. 36, S. 147–168.

Bargh, J.A. und E. Morsella (2008): The Unconscious Mind, in: Perspectives on Psychological Science, Vol. 3, S. 73–79.

Bargh, J.A., Chen, M. und L. Burrows (1996): Automaticity of Social Behavior – Direct Effects of Trait Construct and Stereotype Activation on Action, in: Journal of Personality and Social Psychology, Vol. 71, S. 230–244.

Becker, G.S. (1993): Der ökonomische Ansatz zur Erklärung menschlichen Verhaltens, 2. Auflage, Tübingen.

Behnke, J. (2013): Entscheidungs- und Spieltheorie, Baden-Baden.

Bénabou, R. und J. Tirole (2012): Laws and Norms, Institute for the Study of Labor, IZA Discussion Paper 6290.

Bettman, J.R. und W. Park (1980): Effects of Prior Knowledge and Experience and Phase of the Choice Process on Consumer Decision Processes – A Protocol Analysis, in: Journal of Consumer Research, Vol. 7, S. 234–248.

Bettman, J.R., Luce, M.F. und J.W. Payne (1998): Constructive Consumer Choice Processes, in: *Journal of Consumer Research*, Vol. 25, S. 187–217.

Bower, G.H. (1981): Mood and Memory, in: American Psychologist, Vol. 36, S. 129-148.

Camerer, C.F. und G.F. Loewenstein (2004): Behavioral Economics: Past, Present, Future, in: Camerer, C.F., Loewenstein, G.F. und M. Rabin (Hrsg.), Advances in Behavioral Economics, Princeton, S. 3–51.

Camerer, C.F., Loewenstein, G.F. und D. Prelec (2005): Neuroeconomics – How Neuroscience Can Inform Economics, in: Journal of Economic Literature, Vol. 43, S. 9–64.

Chaudhuri, A., Sopher, B. und P. Strand (2002): Cooperation in Social Dilemmas, Trust and Reciprocity, in: Journal of Economic Psychology, Vol. 23, S. 231–249.

Conlisk, J. (1996): Why Bounded Rationality?, in: Journal of Economic Literature, Vol. 34, S. 669–700.

Croitoru, A. (2011): Carl Christian von Weizsäcker, 2011, Homo Oeconomicus Adaptivus – Lecture Review, in: Journal of Comparative Research in Anthropology and Sociology, Vol. 2, S. 147–153.

DellaVigna, S. (2009): Psychology and Economics, in: Journal of Economic Literature, Vol. 47, S. 315–372.

Denzau, A.T. und D.C. North (1994): Shared Mental Models – Ideologies and Institutions, in: Kyklos, Vol. 47, S. 3–31.

DiMaggio,P. (1994): Culture and Economy, in: Smelser, N.J./Swedberg, R. (ed.), The Handbook of Economic Sociology, New York, pp. 27-57.

DiMaggio, P. (1997): Culture and Cognition, in: American Journal of Sociology, Vol. 91, pp. 481-510.

Döring, T. (2009): Douglass North und das Problem der „Shared Mental Models", in: Pies, I. und M. Leschke (Hrsg.), Douglass Norths ökonomische Theorie der Geschichte, Tübingen, S. 145–187.

Döring, T. (2014): Das Zusammenspiel und die Erfassung individueller und institutioneller Bedingungen wirtschaftlicher Entwicklung – Korreferat zu dem Beitrag von Nils Goldschmidt, Pia Becker und Alexander Lenger, in: Apolte, T. (Hrsg.), Transfer von Institutionen, Berlin, S. 39–53.

Elster, J. (1998): Emotions and Economic Theory, in: Journal of Economic Literature, Vol. 36, S. 47–74.

Englerth, M. (2004): Behavioral Law and Economics – Eine kritische Einführung, Preprints of the Max Planck Institute for Research on Collective Goods, Nr. 2004–11, Bonn.

Erlei, M., Leschke, M. und D. Sauerland (2007): Neue Institutionenökonomik, 2. Auflage, Stuttgart.

Falk, A. (2001): Wirtschaftswissenschaftliche Experimente – Homo oeconomicus auf dem Prüfstand, in: Wirtschaftsdienst, Jg. 81, S. 300–304.

Fehr, E. und S. Gächter (1998): Reciprocity and Economics – The Economic Implications of Homo Reciprocans, in: European Economic Review, Vol. 42, S. 845–859.

Fehr, E. und K. Hoff (2011): Tastes, Castes and Culture – the Influence of Society on Preferences, in: The Economic Journal, Vol. 121, S. 396–412.

Fehr, E. und K.M. Schmidt (1999): A Theory of Fairness, Competition and Cooperation, in: Quarterly Journal of Economics, Vol. 114, S. 817–868.

Fehr, E. und S. Gächter (2000): Fairness and Retaliation – The Economics of Reciprocity, in: Journal of Economic Perspectives, Vol. 14, S. 159-181.

Frederick, S., Loewenstein, G.F. und T. O`Donoghue (2002): time Discounting and Time Preference – A Critical Review, in: Journal of Economic Literature, Vol. 40, S. 351–401.

Frohlich, N., Oppenheimer, J. und J.B. Moore (2001): Some Doubts about Measuring Self-Interest Using Dictator Experiments – The Costs of Anonymity, in: Journal of Economic Behavior and Organization, Vol. 46, S. 271–290.

Gigerenzer, G. (2008): Bauchentscheidungen – Die Intelligenz des Unbewussten und die Macht der Intuition, München.

Gigerenzer, G. und H. Brighton (2009): Homo Heuristicus – Why Biased Minds Make Better Inferences, in: Topics in Cognitive Science, Vol. 1, S. 107–143.

Grabitz-Gniesch, G. und H.J. Grabitz (1973): Psychologische Reaktanz – Theoretisches Konzept und experimentelle Untersuchungen, in: Zeitschrift für Sozialpsychologie, Jg. 4, S. 19–35.

Granovetter, M. (1985): Economic Action and Social Structure – The Problem of Embeddedness, in: American Journal of Sociology, Vol. 91, S. 481–510.

Güth, W. und H. Kliemt (2015): Behaviorism, Optimization and Policy Advice, in: Müller, C. und N. Otter (Hrsg.), Behavioral Economics und Wirtschaftspolitik, Stuttgart, S. 53–66.

Güth, W., Schmittberger, R. und B. Schwarze (1982): An Experimental Analysis of Ultimatum Bargaining, in: Journal of Economic Behavior and Organization, Vol. 3, S. 367–388.

Häring, N. und O. Storbeck (2007), Ökonomie 2.0–99 überraschende Erkenntnisse, Stuttgart.

Hartmann, M. (2011): Die Praxis des Vertrauens, Berlin.

Henrich, J., Boyd, R., Bowles, S., Camerer, C., Fehr, E. und H. Gintis (2004): Economic Experiments and Ethnographic Evidence from Fifteen Small-Scale Societies, Oxford.

Hernstein, R.J. (1991): Experiments on Stable Suboptimality in Individual Behavior, in: American Economic Review, Vol. 81, S. 360–364.

Hernstein, R.J. und D. Prelec (1992): Melioration, in: Loewenstein, G. und J. Elster (Hrsg.), Choice over Time, New York, S. 331–360.

Jolls, Ch., Sunstein, C.R. und R. Thaler (1998), A Behavioral Approach to Law and Economics, in: Stanford Law Review, Vol. 50, S. 1471–1550.

Jungmann, H., Pfister, H.-R. und K. Fischer (1998): Die Psychologie der Entscheidung, Heidelberg.

Kagel, J.H. und A.E. Roth (Hrsg.) (1995): The Handbook of Experimental Economics, Princeton.

Kahneman, D. (1994): New Challenges to the Rationality Assumption, in: Journal of Institutional and Theoretical Economics, Vol. 150, S. 18–36.

Kahneman, D. (2003): Maps of Bounded Rationality – Psychology for Behavioral Economics, in: American Economic Review, Vol. 93, S. 1449–1475.

Kahneman, D. (2011): Thinking, Fast and Slow, London.

Kahneman, D. und A. Tversky (1979): Prospect Theory – An Analysis of Decision under Risk, in: Econometrica, Vol. 47, S. 263–291.

Kahneman, D. und A. Tversky (1984): Choices, Values and Frames, in: American Psychologist, Vol. 39, S. 341–350.

Kahneman, D. und A. Tversky (1992): Advances in Prospect Theory – Cumulative Representation of Uncertainty, in: Journal of Risk and Uncertainty, Vol. 5, S. 297–323.

Kahneman, D., Knetsch, J.L. und R. Thaler (1991), Anomalies – The Endowment Effect, Loss Aversion and Status Quo Bias, in: Journal of Economic Perspectives, Vol. 5, S. 193–206.

Kirchgässner, G. (2000): Homo Oeconomicus, 2. Auflage, Tübingen.

Kirchler, E. (2011): Wirtschaftspsychologie – Individuen, Gruppen, Märkte, Staat, 4. Auflage, Göttingen et al.

Laibson, D.I. (1997): Golden Eggs and Hyperbolic Discounting, in: Quarterly Journal of Economics, Vol. 112, S. 443–477.

Laibson, D.I. und J. Zettelmeyer (2003): Die Neue Ökonomie der Ungeduld, in: Fehr, E. und G. Schwarz (Hrsg.), Psychologische Grundlagen der Ökonomie – über Vernunft und Eigennutz hinaus, Zürich, S. 39–46.

Leschke, M. (2015): ‚Mentale Modelle' und ‚Satisficing' als Alternativen zum Homo Oeconomicus, in: Müller, C. und N. Otter (Hrsg.), Behavioral Economics und Wirtschaftspolitik, Stuttgart, S. 99–120.

Lin, N. (2001): Social Capital – A Theory of Social Structure and Action, New York.

Loewenstein, G.F. und R.H. Thaler (1989): Anomalies – Intertemporal Choice, in: Journal of Economic Perspectives, Vol. 3, S. 181–193.

Loewenstein, G.F., O'Donoghue, T. und M. Rabin (2003): Projection Bias in Predicting Future Utility, in: The Quarterly Journal of Economics, Vol. 118, S. 1209–1248.

Maital, S. (2004): Daniel Kahneman – On Redefining Rationality, in: Journal of Socio-Economics, Vol. 22, S. 1–14.

Miljkovic, D. (2005): Rational Choice and Irrational Individuals or Simply an Irrational Theory – A Critical Review of the Hypothesis of Perfect Rationality, in: Journal of Socio-Economics, Vol. 34, S. 621–634.

Mullainathan, S. und E. Shafir (2013): Knappheit – Was es mit uns macht, wenn wir zu wenig haben, Frankfurt a. M.

Ockenfels, A. (2007): Daten statt Dogmen, in: Häring, N. und O. Storbeck (2007), Ökonomie 2.0 – 99 überraschende Erkenntnisse, Stuttgart, S. 1–6.

Payne, J. W., Bettman, J. R. und E. J. Johnson (1992): Behavioral Decision Research: A Constructive Processing Perspective, in: Annual Review of Psychology, Vol. 43, S. 87–131.

Pelzmann, L. (2012): Wirtschaftspsychologie – Behavioral Economics, Behavioral Finance, Arbeitswelt, 6. Auflage, Wien.

Plott, C. und V. Smith (Hrsg.) (2008): Handbook of Experimental Economics Results, North Holland.

Putnam, R.D. (2000): Bowling Alone – The Collapse and Revival of American Community, New York.

Rabin, M. (1993): Incorporating Fairness into Game Theory and Economics, in: American Economic Review, Vol. 83, S. 1281–1302.

Rabin, M. (1998): Psychology and Economics, in: Journal of Economic Literature, Vol. 36, S. 11–46.

Richter, R. und E.G. Furubotn (2010): Neue Institutionenökonomik, 4. Auflage, Tübingen.

Schattschneider, L. (2013): Homines Oeconomici – Wissen und Erkenntnis in Ökonomik und Ökonomie, Marburg.

Schwarz, N., Wänke, M. und H. Bless (1994): Subjective Assessment and Evaluation of Change – Some Lessons from Social Cognition Research, in: European Review of Social Psychology, Vol. 5, S. 181–210.

Shiller, R.J. (2008): The Subprime Solution, Princeton.

Smith, V.L. (2005): Behavioral Economics Research and the Foundations of Economics, in: Journal of Socio-Economics, Vol. 34, S. 35–150.

Snyder, M.L. und R.A. Wicklund (1976): Prior Exercise of Freedom and Reactance, in: Journal of Experimental and Social Psychology, Vol. 12, S. 120–130.

Storbeck, O. (2010): Verhaltensökonomie – Die Stunde der Verführer, Zeit-Online vom 18. Mai 2010 (http://www.zeit.de/wirtschaft/2010-05/wirtschaftswissenschaften).

Strack, F. und T. Mussweiler (1997): Explaining the Enigmatic Anchoring Effect, in: Journal of Personality and Social Psychology, Vol. 73, S. 437–446.

Suchanek, A. (1994): Ökonomischer Ansatz und theoretische Integration, Tübingen.

Sunstein, C.R. (1999): Behavioral Law and Economics – A Progress Report, in: American Law and Economics Review, Vol. 1, S. 115–157.

Thaler, R.H. (1985): Toward A Positive Theory of Consumer Choice, in: *Journal of Economic Behavior and Organization*, Vol. 1, S. 39–60.

Thaler, R.H. (1988): Anomalies – The Ultimatum Game, in: Journal of Economic Perspectives, Vol. 2, S. 195–206.

Thaler, R.H. (1992): The Winner's Curse – Paradoces and Anomylies of Economic Life, New York.

Thaler, R.H. und C.R. Sunstein (2012): Nudge – Wie man kluge Entscheidungen anstößt, 2. Auflage, Berlin.

Todd, P. und G. Gigerenzer (2000): Précis of Simple Heuristics That Make Us Smart, in: Behavioral and Brain Science, Vol. 23, S. 727–780.

Tversky, A. (1972): Elimination by Aspects – A Theory of Choice, in: Psychological Review, Vol. 79, S. 281–299.

Tversky, A. und D. Kahneman (1974): Judgment and Uncertainty – Heuristics and Biases, in: Science, Vol. 185, S. 1124-1131.

Vanberg, V. (2002): Rational Choice vs. Program-Based Behavior, in: Rationality & Society, Vol. 14, S. 7–54.

Voigt, S. (2002): Institutionenökonomik, München.

Weimann, J., Knabe, A. und R. Schöb (2012): Geld macht doch glücklich – Wo die ökonomische Glücksforschung irrt, Stuttgart.

Weizsäcker, C.C. von (2011): Homo Oeconomicus Adaptivus – Die Logik des Handelns bei veränderlichen Präferenzen, in: Preprints of the Max Planck Institute for Research on Collective Goods, No. 2011–10.

Weizsäcker, C.C. von (2015): Adaptive Präferenzen und die Legitimierung dezentraler Entscheidungsstrukturen, in: Müller, C. und N. Otter (Hrsg.), Behavioral Economics und Wirtschaftspolitik, Stuttgart, S. 67–98.

Wiswede, G. (2012): Einführung in die Wirtschaftspsychologie, 5. Auflage, München und Basel.

Wortmann, C.B. und J.W. Brehm (1975): Responses to Uncontrollable Outcomes – An Integration of Reactance Theory and the Learned Helplessness Model, in: Berkowitz, L. (Hrsg.), Advances in Experimental Social Psychology, Vol. 8, New York und London, S. 277–336.

3 Staatsfinanzierung und Verhaltensökonomik – Zur Psychologie der Besteuerung (und Verschuldung)

Folgt man Schmölders (1966, S. 10), sind mit dem Ansatz der „Finanzpsychologie […] die Erforschung und das Verständnis des Verhaltens der Menschen in finanzwissenschaftlich relevanten Zusammenhängen gemeint, das Verhalten der Steuerzahler und Finanzbeamten, der Subventionsempfänger und der Politiker, die über den öffentlichen Haushalt beschließen". Zwar verdeutlicht diese beispielhafte Aufzählung, dass mit der Berücksichtigung psychologischer Erkenntnisse innerhalb der Finanzwissenschaft das Ziel verbunden ist, den gesamten Gegenstandsbereich der Öffentlichen Finanzen verhaltenswissenschaftlich zu analysieren. Bereits in der Einleitung zum vorliegenden Buch wurde jedoch darauf verwiesen, dass das Augenmerk finanzpsychologischer Untersuchungen zumindest in der Vergangenheit mehrheitlich auf Fragen der Steuerwirkung sowie der Steuerhinterziehung (ergänzt um eine Analyse des staatlichen Verschuldungsverhaltens) lag. In Anbetracht dessen wird – abweichend von der gängigen finanzwissenschaftlichen Logik einer stufenweisen Betrachtung von staatlichen Aufgaben, daraus sich ergebenden öffentlichen Ausgaben sowie zu deren Finanzierung benötigten Einnahmen – nachfolgend zunächst auf die Erkenntnisse der Steuerpsychologie (einschließlich der Psychologie der Verschuldung) näher eingegangen, um dabei zum einen die aus Sicht der Verhaltensökonomik bestehende Notwendigkeit zur Erweiterung der traditionellen Begründungs- und Wirkungslehre von Steuern und sonstigen Abgaben (Kap. 3.1), zum anderen die gegenüber der herkömmlichen Analyse des Phänomens der Steuerhinterziehung geäußerte Kritik (Kap. 3.2) sowie schließlich die finanzpsychologischen Einsichten zur öffentlichen Kreditfinanzierung (Kap. 3.3) eingehender zu diskutieren. Dies bietet zugleich die Möglichkeit, auf grundlegende Untersuchungsergebnisse der Steuerpsychologie auch im Zuge der verhaltensökonomischen Betrachtung staatlicher Ausgaben- und Interventionstätigkeit (Kap. 4 und 5) zurückzugreifen.

3.1 Rechtfertigungsargumente und ökonomische Wirkungen von Steuern – eine verhaltensökonomische Erweiterung der traditionellen Sicht

Steuern sind im Unterschied zu Gebühren, Beiträgen, Erwerbseinkünften oder der Kreditaufnahme die mit weitem Abstand bedeutsamste Einnahmeart des Staates. Es kann daher mit Blick auf finanzwissenschaftliche Lehrbücher nicht überraschen, wenn sich die ökonomische Analyse der Staatseinnahmen vorrangig auf die Theorie der Besteuerung konzentriert. Daneben erfährt lediglich die Staatsverschuldung noch eine nennenswerte Aufmerksamkeit, auch wenn diese im Vergleich zur ökonomischen Steuerlehre deutlich geringer ausfällt (vgl. Zimmermann et al. 2012, S. 115 ff.; Blankart 2011, S. 361 ff. oder auch Scherf 2009, S. 165 ff.). Da sowohl die finanzwissenschaftliche Begründung von Steuern als auch deren Wirkungsanalyse unter dem Effizienz-, Verteilungs- und Stabilisierungsziel am Entscheidungs- und Anpassungsverhalten von Wirtschaftssubjekten anknüpfen, kommt der Untersuchung des Steuerzahlerverhaltens ein besonderes Gewicht zu. Dabei stehen wiederum Fragen der Steuerbelastung, der Steuererfüllung, der Steuergerechtigkeit sowie der Kontrollen und Strafen bei Steuervergehen im Zentrum des Interesses, die allesamt nicht losgelöst von Aspekten der Wahrnehmung und subjektiven Einstellung analysiert werden können, bei denen Erkenntnisse der Finanzpsychologie und insbesondere der „Psychology of Taxation", die sich weitgehend unabhängig von der Kölner Schule der Finanzpsychologie in den 1980er Jahre entwickelt hat (vgl. hierzu etwa Lewis 1982; Groenland und Veldhoven 1983 sowie Wärneryd und Walerud 1982), auch für ökonomische Betrachtungen von Bedeutung sein können.

3.1.1 Psychologische Aspekte der Besteuerung nach Maßgabe von Leistungsfähigkeits- und Äquivalenzprinzip

Aus finanzwissenschaftlicher Sicht stellt der Leistungsfähigkeitsgrundsatz das zentrale Begründungsprinzip der Besteuerung dar. Danach soll jeder nach Maßgabe seiner wirtschaftlichen Verhältnisse zur Finanzierung staatlicher Leistungen beitragen und zwar unabhängig davon, in welchem Umfang öffentliche Güter in Anspruch genommen werden. Die finanzielle Leistungsfähigkeit des einzelnen und das damit verbundene „persönliche Opfer" werden damit zum Anknüpfungspunkt für die Art und Bemessung einer Steuer. Aus diesem Grundsatz resultiert zugleich die allgemeine Definition einer Steuer als hoheitlicher Zwangsabgabe ohne unmittelbaren Anspruch auf staatliche Gegenleistung. Insofern, wie dabei Individuen mit einer hohen finanziellen Leistungsfähigkeit in stärkerem Maße zur Finanzierung öffentlicher Güter herangezogen werden sollen als solche, die hinsichtlich ihrer wirtschaftlichen Verhältnisse schlechter gestellt sind, fungiert der *Leistungsfähigkeitsgrundsatz* zugleich als grundlegendes Fairness- bzw. Gerechtigkeitsprinzip der Besteuerung. Es unterteilt sich in eine vertikale und eine horizontale Steuergerechtigkeit, wobei ersteres besagt, dass gleiche Tatbestände mit gleichen Steuerlasten belegt werden sollen, während letzteres für ungleiche Tatbestände unterschiedlich hohe Steuerlasten vorsieht (vgl. Homburg 2010, S. 7 ff. und

195 ff.; Cansier 2004, S. 29 ff. oder auch Reding und Müller 1999, S. 31 ff.; vgl. ebenso die Erläuterungen zu Leistungsfähigkeits- und Äquivalenzprinzip in Haller 1973).

1. *Leistungsfähigkeitsgrundsatz, Gerechtigkeitserwägungen und Reaktanz*

Aus psychologischer Sicht führt die Besteuerung nach Maßgabe des Leistungsfähigkeitsprinzips und die aus den genannten Gerechtigkeitsüberlegungen abgeleitete Akzeptanzbereitschaft auf Seiten der Steuerzahler jedoch dann zu einem Problem, wenn es zu Fehlinterpretationen in der subjektiven Wahrnehmung von Steuergerechtigkeit kommt. Dies ist vor allem dann der Fall, wenn bei einzelnen Steuerzahlern der Eindruck entsteht, selbst keinerlei Steuerprivilegien zu erhalten, obwohl die Mehrheit der Besteuerten davon profitiert. Besteht eine solch verzerrte Fairnesswahrnehmung in Form des Empfindens, dass der eigenen Person aus subjektiver Sicht zustehende Vorteile vorenthalten werden (self-serving bias), auch wenn dies objektiv keineswegs der Fall sein muss, kann dies zu einer Erosion der Steuermoral beitragen. Unter Steuermoral ist dabei – folgt man Schmölders (1960, S. 101) – „die allgemeine Einstellung der Steuerpflichtigen zur Erfüllung oder Nichterfüllung ihrer steuerlichen Pflichten" zu verstehen. Entsprechende Wahrnehmungsverzerrungen von Steuergerechtigkeit können in unterschiedlicher Form auftreten: Zum einen konnte empirisch festgestellt werden, dass der Steuerpflichtige Steuern – entgegen der Idee des Leistungsfähigkeitsprinzips – nicht isoliert, sondern im Zusammenhang mit dem Angebot an öffentlichen Leistungen betrachtet (*distributive Gerechtigkeit*). Ein Gefühl der Benachteiligung im Verhältnis zu anderen Steuerpflichtigen kann sich dabei immer dann einstellen, wenn ein gemäß der Equity-Theorie praktizierter Kosten-Nutzen-Vergleich zum Ergebnis eines als ungerecht eingestuften Ressourcenaustauschs führt. In diesem Fall werden die Gegenleistungen des Staates subjektiv als unangemessen und das Steuersystem insgesamt als unfair empfunden, wie dies auch in Abb. 3.1 dargestellt ist

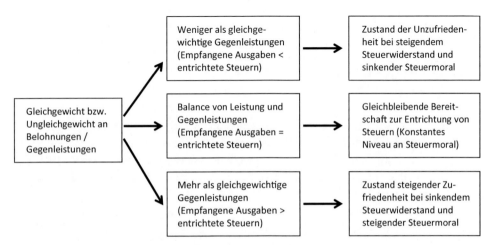

Abb. 3.1 Equity-Theorie, subjektives Empfinden von Steuergerechtigkeit und Steuerwiderstand. (Quelle: Eigene Darstellung)

(vgl. auch Spicer und Lundstedt 1975; vgl. zu den verschiedenen Wahrnehmungsverzerrungen in Folge unterschiedlicher Gerechtigkeitsvorstellungen Kirchler 2007, S. 75 ff. sowie Mackscheidt 2004, S. 27 f.; vgl. für eine Konkretisierung anhand des deutschen Einkommensteuergesetzes ebenso Witte und Mölders 2007; vgl. für eine Zusammenfassung der Erkenntnisse zur subjektiven Steuergerechtigkeit zudem Hofmann 2009, S. 46 ff.).

Ein weiterer Grund für das individuelle Gefühl einer mangelnden Steuergerechtigkeit ist nicht selten, dass die Art der Besteuerung ebenso wie die Verfahrensweise, in der die Steuererhebung erfolgt, als unfair bewertet werden (*prozedurale Gerechtigkeit*). Der Zeit-Kolumnist Harald Martenstein (2013) hat das Gefühl der Verletzung von prozeduraler Gerechtigkeit wie folgt umschrieben: „Ich finde, dass man auch das Delikt ‚Steuererschleichung' unter Strafe stellen sollte. Wenn man den Menschen mit gespielter Fürsorglichkeit sagt, sie sollen unbedingt privat Geld zurücklegen fürs Alter […] und dann legen die Menschen Geld zurück, als nächstes aber führt man, Überraschung gelungen, die Steuerpflicht für Rentner ein, um den gutgläubigen Deppen genau die paar Prozent, die sie für sich gespart haben, wieder wegzunehmen […]. Wenn man eine neue Steuer einführt und feierlich schwört, es handele sich um eine zeitlich begrenzte Solidaritätsabgabe für den Aufbau Ost, dann aber, wenn der Osten aufgebaut ist, sagt, April, April, wir brauchen irgendwie das Geld, deswegen bleibt die Steuer, also die gleiche Begründung verwendet wie ein Dieb, denn der Dieb braucht das Geld, welches er stiehlt, im Grunde ja auch, dann ist dies Steuererschleichung in Tateinheit mit Volksbelügung und Vortäuschung falscher Finanztatsachen".

Zu einer Verletzung des prozeduralen Gerechtigkeitsempfinden kann es dann kommen, wenn der Eindruck entsteht und sich über die Zeit selbstverstärkend verfestigt (Repräsentativitätsheuristik), dass der Staat keinen „respektvollen Umgang" mit den Steuerpflichtigen pflegt sowie gegen grundlegende Fairness- und Gerechtigkeitsvorstellungen verstößt. Schließlich wird das subjektive Empfinden von Steuergerechtigkeit auch durch die wahrgenommene Angemessenheit von staatlichen (wie sozialen) Sanktionen im Fall von steuerlichem Fehlverhalten bestimmt (*retributive Gerechtigkeit*). Entsteht bei den Steuerpflichtigen der Eindruck, dass illegale Steuerwiderstände staatlicherseits toleriert werden, und wird dieser Eindruck insbesondere durch eine entsprechende mediale Berichterstattung kognitiv verfestigt (Verfügbarkeitsheuristik), hat dies einen negativen Effekt auf die subjektiv empfundene Steuergerechtigkeit und die mit ihr korrespondierende individuelle Steuermoral. Dies wird sowohl durch Befragungen von Steuerpflichtigen als auch durch Laborexperimente bestätigt, in denen nachgewiesen werden konnte, dass die Steuermoral umso positiver ausfällt, je höher die wahrgenommene Steuerfairness und je positiver damit die subjektive Einstellung zur Steuer bzw. dem Steuersystem insgesamt ist (vgl. für entsprechende empirische Studien etwa Cowell 1992 oder auch Robben et al. 1991). Entsprechend stellt daher auch Falk (2001, S. 303) fest: „Fairnessfragen spielen auch für das Steueraufkommen eine herausragende Rolle, da […] die Steuermoral entscheidend davon beeinflusst wird, wie fair das bestehende Steuersystem wahrgenommen wird".

Der Leistungsfähigkeitsgrundsatz kann aus psychologischer Sicht aber nicht allein aufgrund von Gerechtigkeits- und Fairnesserwägungen problematisiert werden. Vielmehr lässt sich eine Besteuerung nach Maßgabe der wirtschaftlichen Leistungsfähigkeit, die allein auf die Frage der gerechten finanziellen Lastverteilung abstellt, auch unter Anreizaspekten kritisch beleuchten. Folgt man Wiswede (2012, S. 169), ist das Zahlen von Steuern lernpsychologisch „ein Strafreiz, dem von vornherein die Tendenz des Widerstands oder der Vermeidung innewohnt". Danach enthalten typische „Leistungsfähigkeitssteuern" wie beispielsweise die Einkommens- oder die Vermögenssteuer kein besonders wirksames Motiv, das als Anreiz für die Steuerzahlung fungieren könnte, da die Steuerbelastung in aller Regel als ein finanzielles Opfer ohne Gegenleistung bewertet wird. In gleicher Weise betonten auch Graumann und Fröhlich (1957, S. 418) schon früh die „motivationale Einseitigkeit" des Zahlens von Steuern (vgl. hierzu auch Schmölders 1970, S. 78). Dieses Gefühl wird noch dadurch verstärkt, dass die Steuerpflichtigen aufgrund des Zwangscharakters der Besteuerung sowie der Anonymität des Staates keinen unmittelbaren Einfluss auf die Verwendung der Steuermittel nehmen können. Entsprechend der *Reaktanztheorie* wird der Zwangscharakter von Steuern zudem häufig als Einengung des ökonomischen Handlungsspielraums gesehen, was Gegenreaktionen auslösen kann (vgl. Pelzmann 2012, S. 59 ff. oder Kirchler 1999, S. 131 ff.). In dem Maße, wie Steuerbelastungen, die mit zusätzlichen oder erhöhten Steuern verknüpft sind, den wahrgenommenen Freiheitsspielraum einschränken, neigen Steuerpflichtige dazu, diesen Spielraum – legal oder illegal – zu verteidigen bzw. wiederherzustellen. Die Reaktanz kann dabei sowohl durch den Status-quo Bias als auch den Endowment-Effekt verstärkt werden. Sie verringert sich demgegenüber, wenn über die Zeit steuerliche Gewöhnungseffekte einsetzen, der Grad der Merklichkeit einer Steuer vergleichsweise gering ist (wie z. B. bei der Umsatzsteuer oder den speziellen Verbrauchsteuern) oder auch die Dauer der Steuererhebung staatlicherseits zeitlich begrenzt wurde. Die genannten Faktoren sorgen zudem dafür, dass das subjektive Belastungsgefühl einer Steuer häufig nur bedingt mit der tatsächlichen Steuerhöhe korreliert (vgl. hierzu bereits Schmölders 1970; Lewis 1979 sowie Geroms und Wilmots 1985). D. h. weniger die objektiven steuerlichen Belastungen als vielmehr deren individuelle Wahrnehmung und gefühlte Intensität sind für das Entscheidungs- und Anpassungsverhalten der Steuerpflichtigen maßgeblich.

2. *Äquivalenzprinzip, Abgabenwiderstand und motivationale Verdrängungseffekte*

Die dem Leistungsfähigkeitsgrundsatz aus psychologischer Sicht zugeschriebenen Nachteile und Einschränkungen haften dem *Äquivalenzgrundsatz* als einem alternativen Prinzip der Staatsfinanzierung und damit zugleich auch den daraus abgeleiteten Einnahmearten (Erwerbseinkünfte, Gebühren, Beiträge etc.) nicht an. Hierunter fallen zudem alle zweckgebundenen Abgaben des Staates wie etwa die Abgaben zur Finanzierung der gesetzlichen Sozialversicherungssysteme, auch wenn diese in der Finanzwissenschaft häufig als Mischform zwischen Leistungs- und Äquivalenzprinzip eingeordnet werden, wie dies beispielsweise in Zimmermann et al. (2012, S. 158 ff.) der Fall ist. So hat Schmölders (1966, S. 81) schon früh darauf hingewiesen, dass der „Beitragswiderstand" und damit die Reaktanz im Fall von Äquivalenzabgaben im Allgemeinen erheblich geringer ausfällt.

Hierfür verantwortlich ist die grundlegend andere Idee, die das Äquivalenz- vom Leistungsfähigkeitsprinzip unterscheidet. Danach soll – entsprechend der Marktlogik – die empfangene staatliche Leistung und der damit einhergehende Vorteil (bzw. Nutzen) unmittelbar mit der Gegenleistung in Form eines entsprechenden Finanzierungsanteils verknüpft werden. Oder mit den Worten von Cansier (2004, S. 25): „[W]er den Nutzen aus einer Leistung hat, soll dafür auch die Kosten tragen" (vgl. zum Äquivalenzprinzip (benefit princple) auch Homburg 2010, S. 7 ff.; Hansjürgens 2001, S. 32 ff. oder Reding und Müller 1999, S. 32 ff.).

In seiner Anwendung führt das Äquivalenzprinzip zum direkten Ausgleich von staatlicherseits gewährten Vorteilen, so dass niemand gegenüber Dritten, die keine Leistungen in Anspruch nehmen, bevorzugt wird. In dem Maße, wie damit dem Grundsatz der Leistungs- und Tauschgerechtigkeit gefolgt wird, steht das Äquivalenzprinzip in Einklang mit den Überlegungen der psychologischen *Equity-Theorie* und den mit ihr verknüpften Fairness- und Gerechtigkeitserwägungen auf Seiten der Steuerpflichtigen (vgl. hierzu auch Frey und Torgler 2002, S. 133 sowie Kirchler 2007, S. 78 ff.). Zudem führt aus Sicht der Reaktanztheorie die Erhebung von Äquivalenzabgaben – vor allem im Fall von sogenannten preisähnlichen Entgelten, Beiträgen oder Gebühren (vgl. zur Unterscheidung von steuer- und preisähnlichen Entgelten Zimmermann et al. 2012, S. 120) – zu keiner Einschränkung der individuellen Handlungsfreiheit, da diesen kein der Besteuerung vergleichbarer Zwangscharakter anhaftet. Vielmehr kann der mit der Zahlung von Entgelten, Gebühren und Beiträgen verbundene Leistungsempfang als Erweiterung der eigenen Handlungsmöglichkeiten interpretiert werden, so dass ein reaktantes Verhalten unterbleibt oder zumindest abgeschwächt wird. Eine schematische Darstellung dieses grundlegenden Unterschieds zwischen einer Steuer- und einer Entgeltfinanzierung des Staates findet sich in Abb. 3.2.

Diese im Kern positive Bewertung des Äquivalenzprinzips unterliegt allerdings auch gewissen Einschränkungen. So kann insbesondere die erstmalige Einführung von Äquivalenzabgaben zur marktanalogen Gestaltung von Austauschbeziehungen in Bereichen,

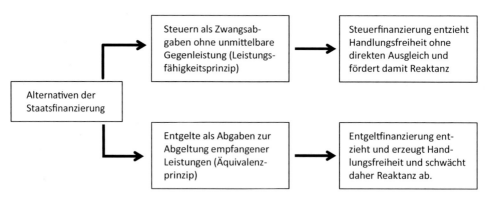

Abb. 3.2 Alternativen der Staatsfinanzierung und reaktantes Verhaltens. (Quelle: Eigene Darstellung)

die bislang der sozial normierten Selbstregulierung unterlagen, zu unerwünschten (psychologischen) Nebenwirkungen in Form *motivationaler Verdrängungseffekte* (Crowding Out) führen. So stellen etwa Fehr und Falk (2002, S. 42) fest, „that pecuniary incentives can backfire because there are important interactions between non-pecuniary motives and material incentives". Mit Frey (1997, S. 20 f.) kann dabei zwischen einer extrinsischen Motivation, die durch monetäre Anreize ausgelöst wird, und einer intrinsischen Motivation, die einer unmittelbaren Bedürfnisbefriedigung dient, unterschieden werden. Frey und Osterloh (2002, S. 24 f.) weisen allerdings darauf hin, dass zwischen intrinsischer und extrinsischer Motivation eine systematische Beziehung herrscht und damit beide Motivationstypen in empirischen Untersuchungen nicht immer trennscharf ermittelt werden können (vgl. für eine solche Differenzierung im Rahmen von Analysen des Steuerzahlerverhaltens auch Feld und Frey 2002, S. 88; Alm und Torgler 2006, S. 224 sowie Torgler und Schneider 2009, S. 230; eine Zusammenfassung der Überlegungen findet sich zudem in Hofmann 2009, S. 30 f.). Die wohl bekannteste Studie zu diesem Themenfeld stammt von Gneezy und Rustichini (2000), in deren Rahmen die Langzeitwirkungen eines Wechsels von sozialen Normen zu Marktnormen anhand der Einführung einer Strafabgabe für ein zu spätes Abholen der Kinder in einer Kindertagesstätte untersucht wurden. Dabei zeigte sich, dass die Abgabe nicht nur kurzfristig ihren gewünschten Effekt verfehlte, sondern dass sie langfristig die Zahl der zu spät abgeholten Kinder sogar noch hat steigen lassen. Fühlten sich bislang die meisten Eltern sozial verpflichtet, ihre Kinder fristgerecht abzuholen, löste die Einführung der Abgabe eine Neuinterpretation der Handlungssituation aus (Framing-Effekt): In dem Maße, wie die Eltern nun für ihr Zuspätkommen zahlen mussten, nutzten sie das damit verbundene „Leistungsangebot" – der Marktlogik folgend – auch entsprechend aus. Nach Ariely (2010, S. 121 f.) hat die mit der Äquivalenzabgabe verbundene „Anwendung der Normen des Marktes auf das soziale Geben und Nehmen zu einer Verletzung der sozialen Normen und einer Beschädigung der sozialen Beziehungen" geführt – ein Effekt, der in aller Regel nur schwer wieder korrigiert werden kann. Ariely (2010, S. 134) stellt zudem fest: „Wie sich zeigt, ist Geld sehr oft das teuerste Mittel, um Menschen zu motivieren. Soziale Normen hingegen sind nicht nur billiger, sondern häufig auch wirksamer". Ähnliche Untersuchungsergebnisse zur Verdrängung von sozialen und ethischen Normen finden sich bei Falk und Szech (2013), Vohs et al. (2006), Falk und Kosfeld (2006), Heyman und Ariely (2004), Aggarwal (2004) sowie Fiske (1992).

3.1.2 Effizienzwirkungen der Besteuerung – Verhaltensökonomische Bestimmungsfaktoren steuerbedingter Substitutionseffekte

Um die Wirkungen der Besteuerung unter den Zielen von Effizienz, Verteilung und Stabilisierung auf das individuelle Entscheidungsverhalten zu analysieren, wird in der finanzwissenschaftlichen Steuerlehre bekanntermaßen zwischen dem Einkommens- und dem Substitutionseffekt einer Steuer unterschieden (vgl. Reding und Müller 1999, S. 251 ff. oder Stiglitz und Schönfelder 1989, S. 454 ff.; vgl. für grundlegende Überlegungen zum

Zusammenhang von Einkommens- und Substitutionseffekt im Rahmen der Steuerwirkungsanalyse zudem Joseph 1939). Während danach jede Form der Besteuerung unweigerlich zu einem Einkommenseffekt im Sinne einer Reduzierung der verfügbaren finanziellen Mittel eines Wirtschaftssubjekts führt, hängt das Auftreten des Substitutionseffekts in Gestalt einer steuerinduzierten Veränderung des Entscheidungsverhaltens von der Ausgestaltung einer Steuer (Steuerbemessungsgrundlage, Steuertarif) ab. Es zählt zu den grundlegenden Einsichten der Theorie der optimalen Besteuerung, dass für die Analyse der Effizienzwirkungen einer Steuer ausschließlich die mit ihr einhergehenden *Substitutionseffekte* von Bedeutung sind. Dies gilt insofern, wie allein die steuerinduzierten Verhaltensänderungen als Zusatzlast der Besteuerung interpretiert werden, da sie zu individuellen Nutzeneinbußen und damit zu Effizienz- bzw. Wohlfahrtsverlusten (dead weight loss) führen. So stellt etwa Schmidt (1994, S. 306) fest: „Ineffizienzen entstehen […] durch die Zwangsabgaben. Sie haben nämlich nicht nur Einkommensminderungen (Einkommenseffekte), sondern auch veränderte relative Preise (Substitutionseffekte) zur Folge, und das bringt zusätzliche Nutzeneinbußen mit sich. Diese zeigen sich daran, daß die Besteuerung zu Umdispositionen veranlaßt, deren Ergebnis mit der Rangordnung in Produktion und Verbrauch, die ohne Steuern befolgt worden wäre, nicht übereinstimmt. Neben diesen verzerrten Allokationsentscheidungen, bei denen der Steuerpflichtige seine optimale Entscheidung erst infolge von Steuern bzw. Steuerrechtsänderungen trifft, fallen unter die Zusatzlast der Besteuerung auch solche Opportunitätskosten, die aus der individuellen Steueranpassung resultieren (Kosten für Buchhaltung, Steuerberater, Wirtschaftsprüfer etc.)". Demgegenüber sind die *Einkommenseffekte* vorrangig für die Verteilungswirkungen der Besteuerung relevant, da einzig die steuerbedingte Reduzierung der finanziellen Ressourcen beim belasteten Wirtschaftssubjekt zur Veränderung von dessen Einkommensposition führt und damit einen entsprechenden Distributionseffekt auslöst. Für die stabilisierende Wirkung der Besteuerung im Rahmen von wirtschaftlichen Konjunktur- und Wachstumsprozessen sind schließlich beide Effekte von Bedeutung, da aus ökonomischer Sicht sowohl der Einkommens- als auch der Substitutionseffekt die unter dem Stabilitätsziel maßgeblichen individuellen Konsum-, Spar- und Investitionsentscheidungen beeinflusst.

1. *Reiz-Reaktions-Verbundenheit, Trägheitseffekte und Preiselastizität*

Richtet man den Blick zunächst auf die Effizienzwirkungen von Steuern, verbindet sich mit der ökonomischen Theorie der optimalen Besteuerung das grundsätzliche Postulat, dass im Rahmen der staatlichen Steuerpolitik durch die Wahl von Steuertarif und Steuergegenstand (Bemessungsgrundlage) unerwünschte Substitutionseffekte möglichst vermieden werden sollen (vgl. hierzu und zu den folgenden Ausführungen Reding und Müller 1999, S. 252). Als ideal gelten danach solche Steuern, bei denen Ausweichreaktionen gänzlich ausgeschlossen sind, wie dies mit Blick auf die Einkommens- und Vermögensbesteuerung etwa bei sogenannten Pauschalsteuern (lump-sum-taxes) der Fall ist, die nur Einkommens-, aber keine Substitutionseffekte aufweisen. Aber auch allgemeine, die Preisrelationen nicht beeinflussende Güter- oder Verbrauchsteuern rufen keine Substitutionseffekte hervor, soweit man von intertemporalen Konsumverlagerungen einmal absieht. Aus ökonomischer Sicht hängt das Auftreten von entsprechenden Substitutionseffekten davon ab, ob die Steuerpflichtigen über Handlungsalternativen verfügen, auf die sie ausweichen können. Dabei spiegelt sich das Vorhandensein von Ausweichmöglichkeiten in der *Elastizität von Güter- und Faktorpreisen* wider, die das Ausmaß von (angebots- wie nachfrageseitigen) Verhaltensänderungen in Abhängigkeit von Preisänderungen misst. Verfügen die Steuerpflichtigen über keinerlei Handlungsalternativen, führen steuerbedingte Preisveränderungen auch zu keinen Verhaltensänderungen, d. h. die Preiselastizität ist gleich Null. Nimmt die Preiselastizität demgegenüber einen Wert von größer Null an, ist bei gegebenen Präferenzen und unter Maximierung des eigenen Nutzens mit steuerbedingten Substitutionseffekten zu rechnen. Unklar bleibt bei dieser Argumentation jedoch, durch welche Einflussfaktoren die Preiselastizität und damit individuelle Verhaltensänderungen im Einzelnen bestimmt werden.

Die psychologische Forschung kann hier zu einem differenzierteren Bild der Verhaltensreaktionen des Steuerzahlers beitragen. So hat bekanntermaßen schon Schmölders (1970, S. 50 ff.) mit seinen Untersuchungen darauf aufmerksam gemacht, dass die „Merklichkeit" einer Steuer ein entscheidender Faktor ist, ob und inwieweit diese überhaupt ins Auge fällt. Danach variiert – unabhängig von der tatsächlichen Steuerhöhe – das subjektive Gefühl der Steuerbelastung als Voraussetzung für Verhaltensänderungen nicht nur je nach Steuerart, sondern auch in Abhängigkeit von der Steuerausgestaltung. Folglich mindern nicht nur indirekte Steuern (allgemeine und spezielle Verbrauchsteuern) generell die *Steuermerklichkeit*, sondern auch mit Blick auf die direkten Steuern (Einkommen- und Vermögenssteuern) wird die Steuerbelastung in Abhängigkeit von der Erhebungstechnik (z. B. nachträglicher Steuereinzug versus Quellenabzugsverfahren) bei einzelnen Berufsgruppen (z. B. Selbstständige versus abhängig Beschäftigte) nachweislich erheblich unterschiedlich wahrgenommen. Für Großbritannien kommt Lewis (1979) zu vergleichbaren empirischen Ergebnissen (zu einer veränderten subjektiven Wahrnehmung von Steuerlasten im Kontext von Steuerreformen vgl. darüber hinaus auch Schöbel 2008, S. 91 ff.). Thaler und Sunstein (2012, S. 142 ff.) sprechen diesbezüglich auch von der „Salienz" als einem wichtigen Einflussfaktor, um allerdings darauf hinzuweisen, dass die subjektive Wahrnehmung der Steuerbelastung für sich genommen noch nicht ausreicht, um eine Verhaltensänderung zu bewirken. Vielmehr bedarf es hierzu einer unmittelbaren *Reiz-Reaktions-Verbundenheit* zwischen der die Steuerlast auslösenden Handlung und der (erhöhten) Besteuerung selbst. Je geringer die Kopplung dieser beiden Sachverhalte ausfällt, umso niedriger fällt die Wahrscheinlichkeit von aktiven Verhaltensänderungen auf Seiten der Steuerzahler aus. Thaler und Sunstein (2012, S. 143) illustrieren diesen Zusammenhang anhand einer Lenkungssteuer zur Senkung des Energieverbrauchs: „Angenommen ihre Klimaanlage wäre darauf programmiert anzuzeigen, was es kostet, während der Hitzeperiode die Temperatur im Haus um ein paar Grad abzusenken, dann hätte das wahrscheinlich mehr Auswirkungen auf ihr Verhalten als […] eine Stromrechnung, die Sie erst am Ende des Monats überrascht. Nehmen wir einmal an, dass die Regierung das Sparen von Strom fördern will. Wenn der Strompreis angehoben wird, hat das sicherlich Auswirkungen; macht man die Kosten salient, dann dürfte der Effekt aber noch größer sein".

Aber auch für den Fall einer merklichen Steuerbelastung bei zugleich gegebenen Ausweichmöglichkeiten neigen Steuerzahler aus psychologischer Sicht dazu, ihr bisheriges Entscheidungsverhalten beizubehalten. Als Ausdruck des Status-quo Bias und der ihm zugrunde liegenden Beharrungsneigung „wählen" die Akteure jene Option, die ihnen die geringste Mühe bereitet. Häufig erweist sich dabei die unveränderte Beibehaltung des bisherigen Verhaltens als der Weg des geringsten Widerstands. Wörtlich stellen Thaler und Sunstein (2012, S. 123) diesbezüglich fest: Die Steuerzahler „gehen den Weg des geringsten Widerstands, weil sie träge sind, gerne den Status quo beibehalten oder ihnen das Ganze einfach schnurzpiepegal ist. Deshalb rühren sie oft keinen Finger, treffen also keine aktive Entscheidung […]". Damit fällt nicht nur bei zeitlich befristeten Steueränderungen die Motivation zu einem Abweichen vom bisherigen Entscheidungsverhalten vergleichsweise gering aus, da der begrenzte Zeithorizont der steuerlichen Maßnahme die subjektive Bereitschaft zur Reaktanz mindert. Vielmehr ist auch für den Fall einer dauerhaften Steueränderung von einem entsprechenden *Trägheitseffekt* auszugehen, der durch einen in aller Regel rasch wirksamen Gewöhnungseffekt an die neue Besteuerungssituation noch zusätzlich begünstigt wird (vgl. hierzu etwa Pelzmann 2012, S. 59 oder auch Wiswede 2012, S. 170).

Nach Ariely (2010, S. 85 ff.) gilt dies umso mehr, wie auf Märkten sich bildende und von Steuern beeinflusste Güter- und Faktorpreise entgegen der Annahme der ökonomischen Standardtheorie „nicht auf Präferenzen, sondern auf Erinnerung" beruhen. Als verantwortlich hierfür gilt der subjektive Gebrauch von kognitiven Ankern (Ankerheuristik), was dazu führt, dass Reaktionen auf (steuerinduzierte) Preisänderungen „größtenteils das Ergebnis unserer Erinnerung an die früher bezahlten Preise und unseres Bedürfnisses nach Kohärenz mit unseren früheren Entscheidungen" sind und „keineswegs unsere tatsächlichen Präferenzen oder unseren Bedürfnisstand widerspiegeln" (ebenda, S. 86). Die Ausrichtung des Verhaltens an solchen Ankern erhöht zwar kurzfristig die Wahrscheinlichkeit zu Verhaltensänderungen und dies insbesondere dann, wenn neuer Preis und „Ankerpreis" erheblich divergieren sollten. Mittel- bis langfristig wird dies aber auch zur Herausbildung eines neuen Ankers in Orientierung an dem (steuerbedingt) gestiegenen Preis führen mit der Folge, dass unter dem Effizienzziel die steuerlichen Wirkungen auf Angebot und Nachfrage deutlich geringer ausfallen, als sich aus den kurzfristigen Marktreaktionen schließen lässt. Für eine solche Abschwächung des Substitutionsanreizes über die Zeit spricht zudem die Reaktanztheorie. Am Beispiel der Einführung einer „Benzinsteuer", die den bisherigen Benzinpreis verdoppelt, beschreibt Ariely (2010, S. 87) diese doppelte Wirkung des Anker-Effekts wir folgt: „Natürlich würden die Leute anfangs die neuen Preise mit ihrem Ankerpreis vergleichen, wären geschockt von den neuen Preisen und würden ihren Benzinverbrauch möglicherweise einschränken, sich vielleicht sogar ein Hybridauto kaufen. Auf lange Sicht jedoch, und sobald sich die Verbraucher an die neuen Preise und die neuen Anker gewöhnt haben […], würde sich unser Benzinverbrauch zu dem neuen Preis vielleicht sogar auf etwa dem früheren Niveau einpendeln". Danach ist mit Pelzmann (2012, S. 41) davon auszugehen, dass immer dann, wenn „die Freiheitseinengung als konstant wahrgenommen wird, [...] keine Reaktanz-Effekte zu erwarten" sind. Dies kann insbesondere dann der Fall sein, wenn eine Steuererhöhung von den Steuersubjekten als ein lediglich singuläres Ereignis innerhalb eines längeren Betrachtungszeitraums interpretiert wird. (vgl. zu diesem Zusammenhang auch Wortmann und Brehm 1975; vgl. zu preisbezogenen Anker-Effekten auch Simonsohn und Loewenstein 2006; Ariely et al. 2003, 2006, sowie Sunstein et al. 2002).

Schließlich muss ebenfalls berücksichtigt werden, dass auch die kurzfristigen Marktreaktionen auf steuerbedingte Preisänderungen deutlich geringer ausfallen, als die ökonomische Standardtheorie angesichts der objektiven Verfügbarkeit von Ausweichreaktionen erwarten lässt. Danach könnte eine große Zahl an *gegebenen Handlungsalternativen* als Indiz für eine hohe Preiselastizität im Fall von (merklichen bzw. salienten) Steueränderungen angesehen werden. Aus psychologischer Sicht ist dies jedoch keineswegs der Fall. Vielmehr deutet – folgt man Gigerenzer (2008, S. 47) – vieles darauf hin, dass mit einer steigenden Zahl an Handlungsalternativen die Elastizität von Güter- und Faktorpreisen und damit die Bereitschaft zu Verhaltensänderungen tendenziell abnehmen. Als ursächlich hierfür gilt der Sachverhalt, dass eine zunehmende Menge an Entscheidungsoptionen häufig zu einer Überforderung der vorhandenen Kapazitäten zur Informationsverarbeitung führt und sich als Reaktion darauf die ohnehin latent vorhandene Beharrungstendenz der (Wirtschafts-)Subjekte noch weiter verstärkt. D. h. selbst für den Fall einer merklichen Besteuerung wäre in Abhängigkeit von der Zahl an (objektiv) gegebenen Ausweichreaktionen lediglich mit einem konkaven Kurvenverlauf der Preiselastizität zu rechnen, wie dies in Abb. 3.3 dargestellt ist (vgl. hierzu auch Gigerenzer 2008, S. 39 ff.). Die kognitive Überforderung in der Informationsverarbeitung und der daraus sich ergebende Status-quo Bias erschweren darüber hinaus auch die Durchsetzung neuer Denk- und Handlungsoptionen und tragten – wie dies von Dörner (2011, S. 267) betont wird – zu einem „ballistischen Verhalten" bei, um sich nicht mit den möglichen Folgen von Verhaltensänderungen auseinander setzen zu müssen.

1. *Einkommensbesteuerung, Selbstwert der Arbeit und Schattenwirtschaft*

Neben der für die Effizienzwirkung einer Steuer relevanten Intensität eines Substitutionseffekts steht in ökonomischen Analysen auch die Frage nach dessen Ausprägung bzw. Richtung im Zentrum des Interesses. Ein Beispiel hierfür ist die Wirkungsanalyse der *Besteuerung des Arbeitseinkommens*. Ein weiteres Beispiel stellt die Analyse der Auswirkungen steuerbedingter Veränderungen des effektiven Zinssatzes auf das Sparverhalten im Fall einer Kapitalertragsteuer dar (vgl. Mankiw und Taylor 2012, S. 564 ff.). Nach von Weizsäcker (1997, S. 159) werden auch in der Standardversion der Theorie der optimalen Einkommensbesteuerung „die Effizienzkosten mit den durch Preisänderungen ausgelösten individuellen Entscheidungsverzerrungen gleichgesetzt, wobei typischerweise die relativen Preise von Konsumgütern und Freizeit betrachtet werden". Im Mittelpunkt steht dabei die Entzugswirkung der Einkommensteuer auf das Arbeitsangebot

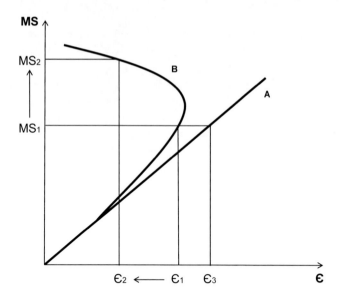

Abb. 3.3 Zusammenhang zwischen Preiselastizität und Substitutionsmöglichkeiten aus traditioneller und verhaltensökonomischer Sicht. (*Erläuterung:* Aus mikroökonomischer (neoklassischer) Sicht besteht zwischen der Preiselastizität (ε) von Angebot und Nachfrage auf Märkten und der verfügbaren Menge an Substitutionsmöglichkeiten (*MS*) ein (weitgehend) linearer Zusammenhang. D. h. es wird unterstellt, dass mit steigender Anzahl an Ausweichmöglichkeiten sowohl Nachfrage als auch Angebot umso preiselastischer reagieren. In der Abbildung wird dieser Zusammenhang durch die 45-Grad-Linie (*A*) dargestellt. Aus der Perspektive der Verhaltensökonomik ist demgegenüber davon auszugehen, dass die Verknüpfung von Preiselastizität und gegebener Menge an Substitutionsmöglichkeiten zutreffender durch einen konkaven Kurvenverlauf (*B*) gekennzeichnet ist. Als ursächlich hierfür gilt der Sachverhalt, dass aufgrund beschränkter kognitiver Kapazitäten zur Informationsverarbeitung und eines damit einhergehenden subjektiven Überforderungseffekts eine wachsende Zahl an Entscheidungsalternativen (Erhöhung von MS_1 auf MS_2) im Fall steuerinduzierter Preissteigerungen nicht zu elastischeren Nachfrage- bzw. Angebotsreaktionen, sondern in Abhängigkeit von der Menge an Substitutionsmöglichkeiten vielmehr ab einem bestimmten Punkt zu einer sinkenden Preiselastizität (ε_2) führt. Dies bedeutet zugleich, dass bei gegebener Menge an Ausweichmöglichkeiten (MS_1) im Vergleich zur herkömmlichen Betrachtungsweise (ε_3) aus verhaltensökonomischer Sicht mit einer geringeren Preiselastizität (ε_1) zu rechnen ist. Quelle: Eigene Darstellung)

(Konsumausgaben), wobei nach Rolph (1954) bekanntermaßen zwischen zwei theoretisch denkbaren Wirkungen differenziert werden kann: Zum einen kann der Steuerzahler auf die steuerbedingte Einkommensreduktion frustriert und resignierend reagieren. In ökonomischer Sicht impliziert dies eine Substitution von Arbeit durch Freizeit, wobei dieses Ausweichen der zusätzlichen Steuerbelastung zu einer Einschränkung des Arbeitsangebots führt. Zum anderen kann die erhöhte Einkommensteuer aber auch motivationsfördernd wirken mit der Folge, dass der Steuerzahler zur Kompensation der zusätzlichen Steuerbelastung und der damit verbundenen Einkommenseinbuße mehr und intensiver arbeitet. In diesem Fall würde bisherige Freizeit durch vermehrte Arbeit substituiert, d. h. das Arbeitsangebot weitet sich aus (vgl. hierzu auch Pelzmann 2012, S. 61 ff. ebenso wie in Kirchler

2011, S. 726 f.). Eine Antwort darauf, welche der beiden Effekte in der Realität dominiert, kann dabei weder aus ökonomischer noch aus psychologischer Sicht theoretisch eindeutig gegeben werden. Spricht die psychologische Interpretation einer Steuer als Strafanreiz für einen Rückgang des Arbeitsangebots, lässt die Reaktanztheorie mit ihrer Betonung des Strebens nach Kompensation verlorengegangener Handlungsmöglichkeiten eine Ausweitung des Arbeitsangebots erwarten.

Dies führt zu der Einsicht, dass die Effizienzwirkung einer Einkommensteuer in Gestalt des steuerinduzierten Arbeitsangebotsverhaltens und der damit verknüpften Lohnelastizität letztlich nur empirisch geklärt werden kann. Lea et al. (1987) liefern diesbezüglich einen Überblick über empirische Studien, die zu dem Ergebnis kommen, dass eine entsprechende Wirkung des Einkommensteuersatzes im Sinne einer Verminderung des Arbeitsangebots empirisch nicht mit hinreichender Sicherheit nachweisbar ist. Dies deckt sich mit den frühen Ergebnissen einer Studie der OECD (1975), die keine eindeutigen Wirkungen von Steuersatzänderungen auf das Arbeitsangebotsverhalten nachweisen konnte. In einer neueren Studie aus dem Bereich der experimentellen Ökonomik zum Zusammenhang von Steuerbelastung und Arbeitsverhalten zeigen allerdings Garboua et al. (2009), dass ab einem (Durchschnitts-)Steuersatz von rund 50 % eine Besteuerung des Einkommens mit bestehenden *Fairnessnormen* in Konflikt gerät, was eine Reduktion der Arbeitsleistung zur Folge hat. Vergleichbare Ergebnisse finden sich in den empirischen Studien von Swenson (1988), Sillamaa (1999) oder auch Sutter und Weck-Hannemann (2003). Jenseits dessen scheint das Arbeitsangebotsverhalten aber auch in Abhängigkeit vom Geschlecht unterschiedlich lohnelastisch zu sein (vgl. zu entsprechenden empirischen Studien etwa Aschenfelter und Heckman 1974; Leuthold 1983 oder auch James 1992). So legen entsprechende Untersuchungen die Schlussfolgerung nahe, dass Männer mit einem erhöhten und Frauen mit einem verminderten Arbeitseinsatz auf Steuererhöhungen reagieren. Aus verhaltensökonomischer Sicht nicht minder interessant ist zudem, dass ein Großteil der befragten Personen zwar Änderungen bei der Lohn- und Einkommensteuer in aller Regel zur Kenntnis nimmt, ein steuerbedingter Einkommensrückgang für die individuelle Arbeitsbereitschaft jedoch als irrelevant oder zumindest als nachrangig bezeichnet wird (vgl. hierzu etwa Lea et al. 1987 oder auch Calderwood und Webley 1992).

Damit stellt sich die Frage, welche weiteren Einflussfaktoren des subjektiven Arbeitsangebotsverhaltens jenseits einer sich verändernden Steuerbelastung von Bedeutung sind, die zugleich Rückschlüsse auf die Effizienzwirkung der Besteuerung enthalten. Aus verhaltensökonomischer Sicht ist diesbezüglich zum einen eine Entscheidungsoption stärker zu berücksichtigen, die auch im Rahmen der finanzwissenschaftlichen Steuerlehre in der jüngeren Vergangenheit eine vermehrte Aufmerksamkeit erfahren hat. Danach besteht das relevante Entscheidungsproblem der Steuerzahler mit Blick auf die Belastungen aus Lohn- und Einkommensteuer nicht allein in der Wahl zwischen den beiden Alternativen „Arbeit" und „Freizeit", wie dies die herkömmliche Optimalsteuertheorie betont. Vielmehr steht den Akteuren als weitere Anpassungsreaktion an die Besteuerung auch die Wahl zwischen „legaler Arbeit" und „illegaler Arbeit" und damit die *Schattenwirtschaft* zur Verfügung. Auf diese Option hat schon früh Gutmann (1977) hingewiesen, der die

Ursache für rückläufige Steuereinnahmen bei steigenden Steuersätzen weniger in einem Rückgang der Arbeitsleistung, sondern vielmehr in „einer anderen Aufteilung des Arbeitseinsatzes zwischen besteuertem und unbesteuertem Sektor" sieht. Zu vergleichbaren Ergebnissen kommen auch die empirischen Studien von Aschenfelter und Heckman (1974), Leuthold (1983) sowie James (1992). Inwiefern dabei eine Erweiterung des ökonomischen Standardmodells der Besteuerung um die Effizienzwirkungen von Erhebungs- und Kontrollkosten – wie dies etwa von Slemrod (1994) praktiziert wird – bereits eine theoretisch hinreichende Lösung darstellt, kann an dieser Stelle offen bleiben, da auf die Bestimmungsfaktoren von Steuerhinterziehung und Steuermoral später noch ausführlicher eingegangen wird (vgl. hierzu die Ausführungen im Kap. 3.2).

Darüber hinaus zeigen Untersuchungsergebnisse der ökonomischen Glücksforschung (besser: Lebenszufriedenheitsforschung), dass – folgt man Weimann et al. (2012, S. 135) – dem Arbeitsverhalten aus subjektiver Sicht eine eigenständige Wertschätzung zuerkannt wird, die sich sowohl in einem höheren *Selbstwertgefühl* als auch in den sozialen Kontakten ausdrückt, die sich durch und über die Arbeit ergeben. D. h. zu arbeiten hat über den instrumentellen Aspekt der Einkommenserzielung hinaus einen Wert an sich. Für Weimann et al. (2012, S. 68) ist dies „eine der klarsten und wichtigsten Erkenntnisse der Lebenszufriedenheitsforschung". Der Eigenwert der Arbeit zeigt sich empirisch unter anderem daran, dass selbst für den Fall einer vollständigen Kompensation eines Einkommensverlustes Menschen ohne Arbeit immer noch weniger zufrieden sind als Menschen mit Arbeit. Bezogen auf die Effizienzanalyse einer Lohn- und Einkommensteuer bedeutet dies allerdings, dass die beiden traditionell im Mittelpunkt stehenden Entscheidungsalternativen von „Arbeit" und „Freizeit" nur bedingt gegeneinander substituierbar sind. Konzentriert man sich – wie die Optimalsteuertheorie dies traditionell tut – allein auf die (steuerinduzierte) Einkommensveränderung und die damit verknüpften Substitutionseffekte zwischen Arbeit und Freizeit, bleibt bei der Verhaltensanalyse ein statistisch unerklärter Rest, da die Bereitschaft zur Arbeit durch mehr als nur die bloße Einkommenserzielung motiviert ist. Aus Sicht der ökonomischen Standardtheorie stellt dies eine vergleichsweise neue Erkenntnis dar, da Arbeit hier herkömmlicherweise ausschließlich mit dem Arbeitsleid in Verbindung gebracht wird.

Dass es auch so etwas wie eine „Lust zur Arbeit" als Verhaltensdisposition gibt, war den meisten Ökonomen bislang fremd, auch wenn dies aus Sicht der Arbeitspsychologie schon seit langem zu den Grundeinsichten des subjektiven Arbeitsangebotsverhaltens zählt. So hat etwa Lewin (1920) schon früh auf die zwei Gesichter von Arbeit verwiesen, die sich mit Kirchler (2011, S. 462) wie folgt umschreiben lassen: „Sie ist zum einen Mühe und Last, zum anderen höhlt andauernder Müßiggang das Leben aus. Wenn Arbeit auch nicht immer befriedigend ist, ist sie doch bedeutend". Dies wird auch in einer arbeitspsychologischen Untersuchung von Snir und Harpaz (2002) bestätigt, in deren Rahmen die Beziehung zwischen Arbeit und Freizeit bei arbeits- und freizeitorientierten Personen untersucht wurde. Neuere ökonomische Studien scheinen die (psychologische) Existenz eines solch eigenständen *Bedürfnisses zur Arbeit* als Bestandteil der individuellen Lebenszufriedenheit zu bestätigen. Eine nach Weimann et al. (2012, S. 67) naheliegende

Möglichkeit, den Eigenwert von Arbeit zu überprüfen, ist eine Untersuchung der Frage, ob diejenigen, die lediglich eine Teilzeitbeschäftigung haben, eine niedrigere Lebenszufriedenheit aufweisen als Vollzeitbeschäftigte. Während sich laut Schoon et al. (2005) für England ein solcher Effekt nachweisen lässt, ist die empirische Evidenz für die USA – folgt man Blanchflower und Oswald (2005) sowie Luttmer (2000) – nicht eindeutig. Für Deutschland wiederum konnte in den Studien von Meier und Stutzer (2007) sowie Rätzel (2009) ein positiver Zusammenhang zwischen Arbeit und Lebenszufriedenheit nachgewiesen werden. Das bedeutet zugleich, dass eine eindeutige oder gar einfache Antwort auf die Frage, in welchem Ausmaß die Besteuerung das Arbeitsangebotsverhalten beeinflusst und welche Effizienzwirkungen sich daraus ableiten lassen, nicht möglich ist.

2. *Relatives Einkommen, Hamsterradeffekt und Effizienz der Besteuerung*

Schließlich ist noch eine weitere Erkenntnis der ökonomischen Glücksforschung für die Effizienzanalyse der Besteuerung von Bedeutung, die im Rahmen der herkömmlichen Optimalsteuertheorie unberücksichtigt bleibt. Es handelt sich dabei um die Einsicht, dass nicht allein absolute Einkommenspositionen und deren Veränderung, sondern ebenso – wenn nicht gar vor allem – *relative Einkommenspositionen*, die im ökonomischen Standardmodell keine Rolle spielen, die Lebenszufriedenheit und damit das individuelle Entscheidungsverhalten maßgeblich beeinflussen (vgl. zum empirischen Nachweis der Bedeutung solcher relativen Einkommenspositionen für die Lebenszufriedenheit etwa Clark und Oswald 1996; Ferrer-i-Carbonell 2005; Grund und Sliwka 2007 oder auch Clark et al. 2009; eine Zusammenfassung der Ergebnisse findet sich zudem in Weimann et al. 2012, S. 17 ff.). Ursächlich hierfür ist, dass subjektive Entscheidungen – ähnlich wie bei der Anker-Heuristik – in aller Regel auf der Grundlage von Referenzwerten (und der relativen eigenen Position dazu) getroffen werden. Im Fall einkommensbezogener Entscheidungen kann als eine solche Referenz sowohl das eigene frühere Einkommen (internes Referenzeinkommen) als auch das aktuelle Einkommen anderer Personen oder einer sozialen Bezugsgruppe (externes Referenzeinkommen) dienen. Ein in verhaltensökonomischer Sicht besonderes Problem ergibt sich dabei aus der empirischen Erkenntnis, dass ein solcher Referenzwert dynamischen Verschiebungen unterliegt, d. h. es kommt aufgrund von Gewöhnungseffekten über die Zeit zu einer Veränderung des inneren Vergleichsmaßstabs. Dies führt dazu, dass eine Erhöhung des Einkommens bezüglich der eigenen Lebenszufriedenheit häufig nur vorübergehend einen positiven Effekt auslöst (vgl. hierzu vor allem Brickman et al. 1978 sowie Praag und Frijters 1999).

Ein daraus resultierendes (psychologisches) Problem ist der sogenannte *Hamsterrad-Effekt* (hedonic treadmill), der zu einem anhaltenden Streben nach Einkommenssteigerung führt, ohne dass damit zugleich auch das persönliche Glücksgefühl steigt. Für die Wirkungsanalyse der (Einkommens-)Besteuerung ist – folgt man Layard (2005) – dabei von Bedeutung, dass sich jede (steuerbedingte) Mehrarbeit zur Kompensation von Einkommensverlusten nicht nur auf das Entscheidungsverhalten derjenigen Person auswirkt, deren Einkommen unmittelbar steigt, sondern auch auf das Verhalten anderer Personen, weil sich zugleich deren relative Einkommensposition verändert. Dies ist nicht allein unter steuerlichen Verteilungsaspekten von Bedeutung, auf die im nächsten Teilkapitel näher eingegangen wird. Vielmehr hat dies auch Auswirkungen auf die Effizienzbewertung einer Lohn- und Einkommensteuer, da der Hamsterrad-Effekt – ökonomisch interpretiert – zu einer (negativen) Externalität in Form einer übermäßigen und insofern ineffizienten Ausweitung des Arbeitsangebots führt. Weimann et al. (2012, S. 83) beschreiben diesen Effekt wie folgt: „Stellen wir uns eine Gruppe von Personen vor, die in etwa gleich viel arbeiten und deshalb auch gleiche Einkommen haben. Beschließt nun einer aus dieser Gruppe, eine Stunde am Tag mehr zu arbeiten, so wird dies seine relative Einkommensposition verbessern […]. Er kann aber nur dann eine bessere relative Position bekommen, wenn sich die Position der anderen verschlechtert. Dem Vorteil des Einen stehen die Nachteile der Anderen gegenüber. Arbeiten alle eine Stunde mehr, so zeigt sich die Ineffizienz eines Wettbewerbs um relative Positionen in aller Klarheit: Alle müssen jeden Tag eine Stunde länger arbeiten, ohne dass sich an den relativen Einkommenspositionen irgendetwas verändert. Niemand hat einen Vorteil, aber alle haben eine Stunde weniger Freizeit am Tag". Folgt man Ng (2008, S. 260), könnte dieser negative Effekt der Einkommenserzielung jedoch durch eine entsprechend (hoch) bemessene (Einkommens-)Besteuerung internalisiert werden. Oder anders formuliert: Den steuerlichen Zusatzlasten, die innerhalb der Optimalsteuertheorie im Mittelpunkt stehen, sollten im Rahmen einer umfassenden Effizienzanalyse zugleich jene positiven Wohlfahrtseffekte der Besteuerung gegenübergestellt werden, die aus der steuerbedingten Nivellierung der individuellen Einkommen resultieren. Unabhängig vom konkreten Ergebnis einer solch umfassenderen Betrachtung dürfte nachvollziehbar sein, dass die Effizienzwirkungen der Besteuerung weitaus komplexer sind, als dies in der ökonomischen Steuerlehre üblicherweise dargestellt wird.

3.1.3 Verteilungs- und Stabilisierungswirkungen der Besteuerung – zur Relevanz von Einkommensvergleichen und Herdenverhalten

Ausgehend von einem Zielkonflikt zwischen Effizienz und Verteilung werden die Verteilungseffekte der Besteuerung und deren ökonomisch zweckmäßige Gestaltung im Rahmen der finanzwissenschaftlichen Steuerlehre zumeist im Lichte der damit einhergehenden Wohlfahrtseinbußen bewertet. Gleichwohl sich diesbezüglich auch Analysen zu den Verteilungswirkungen indirekter Steuern (allgemeine und spezielle Verbrauchsteuern) finden (vgl. stellvertretend Theile 1996 oder auch Jatzke 2011), richtet sich das Augenmerk vor allem auf die *progressive Einkommensbesteuerung*, die – wie auch schon Hayek (1960, S. 389) feststellte – „das Hauptinstrument zur Umverteilung der Einkommen ist". In Abhängigkeit von der Lohnelastizität des Arbeitsangebots reichen dabei die Erkenntnisse der finanzwissenschaftlichen Steuerlehre – folgt man von Weizsäcker (1997, S. 158) – von der Empfehlung, „von der progressiven Einkommensbesteuerung abzurücken und zu einer breiteren Konsumbesteuerung sowie zu einem deutlich abgeflachten Tarifverlauf bei der Einkommensbesteuerung überzugehen", bis hin zu der Einschätzung, dass eine hohe Progression durchaus in Kauf genommen werden kann, wenn – wie bei niedriger Lohnelastizität – die „Grenzkosten einer Einkommensumverteilung durch das Steuersystem" vergleichsweise gering sind. Wird zudem von einer optimalen Ausgestaltung staatlicher Steuervollzugsmaßnahmen ausgegangen, die einen Rückgang der Steuerumgehungsaktivitäten bewirken (Annahme einer geringen Umgehungselastizität), „kann es durchaus zu einem Anstieg des optimalen Grenzsteuersatzes kommen" (ebenda, S. 159) und damit zu einer Ausweitung der (Um-)Verteilungswirkung der Einkommensbesteuerung.

1. *Psychologische Aspekte steuerlicher Umverteilung*

In Anbetracht dieser Vielzahl an Aussagen ist jedoch nicht nur eine einfache Antwort auf die Frage, wie ein „optimaler Einkommensteuertarif" unter simultaner Berücksichtigung von Effizienz- und Verteilungswirkungen gestaltet sein sollte, kaum möglich. Darüber hinaus kann im Rahmen der finanzwissenschaftlichen Steuerlehre nicht erklärt werden, warum die progressive Einkommensbesteuerung ein zentrales Merkmal der bestehenden Steuersysteme in Hocheinkommensländern darstellt. So stellt beispielsweis Homburg (2000, S. 136) bezogen auf die Einkommensteuer fest, dass „die Finanzwissenschaft ziemlich wenig über den optimalen Tarif sagen kann". Einigkeit besteht unter Ökonomen diesbezüglich nur dahingehend, dass eine allein ökonomische Begründung dieses Sachverhalts nicht möglich bzw. ausreichend ist. So findet sich etwa bei von Weizsäcker (1997, S. 162) die Aussage: „[W]enn es überhaupt eine Modellwelt gibt, die dieses Phänomen (gemeint ist die Progression – T.D.) zu deuten vermag, dann ist es nicht die rein ökonomische". Bestätigt wird diese Einschätzung unter anderem durch Untersuchungen, die nach den *Präferenzen für eine progressive Besteuerung* zur Reduzierung von Einkommensungleichheit innerhalb einer Gesellschaft fragen. So kommen etwa Corneo und Grüner (2002) in einer entsprechenden Studie unter Verwendung von Daten des International Social Survey Programme aus dem Jahr 1992 von zwölf Industrieländern (darunter auch Deutschland) zu dem Ergebnis, dass neben rein egoistischen Motiven im Sinne der Eigennutzmaximierungsthese sowohl Vorstellungen über eine gesamtgesellschaftlich adäquate Ressourcenverteilung („public value effect") als auch Aspekte des relativen gesellschaftlichen Status der befragten Personen („social rivalry effect") eine empirisch signifikante Rolle spielen. Dies wird bestätigt durch Untersuchungsergebnisse von Corneo und Grüner (2000) für die USA sowie von Ravallion und Lokshin (2000) für Russland. Vor allem die Erkenntnis von Corneo und Grüner (2002, S. 84), dass „the relative position of individual in society" die Präferenz zugunsten von steuerlicher Umverteilung beeinflusst, steht dabei in Einklang mit der Bedeutung von relativen Einkommenspositionen für individuelle Einstellungs- und Verhaltensmuster, wie dies auch innerhalb der ökonomischen Glücksforschung betont wird.

Die Annahme, dass Handlungsergebnisse allgemein in Relation zu einem Vergleichsniveau beurteilt werden, haben – folgt man Pelzmann (2012, S. 14) – in der Sozialpsychologie vor allem Thibaut und Kelly (1959) durch entsprechende Untersuchungen belegt. Richtet man vor diesem Hintergrund den Blick auf den Zusammenhang zwischen *Lebenszufriedenheit und individuellem Einkommen*, so zeigen neuere Studien von Deaton

(2008) sowie Stevenson und Wolfers (2008) zwar, dass nicht allein relative Einkommensveränderungen sondern auch absolute Einkommenszuwächse das individuelle Glücksgefühl steigern können. Interessant für die Frage nach dem Bedarf an steuerlicher Umverteilung sind hierbei jedoch vor allem jene Länder, für die kein positiver Zusammenhang zwischen Einkommen und Lebenszufriedenheit empirisch festgestellt werden konnte. Einen solchen Fall stellen etwa die USA dar, für die mit Weimann et al. (2012) festgestellt werden kann, dass der Einkommensanstieg der jüngeren Vergangenheit (1972–2005) sich extrem ungleich verteilt hat. Damit hat sich die relative Einkommensposition einer breiten Mehrheit der US-Amerikaner in den zurückliegenden dreißig Jahren deutlich verschlechtert. Wenn jedoch relative Positionen für die subjektive Lebenszufriedenheit eine Rolle spielen, dann liegt die Vermutung nahe, dass das empirische Ergebnis für die USA darauf zurückgeführt werden kann, dass die negative Wirkung der wachsenden Einkommensungleichheit den positiven Effekt absoluter Einkommenszuwächse übersteigt. So weisen Weimann et al. (2012, S. 125) darauf hin, dass in „der Zeit von 1972 bis 2005 […] die Einkommen der unteren drei Fünftel um etwa 15 bis 20 % gestiegen [sind], die des zweitreichsten Fünftel um 30 % und die des reichsten Fünftels um satte 59 %. Die oberen 20 % haben damit eine drei Mal so starke Aufwertung ihres Einkommens erfahren wie die untersten 60 % der Bevölkerung und eine doppelt so hohe wie die gehobene Mittelschicht". Eine auf dem Weg einer verstärkten progressiven Besteuerung bewirkte Einkommensnivellierung stellt demgegenüber – ceteris paribus – eine Möglichkeit dar, die Lebenszufriedenheit in den USA zu erhöhen.

2. Steuerbelastungsgefühl und Fehlwahrnehmung der Steuerprogression

Jenseits der bislang vorgestellten Untersuchungsergebnisse schlagen sich die Verteilungswirkungen des Steuersystems – d. h. der Einkommens- und Verbrauchsbesteuerung – aus Sicht der Steuer- und Finanzpsychologie zudem im *Steuerbelastungsgefühl* der Steuerzahler nieder. Mit Blick auf Deutschland hat dabei die Forschungsstelle für empirische Sozialökonomie (FORES) wiederholt in Form einer repräsentativen Umfrage die wahrgenommene Steuerbelastung erhoben. In der seit 1987 bislang insgesamt sechsmal durchgeführten Befragung hat sich nicht nur gezeigt, dass – mit einer Ausnahme (1990) – zu jedem Befragungszeitpunkt rund vier Fünftel der deutschen Bevölkerung ihre individuelle Steuerbelastung als zu hoch empfindet. Darüber hinaus zeigt die Erfassung der „projektiven Steuerbelastung", mit der die Befragten die jeweilige steuerliche Belastung von niedrigen, mittleren und hohen Einkommensgruppen im Vergleich bewerten sollen, dass Bürger mit niedrigem und mittlerem Einkommen als steuerlich übermäßig hoch belastet gelten. Im Gegenzug werden die Bezieher hoher Einkommen als zu gering besteuert eingeschätzt (vgl. FORES 2009, S. 32 ff.). Dabei wurden allein für die Erhebung im Jahr 2008 insgesamt 1.016 Teilnehmer befragt. In dieser Studie findet sich auch ein Vergleich mit den Untersuchungsergebnissen aus den Jahren 1987, 1990, 1994, 1997 und 1999. Richtet man den Blick allein auf die Gruppe der Personen, die vollerwerbstätig sind, steigt die subjektive Unzufriedenheit im Jahr 2008 sogar auf über 90 %.

Aus verhaltensökonomischer Sicht ist neben den genannten Ergebnissen zudem interessant, was die Befragten unter „Steuerbelastung" verstehen. Folgt man diesbezüglich der Studie von FORES (2009, S. 31 f.), wird bei 16 % der Befragungsteilnehmer die steuerliche Belastung lediglich mit der Verteilungswirkung der Lohn- und Einkommensteuer gleichgesetzt. Demgegenüber geben mehr als 50 % der Befragten an, dass die Verteilungseffekte sämtlicher Steuern und Abgaben unter die Steuerbelastung fallen, wobei allerdings weder zwischen direkten und indirekten Steuern noch zwischen diesen und den Sozialabgaben unterschieden wird. Zudem lässt sich feststellen, dass – folgt man Hofmann (2009, S. 47) – das „Verständnis, was unter die Steuerbelastung fällt, noch nichts über das Bewusstsein über die konkrete Höhe der Steuerbelastung aussagt". Eine ähnliche Diskrepanz zeigt sich auch zwischen den individuell präferierten und den subjektiv unterstellten Effekten der Besteuerung mit Blick auf die Frage, wie die Verteilungswirkungen unterschiedlicher Einkommensteuertarife einzustufen sind und welcher Tarifverlauf dabei unter dem Aspekt der Verteilungsgerechtigkeit als wünschenswert gilt. So sind gemäß der bereits zitierten FORES-Studie rund drei Viertel der Befragten in Deutschland der Meinung, dass der Staat „mit Steuern Armen und Benachteiligten helfen" sollte, was der Forderung nach einer progressiven Besteuerung entspricht oder ihr zumindest nahe kommt.

Dies deckt sich mit den Ergebnissen einer Studie zur deutschen Einkommensteuer von Seidl und Traub (2001, S. 266), der zufolge die Mehrheit der Untersuchungsteilnehmer die Einschätzung teilt, dass unter Verteilungsaspekten eine *gerechte Steuerbelastung* nur durch eine progressive Besteuerung realisiert werden kann. Allerdings wird zugleich deutlich, dass mehr als 82 % dieses Teils der Befragten unter einer Steuerprogression lediglich einen Anstieg der absoluten Steuerlast versteht, was jedoch einem proportionalen Einkommensteuertarif entsprechen würde. D. h. präferierte und wahrgenommene Verteilungswirkung der Besteuerung sind nicht deckungsgleich. Die gleiche Fehlinterpretation zeigte sich in einer Studie von Roberts et al. (1994) für die USA, bei der die Teilnehmer nach dem aus ihrer Sicht gerechten Steuertarif gefragt wurden, wobei insgesamt drei Tarifverläufe (regressiv, proportional, progressiv) zur Auswahl standen. Solange lediglich abstrakt nach der gewünschten Verteilungswirkung der Besteuerung gefragt wurden, befürworteten 75 % der Befragten einen progressiven Tarifverlauf gegenüber einem proportionalen. Im Vergleich zum regressiven Tarifverlauf wurde die progressive Besteuerung sogar von 80 % der Befragten bevorzugt. Auf konkrete Rückfrage hin waren sich die Befragten jedoch dem Sachverhalt nicht bewusst, dass im Fall einer (direkten) Steuerprogression mit steigendem Einkommen nicht nur der absolute Steueranteil (Durchschnittsbelastung) sondern auch der prozentualen Anteil der Besteuerung (Grenzbelastung) zunimmt. In diesem Fall votierten in einer Untersuchung von Roberts et al. (1994) nicht mehr 75 %, sondern nur noch 12 % der Befragten für einen progressiven Steuertarif. Demgegenüber stuften 61 % es (bereits) als gerecht ein, wenn die Person mit dem doppelt so hohen Einkommen auch (nur) doppelt so viel Steuern zahlt. Diese Schwierigkeit bei der Unterscheidung zwischen progressiven und proportionalen Steuersätzen verweist nach Kirchler (2011, S. 57) lediglich auf die allgemeine Problematik, dass Akteure es gewohnt sind, mit absoluten Zahlen zu operieren, und Missverständnisse häufig dann auftreten, wenn mit relativen

Zahlen umzugehen ist. Dies führt dazu, dass Informationen nicht immer korrekt verarbeitet werden und es in weiterer Folge zu „falschen" Einschätzungen oder Entscheidungen kommt.

3. *Besteuerung, strukturelle Arbeitslosigkeit und Equity-Theorie*

Wendet man sich den Stabilisierungseffekten der Besteuerung zu, sind aus ökonomischer Sicht vor allem die Auswirkungen des Steuersystems auf das kurzfristige wie das langfristige Beschäftigungsniveau von Bedeutung. Oder anders formuliert: Es geht um die Effekte der Besteuerung im Hinblick auf die Höhe von konjunktureller und struktureller Arbeitslosigkeit. Mit Blick auf die zuletzt genannte Form der Arbeitslosigkeit finden sich innerhalb der Finanzwissenschaft vor allem zwei Gruppen von theoretischen Modellen, mittels deren der Zusammenhang zwischen *Besteuerung und langfristiger (struktureller) Arbeitslosigkeit* näher untersucht wird (vgl. für einen Literaturüberblick Bach und Wiegard 2002). Es handelt sich dabei zum einen um sogenannte Effizienzlohnmodelle, zum anderen um sogenannte Gewerkschafts- bzw. Verhandlungslohnmodelle (vgl. stellvertretend für Modelle der Effizienzlohntheorie Hoel 1990; Pisauro 1994; Goerke 1997 oder auch Hutton und Ruocco 1999; vgl. für Modelle der Verhandlungslohntheorie etwa Lockwood und Manning 1993; Koskela und Vilmunen 1996; Fuest und Huber 1997; Pissarides 1998 sowie Sorenson 1999). Betrachtet man die beiden Modelltypen genauer, mutet ein Teil der Untersuchungsergebnisse eher trivial an: So führt beispielsweise die Erhöhung einer Lohnsummensteuer in Effizienz- wie Verhandlungslohnmodellen aufgrund der stärkeren Belastung des Faktors Arbeit zu einer geringeren Beschäftigung, was aus ökonomischer Sicht wenig überrascht. Ein anderer Teil der Untersuchungsergebnisse ist demgegenüber auf sehr restriktive Nebenbedingungen der einzelnen Modelle zurückzuführen. In diesen Fällen lässt sich ohne spezifische Annahmen über die Anreizfunktion oder die Ausgestaltung bzw. Besteuerung von Transfer- und Renteneinkommen keine klare Antwort auf die Frage geben, ob eine Verlagerung der Steuerlast von den direkten zu den indirekten Steuern mit positiven Beschäftigungseffekten verbunden ist (vgl. hierzu auch Bach und Wiegard 2002, S. 48 f. und 52 f.). In Anbetracht dieser Einschränkungen soll hier lediglich auf ein Untersuchungsergebnis verwiesen werden, zu dem beide Modelltypen gelangen und das als vergleichsweise überraschend gelten kann. Es ist dies die Feststellung, dass eine steigende Progression des Steuersystems – bei konstanter Durchschnittsbelastung – zu einer höheren Beschäftigung bzw. einer geringeren Arbeitslosigkeit führt.

Theoretisch wird dieses Ergebnis im Rahmen der *Effizienzlohnmodelle* wie folgt erklärt: Aus Sicht der Unternehmen führt ein höherer Arbeitslohn zu einer höheren Arbeitseffizienz, zugleich aber auch zu einer geringeren Arbeitsnachfrage, was gesamtwirtschaftlich ein relativ geringeres Beschäftigungsniveau (bzw. eine höhere Arbeitslosigkeit) nach sich zieht. Da die Arbeitsleistung wiederum vom Nettolohn abhängt, bewirken geringere Grenzsteuersätze eine höhere und steigende Grenzsteuersätze (Progression) eine sinkende Arbeitsanstrengung. Ausgehend von einem konstanten Produktionsniveau kann eine steuerbedingt sinkende Arbeitsleistung von den Unternehmen nur durch eine steigende

Arbeitsnachfrage kompensiert werden, was einen Rückgang der Arbeitslosigkeit bewirkt. In *Verhandlungslohnmodellen* wird der positive Beschäftigungseffekt einer progressiven Besteuerung demgegenüber wie folgt begründet: Die Gewerkschaften stehen in Lohnverhandlungen grundsätzlich vor der Wahl zwischen einem höheren (Brutto-)Lohnsatz (bei möglichen negativen Beschäftigungswirkungen) oder einer höheren Beschäftigung (bei sinkendem Lohnniveau). Da eine steigende Besteuerung Lohnsatzsteigerungen unattraktiv werden lässt, gewinnt die Option eines erhöhten Beschäftigungsniveaus bei einem Anstieg der Steuerprogression zunehmend an Attraktivität. Die Umsetzung dieser Option erfordert allerdings, dass die Gewerkschaften einem geringeren Bruttolohn zustimmen (mit den bereits im Effizienzlohnmodell beschriebenen Wirkungen auf Arbeitsleistung und unternehmerische Arbeitsnachfrage).

Aus verhaltensökonomischer Sicht kann zunächst festgestellt werden, dass die vor allem im Effizienzlohnmodell beschriebenen Verhaltensweisen der Marktakteure sowohl mit der sozialpsychologisch begründeten *Equity-Theorie* als auch der daraus abgeleiteten „Fair wage-fair effort Hypothese" von Akerlof und Yellen (1988) in Einklang stehen. Nach Kirchler (2011, S. 476) verhalten sich Arbeitnehmer am Arbeitsmarkt danach insofern fair, wie sie auf steigende Löhne mit einem höheren Arbeitseinsatz und auf sinkende Löhne mit einer niedrigeren Leistung reagieren. Für Unternehmen gilt im Gegenzug, dass sie dieses Verhalten antizipieren, d. h. sie gehen davon aus, dass Arbeitnehmer der Reziprozitätsnorm folgen und damit Lohnsenkungen zu Leistungseinbrüchen führen würden. Hierzu passt auch das Ergebnis einer Studie von Fehr (2001), bei der im Rahmen von Arbeitsmarktexperimenten gezeigt wird, dass ein freiwilliger Lohnverzicht die Arbeitsplatzchancen von Arbeitnehmern eher verschlechtert. Als Grund für dieses Ergebnis wird auf die Einschätzung der Arbeitgeber verwiesen, die hinter einem geringeren Lohn zugleich eine geringere Leistungsbereitschaft vermuten. Haben Arbeitgeber zudem Informationen über das lohnkorrelierte Leistungsverhalten von Arbeitnehmern in der Vergangenheit oder führen wiederholt hohe Lohnangebote und damit korrespondierende Arbeitnehmerleistungen auf Seiten der Arbeitgeber zu Vertrauen und Kooperationsbereitschaft, verstärkt sich sogar der aus der Equity-Theorie abgeleitete Reziprozitäts-Effekt (vgl. hierzu etwa die Studien von Kirchler et al. 1996; Fehr et al. 1998; Nowak et al. 2000; Cochard et al. 2004 oder auch Schoorman et al. 2007).

Damit liegt im Unterschied zu den ökonomischen Modellen, die bei der Analyse der Beschäftigungswirkungen allein auf die Lohnhöhe abstellen, die Vermutung nahe, dass weniger die Besteuerung als vielmehr die *Reziprozitätsnorm* und die *Wahrnehmung von Fairness* das Marktgeschehen und die sich daraus ableitenden Konsequenzen die Höhe der Arbeitslosigkeit bestimmen. Dies würde zugleich erklären, warum die empirische Evidenz von Effizienz- und Verhandlungslohnmodellen hinsichtlich des Zusammenhangs von Besteuerung und (struktureller) Arbeitslosigkeit keineswegs eindeutig ist. So stellen auch Bach und Wiegard (2002, S. 54 f.) diesbezüglich fest, dass „[a]lle uns bekannten finanzwissenschaftlichen Arbeiten zum Problemkreis ‚Besteuerung und Arbeitslosigkeit' […] letztlich keine wirklich befriedigende Erklärung der Arbeitslosigkeit" enthalten. Aus psychologischer Sicht hängt die Wirksamkeit der Reziprozitätsnorm allerdings von verschiedenen Einflussfaktoren ab. Von zentraler Bedeutung ist dabei unter anderen, ob der von den Arbeitgebern angebotene Lohn als gerecht bewertet wird. Für die Einschätzung der Lohngerechtigkeit ist dabei – folgt man Kirchler (2011, S. 535) in Anlehnung an Hegtvedt (1989) – nicht nur von Bedeutung, ob der empfangene Lohn als solcher als gerecht erlebt wird, sondern auch, ob der Prozess der Lohnfestsetzung vorherrschenden Gerechtigkeitsvorstellung genügt. Danach würde ein steigender Lohn, der jedoch unter unfairen Verhandlungsbedingungen zustande gekommen ist, keineswegs zu einer höheren Arbeitsleistung führen. Umgekehrt führt ein sinkender Lohn nicht zwingend zu einem Rückgang der Leistungsbereitschaft. Vielmehr kann davon ausgegangen werden, dass Akteure auf ein unfaires Verhalten verärgert reagieren und dazu neigen, unfaire Personen abzustrafen, wofür Fehr und Gächter (2002) den Begriff der „altruistischen Bestrafung" geprägt haben.

Ob ein Lohn als gerecht empfunden wird und welche Leistungsbereitschaft bzw. Arbeitsmotivation sich daraus ergibt, hängt aus psychologischer Sicht zudem 1) von Anker-Effekten, wie sie einer Studie von Falk et al. (2006) zufolge beispielsweise mit Mindestlöhnen einhergehen, 2) von Referenzwerten, die nach Ariely (2010, S. 50 ff.) aus dem Vergleich mit der Entlohnung anderer Personen resultieren können, oder auch 3) vom Wissensstand der Akteure über die Handlungssituation ab. Zur Bedeutung des Wissensstands stellt Kirchler (2011, S. 488 f.) unter Bezug auf Davis und Holt (1993, S. 142) fest, dass „in sozialen Beziehungen und damit auch auf Märkten Reziprozitäts- und Fairnessnormen handlungsregulierend sind. Allerdings kann nur dann erwartet werden, dass Fairnessüberlegungen das Handeln der Marktteilnehmer bestimmen, wenn diese über die Ressourcenverteilung und Gewinnmöglichkeiten der anderen vollständig informiert sind. Wenn nicht bekannt ist, mit welchen Anfangsbeträgen die Arbeitgeber ausgestattet wurden und welche Kosten den Arbeitnehmern bei Annahme eines Vertrages entstehen, dann kann auch nicht beurteilt werden, welche Angebote gerecht sind". Die Summe der genannten Faktoren schließt zwar nicht grundsätzlich aus, dass es zu dem aus ökonomischer Sicht aufgezeigten Einfluss der Besteuerung auf das Beschäftigungsniveau kommen kann. Der Verweis auf die psychologischen Bestimmungsfaktoren des Arbeitgeber- und Arbeitnehmerverhaltens verdeutlicht dennoch, dass eine Analyse der realen Beschäftigungswirkungen einzelner Steuern sowie des Steuersystems insgesamt weitaus voraussetzungsvoller ist, als dies in vielen ökonomischen Modellen der Besteuerung zum Ausdruck kommt.

4. *Besteuerung, konjunkturelle Arbeitslosigkeit und Reiz-Reaktions-Kompatibilität*

Aus ökonomischer Sicht sind langfristige und kurzfristige Beschäftigungsentwicklung einer Volkswirtschaft keineswegs deckungsgleich. Richtet man in Anbetracht dessen den Blick auf den Zusammenhang zwischen *Besteuerung und kurzfristiger Arbeitslosigkeit*, gewinnt die Frage an Bedeutung, wie einzelne Steuern oder auch das Steuersystem insgesamt gestaltet sein sollten, um mit Blick auf den zyklischen Konjunkturverlauf und die damit einhergehenden Beschäftigungsschwankungen eine „glättende" Wirkung zu entfalten. Ein solcher stabilisierender Effekt ist aus ökonomischer Sicht grundsätzlich dann zu erwarten, wenn in einer Phase der Rezession über Steuern die gesamtwirtschaftliche

Nachfrage stimuliert werden kann, während in einer Phase der Hochkonjunktur eben jene Steuern zu einer Abschöpfung der Nachfrage beitragen. Dabei ist es nach Reding und Müller (1999, S. 572) für die Analyse der Konjunkturwirkungen der Besteuerung weitgehend unerheblich, ob „diese steuerinduzierten Stabilisierungseffekte aufgrund diskretionärer Maßnahmen oder infolge einer automatischen Stabilisierungswirkung (‚built-in-flexibility') wirksam werden" (vgl. zur stabilisierungsadäquaten Ausgestaltung der Steuerpolitik auch Zimmermann et al. 2012, S. 398 ff.). Soweit sich im Rahmen der finanzwissenschaftlichen Steuerlehre in der jüngeren Vergangenheit überhaupt mit diesem Thema beschäftigt wurde, standen dabei zumeist grundlegende Gestaltungsprobleme des konjunkturpolitischen Einsatzes von Steuern, wie etwa die Frage nach dem richtigen Zeitpunkt des Auftretens (Lag-Problem) oder nach der adäquaten Dosierung von steuerlichen Stabilisierungseffekten (Quantum-Problem), im Zentrum der Analyse. Jenseits dessen wird jedoch den konjunkturellen Wirkungen der Besteuerung in einschlägigen Lehrbüchern der ökonomischen Steuerlehre keinerlei Beachtung geschenkt. So sind beispielsweise die Wirkungsanalysen in Homburg (2010) oder auch Cansier (2004) ausschließlich auf die Effizienz- und Verteilungseffekte von Steuern ausgerichtet. Und selbst dort, wo konjunkturelle Effekte berücksichtigt werden, wie dies etwa in Zimmermann et al. (2012, S. 404 ff.) der Fall ist, erfolgt die steuerliche Wirkungsanalyse insoweit rein „mechanisch", wie sich allein auf die Multiplikator- und Akzelerator-Effekte einer antizyklischen Steuerpolitik konzentriert wird. Die hierbei zentrale Frage, ob und in welchem Umfang entsprechende steuerliche Anreize überhaupt das Entscheidungsverhalten der Wirtschaftssubjekte beeinflussen können, bleibt demgegenüber in aller Regel ausgeblendet.

Ob eine mit dem Stabilitätsziel konforme Ausgestaltung einzelner Steuern und damit der Steuerpolitik insgesamt die erhoffte Wirkung entfaltet, hängt aus psychologischer Sicht jedoch von einer Reihe an Einflussfaktoren ab, die in der Finanzwissenschaft jedoch – wenn überhaupt – nur am Rande thematisiert werden. Hierzu zählt nicht nur die bereits an früherer Stelle angesprochene „Merklichkeit" der Besteuerung, auf die bereits von Schmölders (1970, S. 50 ff.) hingewiesen wurde und die als Voraussetzung dafür angesehen werden kann, ob Akteure auf steuerliche Anreize auch entsprechend reagieren. Hinzu kommt darüber hinaus, dass auch – folgt man Thaler und Sunstein (2012, S. 119) – eine hinreichende *Reiz-Reaktions-Kompatibilität* gegeben sein muss, ohne die das individuelle Entscheidungsverhalten den gesetzten Anreizen nicht folgt. Danach ist mit einem gewünschten (hier: stabilitätskonformen) Verhalten nur dann zu rechnen, wenn das Signal, das ein Akteur empfängt, zu der aktuell präferierten Handlung passt. Sind demgegenüber Reiz und Reaktion aus Sicht des Akteurs inkonsistent, kommt es nicht zum erhofften Verhalten. Bezogen auf eine Politik der konjunkturellen Stabilisierung bedeutet dies, dass eine expansive Steuerpolitik in Phasen der Rezession nicht zwingend die mit einer Steuersenkung ökonomisch erhoffte Nachfragewirkung entfaltet. Dies gilt insbesondere dann, wenn ein steuerlicher Anreiz zu mehr Investitions- oder Konsumausgaben zu einem Zeitpunkt erfolgt, der durch einen tiefgreifenden (kollektiven) Pessimismus mit Blick auf die zukünftige wirtschaftliche Entwicklung geprägt ist (*Framing-Effekt*). In einer solchen Handlungssituation werden zusätzliche Investitionen oder eine Ausweitung des Konsums von den Akteuren in aller Regel nicht als relevante – d. h. ernsthaft zur Wahl stehende – Entscheidungsalternativen angesehen. Das gleiche gilt – wenn auch mit umgekehrtem Vorzeichen – für den Fall einer kontraktiven Steuerpolitik. Auch ist davon auszugehen, dass Steuererhöhungen in Phasen der Hochkonjunktur, die in ihrer Entwicklungsdynamik durch anhaltend positive Zukunftserwartungen und eine Stimmung des kollektiven Optimismus befeuert werden, zu keinem nennenswerten Rückgang von Investitions- und Konsumgüternachfrage führen.

Dass diese Erkenntnis in einschlägigen finanzwissenschaftlichen Lehrbüchern häufig unberücksichtigt bleibt, überrascht umso mehr, wie die Idee einer stabilitätsorientierten Steuerpolitik an die grundlegenden Überlegungen von Keynes (1936, 2009) zu den Ursachen einer konjunkturellen Unterbeschäftigung anknüpft, die bereits eine Vielzahl an Hinweisen auf *psychologische Verzerrungen* des individuellen Entscheidungsverhaltens enthalten. Deutlich wird dies beispielsweise dort, wo er zur Erklärung des Investitionsverhaltens von Unternehmen im Konjunkturverlauf sowohl auf den Einfluss der Verfügbarkeitsheuristik als auch auf die Status-quo-Gebundenheit der Erwartungsbildung verweist. Auch finden sich bei ihm Hinweise auf die Irrationalität des Herdenverhaltens, welches auf Märkten beobachtet werden kann und einen maßgeblichen Bestimmungsfaktor von Konjunkturverläufen darstellen soll (vgl. hierzu etwa Keynes 1936, 2009, S. 126, 131 oder auch 137; vgl. darüber hinaus auch die ausführlichere Darstellung der Überlegungen von Keynes zur Bedeutung psychologischer Effekte im Konjunkturverlauf in Kap. 4.1.3).

5. *Soziales Anpassungsverhalten, Methodismus und Pfadabhängigkeiten*

Aus psychologischer Sicht kommt bei der Beurteilung einer stabilitätsorientierten Steuerpolitik insbesondere dem *Phänomen des Herdenverhaltens* eine besondere Relevanz zu, da das Auftreten eines solchen Verhaltensmusters einen entscheidenden Einfluss darauf hat, ob steuerliche Anreize im Konjunkturverlauf überhaupt wirksam sein können. Als Pionierarbeit zum Herden-Verhalten kann hierbei die Studie von Sherif (1937) gelten. Die Wirksamkeit konformen Verhaltens wurde ebenfalls schon früh von Asch (1955) mit Hilfe von Verhaltensexperimenten in den USA untersucht. Sie belegen, dass selbst für den Fall einfacher Aufgabenstellungen mehr als ein Drittel der Untersuchungsteilnehmer sich den (falschen) Lösungen anderer Teilnehmer anschloss, wenn diese offen kommuniziert wurden, obwohl dieselben Untersuchungsteilnehmer, wenn sie auf sich selbst gestellt waren, sich für die richtige Lösung entschieden. Ein entsprechendes Herdenverhalten konnte im Rahmen ähnlicher Untersuchungen in bislang siebzehn weiteren Ländern nachgewiesen werden, was dafür spricht, dass es sich hierbei um ein grundlegendes Muster individuellen Verhaltens handelt. Thaler und Sunstein (2012, S. 84) verweisen diesbezüglich auf die Zahl von bislang 130 Experimenten, die unter anderen in Ländern wie Deutschland, Frankreich, Japan, Norwegen, Libanon oder Kuweit durchgeführt wurden und die alle die Ergebnisse von Sherif (1937) und Asch (1955) bestätigen.

Wenn bereits in vergleichsweise einfach strukturierten Handlungssituationen konformes Verhalten nachgewiesen werden kann, ist zu vermuten, dass auch bei komplexeren

Entscheidungen, wie sie im Zuge von konjunkturellen Entwicklungsverläufen zu treffen sind, ein entsprechendes Anpassungsverhalten wirksam sein dürfte. Mit Dörner (2011, S. 259) lässt sich zudem eine Verbindung zwischen dem Herden-Verhalten und dem Phänomen des „Methodismus" herstellen, bei dem man sich ein spezifisches Denkschema aneignet und anschließend der Meinung ist, „aus diesem Grunde allen auftretenden Problemen gerecht werden zu können. Gerade wenn diese Methoden sich tatsächlich eine Zeit lang bewähren, kann es zu einer Überschätzung der Wirksamkeit kommen". So kann beispielsweise eine während einer konjunkturellen Aufschwungsphase erfolgreich praktizierte Finanzanlagestrategie dazu verleiten, diese als universell wirksam anzusehen, auch wenn dies keineswegs der Fall ist. Eine solche Überschätzung der Wirksamkeit kann noch dadurch verstärkt werden, dass zum einen Entscheidungs-Heuristiken zur Anwendung kommen, die eine umfassend rationale Bewertung einer Handlungssituation verhindern. Dies gilt umso mehr, wenn zudem die Beobachtung des Verhaltens Dritter zu der Einschätzung führt, dass man sich mit seinen eigenen Entscheidungen in „guter Gesellschaft" befindet und eine Verhaltensänderung aus subjektiver Sicht nicht erforderlich erscheint.

Strack et al. (1988) zeigen darüber hinaus, dass ein solches Herdenverhalten auch bei ursprünglich willkürlich gefassten Urteilen oder Traditionen für deren Verfestigung im Laufe der Zeit sorgen und damit als Orientierung für individuelle Entscheidungen fungieren kann. Thaler und Sunstein (2012, S. 86) sprechen bezogen auf diese Art des konformen Verhaltens auch von einem „kollektiven Konservatismus", den sie vom Phänomen der „pluralistischen Ignoranz" abgrenzen. Damit ist im Anschluss an Slovic et al. (1974) jener Typ konformen Verhaltens gemeint, der immer dann auftritt, wenn Akteure glauben, dass andere Akteure ein entsprechendes Verhalten für richtig erachten und zwar unabhängig davon, ob dies auch realiter zutrifft. Ein ähnliches Verhalten zeigt sich beim Spotlight-Effekt, bei dem – wie an früherer Stelle bereits erwähnt – Akteure ihr Verhalten daran anpassen, was sie für die Erwartungen der anderen an die eigene Person halten. Sämtliche der genannten Spielarten des „Herdentriebs" können für *Pfadabhängigkeiten* des individuellen Entscheidungsverhaltens sorgen und damit dazu beitragen, dass Akteure nur sehr bedingt auf steuerliche Anreize reagieren.

Wie vor allem verhaltensökonomische Analysen der jüngsten Wirtschafts- und Finanzkrise, aber auch historische Studien zu früheren ökonomischen Krisen verdeutlichen, sind gerade Konjunkturzyklen in ihrem Verlauf durch einen ausgeprägten Verhaltenskonformismus im Sinne des Herdenverhaltens geprägt (vgl. für die globale Wirtschafts- und Finanzkrise von 2008 die entsprechenden Analysen von Akerlof und Shiller 2009, S. 95 ff.; Ariely 2010, S. 363 ff. oder auch Thaler und Sunstein 2012, S. 335 ff.; vgl. für eine historische Aufarbeitung früherer Wirtschafts-, Finanz- und Schuldenkrisen die Studie von Rheinhart und Rogoff 2009). Dieses Herden-Verhalten gilt am stärksten für das Geschehen auf den Finanzmärkte, dies gilt jedoch ebenso – wenn auch in etwas abgeschwächter Form – mit Blick auf die konjunkturelle Entwicklung auf Güter- und Faktormärkten. Aus verhaltensökonomischer Sicht lässt sich in Anbetracht dessen – wie schon beim Zusammenhang von Besteuerung und (struktureller) Arbeitslosigkeit – schlussfolgern, dass eine stabilitätsorientierte Steuerpolitik zur konjunkturellen Glättung des Nachfrageverhaltens zwar wirksam sein kann. Die psychologischen Besonderheiten des individuellen Entscheidungsverhaltens sprechen allerdings dafür, dass eine solche konjunkturpolitische Wirksamkeit des Steuersystems nur unter vergleichsweise restriktiven Bedingungen gegeben ist (z. B. kein Herdenverhalten und damit einhergehende Framing-Effekte), die in der Realität aber zumeist nicht anzutreffen sind.

3.2 Verhaltensökonomische Erklärungen von Steuerwiderstand, Steuerhinterziehung und Steuermoral

Auch wenn die zurückliegenden Ausführungen bereits auf die Notwendigkeit zu einer verhaltensökonomischen Ergänzung und Erweiterung der herkömmlichen ökonomischen Rechtfertigung und Wirkungsanalyse von Steuern und Steuersystemen verweisen, bedarf – folgt man Wiswede (2012, S. 169) – noch ein weiteres Analysefeld der verhaltenswissenschaftlichen Forschung zu den Staatseinnahmen einer genaueren Betrachtung: „Das zentrale Thema der Steuerpsychologie ist die Steuerhinterziehung". Um den Erkenntnisgewinn der Verhaltensökonomik in der Auseinandersetzung mit diesem Gegenstandsbereich zu verdeutlichen, wird zunächst auf das ökonomische Standardmodell zur Erklärung von Steuerhinterziehung eingegangen. Dessen – aus theoretischer wie empirischer Sicht – kritische Bewertung dient dabei als Ausgangspunkt, um den Bedarf für eine stärkere Berücksichtigung psychologischer Bestimmungsfaktoren von Steuerwiderstand und Steuerhinterziehung darzulegen. Zugleich kann auf diese Weise auch die Bedeutung der Steuermoral für das Verhalten von Steuerzahlern eingehender erklärt werden, auf die bereits Schmölders (1970, S. 75 ff.) als maßgebliche Einflussgröße im Hinblick auf die Akzeptanz der Steuerpflicht sowie die Anerkennung der Steuerhoheit des Staates hingewiesen hat.

3.2.1 Ökonomisches Standardmodell zur Erklärung von Steuerhinterziehung als Ausgangs- und Bezugspunkt

Eine Erklärung des Phänomens der Steuerhinterziehung erfolgt aus ökonomischer Sicht üblicherweise unter Rückgriff auf zwei unterschiedliche Begründungsmodelle. Danach kann Steuerhinterziehung in einem ersten Ansatz als ein spezifisches *soziales Dilemma* interpretiert werden, das aus der Besteuerungssituation selbst resultiert. Unter der Annahme rationalen Verhaltens sowie der unterstellten Nutzenmaximierung entspricht die Besteuerungssituation dem klassischen Fall des Gefangenendilemmas, das mit Blick auf die Möglichkeit zum *Trittbrettfahrerverhalten* bei der Inanspruchnahme von öffentlichen Gütern ein nicht-kooperatives Verhalten der Steuerzahler (d. h. eine mangelnde Bereitschaft zur Steuerzahlung) als dominante Handlungsstrategie nahe legt (vgl. zur Rekonstruktion der Besteuerungssituation als sozialem Dilemma etwa Kirchler 2011, S. 742 ff.; Hofmann 2009, S. 11 f. oder auch Schmiel 2005, S. 161 ff.; vgl. zu einer Kritik an dieser Interpretation Döring 2005; vgl. zum Gefangenendilemma allgemein zudem Behnke 2013,

S. 91 ff.). In dem Maße, wie bei (reinen) öffentlichen Gütern bekanntermaßen kein Akteur von deren Inanspruchnahme ausgeschlossen werden kann und zugleich der individuelle Finanzierungsbeitrag lediglich marginal ist, besteht ein Anreiz, sich der eigenen Mitfinanzierungsverpflichtung zu entziehen. Reine öffentliche Güter sind strukturell durch die Nichtanwendbarkeit des Ausschlussprinzips sowie eine Nichtrivalität im Konsum gekennzeichnet, wobei insbesondere die zuerst genannte Gutseigenschaft das Auftreten eines Trittbrettfahrerverhaltens begünstigt (vgl. zu den Eigenschaften von öffentlichen Gütern etwa Zimmermann et al. 2012, S. 52 ff. oder auch Scherf 2009, S. 68 ff.; vgl. hierzu auch die Ausführungen in Kap. 5.1.1). Allerdings stellt ein solch nicht-kooperatives Verhalten keineswegs einen Automatismus dar. Vielmehr ist – spieltheoretische gedeutet – eine Interaktionsbeziehung in Gestalt eines Gefangenendilemmas – im Unterschied zu reinen Nullsummen- oder reinen Koordinationsspielen – durch eine gemischte Motivstruktur gekennzeichnet, aus der zugleich ein spezifischer Konflikt resultiert: Würde die den Nutzen maximierende Handlungsoption (Steuerhinterziehung) von allen gewählt werden, käme es für die Gesamtheit aller Steuerpflichtigen zu einem Verlust (keine Bereitstellung öffentlicher Güter). Diese spezielle Spannung zwischen einem einerseits bestehenden Kooperationsinteresse und dem andererseits gegenläufigen Interessen macht den Kern des sozialen Dilemmas aus.

1. *Nicht-kooperatives Verhalten und Nutzen-Kosten-Abwägung*

Diese Interpretation der Besteuerungssituation ist jedoch keineswegs unproblematisch. So bleibt – gerade aufgrund der gemischten Interessenlage – zum einen offen, in welchem Umfang es tatsächlich zu einem *nicht-kooperativen Verhalten* und damit zu Steuerhinterziehung kommt. Bereits an früherer Stelle wurde unter Verweis auf die Ergebnisse der experimentellen Ökonomik im Rahmen von Ultimatum-, Diktator- und Vertrauensspielen darauf verwiesen, dass in solchen Dilemmasituationen die Untersuchungsteilnehmer durch eine starke Präferenz zugunsten einer fairen Gewinn- bzw. Lastenverteilung gekennzeichnet sind, die gegen ein rein rationales und der eigenen Nutzenmaximierung dienendes Verhalten sprechen (vgl. hierzu nochmals die Ausführungen in Kap. 2.4 einschließlich der dort gemachten Literaturverweise; vgl. zudem Ockenfels 1999). D. h. ein bestehender Anreiz zur Steuerhinterziehung sagt noch nichts darüber aus, ob diesem auch gefolgt wird. Soweit die Interaktionsbeziehung der Steuerzahler untereinander ausschließlich in Abhängigkeit von (zwei) externen Handlungsrestriktionen (Eigenschaften öffentlicher Güter, Verhalten der anderen Steuerpflichtigen) gesehen wird, bleiben – folgt man Pyle (1991) oder auch Elffers (2000) – interne Handlungsrestriktionen (Wahrnehmungsverzerrungen, Heuristiken, Gerechtigkeitsnormen, Kontexteffekte etc.) unberücksichtigt.

Die Rekonstruktion der Besteuerungssituation als sozialem Dilemma ist aber noch aus einem weiteren Grund kritisch zu bewerten. So wird zum anderen das Problem der Steuerhinterziehung auf diese Weise einseitig „horizontal" gedacht, d. h. der Blick ist hier ausschließlich auf das Interaktionsverhalten der Steuerzahler untereinander gerichtet. Relevante weitere Bestimmungsfaktoren, die zusätzlich aus der „vertikalen" Interaktionsbeziehung zwischen Bürger und Staat resultieren, werden dadurch jedoch vorschnell ausgeblendet bzw. nicht hinreichend in Betracht gezogen. Vor diesem Hintergrund kann es nicht überraschen, dass innerhalb der ökonomischen Standardtheorie noch ein weiterer Ansatz entwickelt wurde, um das Hinterziehungsverhalten von Steuerzahlern zu modellieren. Auch in dieser auf Allingham und Sandmo (1972) zurückgehenden ökonomischen Theorie der Steuerhinterziehung wird von einem vollständig rationalen Verhalten ausgegangen, wobei die Entscheidung zur Steuerhinterziehung als eine spezifische *Nutzen-Kosten-Abwägung* interpretiert wird. Danach – folgt man Strotmann (2009, S. 70) – wählt entsprechend der Erwartungsnutzentheorie jeder Steuerzahler zwischen zwei Entscheidungsalternativen, indem er „sein Einkommen bei ehrlicher Steuerzahlung mit dem Einkommen vergleicht, das er alternativ bei einer Steuerhinterziehung erwarten kann", um „sich dabei stets für die vorteilhaftere Variante" zu entscheiden. Die Befolgung der Steuergesetze ist aus Sicht dieses Modells somit im Kern das Ergebnis einer strikt kalkulierten Entscheidung bezüglich der Vor- und Nachteile, mit denen Steuerzahler im Fall der Steuerhinterziehung rechnen müssen (vgl. hierzu auch Allingham und Sandmo 1972, S. 325 sowie Myles 1995, S. 386; vgl. für eine knappe Zusammenfassung des ökonomischen Standardmodells der Steuerhinterziehung auch Hofmann 2009, S. 14 f. ebenso wie Klopp 2007, S. 3).

Die Entscheidungsabwägung erfolgt hierbei unter Berücksichtigung von *Kontrollwahrscheinlichkeit* und *Höhe der Strafe*. Einem sicheren Einkommen bei ehrlicher Steuerzahlung steht damit ein unsicheres Einkommen im Fall der Steuerhinterziehung gegenüber, da dieses bei gegebenen Steuern und Abgaben davon abhängig ist, wie hoch die Aufdeckungswahrscheinlichkeit und die zu erwartende Strafe durch den Staat ist. Fällt die zu zahlende Steuer kleiner aus als das Produkt aus Kontrollwahrscheinlichkeit und Strafsteuersatz, wird das Einkommen ehrlich deklariert. Steht jedoch dem zu erwartenden Gewinn aus einem zu niedrig deklarierten Einkommen ein geringeres Produkt aus Kontrollwahrscheinlichkeit und Strafzahlung gegenüber, entscheidet sich der Steuerzahler zugunsten der Steuerhinterziehung. Je höher somit die Wahrscheinlichkeit ausfällt, dass die Steuerhinterziehung aufgedeckt wird, und je höher die daraus abgeleitete Strafsteuerzahlung ausfällt, desto geringer – so Strotmann (2009, S. 70) – wird bei gegebenen Steuern und Abgaben „das zu erwartenden Einkommen bei Steuerhinterziehung sein und desto eher wird sich der Steuerzahler für eine ehrliche Steuerzahlung entscheiden". Nach Allingham und Sandmo (1972, S. 324 f.) lässt sich daraus zugleich ableiten, dass durch einen Anstieg der durch die Finanzverwaltung praktizierten Kontrollen sowie durch eine Erhöhung der Strafen das Ausmaß an Steuerhinterziehung vermindert werden kann. Umgekehrt bedeutet dies aber auch, dass Steuerpflichtige nur deshalb Steuern zahlen, weil sie Kontrollen und Strafen und damit (allein) monetäre Konsequenzen fürchten.

2. *Empirische Relevanz von Kontrollwahrscheinlichkeit und Strafhöhe*

Da bereits Allingham und Sandmo (1972, S. 338) selbst eingestehen, dass es sich bei ihrem ökonomischen Modell der Steuerhinterziehung um einen im Vergleich zur Realität sehr vereinfachenden Erklärungsansatz handelt, können die keineswegs eindeutigen empirischen Untersuchungsergebnisse zum Einfluss von Kontrollen und Strafen auf das Verhalten der Steuerzahler nicht überraschen (vgl. für einen Überblick zu den empirischen Untersuchungen zum Einfluss von Kontrollen und Strafen auch Körner und Strotmann 2006, S. 14 ff. sowie Schöbel 2008, S. 41 ff.). So kommen Friedland et al. (1978) in einem Verhaltensexperiment zur Steuerehrlichkeit anhand von simulierten Einkommensteuererklärungen unter Berücksichtigung der Einflussgrößen „Aufdeckungswahrscheinlichkeit", „Höhe der Strafe" und „Höhe des Steuersatzes" zu dem Ergebnis, dass die Neigung zur Steuerhinterziehung eindeutig mit höheren Steuersätzen zunimmt, während sie bei erhöhter Strafandrohung und gestiegener Kontrollwahrscheinlichkeit sinkt. Eine Bestätigung dieser Ergebnisse findet sich in einem weiteren Verhaltensexperiment von Kirchler et al. (2001a), bei dem die Versuchspersonen ihr Einkommen in mehreren „Spielrunden" über einen simulierten Aktienmarkt erzielten und anschließen zu versteuern hatten. Auch hier hat die Höhe der Kontrollwahrscheinlichkeit ebenso wie die Strafhöhe einen positiven Einfluss auf das Hinterziehungsverhalten, d. h. mit einem Anstieg der Werte für die beiden Einflussfaktoren vermindert sich der Umfang an Steuerhinterziehung. Zudem konnte gezeigt werden, dass eine steigende Aufdeckungswahrscheinlichkeit die Bereitschaft zur Steuerhinterziehung stärker beeinflusst als die Höhe der zu erwartenden Strafe. Der Sachverhalt, dass sich die Untersuchungsteilnehmer das zu versteuernde Einkommen selbst verdienen mussten und nicht – wie noch bei Friedland et al. (1978) – dieses einfach vorgegeben war, hatte demgegenüber keinen Einfluss auf das Hinterziehungsverhalten. Auch Alm et al. (1995) weisen einen positiven Einfluss von Aufdeckungswahrscheinlichkeit und Strafhöhe auf die Bereitschaft zur Steuerhinterziehung nach. Sie zeigen aber auch, dass dieser Zusammenhang lediglich für Steuerstrafen in einer Höhe von mindestens 200 % gilt. Unterhalb dieses „Grenzwertes" kann kein signifikanter Einfluss der beiden genannten Variablen festgestellt werden, was dafür spricht, dass das im ökonomischen Standardmodell zur Steuerhinterziehung beschriebene Abwägungskalkül erst ab einer bestimmten (monetären) Schwelle zu greifen scheint. In einer weiteren Studie kommen Alm et al. (1992) darüber hinaus zu dem Ergebnis, dass der Zusammenhang zwischen deklariertem Einkommen und Aufdeckungswahrscheinlichkeit nicht linear verläuft. Vielmehr führt danach bereits ein geringfügiger Anstieg der wahrscheinlichen Kontrollhäufigkeit zu einer starken Ausweitung des deklarierten Einkommens. So führte ein Anstieg der Kontrollwahrscheinlichkeit von 0 auf 2 % zu einer Ausweitung des deklarierten Einkommens von 20 auf 50,5 %. Eine weitere Erhöhung der Überprüfungswahrscheinlichkeit von 2 auf 10 % zog einen Anstieg der Deklarationshöhe von 50,5 auf 67,5 % nach sich (vgl. hierzu auch Kirchler und Maciejovsky 2007).

Abweichend von den bisher genannten Untersuchungsergebnissen stellen Spicer und Lundstedt (1976) fest, dass zwar ein Zusammenhang zwischen der Höhe der Kontrollwahrscheinlichkeit und der Einstellung zur Steuerhinterziehung empirisch nachgewiesen werden kann, ein ebensolcher Einfluss der Strafhöhe jedoch nicht zu belegen ist. Dies stimmt mit dem Ergebnis einer Studie von Baldry (1986) überein, in der ebenfalls kein Zusammenhang zwischen der Strafhöhe und der Bereitschaft zur Steuerhinterziehung festgestellt werden konnte. Aber auch die Relevanz der Kontrollwahrscheinlichkeit ist keineswegs zwingend, wie Wärneryd und Walerud (1982) in einer Untersuchung ermitteln konnten. Danach übt vielmehr die *Gelegenheit zur Steuerhinterziehung* den entscheidenden Einfluss auf das individuelle Deklarationsverhalten aus. Zudem neigen Personen mit finanziellen Problemen stärker dazu, Steuern zu hinterziehen, als solche ohne entsprechende Finanzprobleme. Auch Güth und Mackscheidt (1985) untersuchten den Einfluss der Kontrollwahrscheinlichkeit auf das Deklarationsverhalten, um unter anderem zu dem Ergebnis zu kommen, dass die Bereitschaft zur Steuerhinterziehung nicht durch externe (finanzielle) Anreize beeinflusst wird. Vielmehr erfolgte bei den untersuchten Personen die Deklaration des Einkommens entweder konstant ehrlich oder konstant unehrlich. Alm et al. (1993) betonen demgegenüber, dass der Aspekt der Kontrolle zwar von Relevanz ist, aber das Verhalten zur Steuerhinterziehung allein noch nicht hinreichend erklären kann. Vielmehr wird gezeigt, dass je nach Ausgestaltung des Kontrollinstruments dessen Wirkungsweise auf das Deklarationsverhalten unterschiedlich ausfällt. So ging im Vergleich zu einem konventionellen (rein zufallsgesteuerten) Kontrollsystem das Ausmaß an individueller Steuerhinterziehung zurück, wenn alternative Kontrollmechanismen zum Einsatz kamen. Getestet wurden dabei die drei folgenden alternativen Kontrollinstrumente: 1) Automatische Überprüfung aller Steuerpflichtigen, deren deklariertes Einkommen unter einem vorab festgelegten Mindestsatz lag (cutoff rule); 2) Rückwirkende Überprüfung von aktuell überführten Steuerhinterziehern mit Blick auf frühere Steuerperioden (conditional back audit rule); 3) Zukünftig vermehrte Überprüfung aktuell überführter Steuerhinterzieher (conditional future audit rule).

3. *Abschreckung, Gewissensappelle und kommunikatives Framing*

Schwartz und Orleans (1967) konnten wiederum in einer Untersuchung amerikanischer Steuerzahler zeigen, dass sowohl Sanktionsdrohungen als auch *Gewissensappelle* eine positive Wirkung auf die Steuerehrlichkeit haben, jedoch der positive Effekt der Gewissensappelle um ein vielfaches höher als der von Sanktionsdrohungen ausfällt. Die Androhung härterer Sanktionen führte vielmehr dazu, dass in der Folgezeit nicht mehr Einkommen deklariert, sondern größere Beträge als in der Vergangenheit von der Steuer abgeschrieben wurden. Aus psychologischer Sicht lässt sich diesbezüglich auch von einem Bumerang-Effekt sprechen (vgl. zum aus der Dissonanz-Theorie abgeleiteten Bumerang-Effekt etwa Pelzmann 2012, S. 48 ff. mit weiteren Literaturverweisen). Zum Zusammenhang zwischen Steuerhinterziehung und verschärften Strafen stellt auch Schmidt (1994, S. 304) fest: „Von einer Verschärfung der Kontrollen darf man [...] keine großen Eindämmungserfolge erwarten. Eine solche Verschärfung könnte unter Umständen sogar zum entgegengesetzten Effekt, also zur Zunahme der Schattenwirtschaft, führen". Dieses Ergebnis wird auch von einer Studie von Torgler (2003) gestützt, wonach sich eine staatliche Abschreckungspolitik etwa in Form verschärfter strafrechtlicher Sanktionen kaum auf das Verhalten zur Steuerhinterziehung auswirkt. Vielmehr kann gezeigt werden, dass – im Gegenteil – eine vorhandene intrinsische Motivation zur Steuerzahlung durch Strafandrohungen tendenziell verdrängt wird.

Dies deckt sich mit dem bereits an früherer Stelle erwähnten Untersuchungsergebnis von Gneezy und Rustichini (2000) über die Einführung einer Strafgebühr in einem Kindergarten für das zu späte Abholen der Kinder durch die Eltern. Anstelle der erwünschten Abschreckung hatte die Einführung – wie schon erläutert – den genau gegenteiligen Effekt, auch wenn aus ökonomischer Sicht offen bleiben muss, ob dieser Verhaltenseffekt auch bei einer (deutlichen) Steigerung der Strafhöhe konstant geblieben wäre. Das Ergebnis entspricht zudem der Interpretation der Resultate einer Studie von Alm et al. (1999), bei denen sich die Mehrheit der befragten Personen gegen eine Anhebung von Kontrollwahrscheinlichkeit und Strafhöhe und zugleich für eine Erhöhung des Steuersatzes ausgesprochen haben. Auch hier verweisen die Autoren auf den Verdrängungseffekt zwischen intrinsischer und extrinsischer Motivation, d. h. exogene Kontroll- und Strafinstrumente wirken sich negativ auf eine bestehende (sozial vermittelte) Bereitschaft zur ehrlichen Steuerzahlung aus. In einer umfangreichen empirischen Untersuchung zur Bedeutung von sozialen wie psychischen Einflussgrößen der Steuerhinterziehung (darunter auch finanzielle Sanktionen und Aufdeckungswahrscheinlichkeit) kommen Hessing et al. (1988) wiederum zu dem Ergebnis, dass das Steuerzahlerverhalten am stärksten von den *Persönlichkeitsmerkmalen* der Untersuchungsteilnehmer beeinflusst wird und weniger stark von finanziellen Anreizen und Hemmnissen.

Dass zumindest nicht Strafandrohungen allein das Hinterziehungsverhalten beeinflussen, zeigt auch eine umfangreiche Feldstudie von Rincke und Traxler (2009), in der die (illegale) Vermeidung der Zahlung von Rundfunkgebühren in Österreich darauf hin untersucht wurde, durch welche Instrumente eine höhere Zahlungsmoral bewirkt werden kann. Danach zeigte sich, dass in Regionen mit einer im Landesdurchschnitt liegenden Quote an „Schwarzsehern" mit entsprechenden Strafandrohungen am erfolgreichsten auf das Hinterziehungsverhalten Einfluss genommen werden konnte. Demgegenüber führten in Regionen, die durch eine überdurchschnittliche Schwarzseherquote gekennzeichnet waren, nicht erhöhte Strafandrohungen, sondern in erster Linie der Verweis auf die (überraschend gute) Zahlungsmoral der anderen Rundfunkteilnehmer zu einer messbaren Verhaltensänderung im Sinne einer geringeren Gebührenhinterziehung. Die Drohung mit möglichen Strafen war in diesen Regionen ähnlich wirkungslos wie eine neutrale Aufforderung zur Zahlung der Rundfunkgebühren oder ein entsprechender Appel an die Bürgerpflicht. Die Autoren folgern aus diesem Ergebnis, dass eine Erhöhung von Gebühren- oder Steuerehrlichkeit entscheidend von der (Situations-)Wahrnehmung der Zahlungspflichtigen abhängt. Zu einem ähnlichen Ergebnis – folgt man Storbeck (2010) – kam auch ein Feldversuch im US-Bundesstaat Minnesota, bei dem die Finanzbehörden verschiedene Informationsbriefe an säumige Steuerzahler verschickten. Jeweils gruppenmäßig differenziert enthielten diese Briefe entweder ein Hilfsangebot zum Ausfüllen der Steuerformulare oder Informationen zur Verwendung der Steuermittel oder auch Hinweise auf das Strafmaß für Steuerhinterziehung. Jenseits der genannten Informationsbriefe hatte jedoch lediglich jenes Schreiben einen signifikant messbaren Effekt auf die Steuerehrlichkeit, in dem darauf hingewiesen wurde, dass – anknüpfend an vorhandene Fairnessnormen – bereits 90 % der Bürger ihre Steuern ordnungsgemäß und vollständig gezahlt hatten. Folgt man wiederum den Untersuchungsergebnissen von Dwenger et al. (2014) zum Zahlungsverhalten der Steuerzahler am Beispiel der deutschen Kirchensteuer, wirken Strafandrohungen und Informationsschreiben je nach zugrunde liegender Motivation der Steuerzahler unterschiedlich. Danach erzeugen Strafandrohungen vor allem bei jenen Steuerzahlern eine größere Steuerehrlichkeit, die sich extrinsisch motiviert verhalten. Demgegenüber führt der Verweis auf mögliche Sanktionen im Fall der Steuerhinterziehung zu keinen Verhaltensänderungen bei intrinsisch motivierten Akteuren. Informationen zur Verwendung der Kirchensteuereinnahmen sorgen wiederum bei intrinsisch motivierten Steuerzahlern zu einer (noch) höheren Zahlungsbereitschaft, während sie sich bei der Gruppe der extrinsisch Motivierten negativ auswirken (vgl. zum Zusammenspiel von extrinsischer und intrinsischer Motivation vor dem Hintergrund unterschiedlicher Anreize zur Steuerzahlung auch Boyer et al. 2014; vgl. allgemein zum Verhältnis von intrinsischer und extrinsischer Motivation auch Bénabou und Tirole 2003).

Auch wenn die aufgezeigten Untersuchungsergebnisse kein einheitliches empirisches Bild ergeben, wird dennoch deutlich, dass ein allein auf monetäre Anreize und strafrechtliche Konsequenzen abstellender Erklärungsversuch des Verhaltens von Steuerzahlern und deren Bereitschaft zu Steuerhinterziehung weitere Bestimmungsfaktoren des individuellen Entscheidungsverhaltens unberücksichtigt lässt (intrinsische Motivation, Gerechtigkeitsüberlegungen etc.), denen aus empirischer Sicht jedoch ebenfalls eine hohe Relevanz zukommt. Dies entspricht auch den Schlussfolgerungen aus den Untersuchungen von Alm et al. (1999), Bosco und Mittone (1997), Cullis und Lewis (1997), Baldry (1987) oder auch Kaplan und Reckers (1985). Im Einklang damit schlussfolgert Pommerehne (1985, S. 1163) aus den vorliegenden empirischen Ergebnissen, dass der Einfluss von Kontrollwahrscheinlichkeit und Abschreckung im Vergleich zu alternativen Erklärungsfaktoren wohl eher gering ausfällt. In gleicher Weise stellt zudem Schmidt (1994, S. 304) bezogen auf den Einfluss von Aufdeckung und Strafe auf die Bereitschaft zur Steuerhinterziehung fest, „dass davon nur wenig eindämmende Wirkung ausgehen". Dies gilt umso mehr, wie sich in der Realität – folgt man Alm et al. (1992) – ein deutlich höheres Maß an Steuerehrlichkeit findet, als es nach Maßgabe des ökonomischen Erklärungsmodells geben dürfte. Aus psychologischer Sicht bedarf die traditionelle ökonomische Betrachtungsweise des Phänomens der Steuerhinterziehung und des Steuerwiderstands daher einer entsprechenden Ergänzung bzw. Erweiterung. Man kann man mit Strotmann (2009, S. 70) diesbezüglich auch von einem „Steuerzahlerrätsel" sprechen.

3.2.2 Psychologische Bestimmungsfaktoren von Steuerwiderstand und Steuerhinterziehung

Zur Erklärung von Steuerhinterziehung und Steuerwiderstand wird aus psychologischer Sicht – zusätzlich zu den ökonomischen Faktoren in Gestalt von Aufdeckungswahrscheinlichkeit und Sanktionshöhe – vor allem auf vier weitere Einflussgrößeren verwiesen, die

3.2 Verhaltensökonomische Erklärungen von Steuerwiderstand ...

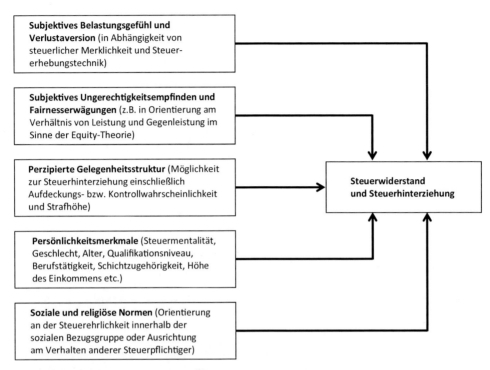

Abb. 3.4 Verhaltensökonomische Bestimmungsfaktoren von Steuerwiderstand und Steuerhinterziehung. (Quelle: Eigene Darstellung)

teilweise bereits bei der Betrachtung des Leistungsfähigkeitsgrundsatzes angesprochen wurden (vgl. auch Franzen 2009 Sowie Franzen et al. 2011). Es handelt sich dabei um 1) das subjektive Gefühl der steuerlichen Belastung, 2) das Vorhandensein von Gelegenheiten zur Steuerhinterziehung, 3) das Empfinden von (Un-)Gerechtigkeit im Hinblick auf das bestehende Steuersystem sowie 4) Persönlichkeitsmerkmale und soziale Normen der Steuerehrlichkeit und Steuerkonformität (siehe hierzu auch Abb. 3.4).

1. *Subjektives Belastungsgefühl und Verlustaversion*

Richtet man den Blick zunächst auf das *subjektive Steuerbelastungsgefühl*, spielt hier zum einen wiederum die an früherer Stelle bereits angesprochene „Merklichkeit" der Besteuerung eine wichtige Rolle: Je unmerklicher einzelne Steuern oder auch das Steuersystem insgesamt sind, desto geringer fällt der Steuerwiderstand aus und desto niedriger ist die Bereitschaft zur Steuerhinterziehung. Das aus der Reaktanz-Theorie sich ableitende Potential für Verhaltenswiderstände wird folglich nur in dem Maße aktiviert, wie eine konkrete Besteuerungssituation überhaupt als Freiheitsbeschränkung wahrgenommen wird. So wurden bereits durch Schmölders (1960) frühe Untersuchung zur Steuermerklichkeit erhebliche Unterschiede zwischen einzelnen Berufsgruppen deutlich, wobei insbesondere die selbstständig Tätigen durch ein hohes Belastungsgefühl gekennzeichnet waren. Dieses Ergebnis wurde durch eine Studie von Kirchler und Maciejovky (2007) bestätigt, die – anknüpfend an die Reaktanz-Theorie – empirisch nachweisen, dass die Wahrnehmung der Steuerbelastung im Sinne einer eingeschränkten Handlungsfreiheit vor allem bei Selbstständigen und Unternehmen besonders ausgeprägt ist. Als Begründung für dieses Ergebnis wird von den Autoren darauf verwiesen, dass die Lohn- und Einkommensbesteuerung der nichtselbstständig Tätigen aufgrund des Quellenabzugsverfahrens unmittelbar durch das beschäftigende Unternehmen erfolgt, während die Gewinn- und Einkommensbesteuerung von Selbstständigen und Unternehmen in Form einer entsprechenden Steuererklärung eigenhändig durchgeführt werden muss. Das Erstellen einer Steuererklärung führt jedoch dazu, dass die finanzielle Einschränkung der eigenen Handlungsfreiheit deutlich stärker zu spüren ist, als dies für den Fall der Quellenbesteuerung gilt.

Damit wird zugleich deutlich, dass die steuerliche Merklichkeit und damit – ökonomisch interpretiert – der subjektiv gefühlte Nutzenentgang nicht nur zwischen direkter und indirekter Besteuerung divergieren kann, sondern dass auch im Rahmen der direkten Steuern die jeweilige Steuererhebungstechnik das Steuerbelastungsgefühl beeinflusst. Die vergleichsweise geringere Merklichkeit indirekter Steuern im Vergleich zu direkten Steuern wird bekanntermaßen damit begründet, dass im Fall der indirekten Besteuerung der jeweilige Steuerbetrag ein Preisbestandteil ist, der von den Steuerpflichtigen im Alltag aber nur bedingt als ursächlich für die Höhe der Preise von Gütern und Dienstleistungen angesehen wird. Ein entsprechender Unterschied bei der Steuerehrlichkeit in Abhängigkeit von der Berufsgruppenzugehörigkeit und der aufgrund dessen angewendeten Steuererhebungstechnik zeigt sich auch in einer empirischen Studie von Vogel (1974) für Schweden. Danach gaben 39 % der Untersuchungsteilnehmer, die bei der Einkommensteuer dem Veranlagungsverfahren unterlagen, zu, dass sie Steuern hinterzogen hatten. Demgegenüber zahlten nur 21 % derjenigen Personen, die dem Quellenabzugsverfahren unterlagen, ihre Steuern nicht in vollem Umfang. Für Australien kommt wiederum Wallschutzky (1984) zu dem Ergebnis, dass 43 % der Untersuchungsteilnehmer, die unter dem Verdacht der Steuerhinterziehung standen und entsprechend juristisch belangt wurden, aus der Gruppe der Selbstständigen und Unternehmer stammten. Von denjenigen, die ihr Einkommen in vollem Umfang deklarierten und damit ihre Steuern korrekt zahlten, gehörten demgegenüber jedoch nur 13 % dieser Berufsgruppe an. Entsprechend stellt Kirchler (2011, S. 757) vor dem Hintergrund dieser Untersuchungsergebnisse fest: „Es scheint, dass im Vergleich mit Angestellten und Arbeitern, deren Gehalt in vielen Ländern netto ausbezahlt wird, vor allem Selbstständige, die von ihrem Bruttoeinkommen Steuern ‚aus der eigenen Tasche' (‚out-of-pocket') zahlen, Steuern als Verlust erleben und die Möglichkeit nutzen, Steuern legal oder illegal zu kürzen".

Zusätzlich zur Merklichkeit, kann sich aber auch die *Benennung einer Steuer* auf die Wahrnehmung der Steuerbelastung auswirken. So kann die verbale Etikettierung einer Steuer als „Gesundheitssteuer" oder „Öko-Steuer" für einen positiven Framing-Effekt sorgen, der selbst für den Fall einer hohen steuerlichen Merklichkeit für ein geringes

Belastungsgefühl sorgt. Auch das deutsche Beispiel des „Solidaritätszuschlags" kann in diese Kategorie des verbalen Framings eingeordnet werden, um das Widerstandspotential auf Seiten der Steuerpflichtigen möglichst gering ausfallen zu lassen. Darüber hinaus kommt dem Framing einer Handlungssituation als Gewinn- oder Verlustereignis eine besondere Bedeutung bezüglich des Steuerbelastungsgefühls zu. Folgt man diesbezüglich der von Kahneman und Tversky (1979) formulierten „prospect theory of choices", bewerten Akteure die Ergebnisse von Entscheidungsprozessen in Abhängigkeit von einem Referenzpunkt, bei dem es sich in aller Regel um den Status-quo Zustand handelt (vgl. auch Kahneman und Tversky 1984 ebenso wie Kahneman und Tversky 1992; vgl. für eine zusammenfassende Darstellung der Prospect-Theorie zudem Englerth 2004, S. 23 ff.). Empirisch belegt und abweichend von der ökonomischen Standardtheorie sind dabei vor allem zwei Erkenntnisse bemerkenswert, die auch für die Analyse von Steuerwiderstand und Steuerhinterziehung von Bedeutung sind: Zum einen wird festgestellt, dass die untersuchten Akteure regelmäßig mögliche Verluste annähernd doppelt so hoch gewichten wie etwaige Gewinne in der gleichen Größenordnung, was auf die bereits an früherer Stelle genannte (dominant wirkende) Verlustaversion hindeutet. Die Relevanz des Referenzpunktes für die subjektive Bewertung eines Verlustereignisses beschreibt Ariely (2010, S. 195 f.) unter Einbezug des Endowment-Effekts wie folgt: „Um uns herum begegnen wir überall dem Versprechen, dass es unsere Lebensqualität verbessert, wenn wir ein größeres Haus, einen zweiten Wagen, eine Spülmaschine, einen Rasenmäher und so weiter kaufen. Doch sobald wir uns neuen Besitz zulegen, fällt es uns schwer, unsere Ansprüche wieder zurückzuschrauben. Wie ich vorher schon sagte: Besitz verändert einfach unsere Sichtweise. Plötzlich erscheint uns der Schritt zurück in den Zustand des Nichtbesitzens als Verlust, den wir nicht hinnehmen können". Bezogen auf das Phänomen der Steuerhinterziehung können dabei zwei psychologische Eigenschaften von Besitz von Bedeutung sein (ebenda, S. 192): „Zum einen wächst das Gefühl, eine Sache zu besitzen, umso mehr, je mehr Arbeit man hineinsteckt". Zum anderen besteht die weitere Eigentümlichkeit, „dass wir Besitzergefühle entwickeln können, noch bevor wir eine Sache unser Eigen nennen können". Mit Blick auf diese zweite Eigenschaft gebraucht Ariely (2010, S. 193) auch den Begriff „Virtueller Besitz".

Zum anderen gilt als nachgewiesen, dass Akteure in realen Entscheidungssituationen und damit kontextabhängig ein unterschiedliches Risikoverhalten bezogen auf potentielle Gewinne und Verluste praktizieren. So agiert die überwiegende Zahl der Akteure risikofreudig bezogen auf solche Entscheidungsoptionen, die relativ zum Referenzpunkt als Verluste bewertet werden, während sie sich im Fall von entsprechenden Gewinnoptionen risikoavers verhalten. Nach Rachlinsky und Forest (1998) kehrt sich die genannte Risikopräferenz jedoch bei Gewinnen und Verlusten von geringer Wahrscheinlichkeit um, d. h. bei unwahrscheinlichen Gewinnen wird sich risikofreudig verhalten, während bei entsprechenden Verlusten risikoavers agiert wird. Weitere Studien aus dem Bereich der experimentellen Ökonomik deuten darauf hin, dass die genannten Framing-Effekte auch das Risiko-Verhalten in Interaktionssituationen maßgeblich bestimmen. Danach neigen

Akteure, die um eine Minimierung bzw. Vermeidung von Verlusten bemüht sind (negatively framed), häufig zu extremen Positionen und konfrontativen Verhaltensstrategien, die nicht selten durch eine hohe Risikobereitschaft gekennzeichnet sind. Sie setzen sich damit in Interaktionssituationen oft gegenüber solchen Akteuren durch, die auf eine Maximierung ihrer Gewinne ausgerichtet sind (positively framed), wie in den empirischen Untersuchungen von Bottom (1990), Bottom und Studt (1993) sowie De Dreu et al. (1994) gezeigt werden konnte. Die Bedeutung von positiven und negativen Framing-Effekten in Verhandlungssituationen mit Blick auf das Akteursverhalten sowie die Verhandlungsergebnisse wurde zudem von Schweizer und DeChurch (2001) betont.

Auch aus Sicht der Prospect-Theorie hängt danach – ähnlich wie beim Faktor „Merklichkeit" – die Entscheidung zur Steuerhinterziehung nicht von der tatsächlichen Höhe der Steuerbelastung ab. Anders als bei der „Steuermerklichkeit" wird die asymmetrische Bewertung von steuerlichen *Gewinn- und Verlustsituationen* jedoch nicht oder zumindest weit weniger durch etwaige Gewöhnungseffekte überlagert, die zu einer Abschwächung des Belastungsgefühls und damit des Steuerwiderstands über die Zeit führen können. Vielmehr hängt – wie etwa bei der Einkommensteuer – die Bereitschaft zur Steuerhinterziehung im Zeitablauf immer wieder aufs Neue davon ab, ob die Steuerpflichtigen gemessen am situativen Referenzpunkt mit einer Steuernachzahlung oder einer Steuererstattung rechnen. Während sich dabei mit der Steuererstattung ein subjektives Gewinngefühl verbindet, welches ein risikoaverses Verhalten nach sich zieht und zu hoher Steuerehrlichkeit führt, entsteht bei der Steuernachzahlung ein subjektives Verlustgefühl, das zu risikofreudigem Verhalten und geringer Steuerehrlichkeit beiträgt. Dieser Framing-Effekt konnte auch empirisch bestätigt werden, so etwa von Kirchler und Maciejovsky (2001), die auf der Grundlage von Verhaltensexperimenten mit Freiberuflern und Gewerbetreibenden zu dem Ergebnis kommen, dass das Verhalten der Steuerpflichtigen vom jeweiligen Referenzpunkt der Entscheidungssituation abhängt. So wurde eine Steuerrückerstattung von den Untersuchungsteilnehmern als Gewinn verbucht, was wiederum mit einer höheren Steuerehrlichkeit korreliert war. Demgegenüber werteten die am Experiment beteiligten Personen eine Steuernachzahlung als Verlust, was zu einer entsprechend geringeren Steuerehrlichkeit führte.

Auch in anderen Untersuchungen wird auf die Wirksamkeit des Gewinn- und Verlust-Framings als einem Erklärungsfaktor für Steuerwiderstand und Steuerhinterziehung hingewiesen. So belegen etwa Robben et al. (1990) in einer experimentellen Studie mit Untersuchungsteilnehmern aus Belgien, Großbritannien, den Niederlanden, Schweden, Spanien und den USA die unterschiedliche Wirkung von Steuernachzahlung und Steuererstattung auf das Hinterziehungsverhalten. Die Wirksamkeit dieses Framing-Effekts wird ebenfalls in den Untersuchungen von Chang et al. (1987), Schepanski und Kelsey (1990), Webley et al. (1991), Schepanski und Shearer (1995) sowie Yaniv (1999) empirisch bestätigt. Eine Auswirkung auf die Steuerehrlichkeit zeigt sich selbst dann, wenn – wie das Verhaltensexperiment von Kirchler et al. (2001a) belegt – die Verlustaversion sich nicht direkt auf die Steuernachzahlung bezieht. So zeigte sich, dass bei den Untersuchungsteilnehmern, die ihr Einkommen an einem simulierten Aktienmarkt verdienen mussten, bereits der vermehrte Aktienkauf und der damit verbundene Rückgang des Bargeldbestandes zu einer geringeren Deklarationsbereitschaft des erwirtschafteten Einkommens führte. D. h. die Steuerhinterziehung wurde als Mittel eingesetzt, um den Bargeldabfluss aufgrund von Aktienkäufen zu kompensieren. Auch jenseits von Laborexperimenten konnte in einer Studie von Cox und Plumley (1988), in der das Verhalten von Steuerzahlern anhand von tatsächlich erstellten Steuererklärungen untersucht wurde, belegt werden, dass eine steigende Anzahl an Steuernachzahlungen zu einer sinkenden Steuerehrlichkeit führt. Bestätigt wird dieses Ergebnis von Hasseldine (1998), der das Hinterziehungsverhalten ebenfalls anhand von realen Steuererklärungen analysiert hat. Auch hier zeigt sich, dass die Steuerehrlichkeit sinkt, wenn zusätzliche Steuernachzahlungen erwartet werden.

Zweifelsohne lässt sich mit Hilfe des „Steuerbelastungsgefühls" in Verbindung mit dem Phänomen des „Verlust-Framing" ein Teil des Steuerhinterziehungsverhaltens über die Einflussgrößen „Kontrollwahrscheinlichkeit" und „Strafhöhe" hinaus erklären. Aus verhaltensökonomischer Sicht sind dennoch weitere Bestimmungsfaktoren der Steuerehrlichkeit in den Blick zu nehmen. Zu einer ähnlichen Schlussfolgerung gelangt auch Hofmann (2009, S. 18), wenn er feststellt: „Im Ganzen scheint die Prospect Theory einen Teil der Steuerhinterziehung zu erklären, jedoch bleiben weitere Faktoren des Verhaltens der Steuerpflichtigen unberücksichtigt". So ist unmittelbar einsichtig, dass eine bestehende Bereitschaft zur Steuerhinterziehung nur dann in die Tat umgesetzt werden kann, wenn auch eine entsprechende Chance dazu vorhanden ist. D. h. ein Steuerpflichtiger hat nur insofern die Option zur Steuerhinterziehung, wie durch die Ausgestaltung des Steuersystems ein entsprechendes Verhalten überhaupt erst ermöglicht wird. Am Beispiel der deutschen Lohn- und Einkommensteuer wird deutlich, dass nicht allein eine höhere Steuermerklichkeit die Steuerehrlichkeit unterschiedlicher Berufsgruppen beeinflusst. Vielmehr eröffnen überhaupt erst die verschiedenen Steuererhebungstechniken für Selbstständige und Unternehmer einerseits (Selbstveranlagung) sowie für Arbeiter und Angestellte andererseits (Quellenabzugsverfahren) einen unterschiedlich großen *Spielraum zur Steuerhinterziehung* für die beiden genannten Berufsgruppen. Dabei verfügen selbstständig und unternehmerisch tätige Personen in aller Regel sowohl mit Blick auf die Höhe des deklarierten Einkommens als auch bezogen auf die Benennung steuerlich relevanter Abzugsposten über deutlich mehr Möglichkeiten zur legalen wie illegalen Steuerausweichung, als dies bei abhängig Beschäftigten der Fall ist.

2. Perzipierte Gelegenheitsstruktur

In diesem Zusammenhang spricht Wiswede (2012, S. 170) treffend von einer „differenziellen Gelegenheitsstruktur", die in ihrer subjektiven Perzeption als Verhaltensrestriktion für Steuerhinterziehung zu gelten hat. Danach sind Steuerpflichtige in all jenen Fällen, in denen es kaum Möglichkeiten zur Steuerausweichung und -vermeidung gibt, dazu gezwungen, sich der Besteuerung zu fügen und eine „mögliche Reaktanz kognitiven Selbstheilungsprozessen zu überlassen" (ebenda). Umgekehrt bedeutet dies aber auch, dass immer dann, wenn die „Gelegenheitsstruktur" es zulässt, mit einem höheren Anteil an Steuerbetrügern gerechnet werden muss. Empirisch wird diese Einsicht im Rahmen eines Verhaltensexperiments von Robben et al. (1990) bestätigt, in dem die Untersuchungsteilnehmer vorab über unterschiedliche Möglichkeiten zur Steuerhinterziehung informiert wurden. Dabei zeigte sich, dass jene Versuchspersonen, denen deutlich mehr Hinweise zur Steuerausweichung gegeben wurden, auch in einem signifikant höheren Umfang Steuern hinterzogen. In der Realität ist der Übergang zwischen legaler und illegaler Steuerausweichung allerdings durchaus fließend, wobei das findige Ausnutzen von bestehenden Steuerschlupflöchern mit Kirchler (2007, S. 12) auch als „creative financial engineering" bezeichnet werden kann. Empirisch bestätigt wird die Bedeutung der Gelegenheitsstruktur – wenn auch bezogen auf betrügerisches Verhalten im Allgemeinen – durch Verhaltensexperimente von Mazar und Ariely (2006) sowie Mazar et al. (2008). In diesen Experimenten zeigt sich auch, dass der überwiegende Teil der Untersuchungspersonen zum einen den Zusammenhang zwischen Gelegenheit und Betrugsverhalten in aller Regel selbst nicht voraussieht. Zum anderen – so Ariely (2010, S. 299) – steigt die Betrugsbereitschaft in all jenen Situationen signifikant an, „bei denen kein physischer Geldaustausch von Hand zu Hand stattfindet". Damit lässt sich die im Fall von Steuerhinterziehung oft niedrige Hemmschwelle bezogen auf Falschangaben bei steuerlich relevanten Abzugsposten (z. B. bei den Aufwendungen für Dienstreisen oder bei den Kosten für das häusliche Arbeitszimmer) erklären.

Eröffnet die perzipierte Gelegenheitsstruktur die Chance zur Steuerhinterziehung, wirken – folgt man Hofmann (2009, S. 23) – „vor allem die potenzielle Aufdeckung und die folgende Strafe, wie das ökonomische Standardmodell zeigt, abschreckend auf die Steuerpflichtigen". In diesem Zusammenhang verweist auch Schöbel (2008, S. 87 f.) darauf, dass bei wahrgenommener Möglichkeit zur illegalen Steuerausweichung die Höhe der Bestrafung den Ausschlag dafür gibt, ob das individuelle Kalkül zur Steuerhinterziehung aufgeht oder nicht. Allerdings ist mit Blick auf letzteres zu berücksichtigen, dass die objektiv gegebene Aufdeckungswahrscheinlichkeit von Steuerhinterziehung aus subjektiver Sicht nicht selten überschätzt wird, worauf wiederum im Rahmen der Prospect-Theorie hingewiesen wurde. Dies liefert eine Erklärung dafür, warum das tatsächliche Ausmaß an Steuerhinterziehung hinter dem zurückbleibt, was unter Bezug auf die traditionelle ökonomische Begründung zu erwarten wäre. Danach ist die für das Hinterziehungsverhalten relevante Verlustaversion, die sich – folgt man Kahneman und Tversky (1979, S. 263) – als Verhaltensanomalie aufgrund des individuellen Entscheidens unter Unsicherheit ergibt, auf die beschränkte Fähigkeit von Akteuren zur umfassenden Informationsverarbeitung zurückzuführen. Diese kognitive Restriktion trägt nach Franzen (2008a, S. 76) mit dazu bei, dass die Eintrittswahrscheinlichkeit von (negativen) Ereignissen (Verlust) überschätzt wird und die *Verlustwahrnehmung* in weiterer Folge eine entsprechende Verstärkung erfährt. D. h. die subjektive Verzerrung in der Risikowahrnehmung führt dazu, dass ein bestehendes Ereignisrisiko als deutlich größer eingeschätzt wird, als es objektiv der Fall ist. Aus psychologischer Sicht bleibt bei dieser Argumentation allerdings offen, inwiefern gegenläufige kognitive Mechanismen – so etwa der Overconfidence-Bias, demzufolge die subjektive Betroffenheit von negativen Ereignissen (hier: die Aufdeckung und Bestrafung von Steuerhinterziehung) relativ zu dessen objektiver Eintrittswahrscheinlichkeit häufig als zu niedrig empfunden wird – die Wirksamkeit der Verlustaversion nennenswert abschwächen können.

3. *Fairnesserwägungen und Ungerechtigkeitsempfinden*

Neben den Einflussgrößen „Merklichkeit", „Verlustaversion" und „Gelegenheitsstruktur" kommt des Weiteren den Gerechtigkeitsempfindungen der Steuerpflichtigen eine maßgebliche Rolle bei der Erklärung des Hinterziehungsverhaltens zu. Dabei können sich entsprechende *Gerechtigkeits- und Fairnesserwägungen* – folgt man wiederum Wiswede (2012, S. 171) – „auf das Steuersystem generell beziehen, auf die unzureichende Gegenleistung, auf die Verwendungsstruktur des Staates oder auf andere Gruppen von Steuerzahlern, die aus der Sicht der Betroffenen unangemessene Privilegien genießen". Mit Blick auf die Untersuchungsergebnisse von Wärenryd und Walerud (1982) ist jedoch zu berücksichtigen, dass das Empfinden von Ungerechtigkeit nicht zu den primären Bestimmungsfaktoren von Steuerhinterziehung zählt, sondern vielmehr vorrangig zur Rationalisierung eines entsprechenden Verhaltens dient. Dies legt die Vermutung nahe, dass Gerechtigkeits- und Fairnessbewertungen einerseits sowie die konkrete Tat der Steuerhinterziehung andererseits mental in unterschiedlichen „Konten" verbucht werden. Allerdings ist von einer kognitiven Verkopplung zwischen beiden mentalen Konten insofern auszugehen, wie die Verfügbarkeit von (fairnessgeleiteten) Argumenten zur Rechtfertigung von Steuerhinterziehung die motivationale Hürde für das reale Hinterziehungsverhalten absenkt (vgl. auch Wiswede 1979; Kahneman und Tversky 1979 sowie Kirchler und Maciejovsky 2007).

Soweit nach der Gerechtigkeitsbewertung des Steuersystems insgesamt und den Auswirkungen auf das Hinterziehungsverhaltens gefragt wird, zeigt sich empirisch allerdings kein einheitliches Bild. Zwar kommt eine Reihe von Untersuchungen zu dem Ergebnis, dass die Steuerpflichtigen das bestehende System der Besteuerung eines jeweiligen Landes als ungerecht bewerten. So gaben etwa in einer Studie von Dornstein (1987) mehr als 80 % von in Israel befragten Steuerzahlern an, dass sie die Verteilung der Steuerlast für ungerecht halten. Für Deutschland belegt die Studie von FORES (2014), dass die überwiegende Mehrheit der Untersuchungsteilnehmer das bestehende Steuersystem als wenig gerecht einstuft. Demnach teilten für den Untersuchungszeitraum von 1987 bis 2014 zwischen 80 und 90 % der Befragten die Einschätzung, dass das deutsche Steuersystem nur dazu führe, dass die Einkommen der Reichen noch weiter steigen und die Einkommen der Armen noch weiter sinken. Folgt man Hofmann (2009, S. 38), wird die Bewertung des gesamten Steuersystems als ungerecht durch den subjektiven Eindruck der Komplexität der Steuergesetze begünstigt. In diesem Zusammenhang kommt auch Moser (1994, S. 171 ff.) in einer Sprachanalyse verschiedener Steuergesetze zu dem Ergebnis, dass die weit überwiegende Zahl der Gesetze aufgrund ihrer sprachlichen Gestaltung, die auf Fachkundige wie Steuerberater, Steueranwälte oder Steuerprüfer ausgerichtet ist, für den durchschnittlich gebildeten Steuerzahler nicht verständlich ist.

Des Weiteren zeigte sich in einer Untersuchung von privaten Haushalten im US-Bundesstaat Oregon, die von Spicer und Lundstedt (1976) durchgeführt wurde, dass das Ausmaß an Steuerhinterziehung von der subjektiven Gerechtigkeitsbewertung des Steuersystems abhängt. Dieses Ergebnis konnte auch in Verhaltensexperimenten von Spicer und Becker (1980) bestätigt werden (vgl. für die Relevanz von Gerechtigkeitserwägungen für das Hinterziehungsverhalten auch Porschke und Witte 2002). Demgegenüber fand sich in einer Studie von Hite (1990), in die knapp 100 Steuerpflichtige einbezogen waren, keine empirische Bestätigung des Zusammenhangs zwischen subjektiven Gerechtigkeitsbewertungen und Steuerhinterziehung. Zum gleichen (negativen) Ergebnis kommen auch Kaplan et al. (1986), an deren Untersuchung rund 140 Studierende teilnahmen. Es zeigte sich in dieser Studie allerdings auch, dass von den Untersuchungsteilnehmern weitere (situationsbezogene) Ursachenzuschreibungen – wie etwa eine ausgeprägte finanzielle Notlage oder auch das Ausmaß an empfangenen öffentlichen Leistungen – in die Rechtfertigung von Steuerhinterziehung mit einbezogen wurden. Dies wird durch eine experimentelle Untersuchung von Becker et al. (1987) bestätigt, in der jene Teilnehmer – überraschenderweise – eine vergleichsweise geringere Bereitschaft zur Steuerhinterziehung aufwiesen, die ihre Steuerlast im Vergleich zu den in Anspruch genommenen staatlichen Leistungen als zu hoch bewerteten.

Zu einer Bestätigung der Bedeutung spezifischer Ursachenzuschreibungen für das Hinterziehungsverhalten kommt auch Torgler (2004), allerdings mit einem im Vergleich zu Becker et al. (1987) entgegengesetzten Ergebnis. Danach ist die Bereitschaft zur Steuerhinterziehung umso stärker ausgeprägt, je mehr ein Steuerpflichtiger die Gegenleistung des Staates als unangemessen und das Steuersystem insgesamt als unfair ansieht und je höher die negative Einstellung gegenüber der Steuerbehörde ist. Mit dem zuletzt genannten Punkt wird allerdings weniger die subjektiv empfundene Verteilungsgerechtigkeit als vielmehr die wahrgenommene Verfahrensgerechtigkeit angesprochen. Nach Kirchler (2011, S. 756) werden mit dieser prozeduralen Dimension von Steuergerechtigkeit in Anlehnung an Tyler (2006) „vor allem Beziehungsmerkmale, wie Wohlwollen seitens der Autoritäten, Neutralität und Respekt als wesentliche Merkmale eines fairen Verfahrens" betont. Dass die Steuerpflichtigen Steuern nicht isoliert, sondern im Zusammenhang mit den Ausgaben des Staates betrachten, konnte empirisch bereits in früheren Studien festgestellt werden. So weist bereits Schmölders (1960) darauf hin, dass die subjektive Wahrnehmung von Steuergerechtigkeit einer entsprechenden Nutzen-Kosten-Analyse zu unterliegen scheint, die sich sowohl positiv als auch negativ auf das Hinterziehungsverhalten auswirken kann. Auch in der Studie von FORES (2014) dokumentiert sich eine solche komparative Perspektive der Steuerzahler, wobei über 50 % der Befragten die Einschätzung teilen, dass Ineffizienz und Verschwendung bei den staatlichen Ausgaben ein legitimer Grund für Steuerhinterziehung sei.

In gleicher Weise kommen Spicer und Lundstedt (1976) zu dem Ergebnis, dass die individuell wahrgenommene Steuergerechtigkeit als Bestimmungsfaktor von Steuerhinterziehung aus dem Vergleich zwischen persönlicher Steuerzahlung und den vom Staat bereitgestellten öffentlichen Leistungen resultiert. Bezogen auf das Ergebnis eines solchen

Vergleichs zeigte sich in einer Untersuchung von Kirchler (1997) zum Steuerhinterziehungsverhalten in Österreich, in die mehr als 130 Steuerpflichtige quer durch alle Altersgruppen einbezogen waren, dass die Befragten die öffentlichen Ausgaben und den damit verbundenen Nutzen mehrheitlich für zu niedrig bewerteten. Inwieweit ein solch individueller Vergleich zwischen Steuerlast einerseits und Ausgabenvorteil andererseits wiederum selbst bestimmten kognitiven Verzerrungen unterliegt, soll hier nicht weiter diskutiert werden. Es spricht jedoch einiges dafür, dass entsprechende Verzerrungen einen nicht unerheblichen Einfluss auf die subjektive Gerechtigkeitseinschätzung des bestehenden Steuersystems haben. So stellt etwa Schmidt (1994, S. 305) in Anlehnung an die asymmetrische Wahrnehmung von Gewinnen und Verlusten und eine daraus resultierende Verlustaversion fest: „Es spricht einiges dafür, daß die Bürger zum großen Teil hohe Abgaben (und Auflagen) viel intensiver negativ als öffentliche Leistungen positive empfinden. Dies liegt [...] daran, daß ein erheblicher Teil der öffentlichen Leistungen passiv konsumiert wird; diese Leistungen dringen also nicht in das Bewußtsein der Bürger und werden daher mit öffentlichen Abgaben nicht in Verbindung gebracht".

Über die allgemeine Fairnesseinschätzung des Steuersystems in seiner Gesamtheit hinaus werden subjektive Gerechtigkeitserwägungen aus psychologischer Sicht aber auch durch die Gerechtigkeitsbewertung im *Vergleich zu anderen Steuerzahlern* geprägt. Auf diesen Aspekt ist bereits im Rahmen der verhaltensökonomischen Beurteilung der Verteilungswirkungen der Besteuerung hingewiesen worden, wobei unter Verweis auf die Erkenntnisse der ökonomischen Glücksforschung die besonderer Relevanz von relativen (Einkommens-)Positionen für das individuelle Lebenszufriedenheits- und Fairnessgefühl betont wurde. Mit Kirchler (2011, S. 756) umfassen diese relativen Bewertungen der Steuerzahler sowohl „die wahrgenommene horizontale Gerechtigkeit (resultierend aus dem Vergleich zwischen eigenen Abgaben und den Abgaben anderer Steuerzahler aus derselben Einkommenskategorie)" als auch die wahrgenommene „vertikale Gerechtigkeit (resultierend aus dem Vergleich zwischen eigenen Abgaben und den Abgaben von Steuerzahlern anderer Einkommenskategorien)". Kirchler (2011, S. 756) nennt darüber hinaus noch die „Austauschgerechtigkeit (resultierend aus den eigenen Abgaben und Vorteilen durch staatliche Gegenleistungen)", auf die hier bereits in den beiden vorherigen Absätzen eingegangen wurde. Eine empirische Bestätigung dieser Sichtweise liefert ein Verhaltensexperiment von Robben et al. (1991) zur wahrgenommenen Fairness der individuellen Steuerbelastung. Dabei wurden die Versuchspersonen, die ihr Einkommen in Form von unternehmerischen Gewinnen auf simulierten Märkten im Rahmen des Experiments erzielten, zunächst in zwei Gruppen eingeteilt. Während die eine Gruppe die Information erhielt, dass ihr Einkommen im Vergleich zur anderen Gruppe unterdurchschnittlich sei, gab man der anderen Gruppe den Hinweis, dass sie ein überdurchschnittliches Einkommen beziehe. Zusätzlich erfolgte eine Unterteilung jeder dieser beiden Gruppen in jeweils drei Teilgruppen, denen wiederum mitgeteilt wurde, dass sie einen über-, unter- oder durchschnittlichen Steuersatz hätten. Mit dieser vorgetäuschten unfairen Behandlung sollte das in der Realität in aller Regel anzutreffende Ungerechtigkeitsempfinden bezüglich des gesamten Steuersystems abgebildet werden. Robben et al. (1991) kamen im Rahmen des beschriebenen Untersuchungsdesigns zu dem Ergebnis, dass der Vergleich der Teilgruppen untereinander zu einem vermehrten Hinterziehungsverhalten in denjenigen beiden Gruppen führte, deren Einkommen als unterdurchschnittlich dargestellt wurde. Der ebenfalls gegebene Hinweis auf die unterschiedlichen Durchschnittsteuersätze hatte demgegenüber keine Auswirkung auf die Steuerhinterziehung.

4. *Persönlichkeitsmerkmale und soziale Normen*

Bereits Schmölders (1960, S. 69 ff.) hat in seinen steuerpsychologischen Untersuchen darauf hingewiesen, dass neben den bislang bereits genannten Bestimmungsfaktoren das Hinterziehungsverhalten zudem von individuellen *Persönlichkeitsmerkmalen* sowie soziokulturell geprägten Einstellungen (soziale und religiöse Normen) beeinflusst wird. Schmölders (1970, S. 53) spricht in diesem Zusammenhang auch von der „Steuermentalität", unter der „die allgemein herrschende Attitüde oder Einstellung zur Steuer und zur Besteuerung schlechthin verstanden werden" soll. Sie beeinflusst – so die Argumentation – nicht nur das Belastungsgefühl und die gegebene Fairnesseinstellung, sondern auch die (grundsätzliche) Bereitschaft zur Ausnutzung von bestehenden Gelegenheiten zur Steuerhinterziehung (vgl. hierzu auch Schmölders und Hansmeyer 1980, S. 102; Franzen 2008a, S. 75 oder auch Hofmann 2009, S. 19 f.). Als ein wesentliches Element von individueller Steuerehrlichkeit und Steuerkonformität kann sich die Steuermentalität einer Person zwar im Zeitablauf verändern. Aufgrund des basalen Charakters, welcher der *Steuermentalität* als tief verankerter Grundeinstellung zukommt, vollziehen sich etwaige Veränderungen jedoch nur langsam und über einen längeren Zeitraum. Es zeigt sich hier eine Nähe zum von Denzau und North (1994) formulierten Konzept der mentalen Modelle, demzufolge die subjektive Bewertung von Handlungsalternativen je individuelle Wahrnehmungsfilter durchläuft. Als solche Wahrnehmungsfilter gelten erlernte Denkmuster (Ideologien), die vom jeweiligen Kulturkreis geprägt und in individuellen Sozialisationsprozessen vermittelt werden. Sie dienen als Orientierung für das Entscheidungsverhalten von Akteuren insbesondere in komplexen und durch Unsicherheit gekennzeichneten Handlungssituationen. Im Rahmen der Neuen Institutionenökonomik dient das Konzept der mentalen Modelle auch dazu, die Wirkungsweise von sogenannten informellen Institutionen zu untersuchen (vgl. hierzu auch Döring 2009). Man könnte die (subjektive) Steuermentalität daher auch als eine Ausprägungsform eines solchen mentalen Modells bzw. einer „informellen Institution" im Bereich der Besteuerung interpretieren.

Eine empirische Bestätigung findet die Relevanz individueller Persönlichkeitsmerkmale für das Hinterziehungsverhalten in einer Untersuchung von Körner und Strotmann (2006), bei der Umfragedaten des World Value Survey (WVS) aus dem Zeitraum von 1999 bis 2002 für eine homogene Gruppe von EU- und OECD-Staaten verwendet wurden. Mit Blick auf die individuellen sozioökonomischen Merkmale fasst Strotmann (2009, S. 73) das Ergebnis dieser Untersuchung dahingehend zusammen, dass die Steuerehrlichkeit von Männern schlechter ausfällt als von Frauen, jüngere Menschen eine geringere Steuerehrlichkeit als ältere Menschen aufweisen, Rentner und Hausfrauen wiederum durch eine höhere Steuerehrlichkeit als abhängig Beschäftigte gekennzeichnet sind sowie Singles weniger steuerehrlich sind als Verheiratete bzw. zusammenlebende Personen. Darüber hinaus nimmt die Steuerehrlichkeit umso niedrigere Werte an, je stärker sich die Befragten in ihren Freiheitsmöglichkeiten eingeschränkt fühlen und je höher materielle Werte gewichtet werden. Schließlich weisen Personen mit einem vergleichsweise hohen Einkommen eine geringere Steuerehrlichkeit auf als solche mit einem eher niedrigen Einkommen. Zu ähnlichen Ergebnissen, wenn auch nur mit Blick auf Deutschland, kommt die Untersuchung von FORES (2009). Folgt man Franzen (2008b), der die Ergebnisse mehrerer empirischer Untersuchungen auf die „typischen Eigenschaften" von Steuerhinterziehern hin ausgewertet hat, neigen insbesondere junge selbstständige Männer mit qualifizierter Ausbildung zu einer geringen Steuerehrlichkeit. Dies spricht nicht nur für eine enge Verbindung zwischen Bildung und Beruf, die beide positiv mit Steuerhinterziehung korrelieren. Vielmehr zeigt sich bei dieser Gruppe auch eine geschlechts- wie altersspezifisch geringe Risikoaversion, die sich begünstigend auf das Hinterziehungsverhalten auszuwirken scheint.

Einen nachweisbaren Einfluss auf die Bereitschaft zur Steuerhinterziehung haben zudem *soziale und religiöse Normen*. So weist etwa Torgler (2008) in einer Auswertung verschiedener Untersuchungen zu Steuerehrlichkeit und Steuerhinterziehung darauf hin, dass die Wirksamkeit von (Steuer-)Recht und sozialen Normen in einem Wechselverhältnis stehen, wonach sowohl das Recht die Gestaltung sozialer Normen als auch soziale Normen die Wirkung des Rechts beeinflussen. Mit Blick auf das Hinterziehungsverhalten ist dabei von Bedeutung, dass das Verhalten innerhalb der unmittelbaren sozialen Bezugsgruppe, aber auch das potentielle Verhalten anderer Steuerpflichtiger einen prägenden Einfluss auf die individuelle Steuerehrlichkeit haben kann. Wird beispielsweise Steuerhinterziehung im Freundes- und Bekanntenkreis toleriert oder sogar in nennenswerter Form praktiziert, gilt eine geringe Steuerehrlichkeit als legitimiert. Demgegenüber führt die Orientierung an religiösen Normen dazu, dass Werteinstellungen wie eine hohe Kooperationsbereitschaft, das Vermeiden falscher Angaben oder auch der Respekt vor dem Besitz anderer positiv besetzt sind. Folglich werden Freifahrer-Verhalten und Unaufrichtigkeit, wie sie auch für Steuerhinterziehung und Steuerunehrlichkeit kennzeichnend sind, in aller Regel nicht toleriert. Eine empirische Bestätigung der Annahme, dass Personen mit einer entsprechenden religiösen Werthaltung eine höhere Steuerehrlichkeit aufweisen und damit Steuerhinterziehung ablehnen, findet sich sowohl in Torgler (2006) als auch in Körner und Strotmann (2006), wobei in beiden Untersuchungen wiederum die bereits erwähnten WVS-Daten ausgewertet wurden. In Verhaltensexperimenten mit Studierenden zu betrügerischem Verhalten kommen Mazar und Ariely (2006) ebenso wie Mazar et al. (2008) zu dem Ergebnis, dass insbesondere die Aufdeckungswahrscheinlichkeit wenig Einfluss auf die (Un-)Ehrlichkeit der Untersuchungsteilnehmer hat. Als weitaus verhaltenswirksamer erwies sich demgegenüber der Hinweis auf religiöse bzw. ethische Werthaltungen, was bei den Probanden zu einem signifikant anderen (hier: ehrlicheren) Verhalten führte als bei der Kontrollgruppe, die unmittelbar vor dem Experiment keinen solchen Hinweis erhielt. Ariely (2010, S. 278) stellt hierzu fest: „Das Ergebnis überraschte sogar uns: Die

Studenten, die wir gebeten hatten, sich die Zehn Gebote ins Gedächtnis zu rufen, betrogen überhaupt nicht". Und weiter: „Mit anderen Worten, wenn wir keinerlei ethische Orientierung haben, geraten wir leicht auf Abwege, rutschen wir in die Unehrlichkeit. Werden wir im Augenblick der Versuchung aber an ethisch einwandfreies Verhalten erinnert, ist die Wahrscheinlichkeit, dass wir ehrlich bleiben, wesentlich höher" (ebenda, S. 284).

3.2.3 Bedeutung der Steuermoral für das Verhalten von Steuerzahlern und ihre Bestimmungsfaktoren

Von der zuletzt angesprochenen „Steuermentalität", welche die grundsätzliche Einstellung zur Besteuerung widerspiegelt und die sich über Persönlichkeitsmerkmale sowie den Einfluss von sozialen und ethischen Normen erfassen lässt, kann im Rahmen der Steuer- und Finanzpsychologie – folgt man Schmölders (1970, S. 53 f.) – die „Steuermoral" unterschieden werden, die als von der Steuermentalität beeinflusst gilt und mit der die unmittelbare Einstellung des Steuerpflichtigen zum Hinterziehungsdelikt bezeichnet wird. An anderer Stelle spricht Schmölders (1970, S. 60) von der „Steuermoral" auch als der „Einstellung zur persönlichen Steuerpflicht" bzw. als der allgemeinen „Einstellung der Steuerpflichtigen zur Erfüllung oder Nichterfüllung ihrer steuerlichen Pflichten" (Ebenda, S. 78 f.). In Anbetracht dessen umfasst der Begriff der *Steuermoral* nach Schmölders (1960, S. 97 ff.) sowohl eine Verhaltens- als auch eine Einstellungskomponente, wobei erstere auf die praktizierte Steuerdisziplin und letztere auf die Haltung gegenüber illegalen Steuerwiderständen abzielt. Im Vergleich zur Steuermentalität gilt die Steuermoral darüber hinaus als diejenige Bestimmungsgröße, von der aus mit größerer Wahrscheinlichkeit auf die Steuerehrlichkeit geschlossen werden kann. In Anbetracht dessen kann es nicht überraschen, dass der Faktor „Steuermoral" mittlerweile in ökonomische wie psychologische Erklärungsansätze zur Steuerhinterziehung einbezogen wird. Allerdings kommt dieser Variable dabei in aller Regel kein modellendogener Status zu. Anstelle einer näheren Konkretisierung wird der Faktor „Steuermoral" vielmehr als eine rein exogene Einflussgröße behandelt (vgl. zu dieser Feststellung auch Hofmann 2009, S. 26 mit weiteren Verweisen auf Andreoni et al. 1998, S. 852 ff.; Frey und Torgler 2002, S. 130 sowie Feld und Frey 2002, S. 88).

1. *Kognitive Überforderung und soziale Repräsentation*

Eine Möglichkeit der ökonomischen Konkretisierung bieten die Überlegungen von Schmidtchen (1994), demzufolge die Steuermoral – verstanden als individuelles Entscheidungsproblem zur Befolgung einer bestehenden Steuerpflicht – einen Lösungsmechanismus im Umgang mit dem Phänomen der *beschränkten Rationalität* von Akteuren darstellt. In Anlehnung an den Ansatz des regelgeleiteten Verhaltens nach Heiner (1983) kommt dabei sowohl der sogenannten Kompetenz-Schwierigkeitslücke als auch der daraus resultierenden Entscheidungsfindung des „rationalen Regelbefolgers" eine besondere

Bedeutung zu. Nach Schmidtchen (1994, S. 200 f.) verbindet sich mit der *Kompetenz-Schwierigkeitslücke* die Einsicht, dass der Steuerpflichtige bei seiner Entscheidung, ob er Steuern hinterziehen soll oder nicht, aufgrund mangelnder Information, Unsicherheit und der Komplexität des Steuersystems entsprechenden kognitiven Restriktionen unterliegt, die ihm kein eindeutiges Urteil ermöglichen. Aufgrund dieser Diskrepanz (Lücke) zwischen Fähigkeiten (Kompetenzen) und dem Herausforderungsniveau des Entscheidungsproblems (Schwierigkeit) neigt der Steuerpflichtige zur Steuerehrlichkeit, da das Risiko der Steuerhinterziehung angesichts der beschriebenen Entscheidungssituation als nicht kalkulierbar angesehen wird. Oder mit anderen Worten: Die Steuermoral stellt – folgt man Schmidtchen (1994, S. 209) – die beste Lösung des Steuerzahlers im Umgang mit dem Problem der beschränkten Rationalität dar. Im Einklang mit der modernen Systemtheorie kann die (Steuer-)Moral mit Luhmann (1997, S. 316 ff.) auch als ein sozialer *Mechanismus zur Komplexitätsreduktion* bezeichnet werden, der vor Überforderung schützt, indem das individuelle Entscheidungsverhalten in unsicheren Handlungssituationen eine Vorstrukturierung erfährt. Das bedeutet allerdings auch, dass mit steigender Komplexität des Steuersystems die Steuerehrlichkeit aufgrund der Kompetenz-Schwierigkeitslücke zunehmen müsste, was in Teilen der Literatur aber bezweifelt wird. Bei Schmidtchen (1994, S. 192 ff.) findet sich allerdings noch eine zweite Interpretation von Steuermoral, der zufolge es sich hierbei um moralische Opportunitätskosten aufgrund von Gewissensbissen handelt, die als (interne) Handlungsrestriktion von Akteuren fungiert (vgl. zur Kritik an diesem Erklärungsmodell sowohl Bizer 2008, S. 31 ff. als auch Frey und Torgler 2002, S. 134).

Nach Beckmann (2003) stellt die Steuermoral daher nicht allein eine Reaktion auf das Phänomen der beschränkten Rationalität dar. Vielmehr verbindet sich mit diesem Erklärungsfaktor auch der gesellschaftliche Aspekt der intrinsischen Motivation auf der Grundlage von internalisierten Normen. Je nach Ausprägung des gesellschaftlichen Umfelds und den darüber vermittelten sozialen und kulturellen Normen fällt der davon ausgehende Einfluss auf die Steuermoral des Steuerpflichtigen positiv oder negativ aus. So stellt Beckmann (2003, S. 151) mit Blick auf diesen zweiten Aspekt von Steuermoral fest: „Menschen wollen aus Einsicht oder Erziehung gesellschaftlichen Pflichten genügen, oder sie ziehen Nutzen aus der Zustimmung anderer Gesellschaftsmitglieder […], die sie durch Einhaltung sozialer Normen zu erreichen suchen". Daraus ergibt sich die Konsequenz, dass je nach sozio-kulturellem Hintergrund sowohl innerhalb einer Gesellschaft als auch zwischen verschiedenen Gesellschaften nennenswerte Unterschiede in der Steuermoral auftreten können. Die Relevanz internalisierter Normen und Wertvorstellungen für die Ausprägung der Steuermoral liefert zugleich einen Bezug zur psychologischen Theorie der sozialen Repräsentation (vgl. hierzu grundlegend Moscovici 1981; vgl. ebenso Kirchler 2011, S. 167 ff. mit weiteren Literaturverweisen). Für Kirchler (2007, S. 101 f.) verbindet sich damit auch eine Klärung des Begriffs der Steuermoral, den er bei Schmölders weder eindeutig auf der gesellschaftlichen noch auf der individuellen Ebene verortet sieht: „It is not always clear […] whether tax morale is conceived as a concept on the national or the individual level, while measurements of the concept are focused on citizens' tax mentality, and, on the individual level, integrate knowledge attitudes towards the government and taxation, condemnation of tax evasion and subjective experience of fair treatment by the government". Im Rahmen der Theorie der sozialen Repräsentation ist die Steuermoral auf der Gruppen- bzw. Gesellschaftsebene angesiedelt. Folglich ist die Steuermoral als ein gesellschaftlich geteiltes Wissen zu verstehen, welches – folgt man Kirchler (2007, S. 102) weiter – als ein soziales Konstrukt die kollektive Bewertung der individuellen Handhabung steuerlicher Tatbestände zum Inhalt hat. Sie kann demgemäß auch als *soziale Repräsentation* der Besteuerung bezeichnet werden. In ihr spiegelt sich die gesellschaftliche Einstellung gegenüber der Besteuerung, die auf dem Weg der Internalisierung auch die individuelle Auslegung und Bewertung steuerlicher Fragen umfasst. Die soziale Repräsentation setzt sich dabei aus einer Summe an Faktoren zusammen, zu denen nach Hofmann (2009, S. 30) das „subjektive Wissen über Steuergesetze, Steuergerechtigkeit, Normbindung und -bildung, Gelegenheit zum Regelverstoß sowie emotionale Größen, beispielsweise Glaube und Gefühle, bis zur Bewertung steuerlicher Sachverhalte" zählen.

Empirisch wird unter anderen von Kirchler et al. (2001b) nachgewiesen, dass die verschiedenen Arten der Steuervermeidung (Steuerhinterziehung, Steuerausweichung, Steuerflucht) durch unterschiedliche soziale Repräsentationen („everyday representations") gekennzeichnet sind. So konnte in einer Befragung von 252 Personen, die sich aus Finanzbeamten, Wirtschaftsjuristen, Unternehmern und Wirtschaftsstudenten zusammensetzten, gezeigt werden, dass das Alltagswissen (bzw. die soziale Repräsentation) und die damit verbundenen kollektiven Bewertungen je nachdem, ob es um die Beurteilung von Steuerhinterziehung, Steuerausweichung oder Steuerflucht ging, unterschiedlich ausfielen. Danach wurde Steuerhinterziehung vergleichsweise negativ, Steuerflucht neutral und Steuerausweichung positiv bewertet. Sieht man von den Finanzbeamten einmal ab, die sämtliche Formen der Steuervermeidung als wenig fair einstuften, fand sich bei den übrigen Untersuchungsteilnehmern eine insofern differenzierte Sichtweise, wie Steuerhinterziehung als weitaus unfairer als Steuerflucht und Steuerausweichung beurteilt wurde. Offenkundig werden Steuerflucht und Steuerausweichung als Fälle des Nichtentrichtens von Steuern interpretiert, für die es unter bestimmten Umständen nachvollziehbare Gründe gibt, während der Fall der Steuerhinterziehung als ein Fall des vorsätzlichen Gesetzesbruchs zur Mehrung eigener Vorteile zu Lasten Dritter gedeutet wird. Zudem zeigte sich, dass im Fall der Unternehmer und Wirtschaftsjuristen mit steigendem Wissen über das bestehende Steuerrecht Steuerausweichung als zunehmend fairer bewertet wurde. Demgegenüber empfanden Finanzbeamte Steuerhinterziehung als umso unfairer, je ausgeprägter ihr Steuerrechtswissen war (vgl. Kirchler et al. 2001b, S. 11 f.).

2. Politische Partizipation, Dezentralisierung und Schattenwirtschaft

Richtet man den Blick stärker auf solche empirischen Untersuchungen, die auf den Zusammenhang zwischen Steuermoral und Steuerhinterziehung abstellen, zeigt sich in einer Reihe von Studien eine deutlich negative Korrelation. Oder mit den Worten von Strotmann (2009, S. 71): „Je positiver die Einstellung der Bürger zur Steuerhinterziehung und somit je schlechter die Steuermoral ist, desto größer fällt unter sonst gleichen Bedingungen das tatsächliche Ausmaß der Steuerhinterziehung aus". In gleicher Weise kommen auch Alm und Trogler (2006) zu dem Ergebnis, dass zwischen Steuermoral und Schattenwirtschaft eine negative Korrelation besteht. D. h. je höher die Steuermoral eines Landes ausgeprägt ist, desto geringer sind die schattenwirtschaftlichen Aktivitäten. Auf Basis der bereits an früherer Stelle erwähnten Befragungsdaten des Word Value Survey (WVS) aus den Jahren 1999 bis 2002 kommen Körner und Strotmann (2006) zu dem Ergebnis, dass Steuerhinterziehung von knapp 57 % der Deutschen negativ bewertet wird. Damit wies Deutschland im Vergleich zum OECD-Durchschnitt von 55 % eine leicht überdurchschnittliche Steuermoral auf. Die höchsten Werte im internationalen Vergleich hatten dabei Japan (83 %), Kanada (67 %) und Dänemark (66 %), während Griechenland (37 %), Belgien (38 %) und Luxemburg (41 %) durch die niedrigsten Werte gekennzeichnet waren. Um wiederum diese Unterschiede in der Steuermoral erklären zu können, wurden verschiedene Einflussgrößen näher analysiert. Danach fällt – folgt man der Zusammenfassung in Strotmann (2009, S. 72 ff.) – die Steuermoral in den untersuchten OECD-Staaten umso geringer aus, je weniger die Bürger sich mit dem Staat identifizieren können, je höher die Steuer- und Abgabenbelastung ist und je eher die Bürger davon ausgehen, dass andere Steuerzahler Steuern hinterziehen, wenn sie die Möglichkeit dazu haben. Umgekehrt fällt die Steuermoral im Durchschnitt in den OECD-Staaten umso höher aus, je religiöser die Bürger sind, je dezentraler der Staat aufgebaut ist und je größer die Bedeutung direkt-demokratischer Elemente und damit die Einflussnahme der Bürger auf die (Steuer-)Gesetzgebung ist.

Empirische Evidenz für die beiden zuletzt genannten Bestimmungsfaktoren der Steuermoral findet sich auch in Studien, die den Einfluss der Ausgestaltung *staatlicher Entscheidungsstrukturen* und damit die Möglichkeit der Steuerzahler zur politischen Kontrolle untersuchen. So weist Torgler (2004) nach, dass die Steuermoral umso höher ist, je stärker die direkte Demokratie und die föderative Autonomie ausgebildet sind. Je mehr aktive Mitwirkungsmöglichkeiten die Steuerpflichtigen bei der Ausgestaltung des Steuersystems haben und je begrenzter damit die Spielräume zur Verfolgung eigener Zielsetzungen durch die politischen Akteure sind, desto eher sind sie bereit Steuern zu zahlen. Diese Ergebnisse stimmen überein mit Untersuchungen für die Schweiz, die – wie etwa Pommerehne und Weck-Hannemann (1996) oder auch Frey und Feld (2002) – festgestellt haben, dass die Steuerhinterziehung in Kantonen mit direkten politischen Mitbestimmungsrechten niedriger ist. Elemente der direkten Demokratie ebenso wie eine weitgehende Dezentralisierung politischer Entscheidungen erlauben den Steuerzahlern, einen unmittelbaren Einfluss auf Niveau und Struktur der Besteuerung auszuüben. Damit wird zugleich die Relevanz der bereits an früherer Stelle betonten Verfahrensfairness (*prozedurale Gerechtigkeit*) bestätigt, die für die Ausprägung der Steuermoral und damit die Bereitschaft zur Steuerzahlung eine entscheidende Rolle spielt. Die so wahrgenommene Fairness trägt mit dazu bei, dass die Erhebung von Steuern als gerechtfertigt empfunden wird und der Steuerzahler sich mit dem Staat identifizieren kann. Der Grad an direkter Demokratie kann zugleich die Wirksamkeit anderer Einflussfaktoren der Steuerhinterziehung wie etwa die hohe Merklichkeit einer Steuer relativieren. So stellt Kirchler (2011, S. 757) fest: „Beispielsweise ist es in der Schweiz üblich, dass Einkommensbezieher ihr Einkommen brutto beziehen und ihre Steuern ‚out-of-pocket' entrichten. Gleichzeitig wird gerade die Schweiz als besonders steuerehrliches Land gepriesen. Häufig wird von Lohnabhängigen dort argumentiert, dass sie die Einkommensteuererklärung und entsprechende Steuerzahlung bewusst machen, dass die Bürger den politisch Verantwortlichen ‚ihr' Geld anvertrauen und sie es sind, die Forderungen stellen und entscheiden, wie das Staatsbudget verwendet werden soll, wenn es um die Schaffung öffentlicher Güter geht".

3.3 Exkurs: Psychologie der Staatsverschuldung als „aufgeschobener Besteuerung"

Eine Betrachtung der Wirkungen von und der Reaktionen auf die Besteuerung bliebe unvollständig, wenn nicht – und sei dies auch nur in Form eines Exkurses – zugleich auch auf die Beziehung zwischen Besteuerung und öffentlicher Verschuldung eingegangen wird. Dies gilt nicht allein aufgrund dessen, dass die Staatsverschuldung neben der Steuerfinanzierung ein ökonomisch ebenso bedeutsames wie problematisches Instrument der Einnahmenerzielung des Staates darstellt, wie erst jüngst im Zuge der Wirtschafts- und Finanzkrise und der daraus erwachsenen Schuldenkrisen eines Teils der Mitgliedsländer des Europäischen Währungsraums festgestellt werden konnte. Für die nachfolgenden Überlegungen sind vielmehr zwei andere Aspekte des Zusammenhangs von Verschuldung und Besteuerung von Interesse: So erlaubt die öffentliche Verschuldung zum einen – folgt man Hansmeyer (1984, S. 56) – eine „Erweiterung des Staatskorridors", d. h. mit Hilfe der staatlichen Kreditaufnahme gelingt es den politisch Verantwortlichen den Finanzierungsspielraum für öffentliche Ausgaben über das jeweils aktuelle Einnahmenniveau von Steuern und sonstigen Abgaben hinaus auszudehnen. Zum anderen können jedoch die Zins- und Tilgungsverpflichtungen, die mit der Ausgabe staatlicher Schuldtitel unweigerlich verbunden sind, auf Dauer – insbesondere wenn eine Prolongation der bestehenden Verschuldung durch eine erneute Schuldaufnahme nicht länger möglich ist – nur aus entsprechenden Steuereinnahmen finanziert werden. Aus Sicht der Finanzwissenschaft zählt die Verschuldung daher auch nicht zu den sogenannten definitiven Einnahmen des Staates (Steuern, Gebühren, Beiträge, Erwerbseinkünfte), sondern sie stellt vielmehr eine nicht-definitive Art der Staatsfinanzierung dar. In Anbetracht dessen kann die Staatsverschuldung auch als eine Form der zeitlich lediglich „aufgeschobenen Besteuerung" aufgefasst werden.

1. *Staatsverschuldung aus ökonomischer Sicht*

Angesichts eines stetigen Wachstums des öffentlichen Schuldenstandes in den zurückliegenden mehr als 40 Jahren in fast allen Industriestaaten ist vor allem von Bedeutung, wie dieser Anstieg erklärt werden kann. Blickt man dabei zunächst auf die verschiedenen *ökonomischen Ansätze zur Staatsverschuldung*, so war – folgt man Zimmermann (1999, S. 159) – „die finanzwissenschaftliche Schuldenlehre von ihren Anfängen bis heute von der Frage bewegt [...], ob Schuldaufnahme überhaupt zulässig sein soll". Dies gilt insbesondere für die bis Mitte der 1970er Jahre entwickelten älteren Schuldentheorien. Zwar lagen diesen Beiträgen entsprechende (Verhaltens-)Annahmen über vermutete Wirkungsverläufe der öffentlichen Verschuldung zugrunde. Der Kern der theoretischen Betrachtung war jedoch normativer Art im Sinne einer möglichen Rechtfertigung der öffentlichen Kreditaufnahme als – neben der Besteuerung – weiterer staatlicher Einnahmeart. Zu diesen älteren Ansätzen können sowohl die stabilitätspolitischen Begründungsversuche (keynesianische Verschuldungslehre) als auch die auf intergenerative Lastenverschiebungseffekte abstellenden Ansätze („pay-as-you-use"-Verschuldung, Aggregate Investment Approach etc.) gerechnet werden. Die ab Mitte der 1970er Jahre entwickelten neueren Schuldentheorien lassen sich demgegenüber mit Stichworten wie der intergenerativen Wirkungsneutralität (Barro-Äquivalenz-Theorem) oder auch der positiven Effizienzwirkung einer öffentlichen Kreditaufnahme („tax smoothing"-Ansatz, „Stellvertreter"-Theorie) beschreiben (vgl. für einen Überblick zu den älteren wie neueren finanzwissenschaftlichen Verschuldungstheorien etwa Hansmeyer 1984; Caesar 1991; Stadler 1992; Grüske 1995; Weltring 1997; Weizsäcker 1997; Wellisch 2000 oder auch Rossi und Wiedmer 2001). Innerhalb der finanzwissenschaftlichen Literatur wird nach Richter und Wiegard (1993, S. 383) jedoch einhellig die Meinung vertreten, dass weder traditionelle noch neuere Schuldentheorien „mit einer überzeugenden Erklärung einer langfristigen Staatsverschuldung dienen" können.

Dieser Einschätzung, der auch aus aktueller Sicht beigepflichtet werden kann, lag und liegt nach von Weizsäcker (1997, S. 137 f.) die These zugrunde, dass „es vor allem politökonomische Faktoren [...] sind, die sich in repräsentativen Demokratien hinter den aufgetürmten Staatsschulden verbergen". Damit wird bei der Analyse der Staatsverschuldung das Augenmerk nicht mehr vorrangig auf deren ökonomische Wirkung, sondern auf das Entscheidungsverhalten der politisch relevanten Akteure (Politiker, Bürger) gerichtet. Es lassen sich dabei vor allem drei Ansätze einer *politökonomischen Erklärung* des staatlichen Verschuldungsverhaltens unterscheiden (vgl. für einen Überblick zu den politökonomischen Erklärungsversuchen der Staatsverschuldung Hirte 1997; Persson und Tabellini 2000 oder auch Döring 2002; vgl. mit Blick auf den polit-ökonomischen Zusammenhang zwischen Staatsverschuldung und dem Zeitkonsistenzproblem auch Steidl und Wigger 2014). So soll zum einen unter der Annahme einer ausgeprägten ideologischen Polarisierung innerhalb des vorhandenen Parteienspektrums die öffentliche Kreditaufnahme von einer (noch) amtierenden Regierung dazu eingesetzt werden, die budgetpolitischen Gestaltungsspielräume zukünftiger Regierungen und damit des politischen Gegners zu beschränken. Folgt man diesem als „strategic dept" bezeichneten Ansatz, werden die mit der Staatsverschuldung verbundenen Kosten aufgrund des strategischen Interaktionsverhaltens zwischen Regierung und Opposition nur noch unvollständig internalisiert. Gleichzeitig besteht eine Tendenz, bestehende Handlungsbeschränkungen einer Regierung durch eine zusätzliche Verschuldung zu kompensieren.

Zum anderen wird eine steigende Staatsverschuldung als ein Problem der politischen Konsensfindung in Mehrparteien-Koalitionen modelliert. Unter der Annahme einer großen Zahl an Koalitionspartnern sowie einer vergleichsweise kurzen Amtszeit einer jeweiligen Regierung gelten die Anreize für eine gemeinsame Politik des Schuldenabbaus als eher gering. Danach ist jeder Koalitionspartner daran interessiert, dem jeweils anderen die Anstrengung zur Budgetkonsolidierung zu überlassen, um im eigenen Zuständigkeitsbereich Einsparungen zu vermeiden. Aufgrund dieser Dilemma-Situation kommt es jedoch zu einer budgetpolitischen Blockade innerhalb der Koalitionsregierung, wobei bestehende Ausgabenüberhänge auch weiterhin unter Einsatz des Verschuldungsinstruments finanziert werden. Für beide Ansätze findet sich empirische Evidenz in einer Reihe von Untersuchungen: Danach fällt die Staatsverschuldung in den OECD-Ländern umso höher aus, je größer die Polarisierung der Parteien im Parlament, je kürzer die durchschnittliche Amtszeit einer Regierung, je wahrscheinlicher die Abwahl einer Regierung, je größer die Parteien-Polarisierung in einer Mehrparteien-Koalition und je größer die Zahl der Koalitionspartner in einer Regierung ist (vgl. für diese Ergebnisse die empirischen Studien von Roubini und Sachs 1989; Grilli et al. 1991; Alt und Lowry 1992; Alesina et al. 1993, 1996; Poterba 1994 sowie Alesina und Perotti 1996).

Die beiden bislang genannten Ansätze enthalten jedoch noch keine umfassende Erklärung der öffentlichen Verschuldung, da sie allein auf das Verhalten von Politikern abstellen. Offen bleibt damit jedoch die Frage, warum in demokratisch verfassen Systemen ein solches Verhalten auch auf Zustimmung bei den Bürgern trifft bzw. von diesen nicht entsprechend sanktioniert wird. Eine politökonomische Begründung hierfür liefert der Verweis auf die Auflösung des *intertemporalen Verbundprinzips*, die sich – so Buchanan und Wagner (1977) – aus der mit der öffentlichen Verschuldung verbundenen Kostenillusion ergibt und die zu einer Interessenfusion zwischen Regierung und Bürgern führt (vgl. hierzu auch Tollison und Wagner 1980 sowie – zusammenfassend – Grüske 1995). Um ihre bisherige Machtposition abzusichern, neigen danach amtierende Regierungen zu einer Strategie der Ausweitung merklicher Ausgaben („concentrated benefits") bei zugleich unmerklicher Finanzierung („diffused costs"). Auf Seiten der Bürger werden nur die Vorteile zusätzlicher Ausgaben, nicht jedoch die damit auf lange Sicht verbundenen Finanzierungslasten wahrgenommen. Oder anders formuliert: Die Wähler unterliegen einer *Schuldenillusion* (siehe hierzu auch die Abb. 3.5). Eine gegenteilige Position vertritt hier lediglich Barro (1974) mit seiner These der Wirkungsneutralität der öffentlichen Verschuldung. Wenn eine verstärkte Kreditfinanzierung zu einer Belastung zukünftiger Generationen führt, werden danach weitsichtige Eltern, denen die zukünftigen Lasten der Staatsverschuldung durchaus bewusst sind und die daher nicht der Schuldenillusion unterliegen, altruistisch motiviert die geplanten Erbschaften gerade so erhöhen, dass es zu einem Einkommensausgleich zwischen den Generationen kommt. Unter Ökonomen wird diese Sichtweise jedoch mehrheitlich abgelehnt oder gilt zumindest als umstritten (vgl. hierzu etwa Bernheim 1989).

Aus verhaltensökonomischer Sicht wurde bereits mit Blick auf die Besteuerung darauf verwiesen, dass das subjektive Belastungsgefühl und ein sich gemäß der Reaktanz-Theorie daraus ableitender Strafanreiz von der „Merklichkeit" des staatlichen Finanzierungsinstruments abhängen. Diesbezüglich ist die öffentliche Kreditaufnahme die unmerklichs-

3.3 Exkurs: Psychologie der Staatsverschuldung als „aufgeschobener Besteuerung"

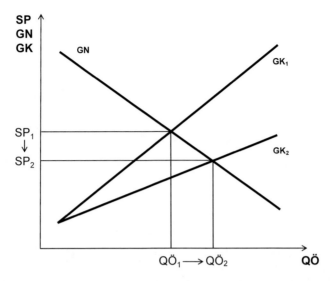

Abb. 3.5 Schuldenillusion als subjektive Fehlwahrnehmung der Finanzierungslast (Kosten) öffentlicher Leistungen. (*Erläuterung:* Wären die Bürger vollständig über das staatliche Leistungsangebot und die damit verbundene Finanzierungsbelastung informiert, käme es zu einer Bereitstellung jener Menge an öffentlichen Gütern ($QÖ_1$) unter Aufwendung der hierfür erforderlichen Staatsausgaben und deren Finanzierung in Form eines entsprechenden „Steuerpreises" (SP_1), bei der Grenznutzen (GU) und (effektiv anfallende) Grenzkosten (GK_1) identisch sind. Dies setzt eine Finanzierung staatlicher Leistungen voraus, die mit einer hohen subjektiven Merklichkeit verbunden sind. Erfolgt die Finanzierung des öffentlichen Leistungsangebots jedoch in unmerklicher Form, wie dies für die Kreditfinanzierung des Staates gilt, kann es jedoch zu einer „fehlerhaften" Abwägung von Grenznutzen und Grenzkosten der öffentlichen Güter kommen. Aufgrund einer verzerrten Wahrnehmung der Finanzierungsbelastung, die mit der staatlichen Schuldaufnahme einhergeht, werden anstelle der tatsächlichen Grenzkosten (GK_1) lediglich Grenzkosten im Umfang von GK_2 seitens der Bürger bei der Nachfrage nach staatlichen Leistungen berücksichtigt. Der Effekt der Schuldenillusion drückt sich in einem als niedriger empfundenen Steuerpreis (SP_2) aus und führt dazu, dass im Unterschied zur effizienten Angebotsmenge $QÖ_1$ eine suboptimale (hier: größere) Menge an öffentlichen Gütern ($QÖ_2$) nachgefragt und entsprechend bereitgestellt wird. Quelle: Eigene Darstellung)

te der verschiedenen Einnahmearten, d. h. sie führt im Regelfall zu keiner unmittelbaren Widerstandsreaktion bei den Bürgern. Dies impliziert zwar nicht, dass es – vergleichbar dem Steuerwiderstand – keinerlei „Schuldenwiderstand" gibt. Da jedoch der Erwerb staatlicher Schuldtitel – sieht man von staatlichen Zwangsanleihen einmal ab – marktvermittelt erfolgt und damit eine freiwillige Entscheidung der Käufer darstellt, besteht keinerlei Anreiz für ein reaktantes Verhalten. Von einem Schuldenwiderstand kann allerdings dann gesprochen werden, wenn die *psychologischen Grenzen* einer weiteren öffentlichen Kreditaufnahme erreicht sind. Nach Gandenderger (1980, S. 9) ist dies dann der Fall, wenn die allgemeine Überzeugung herrscht, dass die Staatsverschuldung sich in einer Größenordnung bewegt, die „den geordneten Fortbestand [des] Gemeinwesens gefährden könnte" (vgl. zum „Schuldenwiderstand" und den psychologischen Grenzen der Staatsverschuldung auch Stalder 1992, S. 108 ff.).

2. *Unvollständige Information, fehlende Lernprozesse und Schuldenillusion*

Eine Schuldenillusion und die damit verknüpfte Fehlwahrnehmung der Kosten öffentlicher Leistungen hat aus psychologsicher Sicht so lange Bestand, so lange die Bürger glauben, dass eine Steuerfinanzierung für sie die gegenüber der Kreditfinanzierung staatlicher Mehrausgaben „teurere" Lösung darstellt (vgl. hierzu auch Abrams und Dougan 1986, S. 104 oder auch Leineweber 1988, S. 171). Für eine (dauerhaft) wirksame Schuldenillusion wird jedoch von der Annahme ausgegangen, dass etwaige *Lernprozesse* über die ökonomischen Wirkungen der öffentlichen Verschuldung und damit verbundene Verschiebungen in der Einstellung der Bürger zur staatlichen Kreditaufnahme nicht stattfinden. Auf diesen Punkt hat bereits Gandenberger (1984, S. 7) mit der Feststellung hingewiesen, dass „the illusion hypothesis […] implies the absence of learning". Umgekehrt bedeutet dies aber auch, dass politische Probleme wie eine zu hohe Staatsverschuldung nur dann die Einstellung der Bürger beeinflussen, wenn sie von diesen wahrgenommen und als bedeutsam empfunden werden. Damit gewinnen jenseits der objektiven Gegebenheiten die subjektiven Erwartungen und Beurteilungen der jeweiligen Handlungssituation eine nicht unerhebliche Bedeutung. So stellt etwa Stalder (1992, S. 94) mit Blick auf Einstellung und Verhalten der Bürger in ihrer Rolle als Wähler fest: „Ausschlaggebend ist jedoch nicht der objektive Sachverhalt, sondern die individuelle, subjektive Wahrnehmung der persönlichen Situation, die durch politische Grundeinstellungen sowie gruppenspezifische Einflüsse geprägt wird". Steigt für den Bürger das Bewusstsein, dass die Konsequenzen einer heute hohen Staatsverschuldung nicht erst in ferner Zukunft, sondern schon in der Gegenwart auftreten und sie somit bereits heute – wie etwa mit Blick auf die laufenden Zinszahlungen und deren (Steuer-)Finanzierung – betroffen sind, dürfte dieses Wissen die Bereitschaft zu einer stärkeren Kontrolle des Verschuldungsverhaltens regierender Politiker erhöhen.

Eine Fehlwahrnehmung der mit der öffentlichen Verschuldung verbundenen Folgewirkungen wird im Rahmen der ökonomischen Standarderklärung vor allem auf eine *unvollständige Information* der Bürger zurückgeführt. So kann unter der Annahme einer komplexen Umwelt das Feedback an Informationen zu schwach sein, um fehlerhafte Wahrnehmungen zu korrigieren. Im Ergebnis kann dies dazu führen, dass über einen längeren Zeitraum eine staatliche Kreditfinanzierung als vergleichsweise unbedenklich eingestuft wird. Um über die Wirkung der Staatsverschuldung annähernd vollständig informiert zu sein, bedarf es nach Stalder (1992, S. 100) eines entsprechenden Wissens „über die Art und Höhe künftiger Belastungen und inwieweit und zu welchem Zeitpunkt sie sich in Steuererhöhungen oder in Ausgabenkürzungen niederschlagen". Dies erfordert jedoch eine kostenintensive Suche und Auswertung von Informationen in einem Umfang, dass der Bürger – unabhängig von seinen kognitiven Fähigkeiten zur Informationsverarbeitung – bereits unter Abwägung der damit verbundenen Vor- und Nachteile in der Regel den Zustand geringer Information vorzieht. Die Schuldenillusion wäre danach das Ergebnis einer „rationalen Ignoranz" der Bürger. Wenn diese Annahme zutreffend wäre, dann müsste allerdings die Einstellung der Bürger zur Staatsverschuldung über die Zeit mehr oder weniger konstant sein. Folgt man Stadler (1992, S. 109 ff.) ebenso wie Döring

(2002, S. 156 ff.), zeigt jedoch die Auswertung von repräsentativen Umfrageergebnissen für Deutschland für den Zeitraum von 1970 bis 1997, dass die Einstellung der Bürger zur öffentlichen Kreditaufnahme über die Zeit erheblich schwankt. Danach erreicht die Forderung nach einem Abbau der Staatsverschuldung unter den Befragten eine durchschnittliche Zustimmung, die zwischen niedrigen 39% (1970) bzw. 41% (1990) und hohen 66% (1981) bzw. 70% (1997) variiert.

Die Auswertung der Befragungsergebnisse für Deutschland zeigt allerdings auch, dass parallel zur Ablehnung der Staatsverschuldung auch Steuererhöhungen ebenso wie Ausgabenkürzungen negativ beurteilt werden. Eine solche Inkonsistenz im Meinungsbild spricht jedoch nur bedingt für eine Aufhebung der Schuldenillusion. Ähnliche Ergebnisse liegen auch für die USA vor. So kommt zwar Oates (1988, S. 78) in seiner Auswertung empirischer Untersuchungen zu verschiedenen Formen der Fiskalillusion (und damit auch zur Schuldenillusion) zu dem Ergebnis, dass „although all [...] cases entail plausible illusion hypotheses, none of them has very compelling empirical support". Demgegenüber weisen Tabellini und Alesina (1990, S. 37) darauf hin, dass mehrere Umfragen in den USA jene auch für Deutschland feststellbare Inkonsistenz aufweisen, d. h. ein von den Bürgern mehrheitlich befürworteter Abbau der öffentlichen Verschuldung geht einher mit einer ebenso mehrheitlich ablehnenden Haltung gegenüber staatlichen Ausgabenkürzungen und Steuererhöhungen. Folgt man Weltring (1997, S. 218 f.) können diese Ergebnisse durchaus als Indiz für einen Fortbestand der Schuldenillusion interpretiert werden. Damit richtet sich das Augenmerk auf solche (psychologischen) Ansätze zur Begründung des Verschuldungsverhaltens, die ergänzend (bzw. alternativ) zu einer rein ökonomischen Erklärung der öffentlichen Kreditaufnahme weitere Bestimmungsfaktoren in den Blick nehmen.

3. Varianten der Schuldenillusion und kognitiver Kontrollverlust

Diesbezüglich hat schon früh Ricardo (1821, 1921) auf entsprechende psychologische Effekte als Ursache der Schuldenillusion verwiesen. Danach nehmen die Bürger nicht oder nur unzureichend wahr, dass die öffentliche Kreditaufnahme sie in Zukunft mit der Verpflichtung belastet, Zins- und Tilgungssteuern zu entrichten (sogenannte *Ricardo-Illusion*). Im Vergleich zur Steuerfinanzierung halten sich die Bürger im Fall der Schuldaufnahme für reicher als sie es in Wirklichkeit sind, weil sie sich nicht vor Augen führen, dass die in der Zukunft anfallenden Zins- und Tilgungssteuerbelastungen zu einer Reduzierung ihres zukünftigen Einkommens führen werden. D. h. anders als im Fall eines vollständig rationalen Verhaltens wird versäumt, die für die Zukunft zu erwartenden Einkommenseinbußen entsprechend abzudiskontieren, um die Entscheidung zugunsten einer Schuldenfinanzierung einer umfassenden Nutzen-Kosten-Analyse zu unterziehen. Aus psychologischer Sicht ließe sich dieses Verhalten dahingehend interpretieren, dass die Bürger die gegenwärtigen Vorteile der Staatsverschuldung (geringere Steuerbelastung) und ihre zukünftigen Nachteile (spätere Zins- und Tilgungsbelastungen) in unterschiedlichen „mentalen Konten" ablegen und damit nicht unmittelbar zueinander in Beziehung setzen. Bereits Ricardo (1821, 1921, S. 248) stellte hierzu fest, dass die Finanzierung durch Staatsverschuldung „ein System [ist], das uns weniger haushälterisch zu machen, uns für unsere tatsächliche Lage blind zu machen strebt". Eine ähnliche Argumentation findet sich auch schon bei Puviani (1903, 1960), der die Schuldenillusion der Bürger allerdings nicht nur darin sieht, dass diese es versäumen, den Barwert zukünftiger Zins- und Tilgungssteuern zu betrachten. Vielmehr gilt es zusätzlich zu berücksichtigen, dass im Unterschied zu einer Steuerfinanzierung, die mit einem Kontrollverlust bezüglich Einkommen und Vermögen verbunden ist, mit einer Schuldenfinanzierung auch ein Kontrollgewinn im Sinne wachsender Vermögenstitel einhergeht. Zwar sei sich der Bürger durchaus darüber bewusst, dass dem gegenwärtigen Vermögenszuwachs in der Zukunft ein vollständiger Tilgungs- und Zinsanspruch gegenüberstehe. Dennoch werde die Kontrolle über höhere Vermögensbestände einer Besteuerung vorgezogen, d. h. die Bürger unterliegen einer Vermögensillusion (sogenannte *Puviani-Illusion*). Aus verhaltensökonomischer Sicht spiegeln sich darin sowohl der Besitzstandseffekt als auch die Verlustaversion, die beide für einen Verhaltens-Bias in Richtung einer Schuldenfinanzierung sorgen.

Beiden Ansätzen gemeinsam ist, dass sie die Schuldenillusion aufgrund kognitiver Beschränkungen als falsche Wahrnehmung eines bestimmten Sachverhaltens interpretieren. Diese Falschwahrnehmung erstreckt sich auf die Belastung aus öffentlicher Kreditaufnahme sowie den Nutzen daraus finanzierter öffentlicher Ausgaben. Dabei ist entscheidend, dass diese Falschwahrnehmung systematisch erfolgt, d. h. sie wirkt bei mehr oder weniger allen Bürgern in dieselbe Richtung, wobei es – folgt man Buchanan und Wagner (1977, S. 129) – zu einer Unterschätzung der tatsächlichen fiskalischen Belastung kommt. Zusätzlich zu dieser auf subjektive Verzerrungen in der Wahrnehmung abstellenden Erklärung des Verschuldungsverhaltens lassen sich noch weitere psychologische Faktoren benennen, welche auf das Phänomen des „Kontrollverlusts" im Zusammenhang mit der (öffentlichen) Kreditaufnahme abstellen. Hierzu zählt zum einen der Effekt, dass aufgrund von Gewohnheit oder auch Tradition ein früheres Verhalten das gegenwärtige Entscheidungsverhalten negativ beeinflussen kann. Übertragen auf die Staatsverschuldung bedeutet dies, dass ein (erfolgreicher) Einsatz von öffentlichen Krediten zur Überwindung von Finanzierungsengpässen in der Vergangenheit zu der leichtfertigen Kontrollüberzeugung führt, auch zukünftig dieses Finanzierungsinstrument bedenkenlos einsetzen zu können (Stichwort: Methodismus).

Dabei werden jedoch zum einen die gesamtwirtschaftlichen Wirkungen der öffentlichen Verschuldung häufig überschätzt. So stellt etwa Wiswede (2012, S. 182) diesbezüglich fest: „Ein solcher Kontrollverlust mag […] auftreten, wenn wir das Verhalten kollektiver Akteure im Rahmen der Staatsverschuldung betrachten. Auch hier bestehen Seitens der Politiker […] vielfach leichtfertige Kontrollüberzeugungen – u. U. also eine Kontroll-Illusion –, durch die Kreditaufnahme wirtschaftliche Entwicklungen in Gang setzen zu können oder anderweitige Problemlagen durch Verschuldung zu beseitigen". Eine Verstärkung dürfte diese Überschätzung der gesamtwirtschaftlichen Wirkungen der öffentlichen Verschuldung zudem aufgrund der ohnehin allgemein wirksamen Wahrnehmungsverzerrungen erfahren. Dabei ist nicht allein von Relevanz, dass die Akteure hinsichtlich ihres Könnens und Wissens zu einem übersteigerten Selbstvertrauen neigen (overconfidence bias). Vielmehr dürfte auch die selektive Interpretation von Informationen gemäß einer bereits bestehenden Entscheidungsdisposition (self-serving bias) eine solche Überschätzung der finanzpolitischen Wirksamkeit staatlicher Verschuldung begünstigen. Schließlich kann nicht ausgeschlossen werden, dass einer Schuldenfinanzierung öffentlicher Ausgaben aufgrund der als sicher unterstellten gesamtwirtschaftlichen Effekte innerhalb des finanzpolitischen Entscheidungsprozesses ein zu hoher Stellenwert beigemessen wird (certainty effect). Zum anderen wird aber auch die von einer wachsenden Staatsverschuldung ausgehende negative Haushaltsdynamik in Gestalt des sogenannten Budget-Crowding-Out-Effekts ebenso häufig unterschätzt (vgl. hierzu Hansmeyer 1984, S. 163 oder auch Döring 2002, S. 163 ff.). Beide Formen von Fehleinschätzungen stehen für einen *kognitiven Kontrollverlust*, den man mit Frey und Schulz-Hardt (1997) auch als „gelernte Sorglosigkeit" bezeichnen könnte. Die Autoren verwenden diesen Begriff zwar bezogen auf ein wiederholt erfolgreiches Verhalten individueller Steuerhinterziehung, er kann aber – wie hier praktiziert – auch auf entsprechende Gewöhnungseffekte in Verbindung mit dem kollektiven Verschuldungsverhalten angewendet werden.

Des Weiteren lässt sich eine wachsende Staatsverschuldung – vergleichbar einer individuellen Überschuldung – auch als Ausdruck einer geringen kollektiven Fähigkeit zur Aufschiebung von Bedürfnissen deuten, wie sie in der psychologisch fundierten (Verhaltens-)Ökonomik unter den Stichworten der „Melioration" und „Prokrastination" als Ursachen zeitinkonsistenter Präferenzen diskutiert werden. So können Politiker wie Bürger zwar problemlos für eine künftige Begrenzung der Kreditfinanzierung votieren, sie antizipieren jedoch häufig nicht hinreichend, dass es zu einem späteren Zeitpunkt aufgrund einer kurzfristigen Bedürfnisbefriedigung (hier: neuen Ausgabenwünschen) zu Abweichungen von diesem Plan kommen kann. Thaler und Sunstein (2012, S. 62) sprechen diesbezüglich allgemein von einer Mischung aus „Versuchung und Gedankenlosigkeit" und bezeichnen „ein solches Verhalten als dynamisch inkonsistent". Dieser „myopische Effekt" wird nach Wiswede (2012, S. 182) noch dadurch verstärkt, dass die aus der Staatsverschuldung resultierenden und erst langfristig zu erwartenden Kosten stark abdiskontiert werden. Dabei ist aus verhaltensökonomischer Sicht – folgt man Laibson und Zettelmeyer (2003) – auch die verbleibende Lebenserwartung der Bürger von besonderer Bedeutung: Je kürzer diese ist, desto ausgeprägter ist die Neigung, wenig an Morgen und mehr an das Hier und Jetzt zu denken. Dies führt zu der Konsequenz, dass Staaten, deren Bevölkerung durch ein hohes Durchschnittsalter gekennzeichnet ist, auch eine höhere Verschuldung aufweisen. Unter dem Blickwinkel ihrer Begrenzung ist die Schuldenpolitik von Staaten daher allzu oft eine Geschichte „vom ewigen Aufschieben" bzw. vom „Auf-die-lange-Bank-Schieben", die in aller Regel nur durch wirksame (institutionelle) Mechanismen der Selbstdisziplinierung überwunden werden kann. So lassen nach Ariely (2010, S. 169) Verhaltensexperimente „darauf schließen, dass zwar jeder Mensch Probleme mit dem Hinausschieben hat, dass aber diejenigen, die diese Schwäche erkannt und sich eingestanden haben, eher das Instrument der Selbstverpflichtung zur Überwindung dieser Schwäche einsetzen können" (vgl. hierzu auch die experimentelle Untersuchung von Ariely und Wertenbroch 2002). Die jüngst erfolgte Einführung einer grundgesetzlich geregelten Schuldenbremse in Deutschland kann vor diesem Hintergrund als eine solche Kombination aus kollektiver Problemeinsicht und Bereitschaft zur Selbstdisziplinierung interpretiert werden.

3.4 Verhaltensökonomische Schlussfolgerungen für die Ausgestaltung von Steuern und Steuersystemen sowie der Verschuldungspolitik

Aus den Erkenntnissen der Finanz- und Steuerpsychologie lassen sich sowohl mit Blick auf die Steuerpolitik als auch die Verschuldungspolitik eine Reihe von verhaltensökonomischen Empfehlungen ableiten. Wo diese Empfehlungen über traditionelle Schlussfolgerungen der finanzwissenschaftlichen Steuer- und Verschuldungslehre hinausreichen, können sie dazu dienen, die theoretisch wie empirisch abgeleiteten Handlungsoptionen der staatlichen Finanzpolitik zu erweitern. Aber auch in all jenen Fällen, in denen die verhaltensökonomische Perspektive zu keinen fundamental neuen politischen Erkenntnissen führt, lassen sich bekannte Handlungsempfehlungen dennoch zusätzlich fundieren. Da sich die verhaltensökonomische Analyse der Besteuerung vor allem mit Fragen des Steuerwiderstands, der Steuerhinterziehung sowie der Steuermoral beschäftigt, ist auch der überwiegende Teil der abgeleiteten Handlungsempfehlungen darauf ausgerichtet. Demgegenüber steht bei den verhaltensökonomischen Schlussfolgerungen zur Verschuldungspolitik vor allem die Lösung des Problems der hinreichenden Selbstdisziplinierung von Politikern und Bürgern im Zentrum der Empfehlungen. Im Einzelnen lassen sich die folgenden Ansatzpunkte für eine Verbesserung von Steuer- und Verschuldungspolitik benennen:

(1) *Pluralität der staatlichen Handlungsmöglichkeiten* – Hinsichtlich der Akzeptanz von einzelsteuerlichen Regelungen ebenso wie des Steuersystems in seiner Gesamtheit durch die Steuerzahler besteht nach Strotmann (2009, S. 74) eine der zentralen Erkenntnisse der Verhaltensökonomik darin, dass der Staat darauf durch sein eigenes politisches Handeln einen nicht unerheblichen Einfluss ausüben kann. Ein besonderes Augenmerk kommt dabei dem Verhalten der Finanzverwaltung zu, die den Staat im Rahmen der Besteuerung gegenüber dem Bürger vertritt. Ist das Interaktionsverhalten zwischen Steuerbürger und Finanzverwaltung dadurch gekennzeichnet, dass letztere vor allem auf Abschreckungsmaßnahmen und Kontrolle in der Umsetzung des bestehenden Steuerrechts setzen, kann daraus nach Kirchler und Pitters (2007, S. 373) eine Art „Räuber-und-Gendarm-Mentalität" entstehen, bei der auf Seiten der Steuerpflichtigen der Eindruck kultiviert wird, seitens des Staates unter dem Generalverdacht der Steuerunehrlichkeit zu stehen. Eine Verschärfung von Kontrolle und Bestrafung können dabei sogar kontraproduktiv sein, wenn sie von den Steuerpflichtigen als inadäquat empfunden werden. Erfolgt staatlicherseits demgegenüber ein respektvoller Umgang mit dem Steuerbürger, kann aus verhaltensökonomischer Sicht mit einem steigenden Vertrauen in die Finanzverwaltung gerechnet werden. Loyalität und emotionale Bindung an den Staat werden auf diese Weise gefördert, was sich positiv auf die Steuermoral der Bürger auswirken kann. Feld und Frey (2007, S. 115 f.) sprechen in diesem Zusammenhang auch von einem „psychologischen Steuervertrag" zwischen Finanzverwaltung und Steuerpflichtigen. Bestätigt wird diese Sichtweise durch Untersuchungsergebnisse von Schöbel (2008), die zumindest für die USA, die

Niederlande und die Schweiz den positiven Effekt eines respektvollen Umgangs der Finanzverwaltung auf die Steuerehrlichkeit empirisch nachweisen. Damit in Einklang stehen auch Überlegungen von Kirchler (2007, S. 202 ff.), der mittels seines „Slippery-Slope-Modells" die unterschiedliche Wirkung von „Macht der Institution" und „Vertrauen in die Institution" auf die Steuerehrlichkeit der Bürger abzubilden versucht. Danach kann die Steuerehrlichkeit bzw. die Steuermoral vor allem mittels einer „kundenorientierten Steuerbehörde" gesteigert werden, die sachlich und fair agiert und auf diese Weise das Vertrauen und die Kooperationsbereitschaft der Steuerpflichtigen fördert. Zudem trägt ein verbesserter Kontakt zwischen Finanzbehörden und Steuerpflichtigen – folgt man Enste und Hüther (2011, S. 52) – dazu bei, dass „aus dem anonymen Dritten (dem Staat) bei persönlichem Kontakt eine konkrete Person [wird], sodass das Betrügen nicht mehr so leicht fällt".

(2) *Strafe und Gnade als komplementäre Maßnahmen* – Auch aus verhaltensökonomischer Sicht können in Abhängigkeit von den Kontextbedingungen die Steigerung von Aufdeckungswahrscheinlichkeit und Strafmaß eine finanzpolitisch zweckmäßige Strategie im Umgang mit Steuerdelikten sein. Entsteht dabei jedoch auf Seiten der Steuerzahler ein Gefühl der Unverhältnismäßigkeit, dass sowohl auf das Ausmaß der Bestrafung als auch auf das Verhältnis aus eigener Steuerleistung und staatlicher Gegenleistung bezogen sein kann, wirkt eine solche Strategie nicht selten kontraproduktiv, da sie mit Torgler (2004) dazu führt, die intrinsische Motivation zur Steuerzahlung zu verdrängen. Folgt man Genesove und Mullin (2000), ist ein kooperatives Verhalten der Steuerpflichtigen eher zu erwarten, wenn die Möglichkeit zur Kommunikation zwischen Bürgern und Staat besteht. Appelle zur Steuerehrlichkeit können eine solche Kommunikationsfunktion erfüllen, wenn sie mit einer Offenlegung der mit der Steuererhebung verbundenen Ziele gekoppelt sind. Weniger eindeutig fällt die Bewertung des Instruments der Steueramnestie als Alternative zur Strafverfolgung aus. So variiert – folgt man Torgler et al. (2003) – nicht nur der fiskalische Erfolg von Steueramnestien sehr stark. Vielmehr zeigt sich nach Andreoni et al. (1998, S. 853 f.) zudem, dass eine Verstärkung von Steuerfahndung und strafrechtlicher Sanktionierung von Steuerhinterziehung sich nur in Verbindung mit einer Steueramnestie positiv auf die Steuerehrlichkeit auswirkt. Dies legt die Schlussfolgerung nahe, dass eine Sanktionierung von Steuerhinterziehung zwar erfolgreich sein kann, deren Wirksamkeit jedoch entscheidend von der Implementierung weiterer (komplementär wirkender) Maßnahmen abhängt. Die Gewährung von Steueramnestie kann dabei ein solch komplementäres Instrument zur Steigerung der Steuerehrlichkeit sein. Allerdings sollte nach Hofmann (2009, S. 39) bei der Gestaltung von entsprechenden Amnestieregelungen der Eindruck vermieden werden, dass „Steuerhinterziehung ein Kavaliersdelikt ist", da eine Steueramnestie „eine Art ‚Schlag ins Gesicht' für ehrliche Steuerzahler" sein kann, welche die Steuermoral untergräbt.

(3) *Begrenzung von Steuerhinterziehung und erhöhte Strafen* – Nicht allein Steueramnestien in Kombination mit Strafandrohungen sind in der Lage die Steuerehrlichkeit zu erhöhen. Auch eine Reduzierung der bestehenden Möglichkeiten zur Steuerhinter-

ziehung in Verbindung mit einer erhöhten Aufdeckung von Steuerhinterziehung bei gleichzeitig merklicher Sanktionierung kann zu einer Steigerung der Steuerehrlichkeit beitragen. Voraussetzung für eine Reduzierung von Steuerhinterziehungsmöglichkeiten ebenso wie für die Realisierung einer erhöhten Aufdeckungsquote ist allerdings eine vermehrte internationale Kooperation der nationalen Steuerbehörden, um auf diese Weise der (illegalen) grenzüberschreitenden Steuerausweichung entgegenzuwirken, wie etwa die beiden Fälle der „Lichtenstein-Offshore-Leaks" und „Swiss-Leaks" verdeutlichen. Während dabei eine international abgestimmte Strafverfolgung von unternehmerischen Beratungs- und Vermittlungsangeboten zur Steuerausweichung die Gelegenheit zur Steuerhinterziehung reduziert, kann eine (stichtagsbezogene) Erhöhung entsprechender Strafandrohungen insbesondere bei jenen Akteuren die Steuerehrlichkeit befördern, die – folgt man Dwengler et al. (2014) – eine Entscheidung zur Steuerhinterziehung allein aus einem rationalen Nutzen-Kosten-Kalkül heraus treffen. In Anlehnung an das bereits erwähnte „Slippery-Slope-Modell" von Kirchler (2007) kann der Staat damit nicht allein durch vertrauensbildende Maßnahmen, sondern auch durch die Ausübung von Macht das Ausmaß an Steuerhinterziehung reduzieren. Im letztgenannten Fall tritt der Staat als „gewaltiger Gegner" und harter Sanktionierer auf, um die Bürger unter Druck zur vollständigen Steuerzahlung zu motivieren. D. h. sowohl das Instrument des Vertrauens als auch jenes der Macht bzw. Bestrafung können staatlicherseits gewählt werden, um Steuerhinterziehung zu begrenzen. Kommt jedoch keines von beiden Instrumenten zum Einsatz, tut sich für die Steuermoral ein „glitschiger Abhang" (slippery slope) auf.

(4) *Direkt-demokratische Partizipation und dezentraler Staatsaufbau* – Soweit Steuermoral und Steuerehrlichkeit unter anderen davon abhängen, wie stark sich die Bürger mit den staatlichen Institutionen insgesamt identifizieren, kann – folgt man Strotmann (2009, S. 74) – ein stärker dezentraler (bzw. föderaler) Aufbau des Staates zu einer Steigerung des Identifikationsgefühls beitragen, da die Verbindung zwischen eigener steuerlicher Leistung und staatlicher Gegenleistung für die Bürger auf diese Weise transparenter wird. Dies steht im Einklang mit der Forderung nach mehr Subsidiarität und fiskalischer Äquivalenz im Staatsaufbau, um die Übereinstimmung von Nutznießern und Kostenträgern staatlicher Leistungen besser zu gewährleisten, wie dies – folgt man Döring (2001) oder auch Döring (1999) – auch aus Sicht der ökonomischen Föderalismustheorie gefordert wird. Dabei gilt vor allem die daraus resultierende, höhere Transparenz in der Verwendung der Steuereinnahmen als wichtiger Bestimmungsfaktor für eine bessere Steuermoral der Bürger. Aus dem gleichen Grund sollten die Möglichkeiten für eine direkt-demokratische Partizipation der Bürger am staatlichen Willensbildungsprozess verbessert werden. Auch hier gilt die Formel, dass mit einer entsprechenden Einbindung der Bürger in die politische Entscheidungsfindung die Identifikation mit verabschiedeten (Steuer-)Gesetzen gesteigert werden kann. Nach Torgler et al. (2003) erhöhen direkt-demokratische Entscheidungsverfahren insbesondere dann die Steuerehrlichkeit und Steuermoral, wenn sie im Vorfeld mit einer intensiven öffentlichen Diskussion über Form und Zweck der Besteuerung verbunden sind. Anhand von Ergebnissen für Deutschland zu den auf der kommunalen Ebene

in den zurückliegenden Jahrzehnten eingeführten direkt-demokratischen Elementen zeigt sich in den Untersuchungen von Blume et al. (2008) sowie Blume et al. (2011) allerdings auch, dass eine Ausweitung der Beteiligungsrechte der Bürger unter Verzicht auf sogenannte Fiskal-Referenden zu Ineffizienzen – etwa in Form einer erhöhten Verschuldung – in der (kommunalen) Haushaltsführung beiträgt.

(5) *Verringerung von Steuer- und Abgabenquote* – Zusätzlich zu mehr Transparenz in der Mittelverwendung auf dem Weg einer verstärkten Dezentralisierung und politischen Partizipation kann der nach Schmölders (1970, S. 78) negativ auf die Steuermoral wirkende „Zwangscharakter der Steuergesetze, der die Steuer als Opfer ohne Gegenleistung empfinden lässt", zudem durch eine Reduzierung der gesamten Steuer- und Abgabenbelastung verringert werden. Um den Strafanreiz der Besteuerung und ein damit verbundenes reaktantes Verhaltens abzuschwächen, ist es nach Strotmann (2009, S. 74) wiederum unerheblich, ob zu diesem Zweck bei den Steuern oder den sonstigen Abgaben (vor allem Sozialabgaben) angesetzt wird, da „die Steuerzahler […] offensichtlich nicht zwischen Steuern und Sozialabgaben unterscheiden […]". D. h. um die vor dem Hintergrund von Besitzstands-Effekt und Verlustaversion negative Wirkung der Besteuerung abzuschwächen, spielt es keine Rolle, welche konkrete Steuer oder steuerähnliche Abgabe man zu diesem Zweck reduziert. Demgegenüber sollte die Belastung aus Äquivalenzabgaben (Entgelte, Gebühren, Beiträge) nicht oder lediglich nachrangig reduziert werden, da hier entsprechend der Equity-Theorie und den daraus abgeleiteten Fairnesserwägungen der Abgabenwiderstand aufgrund des Austauschverhältnisses von Abgabenentrichtung und staatlicher Gegenleistung erheblich niedriger ausfällt, als dies bei der Steuerfinanzierung nach Maßgabe des Leistungsfähigkeitsprinzips der Fall ist.

(6) *Vereinfachung des gesamten Steuersystems* – Da die Gerechtigkeitseinschätzung eines Steuersystems aus subjektiver Sicht nicht allein anhand der (wahrgenommenen) absoluten Höhe der Abgabenlast erfolgt, sondern zudem der Vergleich relativer Einkommenspositionen bzw. Belastungen für die Bewertung der Fairness einzelner Steuern oder des Steuersystems insgesamt bestimmend ist, kann neben einer Verringerung der gesamtwirtschaftlichen Steuer- und Abgabenquote auch eine Vereinfachung des Steuersystems die Akzeptanzbereitschaft der Besteuerung auf Seiten der Steuerpflichtigen erhöhen. Dies gilt nach Strotmann (2009, S. 74) umso mehr, wenn das bestehende Steuersystem „von den Bürgern als intransparent empfunden wird und nach verbreiteter Auffassung gerade den wohlhabenderen Bürgern die Chance bietet, Steuern einzusparen […]". Der mit einer solchen Vereinfachung des Steuersystems verbundene positive Effekt auf die Steuermoral könnte noch dadurch gesteigert werden, dass im Rahmen entsprechender Informationskampagnen über ebenso wohlhabende wie prominente Bürger berichtet wird, die ihren Steuerverpflichtungen vollständig nachkommen. Man könnte sich auf diese Weise die Wirkung der Verfügbarkeitsheuristik positiv zunutze machen, indem man zur kognitiven Verankerung von Informationen zur Steuerehrlichkeit von „reichen" Bürgern beiträgt, um damit zugleich dem Effekt der Repräsentativitätsheuristik entgegenzuwirken, wonach „Reiche" häufig stereotyp als steuerunehrlich klassifiziert werden. Enste und Hüther

(2011, S. 52) stellen diesbezüglich zudem fest: „Das Vertrauen der Steuerzahler in den Staat steigt mit einem einfachen Steuersystem und führt – auch ohne steuerliche Entlastungen – zu mehr Steuerehrlichkeit. Wichtig ist, dass eine umfassende Vereinfachung umgesetzt wird, sodass nicht mehr einzelne Gewinner oder Verlierer identifiziert werden können".

(7) *Einführung neuer Steuern zeitlich befristen* – Um den zu erwartenden Steuerwiderstand bei der Einführung einer neuer Steuer so gering wie möglich zu halten, sollte diese möglichst mit einer zeitlichen Befristung versehen sein. Dies hat den Vorteil, dass die mit der Besteuerung einhergehende Einkommens- oder Vermögenseinbuße nicht als dauerhaft, sondern lediglich als vorübergehend empfunden wird, was im Sinne der Reaktanz-Theorie – folgt man Pelzmann (2012, S. 43 f.) – zu einer deutlich schwächeren Widerstandsreaktion als im Fall einer dauerhaft wirksamen Steuerbelastung führt. Ursächlich hierfür ist, dass aufgrund der zeitlichen Befristung die mit der Besteuerung verbundene Einschränkung der Handlungsfreiheit vom Steuersubjekt nicht als solche wahrgenommen bzw. interpretiert wird. Durch die zeitliche Begrenzung einer Steuer können der Status-quo Bias und der damit verbundene Besitzstandseffekt ebenso wie die jederzeit vorhandene Verlustaversion in ihrer negativen Wirkung auf die Steuerehrlichkeit abgemildert werden. Umgekehrt gilt dies natürlich auch für Steuervergünstigungen, wenn vermieden werden soll, dass diese seitens der Steuerpflichtigen – vermittelt über den Ankereffekt – dauerhaft als neuer Status quo interpretiert werden. In gleicher Weise schlagen auch Enste und Hüther (2011, S. 23) vor: „Politisch kann zum Beispiel ein Verfallsdatum für Leistungs- und Steuergesetze (sunset legislation) […] bewirken, dass nicht am Status quo festgehalten wird […]. Die eindeutige und glaubwürdige zeitliche Begrenzung von steuerpolitischen Maßnahmen – zum Beispiel einer Mehrwertsteuerbefreiung – wäre eine weitere Vorsorgemaßnahme gegen das Schaffen eines neuen Status quo. Die Erfahrungen mit dem Solidaritätszuschlag zeigen, wie wichtig ein eindeutiges Verfallsdatum ist".

(8) *Beeinflussung der Merklichkeit der Besteuerung* – Hierbei ist grundsätzlich zwischen jenen Steuern, die allein dem Fiskalzweck sowie der Einkommensumverteilung dienen, und solchen Steuern, mit denen sich ein (allokativer) Lenkungszweck verbindet, zu unterscheiden. Für die zuerst genannte Form der Besteuerung lautet dabei die steuerpolitische Schlussfolgerung, dass – bei geringer Steuermoral und einer bestehenden Gelegenheit zur Steuerhinterziehung – durch eine möglichst geringe Steuermerklichkeit der Steuerwiderstand und damit die Neigung zur Steuerunehrlichkeit reduziert werden können. Oder mit den Worten von Enste und Hüther (2011, S. 53): „Wenn Staaten weniger auf saliente, das heißt spürbare und auffällige Steuern setzen, können sie damit die Steuerhinterziehung verringern, da die Steuer kaum wahrgenommen wird". Dies führt nicht nur zur bekannten Forderung, dass der im Vergleich zu den direkten Steuern weniger merklichen indirekten Besteuerung steuerpolitisch ein größeres Gewicht beigemessen werden sollte. Da einer solche Gewichtsverschiebung jedoch unter anderem fiskalische Grenzen gesetzt sind, impliziert dies darüber hinaus, dass im Rahmen der direkten Besteuerung verstärkt Quellenabzugssteuern genutzt werden sollten, um die mit jeder Steuerzahlung verbundene Verlust-

aversion möglichst gering zu halten. Zu einer vollkommen anderen steuerpolitischen Schlussfolgerung gelangt man jedoch, wenn die Besteuerung vorrangig allokativen Lenkungszwecken dient, wie dies etwa für den Fall einer Energiesteuer gilt. Um den erwünschten Lenkungseffekt so groß wie möglich ausfallen zu lassen, muss die Merklichkeit einer entsprechenden Steuer gesteigert werden. Gerade das Beispiel der Energiebesteuerung zeigt, dass – folgt man erneut Enste und Hüther (2011, S. 54) – die „Höhe und die Kosten des Energieverbrauchs […] vielen Menschen insbesondere im Haushalt nicht bewusst [sind]". Durch die geringe Salienz werden jedoch weder der unmittelbare Energieverbrauch noch die sich daraus ergebenden Konsequenzen wahrgenommen. Eine höhere Energiesteuer macht sich lediglich über eine gestiegene Verbrauchsabrechnung am Jahresende bemerkbar, sie wirkt jedoch nicht in den Entscheidungssituationen des täglichen Energieverbrauchs. Solange aber der Zusammenhang zwischen Kosten und Verbrauch vergleichsweise locker ist, besteht nach Thaler und Sunstein (2012, S. 251 ff.) kein merklicher Anreiz zu einem energiesparenden Verhalten. Oder allgemeiner formuliert: Eine Steuer wird nur dann den mit ihr intendierten Lenkungseffekt auch tatsächlich entfalten, wenn sie so ausgestaltet ist, dass sie in der konkreten Alltagssituation eine hinreichende Merklichkeit erzeugt.

(9) *Lernprozesse zur Überwindung der Schuldenillusion* – Um die im Zusammenhang mit der öffentlichen Verschuldung bestehende Fehlwahrnehmung der Kosten öffentlicher Leistungen und die daraus resultierende Schuldenillusion der Bürger zu durchbrechen, bedarf es der Initiierung von Lernprozessen, in deren Rahmen über die langfristigen ökonomischen Wirkungen der öffentlichen Verschuldung entsprechend aufgeklärt wird. Zu diesem Zweck ist eine kontinuierliche Bereitstellung verschuldungsbezogener Informationen erforderlich, um auf Seiten der Bürger ein tieferes Bewusstsein für die gegenwärtigen wie zukünftigen Konsequenzen einer dauerhaft hohen Staatsverschuldung zu erzeugen. Aus verhaltensökonomischer Sicht ist dabei wichtig, dass diese Informationsbereitstellung regelmäßig erfolgt, um bestehenden myopischen Effekten ebenso wie dem „Abspeichern" von Vorteilen und Nachteilen der öffentlichen Verschuldung in unterschiedlichen mentalen Konten wirksam entgegenzuwirken. Auf diese Weise könnte auch hier die Wirksamkeit der Verfügbarkeitsheuristik positiv genutzt werden. Eine entsprechende Aufklärungsstrategie wird darüber hinaus nur dann die erhoffte Wirkung entfalten können, wenn die dargebotenen Informationen zum einen leicht verständlich sind und zum anderen mit ihnen im Sinne eines negativen Framing-Effekts die „Verlustdimension" der öffentlichen Verschuldung verdeutlicht wird. Denkbar ist diesbezüglich die Kommunikation sowohl einfacher Verschuldungskennziffern (Zins-Steuerquote, Zinsausgabenquote, Schuldenquote etc.) als auch medientauglich aufbereiteter Indikatoren einer nachhaltigen Haushalts- und Finanzpolitik, aus denen sich die zu erwartende Belastung gegenwärtiger wie zukünftiger Generationen durch die öffentliche Kreditaufnahme anschaulich ableiten lassen. Für letzteres könnte sowohl auf Messergebnisse unter Anwendung des OECD-Konzepts der „Fiscal Sustainability", das auf Ansätze von Blanchard et al. 1990 sowie Franco und Munzi 1997 zurückgeht, als auch auf Untersuchungsdaten des

sogenannten Generational Accounting verwiesen werden (vgl. stellvertretend Auerbach et al. 1994 sowie Jägers und Raffelhüschen 1999).

(10) *Begrenzung der Schuldenfinanzierung durch Selbstbindung* – Eine Politik der Aufklärung und Informationsbereitstellung kann zwar ein wirksames Instrument zur Begrenzung der Staatsverschuldung sein. Diese allein dürfte aber wohl nicht ausreichen, um das in den zurückliegenden Jahren praktizierte Verschuldungsverhalten grundlegend zu ändern. Dies gilt insbesondere dann, wenn die politischen Entscheidungsträger – sei es aufgrund strategischer Überlegungen oder sei es ebenfalls aufgrund von Fehlwahrnehmungen – selbst einer Schuldenillusion unterliegen. Für eine wirksame Begrenzung der Staatsverschuldung bietet sich aus verhaltensökonomischer Sicht daher noch ein weiterer Anknüpfungspunkt, der zudem stärker auf die Phänomene der „Melioration" und „Prokrastination" im Umgang mit der öffentlichen Verschuldung abstellt. Um eine mangelnde Selbstkontrolle der politisch verantwortlichen Akteure (aber auch der Bürger) hinsichtlich der Möglichkeit zur Schuldenfinanzierung öffentlicher Leistungen zu vermeiden, bedarf es – in Anlehnung an Thaler und Sunstein (2012, S. 340) – eines „Nudges", um jener mit der öffentlichen Verschuldung verbundenen „Versuchung zu widerstehen". Einen solchen Nudge, mit dem eine positive Kanalisierung des politischen Entscheidungsverhaltens bewirkt werden kann, bietet dabei die verfassungsrechtliche Verankerung einer sogenannten Schuldenbremse, die eine institutionelle Selbstbindung des politischen Handelns darstellt und im günstigsten Fall zu einer Änderung des bisher praktizierten Verschuldungsverhaltens führt. Als Beispiele für eine entsprechende Strategie der Selbstbindung kann mit Feld (2011) auf die politische Implementierung solcher Schuldenbremsen in der Schweiz oder auch in Deutschland verwiesen werden.

Auch wenn sich die traditionelle Finanzwissenschaft zunehmend offener zeigt für die Forschungsergebnisse der Verhaltensökonomik zur psychologischen Dimension von Besteuerung und Verschuldung, würde eine allein darauf beschränkte Betrachtung des verhaltensökonomischen Erkenntnisfortschritts im Bereich der öffentlichen Finanzen zu kurz greifen, da auch die Zahl an Untersuchungen in den zurückliegenden Jahren zugenommen hat, die sich mit den kognitions- und sozialpsychologischen Effekten der öffentlichen Ausgabentätigkeit beschäftigen.

Literatur

Abrams, B.A. und W.R. Dougan (1986): The Effects of Constitutional Restraints on Government Spending, in: Public Choice, Vol. 49, S. 101–116.

Aggarwal, P. (2004): The Effects of Brand Relationship Norms on Consumer Attitudes and Behavior, in: Journal of Consumer Research, Vol. 31, S. 87–101.

Akerlof, G.A. und R.J. Shiller (2009): Animal Spirits – Wie Wirtschaft wirklich funktioniert, Frankfurt am Main.

Akerlof, G.A. und J.L. Yellen (1988): Fairness and Unemployment, in: The American Economic Review, Vol. 78, S. 44–49.

Alesina, A. und R. Perotti (1996): Income Distribution, Political Instability, and Investment, in: European Economic Review, Vol. 40, S. 1203–1228.

Alesina, A., Cohen, G. und N. Roubin (1993): Electorel Business Cycles in Industrial Democracies, in: European Journal of Political Economy, Vol. 9, S. 1–23.

Alesina, A., Ozler, S., Roubini, N. und Ph. Swagel (1996): Political Instability and Economic Growth, in: Journal of Economic Growth, Vol. 1, S. 189–211.

Allingham, M. und A. Sandmo (1972): Income Tax Evasion – A Theoretical Analysis, in: Journal of Public Economics, Vol. 1, S. 323–338.

Alm, J. und B. Trogler (2006): Culture Differences and Tax Morale in the United States and in Europe, in: Journal of Economic Psychology, Vol. 27, S. 224–246.

Alm, J., McCelland, G.H. und W.D. Schulz (1992): Why Do People Pay Taxes?, in: Journal of Public Economics, Vol. 48, S. 21–38.

Alm, J., Jackson, B.R. und M. McKee (1993): Fiscal Exchange, Collective Decision Institutions, and Tax Compliance, in: Journal of Economic Behavior and Organization, Vol. 22, S. 285–303.

Alm, J., Sanchez, I. und S. De Juan (1995): Economic and Noneconomic Factors in Tax Compliance, in: Kyklos, Vol. 48, S. 3–18.

Alm, J., McCelland, G.H. und W.D. Schulz (1999): Changing the Social Norm of Tax Compliance by Voting, in: Kyklos, Vol. 52, S. 141–171.

Alt, J.E. und R.C. Lowry (1992): Divided Government and Budget Deficits – Evidence from the States, in: American Political Science Review, Vol. 88, S. 811–828.

Andreoni, J., Erard, B. und J. Feinstein (1998): Tax Compliance, in: Journal of Economic Literature, Vol. 36, S. 818–860.

Ariely, D. (2010): Denken hilft zwar, nützt aber nichts – Warum wir immer wieder unvernünftige Entscheidungen treffen, 2. Auflage, München.

Ariely, D. und K. Wertenbroch (2002): Procrastination, Deadlines, and Performance – Self-Control by Precommitment, in: Psychological Science, Vol. 13, S. 219–224.

Ariely, D., Loewenstein, G.F. und D. Prelec (2003): Coherent Arbitrariness – Stable Demand Curves Without Stable Preferences, in: Quarterly Journal of Economics, Vol. 118, S. 73–105.

Ariely, D., Loewenstein, G.F. und D. Prelec (2006): Tom Sawyer and the Construction of Value, in: Journal of Economic Behavior and Organization, Vol. 60, S. 1–10.

Asch. S.E. (1955): Opinions and Social Pressure, in: Scientific American, Vol. 193, S. 31–35.

Aschenfelter, P. und J. Heckman (1974): The Estimation of Income and Substitution Effects in a Model of Family Labour Supply, in: Econometrica, Vol. 42, S. 73–85.

Auerbach, A.J., Gokhale, J. und L.J. Kotlikoff (1994): Generational Accounting – A Meaningful Way to Evaluate Fiscal Policy, in: Journal of Economic Perspectives, Vol. 8 (1), S. 73–94.

Bach, S. und W. Wiegard (2002): Finanzwissenschaft, in: Zimmermann, K.F. (Hrsg.), Neue Entwicklungen in der Wirtschaftswissenschaft, Heidelberg, S. 43–112.

Baldry, J.C. (1986): Tax Evasion is not a Gamble, in: Economic Letters, Vol. 22, S. 333–335.

Baldry, J.C. (1987): Income Tax Evasion and the Tax Schedule – Some Experimental Results, in: Public Finance, Vol. 42, S. 357–383.

Barro, J.R. (1974): Are Government Bonds Net Wealth?, in: Journal of Political Economy, Vol. 82, S. 1095–1117.

Becker, W., Büchner, H.-J. und S. Sleeking (1987): The Impact of Public Transfer Expenditures on Tax Evasion, in: Journal of Public Economics, Vol. 34, S. 243–252.

Beckmann, K. (2003): Steuerhinterziehung – Individuelle Entscheidung und Finanzpolitische Konsequenzen, Tübingen.

Behnke, J. (2013): Entscheidungs- und Spieltheorie, Baden-Baden.

Bénabou, R. und J. Tirole (2003): Intrinsic and Extrinsic Motivation, in: Review of Economic Studies, Vol. 70, S. 489–520.

Bernheim, B.D. (1989): A Neoclassical Perspective on Budget Deficits, in: Journal of Economic Perspectives, Vol. 3 (1), S. 55–72.

Bizer, K. (2008): Steuervereinfachung und Steuerhinterziehung – Eine experimentelle Analyse zur Begründung von Steuervereinfachung, Berlin.

Blanchard, O., Chouraqui, J.-C., Hagemann, R.P. und N. Startor (1990): The Sustainability of Fiscal Policy – New Answers to an Old Question, in: OECD Economic Studies, No. 15, S. 7–36.

Blanchflower, D.G. und A.J. Oswald (2005): Happiness and the Human Development Index – The Paradox of Australia, in: Australian Economic Review, Vol. 38, S. 307–318.

Blankart, Ch.B. (2011): Öffentliche Finanzen in der Demokratie, 8. Auflage, München.

Blume, L., Döring, T. und S. Voigt (2008): Ökonomische Effekte der Kommunalverfassungsreformen der 1990er Jahre in Deutschland, in: Jahrbücher für Nationalökonomie und Statistik, Bd. 228, S. 317–344.

Blume, L., Döring, T. und S. Voigt (2011): Fiscal Effects of Reforming Local Constitutions – Recent German Experiences, in: Urban Studies, Vol. 48, S. 2123–2140.

Bosco, L. und L. Mittone (1997): Tax Evasion and Moral Constraints – Some Experimental Evidence, in: Kyklos, Vol. 50, S. 297–324.

Bottom, W.P. (1990): Adaptive Reference Points in Integrative Bargaining, in: Borcherding, K., Larichev, O.I. und D.M. Messik (Hrsg.), Contemporary Issues in Decision Making, Amsterdam, S. 429–447.

Bottom, W.P. und A. Studt (1993): Framing Effects and the Distributive Aspect of Integrative Bargaining, in: Organizational Behavior and Human Decision Processes, Vol. 56, S. 459–474.

Boyer, P.C., Dwenger, N. und J. Rincke (2014): Do Taxes Crowd Out Instrinsic Motivation? – Field-Experimental Evidence from Germany, Max-Planck-Institut for Tax Law and Public Finance, Working Paper, Munich.

Brickman, P., Coates, D. und R. Janoff-Bulman (1978): Lottery Winners and Accident Victims – Is Happiness Relative?, in: Journal of Personality and Social Psychology, Vol. 36, S. 917–927.

Buchanan, J.M. und R.E. Wagner (1977): Democracies in Deficit, New York.

Caesar, R. (1991): Theoretische Grundfragen der Staatsverschuldung, in: Wirtschaftswissenschaftliches Studium, Jg. 20, S. 218–224.

Calderwood, G. und P. Webley (1992): Who REsponds to Changes in Taxation? – the Relation Between Taxation and Incentive to Work, in: Journal of Economic Psychology, Vol. 13, S. 735–748.

Cansier, D. (2004): Finanzwissenschaftliche Steuerlehre, Stuttgart.

Chang, O.H., Nichols, D.R. und J.J. Schulz (1987): Taxpayer Attitudes towards Tax Audit Risk, in: Journal of Economic Psychology, Vol. 8, S. 299–309.

Clark, A.E. und A.J. Oswald (1996): Satisfaction and Comparison Income, in: Journal of Public Economics, Vol. 61, S. 359–381.

Clark, A.E., Knabe, A. und S. Rätzel (2009): Boon or Bane? – Other's Unemployment, Well-Being and Job Insecurity, in: Labour Economics, Vol. 17, S. 52–61.

Cochard, F., Nguyen, P.v. und M. Willinger (2004): Trusting Behavior in Repeated Investment Game, in: Journal of Economic Behavior and Organization, Vol. 55, S. 31–44.

Corneo, G. und H.P. Grüner (2000): Social Limits to Redistribution, in: American Economic Review, Vol. 50, S. 1491–1507.

Corneo, G. und H.P. Grüner (2002): Individual Preferences for Political Redistribution, in: Journal of Public Economics, Vol. 83, S. 83–107.

Cowell, F.A. (1992): Tax Evasion and Inequity, in: Journal of Economic Psychology, Vol. 13, S. 521–543.

Cox, D. und A. Plumley (1988): Analysis of Voluntary Compliance Rates for Different Income Source Classes, IRS International Revenue Service, Research Division, Washington (DC).

Cullis, J.G. und A. Lewis (1997): Why People Pay Taxes – From A Conventional Economic Model to a Model of Social Convention, in: Journal of Economic Psychology, Vol. 18, S. 305–301.

Davis, D.D. und C.A. Holt (1993): Experimental Economics, Princeton.

De Dreu, C.K.W., Carnevale, P.J., Emans, B.J.M. und E. van de Vliert (1994): Effects of Gain-Loss Frames in Negotiation – Loss Aversion, Mismatching, and Frame Adoption, in: Organizational Behavior and Human Decision Processes, Vol. 60, S. 90–107.

Deaton, A. (2008): Income, Health, and Well-Being Around the World – Evidence from the Gallup World Poll, in: Journal of Economic Perspectives, Vol. 22, S. 53–72.

Denzau, A.T. und D.C. North (1994): Shared Mental Models: Ideologies and Institutions, in: Kyklos, Vol. 47, S. 3–31.

Döring, T. (1999): Marktwirtschaftliche Ordnung und föderativer Staatsaufbau - Zu den Möglichkeiten einer ökonomischen Deutung des Subsidiaritätsprinzips und seiner Anwendung in der Europäischen Union, in: Mückl, W. (Hrsg.), Subsidiarität – Gestaltungsprinzip für eine freiheitliche Ordnung in Staat, Wirtschaft und Gesellschaft, Paderborn, S. 63–91.

Döring, T. (2001): Institutionenökonomische Fundierung finanzwissenschaftlicher Politikberatung, Marburg.

Döring, T. (2002): Lässt sich ein Abbau der öffentlichen Verschuldung politökonomisch erklären?, in: Zeitschrift für Wirtschaftspolitik, Jg. 51, S. 142–171.

Döring, T. (2005): Steuerhinterziehung und Steuermoral in ökonomischer Sicht, in: Zeitschrift für Wirtschafts- und Unternehmensethik, Jg. 6, S. 173–178.

Döring, T. (2009): Douglass North und das Problem der „Shared Mental Models", in: Pies, I. und M. Leschke (Hrsg.), Douglass Norths ökonomische Theorie der Geschichte, Tübingen, S. 145–187.

Dörner, D. (2011): Die Logik des Misslingens – Strategisches Denken in komplexen Situationen, 10. Auflage, Hamburg.

Dornstein, M. (1987): Taxes – Attitudes and Perception and Their Social Base, in: Journal of Economic Psychology, Vol. 8, S. 55–76.

Dwenger, N., Kleven, H., Rasul, I. und J. Rincke (2014): Extrinsic and Intrinsic Motivations for Tax Compliance – Evidence form a Field Experiment in Germany, Max-Planck-Institut for Tax Law and Public Finance, Working Paper, Munich.

Elffers, H. (2000): But Taxpayers Do Cooperate!, in: Van Vugt, M., Snyder, M., Tyler, T.R. und A. Biel (Hrsg.), Cooperation in Modern Society – Promoting the Welfare of Communities, States and Organizations, London, S. 184–194.

Englerth, M. (2004): Behavioral Law and Economics – Eine kritische Einführung, Preprints of the Max Planck Institute for Research on Collective Goods, Nr. 2004–11, Bonn.

Enste, D.H. und M. Hüther (2011): Verhaltensökonomik und Ordnungspolitik – Zur Psychologie der Freiheit, Köln.

Falk, A. (2001): Wirtschaftswissenschaftliche Experimente – Homo oeconomicus auf dem Prüfstand, in: Wirtschaftsdienst, Jg. 81, S. 300–304.

Falk, A. und M. Kosfeld (2006): The Hidden Costs of Control, in: American Economic Review, Vol. 96, S. 1611–1630.

Falk, A. und N. Szech (2013): Morals and Markets, in: Science, Vol. 340, S. 707–711.

Falk, A., Fehr, E. und C. Zehnder (2006): Fairness Perception and Revervation Wages – The Behavioral Effects of Minimum Wages Law, in: The Quarterly Journal of Economics, Vol. 121, 1347–1381.

Fehr, E. (2001): Unvollständige Arbeitsverträge schaffen Arbeitslosigkeit – Die Folge von fairem Verhalten auf dem Arbeitsmarkt, in: Neue Zürcher Zeitung, Nr. 10 vom 13./14. Januar 2001, S. 27.

Fehr, E. und A. Falk (2002): Psychological Foundation of Incentives, CESifo Working Paper No. 714 – IZA Working Paper No. 507, München und Bonn.

Fehr, E. und S. Gächter (2002): AltruisticPunishment in Humans, in: Nature, Vol. 415, S. 137–140.

Fehr, E., Kirchler, E., Weichbold, A. und S. Gächter (1998): When Social Norms Overpower Competition – Gift Exchange in Experimental Markets, in: Journal of Labor Economics, Vol. 16, S. 321–354.

Feld, L.P. (2011): Krise der Staatsfinanzen – Institutionelle Rahmenbedingungen für eine solide Finanzpolitik, in: Theurl, T. (Hrsg.), Institutionelle Hintergründe von Krisen, Berlin, S. 19–56.

Feld, L.P. und B.S. Frey (2002): Trust breeds Trust – How Taxpayers are treated, in: Economics of Governance, Vol. 3, S. 87–99.

Feld, L.P. und B.S. Frey (2007): Tax Compliance as the Result of a Psychological Tax Contract – The Role of Incentives and Responsive Regulation, in: Law & Policy, Vol. 29, S. 102–120.

Ferrer-i-Carbonell, A. (2005): Income and Well-Being – An Empirical Analysis of the Comparison Income Effect, in: Journal of Public Economics, Vol. 89, S. 997–1019.

Fiske, A. (1992): The Four Elementary Forms of Sociality – Framework for a Unified Theory of Social Relations, in: Psychological Review, Vol. 99, S. 689–723.

FORES – Forschungsstelle für empirische Sozialökonomie e. V. (2009): Steuermentalität und Steuermoral in Deutschland 2008, Köln.

FORES – Forschungsstelle für empirische Sozialökonomie e.V. (2011): Steuerkultur und Steuermoral in Deutschland 2014, Köln.

Franco, D. und T. Munzi (1997): Ageing and Fiscal Policy in the European Union, in: European Economy, Reports and Studies, No. 4, S. 239–388.

Franzen, W. (2008a): Was wissen wir über Steuerhinterziehung? – Teil 1: Theoretische Erklärungsansätze für eine weitverbreitete Ausnahme von der Regel, in: Neue Kriminalität, Bd. 2, S. 72–79.

Franzen, W. (2008b): Was wissen wir über Steuerhinterziehung? – Teil 2: Empirische Forschung – außer Spesen nichts gewesen?, in: Neue Kriminalität, Bd. 3, S. 94–101.

Franzen, W. (2009): Steuermoral und Steuerhinterziehung, Köln.

Franzen, W., Niessen, H.-J. und H.P. Haarland (2011): Steuerpsychologie und Steuerpolitik – Teil 2: Angewandte Steuerpsychologie, Köln.

Frey, B.S. (1997): Markt und Motivation – Wie ökonomische Anreize die (Arbeits-) Moral verdrängen, München.

Frey, B.S. und L.P. Feld (2002): Deterrence and Morale in Taxation – An Empirical Analysis, CESifo Working Paper No. 760, München.

Frey, B.S. und M. Osterloh (2002): Managing Motivation – Wie Sie die neue Motivationsforschung für ihr Unternehmen nutzen können, 2. Auflage, Wiesbaden.

Frey, D. und S. Schulz-Hardt (1997): Eine Theorie der gelernten Sorglosigkeit, in: Mandl, H. (Hrsg.), Bericht über den 40. Kongress der DGP, Göttingen, S. 604–611.

Frey, R.L. und B. Torgler (2002): Entwicklung und Stand der Steuermoralforschung, in: Wirtschaftswissenschaftliches Studium, Jg. 31, S. 130–135.

Friedland, N., Maital, S. und A. Rutenberg (1978): A Simulation Study of Income Tax Evasion, in: Journal of Political Economics, Vol. 10, S. 107–116.

Fuest, C. und B. Huber (1997): Steuerprogression und Arbeitslosigkeit, in: Zeitschrift für Wirtschafts- und Sozialwissenschaften, Jg. 117, S. 567–584.

Gandenberger, O. (1980): Grenzen der Staatsverschuldung – Theoretische Erkenntnisse und Anwendung auf die Bundesrepublik Deutschland, in: Probleme der Staatsverschuldung, Beihefte der Konjunkturpolitik, Heft 27, Berlin, S. 9–18.

Gandenberger, O. (1984): On Government Borrowing and False Political Feedback. Paper presented at the 40th Congress of IIPF, Innsbruck.

Garboua, L., Masclet, D. und C. Montmarquette (2009): A Behavioral Laffer Curve - Emergence of a Social Norm of Fairness in a Real Effort Experiment, in: Journal of Economic Psychology, Vol. 30, S. 147–161.

Genesove, D. und W. P. Mullin (2000): Rules, Communication and Collusion – Narrative Evidence from the Sugar Institute Case, in: American Economic Review, Vol. 91, S. 379–398.

Geroms, H. und H. Wilmots (1985): An Empirical Model of Tax Invasion and Tax Avoidance, in: Public Finance, Vol. 40, S. 190–209.

Gigerenzer, G. (2008): Bauchentscheidungen – Die Intelligenz des Unbewussten und die Macht der Intuition, München.

Gneezy, U. und A. Rustichini (2000): A Fine is a Price, in: Journal of Legal Studies, Vol. 29, S. 1–18.

Goerke, L. (1997): Taxes in an Efficiency Wage Economy in the Short-Run and in the Long-Run, in: Finanzarchiv, Bd. 54, S. 447–470.

Graumann, C.F. und A. Fröhlich (1957): Ansätze zu einer psychologischen Analyse des sogenannten Steuerwiderstands, in: Finanzarchiv, N.F., Bd. 17, S. 418–430.

Grilli, V., Masciandaro, D., Tabellini, G., Malinvaud, E. und M. Pagano (1991): Political and Monetary Institutions and Public Financial Policies in the Industrial Countries, in: Economic Policy, Vol. 6, S. 342–392.

Groenland, E.A.G. und G.M.v. Veldhoven (1983): Tax Evasion Behavior – A Psychological Framework, in: Journal of Economic Psychology, Vol. 3, S. 129–144.

Grund, Ch. und D. Sliwka (2007): Reference-Dependent Preferences and the Impact of Wage Increases on Job Satisfaction – Theory and Evidence, in: Journal of Institutional and Theoretical Economics, Vol. 163, S. 313–335.

Grüske, K.-D. (1995): Staatsverschuldung im Spannungsfeld zwischen politischer Forderung und ökonomischer Rationalität, in: Schachtschneider, K.A. (Hrsg.), Wirtschaft, Gesellschaft und Staat im Umbruch, Berlin, S. 276–302.

Güth, W. und K. Mackscheidt (1985): Die Erforschung der Steuermoral durch Experimente. Mimeo, Universität Köln.

Gutmann, P.M. (1977): The Subterranean Economy, in: Financial Analyst Journal, Vol. 33, S. 26–27.

Haller, H. (1973): Zur Diskussion über das Leistungsfähigkeitsprinzip, in: FinanzArchiv, NF, Jg. 31, S. 461–494.

Hansjürgens, B. (2001): Äquivalenzprinzip und Staatsfinanzierung, Berlin.

Hansmeyer, K.-H. (1984): Der öffentliche Kredit, Bd. 1, 3. Auflage, Frankfurt am Main.

Hasseldine, J. (1998): Prospect Theory and Tax Reporting Decision – Implication for Tax Administrators, in: Bulletin for International Fiscal Documentation, Vol. 52, S. 501–505.

Hayek, F.A.v. (1960): Die Verfassung der Freiheit, Tübingen.

Hegtvedt, K.A. (1989): Fairness Conceptualizations and Comparable Worth, in: Journal of Social Issues, Vol. 45, S. 81–97.

Heiner, R.A. (1983): The Origin of Predictable Behavior, in: American Economic Review, Vol. 73, S. 560–595.

Hessing, D.J., Elffers, H. und R.H. Weigel (1988): Exploring the Limits of Self-Reports and Reasoned Action – An Investigation of the Psychology of Tax Evasion Behavior, in: Journal of Personality and Social Psychology, Vol. 54, S. 405–413.

Heyman, J.E. und D. Ariely (2004): Effort for Payment – A Tale of Two Markets, in: Psychological Science, Vol. 15, S. 787–793.

Hirte, G. (1997): Normative und positive Theorien öffentlicher Verschuldung – Ein Überblick, Diskussionsbeiträge der Katholischen Universität Eichstädt, Nr. 97, Ingolstadt.

Hite, P.A. (1990): An Experimental Investigation of the Effect of Tax Shelters on Taxpayer Noncompliance, in: Public Finance, Vol. 45, S. 90–108.

Hoel, M. (1990): Efficiency Wages and Income Taxes, in: Journal of Economics, Vol. 51, S. 89–99.

Hofmann, P. (2009): Steuermoral – Eine wirtschaftspsychologische Analyse, Hamburg.

Homburg, S. (2000): Der optimale Einkommensteuertarif, in: Wirtschaftswissenschaftliches Studium, Jg. 29, S. 136–142.

Homburg, S. (2010): Allgemeine Steuerlehre, 6. Auflage, München.

Hutton, J. und A. Ruocco (1999): Tax Reform and Employment in Europe, in: International Tax and Public Finance, Vol. 3, S. 263–287.

Jägers, T. und B. Raffelhüschen (1999): Generational Accounting in Europe – An Overview, in: European Economy, Reports and Studies, No. 6, S. 1–16.

James, S. (1992): Taxation and Female Participation in the Labour Market, in: Journal of Economic Psychology, Vol. 13, S. 715–734.

Jatzke, H. (2011): Belastungswirkungen der Umsatzsteuer und der besonderen Verbrauchsteuern, in: Zeitschrift für Zölle und Verbrauchsteuern, Jg. 87 (4), S. 109–116.

Joseph, M.F.W. (1939): The Excess Burden of Indirect Taxation, in: Review of Economic Studies, Vol. 6, S. 226–231.

Kahneman, D. und A. Tversky (1979): Prospect Theory – An Analysis of Decision under Risk, in: Econometrica, Vol. 47, S. 263–291.

Kahneman, D. und A. Tversky (1984): Choices, Values and Frames, in: American Psychologist, Vol. 39, S. 341–350.

Kahneman, D. und A. Tversky (1992): Advances in Prospect Theory – Cumulative Representation of Uncertainty, in: Journal of Risk and Uncertainty, Vol. 5, S. 297–323.

Kaplan, S.E. und P.M.J. Reckers (1985): A Study of Tax Evasion Judgements, in: National Tax Journal, Vol. 38, S. 263–291.

Kaplan, S.E., Reckers, P.M.J. und K.D. Reynolds. (1986): An Application of Attribution and Equity Theoriesto Tax Evasion Behavior, in: Journal of Economic Psychology, Vol. 7, S. 461–476.

Keynes, J.M. (1936, 2009): Allgemeine Theorie der Beschäftigung, des Zinses und des Geldes, 11. Auflage, Berlin.

Kirchler, E. (1997): Balance between Giving and Receiving – Tax Morality and Satisfaction with Fiscal Policy as They Relate to the Perceived Just Distribution of Public Resources, in: International Journal of Economic Studies, Vol. 5, S. 59–70.

Kirchler, E. (1999): Reactance to Taxation – Employers' Attitudes toward Taxes, in: Journal of Socio Economics, Vol. 28, S. 131–138.

Kirchler, E. (2007): The Economic Psychology of Tax Behaviour, Cambridge.

Kirchler, E. (2011): Wirtschaftspsychologie – Individuen, Gruppen, Märkte, Staat, 4. Auflage, Göttingen et al.

Kirchler, E. und B. Maciejovsky (2001): Tax Complience within the Context of Gain and Loss Situation, Expected and Current Asset Position, and Profession, in: Journal of Economic Psychology, Vol. 22, S. 173–194.

Kirchler, E. und B. Maciejovsky (2007): Steuermoral und Steuerhinterziehung, in: Frey, D. und L.v. Rosenstiehl (Hrsg.), Enzyklopädie der Psychologie – Wirtschaftspsychologie, Göttingen et al., S. 203–234.

Kirchler, E. und J. Pitters (2007): Kontraproduktives Verhalten durch Schädigung öffentlicher Güter, in: Moser, K. (Hrsg.), Wirtschaftspsychologie, Heidelberg, S. 357–374.

Kirchler, E., Fehr, E. und R. Evans (1996): Social Exchange in the Labor Market - Reciprocity and Trust versus Egoistic Money Maximation, in: Journal of Economic Psychology, in: Vol. 17, S. 313–341.

Kirchler, E., Maciejovsky, B. und F. Schneider (2001a): Everyday Representations of Tax Avoidance, Tax Evasion, and Tax Flight – Do Legal Differences Matter?, ECONSTOR Discussion Papers, No. 2001–43.

Kirchler, E., Maciejovsky, B. und H. Schwarzenbergerr (2001b): Mental Accounting and the Impact of Tax Penalty and Audit Frequency on the Decleration of Income – An Eperimental Analysis. SFB-373 Discussion Paper 16 – Humboldt-Universität Berlin.

Klopp, K. (2007): Steuerhinterziehung – Empirie und Experimente, Norderstedt.

Körner, M. und H. Strotmann (2006): Steuermoral – Das Spannungsfeld von Freiwilligkeit der Steuerzahlung und Regelverstoß durch Steuerhinterziehung, Tübingen.

Koskela, E. und J. Vilmunen (1996): Tax Progression is Good for Umployment in Popular Models of Trade Union Behaviour, in: Labour Economics, Vol. 3, S. 65–80.

Laibson, D.I. und J. Zettelmeyer (2003): Die Neue Ökonomie der Ungeduld, in: Fehr, E. und G. Schwarz (Hrsg.), Psychologische Grundlagen der Ökonomie – über Vernunft und Eigennutz hinaus, Zürich, S. 39–46.

Lea, S.E.G., Tarpy, R.M. und P. Webley (1987): The Individual in the Economy – A Textbook of Economic Psychology, Cambridge.

Leineweber, N. (1988): Das säkulare Wachstum der Staatsausgaben, Göttingen.

Leuthold, J.H. (1983): Home Production and the Tax System, in: Journal of Economic Psychology, Vol. 3, S. 145–157.

Lewin, K. (1920): Die Sozialisierung des Taylor-Systems, in: Schriftenreihe Praktischer Sozialismus, Jg. 4, S. 3–36.

Lewis, A. (1979): An Empirical Assessment of Tax Mentality, in: Public Finance, Vol. 34, S. 245–257

Lewis, A. (1982): The Psychology of Taxation, Oxford.

Lockwood, B. und A. Manning (1993): Wage Setting and the Tax System – Theory and Evidence for the United Kingdom, in: Journal of Public Economics, Vol. 52, S. 1–29.

Luhmann, N. (1997): Die Gesellschaft der Gesellschaft, Bd. 1, Frankfurt am Main.

Luttmer, E.F.P. (2000): Inequality and Poverty Dynamics in Transition Economics – Disentangling Real Events from Noise Data, Policy Research Working Paper Series, No. 2549, World Bank.

Mackscheidt, K. (2004): Die Entwicklung der Steuermoralforschung, in: Bizer, K. Falk, A. und J. Lange (Hrsg.), Am Staat vorbei – Transparenz, Fairness und Partizipation kontra Steuerhinterziehung, Berlin, S. 15–28.

Mankiw, N.G. und M.P. Taylor (2012): Grundzüge der Volkswirtschaftslehre, 5. Auflage, Stuttgart.

Martenstein, H. (2013): Über ein ganz neues Steuerdelikt, in: Zeitmagazin vom 16. Mai 2013, Nr. 21, S. 8.

Mazar, N. und D. Ariely (2006): Dishonesty in Everyday Life and its Policy Implications, in: Journal of Public Policy and Marketing, Vol. 25, S. 117–126.

Mazar, N., Amir, O. und D. Ariely (2008): The Dishonesty of Honest People – A Theory of Self-Concept Maintenance, in: Journal of Marketing Research, Vol. 45, S. 633–644.

Meier, S. und A. Stutzer (2007): Is Volunteering Rewarding in Itself?, in: Economica, Vol. 75, S. 35–59.

Moscovici, S. (1981): On Social Representations, in: Forgas, J. (Hrsg.), Social Cognition – Perspectives on Everyday Understanding, London, S. 181–210.

Moser, H. (1994): Zur Kritik der Sprache von Gesetzen – Anmerkungen eines Sprachwissenschaftlers, in: Smekal, C. und E. Theurl (Hrsg.), Stand und Entwicklung der Finanzpsychologie, Baden-Baden, S. 171–184.

Myles, G. (1995): Public Economics, Cambridge (MA).

Ng, Y.-K. (2008): Happiness Studies – Ways to Improve Comparability and Some Public Policy Implications, in: Economic Record, Vol. 84, S. 253–266.

Nowak, M., Page, K. und K. Sigmund (2000): Fairness versus Reason in the Ultimatum Game, in: Science, Vol. 289, S. 1773–1775.

Oates, W.E. (1988): On the Nature and Measurement of Fiscal Illusion: A Survey, in: Brennan, G., Grewel, B.S. und P. Groenwegen (Hrsg.), Taxation and Fiscal Federalism, Sydney, S. 65–82.

Ockenfels, A. (1999): Fairneß, Reziprozität und Eigennutz, Tübingen.

OECD (1975): Theoretical and Empirical Aspects of the Effects of Taxation on the Supply of Labour, Paris.

Pelzmann, L. (2012): Wirtschaftspsychologie – Behavioral Economics, Behavioral Finance, Arbeitswelt, 6. Auflage, Wien.

Persson, T. und G. Tabellini (2000): Political Economics, Cambridge (MA).

Pisauro, G. (1994): Social Security Contributions and Efficiency Wages Theory – Incidence and Effects on Employment, in: Baldassarri, M. und P. Roberti (Hrsg.), Fiscal Problems in the Single Market Europe, London, S. 127–151.

Pissarides, C.A. (1998): The Impact of Employment Tax Cuts on Unemployment and Wages – The Role of Unemployment Benefits and Tax Structure, in: European Economic Review, Vol. 42, S. 155–183.

Pommerehne, W.W. (1985): Was wissen wir eigentlich über Steuerhinterziehung?, in: Rivista Internazionale de Scienze Economiche e Commerciali, Vol. 32, S. 1155–1186.

Pommerehne, W.W. und H. Weck-Hannemann (1996): Tax Rates, Tax Administration and Income Tax Evasion in Switzerland, in: Public Choice, Vol. 88, S. 161–170.

Porschke, C. und E.H. Witte (2002): Psychologische Faktoren der Steuergerechtigkeit, in: Witte, E.H. (Hrsg.), Sozialpsychologie wirtschaftlicher Prozesse, Lengerich, S. 256–288.

Poterba, J.M. (1994): State Responce to Fical Crisis – The Effects of Budgetary Institutions and Politics, in: Journal of Political Economy, Vol. 102, S. 799–821.

Praag, B.M.S. von und P. Frijters (1999): The Measurement of Welfare and Well-Being – The Leyden Approach, in: Kahneman, D., Diener, E. und N. Schwarz (Hrsg.), *Well-Being – The Foundations of Hedonic Psychology*, New York, S. 413–433.

Puviani, A. (1903, 1960): Die Illusion in der Finanzwirtschaft, in: Finanzwissenschaftliche Forschungsarbeiten, Neue Folge, Heft 22, Berlin, S. 51–53.

Pyle, D.J. (1991): The Economics of Taxpayer Compliance, in: Journal of Economic Surveys, Vol. 5, S. 163–198.

Rachlinsky, J. und J. Forest (1998): Remedies and the Psychology of Ownership, in: Vanderbilt Law Review, Vol. 51, S. 1541–1582.

Rätzel, S. (2009): Revisiting the Neoclassical Theory of Labour Supply – Disutility of Labour, Working Hours, and Happiness, FEMM Working Paper, Nr. 05–2009.

Ravallion, M. und M. Lokshin (2000): Who Wants to Redistribute? – The Tunnel Effect in 1990s Russia, in: Journal of Public Economics, Vol. 76, S. 87–104

Reding, K. und W. Müller (1999): Einführung in die Allgemeine Steuerlehre, München.

Reinhardt, C. und K.S. Rogoff (2010): Dieses Mal ist alles anders – Acht Jahrhunderte Finanzkrisen, München.

Ricardo, D. (1821, 1921): Grundsätze der Volkswirtschaft und Besteuerung, 2. Auflage, Jena.

Richter, F. und W. Wiegard (1993): Zwanzig Jahre „Neue Finanzwissenschaft" – Teil II: Steuern und Verschuldung, in: Zeitschrift für Wirtschafts- und Sozialwissenschaften, Jg. 113, S. 337–400.

Rincke, J. und Ch. Traxler (2009): Deterrence through Word of Mouth, Preprints of the Max Planck Institute for Research on Collective Goods, No. 2009/4, Bonn.

Robben, H.S.J., Webley, P., Weigel, R.H., Waerneryd, K-E, Kinsey, K.A., Hessing, D.J., Alvira Martin, F., Elffers, H., Wahlund, R., Langenhove, L.v., Long, S.B. und J. Scholz (1990): Decision Frame and Opportunity as Determinants of Tax Cheating – A Cross-Cultural Study, in: Journal of Economic Psychology, Vol. 11, S. 341–364.

Robben, H.S.J., Webley, P., Elffers, H. und D.J. Hessing (1991): Decision Frames, Opportunity and Tax Evasion – An Experimental Approach, in: Journal of Economic Behaviour and Organisation, Vol. 4, S. 353–361.

Roberts, M.L., Hite, P.A. und C.F. Bradley (1994): Understanding Attitudes Toward Progressive Taxation, in: Public Opinion Quarterly, Vol. 58, S. 165–190.

Rolph, E.R. (1954): The Theory of Fiscal Economics, Berkley und Los Angeles.

Rossi, E. und T. Wiedmer (2001): Ist ein vollständiger Abbau der Staatsverschuldung ökonomisch sinnvoll?, in: List Forum für Wirtschafts- und Finanzpolitik, Bd. 27, S. 272–285.

Roubini, N. und J.D. Sachs (1989): Political and Economic Determinants of Budget Deficits in the Industrial Democracies, in: European Economic Review, Vol. 55, S. 903–933.

Schepanski, A. und D. Kelsey (1990): Testing for Framing Effects in Taxpayer Compliance Decisions, in: Journal of the American Taxation Association, Vol. 12, S. 60–77.

Schepanski, A. und T. Shearer (1995): A Prospect Theory Account of the Income Tax Withholding Phenomenon, in: Organizational Behavior and Human Decision Processes, Vol. 63, S. 174–186.

Scherf, W. (2009): Öffentliche Finanzen – Eine Einführung in die Finanzwissenschaft, Stuttgart.
Schmidt, K. (1994): Wertewandel, Politikverdrossenheit und Schattenwirtschaft, in: Wirtschaftsdienst, Jg. 74, S. 303–306.
Schmidtchen, D. (1994): Vom nichtmarginalen Charakter der Steuermoral, in: Smekal, C. und E. Theurl (Hrsg.), Stand und Entwicklung der Finanzpsychologie, Baden-Baden, S. 185–209.
Schmiel, U. (2005): Steuerhinterziehung als Straftatbestand – Eine Analyse in wirtschaftsethischer Perspektive, in: Zeitschrift für Wirtschafts- und Unternehmensethik, Jg. 6, S. 155–172.
Schmölders, G. (1960): Das Irrationale in der öffentlichen Finanzwirtschaft – Probleme der Finanzpsychologie, Hamburg.
Schmölders, G. (1966): Psychologie des Geldes, Berlin.
Schmölders, G. (1970): Finanz- und Steuerpsychologie, Hamburg.
Schmölders, G. und K.-H. Hansmeyer (1980): Allgemeine Steuerlehre, 5. Auflage, Berlin.
Schöbel, E. (2008): Steuerehrlichkeit – Eine politisch-ökonomische und zugleich finanzsoziologische Analyse der Einkommensteuerrechtsanwendung und -befolgung in Deutschland, Frankfurt am Main.
Schoon, I., Hansson, L. und K. Salmela-Aro (2005): Combining Work and Family Life – Life Satisfaction Among Married and Divorced Men and Women in Estonia, Finland and the UK, in: European Psychologist, Vol. 10, S. 309–319.
Schoorman, F., Mayer, R. und J. Davis (2007): An Integrative Model of Organizational Trust – Past, Present, and Future, in: Academy of Management Review, Vol. 32, S. 344–354.
Schwartz, R. und S. Orleans (1967): On Legal Sanctions, in: University of Chicago Law Review, Vol. 34, S. 274–300.
Schweizer, M.E. und L.A. DeChurch (2001): Linking Frames in Negotiations – Gains, Losses and Conflict Frame Adoption, in: The International Journal of Conflict Management, Vol. 12, S. 100–113.
Seidl, Ch. und S. Traub (2001): Taxpayers' Attitudes, Behavior, and Perception of Fairness, in: Pacific Economic Review, Vol. 6, S. 255–267.
Sherif, M. (1937): An Experimental Approach to the Study of Attitudes, in: Sociometry, Vol. 1, S. 90–98.
Sillamaa, M.A. (1999): Taxpayer Behavior in Response to Taxation – Comment and New Experimental Evidence, in: Journal of Accounting and Public Policy, Vol. 18, S. 165–177.
Simonsohn, U. und G. Loewenstein (2006): Mistake #37 – The Impact of Previously Faced Prices on Housing Demand, in: Economic Journal, Vol. 116, S. 175–199.
Slemrod, J.B. (1994): Fixing the Leak in Orkun's Bucket – Optimal Tax Progressivity When Avoidance Can be Controlled, in: Journal of Public Economics, Vol. 55, S. 41–51.
Slovic, P., Kunreuther, H. und G.F. White (1974): Decision Processes, Rationality and Adjustment to Natural Hazards, in: White, G.F. (Hrsg.), natural Hazards – Local, National, and Global, New Yokr, S. 187–206.
Snir, R. und I. Harpaz (2002): Work-Leisure Relations – Leisure Orientation and the Meaning of Work, in: Journal of Leisure Research, Vol. 34, S. 178–202.
Sorenson, P.B. (1999): Optimal Tax Progressivity in Inperfect Labour Markets, in: Labour Economics, Vol. 6, S. 435–452.
Spicer, M.W. und L.A. Becker (1980): Fiscal Inequity and Tax Evasion – An Experimental Approach, in: National Tax Journal, Vol. 33, S. 171-175.
Spicer, M.W. und S.B. Lundstedt (1975): A Reexamination of Taxpayer Behavior, Ohio State University.
Spicer, M.W. und S.B. Lundstedt (1976): Understanding Tax Evasion, in: Public Finance, Vol. 31, S: 295–305.
Stalder, I. (1992): Staatsverschuldung aus Sicht der Neuen Politischen Ökonomie, Nürnberg.

Steidl, F. und U. Wigger (2014): Staatsverschuldung und Zeitkonsistenz, in: Wirtschaftswissenschaftliches Studium, Jg. 43, S. 313–317.

Stevenson, B. und J. Wolfers (2008): Happiness Inequality in the United States, IZA Discussion Paper 3624, Bonn.

Stiglitz, J.E. und B. Schönfelder (1989): Finanzwissenschaft, 2. Auflage, München und Wien.

Storbeck, O. (2010): Verhaltensökonomie – Die Stunde der Verführer, Zeit-Online vom 18. Mai 2010 (http://www.zeit.de/wirtschaft/2010-05/wirtschaftswissenschaften).

Strack, F, Martin, L.L. und S. Stepper (1988): Inhibiting and Facilitating Conditions of the Human Smile: A Nonobtrusive Test of the Facial Feedback Hypothesis, in: Journal of Personality an Social Psychology, Vol. 54, S. 768–777.

Strotmann (2009): Vertrauen ist gut, Kontrolle nicht zwingend besser, in: Hochschule Pforzheim (Hrsg.), Konturen 2009, Pforzheim, S. 70–74.

Sunstein, C.R., Kahneman, D., Schkade, D. und I. Ritov (2002): Predictably Incoherent Judgments, in: Stanford Law Review, Vol. 54, S. 1153–1215.

Sutter, M. und H. Weck-Hannemann (2003): Taxation and the Vail of Ignorance – A Real Effort Experiment on the Laffer Curve, in: Public Choice, Vol. 115, S. 217–240.

Swenson, C. (1988): Taxpayer Behavior in Response to Taxation – An Experimental Analysis, in: Journal of Accounting and Public Policy, Vol. 7, S. 1–28.

Tabellini, G. und A. Alesina (1990): Voting on the Budget Deficit, in: American Economic Review, Vol. 80, S. 37–49.

Thaler, R.H. und C.R. Sunstein (2012): Nudge – Wie man kluge Entscheidungen anstößt, 2. Auflage, Berlin.

Theile, C. (1996): Die Belastungswirkung der Umsatzsteuer, in: Steuer und Wirtschaft, Jg. 73, S. 154–164.

Thibaut, J.W. und H.H. Kelly (1959): The Social Psychology of Groups, New York.

Tollison, R.D. und R.E. Wagner (1980): Balanced Budget, Fiscal Responcibility, and the Constitution, Washington (DC).

Torgler, B. (2003): Tax Morale and Institutions, WWZ-Discussion Paper 02–07, Basel.

Torgler, B. (2004): Wirtschaftspolitische Erkenntnisse aus der Steuermoralforschung, in: Schaltegger, C.A. und S.C. Schaltegger (Hrsg.), Perspektiven der Wirtschaftspolitik, Zürich, S. 165–176.

Torgler, B. (2006): The Importance of the Faith – Tax Morale and Religiosity, in: Journal of Economic Behavior and Organization, Vol. 61, S. 81–109.

Torgler, B. und F. Schneider (2009): The Impact of Tax Morale and Institutional Quality on the Shadow Economy, in: Journal of Economic Psychology, Vol. 30, S. 228–245.

Torgler, B., Schaltegger, C.A. und M. Schaffner (2003): Is Forgiveness Devine? – A Cross-Cultural Comparison of Tax Amnesties, in: Swiss Journal of Economics and Statistics, Vol. 139, S. 375–396.

Tyler, T.R. (2006): Psychological Perspectives on Legitimacy and Legitimation, in: Annual Review of Psychology, Vol. 57, S. 375–400.

Vogel, J. (1974): Taxation and Public Opinion in Sweden – An Interpretation of Recent Survey Data, in: National Tax Journal, Vol. 37, S. 499–514.

Vohs, K., Mead, N. und M.R. Goode (2006): The Psychological Consequences of Money, in: Science, Vol. 314, S. 1154–1156.

Wallschutzky, I.G. (1984): Possible Causes of Tax Evasion, in: Journal of Economic Psychology, Vol. 5, S. 371–384.

Wäreneryd, K.E. und B. Walerud (1982): Taxes and Economic Behavior – Some Interview Data on Tax Evasion in Sweden, in: Journal of Economic Psychology, Vol. 2, S. 187–211.

Webley, P., Robben, H., Elffers, H. und D. Hessing (1991): Tax Evasion – An Experimental Approach, Cambridge.

Weimann, J., Knabe, A. und R. Schöb (2012): Geld macht doch glücklich – Wo die ökonomische Glücksforschung irrt, Stuttgart.
Weizsäcker, R.K. von (1997): Finanzpolitik, in: Hagen, J.v., Welfens, P.J.J. und A. Börsch-Supan (Hrsg.), Springers Handbuch der Volkswirtschaftslehre, Bd. 2, Berlin et al., S. 123–180.
Wellisch, D. (2000): Finanzwissenschaft, Bd. 3: Staatsverschuldung, München.
Weltring, S. (1997): Staatsverschuldung als Finanzierungsinstrument des deutschen Vereinigungsprozesses, Frankfurt am Main et al.
ABCDSEWiswede, G. (1979): Soziologie abweichenden Verhaltens, Stuttgart.
Wiswede, G. (2012): Einführung in die Wirtschaftspsychologie, 5. Auflage, München und Basel.
Witte, E.H. und C. Mölders (2007): Einkommensteuergesetz – Begründung der vorhandenen Ausnahmetatbestände ethisch bedenklich, in: Wirtschaftspsychologie, Heft 3, S. 65–81.
Wortmann, C.B. und J.W. Brehm (1975): Responses to Uncontrollable Outcomes – An Integration of Reactance Theory and the Learned Helplessness Model, in: Berkowitz, L. (Hrsg.), Advances in Experimental Social Psychology, Vol. 8, New York und London, S. 277–336.
Yaniv, G. (1999): Tax Compliance and Advance Tax Payment – A Prospect Theory Analysis, in: National Tax Journal, Vol. 52, S. 753–764.
Zimmermann, H. (1999): Ökonomische Rechtfertigung einer kontinuierlichen Staatsverschuldung, in: Henke, K.-D. (Hrsg.), Zur Zukunft der Staatsfinanzierung, Baden-Baden, S. 157–171.
Zimmermann, H., Henke, K.-D. und M. Broer (2012): Finanzwissenschaft, 11. Auflage, München.

4 Staatsausgaben und Verhaltensökonomik – Zur Psychologie der öffentlichen Ausgabentätigkeit

Soweit innerhalb der Finanzwissenschaft die Betrachtung der Ausgabentätigkeit des Staates im Mittelpunkt steht, werden vor allem zwei Problemstellungen schwerpunktmäßig untersucht. Zum einen ist dies die Frage danach, wie sich die Entwicklungen der öffentlichen Ausgaben im Zeitverlauf, die für viele Jahre und Jahrzehnte durch einen stetigen Anstieg der allgemeinen Staatsquote als Verhältnis der gesamten Staatsausgaben zum Bruttoinlandsprodukt gekennzeichnet war, ökonomisch begründen lässt. Zum anderen wird im Rahmen der finanzwissenschaftlichen Ausgabenanalyse danach gefragt, welche ökonomischen Wirkungen mit der Ausgabentätigkeit des Staates verbunden sind. Bezogen auf diese beiden Kernfragen in der Untersuchung der öffentlichen Ausgaben wird nachfolgend (Kap. 4.1) nicht nur aufgezeigt, dass bereits ein Teil der einschlägig bekannten finanzwissenschaftlichen Erklärungsansätze zum Staatsanteilswachstum in vielfältiger Weise auf psychologische Erkenntnisse zurückgreift. Darüber hinaus wird unter Bezug auf frühe wie aktuelle Studien der Finanzpsychologie dargelegt, wie wahrgenommene Vorteile, Dringlichkeitseinschätzungen und Fairnesserwägungen die subjektive Perzeption der Staatsausgaben aus Sicht der Nutznießer öffentlicher Leistungen beeinflussen. Schließlich wird ebenso verdeutlicht, dass die gängige effizienz-, verteilungs- und stabilitätsbezogene Wirkungsanalyse der Ausgabentätigkeit ohne eine zusätzliche verhaltensökonomische Fundierung rasch an Grenzen stößt.

Letzteres gilt auch für die Analyse des (haushalts-)politischen Willensbildungsprozesses (Kap. 4.2), der nur unvollständig durch bestehende politökonomische Ansätze erklärt werden kann und daher um eine Betrachtung der psychologischen Bestimmungsfaktoren politischen Verhaltens in der Demokratie – und hier insbesondere des Wählerverhaltens – ergänzt werden muss. Neue Erkenntnisse hierzu liefert zum einen der vergleichsweise junge Forschungszweig der „Behavioral Political Economy", der als eine verhaltensökonomische Erweiterung (in Teilen aber auch als eine Kritik) an den Ansätzen der Neuen Politischen Ökonomik unter Bezug auf die Ausgabentätigkeit des Staates zu verstehen ist. Zum anderen dient die Auswertung von Untersuchungsergebnissen der „Political Psychology" sowie der kognitions- und sozialpsychologisch ausgerichteten Wahlforschung innerhalb der Politikwissenschaft dazu, das finanzwissenschaftliche Verständnis bezüglich der maßgeblichen Bestimmungsfaktoren von Struktur und Niveau staatlicher Ausgabenpolitik zu erweitern.

4.1 Entwicklung der Staatsausgaben und ihre ökonomische Wirkung: Ergänzung der traditionellen Perspektive um verhaltensökonomische Einsichten

Innerhalb der finanzwissenschaftlichen Ausgabenanalyse lassen sich grundsätzlich zwei unterschiedliche Erkenntnisinteressen identifizieren. Zum einen liegt aus Sicht der Finanzwissenschaft das Augenmerk auf der Fragestellung, welche ökonomischen Wirkungen mit den öffentlichen Ausgaben verbunden sind. Je nach Problemstellung und Betrachtungsperspektive liegt der entsprechenden Wirkungsanalyse dabei entweder eine funktionale Gliederung der Staatsausgaben nach bestimmten Aufgabenfeldern zugrunde (Verteidigung, Soziales, Umweltschutz, Innere Sicherheit, Wirtschaftsförderung etc.) oder sie orientiert sich an einer Differenzierung der staatlichen Ausgabentätigkeit gemäß unterschiedlicher Leistungstypen (Personalausgaben, Sachausgaben, Subventionen, Sozialtransfers). Vergleichbar der ökonomischen Steuerwirkungsanalyse (vgl. Reding und Müller 1999; Cansier 2004; Keuschnigg 2005 oder Homburg 2010) werden dabei sowohl Verteilungs- und Stabilisierungseffekte als auch Anreiz- bzw. Effizienzeffekte der Staatsausgaben eingehender betrachtet. Neben diesen ökonomischen Wirkungen der öffentlichen Ausgabentätigkeit ist der Blick innerhalb der Finanzwissenschaft zum anderen aber auch auf die langfristige Entwicklung der Staatsausgaben gerichtet. Anders als bei der reinen Wirkungsanalyse steht hierbei die Erklärung bestehender Trends in der Veränderung von Niveau und Struktur der öffentlichen Ausgaben über lange Zeiträume hinweg im Zentrum der Betrachtung, um auf dieser Grundlage Rückschlüsse über den weiteren Entwicklungsverlauf der Staatsausgaben zu gewinnen. Bezogen auf die beiden genannten Fragestellungen wird nachfolgend zunächst auf die ökonomischen wie psychologischen Erklärungsansätze einer steigenden Ausgabentätigkeit des Staates im Zeitverlauf eingegangen, um daran anschließend den Blick auf eine verhaltensökonomische Erweiterung der Wirkungsanalyse öffentlicher Ausgaben unter Einkommens-, Verteilungs- und Anreizaspekten zu richten.

4.1.1 Ökonomische und psychologische Aspekte des Anstiegs der öffentlichen Ausgaben im Zeitverlauf

Bezogen auf die verschiedenen finanzwissenschaftlichen Ansätze zur Erklärung der Ausgabenentwicklung des Staates über die Zeit kann zwischen solchen Erklärungsansätzen unterschieden werden, die sich ausschließlich auf ökonomische Einflussgrößen konzentrieren, und solchen, die zusätzlich zu wirtschaftlichen Bestimmungsfaktoren auch psychologische Erklärungsvariablen in die Betrachtung mit einbeziehen (vgl. für einen Überblick zu den verschiedenen Erklärungsansätzen zur Staatsausgabenentwicklung Zimmermann et al. 2012, S. 38 ff.; Blankart 2011, S. 157 ff. oder auch Scherf 2009, S. 117 ff.). Den Ausgangspunkt beider Gruppen von Erklärungsansätzen bildet die Untersuchung von Wagner (1892), der zufolge „geschichtliche (zeitliche) und räumliche, verschiedene Länder umfassende Vergleiche zeigen, daß bei fortschreitenden Culturvölkern [...] regelmäßig eine Ausdehnung der Staattätigkeit und der gesamten öffentlichen, durch die Selbstverwaltungskörper neben dem Staate ausgeführten Thätigkeiten erfolgt" (ebenda; S. 893). Er leitet daraus zunächst das – nicht streng im naturwissenschaftlichen Sinne zu verstehende – *Gesetz der wachsenden Staatstätigkeit* (wörtlich: „Gesetz der wachsenden Ausdehnung der öffentlichen und speciell der Staatsthätigkeiten", S. 895) ab, welches noch nicht unmittelbar auf die Ausgabentätigkeit des Staates, sondern vielmehr dessen sich im Zeitablauf veränderndes Aufgabenbündel bezogen ist. Aus diesem „allgemeinen Gesetz" zur Staatstätigkeit folgert Wagner (1883, S. 76) jedoch zugleich das „Gesetz der wachsenden Ausdehnung des Finanzbedarfs, sowohl des Staats als in der Regel (und öfters noch mehr) auch der Selbstverwaltungskörper bei entsprechender Decentralisierung der Verwaltung und ordentlichen Organisation der Selbstverwaltung". Aus beiden Gesetzen resultiert die zentrale Aussage, dass im Zuge der wachsenden Staatstätigkeit auch die öffentlichen Ausgaben im Zeitverlauf entsprechend ansteigen.

Eine empirische Bestätigung findet die so formulierte Gesetzmäßigkeit, wenn man die langfristige Entwicklung der allgemeinen Staatsquote als Relation aus öffentlichen Ausgaben und Sozialprodukt (Staatsanteil) von Beginn des 20. Jahrhunderts bis zur Gegenwart für verschiedene Industrieländer betrachtet. Danach kann in den meisten der untersuchten Länder bis zur Mitte der 1990er Jahre ein ebenso stetiger wie massiver Anstieg der Staatsquote festgestellt werden. So stieg beispielsweise für Deutschland die Staatsquote im Zeitraum von 1913 bis 1995 von 15,7 auf 54,8 % an. Aktuell (d. h. im Jahr 2010) beträgt die Staatsquote in Deutschland demgegenüber nur noch 48,0 %. Betrachtet man die Entwicklung der Staatsquote für Schweden im Zeitraum von 1938 bis 1993, stieg diese von 21,0 auf 72,6 % an (2010: 52,9 %). Mit Blick auf die USA kann für den gleichen Zeitraum ein Anstieg der Staatsquote von 6,0 auf 33,5 % festgestellt werden, der sich bis zum Jahr 2010 sogar noch auf den Wert von 42,5 % weiter erhöht hat. Erst danach zeigt sich eine Stagnation oder sogar ein (leichter) Rückgang der Staatsquote (vgl. zu den genannten Werten sowie zur Entwicklung der Staatsquote in noch weiteren Ländern die Daten in Zimmermann et al. 2012, S. 34, 38).

Zur Erklärung der zumindest bis in die 1990er Jahre ansteigenden Staatsquote findet sich bei Wagner (1892, S. 885 ff.) eine Differenzierung zwischen verschiedenen Grundfunktionen und damit verknüpften Ausgabenbereichen des Staates. Danach kann grundsätzlich zwischen der sogenannten *Rechts- und Machtfunktion* des Staates einerseits, die der Sicherung der Rechts- und Eigentumsordnung sowie der Inneren und Äußeren Sicherheit dienen (Justiz, Militär, Polizei, diplomatische Dienste etc.), und der sogenannten *Kultur- und Wohlfahrtsfunktion* des Staates andererseits, die auf die Erfüllung von sozial-, kultur- und bildungspolitischen Aufgaben abzielen (Sozialhilfe, Gesundheitsversorgung,

Schulen und Hochschulen, Theater und Museen etc.), unterschieden werden. In beiden staatlichen Funktionsbereichen kommt es – so die Argumentation – über die Zeit zu einem Bedeutungszuwachs staatlicher Tätigkeit, die auch zu vermehrten Ausgaben bei bisherigen ebenso wie neu hinzukommenden Aufgaben sorgt. Letzteres gelte dabei insbesondere für die Erfüllung von Kultur- und Wohlfahrtszwecken durch den Staat, die sich als besonders kostenaufwendig erweisen und daher den Übergang zum ausgabenintensiven Wohlfahrtsstaat kennzeichnen. Wagner (1892, S. 888) stellt hierzu wörtlich fest: „Der Staat fortschreitender culturfähiger Völker, so namentlich der modernen, hört immer mehr auf, einseitig Rechtstaat, im Sinne der möglichst alleinigen Verwirklichung des Rechts- und Machtzweckes, zu sein und wird immer mehr Cultur- und Wohlfahrtsstaat (sic!), in dem Sinne, daß gerade seine Leistungen auf dem Gebiet des Cultur- und Wohlfahrtszweckes sich beständig mehr ausdehnen und einen reicheren und mannigfaltigeren Inhalt gewinnen".

1. *Ökonomische Erklärungsfaktoren: Produktionsvoraussetzungen, Produktivitätslücke, Ballungskosten und Einkommenselastizität der Nachfrage*

Im Anschluss an die Überlegungen von Wagner wurden innerhalb der Finanzwissenschaft weitere Erklärungsansätze mit dem Ziel formuliert, das „Gesetz der wachsenden Staatstätigkeit" unter Verweis auf weitere Bestimmungsfaktoren der Ausgabenentwicklung inhaltlich zu präzisieren bzw. in seinem Aussagegehalt um weitere Einflussgrößen zu ergänzen. Richtet man den Blick dabei zunächst auf solche Ansätze, die auf rein ökonomische Faktoren der staatlichen Ausgabenentwicklung abstellen, kann zunächst auf die unter anderem bei Baumol (2010) sich findende These von der Notwendigkeit eines vermehrten öffentlichen Infrastrukturangebots als *Produktionsvoraussetzung* eines stetig wirksamen technischen Fortschritts und damit verbundener Innovationen im privaten Sektor einer Volkswirtschaft verwiesen werden. Danach erweist sich die Komplementarität von privaten und öffentlichen Produktionsaktivitäten als ein die Staatsausgaben treibender Faktor. Baumol (2010, S. 34) stellt hier insbesondere auf den Zusammenhang zwischen Wissen generierender öffentlicher Infrastruktur (Schulen, Hochschulen, Forschungsinstitute) und unternehmerischer Innovationstätigkeit ab. Die Komplementaritätsthese kann – wie die im Text genannten Beispielen andeuten – aber auch auf andere Bereiche der öffentlichen Infrastruktur übertragen werden. D. h. nur mittels einer *hochtechnisierten Produktion* lässt sich in den Industrieländern das bestehende hohe Einkommensniveau aufrechterhalten bzw. weiter steigern, die ihrerseits wiederum zahlreiche staatliche Aktivitäten voraussetzt. Im Ergebnis nimmt dabei nicht nur im Industrialisierungsprozess die Nachfrage nach öffentlichen Infrastrukturleistungen (Nachrichtenwesen, Verkehr, Bildung etc.) kontinuierlich zu. Darüber hinaus ist die technische Entwicklung nicht mehr allein durch eine reine Marktkoordination (und damit allein privat) zu bewältigen, sondern die sich technisch immer weiter ausdifferenzierenden Innovationen bedürfen vielmehr ergänzender staatlicher Aktivitäten, wie dies beispielsweise in den Bereichen des Flugzeugbaus, der Atomtechnologie oder auch der Raumfahrtindustrie der Fall ist.

4.1 Entwicklung der Staatsausgaben und ihre ökonomische Wirkung

Eine weitere Spezifizierung der Wagnerschen Überlegungen liefert bekanntermaßen die ebenfalls von Baumol (1967) aufgestellte These von der „Kostenkrankheit des öffentlichen Sektors". Zur Erklärung der kontinuierlich steigenden Staatsausgaben über die Zeit wird hierbei auf Effizienzdefizite in Form einer *Produktivitätslücke der öffentlichen Verwaltung* verwiesen (vgl. hierzu auch Baumol und Bowen (1965), wo die These von der Kostenkrankheit noch stark auf die darstellenden Künste bezogen ist; vgl. ebenso Bell (1968); vgl. für eine Verallgemeinerung der Baumolschen Überlegungen auch Apolte 2011). Danach ist die Erfüllung staatlicher Aufgaben im Regelfall nicht mit der Fertigung industrieller Produkte zu vergleichen, sondern sie trägt überwiegend den Charakter der Bereitstellung von Dienstleistungen. Dabei bewirkt – so die weitere Argumentation – die Personalintensität des staatlichen Dienstleistungsangebots, wie sie etwa im Bereich der Pflegedienste oder auch der Kinder- und Jugendbetreuung besteht, einen im Vergleich zum privaten Sektor überdurchschnittlichen Kostenanstieg. Anders als im Fall einer kapitalintensiven Gütererstellung sind jedoch die Möglichkeiten zur Rationalisierung und damit zur Kosteneinsparung im Bereich von personalintensiven Dienstleistungsangeboten nur begrenzt vorhanden. Mit Blick auf eine empirische Fundierung der Produktivitätslücke gelangt beispielsweise Borcherding (1985) für die USA auf der Basis von Daten für den Zeitraum von 1902 bis 1978 zu dem Ergebnis, dass 31 % des relativen Wachstums der US-amerikanischen Staatsausgaben im Verhältnis zum Sozialprodukt mit dem Zurückbleiben der Arbeitsproduktivität im Staatssektor erklärt werden kann.

Ein Erklärungsfaktor ganz anderer Art verbindet sich wiederum mit dem von Brecht (1932) formulierten „Gesetz der progressiven Parallelität zwischen Ausgaben und Bevölkerungsmassierung", mit dem die *räumliche Konzentration der Bevölkerung* in ihrer Auswirkung auf die Entwicklung der Staatsausgaben thematisiert wird. Danach sind die öffentlichen Ausgaben je Einwohner umso höher, je größer die Bevölkerungsdichte ausfällt, was sich insbesondere auf der kommunale Ebene in einem Anstieg der Gemeindeausgaben pro Kopf mit zunehmender Ortsgröße bemerkbar macht. Anstelle einer linearen Beziehung zwischen der Verdichtung der Bevölkerung im Raum und der Höhe der staatlichen Ausgaben gilt hierbei jedoch ein progressiv steigender Zusammenhang zwischen den beiden genannten Variablen als empirisch belegt. Zur Begründung dieser *progressiv steigenden Ballungskosten* wird darauf verwiesen, dass Urbanisierungseffekte ebenso wie eine spezialisierte Wirtschaftsstruktur die Pro-Kopf-Ausgaben für die Bereitstellung öffentlicher Leistungen überproportional ansteigen lassen. Dahinter verbirgt sich sowohl der Sachverhalt, dass mit wachsender Bevölkerungsdichte eine zunehmende Rivalität im Konsum staatlicher Leistungen (Verkehrsinfrastruktur, soziale Infrastruktur, innere Sicherheit etc.) entsteht, die eine Ausweitung des öffentlichen Angebots nach sich zieht, als auch die Erkenntnis, dass es aufgrund verdichtungsbedingt steigender Grundstückspreise, Lohnkosten, Mietkosten, Umweltschutzkosten etc. zu erhöhten Ausgaben bei der Produktion öffentlicher Güter kommt. Neuere Untersuchungen zum Brechtschen Gesetz zeigen allerdings ein differenzierteres Bild. Danach sind nicht allein Ballungsräume durch überdurchschnittlich hohe öffentliche Ausgaben gekennzeichnet, sondern auch kleine Orte in dünnbesiedelten Räumen, was über alle Ortsgrößen und Dichtegrade hinweg für einen U-förmigen Kostenverlauf spricht. Siehe hierzu die für Deutschland ermittelten Untersuchungsergebnisse von Seitz (2002).

Ein weiterer, rein ökonomischer Bestimmungsfaktor steigender Staatsausgaben kann schließlich – folgt man Pommerehne und Kirchgässner (1988) – in der steigenden *Einkommenselastizität der Nachfrage nach öffentlichen Leistungen* gesehen werden. Danach stellt die stetige Zunahme des Pro-Kopf-Einkommens eine wichtige Einflussgröße für die Entwicklung der öffentlichen Ausgaben dar, wobei von einem positiven Zusammenhang zwischen steigendem Lebensstandard und wachsender Nachfrage nach staatlichen Leistungen ausgegangen wird. Folgt man dieser Argumentation weiter, bewirkt der private Einkommensanstieg im Zeitverlauf laut Zimmermann et al. (2012, S. 41), dass „die Einkommenselastizität der Nachfrage nach öffentlichen Leistungen höher ist, als die nach privaten Gütern" (vgl. hierzu auch Blankart 2011, S. 162). Oder anders formuliert: Öffentliche Güter sind ihrem Charakter nach superiore Güter, die erst in Abhängigkeit von einem bestimmten Einkommensniveau verstärkt nachgefragte werden. Offen bleibt bei der so formulierten Relation zwischen Einkommenswachstum und Nachfrage nach staatlichen Leistungen allerdings, was die Kausalität zwischen den beiden genannten Variablen letztlich bestimmt. D. h. der postulierte Zusammenhang zwischen Einkommenselastizität der Nachfrage nach öffentlichen Leistungen und der Entwicklung der Staatsausgaben wird hier mehr oder weniger „mechanisch" ausgelegt. Eine auch auf die kognitiven und motivationalen Grundlagen des Akteursverhaltens abstellende Fundierung der Elastizitäts-Hypothese erfolgt demgegenüber nicht. Das so gekennzeichnete Erklärungsdefizit verweist auf die *Notwendigkeit einer psychologischen Ergänzung* der rein ökonomischen Erklärungsansätze des Staatsausgabenwachstums. Die nachfolgenden Begründungsversuche unterscheiden sich von den bisher dargestellten Ansätzen in Anbetracht dessen insofern, als auch psychologische Bestimmungsfaktoren wie sich verändernde Bedürfnisse bzw. Präferenzen, sich wandelnde Einstellungsmuster, eine abnehmende Reaktanz oder auch verzerrte Kostenwahrnehmungen in die Betrachtung einbezogen werden.

2. Psychologische Erklärungsfaktoren I: Bedürfnisstruktur, Wandel von Einstellungsmustern und Steuerwiderstand

Anknüpfend an die These von der steigenden Einkommenselastizität der Nachfrage nach staatlichen Leistungen liefert die von Maslow (1954) entwickelte Theorie der im Zeitablauf kumulativ auftretenden Bedürfnisse eine motivationspsychologische und damit verhaltenswissenschaftliche Fundierung der Entwicklung der Staatsausgaben. Im Rahmen dieser Theorie wird eine ebenso einfache wie eingängige Klassifikation von Handlungsmotiven anhand der Abgrenzung von spezifischen Bedürfnisgruppen vorgenommen (vgl. hierzu auch Maslow (1968); eine zusammenfassende Darstellung der Bedürfnistheorie von Maslow findet sich zudem in Scheffer und Heckhausen 2010, S. 57 ff.). Das besondere dieser Klassifikation ist, dass die Motive in Form einer *hierarchischen Bedürfnisstruktur* dargestellt werden, die gemäß der Rolle der einzelnen Motive (bzw. Bedürfnisse) in Hinblick auf die Persönlichkeitsentwicklung gegliedert sind. Dabei wird unterstellt, dass ein Bedürfnis so lange das Akteursverhalten aktiviert und bestimmt, so lange es nicht vollständig befriedigt ist, d. h. als handlungsleitend gilt weniger ein spezifischer innerer Antrieb als vielmehr der (externe) Befriedigungserfolg. Aus der hierarchischen Strukturierung von Bedürfnissen folgt nach Scheffer und Heckhausen (2010; S. 57) zugleich das „Prinzip der relativen Vorrangigkeit in der Motivanregung", welches besagt, dass „zunächst immer die Bedürfnisse der niederen Gruppe befriedigt sein müssen, ehe ein höheres Bedürfnis überhaupt aktiviert wird und das Handeln bestimmen kann". Wie in Abb. 4.1 dargestellt, reicht die Hierarchie der Bedürfnisse dabei von (existenzsichernden) physiologischen Bedürfnissen über Sicherheitsbedürfnisse und Bedürfnisse der sozialen Bindung bis hin zu Bedürfnissen der Selbstachtung und Selbstverwirklichung (vgl. zur

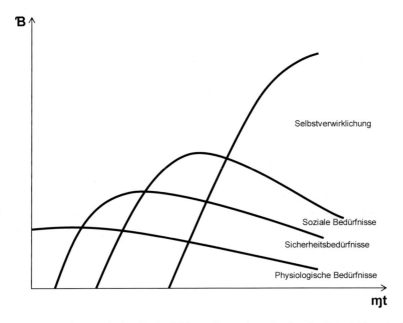

Abb. 4.1 Zusammenhang zwischen Bedürfnisintensität und motivationaler Entwicklung im Zeitablauf. (*Erläuterung:* Aus Sicht des Modells der hierarchischen Bedürfnisstruktur besteht ein Zusammenhang zwischen der Bedürfnisintensität (B) und der motivationalen Entwicklung einer Person im Zeitablauf (m_t). Danach sorgt erst eine hinreichende Befriedigung von physiologischen Bedürfnissen (Nahrung, Kleidung etc.) dafür, dass die höherrangigen Schutz- bzw. Sicherheitsbedürfnisse aktiviert werden. In gleicher Weise treten vorhandene soziale Bedürfnisse (soziale Zugehörigkeit und Absicherung) erst dann verstärkt in den Vordergrund, wenn bestehende Sicherheitsbedürfnisse als hinreichend befriedigt bewertet werden. Sobald die zuletzt genannten Bedürfnisse weitgehend erfüllt sind, gewinnt schließlich das Bedürfnis nach Selbstverwirklichung zunehmend an Bedeutung und bestimmt das individuelle Handeln. Eine Beziehung zur Staatstätigkeit kann dabei insofern hergestellt werden, als zur Befriedigung der höherrangigen Bedürfnisse vermehrt öffentliche Leistungen nachgefragt werden. Während bestehende physiologische Bedürfnisse noch weitgehend über den Markt durch private Güter erfüllt werden können, gilt dies nicht mehr für vorhandene Sicherheitsbedürfnisse (öffentliche Güter wie Polizei und Militär), soziale Bedürfnisse (Bereitstellung sozialer Sicherungssysteme) sowie das Bedürfnis nach Selbstverwirklichung (staatliches Angebot an Bildungs- und Kulturgütern). Quelle: Eigene Darstellung in Anlehnung an Maslow (1968))

darin zum Ausdruck kommenden hierarchischen Gerichtetheit von Bedürfnissen in der menschlichen Entwicklung auch Keller 1997; vgl. hierzu kritisch Wiswede 2012, S. 62 ff. mit Verweisen auf Atkinson 1964; Krech und Crutchfield 1971 sowie Mulder 1977; auch empirisch zeigt sich eine lediglich eingeschränkte Evidenz des Maslow-Modells, so etwa bei Hall und Nougaim 1968; Huizinga 1970; Lawler und Suttle 1973 sowie Borg 1994).

Eine ähnliche Argumentationsweise findet sich in der von Inglehart (1977) vertretenen These vom *Wandel der subjektiven Wertorientierung* in modernen Gesellschaften. Damit verbunden ist nach Inglehart (1998) die Annahme, dass materialistische Wertvorstellungen (Einkommenserzielung, Besitzausweitung etc.) im Laufe der Zeit durch sogenannte post-materialistische Wertvorstellungen (Selbstverwirklichung, verstärkte Präferenz zugunsten von Freizeit etc.) ersetzt werden. Als Begründung für diese „Post-Materialismus-These" wird sowohl ein ökonomisches Knappheitsargument als auch ein psychologisches Sozialisationsargument angeführt: Danach verfügen zum einen Personen, die in materiellem Wohlstand aufwachsen, nur über eine vergleichsweise geringe Wertschätzung mit Blick auf entsprechende „Wohlstandsgüter". Vielmehr werden als Folge dieses Sättigungseffektes verstärkt Werte präferiert, welche die persönliche, soziale und kulturelle Selbstverwirklichung in den Mittelpunkt rücken. Zum anderen sei aber auch die erste Sozialisationsphase („formative years") für das jeweils präferierte Wertemuster von entscheidender Bedeutung. D. h. Personen, die – mit den Worten von Wiswede (2012, S. 140) – in „diesen Lebensjahren in Kargheit und Entbehrung aufgewachsen sind, [entwickeln] stärkere materielle Bedürfnisse und Sicherheitsmotive [...] als Personen, die in Zeiten wirtschaftlichen Wohlstands aufwachsen und von Konsumgütern ständig umzingelt sind". Inglehart (1989) hat seine These vom post-materialistischen Wertewandel nicht nur empirisch zu belegen versucht, sondern es besteht nach seinem Dafürhalten auch ein direkter Bezug zur Bedürfnistheorie von Maslow.

Ein Bezug zwischen dem Bedürfnismodell nach Maslow und der Entwicklung der Staatsausgaben kann nun insofern hergestellt werden, wie zur *Befriedigung der „höheren" Bedürfnisse* vermehrt auf öffentliche Leistungen zurückgegriffen werden muss. Lassen sich die physiologischen (Grund-)Bedürfnisse (z. B. nach Nahrung und Kleidung) noch weitgehend über den Markt und damit privat abdecken, setzt bereits die Befriedigung des Sicherheitsbedürfnisses in aller Regel öffentliche Güter in Form der Gewährleistung von Innerer und Äußerer Sicherheit voraus (Rechts- und Machtzweck des Staates). Mit Hilfe der am oberen Ende der Hierarchie stehenden Bedürfnisse nach sozialer Bindung, Selbstachtung und Selbstverwirklichung lassen sich wiederum Ausgabenentwicklungen erklären, die – wie etwa die Erweiterung der staatlichen Sozial- und Gesundheitsdienste, die Ausdifferenzierung des öffentlichen Schul- und Hochschulsystems oder auch eine vermehrte staatliche Bereitstellung von kulturellen Angeboten – auf die Befriedigung dieser höherrangigen Bedürfnisse ausgerichtet sind (Kultur- und Wohlfahrtszweck des Staates). Eine vereinfachte Variante des Maslow-Modells stellt die ERG-Theorie von Alderfer (1969) dar, bei der lediglich von drei Bedürfnissen – nämlich dem physiologischen Bedürfnis („existence"), dem Bedürfnis nach sozialer Bindung („relatedness") sowie dem Bedürfnis nach persönlicher Entwicklung („growth") – ausgegangen wird. Im Hinblick auf die Entwicklung der Staatsausgaben im Zeitablauf ergeben sich aus diesem Modell jedoch dieselben Implikationen wie aus der Theorie von Maslow (vgl. hierzu auch Wiswede 2012, S. 64). In dem Maße, wie nach Maslow (1954; S. 98 f.) die höheren Bedürfnisse als subjektiv weniger drängend einzustufen sind, ergibt sich zugleich eine Begründung für deren zeithistorisch „späte" Befriedigung, die vollumfänglich überhaupt erst mit dem Übergang zum modernen Wohlfahrtsstaat möglich wurde. Zwar kann ein Rückfall auf niedrigere Stufen der Bedürfnishierarchie nicht grundsätzlich ausgeschlossen werden, was auch mit entsprechenden Konsequenzen für die staatliche Ausgabentätigkeit verbunden wäre. Aus der Verhaltensökonomik bekannte Effekte wie vor allem der *Status-quo Bias* oder auch der *Endowment-Effekt* lassen jedoch erwarten, dass mit einem massiven Rückgang der Staatsausgaben nicht zu rechnen ist. Dies ließe sich darüber hinaus auch mit dem von Katona (1960) formulierten Prinzip begründen, wonach ein Bedürfnis im Ausmaß seiner Befriedigung noch weiter wachsen soll. Beispielsweise übertragen auf die staatlichen Sozialausgaben würde dies bedeuten, dass mit jedem Ausgabenanstieg in diesem Bereich sich das Bedürfnis nach noch mehr Sozialausgaben innerhalb der Gesellschaft erhöht, was weitere staatliche Ausgaben nach sich zieht.

Ebenfalls auf psychologische Einflussgrößen wird in der von Timm (1961) formulierten Verzögerungstheorie der Ausgabenentwicklung (sogenannte Lag-Hypothese) abgestellt. Es handelt sich hierbei um eine Art „Zusatzanalyse" zum Wagnerschen Gesetz, mit deren Hilfe der lediglich *zeitverzögerte Anstieg der öffentlichen Ausgaben* im Verhältnis zu einem kontinuierlich steigenden Sozialprodukt erklärt werden soll. Danach kann es nur dann zu einer Erhöhung der Staatsausgaben im Zeitablauf kommen, wenn verschiedene objektive wie subjektive Hemmfaktoren sukzessive überwunden werden. Entsprechende Gründe für einen zeitlich versetzten Anstieg der Staatsausgaben können – folgt man Timm (1961, S. 235 ff.) – dabei 1) im erreichten Einkommensniveau einer Volkswirtschaft (natürlicher lag) und damit in der Einkommenselastizität der Nachfrage nach öffentlichen Leistungen, 2) im ökonomischen Sachverhalt, dass ein steigendes Einkommensniveau zunächst eine vermehrte Investitionstätigkeit voraussetzt (systembedingter lag), und 3) in der Notwendigkeit einer hinreichend breiten politischen Mehrheit zur Legitimation einer Ausweitung der Staatsausgaben (institutioneller lag) gesehen werden. Aus verhaltensökonomischer Sicht besonders interessant ist jedoch der vierte Hemmfaktor: Danach war ein Anstieg der Staatsausgaben und die zu dessen Finanzierung notwendigen gesellschaftlichen Umverteilungseffekte erst nach Überwindung des noch im 19. Jahrhundert vorherrschenden (liberalen) Denkmusters möglich, demzufolge jede Ausdehnung der Staatstätigkeit als störend empfunden wurde (ideologischer lag). Timm (1961, S. 236) stellt hierzu fest: „Die Bereitschaft zu dieser Redistribution hinkte sowohl hinter der Entwicklung zum Verfassungsstaat als auch hinter der Einkommensexpansion her". D. h. erst mit Überwindung jener Stereotype eines staatlichen Minimalbudgets (Repräsentativitätsheuristik) konnte sich ein *subjektives Einstellungsmuster* (Präferenzen) herausbilden, das einer expansiven Staatstätigkeit positiv gegenüberstand und unter dessen Perspektive ein Anstieg der öffentlichen Ausgaben (mehrheitlich) als wünschenswert angesehen wurde. Vor diesem Hintergrund kann umgekehrt nicht überraschen, dass in Ländern wie den USA oder auch der Schweiz, in denen die Einstellungen der Bürger – wie etwa in Döring und Schnellenbach (2011, S. 98 f.) erläutert – durch eine grundlegende Skepsis gegenüber einer expansiven Staatstätigkeit gekennzeichnet sind, Wachstum ebenso wie Höhe des Staatsanteils niedriger ausfallen, als dies im Durchschnitt der Industrieländer der Fall ist.

Neben der Lag-Theorie spielen auch in der von Peacock und Wiseman (1961) erstmals formulierten und in Peacock und Wiseman (1979) weiterentwickelten „Theorie der gelegentlichen Verschiebung" psychologische Bestimmungsfaktoren eine zentrale Rolle bei der Erklärung der staatlichen Ausgabenentwicklung. Den Ausgangspunkt für diesen Erklärungsansatz bildete eine Untersuchung über die Entwicklung der öffentlichen Ausgaben in England, bei der nicht nur ein Anstieg der Staatsquote von 9 % (1890) auf 37 % (1955) festgestellt wurde. Vielmehr zeigte sich darüber hinaus, dass diese Zunahme nicht kontinuierlich erfolgt ist, sondern sich in Form von periodischen Ausgabeschüben einstellte, die oft (wenn auch nicht immer) in Kriegszeiten lagen. Dabei wurde deutlich, dass auf die kriegsbedingte Steigerung der Staatsausgaben sich kein eben solcher Rückgang des Ausgabenniveaus in der jeweiligen Nachkriegszeit anschloss. Auch wenn die Untersuchung der Ausgabeneffekte auf England und die Zeit der beiden Weltkriege konzentriert war, weisen Peacock und Wiseman (1961, S. 25) dennoch darauf hin, dass die Interpretation der für England gewonnen Daten „give[s] us an approach for the subject that might be equally fruitful in studying other countries and periods". In gleicher Weise stellt auch Scherf (2009, S. 122) mit Blick auf Deutschland fest: „Die Niveauverschiebungshypothese ist nicht auf Kriegszeiten beschränkt. Man kann sie z. B. gut heranziehen, um den Anstieg der Staatsquote während der ersten großen Nachkriegsrezession Mitte der 70er Jahre oder im Gefolge der Wiedervereinigung Anfang der 90er Jahre zu erklären".

Dieser sogenannte Niveauverschiebungseffekt („displacement effect") wird mit Hilfe finanzpsychologischer Überlegungen erklärt. Geht man davon aus, dass demokratisch gewählte Regierungen, denen grundsätzlich eine Neigung zu steigenden Ausgaben unterstellt wird, den Präferenzen der Wähler Rechnung tragen müssen, die jedoch nur ungern höhere Steuern zur Finanzierung zusätzlicher Ausgaben zu zahlen bereit sind, kommt es in „normalen Zeiten" zu keinem übermäßigen Anstieg der Staatsausgaben. Vielmehr lasse sich nur in Ausnahmesituationen (Kriegszeiten, schweren wirtschaftlichen Krisen, Naturkatastrophen etc.) die nach Wiswede (2012, S. 169) mit jeder Besteuerung verbundene „Tendenz des Widerstands oder der Vermeidung" überwinden. D. h. die aus Sicht der *Reaktanztheorie* mit jeder Steuererhöhung verbundene Einengung des ökonomischen Handlungsspielraums, die normalerweise Gegenreaktionen in Form eines entsprechenden Steuerwiderstands auslöst, wird in gesellschaftlichen Krisenzeiten von den Steuerzahlern als eine notwendige Anpassung an die außergewöhnlichen Situationsbedingungen (*Framing-Effekt*) angesehen. Bei Peacock und Wiseman (1961, S. 26) heißt es hierzu wörtlich: „[B]oth citizens and government […] hold divergent views about the desirable size of public expenditures and the possible level of government taxation. This divergence can be adjusted by social disturbances that destroy established conceptions and produce a displacement effect. People will accept, in a period of crisis, tax levels and methods of raising revenue that in quieter times would have thought intolerable, and this acceptance remains when the disturbance itself has disappeared. As a result, the revenue and expenditure statistics of the government show a displacement after periods of social disturbance". Zugleich bleibt das erhöhte Ausgabenniveau, an das sich die Steuerzahler sukzessive gewöhnen, aufgrund des damit verbundenen *Ankereffekts* auch nach Überwindung der Krisensituation bestehen. Ein erneuter Ausnahmezustand führt dann zu einer Wiederholung des beschriebenen Prozesses der Ausgabensteigerung. In Abb. 4.2 sind eine einmalige Verschiebung des staatlichen Ausgabenniveaus und der dabei auftretende Anker- bzw. Gewöhnungseffekt graphisch dargestellt.

Im Unterschied zur Lag-Hypothese oder auch der bedürfnistheoretischen Begründung eines Anstiegs der Staatsausgaben liegt eine Reihe von Untersuchen zur empirischen

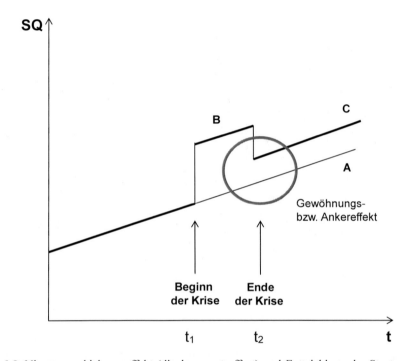

Abb. 4.2 Niveauverschiebungseffekt (displacement effect) und Entwicklung der Staatsausgaben im Zeitablauf. (*Erläuterung:* Bei der These vom Niveauverschiebungseffekte (displacement effect) wird davon ausgegangen, dass es in krisenhaften Situationen der gesellschaftlichen Entwicklung (kriegerische Auseinandersetzungen, Naturkatastrophen, tiefgreifende politische Umwälzungen, langanhaltende Wirtschaftskrisen etc.) häufig zu einem sprunghaften Anstieg der Staatsausgaben – gemessen mittels der Entwicklung der Staatsquote (SQ) als Verhältnis der Staatsausgaben zum Bruttoinlandsprodukt im Zeitverlauf (t) – kommt. Das Ausgabenniveau bewegt sich fortan auf Höhe des Entwicklungspfads B. Während die bestehende Ausnahmesituation dazu beiträgt, dass der in „Normalzeiten" bestehende Steuerwiderstand und das diesem zugrunde liegende Reaktanzverhalten als Voraussetzung einer Erhöhung der Staatsausgaben abgeschwächt werden, resultiert der Effekt der Verschiebung des bisherigen Ausgabenniveaus auf dem sich im Verlauf der Krise und deren Bewältigung einstellenden Gewöhnungs- bzw. Ankereffekt, der dafür sorgt, dass nach dem Ende der Krise die Höhe der Staatsausgaben nicht wieder auf das Niveau des Entwicklungspfads zu Beginn der Krise (Ausgabenniveau A) zurückgeführt wird, sondern sich auf dem Niveau des neuen Entwicklungspfads C einpendelt, der nun den weiteren Entwicklungstrend der Staatsausgaben bestimmt. Quelle: Eigene Darstellung in Anlehnung an Scherf (2009))

Überprüfung des Niveauverschiebungseffekts vor, die jedoch zu keinem eindeutigen Ergebnis führen (vgl. als Überblick zu den verschiedenen empirischen Untersuchungen zum Niveauverschiebungseffekt Henrekson 1993 ebenso wie Legrenzi 2004). Eine erste entsprechende Studie stammt von Gupta (1967), der anhand von fünf Ländern (USA, Kanada, Großbritannien, Australien, Schweden) zu dem Ergebnis kommt, dass – mit Ausnahme von Schweden nach dem Zweiten Weltkrieg – eine signifikante Verschiebung im Ausgabenniveau nachgewiesen werden kann. Ein solcher Niveausprung lässt sich zudem für die USA und Kanada in Folge der Großen Depression belegen. Mit Blick auf Großbritannien und unter Berücksichtigung von lediglich ausgewählten Ausgaben weisen Bonin et al. (1969) ebenfalls eine Niveauverschiebung für die Zeit nach dem Ersten Weltkrieg nach. Für den Betrachtungszeitraum nach dem Zweiten Weltkrieg zeigt sich demgegenüber ein sprunghafter Anstieg nur bei einem Teil der untersuchten Ausgaben. Ebenfalls mit Blick auf Großbritannien untersucht Pryor (1968) sämtliche öffentlichen Ausgaben, um dabei einen signifikanten Niveauverschiebungseffekt nachzuweisen. Dieser Effekt wird allerdings nicht mehr empirisch bestätigt, wenn man die gesamten öffentlichen Ausgaben um die Militärausgaben bereinigt. Für Frankreich kommen André und Delorme (1978) wiederum zu einer uneingeschränkten empirischen Bestätigung der Niveauverschiebungshypothese, die von Nagarajan (1979) ebenso für Indien, von Chilas und Botsaris (2003) für Griechenland und von Courakis et al. (1993) für Portugal und Griechenland positiv getestet wurde. Auch in der Studie von Diamond (1977) findet sich unter Anwendung eines Chow-Strukturbruchtests ein Nachweis dafür, dass es in den von ihm untersuchten Ländern zu einer Ausgabenverschiebung gekommen ist, die auf externe Parameter (Krisensituationen) zurückgeführt werden kann. Nach Watt (1978) ebenso wie Tussing und Henning (1979) bleibt in der Untersuchung von Diamond (1977) offen, ob der nachgewiesene Strukturbruch in der Ausgabenentwicklung auf eine Steigerung oder Senkung der öffentlichen Ausgaben zurückzuführen ist. Ebenfalls unter Anwendung eines Strukturbruchtests kommt Nomura (1995) für Japan unter Berücksichtigung der Ölpreiskrisen in den 1970er Jahren zu einer Bestätigung des Niveauverschiebungseffekts. Demgegenüber nicht belegt werden konnte dieser Effekt in Henrekson (1994), der die Ausgabenentwicklung in Schweden untersucht hat. In einer weiteren Studie kann Henrekson (1993) zwar für Großbritannien und Schweden Ausgabenveränderungen in Abhängigkeit von einem externen Ereignis (Zweiter Weltkriege) nachweisen. Entgegen der Niveauverschiebungshypothese zeigt sich bei beiden Ländern jedoch kein Anstieg, sondern ein relativer Rückgang des Ausgabenniveaus.

Mit Blick auf die bislang dargestellten Untersuchungsergebnisse lässt sich feststellen, dass in keiner der genannten Studien neben der Niveauverschiebung als solcher zugleich auch eine empirische Überprüfung der finanzpsychologischen Ursache des Verschiebungseffekts praktiziert wurde. Eine Ausnahme stellt diesbezüglich lediglich die Untersuchung von Legrenzi (2004) bezogen auf Italien für den Zeitraum von 1861 bis 1980 dar, in der zusätzlich zum Ausgabensprung auch auf eine Veränderung des *Steuerwiderstands* im Zeitablauf getestet wurde. Dabei zeigte sich insofern ein differenziertes Ergebnis, wie für die langfristige Entwicklung der Staatsausgaben ein signifikanter Einfluss des Niveauverschiebungseffekts nicht bestätigt werden kann. Als empirisch robuster Faktor zur Erklärung des Anstiegs der öffentlichen Ausgaben innerhalb des Untersuchungszeitraums erweist sich vielmehr allein das langfristige Wachstum des Sozialprodukts. Demgegenüber konnte nach Untergliederung des gesamten Betrachtungszeitraums in kürzere Teilperioden mit Blick auf die beiden Nachkriegszeiten eine empirische Bestätigung für die Niveauverschiebungshypothese gefunden werden. Zudem lieferte diese Analyse der kurzfristigen Ausgabendynamik zugleich einen Nachweis dafür, dass der Steuerwiderstand in den Nachkriegszeiten signifikant niedriger ausfiel als in den jeweiligen Zeiträumen davor, was für die von Peacock und Wiseman (1961) favorisierte finanzpsychologische Begründung des Niveauverschiebungseffekts spricht. Legrenzi (2004, S. 201 f.) stellt diesbezüglich fest: „Our results show that the long-run equilibrium of government spending is entirely driven by domestic product, providing support for the Wagner's law hypothesis. Displacement factors as well as the method of financing of government spending proved insignificant for the long-run equilibrium. The dynamics of government growth are nevertheless more complex, since the analysis of recursive coefficient shows different pre-war and post-war patterns. The lower resistance against tax-financing of government spending in the post-war provides some support to the displacement theory".

3. *Psychologische Erklärungsfaktoren II: Ausgabenwachstum durch Fiskalillusion*

Neben der „Theorie der gelegentlichen Verschiebung" enthält auch jener Ansatz einen Hinweis auf psychologische Bestimmungsfaktoren, der zur Begründung des Wachstums der Staatsausgaben auf das Problem der *Fiskalillusion* abstellt, die eine wirksame Kontrolle der Ausgabentätigkeit von Politikern und öffentlicher Verwaltung durch die Bürger verhindert. Folgt man diesem Erklärungsansatz, verfolgen in demokratisch verfassten Staaten – so Buchanan (1967) oder auch Buchanan und Wagner (1977) – amtierende Regierungen zur Absicherung ihrer Machtposition insbesondere im Vorfeld von Wahlen eine Strategie der Ausweitung merklicher Ausgaben („concentrated benefits") bei zugleich unmerklicher Finanzierung („diffused costs"). Die Förderung von solchen Projekten durch vermehrte Staatsausgaben, die bei den Wählern besonders sichtbar sind und daher in starkem Maße wahrgenommen werden, geht dabei nach Blankart (2011, S. 172) nicht selten mit einer möglichst komplexen Gestaltung des Steuersystems einher, die es erlaubt, für die Finanzierung zusätzlicher Ausgaben möglichst viele Steuerquellen zu nutzen, die von den Wählern in ihrer Gesamtheit nicht überblickt werden. In dem Maße, wie auf diese Weise die mit der Ausgabentätigkeit verbundene Belastungswirkung von den Bürgern in aller Regel als zu niedrig eingeschätzt wird, kommt es zu einer Kostenillusion. Nach den Wahlen sorge ein „Beharrungsvermögen" des Regierungsapparates dafür, dass die vor Wahlen getätigten zusätzlichen Ausgaben nicht wieder zurückgeführt werden, da die einmal bewilligten Ausgabenposten (unreflektiert) in zukünftige Budgetentwürfe übernommen werden. Dies soll selbst dann noch gelten, wenn die aus den gestiegenen Staatsausgaben resultierende Finanzierungsbelastung nach den Wahlen von den Bürgern deutlicher als davor wahrgenommen wird.

Aus verhaltensökonomischer Sicht kann hier jedoch zum einen das Phänomen der *Melioration* dazu beitragen, dass es zu keiner Sanktion einer ausgabenfreudigen Regierung kommt. Die Bürger würden in diesem Fall den kurzfristigen Nutzen aus zusätzlichen Ausgaben höher gewichten im Vergleich zu dem langfristig auftretenden Nachteil, der sich aus den daraus resultierenden Finanzierunglasten auf Dauer ergibt. D. h. aus einer (wiederkehrenden) hedonistischen Anpassung der ursprünglichen Sanktionsabsicht ergibt sich eine inkonsistente Diskontierung von Gewinnen und Verlusten einer expansiven Ausgabenpolitik der jeweiligen Regierung. Zum anderen kann aber auch schlicht ein *myopisches Verhalten* der Bürger zu einer mangelnden Sanktionierung staatlicher Ausgabensteigerungen führen. In diesem Fall verhindert die ausgeprägte Neigung zum Vergessen bzw. das Phänomen des ungenauen Erinnerns eine wirksame politische Kontrolle der Regierung durch die Wähler. So weist etwa Kahneman (1994) darauf hin, dass es Menschen in aktuellen Handlungssituationen immer wieder schwer fällt, Auskunft darüber zu geben, was sie in der Vergangenheit präferiert haben. Als Ursache für solche verzerrten Erinnerungen werden nach Kirchler (2011, S. 71) „ein schlechtes Erinnerungsvermögen und selbstwertdienliche Anpassungen von Schätzungen vermutet" (vgl. hierzu auch Hawkins und Hastie 1990 ebenso wie Hoelzl und Kirchler 2005). Nach Schneider und Frey (1986) kommen die meisten Untersuchungen zum Erinnerungsvermögen der Wähler zu dem Ergebnis, dass diese bei der Bewertung der Leistungen einer Regierung in aller Regel Informationen zugrunde legen, die nicht weiter als ein Jahr zurückreichen. Entsprechend stellt auch Blankart (2003, S. 170) fest: „Der dadurch erzeugte Missmut unter den Wählern spielt häufig keine Rolle; denn es dauert noch eine geraume Zeit bis zu den nächsten Wahlen, und bis dahin haben die Wähler die schlechten Taten der Regierung vielfach vergessen".

Fragt man wiederum nach der empirischen Evidenz der auf den Effekt der Fiskalillusion zurückzuführenden Entwicklung der Staatsausgaben, zeigt sich auch hier kein einheitliches Bild. So kommt Oates (1988) – wie schon an früherer Stelle erwähnt – in seiner Meta-Auswertung vorhandener empirischer Untersuchungen zu verschiedenen Formen der Fiskalillusion (darunter auch die hier beschriebene Form der Kostenillusion) zu dem Ergebnis, dass „although all […] cases entail plausible illusion hypotheses, none of them has very compelling empirical support" (ebenda; S. 78). Demgegenüber weisen Pommerehne und Schneider (1978) in einer empirischen Studie mit Daten von 110 Schweizer Gemeinden aus dem Jahr 1970 nach, dass der *Komplexitätsgrad des Steuersystems* und die *Merklichkeit der Ausgaben* die Einschätzung der Steuerlast durch die Wähler in jener Weise beeinflusst, wie es die Hypothese der Fiskalillusion nahelegt. Auch konnte gezeigt werden, dass sich das Ausgabenverhalten der politischen Akteure in Abhängigkeit davon unterscheidet, ob es in einer jeweiligen Gemeinde starke direkt-demokratische Elemente gibt oder nicht. Da die häufige Durchführung von Referenden in einem direkt-demokratischen System den Grad der politischen Kontrolle des staatlichen Ausgabenverhaltens durch die Bürger stärkt, müsste die Fiskalillusion für diesen Fall signifikant geringer ausfallen, was in der Untersuchung von Pommerehne und Schneider (1978) auch entsprechend bestätigt wird. In repräsentativ-demokratischen Systemen wird das Ausgabenverhalten des Staates demgegenüber – so die These – entscheidend durch den zeitlichen Rhythmus der Wahltermine bestimmt. Auch diesbezüglich kommen die Autoren in ihrer Untersuchung zu dem Ergebnis, dass die Variable „Zeit bis zu den nächsten Wahlen" einen empirisch nachweisbaren Einfluss auf die öffentliche Ausgabentätigkeit hat.

Diese unterschiedliche Wirkung von direkter und repräsentativer Demokratie auf Fiskalillusion und staatliches Ausgabenverhalten wird nicht nur von Feld und Matsusaka (2003), sondern auch in einer Reihe weiterer Untersuchungen bestätigt (vgl. als Überblick zu neueren Untersuchungsergebnissen auch Funk und Gathmann 2011). So kommen Pommerehne (1978), Schneider und Pommerehne (1983), Pommerehne (1990) ebenso wie Kirchgässner et al. (1999) für die Schweiz zu dem Ergebnis, dass Niveau und Wachstum der kommunalen Ausgaben in Gemeinden mit direkter Demokratie aufgrund einer geringeren Fiskalillusion niedriger als in Gemeinden mit repräsentativer Demokratie ausfallen. Megdal (1983) und Matsusaka (1995) bestätigen diesen Befund auch für US-amerikanische Kommunen (zu weniger eindeutigen Ergebnissen kommen allerdings Zax 1989 und Farnham 1990). Zusätzlich zu einer geringeren Präferenz zugunsten steigender Staatsausgaben ist in Gemeinden mit direkter Demokratie – folgt man Matsusaka (1995) weiter – die Bereitschaft höher, den Anteil der Entgeltfinanzierung kommunaler Ausgaben zu Lasten einer Steuerfinanzierung auszuweiten, was zu einem geringeren Grad an Fiskalillusion in diesen Kommunen führt. Schließlich ist mit Kiewiet und Szakaly (1996) auch die kommunale Verschuldung als die im Verhältnis zu Entgelten und Steuern unmerklichste Einnahmeart in jenen Gemeinden am niedrigsten, in denen die Bürger die Möglichkeit haben, über das Niveau der Verschuldung und der darüber finanzierten Ausgaben in einem Referendum abzustimmen. Blume et al. (2008) ebenso wie Blume et al. (2011) weisen allerdings in ihrer Untersuchung der fiskalischen Effekte einer vermehrten direkten Demokratie auf der Gemeindeebene in Deutschland nach, dass direkt-demokratische Elemente nur dann zu geringeren (kommunalen) Ausgaben führen, wenn auch die Möglichkeit zu einem Fiskalreferendum gegeben ist. Verfügen die Bürger nicht über diese Referendumsoption und fehlt damit die Verknüpfung von Ausgaben- und Einnahmenseite des öffentlichen Budgets, kommt es auch in Gemeinden mit direkter Demokratie zu Fiskalillusion und damit zu steigenden Ausgaben.

In einer Auswertung verschiedener Studien zum Wachstum der Sozialausgaben in Australien, Deutschland, Großbritannien und den USA kommen wiederum Schneider und Frey (1986) zu dem Ergebnis, dass in allen vier genannten Ländern ein Anstieg der Sozialausgaben einen signifikant positiven Einfluss auf die Popularität einer jeweiligen Regierung innerhalb der Wählerschaft hat. So haben Regierungen innerhalb des Betrachtungszeitraums (1955–1975), deren Wiederwahl gefährdet schien, am häufigsten durch eine Ausweitung der Sozialausgaben versucht, ihre bestehende Machtposition abzusichern. Zu diesem Befund passen die frühen Untersuchungsergebnisse von Bank (1970) und Liefmann-Keil (1971). Danach wurde in Deutschland von den jeweils amtierenden Regierungen eine Ausweitung der Sozialausgaben in aller Regel vor und nicht nach den Wahlen vorgenommen. Tufte (1978) kommt zu einem vergleichbaren empirischen Ergebnis für die USA (vgl. zur empirischen Relevanz solcher „politischen Konjunkturzyklen" der staatlichen Ausgabentätigkeit auch Frey 1976). Für eine Überprüfung der These vom Staatsausgabenwachstum aufgrund von Fiskalillusion sind die Sozialausgaben insofern eine interessante Ausgabenkategorie, wie sie nicht nur über eine hohe Merklichkeit verfügen. Zudem streut die positive Wirkung eines Anstiegs der Sozialausgaben über alle Alterskohorten hinweg, was für einen hohen Popularitätsgrad auf Seiten der Wähler sorgt.

Danach führt – folgt man Schneider (1986, S. 91) – eine Erhöhung der Sozialausgaben um einen Prozentpunkt zu einer Steigerung des Beliebtheitsgrads einer Regierung um rund einen halben Prozentpunkt. Auch wenn die Finanzierungsseite der vermehrten Sozialausgaben bei den von Schneider und Frey (1986) ausgewerteten Untersuchungen nicht simultan mit in den Blick genommen wurde, können deren Ergebnisse dennoch als eine zumindest teilweise Bestätigung der These einer wirksamen Fiskalillusion als Bestimmungsfaktor eines stetigen Wachstums der Staatsausgaben angesehen werden. Bezogen auf die mit dem Effekt der Fiskalillusion ebenfalls in Einklang stehende Tendenz zur „Ausgabenbeharrung" seitens der öffentlichen Verwaltung weist schließlich Wildavsky (1988) in einer Untersuchung für die USA nach, dass es lediglich in Ausnahmefällen zu einer grundlegenden Umgestaltung von bisherigen Haushaltsplänen der Exekutive kommt (vgl. zu diesem „budgetären Inkrementalismus" auch Kevenhörster 2006, S. 190 ff.). Für die untersuchten öffentlichen Verwaltungen war vielmehr eine Praxis des stetigen Budgetfortschreibens kennzeichnend, was nach Zimmermann et al. (2012, S. 44) in Verbindung mit der häufig anzutreffenden „Ausgabefreudigkeit der Parlamente" eine „Tendenz zu einem dauerhaften Ausgabenwachstum" entstehen lässt.

4. Ökonomische und psychologische Grenzen des Wachstums der Staatsausgaben

Spätestens seit der Jahrtausendwende ist das Wachstum der Staatstätigkeit – gemessen anhand der Entwicklung der Staatsquote – in der überwiegenden Zahl der Industrieländer zum Stillstand gekommen. Ins Verhältnis gesetzt zum Sozialprodukt stagnieren die öffentlichen Ausgaben seitdem oder sie sind in Relation dazu sogar rückläufig. Dies schließt zwar nicht aus, dass die Staatsausgaben absolut (und inflationsbereinigt) nach wie vor wachsen, da es für eine stagnierende oder sogar zurückgehende Staatsquote bereits ausreicht, dass das Sozialprodukt genauso schnell oder schneller als die Staatsausgaben ansteigt. Nichtsdestotrotz stellt aber auch diese Entwicklung mit Blick auf die Vergangenheit eine Trendwende dar, die – vergleichbar dem stetigen Anstieg der Staatsquote in den Jahrzehnten davor – einer Erklärung bedarf. Fragt man in Anbetracht dessen nach den Grenzen des Wachstums der Staatsausgaben, lassen sich auch hier sowohl ökonomische als auch psychologische Bestimmungsfaktoren benennen.

Wie bereits bei der Erklärung des Wachstums der Staatsausgaben über die Zeit kann auch bezogen auf die möglichen Grenzen eines stetigen Ausgabenanstiegs zunächst auf rein ökonomische Bestimmungsfaktoren einer solchen Trendwende verwiesen werden. Lediglich stichwortartig sei dabei auf Einflussfaktoren wie den Einsatz moderner Informations- und Kommunikationstechniken in der öffentlichen Verwaltung verwiesen (Stichwort: E-Government), der zur Erschließung von Rationalisierungspotenzialen mit dem Ergebnis einer geringeren Personalintensität in der staatlichen Leistungsbereitstellung führt (exemplarisch für die Nutzung moderner Computertechnik zum Abbau von Personalkosten in der öffentlichen Verwaltung sei hier auf Schmitt und Wolff 2011, S. 59 ff. verwiesen). In dem Maße, wie dies zur Überwindung der als „Kostenkrankheit" bezeichneten Produktivitätslücke im öffentlichen Sektor beiträgt, wirkt sich dies zugleich verlangsamend auf die bisherige Ausgabenentwicklung aus oder kann sogar zum (relativen)

Rückgang der Staatsausgaben führen. Auch ein sich verlangsamendes oder gar negatives Bevölkerungswachstum, wie es sich in der jüngeren Vergangenheit für die Industrieländer abgezeichnet hat, kann zur Konsequenz haben, dass der Prozess der Bevölkerungsverdichtung im Raum nicht mehr im bisherigen Ausmaß voranschreitet und in Folge dessen die Ballungskosten nicht weiter zunehmen. Stagnierende oder gar sinkende Ballungskosten lassen jedoch zugleich auch den Mittelbedarf für öffentliche (Infrastruktur-)Leistungen nicht weiter steigen, was ebenfalls eine Konstanz oder gar einen Rückgang der Staatsausgaben erklären kann. Zudem können weitere ökonomische Faktoren, wie etwa die voranschreitende Globalisierung, eine Privatisierung von öffentlichen Leistungen, Maßnahmen der Deregulierung, vermehrte Nutzung direkt-demokratischer Elemente im Rahmen der politischen Willensbildung oder auch die institutionelle Verankerung fiskalischer Begrenzungsmechanismen, wie die im deutschen Grundgesetz festgeschriebene „Schuldenbremse" oder der jüngst auf europäischer Ebene vereinbarte Fiskalpakt, aus ökonomischer Sicht zur Erklärung einer nicht weiter steigenden Staatsquote herangezogen werden (vgl. hierzu stellvertretend Blankart 2011, S. 173 ff. mit weiteren Literaturverweisen; vgl. hierzu auch Zimmermann et al. 2012, S. 45).

Zumindest die Institutionalisierung solcher rechtlichen Begrenzungsregeln des Staatsausgabenwachstums wirft zugleich aber auch die Frage auf, warum dies nicht schon früher geschehen ist bzw. welche motivationalen Grundlagen und kognitiven Mechanismen der politisch relevanten Akteure dazu beigetragen haben, dass erst in der jüngeren Vergangenheit das von Wagner formulierte „Gesetz der wachsenden Ausdehnung des Finanzbedarfs" nicht mehr vorbehaltlos und damit uneingeschränkt zu gelten scheint. Aus verhaltensökonomischer Sicht kann diesbezüglich – ergänzend zu den schon genannten ökonomischen Einflussgrößen – auf weitere Faktoren psychologischer Natur verwiesen werden:

(1) Ein solch psychologisches Argument für – im Verhältnis zum Sozialprodukt – stagnierenden oder gar rückläufigen Staatsausgaben kann aus den Erkenntnissen der ökonomischen Glücksforschung abgeleitet werden. Damit verknüpft ist die These von einer sinkenden Einkommenselastizität der Nachfrage nach öffentlichen Leistungen, wie sie sich mit Weimann et al. (2012, S. 118) aus den Erkenntnissen der sogenannten Need-Theory ableiten lässt. Danach trägt ein steigendes Einkommen solange zur *Erhöhung der Lebenszufriedenheit* bei, „solange es darum geht, die Grundbedürfnisse zu decken" (ebenda). Sind die Grundbedürfnisse jedoch befriedigt, führt ein weiterer Anstieg des Einkommens nur noch zu einem geringeren Anstieg der Lebenszufriedenheit bis hin zu deren Stagnation. In dem Maße jedoch, wie insbesondere die Befriedigung „höherer" Bedürfnisse mit einer ausgabenintensiven Bereitstellung öffentlicher Güter verbunden ist, kann ein zunehmendes Sättigungsgefühl in diesem Bereich dazu führen, dass es selbst bei einem auch weiterhin steigenden Einkommen zu einer Verlangsamung des Wachstums der Staatsausgaben oder auch zu deren Stagnation kommt. Folgt man den empirischen Befunden von Kahneman und Deaton (2010), gilt diese Entkopplung von Einkommensentwicklung und Lebenszufriedenheit vor allem für das affektive Glücksempfinden, welches nicht die kognitive, sondern die emotionale Einschätzung der Lebenszufriedenheit betrifft.

(2) Ein weiterer psychologischer Bestimmungsfaktor einer stagnierenden Staatsausgabenentwicklung kann darin gesehen werden, dass die Anlässe zur *Schwächung des Steuerwiderstands*, die gemäß der These vom Niveauverschiebungseffekt ein (sprunghaftes) Wachstum der öffentlichen Ausgaben überhaupt erst ermöglichen, in den zurückliegenden Jahren tendenziell abgenommen haben. Dies gilt zum einen für ausgabensteigernd wirkende kriegerische Auseinandersetzungen, deren Ausmaß zumindest bezogen auf Europa mit der Dimension der beiden Weltkriege in der ersten Hälfte des 20. Jahrhunderts nicht vergleichbar ist. Aber auch andere Ereignisse, die – wie etwa tiefgreifende konjunkturelle Krisen oder auch Naturkatastrophen – zu einer Verringerung des Steuerwiderstands führen können und die damit einen schubweisen Anstieg der Staatsausgaben begünstigen, sind – sieht man von der jüngsten globalen Wirtschafts- und Finanzkrise einmal ab, deren Auswirkungen auf die staatliche Ausgabenentwicklung noch nicht vollständig absehbar sind – eher seltener geworden. Ein ausgeprägter Steuerwiderstand verhindert jedoch weitere Niveauverschiebungseffekte, wie sie noch in der Vergangenheit beobachtet werden konnten. Dies bedeutet zugleich, dass – solange keine politischen oder auch wirtschaftlichen Ausnahmesituationen bestehen – der Steuerwiderstand von den „herkömmlichen" (d. h. in Normalzeiten wirksamen) Einflussfaktoren bestimmt wird (vgl. für eine Benennung dieser Faktoren etwa Döring 2013, S. 55 ff.).

(3) Schließlich gilt es zu berücksichtigen, dass Lernprozesse auf Seiten der Bürger die *Wirksamkeit der Fiskalillusion* verringern und ein dadurch bedingtes Staatsausgabenwachstum bremsen oder sogar zum Stillstand bringen können. Auf diesen Punkt hat bereits Gandenberger (1984, S. 7) mit der Feststellung hingewiesen, dass „the illusion hypothesis […] implies the absence of learning". Steigt bei den Bürgern das Bewusstsein, dass die Finanzierungsbelastungen eines stetigen oder auch nur schubweisen Anstiegs der Staatsausgaben nicht erst in ferner Zukunft, sondern schon in der Gegenwart auftreten und sie somit bereits heute finanziell davon betroffen sind, dürfte dieses Wissen die Bereitschaft zu einer stärkeren Kontrolle des Ausgabenverhaltens einer jeweiligen Regierung erhöhen. Eine Reihe von Untersuchungen deutet darauf hin, dass zumindest in der jüngeren Vergangenheit der Effekt der Fiskalillusion zugunsten einer stärkeren Wahrnehmung der Kosten der Staatstätigkeit abgenommen hat. Als Konsequenz zeigt sich – etwa für Deutschland – eine ausgeprägte Präferenz auf Seiten der Bürger für die Kürzung bisheriger staatlicher Ausgaben (vgl. hierzu etwa Petersen 2012 oder auch Schmitt und Wolff 2011, deren Untersuchungsergebnisse im folgenden Kapitel noch ausführlich dargestellt werden).

4.1.2 Zur Wahrnehmung der Staatsausgaben aus Sicht der Nutznießer – Perzipierte Vorteile, Dringlichkeitseinschätzungen und Fairnesserwägungen

Die bisherigen Ausführungen – und hierbei insbesondere jene zur Fiskalillusion – haben bereits deutlich gemacht, dass aus verhaltensökonomischer Sicht der Wahrnehmung der Staatsausgaben auf Seiten der Bürger als deren unmittelbaren Nutznießern ein besonderes Gewicht beigemessen wird. Nur wenn öffentliche Ausgaben hinreichend merklich (bzw. salient) sind und die zu ihrer Finanzierung herangezogenen Einnahmequellen auch sichtbar sind, besteht die Möglichkeit zu einem vollständigen Abwägen von Vor- und Nachteilen staatlicher Ausgabentätigkeit. In der Finanzwissenschaft wird ein solches Entscheidungsverhalten mit dem Grundsatz der *fiskalischen Äquivalenz* in Verbindung gebracht (vgl. grundlegend Olson 1969; vgl. hierzu auch Döring 2001, S. 43). Anstelle von fiskalischer Äquivalenz wird bisweilen auch der Begriff der „institutionellen Kongruenz" verwendet, der ansonsten ebenso wie der fiskalische Äquivalenzgrundsatz bezogen auf das Effizienzziel eine Übereinstimmung von Entscheidungsträgern, Nutznießern und Kostenträgern öffentlicher Leistungen vorsieht (vgl. zu dieser Begriffswahl etwa Blankart 2011, S. 707). Der Grundsatz besagt, dass Nutznießer und Kostenträger öffentlicher Leistungen identisch sein sollten, da nur unter dieser Bedingung damit zu rechnen ist, dass es auf Seiten der betroffenen Bürger zu einer die Effizienz fördernden Kalkulation von (zusätzlichem) Ausgabennutzen und damit einhergehender (zusätzlicher) Finanzierungslast kommt. Wo diese Voraussetzung jedoch aufgrund von Wahrnehmungsverzerrungen, der Anwendung von Heuristiken, bestehender emotionaler Entscheidungsirrtümer, der Wirksamkeit von Kontexteffekten oder auch von verzerrten Fairnesserwägungen nicht gegeben ist, sind rationale Wertungen und Entscheidungen der Bürger bezüglich des staatlichen Ausgabenverhalten unwahrscheinlich. Dies gilt nicht nur mit Blick auf die langfristige Entwicklung der Staatsausgaben. Dies trifft ebenso auf die Beurteilung der öffentlichen Ausgaben zu einem jeweils gegebenen Zeitpunkt zu.

1. *Staatliche Ausgabenpolitik zwischen Eigennutzstreben, Gerechtigkeitsempfinden, Verlustaversion und Reaktanz*

Die Wahrnehmung der Ausgabentätigkeit des Staates durch die Bürger ist aus verschiedenen Gründen von Bedeutung. Dabei spielen zum einen Gerechtigkeitsüberlegungen mit Blick auf die Bereitstellung öffentlicher Leistungen und deren Nutzung eine wichtige Rolle, was wiederum für die Akzeptanz staatlichen Handelns in seiner Gesamtheit und damit einschließlich der Finanzierung der Staatsausgaben von Relevanz ist. So hat sich bereits in der frühen Untersuchung von Spicer und Lundstedt (1975) zur Steuerpsychologie gezeigt, dass die Bürger steuerliche Belastungen nicht isoliert, sondern in aller Regel in Verbindung mit den aus Steuern finanzierten öffentlichen Ausgaben betrachten. Ob sich bei diesem Vergleich von Ausgaben- und Finanzierungsseite des öffentlichen Budgets ein Gefühl der Fairness oder ein Empfinden der Benachteiligung einstellt, hängt gemäß der psychologischen *Equity-Theorie* davon ab, inwieweit ein von den Bürgern praktizierter Nutzen-Kosten-Vergleich zum Ergebnis eines als gerecht oder als ungerecht eingestuften Ressourcenaustauschs führt. Ist letzteres der Fall, werden die zur Bereitstellung öffentlicher Leistungen getätigten Ausgaben subjektiv als unangemessen bewertet und die zu ihrer Finanzierung erhobenen Steuern als unfair empfunden. Ein solcher Verweis auf die Equity-Theorie findet sich auch bei Frey und Torgler (2002, S. 133) sowie Kirchler (2007, S. 78 ff.), wenngleich hier der Blick primär auf die Besteuerung gerichtet ist, um davon ausgehend gegebene öffentliche Ausgaben als zu hoch oder zu niedrig zu bewerten. Da bei dieser Gerechtigkeitsbewertung jedoch einzig das Austauschverhältnis von Steuerbelastung und Ausgabenvorteil von Relevanz ist, kann der Fokus ebenso auf die Staatsausgaben gelegt werden, um davon ausgehend die gegebene Steuerbelastung als zu hoch oder zu niedrig einzustufen. Mit einer solchen Bewertung auf Seiten der Bürger ist immer dann zu rechnen, wenn der Eindruck entsteht, selbst nur unzureichend von der Ausgabenpolitik des Staates zu profitieren, während die Mehrheit einen Vorteil aus den bereitgestellten Leistungen zieht. Dabei ist es unerheblich, ob diese Einschätzung auch den objektiven Gegebenheiten entspricht. Aus psychologischer Sicht zählt vielmehr einzig die subjektive Wahrnehmung des Austauschverhältnisses von Ausgaben und Steuern. Kommt es diesbezüglich zu einem Empfinden, dass der eigenen Person aus subjektiver Sicht zustehende Ausgabenvorteile vorenthalten werden (*self-serving bias*), kann dies zur Erosion des Staatsvertrauens bis hin zu einer tiefgreifenden Legitimationskrise staatlichen Handelns führen.

Entspricht demgegenüber das Verhältnis von öffentlichen Ausgaben und Steuerfinanzierung aus subjektiver Sicht dem Grundsatz der Leistungs- und Tauschgerechtigkeit, steht die Ausgabenpolitik des Staates in Einklang mit der Equity-Theorie und den mit ihr verknüpften Fairness- und Gerechtigkeitserwägungen seitens der Bürger. Die staatliche Ausgabenpolitik genießt in diesem Fall das Vertrauen der Bürger und wird von diesen folglich als legitim eingestuft. Folgt man Enste und Hüther (2011, S. 21) neigen die Bürger allerdings auch dazu, eine seit langem bestehende Praxis staatlichen Handelns (z. B. bestimmte Ausgabenprogramme zur Daseinsvorsorge) für Gerecht zu halten, auch wenn diese in ihrer konkreten Ausgestaltung willkürlich oder hinsichtlich ihrer Entstehung eher zufällig sind. Aus verhaltensökonomischer Sicht dokumentiert sich darin die Wirksamkeit des *Status-quo Bias*. Mit Esser (1999) ließe sich angesichts einer solchen Orientierung am Gewohnten auch von einem *habituellen Verhalten* oder – kurz gefasst – von einem „Habit" sprechen (vgl. zur verhaltensökonomischen Modellierung solcher „Habits" auch Esser 1991). Beispielhaft angewendet auf den Bereich der Sozialausgaben, können entsprechende Habits erklären, warum es vielen Menschen schwer fällt, sich aus der Abhängigkeit von Sozialleistungen zu befreien. Außerdem liefert ein solch habituelles Verhalten eine Begründung für die Entstehung von Pfadabhängigkeiten und Entwicklungsblockaden in der staatlichen Ausgabenpolitik. Sind staatliche Ausgabenprogramme demgegenüber zeitlich befristet, wird ein Festhalten am Status quo unwahrscheinlicher. In dem Maße, wie Ausgabenprogramme mit einem Ablaufdatum versehen sind, kommt es zu keinem Besitzstandseffekt (*endowment effect*) da über die öffentlichen Leistungen und die damit verbundenen Ausgaben immer wieder neu entschieden wird.

Bei der subjektiven Einschätzung der Tauschgerechtigkeit gilt es zu berücksichtigen, dass Ausgabenvorteil und Steuerbelastung nicht gleichgewichtet gegeneinander abgewogen werden. Vielmehr unterliegen der Nutzen aus öffentlichen Leistungen einerseits und die Nachteile, die aus der Finanzierung staatlicher Ausgaben erwachsen, andererseits einer asymmetrischen Wahrnehmung. So spricht nach Schmidt (1994, S. 305) „einiges dafür, daß die Bürger zum großen Teil hohe Abgaben (und Auflagen) viel intensiver negativ als öffentliche Leistungen positiv empfinden. Dies liegt [...] daran, daß ein erheblicher Teil der öffentlichen Leistungen passiv konsumiert wird; diese Leistungen dringen also nicht in das Bewußtsein der Bürger und werden daher mit öffentlichen Abgaben nicht in Verbindung gebracht". Auf diese unterschiedliche Wahrnehmung von Vorteilen (Gewinn) und Nachteilen (Verlust) haben bereits Kahneman und Tversky (1979) in ihrer „prospect theory of choices" hingewiesen. Danach bewerten Akteure die Ergebnisse von Entscheidungsprozessen in Abhängigkeit von einem Referenzpunkt, bei dem es sich in aller Regel um den Status-quo Zustand handelt. Zur Illustration dieses Sachverhaltes verweisen die Autoren unter anderen auf das folgende Beispiel: „The same level of wealth, for example, may imply abject poverty for one person and great riches for another – depending on their current assets" (ebenda, S. 277). Ausgehend von diesem Referenzpunkt verbindet sich mit staatlichen Ausgaben ein subjektives Gewinngefühl, während deren Finanzierung mittels Besteuerung ein subjektives Verlustgefühl erzeugt (vgl. auch Kahneman und Tversky 1984 ebenso wie Kahneman und Tversky 1992). Diese asymmetrische Bewertung von ausgabeninduzierten Gewinn- und steuerbedingten Verlustsituationen ist auch über die Zeit stabil, da die Wahrnehmung von öffentlichen Finanzströmen kontextbezogen erfolgt und damit immer wieder aufs Neue davon abhängt, ob es sich – gemessen am situativen Referenzpunkt – aus Sicht des Bürgers um einen Mittelzufluss (Ausgaben) oder einen Mittelabfluss (Steuern) handelt. D. h. weder das Hervorheben bestimmter staatlicher Ausgabenprogramme noch etwaige Gewöhnungseffekte an bestehende Finanzierungslasten sorgen hier für einen Nivellierungseffekt.

Neben diesen unterschiedlichen Framing-Effekten unterscheiden sich öffentliche Ausgaben und Steuern noch in anderer Hinsicht. So führt die (expansive) Ausgabentätigkeit des Staates zu keinen *Reaktanz-Reaktionen*. Anders als im Fall der Besteuerung kommt es bei öffentlichen Leistungen zu keiner Einschränkung ökonomischer Handlungsfreiheit und damit auch nicht zu einer Verlustwahrnehmung. Vielmehr werden staatliche Ausgaben per se als Gewinn interpretiert, da der damit verbundene Leistungsempfang als Erweiterung der eigenen Handlungsmöglichkeiten wahrgenommen wird. Ein reaktantes Verhalten kann sich jedoch dann einstellen, wenn eine Regierung – anstelle zusätzlicher Ausgaben – das bisherige Ausgabeniveau unter dem Ziel der Budgetkonsolidierung reduziert. Mit Blick auf eine solche Kürzung bislang getätigter Ausgaben kann sich ein ähnlicher Widerstand einstellen, wie man ihn ansonsten nur bezogen auf den Zwangscharakter der Besteuerung kennt. Entsprechend der Reaktanztheorie neigen Bürger im Fall von staatlichen Ausgabenkürzungen dazu, den bislang bestehenden Leistungsanspruch zu verteidigen bzw. wiederherzustellen. Dies erklärt auch, warum Regierungen immer dann, wenn sie Veränderungen hinsichtlich der Höhe oder der Struktur des öffentlichen Haushalts und damit der Ausgabentätigkeit beschließen, sich nicht selten mit entsprechenden Bürgerprotesten oder umfangreichen Lobbyaktivitäten zur Absicherung bisheriger Ausgabenansprüche konfrontiert sehen.

Die Reaktanz kann dabei sowohl durch den *Status-quo Bias* als auch den *Endowment-Effekt* verstärkt werden. Über einen längeren Zeitraum gewährte Ausgaben des Staates werden demgemäß aus Sicht der Begünstigten wie ein Bestandteil des eigenen Einkommens oder Vermögens bewertet (vgl. hierzu auch Pelzmann 2012, S. 59 ff. sowie Kirchler 1999, S. 131 ff.). Das Reaktanz-Verhalten ist umso ausgeprägter, je höher die subjektive Salienz der von einer Kürzung betroffenen Ausgaben ist und je positiver diese Ausgaben im Vorfeld attribuiert waren, wie dies etwa auf staatliche Bildungs- oder Rentenausgaben zutrifft. Die Reaktanz fällt demgegenüber kleiner aus, wenn über die Zeit Gewöhnungseffekte an eine Ausgabenkürzung des Staates einsetzen, der Grad der Merklichkeit der gekürzten öffentlichen Ausgaben zuvor vergleichsweise gering war (wie dies etwa auf Ausgaben im Bereich von Verteidigungs- und Außenpolitik zutrifft) oder ein Ausgabenprogramm staatlicherseits von Anfang an zeitlich befristet war. Die genannten Faktoren sorgen zudem dafür, dass der mit einer öffentlichen Leistung verbundene subjektive Nutzengewinn häufig nur bedingt mit der tatsächlichen Ausgabenhöhe korreliert. D. h. weniger der objektive (monetäre) Vorteil staatlicher Ausgaben als vielmehr dessen individuelle Wahrnehmung und gefühlte Intensität sind für das Entscheidungs- und Anpassungsverhalten der Bürger maßgeblich.

2. *Empirische Studien zur subjektiven Einschätzung von Nutzen und Relevanz der öffentlichen Ausgaben*

Im Unterschied zur großen Zahl an Studien und Verhaltensexperimenten zur Steuerpsychologie (vgl. für einen aktuellen Überblick Döring 2013; vgl. hierzu ebenso Kirchler 2011, S. 725 ff. oder auch Hofmann 2009, S. 25 ff.) finden sich nur wenige Untersuchungen, welche die subjektive Wahrnehmung der Staatsausgaben einschließlich der relevanten Einflussfaktoren empirisch analysieren. Soweit entsprechende Studien zur öffentlichen Ausgabentätigkeit vorliegen, handelt es sich in aller Regel um repräsentative Meinungsumfragen zur Ausgabenentwicklung insgesamt sowie zur Bedeutung und Dringlichkeit einzelner Ausgabeposten des öffentlichen Budgets.

Zu den wenigen Untersuchungen dieser Art zählt die aktuelle Umfrage des PEW Research Center (2013), in der rund 1500 Personen in den USA gefragt wurden, ob die Staatsausgaben erhöht, gekürzt oder in ihrem gegenwärtigen Umfang beibehalten werden sollten (siehe Tab. 4.1). Mit Blick auf die meisten der 19 abgefragten Ausgabenkategorien zeigt sich in der Studie ein ausgeprägter *Status-quo Bias*. So präferiert die überwiegende Zahl der Befragten eine Beibehaltung von Niveau und Struktur der Staatsausgaben und spricht sich gegen entsprechende Kürzungen aus. Allerdings gibt es auch einige Abweichungen von dieser Grundeinstellung wie etwa bei den Ausgaben zugunsten von Entwicklungshilfe, bei denen sich 48 % der Befragten für eine Kürzung ausgesprochen haben (allerdings auch 21 % für eine Erhöhung). Auch stimmten 34 % für eine Reduzierung der Ausgaben im Bereich der Außenpolitik sowie 32 % für eine Kürzung der Ausgaben für Arbeitslose. Alle drei Ausgabenposten sind sowohl durch eine niedrige *Merklichkeit* als auch durch geringe unmittelbare Vorteile bei der überwiegenden Zahl der Bürger gekennzeichnet. D. h. eine Kürzung in den genannten Ausgabenbereichen dürfte mehrheitlich zu keiner oder einer lediglich marginalen subjektiven Verlustwahrnehmung führen. Die Studie zeigt zudem, dass die Bereitschaft zur subjektiven Akzeptanz entsprechender Ein-

Tab. 4.1 Subjektive Bewertung der erwünschten Entwicklung der Staatsausgaben in ausgewählten Politikfeldern in den USA in 2013 (Angaben in % der Befragten). (*Erläuterung:* An der Untersuchung nahmen knapp 1500 Personen teil, denen mit Blick auf die aufgelisteten Politikfelder die folgende Frage gestellt wurde: „Would you increase, decrease or keep spending the same for …". Quelle: Eigene Darstellung in Anlehnung an PEW Research Center (2013))

Ausgaben für Politikfeld	Mehr	Gleich	Weniger
Aid to world's needy	21	28	48
State Department	14	46	34
Unemployment aid	24	41	32
Military defense	32	41	24
Aid to needy in U.S.	27	44	24
Health care	38	34	22
Environmental protection	33	43	22
Energy	36	38	21
Scientific research	37	40	20
Agriculture	34	42	20
Anti-terrorism defense	32	45	19
Roads and infrastructure	38	43	17
Medicare	36	46	15
Combating crime	41	41	14
Food and drug inspection	33	50	14
Natural disyster relief	34	50	12
Education	60	29	10
Social Security	41	46	10
Veterans' benefits	53	38	6

schränkungen in der staatlichen Ausgabenpolitik seit der Wirtschafts- und Finanzkrise im Jahr 2009 deutlich zugenommen hat, was für eine *Kontextabhängigkeit* in der Wahrnehmung und individuellen Bewertung der Staatsausgaben spricht. Über alle Ausgabenkategorien hinweg sprachen sich jedoch lediglich mit Blick auf drei Ausgabenbereiche mehr Personen für eine Kürzung des bisherigen Ausgabenniveaus aus als für dessen Steigerung. Dabei ist festzustellen, dass selbst bei den Ausgaben für Entwicklungshilfe die Mehrheit der Befragten eine Reduzierung ablehnte. Bei den übrigen Ausgaben votierten mehr als 50 % der Untersuchungsteilnehmer dafür, dass die Ausgaben entweder beibehalten oder sogar erhöht werden sollten.

Die Umfrageergebnisse des PEW Research Center (2013, S. 3 f.) belegen zugleich eine klare *ideologische Differenzierung* in der Wahrnehmung und Bewertung der öffentlichen Ausgaben in den USA. So sprechen sich 70 % der Anhänger der Republikaner für eine Kürzung der Ausgaben für Entwicklungshilfe (im Vergleich zu nur 21 % der Anhänger der Demokraten), 56 % für eine Reduzierung der Arbeitslosenunterstützung (Anhänger der Demokraten: 13 %) und 49 % für eine Einschränkung der finanziellen Hilfe für Bedürftige (Anhänger der Demokraten: 9 %) aus. Es spiegelt sich darin das insbesondere bei den konservativen US-Bürgern vorherrschende Einstellungsmuster wider, demzufolge staatliche Interventionen in Markt und Gesellschaft grundsätzlich kritisch zu bewerten sind und der privaten Selbsthilfe ein Vorrang gegenüber der staatlichen Hilfe einzuräumen ist. Es überrascht daher nicht, dass die Anhänger der Republikaner wenig von Solidarität mit den gesellschaftlich Benachteiligten, einem aktiven sozialen Ausgleich sowie einer staatlichen Hilfe für diejenigen halten, die in finanzielle Schwierigkeiten geraten sind. Zu diesem subjektiven Wahrnehmungsmuster passt auch die geringe Wertschätzung für wissenschaftliche Forschung, staatliche Maßnahmen zugunsten des Umweltschutzes sowie ausgabenerzeugende Regulierungen im Bereich der Lebensmittel- und Medikamentenkontrolle. Priorität genießen demgegenüber Verteidigungsausgaben, Ausgaben zur Verbrechensbekämpfung ebenso wie staatliche Hilfen zugunsten von Veteranen.

Über die politischen Parteiengrenzen hinweg sprach sich eine Mehrheit von 60 % aller Befragten für eine Steigerung der Ausgaben im Bildungsbereich aus. Zudem votierten 53 % für zusätzliche Ausgaben für Veteranen sowie jeweils 41 % für vermehrte Ausgaben in den Bereichen „Social Security" und „Combating Crime". Mehr als ein Drittel der Untersuchungsteilnehmer befürwortete schließlich, dass der Staat in das Gesundheitssystem, in das Krankenversicherungssystem („Medicare"), in die Verkehrs- und sonstige Versorgungs-Infrastruktur, in die wissenschaftliche Forschung sowie im Energiebereich mehr Mittel als bislang investieren sollte. Inwieweit das dargestellte Meinungsbild anders ausgefallen wäre, wenn die Untersuchungsteilnehmer auch danach gefragt worden wären, wie die geforderten Ausgabenerhöhungen zu finanzieren sind und bis zu welchem Grad die Befragten bereit wären, eine zusätzliche Steuerbelastung dafür in Kauf zu nehmen, muss offen bleiben. Es ist jedoch zu vermuten, dass die Untersuchungsergebnisse bei einer entsprechenden Konfrontation mit den Finanzierungskonsequenzen zumindest in Teilen anders ausgefallen wären.

Dies belegt zumindest – folgt man Schmölders (1970) – eine von ihm bereits im Jahr 1958 für Deutschland durchgeführte Studie, in der die Untersuchungsteilnehmer nicht nur zu einer Bewertung der staatlichen Ausgabenpolitik aufgefordert, sondern auch nach Optionen zur Finanzierung zusätzlicher Staatausgaben befragt wurden. Diese frühe Untersuchung hat zumindest für Deutschland einen Pioniercharakter, weshalb deren umfangreiche Ergebnisse nachfolgend vergleichsweise ausführlich dargestellt werden sollen. Dafür spricht auch, dass die von Schmölders erhobenen Daten mit Blick auf die damit verbundenen verhaltensökonomischen Erkenntnisse nach wie vor als aktuell bewertet werden können. So zeigt sich zum einen – ähnlich wie bei der vorgestellten US-amerikanischen Studie – eine klare Tendenz dahingehend, dass der Staat mit zusätzlichen Ausgabenansprüchen konfrontiert wird. Bezogen auf die Liste an Aufgaben, bei denen die Befragten einen Bedarf für ein zusätzliches staatliches Handeln sehen, heißt es bei Schmölders (1970, S. 32) wörtlich: „Es besteht kein Zweifel daran, daß diese Liste sich beliebig verlängern ließe; die Ansprüche auf Leistungen aller Art, die von der öffentlichen Hand erwartet werden, sind das hervorstechendste Merkmal der Entwicklung zum Wohlfahrtsstaat, für die heute schon die etwas bösartige Bezeichnung ‚Gefälligkeitsdemokratie' aufkommt".

Tab. 4.2 Subjektive Bewertung von „Steuererhöhung" und „Ausgabenkürzung" im Vergleich differenziert nach Einkommensgruppen in Deutschland in 1958 (Angaben in % der Befragten). (Quelle: Eigene Darstellung in Anlehnung an Schmölders (1970))

Familieneinkommen (monatlich netto in DM-Angaben)	Steuererhöhung	Ausgabenkürzung	Keine Angaben
Unter 260	18	75	7
260–389	18	78	4
390–599	15	82	3
600 und mehr	12	86	2

Zum anderen wird aber auch deutlich, dass mit Blick auf die Finanzierung zusätzlicher Staatsausgaben eine zu diesem Zweck erfolgende Steuererhöhung von vierfünftel der Befragten abgelehnt wird (siehe Tab. 4.2). Stattdessen wird für Ausgabenkürzungen in solchen Bereichen des staatlichen Handelns votiert, die eine geringere politische Dringlichkeit aufweisen. Dies deutet darauf hin, dass *Reaktanz-Verhalten* und *Verlustaversion* bei beiden Finanzierungsalternativen unterschiedlich ausgeprägt sind. In Einklang mit der „Prospect-Theorie" scheint danach der Verzicht auf einen Gewinn (Ausgabenkürzung) im Vergleich zu einem Verlust an eigenen Mitteln (Steuererhöhung) aus subjektiver Sicht als weniger „schmerzhaft" empfunden zu werden. Dies deckt sich nach Schmölders (1970, S. 33) mit den Ergebnissen einer vergleichbaren Studie in Schweden: „In einer von dem Meinungsforschungsinstitut Sifo […] im Jahr 1959 durchgeführten Befragung von rund 800 Staatsbürgern in 170 Orten über die Frage, wie das Haushaltsdefizit des schwedischen Wohlfahrtsstaates am besten gedeckt werden könne, sprachen sich fast zwei Drittel der Befragten für kräftige Ausgabenkürzungen, dagegen nur 6 v. H. für erhöhte Besteuerung aus". Nach seinem Dafürhalten findet sich diese Einschätzung in allen Berufsgruppen, „ändert sich aber mit der Einkommenshöhe" (Ebenda, S. 33). So wurde sich in der untersten Einkommensgruppe relativ stärker für eine Steuererhöhung zur Finanzierung zusätzlicher Ausgaben ausgesprochen (18%), als dies in der obersten Einkommensgruppe der Fall war (12%). Entsprechend umgekehrt verhielt es sich mit Blick auf die Option der Ausgabenkürzung, für die in der untersten Einkommensgruppe 75% der Befragten votierten, während es 86% in der obersten Einkommensgruppe waren.

Eine Ambivalenz der subjektiven Haltung zu den Staatausgaben zeigt sich allerdings dort, wo konkret nach einzelnen Ausgabenposten und deren Relevanz bzw. Dringlichkeit gefragt wurde. Dabei relativiert sich das allgemeine Votum zugunsten von Ausgabensenkungen immer dann, wenn eigene Interessen der Befragten tangiert sind oder sein könnten. D. h. die präferierte Finanzierung des öffentlichen Budgets einerseits und die konkreten Vorteile einzelner Ausgabenposten andererseits scheinen in unterschiedlichen *mentalen Konten* verbucht zu werden, ohne dass zwischen beiden Fragestellungen automatisch eine Verbindung hergestellt wird. So befürwortete – unabhängig vom allgemeinen Votum zugunsten von Ausgabenkürzungen – mehr als die Hälfte der Untersuchungsteilnehmer die Gewährung von Subventionen zur Unterstützung einzelner Wirtschaftszweige, wobei

Tab. 4.3 Subjektive Bewertung des Subventionsbedarfs einzelner Wirtschaftszweige differenziert nach Berufsgruppen in Deutschland in 1958 (Angaben in % der Befragten). (*Erläuterung:* Für die Befragten bestand die Möglichkeit zur Mehrfachnennung. Quelle: Eigene Darstellung in Anlehnung an Schmölders (1970))

Wirtschaftszweige	Arbeiter	Angestellte	Beamte	Selbständige	Landwirte	Rentner
Landwirtschaft	20	27	31	30	73	20
Handwerk/Kleingewerbe	13	18	19	24	18	13
Handel	2	5	6	7	5	2
Verkehr	10	16	23	13	9	9
Bergbau	13	12	20	16	10	11
Schiffbau	7	6	15	11	5	7
Bauwirtschaft	16	19	23	21	15	16
Andere	1	1	2	1	2	2
Keine Angaben	1	1	1	1	4	3

73 % der Landwirte eine Förderung der Landwirtschaft für notwendig erachteten, während die Selbstständigen mehrheitlich die Subventionierung von Bauwirtschaft, Handwerk und Kleingewerbe (45 %) forderten (siehe Tab. 4.3). Die Berufsgruppe der Arbeiter wiederum sprach sich vor allem für die staatliche Unterstützung des arbeitsintensiven Bergbaus sowie ebenfalls der Bauwirtschaft aus (29 %).

Diese stark an den *eigenen Interessen* ausgerichtete Präferenz zugunsten einzelner Haushaltsposten zeigt sich – jenseits der Subventionen – auch bei anderen Ausgabenkategorien. So wurden zusätzliche Ausgaben für öffentliche Bauten und Personal vorrangig von den Beamten unterstützt, Mittel für den Straßenbau am stärksten von den Selbstständigen gefordert, vermehrte Sozialausgaben von Rentnern und Arbeitern präferiert und der Landwirtschaft zugutekommende Ausgaben besonders von den Landwirten begrüßt. Einzig bei den Ausgaben für „Wissenschaft und Kultur" bestand über alle Berufsgruppen hinweg Einigkeit darüber, dass relativ zum Status quo deren Ausweitung erforderlich ist. Mit leichten Abstrichen findet sich diese Einschätzung auch mit Blick auf die Sozialausgaben. Alles in allem werden nach Schmölders (1970, S. 33 f.) jedoch „die Meinung über die Staatsausgaben und die Einstellung zu ihnen […] geradezu von der Frage bestimmt, wie viel davon auf die eigene Berufsgruppe des Befragten selbst entfällt und ob seiner Gruppe dabei ein genügender Vorteil gesichert ist".

Die Untersuchung verdeutlicht zudem, dass eine Ausgabenart als umso weniger bedeutsam eingestuft wird, je geringer die *subjektive Merklichkeit* des Ausgabenvorteils des entsprechenden Haushaltspostens ist. So wurden die – 1958 noch bestehenden – Besatzungskosten ebenso wie die Verteidigungsausgaben von über 90 % bzw. fast 80 % der Befragten als vergleichsweise unwichtig eingestuft. Bei der Frage nach der „Wichtigkeit" einer Ausgabenart zeigte sich, dass deren Dotierung mit zunehmender Dringlichkeitseinschätzung als vergleichsweise zu niedrig eingestuft wurde (siehe die Tab. 4.4 und 4.5). Umgekehrt wurden jene Ausgabenposten bezogen auf ihre Dotierung als zu hoch bewertet, welche die Befragten als relativ unwichtig und damit als reduzierbar klassifiziert hatten. Schmölders

4.1 Entwicklung der Staatsausgaben und ihre ökonomische Wirkung

Tab. 4.4 Subjektive Bewertung der „Wichtigkeit" ausgewählter Staatsausgaben in Deutschland in 1958 (Angaben in % der Befragten). (*Erläuterung:* Für die Befragten bestand die Möglichkeit zur Mehrfachnennung. Quelle: Eigene Darstellung in Anlehnung an Schmölders (1970))

Ausgabenbereiche des Staates	Sehr wichtig	Wichtig	Nicht direkt unwichtig
Sozialleistungen	78	15	2
Kultur/Wissenschaft	53	31	8
Straßenbau	44	37	9
‚Grüner Plan'	16	22	18
Personalausgaben	11	28	22
Verteidigung	6	16	16
Öffentliche Bauten	4	19	18
Besatzungskosten	2	5	7

(1970, S. 39) selbst fasst die Ergebnisse der Untersuchung wie folgt zusammen: „Man kann also feststellen, daß jede Gruppe die für sie besonders interessanten Ausgaben für ‚äußerst wichtig' und zugleich für ‚äußerst niedrig', die für sie unwichtigen Ausgaben aber zugleich für ‚besonders hoch' hält. Dabei gibt es aber einige Ausgabenarten, deren Wichtigkeit von der öffentlichen Meinung gleichsam sanktioniert ist […]. Es entspricht offenbar einer Art von stillschweigenden Übereinkommen, die sozialen oder die Ausgaben für Kultur und Wissenschaft nicht unwichtig zu finden […]. Die Notwendigkeit dieser Ausgaben ist so sehr zur Selbstverständlichkeit geworden, daß sie weithin als ungenügend empfunden werden". Dies spricht in Anlehnung an die Repräsentativitätsheuristik für das Vorherrschen eines *stereotypen Einstellungsmusters*, wobei die Dringlichkeit bestimmter Ausgabenposten wie insbesondere der Sozialausgaben unreflektiert als vergleichsweise hoch bewertet wird.

Tab. 4.5 Subjektive Bewertung der Höhe ausgewählter Staatsausgaben differenziert nach Berufsgruppen in Deutschland in 1958 (Angaben in % der Befragten). (*Erläuterung:* Für die Befragten bestand die Möglichkeit zur Mehrfachnennung. Quelle: Eigene Darstellung in Anlehnung an Schmölders (1970))

Ausgaben zu niedrig	Σ	Arbeiter	Angestellte	Beamte	Selbständige	Landwirte	Rentner
Kultur/Wissenschaft	46	45	54	52	54	32	42
Sozialausgaben	34	39	30	21	30	22	41
Straßenbau	26	28	26	24	32	24	17
‚Grüner Plan'	12	8	11	9	9	50	7
Personalausgaben	7	7	5	12	6	3	8
Öffentliche Bauten	5	4	5	9	4	6	5
Verteidigung	4	3	5	2	7	5	5
Besatzungskosten	3	3	2	1	4	3	5

Aktuelle empirische Studien zur subjektiven Wahrnehmung und Bewertung der Staatsausgaben in Deutschland sind eher selten. Eine Ausnahme bildet hier eine repräsentative Erhebung des Instituts für Demoskopie Allensbach aus dem Jahr 2012, in der unter Bezug auf die gegenwärtige Wirtschafts- und Finanzkrise in Europa neben dem staatlichen Verschuldungsverhalten auch die Einstellung der Bürger zur öffentlichen Ausgabentätigkeit abgefragt wurde (vgl. für eine Zusammenfassung der Untersuchungsergebnisse Petersen 2012). Danach befürworteten lediglich 21 % zusätzliche Staatsausgaben, „um die Wirtschaft anzukurbeln", während 61 % der Befragten unter Berücksichtigung des hohen Schuldenstandes in Deutschland eine expansive Ausgabenpolitik des Staates ablehnten. Dies deutet zunächst darauf hin, dass der *Effekt der Fiskalillusion* unter den aktuellen Rahmenbedingungen vergleichsweise gering ist. Ähnlich wie schon in der frühen Studie von Schmölders zeigte sich jedoch ein verändertes Einstellungsmuster, sobald den Befragten konkrete Vorschläge zur Haushaltskonsolidierung vorlegt wurden. Von den diesbezüglich insgesamt 16 Vorschlägen zielten acht Maßnahmen auf Ausgabenkürzungen, während die anderen acht Vorschläge auf die Erweiterung des Einnahmenkorridors des Staates ausgerichtet waren (siehe Abb. 4.3).

Dabei wird auch hier in der Tendenz deutlich, dass die Zustimmung zu Kürzungen in der Tendenz umso größer ausfällt, je geringer die *Merklichkeit* sowie die *individuelle Betroffenheit* des jeweiligen Ausgabenpostens sind. Danach votierten 76 % der Befragten für Einschränkungen bei den Finanztransfers an überschuldete EU-Mitgliedstaaten, 73 % für eine Reduzierung der Politikergehälter, 41 % für geringere Verteidigungsausgaben, 34 % für einen Stellenabbau in der öffentlichen Verwaltung und damit für eine Kürzung der Personalausgaben sowie 21 % für eine Verringerung der Ausgaben für Entwicklungshilfe. Für eine Einschränkung der Ausgaben im Sozialbereich stimmten demgegenüber nur 11 % der Befragten. In gleicher Weise finden auch Ausgabenkürzungen im Kulturbereich (14 %) ebenso wie im Bildungsbereich (1 %) nur eine vergleichsweise geringe Unterstützung. Dies deckt sich weitgehend mit den bereits von Schmölders (1970) referierten Untersuchungsergebnissen aus den 1950er Jahren und bestätigt damit die mit der *Repräsentativitätsheuristik* begründbare (stereotype) Dringlichkeitseinschätzung der zuletzt genannten Ausgabenbereiche aus Sicht der Bürger. Dies bedeutet allerdings auch, dass – folgt man Petersen (2012) – tiefgreifende Strukturreformen der Staatstätigkeit, die an den ausgabeintensiven Bereichen der Staatstätigkeit (Soziales und Personal) ansetzen, um eine ebenso nennenswerte wie dauerhafte Entlastung des öffentlichen Haushalts zu bewirken, in Deutschland zum gegenwärtigen Zeitpunkt keine Mehrheit finden.

In einer weiteren Befragung von Schmitt und Wolff (2011), die allerdings nicht für Deutschland insgesamt, sondern lediglich für Thüringen durchgeführt wurde, zeigt sich ein ähnliches Bild wie in den beiden zuvor genannten Untersuchungen. Auch hier spricht sich mit Blick auf die Haushaltslage insgesamt lediglich eine kleine Minderheit von acht Prozent für eine (schuldenfinanzierte) Ausweitung der staatlichen Ausgabenpolitik aus. Innerhalb dieser Minderheit variiert die Akzeptanz für neue Schulden allerdings unter anderen in Abhängigkeit von Werteinstellungen und Persönlichkeitsmerkmalen der Befragten. Nach Schmitt und Wolff (2011, S. 52) spricht sich die sogenannte Gruppe der

4.1 Entwicklung der Staatsausgaben und ihre ökonomische Wirkung

Abb. 4.3 Subjektive Einschätzung der Konsolidierungsmöglichkeiten des öffentlichen Haushalts in Deutschland in 2012. (Quelle: Institut für Demoskopie Allensbach (2012))

„Pflichtbewussten" mit 67 % stärker als die Gruppe der „Selbstentfalter" (57 %) sowie der „Genussmenschen" (54 %) für ein generelles Neuverschuldungsverbot aus. In gleicher Weise befürworten Personen mit „wirtschaftsliberaler Orientierung" ein Kreditaufnahmeverbot erheblich stärker als „sozialstaatlich Orientierte". Demgegenüber votieren knapp 82 % der Befragten für einen Haushaltsausgleich, der auf dem Weg von Ausgabenkürzungen realisiert werden sollte. Für Steuererhöhungen sprechen sich im Vergleich dazu nur 11 % der Untersuchungsteilnehmer aus. Dies bestätigt die bereits im Zuge der Schmölders-Studie konstatierte unterschiedliche Reaktanz-Bereitschaft und Verlustwahrnehmung von Ausgabenkürzungen und Steuererhöhungen. Mit Blick auf *soziodemographische Merkmale* der Befragten zeigt sich zudem, dass junge Erwachsene – d. h. die Altersgruppen der 18–24jährigen sowie der 25–34jährigen – nur unterdurchschnittlich für Ausgabenkürzungen plädieren und sich dafür stärker für Steuererhöhungen aussprechen. Schmitt und Wolff (2011, S. 51) vermuten, dass dieses Antwortverhalten der genannten Alterskohorten „durch die geringe oder fehlende Belastung der Jugendlichen mit der subjektiv als einschneidend empfundenen Steuer, der Einkommensteuer" erklärt werden kann. Im Vergleich dazu tritt die „Berufsgruppe der Selbständigen […] andererseits weit überdurchschnittlich für Kürzungen ein, vermutlich aus dem spiegelbildlich gleichen Grund. Wer seinen Arbeitsplatz als gefährdet empfindet, befürwortet Kürzungen weniger stark, Steuererhöhungen und Kreditaufnahme stärker als der Durchschnitt aller Befragten, ohne dass dadurch die solide Mehrheit für Kürzungen auch bei dieser Gruppe gefährdet wäre". Soweit junge Erwachsene jedoch für Einschränkungen in der staatlichen Ausgabenpolitik eintreten, votieren sie allerdings für deutlich massivere Kürzungen, als dies in den Altersgruppen der 45–59jährigen sowie der 60jährigen und älter der Fall ist.

Hinsichtlich des Geschlechts ist wiederum die Bereitschaft zu Ausgabenkürzungen bei Männern stärker ausgeprägt als bei Frauen, d. h. letztere sind durch eine größere *Status-quo Orientierung* gekennzeichnet. Man könnte dieses Ergebnis auch dahingehend interpretieren, dass Verlustaversion und Risikobereitschaft im Kontext von Ausgabenkürzungen eine geschlechtsbezogenen Differenzierung aufweisen. Auch nimmt mit dem Bildungsgrad die Bereitschaft zu Einschränkungen in der staatlichen Ausgabenpolitik zu, wobei 87 % der Befragten mit Abitur im Vergleich zu lediglich 70 % der Befragten ohne Abitur sich für weitreichende Kürzungen aussprechen. Zudem gibt es zwischen gebürtigen und zugezogenen Thüringern insofern Einstellungsunterschiede, wie insbesondere diejenigen, die aus Westdeutschland stammen, weniger für Ausgabenkürzungen und stärker für Steuererhöhungen eintreten. Schließlich spricht sich die Bevölkerung im ländlichen Raum besonders deutlich für eine Reduzierung der Staatsausgaben aus. Wer eine grundsätzlich positive Einstellung zur Steuererhebung bekundet, ist etwas stärker als der Durchschnitt mit der Erhöhung von Steuern und Abgaben zum Haushaltsausgleich einverstanden, wer die Leistungen des Staates bemängelt, konsequenterweise weniger.

Um jenseits der generellen Bereitschaft zu Ausgabenkürzungen auch die Akzeptanz konkreter Einsparungen zu erfassen, wurde in der Studie von Schmitt und Wolff (2011) den Befragten eine Liste von 13 Ausgabenbereichen vorgelegt, in denen entweder „Kürzungen vertretbar" wären oder aber „auf keinen Fall gespart" werden sollte (siehe hierzu auch die Abb. 4.4). Zwar liegen nicht alle abgefragten Ausgabenbereiche in der Alleinzuständigkeit des Landes, jedoch enthält die Liste Kernelemente staatlicher Aktivität auf Landes- und Kommunalebene. Dabei zeigte sich nur in einem Bereich, namentlich der staatlichen Finanzierung von Flugplätzen, eine breite Zustimmung von 86 % zugunsten einer Kürzung der bisherigen Ausgaben. Mit Blick auf vier weitere Ausgabenbereiche stimmten jeweils rund 50 % der Befragten für eine Kürzung (56 % im Bereich „Städtebau/Dorferneuerung"; 52 % im Bereich „Sport"; 48 % im Bereich „Theater/Orchester"; 47 % im Bereich „Wirtschaftsförderung"). Dem stehen acht Einzelbereiche gegenüber, in denen Einsparungen

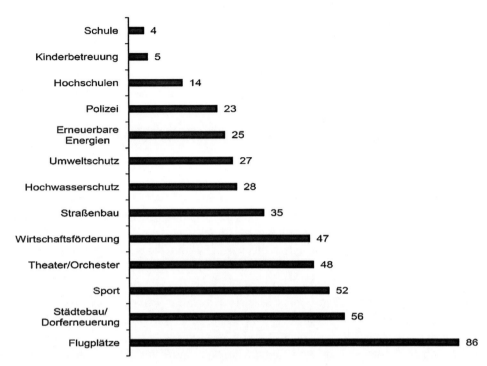

Abb. 4.4 Akzeptanz von Ausgabenkürzungen am Beispiel des Landes Thüringen in 2011 (Angaben in % der Befragten). (Quelle: Schmidt und Wolff (2011))

eine nur (sehr) geringe Akzeptanz unter den Untersuchungsteilnehmern fanden. Dabei werden mit über 90 % Kürzungen im Bereich „Schulen" und „Kinderbetreuung" zurückgewiesen, gefolgt von 86 %, die Einsparungen im Bereich „Hochschulen" ablehnten. Darüber hinaus wurde mit rund 75 % gegen Ausgabenkürzungen in den Bereichen „Polizei", „Erneuerbare Energien", „Umweltschutz" und „Hochwasserschutz" votiert. Auch lehnten 65 % der Befragten einen Rückgang der Ausgaben im Bereich „Straßenbau" ab.

Diese über alle Untersuchungsteilnehmer hinweg erhobenen Werte variieren nach Schmitt und Wolff (2011, S. 55 f.) allerdings wiederum in Abhängigkeit von *soziodemographischen Merkmalen*, wie am Beispiel des Bildungsstandes deutlich wird. So zeigte sich bei den höher Gebildeten eine stärkere Kürzungsbereitschaft in den Bereichen „Polizei", „Straßenbau", „Wirtschaftsförderung" und „Städtebau/Dorferneuerung", während sie sich in den Bereichen „Erneuerbare Energien" und „Schulen" mit der Einstellung der weniger Gebildeten deckte. Demgegenüber votierten die höher Gebildeten in jenen Bereichen, in denen sie einen vergleichsweise großen Ausgabevorteilen haben („Hochschulen"; „Theater/Orchester") deutlich zurückhaltender, was die Forderung nach Ausgabenkürzung betrifft. Damit scheint sich auch hier zu bestätigen, was bereits in der Studie von Schmölders (1970) erkennbar war und sich mit den Worten von Schmitt und Wolff (2011; S. 56) wie folgt umschreiben lässt: „Die Akzeptanz von Kürzungen und auch der Widerstand gegen sie scheinen vielfach von handfesten Interessen bestimmt zu sein". Und weiter:

„Mit der Wertschätzung der Hochschulen sowie der Theater und Orchester durch die Gebildeten korrespondiert die hohe Sparneigung der Geringverdiener in diesen Bereichen. Rollen- und situationsgerecht wenden sich 25- bis 34-Jährige massiv gegen Einschränkungen bei der Kinderbetreuung und den Schulen. Im Vergleich aller Berufsgruppen neigen die Beamten am wenigsten zu Kürzungen bei der Polizei" (ebenda). Auch wird von den Autoren konstatiert, dass „die allgemeine Bereitschaft zur Sanierung des Staatshaushaltes über Ausgabenkürzungen bemerkenswert stark mit der Ablehnung konkreter Kürzungsvorschläge kontrastiert" (ebenda).

In einer Untersuchung von Kirchler (1997) zu den Staatsausgaben in Österreich, an der 133 steuerpflichtige Bürger im Alter von 23 bis 73 Jahren teilnahmen, wurde – abweichend von den bisher vorgestellten Studien – vorrangig der Einfluss des subjektiven *Gerechtigkeitsempfindens* auf die Wahrnehmung und Bewertung der öffentlichen Ausgaben untersucht. Zu diesem Zweck erhielten die Untersuchungsteilnehmer die Aufforderung, die staatliche Ausgabenpolitik in unterschiedlichen Politikfeldern dahingehend zu beurteilen, wie hoch die Ausgaben der Ressorts in den unterschiedlichen Bereichen sein sollten, welchen persönlichen Vorteil (Nutzen) die Untersuchungsteilnehmer nach ihrem Dafürhalten zum Befragungszeitpunkt aus der staatlichen Ausgabenpolitik ziehen und welche Höhe der individuelle Nutzen aus subjektiver Sicht haben sollte (vgl. für eine zusammenfassende Darstellung der Untersuchungsergebnisse auch Kirchler und Maciejovsky 2007). Die Befragung umfasste insgesamt 12 Bereiche staatlicher Tätigkeit, deren Bereitstellung zu öffentlichen Ausgaben führt (siehe hierzu und zu den im nächsten Absatz gemachten Angaben die Tab. 4.6 auf der nachfolgenden Seite). Über alle Ausgabenbereiche hinweg kommt die Untersuchung zu dem Ergebnis, dass die Befragten die öffentlichen Ausgaben grundsätzlich als zu niedrig bewerten. Dies ist verknüpft mit dem mehrheitlich geäußerten Wunsch, aus der bestehenden Ausgabentätigkeit des Staates einen größeren individuellen Nutzen ziehen zu können, als dies bislang der Fall war.

Bezogen auf die Wahrnehmung einzelner Haushaltsposten wurden auf einer Skala von 1 (= sehr gering) bis 5 (= sehr hoch) die Ausgaben in den Bereichen „Soziales" (3,90), „Gesundheit" (3,74), „Straßenbau" (3,46) und „Kunst und Kultur" (3,37) systematisch höher eingeschätzt als die Ausgaben in anderen Bereichen. Im Unterschied dazu fiel die subjektive Wahrnehmung der Ausgaben in den Bereichen „Wissenschaft und Forschung" (2,38), „Landwirtschaft" (2,85) und „Bildung" (2,99) vergleichsweise gering aus. Auf die Frage nach der gewünschten Höhe der öffentlichen Ausgaben gaben die Befragten an, dass in den Bereichen „Bildung", „Wissenschaft und Forschung", „Gesundheit", „Landwirtschaft", „Öffentliche Sicherheit", „Öffentlicher Verkehr" und „Wohnungsbau" eine Steigerung des bisherigen Ausgabenniveaus präferiert wird. Demgegenüber wurden die Ausgaben in den Bereichen „Landesverteidigung", „Wirtschaft", „Soziales", „Kunst und Kultur" sowie „Straßenbau" als zu hoch bewertet, was in den genannten Politikfeldern entsprechende Ausgabenkürzungen rechtfertigen würde. Mit Blick auf den wahrgenommen Nutzen erfuhren wiederum die Ausgaben in den Bereichen „Gesundheit" (3,17), „Straßenbau" (3,17), „Öffentliche Sicherheit" (2,81), „Öffentlicher Verkehr" (2,72) und „Bildung" (2,62) eine überdurchschnittliche Bewertung. Demgegenüber wurde der Nutzen der Aus-

Tab. 4.6 Wahrgenommene und gewünschte Höhe sowie wahrgenommener und erwünschter Nutzen öffentlicher Ausgaben in Österreich in 1997 (Angaben als Mittelwert und Standardabweichung). (*Erläuterung:* Die subjektive Bewertung der wahrgenommenen und gewünschten Höhe sowie des wahrgenommenen und gewünschten Nutzens der öffentlichen Ausgaben erfolgte mittels einer Skale von 1 (= sehr gering) bis 5 (= sehr hoch). Neben der Angabe des Mittelwerts zur jeweiligen Bewertung von Höhe und Nutzen einer einzelnen Ausgabenkategorie geben die in Klammern gesetzten Werte die Standardabweichung an. Quelle: Eigene Darstellung in Anlehnung an Kirchler (1997))

Ausgabenbereich	Wahrgenommene Ausgabenhöhe	Gewünschte Ausgabenhöhe	Wahrgenommener Ausgabennutzen	Gewünschter Ausgabennutzen
Bildung	2,99 (1,10)	4,16 (0,77)	2,62 (1,31)	3,54 (1,36)
Wissenschaft/Forschung	2,38 (1,03)	3,87 (1,00)	2,08 (1,16)	3,27 (1,18)
Gesundheit	3,74 (1,25)	4,08 (0,89)	3,17 (1,24)	3,99 (0,92)
Wirtschaft	3,21 (1,07)	2,89 (0,99)	2,11 (1,13)	2,75 (1,20)
Kunst/Kultur	3,37 (1,12)	2,67 (0,94)	2,47 (1,25)	3,10 (1,18)
Landwirtschaft	2,85 (1–04)	3,23 (0,99)	2,12 (1,12)	2,61 (1,32)
Landesverteidigung	3,26 (1,43)	2,42 (1,15)	1,74 (1,00)	2,23 (1,25)
Soziales	3,90 (1,10)	3,67 (0,93)	2,31 (1,14)	3,29 (1,10)
Öffentliche Sicherheit	3,06 (0,90)	3,65 (0,89)	2,81 (1,07)	3,53 (1,03)
Straßenbau	3,46 (1,27)	3,13 (0,96)	3,17 (1,14)	3,33 (1,04)
Öffentlicher Verkehr	3,14 (1,04)	3,38 (0,90)	2,72 (1,14)	3,35 (1,09)
Wohnungsbau	3,20 (1,10)	3,68 (1,10)	2,05 (1,27)	3,26 (1,32)

gaben in den Bereichen „Landesverteidigung" (1,74), „Wohnungsbau" (2,05) sowie „Wissenschaft und Forschung" (2,08) als vergleichsweise gering eingestuft. Hinsichtlich des gewünschten Nutzens votierten die Befragten schließlich in allen untersuchten Bereichen zugunsten eines höheren Ausgabenvorteils. Lediglich in den Aufgabenfeldern „Landesverteidigung", „Landwirtschaft" und „Straßenbau" wurde der Ausgabenvorteil als (beinahe) ausreichend beurteilt.

Ähnlich wie bei der Studie des PEW Research Center (2013) muss auch bei Kirchler (1997) offen bleiben, ob die Antworten der Untersuchungsteilnehmer genauso ausgefallen wären, wenn sie nicht nur nach den Ausgabenvorteilen, sondern simultan auch nach der Finanzierungsbelastung der öffentlichen Ausgabentätigkeit gefragt worden wären. Jenseits dessen zeigen sich unter Bezug auf die in Schmölders (1970) dargestellte Untersuchung sowohl Gemeinsamkeiten als auch Unterschiede in den Ergebnissen. In beiden Studien zeigt sich, dass Ausgabenbereiche, die über eine *geringe Merklichkeit* verfügen, auch eine vergleichsweise *geringe Wertschätzung* erfahren. Die in diesen staatlichen Aufgabenfeldern getätigten Ausgaben werden in aller Regel als zu hoch bewertet. Wie die Studie des PEW Research Center (2013), aber auch die Untersuchungen von Petersen (2012) ebenso wie von Schmitt und Wolff (2011) nahelegen, hängt der Grad der Merklichkeit unter anderem davon ab, ob ein Ausgabenvorteil lediglich bei Dritten auftritt (Entwicklungshilfe, Transfers an EU-Mitgliedstaaten), ob die Nutzungshäufigkeit mehrheitlich vergleichsweise gering ist (Flugplätze) oder ob die Nutzung einer öffentlichen Leistung sich weitgehend auf einen Optionswert anstelle eines unmittelbaren Gebrauchswerts beschränkt (Landesverteidigung). Entgegen den bei Schmölders (1970) referierten Untersuchungsergebnissen, wonach insbesondere in den Bereichen „Soziales", „Bildung" sowie „Kunst und Kultur" die bisherige Ausgabenhöhe von den Befragten als eher zu gering bzw. in keinem Fall zu kürzen eingeschätzt wurde, wird dies von den Untersuchungsteilnehmern in Kirchler (1997) lediglich für den Bereich „Bildung" so wahrgenommen, nicht jedoch für die beiden anderen Bereiche. Nur wenn man auf den gewünschten Nutzen abstellt, zeigt sich auch in der Kirchler-Studie in allen drei Bereichen eine gemeinsame Präferenz zugunsten eines höheren Ausgabenvorteils. Diese Diskrepanz zwischen gewünschter Höhe der Ausgaben und erhofftem Nutzen könnte man allerdings auch als Kritik der Befragten an der Ausgabeneffektivität und damit als Hinweis auf eine wahrgenommene Ineffizienz und mangelnde Wirtschaftlichkeit in diesen Politikfeldern deuten.

4.1.3 Verhaltensökonomische Bestimmungsfaktoren von Einkommens-, Verteilungs- und Anreizeffekten der öffentlichen Ausgaben

Um die Einkommens-, Verteilungs- und Anreizeffekte der öffentlichen Ausgaben zu bestimmen, wird aus Sicht der Finanzwissenschaft bekanntermaßen eine Betrachtungsperspektive gewählt, welche die Staatsausgaben nach ihren jeweiligen gesamtwirtschaftlichen Wirkungen unterscheidet. Danach lassen sich die öffentlichen Ausgaben in Transformationsausgaben (Sach- und Personalausgaben) einerseits sowie Transferausgaben (Sozial-

4.1 Entwicklung der Staatsausgaben und ihre ökonomische Wirkung

transfers und Subventionen) andererseits gliedern. Diese Differenzierung findet sich unter anderen bei Scherf (2009, S. 129), der zudem feststellt: „Eine solche Gliederung ist sinnvoll für einkommens- und verteilungstheoretische Fragestellungen, bei denen es insbesondere um die kurzfristigen Ausgabeneffekte geht" (vgl. hierzu ebenso Zimmermann et al. 2012, S. 328 ff. sowie S. 385 ff.). Soweit dabei die Einkommenseffekte (und die damit verbundenen Beschäftigungswirkungen) der Staatsausgaben von Interesse sind, stehen die Primär- und Folgewirkungen der Staatstätigkeit auf die gesamtwirtschaftliche Nachfrage im Zentrum der ökonomischen Analyse. Dies setzt allerdings eine makroökonomische Betrachtung der Wirkungen öffentlicher Ausgaben voraus, wie sie jedoch in den mittlerweile zumeist mikroökonomischen Inzidenzanalysen der Finanzwissenschaft weitgehend vernachlässigt wird (vgl. stellvertretend für diese Vorgehensweise Corneo 2012, der sich einseitig mit den Effizienz- und Verteilungseffekten der Staatsausgaben beschäftigt und demgegenüber deren Stabilisierungseffekte vollständig ausblendet).

Die mit der makroökonomischen Betrachtung einhergehenden Einkommens- und Beschäftigungswirkungen öffentlicher Ausgaben sind aus Sicht einer staatlichen Konjunkturpolitik von besonderer Bedeutung, wobei das Augenmerk auf den ausgabeninduzierten Multiplikator-Effekten einer staatlichen Stabilisierung der gesamtwirtschaftlichen Nachfrage liegt. Im Unterschied dazu zielen die Verteilungseffekte der Staatsausgaben auf die Veränderung von Einkommens- und Vermögenspositionen innerhalb der Bevölkerung, die ausgabenseitig sowohl durch die Bereitstellung von öffentlichen Gütern als auch durch die Gewährung direkter Transferzahlungen realisiert werden kann. Soweit der Blick dabei vor allem auf die staatlichen Sozialtransfers gerichtet ist, werden neben den reinen (Um-)Verteilungswirkungen auch die damit einhergehenden Anreizeffekte auf Seiten der Zahlungsempfänger in die Analyse mit einbezogen.

Die Wirkungen der öffentlichen Ausgaben werden aus finanzwissenschaftlicher Sicht mittels sogenannter Inzidenzanalysen untersucht, wobei grundsätzlich zwischen einer formalen und einer effektiven Inzidenz der verschiedenen Ausgabenkategorien unterschieden werden kann. Während die formale Inzidenz auf die ökonomische Erfassung der staatlich intendierten Ausgabenwirkungen abstellt, setzt die Ermittlung der effektiven Inzidenz eine Untersuchung der tatsächlichen Wirkung staatlicher Ausgaben unter möglichst umfassender Berücksichtigung sämtlicher ökonomischer Anpassungsprozesse voraus, die auch Prozesse der (marktvermittelten) Vorteilswegnahme („expenditure snatching") mit einschließt. Im Rahmen der effektiven Inzidenzanalyse werden jedoch psychologische Anpassungsreaktionen an einen staatlichen Ausgabenimpuls weitestgehend ausgeblendet. In Anbetracht dessen soll nachfolgend die rein ökonomische Wirkungsanalyse staatlicher Ausgaben durch verhaltenswissenschaftliche Einsichten ergänzt werden.

1. *Multiplikator-Effekte, Reiz-Reaktions-Kompatibilität und Herdenverhalten*

Bezogen auf die Einkommens- und Nachfragewirkungen der öffentlichen Ausgaben wird innerhalb der ökonomischen Standardargumentation davon ausgegangen, dass eine Veränderung der Staatsausgaben in der weiteren Folge Multiplikatorprozesse innerhalb des

Wirtschaftskreislaufs auslöst, die zu Änderungen im Produktions- und Beschäftigungsniveau einer Volkswirtschaft führen. Die Höhe des Einkommenseffekts gilt dabei als sowohl durch die Höhe des Primäreffektes als auch durch das Ausmaß der multiplikativen Folgewirkungen bestimmt. Während der Staat durch die Wahl der Ausgabeart über den Primäreffekte entscheidet, resultiert der Sekundäreffekt aus dem Nachfrageverhalten der privaten Akteure (Unternehmen und private Haushalte). Als Bestimmungsfaktoren des privaten Nachfrageverhaltens wird wiederum auf die Höhe der marginalen Konsumquote der privaten Haushalte sowie die induzierten Investitionen der Unternehmen verwiesen. Weitere rein „technische" Nebenbedingungen der Multiplikator-Analyse sind sowohl die Finanzierungsart der öffentlichen Ausgaben (Steuer- vs. Schuldenfinanzierung) als auch der Grad der internationalen Verflechtung der betrachteten Volkswirtschaft (vgl. hierzu auch Zimmermann et al. 2012, S. 390 ff. oder Scherf 2009, S. 147 f.). Im Kern liegt der Multiplikator-Analyse damit weitgehend ein *rein „mechanisches" Verständnis* der kurzfristigen Wirkungszusammenhänge staatlicher Ausgabenänderungen zugrunde, bei der die stabilisierend wirkenden Einkommens- und Beschäftigungseffekte und das ihnen zugrunde liegende individuelle Entscheidungsverhalten durch die Höhe der als gegeben unterstellten marginalen Konsumquote determiniert werden. Anstelle dieser vereinfachten „Wenn-Dann-Logik", die der ökonomischen Bestimmung des Multiplikator-Effektes der öffentlichen Ausgaben zugrunde liegt, ist aus verhaltensökonomischer Sicht jedoch davon auszugehen, dass die marginale Konsumneigung in Abhängigkeit von der subjektiven Wahrnehmung der bestehenden Entscheidungssituation variiert und damit keineswegs als extern gegeben unterstellt werden kann.

Die psychologische Forschung kann hier zu einem differenzierteren Bild der möglichen Verhaltensreaktionen der privaten Akteure im Rahmen einer stabilitätsorientierten staatlichen Ausgabenpolitik beitragen. Sie liefert damit – anders als die herkömmliche Multiplikator-Analyse – eine realistischere Abschätzung der mit Ausgabenänderungen verbundenen Einkommens- und Beschäftigungseffekte. In der traditionellen (Makro-) Ökonomik werden die psychologischen Aspekte des (konjunkturellen) Wirkungszusammenhangs von Staatsausgaben in aller Regel auf die Relevanz individueller Erwartungen reduziert, die – bei einer besonders pessimistischen Ausprägung – den expansiven Einkommenseffekt eines Multiplikatorprozesses bereits unmittelbar nach dem staatlichen Ausgabeimpuls zum Erliegen bringen können (vgl. etwa Blanchard und Illing 2004, S. 407 ff. oder auch Mankiw und Taylor 2012, S. 939 ff.). D. h. im Anschluss an den ausgabeninduzierten Primäreffekt käme es in diesem Fall zu keinen weiteren einkommens- und beschäftigungswirksamen Folgeeffekten. Eine inhaltliche Zuspitzung dieser Argumentation liefert die ökonomische *Theorie rationaler Erwartungen*, der zufolge sämtliche Akteure bei Voraussagen über die Zukunft alle verfügbaren Informationen – einschließlich der Informationen über die staatliche (Ausgaben-)Politik – vollständig auswerten (vgl. für einen Überblick zur Theorie der rationalen Erwartungen die verschiedenen Beiträge in Lucas und Sargent 1981). Die vollständige Antizipation der intendierten Wirkungen einer expansiven Ausgabenpolitik kann dann dazu führen, dass der Primäreffekt aufgrund seiner Einmaligkeit sowie damit verbundener negativer Preiseffekte keine multiplikativen Folgewirkungen in Form zusätzlicher privater Investitions- und Konsumausgaben anstößt.

In der Annahme rationaler Erwartungen enthalten ist eine spezifische Vorstellung davon, wie *subjektive Lernprozesse* als Grundlage der Erwartungsbildung ablaufen. Aus ökonomischer Sicht wird dabei Lernen als ein Versuch-Irrtum-Prozess interpretiert, in dem sich Akteure ein Set an bewährten eigenen Verhaltensmustern aneignen. Lernen stellt sich hierbei als ein Prozess des „Nachjustierens" gewählter Handlungsoptionen dar (vgl. für einen Überblick zu den ökonomischen Lerntheorien Brenner 1999, S. 2 ff. oder auch Bischoff 2007, S. 67 ff.; vgl. für eine zusammenfassende Darstellung der entsprechenden Theorien ebenso Döring 2009, S. 162 ff. mit weiteren Literaturverweisen). Es handelt sich hierbei um ein experimentelles Lernen, welches aus psychologischer Sicht zu den individuellen Formen des Lernens zählt. Daneben ist aber auch ein Lernen durch Imitation denkbar, d. h. ein Individuum kopiert die Aktionen eines anderen, um so zu neuen Handlungsalternativen zu gelangen. Dies stellt eine Form des sozialen Lernens dar, wie es etwa im noch zu erläuternden Herdenverhalten seinen Ausdruck findet. Von den bislang skizzierten Lernformen unterscheidet sich darüber hinaus das sogenannte Einsichtslernen, das ein verändertes Verständnis der Entscheidungssituation eines jeweiligen Akteurs beinhaltet (vgl. Kubon-Gilke 2001; Brenner 2001 sowie Seel 2000). Ähnlich wie beim experimentellen Lernen ist zwar auch hier die Informationsrückkopplung der zentrale Lernmechanismus. Als entscheidend gilt jedoch die Intensität der Rückkopplung, die unvollkommen sein kann, sodass ein dauerhaftes Festhalten an „fehlerhaften" Erwartungen möglich ist. Dies würde jedoch bedeuten, dass eine stabilitätsorientierte Ausgabenpolitik des Staates im Unterschied zu den Aussagen der ökonomischen Theorie rationaler Erwartungen durchaus wirksam sein kann.

Ob eine mit dem Stabilitätsziel konforme Ausgestaltung der staatlichen Ausgabenpolitik zu nennenswerten Einkommens- und Beschäftigungswirkungen über den Primäreffekte hinaus führt, hängt aus psychologischer Sicht allerdings nicht allein von den Erwartungen ab. Vielmehr sind hier eine Reihe weiterer Faktoren zu nennen, die in der Finanzwissenschaft jedoch häufig – wenn überhaupt – nur am Rande thematisiert werden, die aber für die ökonomische Wirkung öffentlicher Ausgaben bedeutsam sind und die durch den alleinigen Verweis auf die Relevanz von Erwartungen nicht vollständig erfasst werden. Hierzu zählt zum einen die bereits an früherer Stelle angesprochene *Merklichkeit* ausgabeninduzierter Einkommensänderungen, die als Voraussetzung für eine zusätzliche private Nachfrage gilt und nicht – wie beim Multiplikator-Effekt – als bereits gegeben unterstellt werden kann. Die Merklichkeit wird sowohl durch die Höhe des (zusätzlichen) staatlichen Ausgabenprogramms als auch dessen mögliche zeitliche Befristung bestimmt. Fällt die induzierte Einkommenssteigerung lediglich marginal aus und ist sie zudem zeitlich begrenzt, sind Änderungen im bisherigen Entscheidungsverhalten der Akteure – hier: die Ausweitung der individuellen Nachfrage – eher unwahrscheinlich. D. h. die subjektive Wahrnehmung und gefühlte Intensität ausgabeninduzierter Einkommensveränderungen sind für das Entscheidungsverhalten der privaten Akteure maßgeblich und nicht allein der staatliche Ausgabenimpuls als solcher.

In diesem Zusammenhang ist auch von Bedeutung, dass Wirtschaftssubjekte in realen Handlungssituationen in aller Regel dazu neigen, Informationen nicht ungefiltert, sondern entsprechend den bereits bestehenden Bewertungs- und Urteilmustern zu interpretieren (*self-serving bias*). Wird beispielsweise ein sich veränderndes Einkommen nicht zugleich auch als (dauerhafte) Erweiterung der individuellen Handlungs- und Konsummöglichkeiten attribuiert, führen Ausgabensteigerungen des Staates zu keiner multiplikativen Vervielfachung der gesamtwirtschaftlichen Nachfrage. Hat sich eine solche Situationsdeutung erst einmal durchgesetzt, ist aus verhaltensökonomischer Sicht davon auszugehen, dass in weiterer Folge nur solche Informationen berücksichtigt werden, die dieses Wahrnehmungsmuster und die damit verbundene Entscheidungsdisposition legitimieren. Dies kann bewirken, dass auch weitere Ausgabenprogramme des Staates keinen oder nur einen geringen Multiplikator-Effekt auslösen. Eine Verstärkung erfährt dieser psychologische Effekt nach Kahneman und Tversky (1984, S. 13) zudem dadurch, dass Akteure dazu neigen, an einer einmal getroffenen Entscheidung festzuhalten (*status-quo bias*), was mit subjektiven Resistenzen gegenüber alternativen Handlungsoptionen verbunden ist. Diese Beharrungstendenz auf Seiten der privaten Akteure schließt mit ein, dass weitere entscheidungsrelevante Informationen systematisch ausgeblendet werden (*focus illusion*) und das individuelle Nachfrageverhalten sich trotz staatlicher Ausgabenimpulse nicht verändert.

Dass Akteure sich schließlich gegenüber unsicheren Zukunftsereignissen, zu denen auch die Phase eines konjunkturellen Niedergangs gerechnet werden kann, oft übertrieben risikoavers verhalten, dürfte die individuelle Bereitschaft, auf ein kurzfristig steigendes Einkommen mit einer konstanten marginalen Konsumquote zu reagieren, nicht gerade befördern. Psychologische naheliegender ist, dass – folgt man Thaler und Sunstein (2012, S. 119) – eine hinreichende *Reiz-Reaktions-Kompatibilität* gegeben sein muss, ohne die das individuelle Entscheidungsverhalten den gesetzten Anreizen nicht folgt. Danach ist im Anschluss an den Primäreffekt (zusätzlicher) staatlicher Ausgaben mit einem gewünschten (hier: stabilitätskonformen) Konsumverhalten nur dann zu rechnen, wenn das Signal, das ein Akteur empfängt, zu der aktuell präferierten Handlung passt. Sind demgegenüber Reiz und Reaktion aus Sicht des Akteurs inkonsistent, kommt es nicht zum erhofften Verhalten. Bezogen auf eine expansive Budgetpolitik des Staates bedeutet dies, dass steigende öffentliche Ausgaben in Phasen der Rezession nicht zwingend zu der ökonomisch erhofften Nachfragewirkung und den damit verbundenen Einkommens- und Beschäftigungseffekten führen. Dies gilt insbesondere dann, wenn ein solcher Ausgabenimpuls zu einem Zeitpunkt erfolgt, der durch einen tiefgreifenden (kollektiven) Pessimismus mit Blick auf die zukünftige wirtschaftliche Entwicklung geprägt ist (*Framing-Effekt*). In einer solchen Handlungssituation wird eine zusätzliche Ausweitung des Konsums von den Akteuren in aller Regel nicht als relevante – d. h. ernsthaft zur Wahl stehende – Entscheidungsalternative angesehen. Das gleiche gilt – wenn auch mit umgekehrtem Vorzeichen – für den Fall einer kontraktiven Ausgabenpolitik. Auch ist davon auszugehen, dass Ausgabensenkungen in Phasen der Hochkonjunktur, die in ihrer Entwicklungsdynamik durch eine Stimmung des kollektiven Optimismus befeuert werden, zu keinem nennenswerten Rückgang der privaten Investitions- und Konsumgüternachfrage führen.

Dabei ist unerheblich, ob es sich bei diesen Investitions- und Konsumentscheidungen lediglich um ein kollektiv gleichförmiges Verhalten handelt oder ob es bereits das Ergebnis eines *Herdenverhaltens* darstellt. Soweit es sich dabei um ein Herdenverhalten handelt, kann dies aus theoretischer Sicht sowohl rational als auch irrational motiviert sein. Als rationale Begründungen für ein Herdenverhalten gelten dabei das „reputational herding", das Vorliegen von „informational cascades", das „investigative herding" sowie das „externally triggered herding" (vgl. für eine inhaltliche Erläuterung dieser unterschiedlichen Formen des rationalen Herdenverhaltens die zusammenfassende Darstellung in Spiwoks et al. 2006 mit weiteren Literaturverweisen). Innerhalb der Verhaltensökonomik wird dabei vor allem nach Begründungen für die „irrationale" Variante des Herdenverhaltens gesucht. Dabei spielen nach Nguyen und Schüssler (2011, S. 10) wiederum insbesondere zwei Faktoren menschlichen Verhaltens eine besondere Rolle: Zum einen ist dies das Bestreben von Akteuren, es möglichst zu vermeiden, mit ihren Einstellungen oder Handlungen die einzigen innerhalb einer Gruppe zu sein. Hierbei ist es in erster Linie die Angst davor, als von der Norm abweichend und damit als Außenseiter zu gelten. Zum anderen neigen Akteure aber auch in anonymen Handlungssituationen dazu, das Verhalten anderer nachzuahmen. Als Grund für diese Orientierung am Mehrheitsverhalten wird darauf verwiesen, dass Personen dies deshalb tun, „weil sie denken, es sei unwahrscheinlich, dass eine große Gruppe von Menschen sich irre" (ebenda). Empirische Untersuchungen zum Herdenverhalten liegen mittlerweile in großer Zahl vor. Diese sind allerdings nicht speziell auf die Überprüfung der Wirkung dieses Verhaltenstypus im Zuge einer stabilitätsorientierten Ausgabenpolitik ausgerichtet. Im Mittelpunkt des Untersuchungsinteresses stand bislang vor allem das Herdenverhalten auf Finanzmärkten, wobei jedoch nicht in allen Untersuchungen eine entsprechende Evidenz für dieses Verhalten gefunden wurde.

Während in empirischen Feldstudien für die USA von Christie und Huang (1995), Chang et al. (2000) und Gleason et al. (2004), für China von Demirer und Kutan (2004) sowie für Honkong von Chang et al. (2000) kein marktweites Herdenverhalten nachgewiesen werden konnte, findet sich demgegenüber in den Untersuchungen für die USA von Demirer und Lien (2001) sowie Hwang und Salmon (2004), für Australien von Henker et al. (2003), für Deutschland von Oehler (1998) sowie Oehler und Chao (2000), für China von Chen et al. (2003), für Japan und Taiwan von Chang et al. (2000) sowie für Südkorea von Chang et al. (2000) sowie Hwang und Salmon (2004) empirische Evidenz für ein solches Verhalten auf Finanzmärkten. Demgegenüber wurde in Laborexperimenten unisono ein entsprechendes Herdenverhalten empirisch nachgewiesen (vgl. hierzu stellvertretend die Ergebnisse der Verhaltensexperimente von Anderson und Holt 1997, Willinger und Ziegelmeyer 1998, Allsopp und Hey 2000, Alevy et al. 2003, Celen und Kariv 2004 oder auch Choi et al. 2004; vgl. für eine zusammenfassende Darstellung empirischer Studien zum Herdenverhalten auch Freiberg 2004). Für andere Märkte und ökonomische Entscheidungssituationen durchgeführte Studien liefern ebenfalls einen empirischen Beleg für das Phänomen des Herdenverhaltens. So weisen Asaba und Lieberman (1999) für die Neueinführung von Produkten in verschiedenen Märkten ein solches Verhalten nach. Auch belegen Chang et al. (1997) für die Standortwahl von Zweigniederlassungen von Unternehmen ein entsprechendes Herdenverhalten. Schließlich finden Nakagawa und Uchida (2003), Rötheli (2001) ebenso wie Barron und Valev (2000) empirische Evidenz für ein Herdenverhalten bei der Kreditvergabe an Unternehmen in Japan, der Schweiz sowie in den USA.

Dass die verhaltensökonomischen Erkenntnisse zur stabilitätspolitischen Wirkungsbegrenzung staatlicher Ausgabenpolitik in einschlägigen finanzwissenschaftlichen Lehrbüchern häufig unberücksichtigt bleiben oder – wenn doch – lediglich am Rande angesprochen werden, überrascht umso mehr, wie die Idee einer stabilitätsorientierten Ausgabenpolitik an die grundlegenden Überlegungen von Keynes (1936, 2009) zu den Ursachen einer konjunkturellen Unterbeschäftigung anknüpft, die bereits eine Vielzahl an Hinweisen auf *psychologische Verzerrungen* des individuellen Entscheidungsverhaltens enthalten. Deutlich wird dies beispielsweise dort, wo er zur Erklärung des Investitionsverhaltens von Unternehmen im Konjunkturverlauf sowohl auf den Einfluss der Verfügbarkeitsheuristik als auch auf die Status-quo-Gebundenheit der Erwartungsbildung verweist. So stellt Keynes (1936, 2009, S. 126) mit Blick auf die Erwartungsbildung im Kontext des unternehmerischen Investitionsverhaltens fest: „Es ist daher vernünftig, daß wir uns in einem beträchtlichen Maß durch die Tatsachen leiten lassen, hinsichtlich derer wir uns einigermaßen zuversichtlich fühlen, obschon sie von weniger ausschlaggebender Bedeutung für den Ausgang sein mögen als andere Faktoren, über die unsere Kenntnis unbestimmt und spärlich ist. Aus diesem Grunde werden die Tatsachen der gegenwärtigen Lage in die Bildung unserer langfristigen Erwartungen einbezogen, da es unser übliches Verfahren ist, die gegenwärtige Lage zu nehmen, in die Zukunft zu verlängern und sie nur in dem Maß abzuändern, in welchem wir mehr oder weniger genaue Gründe für die Erwartung einer Änderung haben". An gleicher Stelle betont Keynes auch die psychologische Relevanz, die dem „Stand des Vertrauens" zukommt, „[…] dem Geschäftsleute immer die tiefste und sorgfältigste Beachtung schenken" (ebenda). Und weiter: „Die Ökonomen haben ihn [den Stand des Vertrauens – T.D.] aber nicht sorgfältig analysiert und sich in der Regel damit begnügt, ihn in allgemeinen Ausdrücken zu erörtern" (ebenda).

Auch spricht Keynes (1936, 2009, S. 131) die Irrationalität des Herdenverhaltens an, das auf Märkten beobachtet werden kann und einen maßgeblichen Bestimmungsfaktor von Konjunkturverläufen darstellt. Er verweist hier unter anderen auf die Situationsbewertungen von Marktteilnehmern, die „auf der Massenpsychologie einer großen Zahl unwissender Menschen" beruhen und die „heftigen Schwankungen […] als Folge einer plötzlichen Meinungsänderung" ausgesetzt sein können (ebenda). Als Ergebnis „wird der Markt Wellen von Optimismus und Pessimismus ausgesetzt sein, die unvernünftig und doch in einem Sinne gerechtfertigt sind, wenn keine soliden Grundlagen für eine vernünftige Berechnung bestehen" (ebenda). Vor allem die von Keynes (1936, 2009, S. 137) wiederholt betonte Bedeutung jener „animalischen Instinkte" (animal spirits) ist es, die nach Akerlof und Shiller (2009, S. 10) auf ein weit gefasstes Verhaltensmodell verweist, das – vergleichbar dem dualen Handlungsmodell der Verhaltensökonomik – neben der Option des rationalen Handelns auch „irrationale" Facetten und Motive des menschlichen Verhaltens in die Betrachtung mit einbezieht. Die mathematisch-formale Darstellung der Überlegungen von Keynes zur Existenz und Überwindung von Unterbeschäftigungsgleichgewichten mittels des bekannten IS-LM-Modells von Hicks (1937) hat jedoch dazu geführt, dass die psychologische Fundierung des Akteursverhaltens, wie sie sich noch in der Konjunkturtheorie von Keynes findet, in der Folgezeit innerhalb der Makroökonomik ausgeblendet wurde.

2. *Verteilungswirkungen, Gerechtigkeitsempfinden und relatives Einkommen*

Die Ausgabenpolitik des Staates bewirkt nicht nur Einkommens- und Beschäftigungseffekte, die zu einer Veränderung der Wirtschaftsleistung einer Volkswirtschaft beitragen. Mit den öffentlichen Ausgaben sind zudem (Um-)Verteilungseffekte bezogen auf die Einkommens- und Vermögensposition der privaten Haushalte verbunden. Dabei ist das Augenmerk neben der Gewährung von Sozialtransfers, die nach Scherf (2009, S. 148) bei „Verteilungsanalysen meist im Vordergrund stehen", auch auf die Verteilungswirkung der Bereitstellung staatlicher Leistungen gerichtet. Konzentriert man sich zunächst auf die distributiven Effekte öffentlicher Güter, setzt deren Erfassung aus finanzwissenschaftlicher Sicht eine Gegenüberstellung von Ausgabenvorteil (Nutzen) und steuerfinanzierungsbedingter Belastung (Kosten) differenziert nach Einkommensgruppen voraus. Ein solcher Nutzen-Kosten-Vergleich, der sich theoretisch als Saldo aus der Summe der individuellen Zahlungsbereitschaften für einzelne staatliche Leistungen und der insgesamt geleisteten Abgabensumme darstellt, stößt jedoch nicht allein an die Grenzen einer rein ökonomischen Inzidenzanalyse in Gestalt unzureichender „objektiver" Informationen hinsichtlich des Nachfrageverhaltens sowie der Wertschätzung öffentlicher Güter und der damit verbundenen Staatsausgaben aus Sicht der Nutznießer.

In Anbetracht dessen stellt auch Scherf (2009, S. 149) fest: „Theoretisch ist der Umverteilungseffekt öffentlicher Güter einfach abzugrenzen. Die Nutzer sind in unterschiedlichem Maße freiwillig dazu bereit, einen Preis für das einzelne öffentliche Gut zu entrichten. Daraus kann durch Aggregation ihre gesamte Zahlungsbereitschaft für die Summe der vom Staat bereitgestellten öffentlichen Güter ermittelt werden. Sie ist dann mit der Abgabensumme (Steuern, Gebühren, Beiträge) zu vergleichen, die das Wirtschaftssubjekt zu tragen hat. Die Differenz zwischen freiwilliger Zahlungsbereitschaft und Abgabensumme wäre prinzipiell ein geeignetes Maß für die Umverteilung zwischen den Nutznießern der staatlichen Leistungen. Die hierfür benötigten Informationen über die Inanspruchnahme und Wertschätzung der Nutzer stehen praktisch aber nicht zur Verfügung. [...] Allein anhand der Nutzerprofile ist [...] noch keine valide Aussage über die Verteilungswirkungen möglich. Hierzu müsste eben auch die Zahlungsbereitschaft bekannt sein, die sich wegen fehlender Marktpreise kaum messen lässt. Dementsprechend lassen sich lediglich Tendenzaussagen über die Verteilungseffekte einzelner Staatsleistungen treffen [...]". Eine entsprechende Gegenüberstellung von Nutzen und Kosten des staatlichen Leistungsangebots unterliegt auch psychologischen Restriktionen, die aus verhaltensökonomischer Perspektive entsprechend berücksichtigt werden sollten.

So hat bekanntermaßen schon Schmölders (1970, S. 32 ff.) mit seinen finanzpsychologischen Untersuchungen darauf aufmerksam gemacht, dass die Merklichkeit des öffentlichen Leistungsangebots ein entscheidender Faktor ist, ob und inwieweit dieses überhaupt ins Auge fällt. Danach variiert – unabhängig von der tatsächlichen Ausgabenhöhe – das subjektive Gefühl der Vorteilsgewährung in Abhängigkeit von der öffentlichen Leistungs- bzw. Ausgabeart. Diese frühen Untersuchungen verdeutlichen bereits, dass eine Ausgabeart als umso weniger nutzenstiftend bewertet wird, je geringer die *subjektive Merklichkeit* des Ausgabenvorteils der entsprechenden staatlichen Leistung ist. Dabei weisen – wie schon an anderer Stelle betont (siehe hierzu nochmals die Ausführungen in Kap. 4.1.2) – insbesondere solche Staatsleistungen eine vergleichsweise geringe Merklichkeit auf, die – wie etwa Leistungen in Form der Verteidigungs- oder der Außenpolitik – über eine ausgeprägte „Kollektivgutkomponente" bzw. eine geringe „Individualgutkomponente" verfügen. Entsprechend stellen auch Zimmermann et al. (2012, S. 334) zutreffend fest: „Unter dem Aspekt der Zurechenbarkeit einer Leistung ist es zweckmäßig, empfängerindifferente bzw. ‚unteilbare' (z. B. Verteidigung oder Polizei) von empfängerspezifischen Leistungen (z. B. Schulbesuch) zu trennen". Neben der Ausgabenmerklichkeit dürften aus psychologischer Sicht aber auch das wahrgenommene Verhältnis von Ausgaben- und Finanzierungsseite des öffentlichen Budgets insgesamt und ein gemäß der *Equity-Theorie* sich damit verbindendes Gefühl der Fairness einen Einfluss auf die individuelle Zahlungsbereitschaft für einzelne staatliche Leistungen haben. Kommen beispielsweise die Bürger bei einem entsprechend praktizierten Nutzen-Kosten-Vergleich zu dem Ergebnis, dass der gesamte öffentliche Haushalt aus subjektiver Sicht als ein ungerechter Ressourcenaustausch einzustufen ist, dürfte dies nicht ohne negative Rückwirkungen auf die Vorteilseinschätzung einzelner staatlicher Ausgaben und die sich daraus ableitende individuelle Zahlungsbereitschaft sein (*Framing-Effekt*).

Aus Sicht der *Prospect-Theorie* ist mit Blick auf die subjektive Einschätzung der Tauschgerechtigkeit wiederum zu berücksichtigen, dass Ausgabenvorteil und Finanzierungsbelastung nicht gleichgewichtet gegeneinander abgewogen werden, sondern einer asymmetrischen Wahrnehmung unterliegen, bei der bekanntermaßen aufgrund des *Endowment-Effekts* bestehende Abgabenbelastungen deutlich höher als gegebene Ausgabenvorteile bewertet werden. Die zuletzt formulierten Einsichten legen die Schlussfolgerung nahe, dass – soweit inzidenzanalytisch überhaupt möglich – zwischen ökonomisch ermittelten („objektiven") Verteilungseffekten und subjektiv wahrgenommenen distributiven Wirkungen öffentlicher Güter und damit verbundenen (Transformations-)Ausgaben eine mehr oder weniger große Diskrepanz bestehen kann. Es ist überflüssig zu betonen, dass aus psychologischer Sicht für das individuelle Bewertungsverhalten bezogen auf das staatliche Leistungsniveau nicht dessen objektive Höhe und Struktur, sondern vielmehr dessen subjektive Wahrnehmung ausschlaggebend ist.

Anders als bei der Bereitstellung öffentlicher Güter und den damit einhergehenden distributiven Effekten steht bei den sozialpolitischen Transferleistungen an private Haushalte (Arbeitslosengeld, Sozialhilfe, Kindergeld, Wohngeld etc.) die Verteilungswirkung im Zentrum der staatlichen Ausgabenpolitik. Aus Sicht der Finanzwissenschaft wird bezogen auf die Ausgestaltung von Transferleistungen sowohl zwischen monetären und nichtmonetären (realen) Transfers als auch zwischen (zweck-)gebundenen und ungebundenen Transfers unterschieden (vgl. etwa Scherf 2009, S. 150). Für die Analyse der psychologischen Dimension der Verteilungswirkungen von Transferzahlungen sind diese ausgestaltungsbezogenen Differenzierungen jedoch ohne Bedeutung. Aufgrund der direkten Gewährung von Sozialleistungen ist zwar sowohl eine hohe Ausgabenmerklichkeit als auch eine individuelle Zurechenbarkeit auf Seiten der Zahlungs- bzw. der Leistungsempfänger gewährleistet. Dies führt aber auch bei dieser Ausgabeart keineswegs dazu, dass „objektive" Verteilungswirkung und deren subjektive Wahrnehmung deckungsgleich sein müssen. So haben die Untersuchungsergebnisse der ökonomischen Glücksforschung die Erkenntnis befördert, dass nicht allein absolute Einkommenspositionen und deren Veränderung, sondern *relative Einkommenspositionen*, die im neoklassischen Standardmodell keine Rolle spielen, subjektives Glücksempfinden und individuelle Realitätswahrnehmung maßgeblich beeinflussen (vgl. zum empirischen Nachweis der Bedeutung solcher relativen Einkommenspositionen für die Lebenszufriedenheit etwa Clark und Oswald 1996; Ferrer-i-Carbonell 2005; Grund und Sliwka 2007 oder auch Clark et al. 2009; vgl. für eine Zusammenfassung der Untersuchungsergebnisse der ökonomischen Glücksforschung Weimann et al. 2012, S. 28 ff.).

Ursächlich hierfür ist, dass subjektive Entscheidungen – ähnlich wie bei der Ankerheuristik – in aller Regel auf der Grundlage von Referenzwerten (und der relativen eigenen Position dazu) getroffen werden (vgl. Corneo und Grüner 2002, Ravallion und Lokshin 2000 sowie Corneo und Grüner 2000). Im Fall einkommensbezogener Entscheidungen kann als eine solche Referenz sowohl das eigene frühere Einkommen (internes Referenzeinkommen) als auch das aktuelle Einkommen anderer Personen oder einer sozialen Bezugsgruppe (externes Referenzeinkommen) dienen. Ein in verhaltensökonomischer Sicht besonderes Problem ergibt sich dabei aus der empirischen Erkenntnis, dass ein solcher Referenzwert dynamischen Verschiebungen unterliegt, d. h. es kommt aufgrund von *Gewöhnungseffekten* über die Zeit zu einer Veränderung des inneren Vergleichsmaßstabs. Dies hat im Fall des internen Referenzeinkommens zur Konsequenz, dass eine mittels staatlicher Transferausgaben bewirkte Einkommenserhöhung bezüglich der eigenen Lebenszufriedenheit häufig nur vorübergehend als Ergebnis staatlicher (Um-)Verteilungspolitik gedeutet wird (vgl. hierzu vor allem Brickman et al. 1978 sowie Praag und Frijters 1999). Wird demgegenüber als Referenzmaßstab auf das Einkommen der übrigen Transferempfänger als relevanter sozialer Bezugsgruppe abgestellt, kann dies aufgrund eines sich nicht verändernden relativen Einkommens sogar dazu führen, dass aus subjektiver Sicht die sich mit öffentlichen Transferleistungen verbindenden Verteilungseffekte nicht auch als solche wahrgenommen werden.

Eine besondere Herausforderung für die staatliche Transferpolitik stellt dabei wiederum der bereits an früherer Stelle erwähnte *Hamsterrad-Effekt* dar, demzufolge dem individuellen Handeln ein anhaltendes Streben nach Einkommenssteigerung zugrunde liegt, ohne dass damit jedoch zugleich auch eine Steigerung des persönlichen Glücksgefühl verbunden wäre. Analog zur Wirkungsanalyse der (Einkommens-)Besteuerung, wie sie von Layard (2005) dargelegt wurde, ist auch mit Blick auf Verteilungseffekte staatlicher Ausgaben von Bedeutung, dass sich jeder durch staatliche Transfermaßnahmen bewirkte Einkommensanstieg nicht nur auf das Entscheidungsverhalten der unmittelbar Begünstigten auswirkt, sondern ebenso auf das Verhalten aller anderen Personen, weil sich zugleich auch deren relative Einkommensposition verändert. Dies hat neben den ausgabenseitigen Verteilungseffekten auch spezifische negative Effizienzwirkungen zur Folgen, da der Hamsterrad-Effekt – ökonomisch interpretiert – zu einer (negativen) Externalität in Form einer übermäßigen und insofern ineffizienten Ausweitung des Arbeitsangebots der Nichttransfer-Empfänger zur Steigerung des eigenen Einkommens führt.

3. *Anreizeffekte staatlicher Sozialausgaben und empirische Untersuchungen*

Eine Analyse der Verteilungseffekte staatlicher Sozialausgaben ist innerhalb der Finanzwissenschaft nicht selten zugleich mit einer Betrachtung der davon ausgehenden Anreizwirkungen verbunden, wie sie etwa im sogenannten *Schwellenphänomen* oder auch im *Armutsfallen-Effekt* („poverty trap") ihren Niederschlag finden. Im Mittelpunkt der ökonomischen Analyse stehen hierbei vor allem jene negativen Anreizwirkungen, die sich als Folge zu hoch bemessener Transferleistungen mit Blick auf Arbeitsbereitschaft und Einkommenserzielung ergeben können. Im Fall des Schwellenphänomens ergibt sich dieser negative Effekt dadurch, dass eine Kombination aus sozialer Grundsicherung und Hinzuverdienstmöglichkeiten zu einem verfügbaren Einkommen führt, welches höher ist als jenes Einkommen, das ohne staatlichen Unterstützungsanspruch im Niedriglohnsektor erzielt werden kann. Mit der Armutsfalle wird demgegenüber eine Situation beschrieben, bei der Haushalte kein oder ein nur so hohes Einkommen erwirtschaften, welches unterhalb des bestehenden Sozialhilfesatzes liegt, und sie daher auf die Gewährung staatlicher Unterstützungsleistungen angewiesen sind. Es handelt sich dabei insofern um eine „Falle", wie bei der Gewährung entsprechender Sozialtransfers ein gegebener Hinzuverdienst nicht selten vollständig angerechnet wird (vgl. für eine ausführlichere Darstellung der beiden Anreiz-Effekte die entsprechenden Ausführungen in Scherf 2009, S. 152 ff.).

Breyer und Buchholz (2009, S. 264, 267) sprechen in diesem Zusammenhang von der „Sozialhilfefalle", die nur unter Wahrung eines „Lohnabstandsgebots" vermieden werden kann (vgl. zur bestehenden Anreizsituation im Bereich niedriger Einkommen in Deutschland zudem Creutzburg (2013, S. 15). In gleicher Weise stellt auch Corneo (2012, S. 208) fest: „Paradoxerweise kann öffentliche Armutsbekämpfung eine Armutsfalle hervorbringen, aus der die betroffene Person nur durch große Anstrengung entkommen kann. Andererseits ist ein Leistungsmissbrauch durch arbeitsfähige Individuen möglich, indem sie Einkünfte aus Schwarzarbeit verheimlichen". In beiden Fällen kommt es aus ökonomischer Sicht zu einem Problem des *Moralischen Risikos* („moral hazard"), d. h. es besteht auf Seiten der Transferempfänger keinerlei Anreiz, sich durch zusätzliche eigene Anstrengungen aus der Situation eines zu geringen Einkommens zu befreien, auch wenn sie die Möglichkeit und Fähigkeit dazu hätten. Für die Anreizanalyse staatlicher Sozialausgaben stellen somit die Höhe bestehender Sozialtransfers, deren zeitliche Dauer sowie die Ausgestaltung der Hinzuverdienstmöglichkeiten wesentliche Bestimmungsfaktoren dar. Die psychologische Forschung zu den Anreizwirkungen staatlicher Sozialausgaben führt hier zu keinen grundlegend anderen Erkenntnissen als ökonomische Untersuchungen. Psychologische Theorien und empirische Studien können hier jedoch sowohl zu einer verhaltenswissenschaftlichen Fundierung grundlegender ökonomischer Einsichten als auch zu deren weiterer Differenzierung beitragen.

Frühe empirische Erkenntnisse zu den Anreizwirkungen staatlicher Sozialausgabenprogramme und deren Ausgestaltung konnten – folgt man Pelzmann (2012, S. 241 ff.) – bereits zum Ende der 1960er Jahre sowie zu Beginn der 1970er Jahre im Rahmen groß angelegter Feldstudien in den USA zu den Effekten eines garantierten Mindesteinkommens, den „Income-Maintenance-Experiments" in Teilen New Jerseys und Pennsylvanias, gewonnen werden (vgl. hierzu die Untersuchungen von Pechman und Timpane 1975; Kershaw und Fair 1976; Rossi und Lyall 1976; Watts und Rees 1977a, b sowie Ferber und Hirsch 1978; vgl. zum Untersuchungsdesign dieser Feldstudien auch Conslik und Watts 1969; die Studien lassen sich auch als Beispiel für eine evidenzbasierte Wirtschafts- und Finanzpolitik verstehen, wie sie aktuell etwa von Buch et al. 2013 verstärkt für die Ausrichtung der ökonomischen Politikberatung in Deutschland eingefordert wird; als Beispiel für eine solch evidenzbasierte Wirkungsanalyse kann die von Prognos 2012 vorgelegte Evaluations-Studie zu den ehe- und familienpolitischen Leistungen angesehen werden; vgl. hierzu ebenfalls Bonin et al. 2013). Ausgehend von der ökonomischen Annahme, dass der *Substitutionseffekt* eines staatlichen Mindesteinkommens im Regelfall negativ ausfällt, der *Einkommenseffekt* demgegenüber sowohl negativ als auch positiv sein kann, wobei in der Summe beider Effekte mit einer negativen oder lediglich geringfügig positiven Wirkung zu rechnen ist, wurden in den entsprechenden Feldexperimenten mehr als 1200 Familien innerhalb eines mehrjährigen Beobachtungszeitraums daraufhin untersucht, wie sich das Ausmaß an Erwerbstätigkeit einerseits in Abhängigkeit unterschiedlicher Sozialausgabenniveaus und andererseits unter Berücksichtigung verschieden hoher Anrechnungssätze des zusätzlich verdienten Einkommens auf die Sozialtransfers entwickelt. In den Felduntersuchungen zeigte sich, dass die Gewährung staatlicher Mindesteinkommen zu einer signifikanten Reduzierung der Erwerbsbereitschaft bei den untersuchten Familien führte.

Pelzmann (2012, S. 247) fasst die Ergebnisse der Feldexperimente wie folgt zusammen: „Im Durchschnitt gingen die geleisteten Arbeitsstunden des Familienoberhauptes bei weißen Familien um 2,4 h pro Woche zurück, bei spanisch sprechenden Familien um 7,3 h; bei schwarzen Familien hingegen nahm die Zahl der geleisteten Wochenarbeitsstunden zu [...]. Die Erwerbstätigkeit der Frauen nahm in den untersuchten Familien deutlich ab, um ca. 20 %. Bei einer 50 %-Besteuerung des zusätzlichen Einkommens wurde pro Familieneinheit im Durchschnitt eine Reduktion der Erwerbstätigkeit um 7 % festgestellt, wobei das Income-Maintenance-Programm bei weißen Familien zu einer höheren Reduktion der eigenen Einkommensbeschaffung führte als bei schwarzen". Demgegenüber zeigte sich keinerlei empirisch bedeutsame Wirkung des Income-Maintenance-Programms auf die Gesundheit, die Zahl an Scheidungen, den Familienzuwachs oder auch den Schulbesuch der Kinder der befragten Familien. Auch zeigte sich, dass in Familien mit einer ausgeprägten Konsumorientierung ein ebenso ausgeprägter Anreiz zur Erwerbstätigkeit unabhängig von den garantierten Sozialtransfers gegeben war. Oder mit den Worten von Pelzmann (2012, S. 247): „Wo ausgeprägte Konsumwünsche und ein gewisses Vertrauen in die eigene Leistungsfähigkeit vorhanden waren, wurde die Gelegenheit, das vorhandene Einkommen zu steigern, genützt". Schließlich wirkte sich auch die zeitliche Begrenzung der Sozialtransfers sowie *Gewohnheitseffekte* im Sinne früherer Erwerbstätigkeit auf Seiten der Transferempfänger positiv auf die Bereitschaft zu Mehrarbeit aus.

Diese Ergebnisse konnten auch in weiteren Folgeuntersuchungen bestätigt werden, wobei neben einer Wiederholung des New Jersey-Pennsylvania-Experiments weitere Familien in rein ländlichen Regionen („Rural N.C.-Iowa-Experiment") sowie in rein städtischen Gebieten („Denver-Seattle-Experiment") in die Befragungen mit einbezogen wurden. Analog zu den früheren Untersuchungsergebnissen zeigte sich auch hier, dass sich die Gewährung von Sozialtransfers in Form eines garantierten Mindesteinkommens in der Regel nachteilig auf die Erwerbsbereitschaft auswirkte. Dies traf jedoch nicht auf solche Personen zu, die zum Zeitpunkt der Gewährung der Sozialtransfers bereits in einem Beschäftigungsverhältnis standen. Demgegenüber reduzierte sich der Anreiz zur Arbeit bei Zweitverdienern signifikant. Hinsichtlich der unterschiedlichen Regionen führten die Untersuchungen zu dem Ergebnis, dass im ländlichen Raum die Sozialtransfers weder auf die geleisteten Arbeitsstunden noch auf die Erwerbsbereitschaft der männlichen Befragten einen Einfluss hatten. Im Unterschied dazu gingen die geleisteten Arbeitsstunden sowohl in New Jersey und Pennsylvania als auch in den städtischen Regionen von Denver und Seattle in einer Spannbreite zwischen 1 und 9 % zurück. Allerdings wurde ebenso deutlich, dass immer dann, wenn die Arbeitsmarktlage gut war, die Befragten eine Erwerbstätigkeit dem Empfang von Sozialtransfers vorzogen. Nur jener Personenkreis, der zum Zeitpunkt der Untersuchung ohne Arbeit war und zugleich schlechte Arbeitsmarktaussichten hatte, beschränkte sein Verhalten auf den Empfang von Leistungen aus den bestehenden Sozialprogrammen.

Auch mit Blick auf die jüngere Vergangenheit werden in vielen westlichen Industrieländern Transferzahlungen unter den Zielen der sozialen Grundsicherungen bzw. der (Mindest-)Einkommenssicherung im Niedriglohnsektor eingesetzt (vgl. zu den nachfolgenden Ausführungen auch Döring und Rischkowsky 2011). Bezogen auf letzteres kann hier beispielhaft auf den Earned Income Tax Credit (EICT) in den USA, den Working Families Tax Credit (WFTC) in Großbritannien, das Earning Supplements Programme (ESP) und Self-Sufficiency Project (SSP) in Kanada oder auch die finanzielle Unterstützung von Geringverdienern in Frankreich verwiesen werden (vgl. zum Überblick Pearson und Scarpetta 2000 oder auch Steiner 2007). Anstelle von direkten Sozialtransfers erfolgt im Rahmen dieser Programme die staatliche Begünstigung der Förderberechtigten allerdings nicht mittels staatlicher Ausgabenpolitik sondern in Form der Gewährung von Lohnsteuernachlässen, die jedoch in ihrer ökonomischen Wirkung mit der Zahlung von Transferleistungen vergleichbar sind. Abweichend von den Untersuchungsergebnissen zu den „Income-Maintenance-Programms" zeigen empirische Studien zur Evaluation der hier genannten Programme, dass – jenseits gewisser Unterschiede im Detail – die entsprechenden Maßnahmen im Zeitablauf sowohl zu einer nachweisbaren Erhöhung der Zahl der Beschäftigten beigetragen als auch (wenngleich in geringerem Umfang) zu einer Steigerung der geleisteten Arbeitsstunden geführt haben (vgl. zu den einzelnen Studien Holz und Scholz 2000, Dilnot und McCrae 2000, Greenwood und Voyer 2000 sowie Fitoussi 2000). Der *Beschäftigungseffekt* variiert allerdings erheblich und hängt von der Ausgestaltung der einzelnen Maßnahmen ab. Die Studien – die nicht auf Akteurs- sondern auf Makrodaten zurückgreifen – zeigen auch, dass die gewährten Transfers durch eine merkliche Umverteilungswirkung zugunsten ärmerer Einkommensgruppen gekennzeichnet sind, was auf deren hohe sozialpolitische Treffsicherheit zurückgeführt wird. Der Grund hierfür kann darin gesehen werden, dass es sich bei den genannten Programmen um eine direkte Begünstigung von Arbeitnehmern handelt, die dazu dient, die finanziellen Anreize zur Aufnahme einer gering entlohnten Beschäftigung zu verbessern.

Auch in Deutschland existieren bekanntermaßen verschiedene Programme zur transferinduzierten Einkommenssicherung, deren Wirksamkeit vereinzelt auch schon in empirischen Studien untersucht wurde. Hier sind vor allem jene Untersuchungen von Interesse, die sich mit den Auswirkungen der sogenannten „Hartz-Reformen" beschäftigen, zu deren Zielsetzungen eine stärkere Beschäftigungsförderung durch zum einen eine Reduzierung der Sozialtransfers an Arbeitslose und zum anderen eine finanzielle Aufstockung von Löhnen im Niedriglohnsektor zählt. Bei dem zuletzt genannten Teil der Reform der Arbeitslosenunterstützung handelt es sich im Kern um ein „Kombilohn-Modell", welches beim Bezug von Arbeitslosenunterstützung (Sozialtransfer) eine Hinzuverdienstmöglichkeit vorsieht. Folgt man Creutzburg (2013), beläuft sich in Deutschland die Zahl der Erwerbstätigen, deren Einkommen unterhalb des sozialgesetzlich vorgesehenen Bedarfs für Langzeitarbeitslose liegt und die daher ergänzende staatliche Einkommenszuschüsse erhalten, auf 1,3 Mio. Personen (Stand: Oktober 2013). Diese Zahl wird auch von Alt (2013, S. 31) bestätigt, der mit Blick auf die Hartz IV-Reform im Jahr 2005 feststellt: „Über eine Million Menschen sind seit Einführung der Grundsicherung dauerhaft auf staatliche Leistungen angewiesen, rund 300.000 haben seit 2005 kein eigenes Erwerbseinkommen erzielt". Die Summe der diesbezüglich staatlicherseits gewährten Sozialtransfers beträgt gegenwärtig 11 Mrd. € pro Jahr.

Dabei zeigt sich, dass die Beschäftigungswirkungen in Abhängigkeit von der jeweils betrachteten Einzelmaßnahme zum Teil erheblich schwanken. Richtet man den Blick zunächst auf die Reform der Arbeitslosenunterstützung (Arbeitslosengeld I und II), die unter anderen eine Reduzierung von Höhe und Laufzeit der Transferzahlungen vorsieht, kann vor allem ein deutlicher Rückgang der Langzeitarbeitslosigkeit festgestellt werden. Dies würde – ceteris paribus – für einen positiven Anreizeffekt begrenzter Sozialtransfers sprechen. Vergleichbare Effekte auf die kurzfristige Arbeitslosigkeit sind demgegenüber empirisch nicht feststellbar (vgl. hierzu auch Döring und Rischkowsky 2011 mit weiteren Literaturverweisen). Im Unterschied dazu kommt eine Evaluierung der „Mini-Jobs"-Reform, die eine Subventionierung der Sozialversicherungsbeiträge bei geringfügiger Beschäftigung vorsieht, zu dem Ergebnis, dass diese Maßnahme zu keiner Erhöhung der Zahl der Beschäftigten geführt hat. Erkennbar sind vielmehr Substitutions- und *Verdrängungseffekte* von regulärer durch subventionierte Beschäftigung, von der vor allem in Teilzeit beschäftigte Frauen stark betroffen sind (vgl. die empirischen Studien von Caliendo und Wrohlich 2006 sowie Freier und Steiner 2007; vgl. ebenso Steiner 2007, S. 8 ff.).

Während die zurückliegend dargestellten Untersuchungsergebnisse keine besondere verhaltenswissenschaftliche Fundierung aufweisen, trifft dies nicht auf die empirische Studie von Falk et al. (2006) zu, die sich mit den *Anreizen von Mindestlöhnen* beschäftigt, deren Ergebnisse aber auch auf die Wirkung staatlicher Ausgaben zur Grundsicherung übertragen werden können. So konnte im Rahmen von Laborexperimenten auf (fingierten) Arbeitsmärkten gezeigt werden, dass sich mit der Einführung eines Mindestlohns auf Seiten der Arbeitnehmer zugleich der subjektive Maßstab verschiebt, welche Lohnhöhe in Relation zum Arbeitsaufwand als angemessen und damit als fair eingestuft werden kann. So bewerteten die Untersuchungsteilnehmer sehr niedrig bemessene Löhne so lange als gerechtfertigt oder sogar als generös, so lange es kein verbindlich festgelegtes Mindestlohnniveau gab. Mit der Einführung des Mindestlohns änderte sich diese Sichtweise jedoch schlagartig: Lohnangebote seitens der Unternehmen, die unterhalb der Mindestlohnschwelle lagen, wurden als „ausbeuterisch" oder „geizig" und damit als unfair bewertet. Der Mindestlohn veränderte somit den Reservationslohn als jenem Schwellenwert, unterhalb dessen eine Person nicht bereit ist, ein Arbeitsangebot anzunehmen (vgl. für den Zusammenhang zwischen Gerechtigkeitsempfinden, Reziprozitätsnorm und Lohnstarrheit zudem Bewley 2004).

Mit Kirchler (2011, S. 488 f.) kann unter Bezug auf Davis und Holt (1993, S. 142) daher zum einen festgestellt werden, dass „in sozialen Beziehungen und damit auch auf Märkten Reziprozitäts- und Fairnessnormen handlungsregulierend sind". Zum anderen merken Häring und Storbeck (2007, S. 44 ff.) mit Blick auf die Untersuchung von Falk et al. (2006) zutreffend an: „Wenn man einen Mindestlohn einführt, sollte man sich seiner Sache auf jeden Fall sehr sicher sein. Denn Mindestlöhne sind wie Zahnpasta [...]. Wenn man die aus der Tube gedrückt hat, gibt es kein Zurück mehr. Wenn man einen Mindestlohn abschafft, wirkt er weiter. Und nicht nur Niedriglöhner sind betroffen – die gesamte Lohnstruktur der Wirtschaft rutscht nach oben". Es handelt sich dabei um eine Art mentalen „Sperrklinken-Effekt", d. h. die Ankerwirkung des Mindestlohns bleibt selbst dann noch bestehen, wenn dieser staatlicherseits schon längst wieder abgeschafft wurde. Ein vergleichbarer *Ankereffekt* dürfte mit der Höhe staatlicher Sozialausgaben zur Grundsicherung verbunden sein. Auch hier ist davon auszugehen, dass die gegebenen Sozialhilfesätze das Gerechtigkeitsempfinden bezüglich des am Markt erzielbaren Arbeitseinkommens maßgeblich beeinflussen. Das bedeutet allerdings auch, dass die von den Sozialausgaben ausgehenden Anreizeffekte von den jeweils bestehenden *Fairnesseinschätzungen* abhängen bzw. von diesen mit bestimmt werden.

Eine Betrachtung des Problems der „Armutsfalle" wäre unvollständig, wenn nicht zugleich auch auf das Phänomen der „verdeckten Armut" eingegangen wird. So weist etwa Corneo (2012, S. 209) darauf hin, dass es mit Blick auf die bestehenden Sozialtransfers „zahlreiche Bezugsberechtigte gibt, die ihre Ansprüche nicht geltend machen und in einer Armutslage bleiben". Folgt man Kayser und Frick (2000), schätzt die überwiegende Zahl der für Deutschland vorliegenden empirischen Studien die Quote der Nichtinanspruchnahme entsprechender staatlicher Leistungen zur Grundsicherung auf 50–60 %. Diese Untersuchungen zeigen zugleich, dass es sich bei den prinzipiell Anspruchsberechtigten, die jedoch keine Sozialtransfers beantragt haben, mehrheitlich um Personen handelt, die vergleichsweise niedrige Auszahlungen für eine relativ kurze Dauer erhalten hätten. Zwar sind auch zum aktuellen Zeitpunkt die Motive für eine solche Nichtinanspruchnahme von Sozialleistungen nach wie vor nicht vollständig untersucht. Als mögliche Gründe gelten diesbezüglich neben rein ökonomischen Erklärungsvariablen wie etwa dem bürokratischen Aufwand, der mit der Inanspruchnahme staatlicher Sozialleistungen verbunden ist, bestehenden Informationsdefiziten mit Blick auf die staatlicherseits angebotenen Sozialtransfers oder der Befürchtung, dass eine Inanspruchnahme von Sozialleistungen zu negative externen Effekten in Form des Rückgriffs auf unterhaltspflichtige Kinder führen könnte, auch psychologische Bestimmungsfaktoren wie beispielsweise ein *persönliches Schamgefühl* und das damit verknüpfte Bestreben, im sozialen Umfeld nicht als eine Person zu gelten, die – um den eigenen Lebensunterhalt zu bestreiten – auf das soziale Netz der Gesellschaft angewiesen ist. Dieses Ergebnis enthält auch einen ersten Hinweis darauf, warum bezogen auf die Höhe und die Ausgestaltung von Sozialtransfers ähnliche oder sogar identische Anreizsituationen ceteris paribus zu einem unterschiedlichen (Erwerbs-) Verhalten bzw. einer divergenten Inanspruchnahme von Sozialtransfers führen können. Weitere Erklärungen für unterschiedliche Verhaltensreaktionen auf mehr oder weniger identische Anreizstrukturen liefern zudem verschiedene Ansätze aus dem Bereich der psychologischen Motivations- und Lernforschung, auf die nachfolgend eingegangen wird.

4. *Reaktanz, erlernte Hilflosigkeit und Leistungsmotivation*

Dem neoklassischen Modell rationalen Verhaltens liegt nach Pelzmann (2012, S. 203) die Annahme zugrunde, dass „die subjektive Einschätzung von Verhaltenskonsequenzen für das wirtschaftliche Handeln entscheidend ist und dass Wirtschaftssubjekte ihre subjektive Einschätzung den objektiven Gegebenheiten anpassen, also lernen. Die Rückmeldung über Verhaltenskonsequenzen soll zu einer Korrektur der Erwartungen und des Verhaltens führen". Im Unterschied dazu hat Seligman (1975) jedoch schon früh darauf hingewiesen, dass eine ausgeprägte und intensive Erfahrung von „Nicht-Kontrollsituationen" zu einer sich verstärkenden Erwartung der Hilflosigkeit führen kann. Die daran anknüpfende „theory of learned helplessness" postuliert, dass eine Wahrnehmung individueller Ohnmacht, die sich aus der wiederholten Erfahrung speist, dass gegebene Umweltbedingungen nicht beeinflusst werden können, mit weitreichenden Folgen für das eigene Verhalten verbunden ist (vgl. für eine zusammenfassende Darstellung der Theorie der erlernten Hilflosigkeit etwa Pelzmann 2012, S. 204 ff. mit weiteren Literaturverweisen). Übertragen auf die Anreizwirkung von Sozialausgaben würde dies bedeuten, dass weniger deren Höhe und Ausgestaltung als vielmehr das Erleben des gesamten Ursachenkontextes von Arbeitslosigkeit und unzureichendem eigenen Einkommen die individuelle Erwerbsbereitschaft bestimmt. Dabei führt – so die Schlussfolgerung aus dem Ansatz – eine wie-

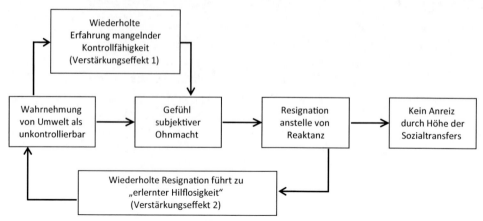

Abb. 4.5 Auswirkungen des psychologischen Effekts erlernter Hilflosigkeit auf die Anreizwirkung der Höhe von Sozialtransfers. (Quelle: Eigene Darstellung)

derholte Erfahrung mangelnder Einflussmöglichkeit zu dem „Lerneffekt", dass man über keinen Einfluss verfügt mit der Folge eines in der Regel resignativen anstelle eines auf Widerstand (Reaktanz) ausgerichteten Verhaltens (siehe auch Abb. 4.5).

Diese Schlussfolgerung scheint auf den ersten Blick der *Reaktanztheorie* zu widersprechen. Danach müsste eine Erfahrung eingeschränkter Handlungsmöglichkeiten zu einem aktiven Widerstandsverhalten als Reaktion auf situative Freiheitsverluste führen. Die *Theorie der erlernten Hilflosigkeit* postuliert demgegenüber als Verhaltensreaktion auf entsprechende Freiheitseinschränkungen ein „passives" und „depressives" Verhalten. Berücksichtigt man jedoch nicht nur die Handlungsbeschränkung als solche, sondern zugleich auch deren Dauer, besteht kein Widerspruch zwischen beiden Ansätzen. Folgt man Wortman und Brehm (1975), sind die theoretisch unterschiedlichen Verhaltensreaktionen auf ein und demselben Verhaltenskontinuum zu verorten. D. h. solange die Beschränkung der Handlungsfreiheit als lediglich kurzfristig wahrgenommen wird, hat dies noch keinen Einfluss auf die subjektive Erwartung, grundsätzlich nach wie vor über hinreichende Wahl- und Handlungsfreiheiten zu verfügen. Erst wenn der fehlende Einfluss auf eine Handlungssituation individuell als ein zeitlich konstanter Zustand interpretiert wird, ist Resignation und „learned helplessness" die Folge. Experimentelle Untersuchungen von Tennen und Eller (1977) können als empirischer Beleg für diese Sichtweise gewertet werden. Danach zeigte sich im Rahmen eines Hilflosigkeitstrainings, dass die Versuchspersonen bei kurzer Trainingsdauer verärgert reagierten (Reaktanz), während sich bei langer Trainingsdauer ein zunehmend passives Verhalten (erlernte Hilfslosigkeit) einstellte.

Abramson et al. (1978) haben in Anschluss an Seligman (1975) ein kognitionstheoretisch erweitertes Modell der erlernten Hilflosigkeit formuliert. Danach kann ein Akteur nicht nur in bestimmten (nicht-kontrollierbaren) Handlungssituationen lernen, dass er über keinerlei Einfluss auf die Umwelt verfügt. Vielmehr kann dies zudem dazu führen, dass diese Erwartung der Hilflosigkeit auch auf solche Handlungssituationen übertragen wird, in denen ein Einfluss auf die Umweltbedingungen sehr wohl gegeben ist. Oder mit den Worten von Pelzmann (2012, S. 206): „Wenn Personen wiederholt Handlungs-Ereignis-Unabhängigkeiten wahrnehmen, so bilden sie aus dieser Erfahrung die generalisierte Erwartung, dass auch in zukünftigen Situationen solche Nicht-Kontingenzen bestehen". Negative Erfolgserwartungen werden demzufolge nicht nur auf aktuelle Handlungssituationen bezogen, sondern können auch unreflektiert auf zukünftige Handlungssituationen übertragen werden. Für die Anreizwirkung von Sozialtransfers ist dabei von Bedeutung, dass vor allem Armut häufig mit einer Erfahrung der mangelnden Einflussmöglichkeit verbunden ist, wie bereits die Ergebnisse der Untersuchung von Rodin (1976) zum Verhalten von farbigen Kindern und Jugendlichen in New York zeigen. Die Erfahrung der Armut erzeugte bei den Probanden die Erwartung, aktive Entscheidungen nicht selbst treffen zu können. Dies bedeutet jedoch zugleich, dass die Wahrscheinlichkeit einer Reaktion auf finanzielle Anreize (hier: eine bestimmte Höhe der Sozialausgaben) in einer Handlungssituation (hier: geringes Einkommen), die als unkontrollierbar wahrgenommen wird und aufgrund dessen zu Inaktivität und Resignation führt, eher gering ist.

DeVellis et al. (1978) kommen in einer weiteren Untersuchung zu dem Ergebnis, dass solche Gefühle der „Ohnmacht" und „Hilflosigkeit" nicht nur durch die eigene Erfahrung von unkontrollierbaren Handlungseffekten erlernt werden. Vielmehr kann sich erlernte Hilflosigkeit auch durch die Beobachtung solcher Erfahrungen bei anderen Personen einstellen, was über das herkömmliche ökonomische Verständnis von Lernprozessen als einem rein individualistischen Phänomen hinausreicht. Nach Bischoff (2007, S. 68 f.) steht das individualistische Verständnis von Lernprozessen in der Ökonomik zum einen in einem engen Zusammenhang mit der biologischen Evolutionstheorie. Grundlage hierfür ist ein Analogieschluss zum biologischen Selektionsmechanismus, wonach im Zuge der Entwicklung die durchschnittliche Fitness bzw. das durchschnittliche Nutzenniveau steigen soll. Zum anderen besteht ein Bezug zur behavioristisch geprägten Psychologie mit ihrem deterministischen Verhaltensmodell, wonach Lernen als Herausbildung von Verhaltensmustern in einem Versuch- und Irrtumsprozess unter Berücksichtigung des Feedbacks der Umwelt gedeutet wird. Lediglich in der ökonomischen Spieltheorie finden sich demgegenüber Kombinationen aus beiden Formen des Lernens, bei denen entweder die individuelle oder die soziale Komponente des Lernens eine stärkere Berücksichtigung findet. Stellvertretend kann hier mit Fudenberg und Levine (1998, S. 29 ff.) auf das Lernmodell des sogenannten „fictious play" verwiesen werden, welches Lernen als individuelle Extrapolation vergangenen Interaktionsverhaltens versteht. Demgegenüber wird bei der Modellierung von Lernprozessen mittels sogenannter evolutionärer Algorithmen auf die Bevölkerung (Population) als Ganzes abgestellt, ohne dass individuelles Lernen zwingend erfolgt sein muss (vgl. hierzu etwa Bäck 1996 oder auch Riechmann 2001).

Im Unterschied zur ökonomischen (neoklassischen) Standardtheorie, bei der Lernen im Regelfall als ein allein auf den Akteur bezogener Prozess des Experimentierens zum „Nachjustieren" gewählter Handlungsoptionen interpretiert wird, was aus Sicht der kognitiven Psychologie eine Form des *individuellen Lernens* darstellt, handelt es sich bei dem von DeVellis et al. (1978) beschriebenen Phänomen um eine Form des *sozialen Lernens*, welches aus der Übernahme der Einstellungen und Erwartungen oder auch des Verhaltens

Dritter resultiert. In diesem Fall kopiert ein Individuum die Aktionen eines anderen, um so zu neuen Handlungsalternativen zu gelangen. Das Einsichtslernen kann demgegenüber als Voraussetzung zur Überwindung von Zuständen der erlernten Hilflosigkeit gelten, da der Lernprozess ein verändertes Verständnis von der Entscheidungsumwelt eines jeweiligen Akteurs erzeugt. Lernen beinhaltet hierbei die subjektive Erkenntnis, dass andere Umweltelemente als bisher angenommen den Erfolg individuellen Handelns bestimmen oder dass das individuelle Verhalten in einer anderen als der bislang unterstellten Weise auf die Umwelt einwirkt. Als Motivation für einen solchen Lernprozess gilt dabei nicht allein der größere Nutzenzuwachs, den der Lernende von dem Erlernten erwartet. Hinzu kommt aus psychologischer Sicht zudem das grundlegende Bedürfnis, die Entscheidungsumwelt zu verstehen und Entscheidungen zu treffen, die aus individueller Sicht als begründbar gelten können (vgl. etwa Edelmann 2000, S. 245 ff. oder auch Seel 2000, S. 245 ff.).

Nach Douglas und Anisman (1975) ist zudem davon auszugehen, dass einmal *erlernte Handlungs-Ereignis-Kontingenzen* die Wahrnehmung zukünftig auftretender Nicht-Kontingenzen erschweren (und umgekehrt). Übertragen auf den hier behandelten Gegenstand bedeutet dies, dass eine einmal gewonnene Erfahrung, wonach ein Zustand der Arbeitslosigkeit und des geringen Einkommens durch eigene Anstrengung und Leistungsbereitschaft überwunden werden kann, auch mit Blick auf zukünftige Situationen von Arbeitslosigkeit und geringem Einkommen die Wahrscheinlichkeit zu einem aktiven Problemlösungsverhalten (Reaktanz) erhöht. Demgegenüber führt die gegenteilige Erfahrung zu einer konträren Wahrnehmung aktueller wie zukünftiger Handlungssituationen. Inwieweit sich diese Einschätzung verallgemeinern lässt, ist allerdings innerhalb der Psychologie umstritten (vgl. hierzu die frühen Beiträge von Thornton und Powell 1974; Jones et al. 1977 sowie Teasdale 1978, die sowohl für als auch gegen eine solche „Immunisierung" aktueller Wahrnehmungsprozesse durch frühere Erfahrungen sprechen). Abramson et al. (1978) betonen in diesem Zusammenhang, dass für die jeweilige Ausprägung der gemachten Erfahrungen die *Attribution von Hilflosigkeitsursachen* von entscheidender Bedeutung ist, da je nach Ursachenzurechnung Dauer, Intensität und Allgemeinheitsgrad von subjektiver Resignation und Inaktivität unterschiedlich ausfallen können. Bezogen auf den Anreiz zur Überwindung einer Situation der Arbeitslosigkeit mittels eigener Anstrengungen sind dabei – folgt man Pelzmann (2012, S. 214) – die „Ereignisse zahlreich, in denen Arbeitslose darin bestärkt werden, sich selbst als Opfer der Umstände zu fühlen, für die sie nichts können und deren Korrektur ausschließlich in der Macht politischer Entscheidungsträger liege". Diese Aussage kann als Hinweis darauf gewertet werden, dass neben den bereits genannten Einflussfaktoren (Gerechtigkeitsempfinden, Handlungs-Ereignis-Unabhängigkeiten, Ankereffekte etc.), welche für die individuelle Reaktion auf einen Anreiz (hier: die Höhe staatlicher Sozialtransfers) von Bedeutung sind, auch das Zusammenspiel aus Umweltherausforderung und subjektiver Leistungsbereitschaft in den Blick zu nehmen ist.

Den Anknüpfungspunkt hierfür liefert aus psychologischer Sicht die *Theorie der Leistungsmotivation*, wie sie von McClelland (1961), Heckhausen (1967) oder auch Atkinson (1968) schon früh formuliert wurde und in seinen Kernaussagen auch heute noch Gültigkeit hat. Im Rahmen dieser Theorie wird – neben anderen Bezügen – auch eine Verknüpfung zwischen leistungs- bzw. hochmotivierten Einstellungsmustern von Personen einerseits und wirtschaftlich relevantem Verhalten andererseits hergestellt. Danach sind monetäre Anreize als solche (d. h. die Höhe von Gewinnen, Einkommen oder auch Sozialtransfers) kein originärer Verhaltensantrieb, sondern sie dienen lediglich indirekt als ein Indikator für den Leistungserfolg eines Akteurs. Als Schlüsselmotiv für Eigeninitiative und aktive Umweltgestaltung gilt vielmehr eine hohe erfolgszuversichtliche Leistungsmotivation, d. h. erfolgsorientierte Personen sind intrinsisch motiviert und bedürfen keiner externen Anreize, um sich neuen Herausforderungen zu stellen. Zudem sind leistungsmotivierte Personen – folgt man den genannten Autoren – an einer unmittelbaren Rückkopplung der Wirkungen ihres Handelns interessiert, was dazu führt, dass mittelschwere Herausforderungen den optimalen Herausforderungsgrad für ein erfolgsmotiviertes Verhalten darstellen (vgl. zum aktuellen Stand der Leistungsmotivationsforschung einschließlich des Bezugs zu Unternehmerverhalten und wirtschaftlichem Wandel den Beitrag von Brunstein und Heckhausen 2010; vgl. hierzu aber auch kritisch Beugelsdijk und Smeets 2008). Aus subjektiver Sicht werden in solchen Situationen Erfolg und Misserfolg des eigenen Verhaltens in ungefähr gleicher Weise als möglich wahrgenommen, so dass ein erfolgreiches Handeln unmittelbar auf das eigene Handlungsvermögen zurückgeführt und insofern als Leistungserfolg gewertet werden kann. Umgekehrt bedeutet dies aber auch, dass in Handlungssituationen, die entweder durch eine (subjektive) Überforderung oder durch eine entsprechende Unterforderung gekennzeichnet sind, die betroffenen Akteure im Regelfall ein passives bzw. inaktives Verhalten an den Tag legen.

Bezogen auf die Anreizwirkung von Sozialtransfers kann daraus abgeleitet werden, dass deren Höhe und Ausgestaltung immer dann für das individuelle Entscheidungsverhalten von nur geringer Relevanz ist, wenn die wirtschaftliche Situation aus individueller Sicht entweder als problemlos beherrschbar („zu geringe oder keine Herausforderung") oder als überkomplex („zu große Herausforderung") interpretiert wird. In beiden Fällen wirkt – unter sonst gleichen Bedingungen – die Handlungssituation demotivierend auf die individuelle Leistungs- und Erwerbsbereitschaft (*Framing-Effekt*). Eine Situation der Überforderung kann dabei mit jener Konstellation gleichgesetzt werden, die subjektiv als ein Zustand wahrgenommen wird, in der das eigene Entscheidungsverhalten auf aktuelle wie zukünftige Umweltereignisse keinen Einfluss zu haben scheint und daher eigene Anstrengungen zur Einkommenssteigerung erst gar nicht unternommen werden (erlernte Hilflosigkeit). Für eine Situation der subjektiv wahrgenommenen Unterforderung gilt demgegenüber, dass solche Eigenanstrengungen aufgrund des geringen Schwierigkeitsgrades und des somit fehlenden Erfolgserlebnisses, welches aus motivationspsychologischer Sicht jedoch Voraussetzung für eine entsprechende Verhaltensaktivierung ist, unterbleiben (vgl. hierzu auch Wiswede 2012, S. 215 ff. mit Verweis auf die motivationstheoretischen Überlegungen von Lawler 1977; vgl. ebenso Sprenger 2000 und Wiswede 1996). Die Summe der genannten Faktoren schließt zwar nicht grundsätzlich aus, dass es zu der aus ökonomischer Sicht unterstellen Anreizwirkung der Sozialtransfers auf das Erwerbsverhalten kommt. Der Verweis auf die psychologischen Bestimmungsfaktoren der Arbeitsbereitschaft verdeutlicht jedoch, dass eine Analyse der realen Beschäftigungseffekte von Sozialtransfers weitaus voraussetzungsvoller ist, als dies in herkömmlichen ökonomischen Untersuchungen zur staatlichen Ausgabenpolitik unterstellt wird.

4.2 Zur Psychologie der politischen Willensbildung bezüglich Niveau und Struktur der öffentlichen Ausgaben

Im Rahmen der öffentlichen Finanzen ist die Betrachtung des politischen Willensbildungsprozesses in doppelter Hinsicht von besonderer Bedeutung: Zum einen wird in dessen Verlauf über die staatlichen Einnahmen in Gestalt von Steuern, Entgelten und öffentlicher Kreditaufnahme entschieden. Zum anderen werden in diesem Entscheidungsprozess das Angebot an öffentlichen Gütern und damit zugleich Niveau und Struktur der staatlichen Ausgaben festgelegt. Die nachfolgenden Überlegungen dienen in Anbetracht dessen zunächst dazu, um das Grundmodell des Verhaltens der relevanten politischen Akteure (Wähler, Politiker, Bürokraten) im Zuge des politischen Willensbildungsprozesses aus Sicht der Neuen Politischen Ökonomik darzustellen und kritisch zu beleuchten. Daran anschließend sollen die psychologischen Bestimmungsfaktoren der Interaktion zwischen Politikern und Wählern näher betrachtet werden, um in diesem Zusammenhang erneut und zugleich differenzierter als bislang geschehen auf das Phänomen der „Fiskalillusion" einzugehen. Zur Erweiterung des (polit-)ökonomischen Grundmodells erfolgt schließlich auch die Analyse des Wählerverhaltens aus psychologischer Sicht, um die Bedeutung von Einflussfaktoren wie der subjektiven Wahrnehmung, der Verwendung von Entscheidungsheuristiken oder auch der Orientierung an Gerechtigkeitserwägungen für das politische Entscheidungsverhalten von Bürgerinnen und Bürgern zu verdeutlichen.

4.2.1 Politökonomische Erklärung des Verhaltens von Politikern, Wählern sowie Bürokraten und verhaltensökonomische Kritik

Das politökonomische Standardmodell des staatlichen Willensbildungsprozesses im Rahmen eines demokratisch verfassten Politiksystems geht in seiner einfachsten Form auf die von Downs (1957) entwickelte „Economic Theory of Democracy" zurück, die grundlegende inhaltliche Parallelen sowohl zu Schumpeters (1942, 1980) Demokratietheorie, die er in seinem Werk „Kapitalismus, Sozialismus und Demokratie" entwickelt hat, als auch zu den Überlegungen von Herder-Dorneich (1959) zum „Politischen Modell der Wirtschaftstheorie" aufweist. Es handelt sich dabei um eine Theorie der repräsentativen Demokratie, die im Kern aus einer Übertragung des Marktmechanismus vom privaten auf den öffentlichen Sektor besteht (vgl. demgegenüber zur ökonomischen Theorie der direkten Demokratie zusammenfassend die Ausführungen in Blankart 2011, S. 113 ff. oder auch Scherf 2009, S. 88 ff. mit weiteren Literaturverweisen). Bereits Schumpeter (1942, 1980, S. 428) bezeichnet die repräsentative Demokratie als „diejenige Ordnung der Institutionen zur Erreichung politischer Entscheidungen, bei welcher einzelne die Entscheidungsbefugnis mittels eines Konkurrenzkampfes um die Stimmen des Volkes erwerben". Gedankliche Vorläufer zu einer ökonomischen Analyse demokratischer Willensbildungsprozesse finden sind zudem bei Rice (1928) ebenso wie bei Hotelling (1929). Neben dem Demokratiemodell von Downs (1957) können darüber hinaus auch die Arbeiten von Arrow (1951), Buchanan und Tullock (1962) oder auch Olson (1965) für die Neue Politische Ökonomik als grundlegend gelten. Danach stehen Politiker zueinander in einem Wettbewerb um die Erringung bzw. Erhaltung von Machtpositionen, wobei neben persönlichen Karriere- und Machtzielen als individuellem Antriebsfaktor die Zustimmung der Wähler zu den politischen Programmen der zur Wahl stehenden Personen oder Parteien zu den maßgeblichen Modellvariablen zählen. Im Einklang mit der Logik des neoklassischen Verhaltensmodells bieten die um politische Markt- bzw. Machtanteile ringenden Politiker – so die bekannte Argumentation – der Wählerschaft politische Programme (bzw. öffentliche Güter) im Austausch gegen deren Wählerstimmen an, wobei davon ausgegangen wird, dass auch jeder Wähler einzig um die Maximierung des eigenen Nutzens bzw. Einkommens bemüht ist.

1. *Auswirkung des Verhaltens von Politikern und Wählern auf die staatliche Ausgabenpolitik*

Der Ausgang einer Wahl ebenso wie die Wirkungsweise von Demokratie insgesamt können aus Sicht der ökonomischen Theorie der Demokratie als nicht-intendierte (kollektive) Folge des intentionalen Handelns der genannten Akteursgruppen verstanden werden. In diesem Sinne hat auch Schumpeter (1942, 1980, S. 448) schon früh in seinen Ausführungen zur Rolle des „politischen Unternehmers" in der Demokratie darauf hingewiesen, dass zum besseren Verständnis dessen, wie man sich die Realisierung politischer Ziele unter der Annahme eigeninteressierter politischer Akteure vorzustellen hat, „wir vom Konkurrenzkampf um Macht und Amt ausgehen und uns klar werden [müssen], dass die soziale Funktion […] nur nebenher erfüllt wird". Zwar hat dieser Grundgedanke in der Folgezeit im Rahmen der Neuen Politischen Ökonomik in einer Vielzahl an Modellvarianten eine zunehmende theoretische Ausdifferenzierung erfahren (vgl. für einen Überblick zu den verschiedenen Ansätzen und Arbeiten im Bereich der Neuen Politischen Ökonomik die zusammenfassenden Darstellungen in Mueller 1989; Frey und Krichgässner 1994 oder auch Bernholz und Breyer 1994; vgl. zudem auch die Ausführungen in Kirsch 2004; Stevens 1993 und Johnson 1991 sowie die verschiedenen Beiträge in Mueller 1993). Um die Unterschiede zwischen einer rein ökonomischen Analyse demokratischer Politik und einem – an späterer Stelle noch zu erläuternden – Verständnis von Demokratie aus verhaltensökonomischer Sicht aufzuzeigen, welches um psychologische Erklärungselemente erweitert ist, reicht jedoch das einfache ökonomische Standardmodell des politischen Willensbildungsprozesses bereits aus.

Der Bezug zum öffentlichen Budget und damit zur staatlichen Ausgabenpolitik ergibt sich mit Blick auf das Demokratiemodell von Downs (1957) in zweifacher Weise: Zum einen kann daraus die das Niveau der Staatsausgaben betreffende Schlussfolgerung abgeleitet werden, dass sich eine Ausgabensteigerung aus Sicht der politisch verantwortlichen Akteure so lange lohnt, bis der durch die letzte (marginale) Ausgabeneinheit realisierte Stimmengewinn mit dem Stimmenverlust übereinstimmt, der durch die letzte (marginale) Besteuerungseinheit verursacht wird, die zur Finanzierung der zusätzlichen Ausgaben erhoben werden muss. Zum anderen gilt mit Blick auf die Struktur der Staatsausgaben, dass diese durch den sogenannten Medianwähler und dessen Ausgabenpräferenzen bestimmt wird. Diese Erkenntnis leitet sich aus dem Tatbestand ab, dass – wenngleich unter spezifischen Modellbedingungen, zu denen so restriktive Annahmen wie die einer eingipfligen Wählerpräferenz entlang eines eindimensionalen Spektrums politischer (Partei-)Positionen, einer Konkurrenz von nur zwei Politikern oder Parteien um die politische Mehrheit, vollständig informierter Wähler und Politiker sowie einer Beteiligung sämtlicher Wähler an der Wahl zählen, um hier nur die wichtigsten zu nennen – eine Maximierung der Wählerstimmen nur dann möglich ist, wenn es den nach Machterhalt bzw. Machtgewinn strebenden Politikern gelingt, die „politische Mitte" mit dem jeweils eigenen Wahlprogramm zu überzeugen und damit für sich zu gewinnen (*Medianwählertheorem*).

Gehört der Medianwähler beispielsweise den unteren Einkommensgruppen an und hat dementsprechend eine Präferenz zugunsten von Umverteilung und einer Ausweitung wohlfahrtsstaatlicher Leistungen, führt dies möglicherweise zu einer Steigerung von Sozial-, Gesundheits- und Bildungsausgaben, die wiederum durch steigende Steuern zulasten höherer Einkommensgruppen finanziert werden. Beispielhaft kann hier auf eine Studie von Kuhn (2013) zur Wahrnehmung von Ungleichheit, bestehenden Verteilungsnormen und Umverteilungspräferenzen in Deutschland verwiesen werden, wonach „East Germans are much more likely than West Germans to support state intervention with respect to the distribution of incomes and, consistent with this finding, they are also much more likely to support higher taxes for individuals with higher income" (ebenda, S. 497). Zu ähnlichen Ergebnissen kommen Alesina und Fuchs-Schündel (2007). Stammt der Medianwähler demgegenüber aus einer höheren Einkommensgruppe und zeichnet er sich durch eine Präferenz zugunsten von wirtschaftlicher Freiheit und ökonomischem Wachstum aus, kann dies zu einem Rückgang wohlfahrtsstaatlicher Ausgaben oder auch deren Umschichtung in Richtung materieller Infrastruktur und Innerer Sicherheit bei gleichzeitiger Senkung des bisherigen steuerlichen Belastungsniveaus führen. Nach Schneider (2009) ist zudem davon auszugehen, dass sich das Alter des (Median-)Wählers auf die Höhe der Staatsausgaben und hier insbesondere die Sozialausgaben auswirkt. Für beide Varianten der staatlichen Ausgabenpolitik gilt jedoch in gleicher Weise, dass die Ausrichtung des Angebots an öffentlichen Leistungen an den Wünschen der „politischen Mitte" zu keiner effizienten Haushaltspolitik im Sinne einer Übereinstimmung von Grenznutzen und Grenzkosten sämtlicher (wahlberechtigter) Mitglieder der Gesellschaft führt.

Auf weitere Ineffizienzen der staatlichen Ausgabenpolitik weist zudem die von Nordhaus (1975) entwickelte *These des politischen Konjunkturzyklus* hin, die zwar ursprünglich nur auf die Geldpolitik ausgerichtet war, jedoch problemlos auf die Finanz- und Haushaltspolitik übertragen werden kann. Folgt man Zimmermann et al. (2012, S. 75), kann die These als ein Unterfall des Medianwählermodells und der darin angelegten Theorie der Stimmenmaximierung angesehen werden, allerdings versehen mit dem grundlegenden Unterschied, dass nicht von einer bloßen Anpassung der politischen Akteure an die Präferenzen der „politischen Mitte" ausgegangen wird. Vielmehr wird beim Modell des politischen Konjunkturzyklus unterstellt, dass die amtierenden Politiker bemüht sind, durch eine entsprechende Ausgestaltung der Ausgaben- bzw. Haushaltspolitik aktiv auf die Präferenzbildung der Wähler zur Absicherung der eigenen Regierungsmacht Einfluss zu nehmen. Unter der Annahme eines Zielkonflikts zwischen Arbeitslosigkeit und Inflation besagt das Nordhaus-Modell, dass es für Politiker wahlstrategisch lohnenswert sein kann, im Vorfeld von Wahlterminen mittels einer expansiven Ausgabenpolitik die bestehende Arbeitslosigkeit zu bekämpfen, um unmittelbar nach der Wahl eine restriktive Haushaltspolitik zu verfolgen, die dem Ziel der Inflationsbekämpfung dient.

Ähnlich wie im Fall des Medianwählermodells hat auch die These vom politischen Konjunkturzyklus eine Vielzahl an polit-ökonomischen Folgemodellen hervorgerufen, die sich grob danach unterscheiden lassen, ob zum einen von opportunistischen (bzw. eigeninteressierten) Politkern ausgegangen wird, die auf entweder sich irrational verhaltende (im Sinne von sich wiederholt täuschen lassende) Wähler – wie dies für Nordhaus (1975) und Lindbeck (1976) gilt – oder sich streng rational verhaltende Wähler – wie dies bei Cukierman und Meltzer (1986) oder Persson und Tabellini (1990) der Fall ist – treffen. Zum anderen werden ideologisch motivierte Politiker unterstellt, denen wiederum ebenfalls irrational agierende Wähler – wie bei Hibbs (1977) – oder rein rational handelnde Wähler – wie bei Alesina (1987) – gegenüber stehen. Zwar gab es schon früh Versuche, die Existenz politischer Konjunkturzyklen auch empirisch nachzuweisen. So haben beispielsweise Baber und Sen (1986) anhand von Daten aus 46 US-Bundesstaaten für die Wahljahre 1971 bis 1980 den Zusammenhang zwischen Schuldenfinanzierung und zyklischen Ausgabeschwankungen untersucht mit dem Ergebnis, dass schuldenfinanzierte Mehrausgaben im Wahljahr selbst und unmittelbar im Jahr davor nachweislich höher ausfallen als in den Nichtwahljahren. Die Autoren schränken allerdings ein, dass „limitations of the study suggest a cautious interpretation of the evidence" (ebenda, S. 211). In der Folgezeit durchgeführte Studien zu den unterschiedlichen Modellvarianten des politischen Konjunkturzyklus weisen demgegenüber – folgt man Alesina et al. (1999) – lediglich für die Kombination aus ideologischem Politikerverhalten und rationalem Wählerverhalten eine – wenn auch nur sehr eingeschränkte – Evidenz auf. Für alle anderen Modellvarianten des politischen Konjunkturzyklus findet sich demgegenüber – so auch Belke (1996)- kein empirischer Beleg. Lediglich Mechtel und Potrafke (2013) kommen bezogen auf den Zusammenhang zwischen aktiver Arbeitsmarktpolitik und Wahlterminen in einer aktuellen Untersuchung für die westdeutschen Bundesländer im Zeitraum von 1985–2004 zu einem positiven Ergebnis.

Ein Grund für diese mangelnde empirische Evidenz mag in Anlehnung an Frey und Schneider (1979) darin liegen, dass politikendogen erzeugten Konjunkturzyklen eine weitaus geringere Bedeutung zukommt, als dies das Nordhaus-Modell und die in der Folgezeit theoretisch ausdifferenzierten Thesen vom politischen Konjunkturzyklus suggerieren. Aus Sicht der beiden Autoren ist eine aktive antizyklische Ausgabenpolitik im Vorfeld von Wahlen nur dann zu erwarten, wenn die wirtschaftliche Lage eines Landes schlecht und die Popularität einer Regierung zugleich niedrig ist. In allen anderen denkbaren Fällen (keine bevorstehenden Wahlen, Popularität hoch, wirtschaftliche Lage gut) sei zu erwarten, dass die Ausgabenpolitik des Staates allein der ideologischen Orientierung der regierenden Politiker folgt. Auf der Basis von Daten für Deutschland für den Zeitraum von 1951–1972 kommen Frey und Schneider (1979) zu einer empirischen Bestätigung dieser – deutlich abgeschwächten – Modellvariante politisch erzeugter Konjunkturzyklen. Ein weiterer Grund für die selbst mit Blick auf das Konjunkturzyklus-Modell von Alesina (1987) geringe empirische Evidenz mag auch darin liegen, dass sich Wähler (aber auch Politiker) in der Realität weit weniger rational verhalten, als im genannten Fall unterstellt wird. In diesem Zusammenhang stellt auch Blankart (2003, S. 128) bezogen auf Alesina (1987) fest: „Möglicherweise liegen doch nicht völlig rationale Erwartungen vor". Auf diesen Punkt, d. h. den Grad an Rationalität des politischen Verhaltens, wird an späterer Stelle noch ausführlicher eingegangen, da darin ein entscheidender Unterschied zwischen dem politökonomischen Demokratiemodell und dem psychologisch fundierten, verhaltensökonomischen Verständnis von Demokratie liegt (Kap. 4.2.2 und 4.2.3). Zuvor soll jedoch auf eine weitere Akteursgruppe näher eingegangen werden, der neben Politikern und Wählern aus Sicht der Neuen Politischen Ökonomik eine zentrale Bedeutung bezogen auf die staatliche Ausgabenpolitik zukommt.

2. Auswirkung des Verhaltens der öffentlichen Verwaltung auf die staatliche Ausgabenpolitik

Weitere Ineffizienzen der Ausgabenpolitik des Staates können sich aus politökonomischer Sicht durch das Verhalten der öffentlichen Verwaltung bei der Bereitstellung staatlicher Leistungen ergeben. Hierbei sind bekanntermaßen vor allem die Arbeiten von Niskanen (1968) und Niskanen (1971) zur ökonomischen Theorie der Bürokratie von grundlegender Bedeutung. Es wird dabei davon ausgegangen, dass alle Mitglieder des staatlichen Verwaltungsapparates zur Erfüllung der ihnen zugewiesenen Aufgaben nur insoweit einen Beitrag leisten, als dies für eine Realisierung ihrer Eigeninteressen im Sinne einer Sicherung oder Verbesserung ihrer beruflichen oder einkommensbezogenen Position zweckmäßig erscheint (vgl. hierzu ebenso Niskanen 1975 und Niskanen 1994; vgl. für eine zusammenfassende Darstellung auch Scherf 2009, S. 104 ff. oder Zimmermann et al. 2012, S. 81 ff.; eine ausführliche Beschreibung des Modells findet sich zudem in Roppel 1979). Aufgrund häufig nicht eindeutig formulierter Zielvorgaben im Zuge der Umsetzung des politisch Gewollten in konkrete Haushaltsansätze einerseits sowie der unvollständigen Kenntnis der Politik über die tatsächlichen Handlungsmöglichkeiten und „Produktionskosten" der Verwaltung andererseits besitzt die Bürokratie – so die Argumentation – einen nicht unerheblichen Gestaltungsspielraum, der ihren Mitgliedern die notwendige politische Macht verschafft, auch eigene Zielsetzungen zu verfolgen (vgl. daran anknüpfend auch den Versuch einer institutionenökonomischen Theorie der Bürokratie in Form eines Prinzipal-Agent-Modells bei Roschmann 1999).

Bezogen auf Niveau und Struktur der öffentlichen Ausgaben wird im Niskanen-Modell unterstellt, dass Einkommen, Aufstiegsmöglichkeiten und Ansehen als eigeninteressierte Zielparameter eines jeweiligen Bürokraten eng mit dem Umfang oder auch dem Freiheitsgrad in der Nutzung der zur Verfügung stehenden Budgetmittel zusammenhängen. In

Abhängigkeit von den jeweiligen Präferenzen der Verwaltungsangehörigen werden dabei zwei grundlegende Verhaltensweisen unterschieden, je nachdem ob entweder eine Maximierung des Gesamtbudgets im eigenen Zuständigkeitsbereich oder lediglich eine Maximierung des sogenannten Budgetresiduums als Differenz zwischen den veranschlagten und den tatsächlichen Kosten für die Bereitstellung öffentlicher Leistungen angestrebt wird. Mit Blick auf die Höhe des öffentlichen Budgets kann in Anbetracht dessen davon ausgegangen werden, dass bei einer Dominanz der erstgenannten Verhaltensvariante innerhalb der Bürokratie (*Maximierung des Budgets*) die staatlichen Ausgaben deutlich höher ausfallen werden, als dies für den Fall einer Dominanz der zweiten Verhaltensvariante (*Maximierung des Budgetresiduums*) gilt. Hinsichtlich der Struktur der staatlichen Ausgaben wäre demgegenüber von Bedeutung, in welchem öffentlichen Aufgabenbereich (Verteidigung, Soziales, Gesundheit, Verkehr etc.) sich welches der beiden bürokratischen Präferenzmuster durchsetzt. Nach Breton (1998, S. 167 ff.) ist zudem zu berücksichtigen, inwieweit die Existenz verschiedener Einzel- und Teilverwaltungen zu einem Wettbewerb um Budgetanteile führt.

Mit Blick auf die empirische Überprüfung der beiden Verhaltenshypothesen der Bürokratie zeigten Romer und Rosenthal (1978) schon früh anhand von Daten zu Oregons Schulbehörde, dass die Möglichkeit des Agenda-Settings auf Seiten der Schulverwaltung zu einer geschätzten Ausweitung des Schulbudgets zwischen 16 und 44 % relativ zum gesetzlich festgelegten Haushaltsminimum der einzelnen Schulbezirke geführt hat. Eine Bestätigung dieser Ergebnisse findet sich auch in Romer und Rosenthal (1982). Ebenso frühzeitig analysierten Leloup und Moreland (1978) die Budgetanmeldungen von 36 Abteilungen des US-Agrarministeriums im Zeitraum von 1941–1971 und die daraufhin erfolgenden Finanzzuweisungen. Die Studie kommt zu dem Ergebnis, dass die verschiedenen Abteilungen innerhalb des Beobachtungszeitraums im Durchschnitt eine Budgeterhöhung um 41 % forderten, was von den Autoren als Bestätigung der Budgetmaximierungshypothese interpretiert wird. Im Rahmen von Fallstudien kommt auch Lynn (1991) mit Blick auf die US-Administration zu einem ähnlichen Ergebnis. Weil die Bürokraten äußerst hohe Budgetansprüche stellen, könnte man daraus eine Langzeitstrategie zur Budgetmaximierung ableiten. Dabei wird allerdings unterstellt, dass die Budgeterhöhung automatisch auch zu einer *Budgetmaximierung* führen muss, was jedoch keineswegs zwingend ist (vgl. hierzu auch den Überblick zu empirischen Studien bezogen auf die Budgetmaximierungshypothesen und dabei entstehenden Messproblemen in Blais und Dion 1991). Johnson und Libecap (1989) untersuchten wiederum für die Jahre 1980 und 1985 in 45 Abteilungen der US-Administration auf Bundesebene die Auswirkungen des Wachstums der Bürokratie auf das Einkommen der Verwaltungsangestellten. Die Untersuchung kommt – mit einer Ausnahme – zu ausschließlich insignifikanten Ergebnissen oder sogar negativen Korrelationen. Für die einzig signifikante (positive) Korrelation von Abteilungswachstum und Einkommen war zudem der Koeffizient mit einem Wert von 0,44 vergleichsweise klein. In diesem Fall müsste nach Johnson und Libecap (1989; S. 446) die entsprechende Verwaltungsabteilung ihre Größe mehr als verdoppeln, um im Verhältnis zu einer sich nicht ausdehnenden Abteilung das Einkommen der Beschäftigten um 4 % zu steigern.

Bezogen auf den Zusammenhang zwischen Budgetveränderungen und der Anzahl der Beschäftigten untersuchte wiederum Dunsire (1987) die öffentliche Verwaltung in Großbritannien, um dabei zum einen zu dem Ergebnis zu kommen, dass im Zeitraum von 1972–1983 die Ausgaben um 36 % gestiegen sind, die Zahl der Beschäftigten jedoch zeitgleich gesunken ist. Zugleich erhöhte sich im Beobachtungszeitraum das Einkommen der Beschäftigten in der öffentlichen Verwaltung inflationsbereinigt, allerdings stiegen die Gesamtausgaben des Staatssektors noch stärker als das Einkommen der Beschäftigten, so dass die These von der *Maximierung des Budgetresiduums* nur bedingt als bestätigt gelten kann. Zum anderen stellte Dunsire (1987) in einer zweiten Erhebung für den Zeitraum von 1971–1982 fest, dass in sechs von zehn untersuchten Verwaltungsabteilungen ein signifikant positiver Zusammenhang zwischen dem Anteil am öffentlichen Gesamthaushalt und dem Anteil an der Gesamtzahl der im öffentlichen Sektor beschäftigten Personen bestand. In vier von zehn Verwaltungsabteilungen war dies jedoch nicht der Fall, was Dunsire (1987; S. 121) zu der Schlussfolgerung veranlasst, dass das empirische Ergebnis zum Bürokratieverhalten offensichtlich stark davon abhängt, welche Abteilung der öffentlichen Verwaltung für die Untersuchung ausgewählt wurde (vgl. für eine zusammenfassende Darstellung der Untersuchungsergebnisse auch die Ausführungen in Widmaier 1999, S. 82 ff.).

In der Summe ergeben die vorgestellten Studien kein einheitliches empirisches Bild und können daher nur eingeschränkt – wenn überhaupt – als ein Beleg für die Erklärung des Bürokratieverhaltens mit Hilfe des Rational-Choice-Ansatzes angesehen werden. Ein wesentlicher Grund hierfür mag sein, dass nicht nur – wie schon erwähnt – bezogen auf das Verhalten von Politikern und Wählern, sondern auch mit Blick auf das Verhalten von Akteuren der öffentlichen Verwaltung nicht vorbehaltlos von einem strikt rationalen Handeln ausgegangen werden kann. Folgt man dem in der Verhaltensökonomik zugrunde gelegten *dualen Handlungsmodell*, ist ein reines Rationalverhalten, welches an der Maximierung des eigenen Nutzens ausgerichtet ist, zwar nicht generell ausgeschlossen. Die aus psychologischer Sicht für das individuelle Entscheidungsverhalten kennzeichnenden Heuristiken, Wahrnehmungsverzerrungen, Framing-Effekte oder auch Gerechtigkeitserwägungen legen jedoch nahe, dass es zu systematischen Abweichungen von diesem Verhaltenstypus kommen kann, was die nicht eindeutige Evidenz für das politökonomische Bürokratiemodell erklärt. In diesem Zusammenhang weist auch Scherf (2009, S. 107) darauf hin, dass es nicht selten zu einem „Vertrauensverhältnis zwischen dem Politiker (Minister) und ‚seiner' Bürokratie, die möglicherweise viele Jahre zusammenarbeiten und gemeinsame Interessen entwickeln" kommt. In einer solch langfristig angelegten Interaktionsbeziehung können dann in Orientierung an der psychologischen Equity-Theorie Fairnessüberlegungen im Sinne eines gerechten Austauschverhältnisses zwischen beiden Akteursgruppen dazu beitragen, dass reiner Eigennutz und daraus sich ergebende Interessengegensätze, in den Hintergrund treten (vgl. zur Bedeutung von Framing-Effekten sowie von Gerechtigkeits- und Fairnessüberlegungen im Rahmen politischer Verhandlungsprozesse auch Bazerman et al. 2000).

Aus verhaltensökonomischer Sicht ist anzunehmen, dass Akteure der öffentlichen Verwaltung – wie alle anderen Wirtschaftssubjekte auch – dazu neigen, das, was aktuell in

Politik und Gesellschaft debattiert wird, als besonders wichtig einzustufen. Werden durch diese Konzentration auf die Tagespolitik weitere ausgabenpolitisch relevante Informationen vernachlässigt, sind haushaltspolitische Fehlentscheidungen nicht auszuschließen (focus illusion). Auch kann davon ausgegangen werden, dass aufgrund der unterschiedlichen Bewertung von „Gewinnen" und „Verlusten" der Widerstand der Bürokratie gegen Ausgabenkürzungen ausgeprägter ausfällt als das Bemühen um Ausgabensteigerungen (Verlustaversion). Mit Blick auf die interne Aufteilung des Budgets zwischen einzelnen Verwaltungseinheiten ist wiederum damit zu rechnen, dass es aufgrund von verzerrten Fairnesswahrnehmungen zu einer Überschätzung der eigenen Anspruchsberechtigung an den Gesamthaushalt kommt. Zudem dürften sich die Verwaltungsmitglieder – folgt man den Einsichten der Verhaltensökonomik weiter – bei der Aufstellung des öffentlichen Haushalts aufgrund von Handlungsroutinen im Regelfall an den bislang bestehenden Budgetansätzen orientieren, was dazu führt, dass nur sehr zögerlich ein Wechsel in der bisherigen staatlichen Ausgabenpolitik vollzogen und der öffentliche Haushalt stattdessen hinsichtlich Niveau und Struktur lediglich fortgeschrieben wird (status-quo bias). Eine Verstärkung erfährt dieses Verhalten noch dadurch, dass vorhandene Informationen in aller Regel entsprechend den schon in der Vergangenheit getroffenen Ausgabenentscheidungen ausgewertet und interpretiert werden (self serving bias). Zudem weist Peffekoven (2003) darauf hin, dass die Regierungsakteure zum Zeitpunkt der Haushaltsaufstellung häufig von einer zu optimistischen Einschätzung der zukünftigen wirtschaftlichen Entwicklung ausgehen (overconfidence bias) und es auch aufgrund dessen zu verzerrten haushaltspolitischen Entscheidungen kommt. Im Ergebnis führt dies zu dem, was Zimmermann et al. (2012, S. 85) unter Verweis auf Wildavsky (1964) als „budgetären Inkrementalismus" bezeichnen, der das haushalts- und ausgabenpolitische Entscheidungsverhalten der öffentlichen Verwaltung in der Realität mehrheitlich bestimmt.

3. *Behavioral Political Economy als Kritik und Erweiterung der politökonomischen Verhaltensannahmen*

Nicht allein die einfache politökonomische Erklärung des bürokratischen Verhaltens bedarf aus verhaltensökonomischer Sicht – wie zurückliegend angedeutet – einer kritischen Betrachtung. Dies gilt in gleicher Weise mit Blick auf das Verhalten von Politikern und Wählern, wie es üblicherweise im Rahmen der Public Choice-Theorie modelliert wird. Eine entsprechende kritische Perspektive findet sich innerhalb des noch jungen Forschungsfeldes der sogenannten Behavioral Political Economy, mit dem sich nach Schnellenbach und Schubert (2014a, S. 658) die Zielsetzung verbindet, „verhaltensökonomische Erkenntnisse auf die unterschiedlichen Teilnehmer am politischen Prozess" anzuwenden (vgl. für eine zusammenfassende Darstellung der bisherigen Erkenntnisse der Behavioral Political Economy zudem Schnellenbach und Schubert 2014b mit weiteren Literaturverweisen). Bezogen auf die Erklärung des Wählerverhaltens führt dies etwa zum Verweis auf die Realisierung eines *expressiven Nutzens* durch den Akt des Wählens, wie dies unter anderen von Hamlin und Jennings (2011) hervorgehoben wird. Es handelt sich dabei um einen positiven Nutzeneffekt des Wahlverhaltens, der sich vollkommen unabhängig vom Ausgang der Wahl einstellt. Ein empirischer Nachweis eines solchen expressiven Nutzens findet sich beispielsweise in den Untersuchungen von Jones und Hudson (2000) oder auch Tyran (2004). Der Akt des Wählens dient aus dieser Perspektive nicht der Verfolgung bestimmter politischer Inhalte bzw. Interessen, sondern kann ein Instrument sein, um entweder die eigene Identität zu bestätigen, einer als moralisch hochwertig angesehenen Politik eine subjektive Bestätigung zu verleihen oder auch um Dankbarkeit gegenüber bestimmten politischen Kandidaten auszudrücken. Wird der Realisierung eines expressiven Nutzens aus Sicht der Wähler ein hohes Gewicht im Rahmen ihres Wahlverhaltens beigemessen, kann es mit Blick auf den öffentlichen Haushalt im Ergebnis zu politischen Mehrheiten für Ausgabenprogramme kommen, die lediglich zur Begünstigung einer Minderheit führen. Hillman (2010) spricht in diesem Zusammenhang von einem „case of deceptive expressive behavior", der zu möglichen nicht-intendierten sozialen Kosten für die Gesellschaft insgesamt führt.

Zudem zeigen verhaltensökonomische Experimente, dass Wähler bezüglich der Inhalte und Wirkungszusammenhänge einzelner politischer Themenfelder (Außenpolitik, Innenpolitik, Sozialpolitik, Bildungspolitik etc.) regelmäßig zu einer Selbstüberschätzung ihre eigenen Sachkompetenz neigen. Dieser Glaube, gegebene Sachzusammenhänge hinreichend zu durchschauen, führt in der Realität dazu, dass die Wähler häufig extreme Meinungen zu einzelnen Politikfeldern vertreten. Dies kann sich beispielsweise darin ausdrücken, dass als Motiv für die Zuwanderung von Migranten vergleichsweise undifferenziert auf zu hohe Leistungen der sozialen Sicherungssysteme verwiesen wird. Untersuchungen von Fernbach et al. (2013) führen dabei zu dem Ergebnis, dass die bloße Aufforderung zur Begründung von solch extremen Meinungen eine vorhandene Selbstüberschätzung auf Seiten der Wähler nicht lindert, sondern lediglich dazu führt, dass ebenso aktiv wie selektiv nach Informationen gesucht wird, um eine bestehende Meinung zu rechtfertigen (confirmation bias). Ein Abbau dieser „Illusion des Verstehens" kann vielmehr nur dadurch erreicht werden, wenn die Wähler zur Erklärung eines komplexen Sachverhalts aufgefordert werden. Dies schafft ein Bewusstsein für die Grenzen des eigenen Wissens und mildert auf diese Weise extreme Haltungen zu (haushalts-)politischen Themen ab (vgl. allgemein zum Zusammenhang von kognitiver Komplexität von Akteuren und dem Hervorbringen von extremen Meinungs- und Gefühlsreaktionen die Modellüberlegungen und experimentellen Untersuchungsergebnisse in Linville 1985).

Folgt man wiederum der von Caplan (2001) formulierten These von der „rationalen Irrationalität", konsumieren Wähler im Rahmen ihres Wahlverhaltens bestimmte Einstellungen (beliefs), die aufgrund von Entscheidungen zugunsten inferiorer Politiken mit Wohlfahrtsverlusten verbunden sein können. Er stellt hierzu plakativ fest: „Collectively, people leave 20 $ bills on the sidewalk, but individually they do not" (ebenda, S. 312). Damit verbundene Abweichungen von rationalen Einstellungen bzw. Interessen treten dabei nicht zufallsverteilt sondern systematisch auf und können zur Akzeptanz einer aus ökonomischer Sicht ineffizienten Ausgabenpolitik des Staates beitragen. Damit eng verknüpft ist aus verhaltensökonomischer Sicht die Frage nach den Bestimmungsfaktoren politischer Präferenzen, die – folgt man etwa Quattrone und Tverskey (1988) oder auch Chong und Druckman (2007) – in erheblichen Umfang von Framing-Effekten abzuhängen scheinen. Danach macht es einen verhaltenswirksamen Unterschied für die Wählerakzeptanz ein und derselben ausgabenpolitischen Maßnahme des Staates, ob sie beispielsweise als „gegen Arbeitslosigkeit" oder als „für die Schaffung neuer Arbeitsplätze" ausgerichtet dargestellt wird. Die darin zum Ausdruck kommende Beliebigkeit bzw. situative Formbarkeit politischer Präferenzen ist in verschiedenen Studien zum Einfluss individueller Wahrnehmungsverzerrungen auf die Risikoeinschätzung von Wählern untersucht worden (vgl. hierzu etwa Kuran 1991 oder auch Kuran und Sunstein 1999). Für Politiker kann es nach Schnellenbach und Schubert (2014a, S. 659) vor diesem Hintergrund „rational sein, wider besseres Wissen die ineffizienten, aber populären Politikmaßnahmen umzusetzen". Führen entsprechend verzerrte Risikoeinschätzungen der Wähler zu einer systematischen Unterbewertung der Kosten staatlicher Ausgabenprogramme, kommt es zu der bereits an früherer Stelle thematisierten Fiskalillusion, bei der die mangelnde Wahrnehmung der tatsächlich bestehenden Abgabenlast, die sich mit der staatlichen Ausgabenpolitik verbindet, nach Tyran und Sausgruber (2011) zu einer Nachfrage nach ineffizient hohen Steuern führen kann. Im Fall einer systematischen Unterschätzung der Kosten einer defizitfinanzierten Ausgabenpolitik sprechen Banzhaf und Oates (2012) analog vom Phänomen der „Schuldenillusion".

Betrachtet man das Phänomen verzerrter Risikoeinschätzungen auf Seiten der Wähler etwas genauer, lässt sich mit Krämer (2014, S. 367 f.) aus verhaltensökonomischer Sicht danach differenzieren, wie zum einen bestehende Risiken das Treffen optimaler Entscheidungen *beeinflussen* und wie zum anderen ein irrationaler Umgang mit gegebenen Risiken eine optimale Entscheidung *verhindern* kann. Im erstgenannten Fall geht es um Verhaltensabweichungen von der sogenannten Standard-Nutzen-Theorie, der zufolge rationale Akteure (entweder objektive oder zumindest subjektive) Wahrscheinlichkeiten in konsistenter Weise zufälligen Ereignissen zuordnen können. Nach Kahneman und Tversky (1979) zeigt sich in der Realität jedoch insofern ein anderes Bild, wie es zu Unterschieden zwischen tatsächlicher und subjektiv empfundener Wahrscheinlichkeit von Risiken kommt (sogenannte „decision weights"). In der ökonomischen Literatur wird dieses Phänomen auf der Grundlage von Ellsberg (1961) auch als „Ellsberg-Paradox" bezeichnet. Als verantwortlich hierfür gelten zwei Effekte: Der Sicherheitseffekt („certainty-effect") besagt danach, dass der Schritt von sehr wahrscheinlich auf sicher höher gewichtet wird als der Schritt von nicht ganz so wahrscheinlich auf sehr wahrscheinlich. Demgegenüber besagt der Möglichkeitseffekt („possibility-effect"), dass der Schritt von unmöglich auf etwas wahrscheinlich bedeutsamer ist als der Schritt von etwas wahrscheinlich auf etwas mehr wahrscheinlich. Vor allem der Möglichkeitseffekt erklärt dabei nach Krämer (2014, S. 369) die bei Wählern oft anzutreffende Panik bei minimalen Katastrophenwahrscheinlichkeiten, die bezogen auf den öffentlichen Haushalt dazu führen kann, dass unverhältnismäßig hohe Ausgaben für Präventionsmaßnahmen gefordert werden, die aufgrund der objektiven Wahrscheinlichkeit eines gesellschaftlichen Risikos nicht gerechtfertigt sind.

Für den zweitgenannten Fall, d. h. mit Blick auf die Frage, wie Unsicherheit zu irrationalen Risikobewertungen führen kann, ist von besonderer Bedeutung, dass die Wähler im Rahmen des von der Verhaltensökonomik unterstellten dualen Handlungsmodells im Regelfall ihr Verhalten auf der Grundlage von Entscheidungsheuristiken vollziehen. Dies führt dazu, dass aufgrund der Wirksamkeit der Verfügbarkeitsheuristik vor allem auf solche Gefahren und Risiken in besonders ausgeprägter Form reagiert wird, die subjektiv bekannt sind, über die in der Öffentlichkeit geredet wird, die im persönlichen Umfeld schon einmal aufgetreten sind oder mit denen besonders dramatische Bilder verknüpft sind. Folgt man wiederum Krämer (2014, S. 371 ff.), sind für eine verzerrte Risikowahrnehmung verschiedene Einflussfaktoren von Bedeutung. Danach spielt für die Risikobewertung eine Rolle, ob eine Gefahr als beeinflussbar gilt oder ob man ihr ausgeliefert ist, ob die Wirkung einer Gefahr unmittelbar oder erst verzögert eintritt, ob die Wirkungsweise eines gefährlichen Ereignisses durchschaut wird oder nicht, ob man über eigene Erfahrungen im Umgang mit einer Gefahr verfügt oder diese nur vom Hörensagen kennt, ob man eine Gefahr freiwillig oder unfreiwillig auf sich nimmt oder ob es sich um eine natürlich gegebene oder künstlich erzeugte Gefahr handelt. Dabei führen die jeweils erstgenannten Ausprägungen der genannten Risikomerkmale nicht nur zu einer größeren Akzeptanz von Gefahren, sondern tragen auch zu einer extremen Unterschätzung von Risiken bei (vgl. hierzu auch Slovic 1987; Viscusi 1995 sowie Slovic 2010). Aus Sicht von Krämer (2014, S. 373) lassen sich die genannten Risikomerkmale auf zwei Faktoren reduzieren, namentlich „auf eine Abart des Gruselfaktors und auf den Bekanntheitsgrad" von gefährlichen Ereignissen, die nach Kuran und Sunstein (1999) zu ganzen „Verfügbarkeitskaskaden" in der irrationalen Bewertung von gesellschaftlichen Risiken beitragen können. Sind diese Randbedingungen nicht gegeben, d. h. wird die Verfügbarkeitsheuristik in Form von Vorstellungsvermögen und Emotionen nicht aktiviert, führen demgegenüber selbst maximale Gefahren kaum zu Aufregung unter den Wählern. Passt sich die Politik an dieses Verhaltensmuster der Wähler an, kann dies – gemessen am politischen Handlungsbedarf in Orientierung an den objektiv gegebenen Gefahren – zu erheblichen Fehlallokationen knapper Haushaltsmittel innerhalb der staatlichen Ausgabenpolitik beitragen (vgl. für eine Auflistung von Beispielen für entsprechende (haushalts-)politische Fehlallokationen die Ausführungen in Krämer 2014, S. 374 ff.).

Analog zum Wählerverhalten handeln aus verhaltensökonomischer Sicht auch Politiker oft auf Basis von subjektiven Vorstellungen darüber, mit welchen Auswirkungen ihre (ausgaben-)politischen Entscheidungen verbunden sein werden. Dabei übernehmen diese – folgt man Schnellenbach und Schubert (2014a, S. 660) – nicht selten die politischen Entscheidungsheuristiken der für sie relevanten Wählergruppen. Ein Beispiel für dieses adaptive Verhalten ist nach Baron und McCaffrey (2008) die in den USA auch unter Politikern weitverbreitete Vorstellung, dass Steuersenkungen stets öffentliche Ausgabenkürzungen nach sich ziehen würden, während demgegenüber in der Realität eine entsprechende Erhöhung der Schuldenfinanzierung staatlicher Ausgabenpolitik festgestellt werden kann. Umgekehrt ist aber auch eine entsprechende Instrumentalisierung von Wahrnehmungsverzerrungen auf Seiten der Wähler durch die politischen Entscheidungsträger nicht auszuschließen. Ergänzend hierzu stellen Schnellenbach und Schubert (2014a, S. 660) allerdings ebenso fest: „Auf der anderen Seite kann aber auch beobachtet werden, dass Politiker die bei Wählern vorhandenen kognitiven Verzerrungen zielgerichtet zu ihrem Vorteil nutzen. So schaffen sie beispielsweise selbst politische Probleme, an denen sie sich dann selbst erfolgreich abarbeiten können, indem sie die sogenannte Verfügbarkeitsheuristik der Wähler nutzen […]. Wähler neigen dazu, Risiken zu überschätzen, über die Informationen aktuell leicht verfügbar sind. So werden z. B. die Risiken von Umweltkatastrophen systematisch überschätzt, wenn in den Nachrichten darüber berichtet wird, dass an irgendeinem anderen Ort auf der Welt eine ähnliche Situation gerade eingetreten ist. Dies machen sich politische Unternehmer zunutze, indem sie Probleme auf die Agenda setzen, die eigentlich von untergeordneter Bedeutung sind, sich aber politisch leicht instrumentalisieren lassen".

Beide Sachverhalte stellen die auch in der traditionellen Finanzwissenschaft anzutreffende Vorstellung infrage, wonach Wirtschafts- und Finanzpolitik als gesellschaftliches Korrektiv für Rationalitätsdefizite von Wählern und Marktteilnehmern fungieren. Diese Einschätzung wird noch dadurch untermauert, dass aus verhaltensökonomischer Sicht – folgt man Mullainathan und Shafir (2013, S. 141) – amtierende Regierungen in ihrem Entscheidungsverhalten dazu neigen, sich vorrangig mit dringenden unter Vernachlässigung von wichtigen Aufgaben zu beschäftigen. Wörtlich heißt es diesbezüglich bei den genannten Autoren: „In der Arbeit von Regierungen erkennt man schon lange einen gleichen Schwerpunkt auf dem Dringenden unter Vernachlässigung des Wichtigen. Regierungen haben in Jahrzehnten knapper Haushaltsmittel vernachlässigt, in die Infrastruktur zu investieren. Die Instandhaltung von Brücken ist beispielsweise eine Investition von entscheidender Bedeutung. Und doch ist es eine Investition, die leicht verschoben werden kann, wenn die Gelder knapp sind und Einsparungen nötig werden. Verrottende Brücken sind ein wichtiges Problem, aber kein dringendes, und so ist nach einem Bericht aus dem Jahr 2009, der von der American Society of Civil Engineers herausgegeben wurde, eine von vier Brücken auf dem Land und eine von drei städtischen Brücken in den USA mangelhaft" (ebenda, S. 141). Vergleichbare Aussagen zum Erhaltungszustand der öffentlichen Infrastruktur und der bestehenden Investitionslücke lassen sich auch für Deutschland treffen (vgl. hierzu etwa Haß 2015, S. 95). Dies hat nach Ansicht von Mullainathan und Shafir (2013, S. 151) angesichts stets knapper finanzieller Mittel auch weitreichende Folgen für die Ausgaben- und Haushaltspolitik des Staates: Weil die Politiker „immer gerade noch eine Zwischenlösung für das dringendste Problem finden, entsteht aus den kurzfristigen finanziellen Klemmen ein komplexes Netz an Verpflichtungen. Das Ergebnis ist ein verwirrender Flickenteppich von Einnahmen und Ausgaben. […] Entscheidungen über einen Kauf oder eine neue Investition müssen nun durch dieses immer komplexer werdende Netz navigiert werden. Das Erbe früherer Entscheidungen macht jede neue zu einem noch größeren Problem".

Cooper und Kovacic (2012) haben in Anbetracht dessen den Vorschlag formuliert, bestehenden Verzerrungen im Prozess der Durchsetzung staatlicher Regulierung durch eine zusätzliche Informationsbereitstellung durch die öffentliche Verwaltung zu begrenzen.

Der staatlichen Bürokratie wird hierbei die Rolle einer unabhängigen dritten Instanz zugeordnet. Sieht man einmal davon ab, dass aus verhaltensökonomischer Sicht ein Mehr an Informationen auch in der Politik nicht bereits automatisch zu besseren (bzw. effizienteren) Entscheidungen führt, sondern in vielen Fällen das genaue Gegenteil eintritt, sind auch die Akteure in der öffentlichen Verwaltungen nicht frei von Irrationalitäten und Ineffizienzen in ihrem Entscheidungsverhalten. Stellvertretend sei diesbezüglich auf die Untersuchung von Charness et al. (2013) verwiesen, die im Rahmen eines Verhaltensexperiments nachweisen, dass schon die Bereitstellung von Informationen zu Leistungsunterschieden innerhalb der öffentlichen Verwaltung dazu führt, dass die Probanden als Reaktion darauf verstärkt zur Sabotage der Leistungen ihrer organisationsinternen Konkurrenten neigen. Ob in Anbetracht dessen zusätzliche Informationen seitens der Bürokratie zur Aufdeckung und wirksamen Korrektur von Ineffizienzen der politischen Entscheidungsträger beitragen können, muss als fraglich gelten. Die nachfolgenden Ausführungen zu den psychologischen Bestimmungsfaktoren des Verhaltens von Politikern und Wählern unter besonderer Berücksichtigung ausgaben- und haushaltspolitsicher Sachverhalte liefern hierzu einen noch tiefergehenden Einblick.

4.2.2 Psychologische Bestimmungsfaktoren der Interaktion zwischen Politikern und Wählern – das Phänomen der Fiskalillusion

Ausgehend von der Annahme, dass ein allein auf Eigennutz und monetäre Anreize abstellender Erklärungsversuch des Verhaltens von politischen Akteuren (Wähler, Politiker, Bürokraten) weitere wichtige Bestimmungsfaktoren des individuellen Entscheidungsverhaltens unberücksichtigt lässt (Emotionen, Gerechtigkeitsüberlegungen, Wahrnehmungsverzerrungen, Entscheidungsheuristiken, intrinsische Motivation etc.), denen aus Sicht der Verhaltensökonomik jedoch eine hohe Relevanz zukommt, bedarf die herkömmliche ökonomische Betrachtungsweise des politischen Willensbildungsprozesses einer entsprechenden psychologischen Erweiterung. Mit Blick auf die Interaktionsbeziehung zwischen Politikern und Wählern stand dabei innerhalb der finanzpsychologischen Forschung schon früh das Phänomen der Fiskalillusion im Mittelpunkt des Interesses. Mit ihr verbindet sich in Anlehnung an Mueller (2003, S. 527) jener Sachverhalt, dass Politiker unter Verschleierung der tatsächlichen Finanzierungslasten öffentlicher Ausgaben das staatliche Budget in einem Umfang ausdehnen können, welches die Wähler in Kenntnis sämtlicher Kosten öffentlicher Güter freiwillig nicht mitgetragen hätten. Von der Fülle an theoretischen und – vor allem – empirischen Untersuchungen zur Fiskalillusion, die mittlerweile vorliegen und auf die teilweise auch schon an früherer Stelle im Zusammenhang mit dem langfristigen Wachstums der Staatsausgaben eingegangen wurde, sollen nachfolgend nur einige wenige näher vorgestellt werden (vgl. für weitere Untersuchungen zu verschiedenen Formen von Fiskalillusion etwa Bergstrom und Goodman 1973; Wagner 1976; Pommerehne und Schneider 1978; Breeden und Hunter 1985; Misiolek und Elder 1988; Wildasin 1989; Dollery und Worthington 1999; Stumm 2000; Campbell 2004; Sausgruber und Tyran 2005 oder auch Turnbull 2007).

1. *Asymmetrische Bewertung von Nutzen und Kosten staatlicher Ausgabenpolitik*

Ein erster Hinweis auf die Relevanz psychologischer Bestimmungsfaktoren findet sich bereits bei Downs (1960), wenn im Rahmen seiner ökonomischen Theorie der Demokratie und den sich daraus ableitenden Folgerungen für die staatliche Ausgabenpolitik die These vertreten wird, dass der öffentliche Haushalt relativ zu einem als „optimal" definierten Budget zu klein ausfallen kann. Als Begründung hierfür wird auf das Phänomen der Fiskalillusion verwiesen, welches – wie bereits an früherer Stelle erwähnt – für ein spezifisches Informationsdefizit auf Seiten der Wähler (bzw. Bürger) in Gestalt einer systematischen Fehleinschätzung sowohl der staatlichen Abgabenlast als auch des Nutzens der öffentlichen Ausgaben steht. Anders als bei der üblichen Argumentation im Fall der Fiskalillusion wird jedoch nicht von einer Überexpansion des öffentlichen Haushalts ausgegangen. Vielmehr kommt es nach Ansicht von Downs (1960, S. 546) immer dann zu einem „zu kleinen" öffentlichen Budget, wenn der mit der staatlichen Ausgabentätigkeit verbundene Vorteil (Gewinn) niedriger eingeschätzt wird als die aus der Finanzierung dieser Ausgaben resultierende private Nutzeneinbuße (Verlust). Bei Downs (1960, S. 546) heißt es hierzu wörtlich: „Thus if voters are unaware of the potential benefits of certain types of government spending, party competition may force the actual budget to become smaller than the ‚correct' budget. This outcome may result even if voters merely discount certain classes of government benefits more heavily than comparable private benefits when in reality they are equal". Diese im Vergleich zur gängigen Interpretation der Fiskalillusion nach Zenker (2011, S. 50, Fn. 156) „umgekehrte Wahrnehmungsverzerrung" wird damit begründet, dass „die Wirtschaftssubjekte Steuerzahlungen sehr viel deutlicher wahrnehmen als den Nutzen öffentlicher Güter", was im Ergebnis zu einer – auf das Budgetvolumen bezogen – suboptimalen Ausgabenpolitik führt.

Die im Zentrum der Downs-These vom zu „kleinen Budget" stehende, unterschiedliche Wahrnehmung von Ausgabenvorteilen (Gewinn) und Steuerbelastungen (Verlust) legt bei dieser Variante von Fiskalillusion erneut eine Verbindung zu der von Kahneman und Tversky (1979) vertretenen „prospect theory of choices" nahe. Zwar meint Downs (1960, S. 544), diese Form der ungleichen Bewertung staatlicher Ausgaben und steuerlicher Finanzierungslasten mit der Annahme eines rationalen Wählerverhaltens in Einklang bringen zu können. Aus verhaltensökonomischer Sicht muss dies jedoch als theoretisch inkonsistent gelten, da erst mit der von der neoklassischen Standardtheorie abweichenden Prämisse eines subjektiv ungleichen Empfindens von Gewinnen und Verlusten (bzw. Mittelzufluss und Mittelabfluss) jene Asymmetrie in der Wahrnehmung betragsmäßig identischer Zahlungsströme erklärt werden kann. Erst wenn die Wähler aufgrund der empirisch als verhaltenswirksam identifizierten Verlustaversion mögliche finanzielle Einbußen (Abgaben) systematisch höher gewichten als etwaige finanzielle Zuwächse (Ausgaben) in der gleichen Größenordnung, kann sich der Effekt eines zu kleinen Budgets einstellen. D. h. anders als im Fall der Schuldenillusion als einem Unterfall von Fiskalillusion, die zu einer Ausweitung staatlicher Ausgaben führt, weil amtierende Regierungen – so Buchanan und Wagner (1977) – aus Gründen des Machterhalts versuchen, durch eine Ausweitung merklicher Ausgaben bei zugleich unmerklicher Finanzierung die bestehenden Asymmetrien in der Wahrnehmung der Wähler strategisch zu nutzen, trägt die hier dargestellte Form von Fiskalillusion zu einer Begrenzung staatlicher Ausgaben bei. Es sei hier am Rand aber auch auf Carter (1982) verwiesen, der für den Fall einer symmetrischen Unterschätzung von Ausgabenvorteil und Abgabenbelastung auch die Möglichkeit eines „übermäßig großen" Budgets nachzuweisen versucht. Engelhardt et al. (1994, S. 130) weisen diesbezüglich allerdings darauf hin, dass dies nur „für ganz bestimmte Parameterkonstellationen gilt".

Dass solche *asymmetrischen Wahrnehmungen* in der subjektiven Einschätzung von Staatsausgaben und Steuereinnahmen bestehen, zeigte sich in einer Untersuchung von Kirchler (1997) für Österreich, in der mehr als 130 Personen quer durch alle Altersgruppen nach ihrer Einschätzung von Ausgabenvorteil und Steuerbelastung befragt wurden. Dabei wurde deutlich, dass die Untersuchungsteilnehmer die öffentlichen Ausgaben und den damit verbundenen Nutzen in Relation zum Finanzierungsnachteil mehrheitlich als zu niedrig bewerteten. Eine solche fehlerhafte Bewertung wird auch in einer Studie von Lewis (1983) für die USA empirisch nachgewiesen, in der die Untersuchungsteilnehmer sowohl nach ihrer Wahrnehmung des Ausgabenvorteils als auch nach ihren Präferenzen für öffentliche Ausgaben befragt wurden. Dabei zeigte sich, dass derjenige Personenkreis, der eine Erhöhung eines bestimmten Anteils der Staatsausgaben befürwortete, den damit verbundenen Vorteil niedriger einschätzte als jener Personenkreis, der diesen Anteil entsprechend seinen Präferenzen (unter Einsparung von Steuermitteln) reduzieren wollte. Zu einem vergleichbaren Beleg des Zusammenhangs zwischen subjektiver Bewertung und individuellen Präferenzen kommen auch Tompkinson und Bethwaite (1991) in ihrer Untersuchung von Daten zum öffentlichen Haushalt in Neuseeland. Darüber hinaus zeigte sich in dieser Studie aber auch, dass die fiskalischen Präferenzen der befragten Personen keineswegs stabil waren. Zwar hatten die Untersuchungsteilnehmer zu Beginn der Studie Präferenzen über die erwünschten Änderungen der Zusammensetzung von öffentlichen Ausgaben und Einnahmen geäußert. Wurden die Befragten jedoch über die tatsächlichen Ausgaben- und Einnahmenanteile des öffentlichen Haushalts in Kenntnis gesetzt, änderten sie ihre Vorstellung über die präferierte Zusammensetzung von Staatsausgaben und Steuerfinanzierung nachträglich in Richtung der realen Gegebenheiten.

Diese *Instabilität der fiskalischen Präferenzen* in Abhängigkeit von der Realitätswahrnehmung belegt auch eine Studie von Cruces et al. (2011), in der argentinische Privathaushalte nach ihrer Einstellung zur staatlichen Umverteilungspolitik befragt wurden. Dabei zeigte sich, dass die Befragten einer solchen Budgetpolitik so lange ablehnend gegenüberstanden, so lange sie ihr Einkommen im Vergleich zu anderen Haushalten subjektiv als vergleichsweise hoch einschätzten. Wurde diese Wahrnehmung jedoch korrigiert, änderten sich auch die Präferenzen in Bezug auf staatliche Maßnahmen zur Umverteilung. In welchem Umfang öffentliche Ausgaben (Vorteil bzw. Gewinn) und zu ihrer Finanzierung dienende Steuereinnahmen (Kosten bzw. Verlust) von den Wählern asymmetrisch wahrgenommen werden, hängt – folgt man den Untersuchungsergebnissen von Variyam und Jordan (1991) zur subjektiven Bewertung von staatlichen Agrarausgaben in den USA – schließlich auch davon ab, unter welcher politischen Zielsetzung die Subventionen für den Agrarsektor gewährt werden. Danach wurden die mit der Ausgabenpolitik verbundenen

Kosten (bzw. Verluste) weniger negativ bewertet, wenn anstelle einer undifferenzierten Subventionierung des Agrarsektors insgesamt die öffentliche Förderung landwirtschaftlichen Klein- und Familienbetrieben zugutekommen sollte. D. h. die Präferenzen für staatliche Ausgaben scheinen auch hier Kontext- bzw. Framing-Effekten zu unterliegen.

2. *Der Flypaper-Effekt als bedeutsame Variante von Fiskalillusion im Bereich der Ausgabenpolitik – Erläuterung und Empirie*

Die angeführten empirischen Studien beleuchten lediglich einen Teilausschnitt des umfassender wirkenden Phänomens der Fiskalillusion. Folgt man Engelhardt et al. (1994, S. 128) sind „Fiskalillusionen […] mangels eindeutiger Objektivitätskriterien hochkomplexer Realitätszusammenhänge sowohl auf Seiten der Staatsbürger wie der sie ‚regierenden' staatlichen Entscheidungsträger schlecht definiert bis ‚ubiquitär', auf jeden Fall aber wohl unvermeidlich". Auch wenn die in dem schon wiederholt zitierten Aufsatz von Oates (1988, S. 66) benannten fünf Ausprägungsformen von Fiskalillusion – namentlich: „1) complexity of the tax structure; 2) renter illusion with respect to property taxation; 3) income elasticity of the tax structure; 4) debt illusion; 5) the flypaper effect" – mehrheitlich auf die Einnahmenseite des öffentlichen Budget bezogen sind, trifft dies nicht auf die zuletzt genannte Variante des *Flypaper-Effekts* zu. Mit ihm wird auf bestehende Wahrnehmungsverzerrungen auf Seiten der Wähler im Hinblick auf die innerstaatlichen Ausgabenströme zwischen den Gebietskörperschaftsebenen eines föderalen Staatsgebildes abgestellt (vgl. zum Flypaper-Effekt auch Bailey und Connolly 1989; Wildasin 1990; Wyckoff 1991 sowie Roemer und Silvestre 2005). Den Ausgangspunkt für die Erläuterung dieser Variante von Fiskalillusion bildet nach Engelhardt et al. (1994; S. 130 f.) die Annahme eines zwei Staatsebenen umfassenden föderalen Systems, wobei die untere Ebene (Kommunalebene) von der oberen Ebene (Bundes- oder Landesebene) einen steuerfinanzierten Transfer erhalten soll. Solange dieser zwischenstaatliche Ausgabentransfer für den (Median-)Wähler der unteren staatlichen Ebene keinen Einkommenseffekt hat, sollte ein solcher Transfer aus traditionell ökonomischer Sicht – d. h. unter der Prämisse eines rationalen Verhaltens – keinen Einfluss auf die vom (Median-)Wähler präferierte Höhe der staatlichen Ausgaben haben. Bei einer vollständigen Nutzen-Kosten-Rechnung, bei der der Wähler seinen Steueranteil an der Finanzierung des innerstaatlichen Transfers dem auf diesem Wege erhaltenen Ausgabenvorteil gegenüberstellt, wäre dies auch der Fall, d. h. der Sachverhalt der Transferzahlung hätte keinen Einfluss auf die Höhe der Staatsausgaben.

Unterstellt man jedoch – wie Courant et al. (1979) oder auch Oates (1979) dies tun – die Existenz von Fiskalillusion, zeigt sich auf Seiten des (Median-)Wählers ein anderes Entscheidungsverhalten, das sich mit Oates (1988, S. 77) als Resultat einer verzerrten Realitätswahrnehmung wie folgt beschreiben lässt: „What the electorate sees is a reduction in tax rates needed to finance local spending programs, and this reduction is erroneously viewed as a reduction at the margin in the ‚tax-price' of these programs. The budgetary process thus transforms what is, in truth, a lump-sum inter-governmental grant into what is perceived by individuals as a reduction in the tax-price of local public goods. The result is a willingness on the part of the local electorate to support higher levels of spending than if they correctly perceived the relevant fiscal parameters". D. h. die lokalen Ausgaben werden durch die (ungebundenen) vertikalen Finanzzuweisungen stärker stimuliert, als dies aus ökonomischer Sicht der Fall sein dürfte. Die Zuweisungen stellen einen Einkommensanstieg in einer Region (bzw. Kommune) dar und sollten daher wie jeder andere Einkommenszuwachs auf die Nachfrage nach öffentlichen und privaten Gütern wirken. Weicht das reale Verhalten der politischen Akteure jedoch von diesem Nachfragemuster ab, ist dies nach Hines und Thaler (1995) ein Indiz dafür, dass die Herkunft des Mittelzuflusses im öffentlichen Haushalt (hier: vertikale Finanztransfers vs. regionale bzw. lokale Steuerfinanzierung) darüber entscheidet, wie diese Mittel ausgabenseitig verwendet werden. Anstatt die Wähler im Umfang der vertikalen Finanztransfers steuerlich zu entlasten, bleiben die zugeflossenen Mittel im Budget „kleben" und werden zu Ausgabensteigerungen genutzt, was die Effizienz der Bereitstellung lokaler öffentlicher Güter vermindert. Eine Erweiterung der Überlegungen zum Flypaper-Effekt unter der Annahme, dass Bundes- und Kommunalebene gleichzeitig in den Blick genommen werden, findet sich bei Logan (1986) sowie Logan und O'Brien (1989). Oder anders formuliert: Der Flypaper-Effekt sorgt dafür, dass mehr lokale öffentliche Güter nachgefragt und finanziert werden, als dies bei einer rationalen Abwägung von zusätzlichem Nutzen und marginalen Kosten der Fall sein dürfte. D. h. die Bereitstellung kommunaler staatlicher Leistungen erfolgt in diesem Fall weder präferenzgerecht noch kosteneffizient. Der Flypaper-Effekt lässt sich nach Hines und Thaler (1995) daher auch kurz und knapp mit der Formel umschreiben: „The money sticks where it hits" (siehe auch die Abb. 4.6).

Aus psychologischer Sicht lässt sich die mit dem Flypaper-Effekt einhergehende, übermäßige Steigerung der staatlichen Ausgaben auf einen subjektiven Wahrnehmungsfehler bezüglich der steuerfinanzierten innerstaatlichen Transferzahlungen auf Seiten der Wähler zurückführen, was dann im Ergebnis jene verzerrte Nutzen-Kosten-Abwägung hinsichtlich der Bereitstellung von öffentlichen Gütern auf der kommunalen Ebene hervorruft, wie sie durch die genannten Autoren beschrieben wurde. Die Herkunft der Finanzierungsmittel induziert dabei einen *Framing-Effekt*, der maßgeblich für die Höhe der öffentlichen Ausgaben auf der Kommunalebene verantwortlich ist. Man könnte als zusätzliche psychologische Erklärung dieses Effekts auch die These formulieren, dass die subjektiv wahrgenommene Steuerbelastung einerseits und die zentralstaatlichen Finanzzuweisungen an die kommunale Ebene andererseits beim Wähler auf unterschiedlichen *mentalen Konten* verbucht werden. Die mangelnde kognitive Verknüpfung der beiden „Konten" verhindert dabei eine sachgerechte Verarbeitung der im Prinzip verfügbaren Informationen in einer ökonomisch effizienten Art und Weise.

Mit Blick auf die empirische Evidenz des Flypaper-Effekts stellt Oates (1988, S. 77) in seinem Überblicksartikel fest: „This is a phenomenon that has been regularly observed in econometric studies of inter-governmental grants-in-aid. More specifically, these studies have found that there is a significantly higher propensity for recipients to increase public expenditure in response to lump-sum inter-governmental grants than in response to equivalent increases in private income". Er weist zudem mit Blick auf die vorliegenden Sudien auf das folgende Ergebnis hin: „[...] they indicate that communities direct much larger

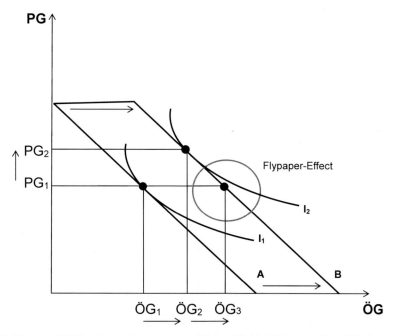

Abb. 4.6 Flypaper-Effekt als ausgabenbezogener Unterfall des Effekts der Fiskalillusion. (*Erläuterung:* Eine Finanzzuweisung einer übergeordneten Gebietskörperschaftsebene (z. B. Bund) erhöht die Haushaltsmittel auf einer nachgeordneten Gebietskörperschaftsebene (z. B. Länder oder Kommunen) und führt zu einer Verschiebung der Budgetgeraden der empfangenden Gebietskörperschaft nach außen (Verschiebung von A nach B). Innerhalb einer fiskalisch begünstigten Gebietskörperschaft wirkt die Zuweisung wie eine Einkommenssteigerung, was bei gegebenen Präferenzen in Form der Indifferenzkurven I_1 und I_2 und einem rationalen Entscheidungsverhalten des Medianwählers sowohl zu einer Erhöhung des Konsums an privaten Gütern (die Nachfrage steigt von PG_1 auf PG_2) als auch an öffentlichen Gütern (die Nachfrage steigt von $ÖG_1$ auf $ÖG_2$) führen müsste. Im Unterschied dazu wird beim Flypaper-Effekt davon ausgegangen, dass es ausschließlich zu vermehrten Ausgaben zugunsten öffentlicher Güter ($ÖG_3$) über das Konsumoptimum hinaus ($ÖG_2$) kommt. Als ursächlich hierfür gilt eine verzerrte Wahrnehmung der Wirkung der Finanzzuweisung, die vom Medianwähler – im Unterschied zu einer Steuersenkung in gleicher Höhe – nicht als allgemeine Einkommenserhöhung innerhalb einer Gebietskörperschaft, sondern lediglich als einseitige Ausweitung des öffentlichen Budgets interpretiert wird. Quelle: Eigene Darstellung)

fractions (40–50 %) of revenue to lump-sum inter-governmental grants into state and local outlays than from private income (roughly 10 %)" (ebenda). Zu vergleichbaren Einschätzungen gelangen auch Dollery und Worthington (1996) in ihrem Überblick zu Theorie und Empirie des Flypaper-Effekts. Neben diesen Überblicksstudien liegen zudem eine Reihe von Einzeluntersuchungen vor: Während Mattos et al. (2011) dabei für Brasilien die Auswirkungen innerstaatlicher Finanztransfers allein mit Blick auf die Effizienz der kommunalen Besteuerung untersuchen, kommt Kalb (2010) für Deutschland am Beispiel von baden-württembergischen Kommunen zu dem Ergebnis, dass sich die Finanzzuweisungen des kommunalen Finanzausgleichssystems auch negativ auf die Kosteneffizienz der kommunalen Aufgabenerfüllung auswirken. Das gleiche Ergebnis findet sich auch in Untersuchungen von Balaguer-Coll et al. (2007) und Balaguer-Coll und Prior (2009) zu den negativen Effizienzwirkungen zentralstaatlicher Transferzahlungen bezogen auf Kommunen in der spanischen Region Valencia. Dies gilt in gleicher Weise mit Blick auf die empirischen Studien von Vanden-Eeckaut et al. (1993) und DeBorger und Kerstens (1996) für belgische Kommunen, für die ebenfalls ein negativer Effekt von allgemeinen Finanzzuweisungen auf die Kosteneffizienz der Bereitstellung von lokalen öffentlichen Gütern nachgewiesen werden konnte. Einen solch negativen Einfluss zentralstaatlicher Finanztransfers auf die Effizienz der kommunalen Ausgabenpolitik findet sich auch bei Loikkanen und Susiluoto (2006) in ihrer Untersuchung für Finnland. Im Rahmen einer empirischen Studie zu den räumlichen Nutzen-Spillovers in der Schweiz kommt schließlich Schaltegger (2003) anhand von aggregierten Daten der 26 Kantone für den Zeitraum 1980–1998 zu dem Ergebnis, dass die Finanztransfers der Bundesebene an die Kantone zu starken Ausgabensteigerungen im Bereich der öffentlichen Verwaltung, der Bildung sowie – und vor allem – des Verkehrs führten, was auf „einen ‚Flypaper-Effekt' bei den Finanztransfers" hindeutet.

Während bei den bislang genannten Studien der Flypaper-Effekt allein bezogen auf die Wirkung ungebundener (bzw. pauschaler) innerstaatlicher Transferzahlungen analysiert wurde, nimmt Wyckoff (1991) unter Verwendung von Daten für die Schuldistrikte in Michigan für die beiden Jahre 1978 und 1979 unterschiedliche Typen von Finanzzuweisungen gemeinsam mit anderen Einnahmearten zur Ausgabenfinanzierung in den Blick, um auch für diese Finanzierungsinstrumente einen Flypaper-Effekt empirisch nachzuweisen. Zum gleichen Ergebnis kommen Olmstedt et al. (1993), die das Ausgabenverhalten von Schulen in Missouri anhand von Daten für die Jahre 1979 und 1980 untersucht haben, ebenso wie Ladd (1993), der in seiner Studie für die USA die Auswirkungen des US-Tax-Reform-Act von 1986 (TRA86) auf die Ausgabentätigkeit von Kommunen und Bundesstaaten analysiert hat. Darüber hinaus zeigt Stine (1994) in einer Untersuchung für die USA anhand von Daten zu 66 Bezirksregierungen in Pennsylvania für den Zeitraum 1978–1988, dass der Flypaper-Effekt symmetrisch wirkt. D. h. es kann nicht nur nachgewiesen werden, dass die öffentlichen Ausgaben bei den untersuchten Bezirksregierungen in Höhe der Finanzzuweisungen ansteigen. Vielmehr gilt auch in umgekehrter Richtung, dass bei einem Wegfall der Finanztransfers die öffentlichen Ausgaben in annähernd gleicher Höhe zurückgehen. Es kommt für diesen Fall also zu keiner Kompensation des Einnahmenausfalls in Form von Steuererhöhungen, was im Ergebnis zu einem lediglich einseitigen Rückgang des öffentlichen Güterangebots im Verhältnis zur Nachfrage nach privaten Gütern führt. Jenseits von innerstaatlichen Finanztransfers kann der Flypaper-Effekt auch für unterschiedliche institutionelle Formen der kommunalen Haushaltsgestaltung nachgewiesen werden. So kommt etwa Haug (2009) in einer Untersuchung für Deutschland zu den Auswirkungen von kommunalen Budgetausgliederungen auf die Wahrnehmung der „Steuerpreise" für lokale öffentliche Güter unter Verwendung von Daten für 112 kreisfreie Städte im Zeitraum von 1998–2003 zu dem Ergebnis, dass „[…] at least with regard to the total per capita expenditures indications for the debt illusion and the flypaper hypothesis could be found".

4.2 Zur Psychologie der politischen Willensbildung bezüglich Niveau und Struktur ...

Allerdings kommen nicht alle Studien, die um einen empirischen Nachweis des Flypaper-Effekts bemüht sind, auch zu einer eindeutigen empirischen Bestätigung dieser Variante von Fiskalillusion. So gelangen etwa Hammes und Wills (1987) in ihrer Untersuchung dieses Effekts für Kanada unter Berücksichtigung der Geber- wie der Empfängerseite von innerstaatlichen Transferzahlungen zu dem Ergebnis, dass es nur dann zu einer Fiskalillusion kommt, wenn die Transferleistungen zwischen den föderalen Ebenen beim Wähler zu keiner Nettoeinkommenseinbuße führen. In diesem Zusammenhang weisen auch Engelhardt et al. (1994, S. 132) auf die aus Sicht des ökonomischen Standardmodells bestehende Möglichkeit hin, „daß ein Einkommenstransfer von Gebieten mit hoher Einkommenselastizität für den Output der Zentralregierung zu solchen mit niedriger Einkommenselastizität für denselben zustande kommt, wenn letztere den größeren Einfluss auf die nationale Politik haben. Diese alternative Erklärung der empirisch relevanten Effekte läßt sich nicht ausschließen". Ist letzteres jedoch der Fall, kann der Flypaper-Effekt nicht mehr eindeutig nachgewiesen werden. Auf der Grundlage von Daten für die 26 Schweizer Kantone für den Zeitraum von 1980–1998 stellt Schaltegger (2004) zwar fest, dass mit Blick auf die nicht zweckgebundenen vertikalen Finanztransfers seitens der Bundesebene ein leicht ausgabenerhöhender Effekt nachgewiesen werden kann. Da der Koeffizient hierfür jedoch kleiner ist als jener für das Volkseinkommen, wird jedoch geschlussfolgert, dass – abweichend von Schaltegger (2003) – ein Flypaper-Effekt nicht nachgewiesen werden kann, da eine Erhöhung des Volkseinkommens die Nachfrage nach öffentlichen Leistungen stärker steigen lässt als eine Erhöhung der vertikalen Finanztransfers. Bischoff et al. (2013) kommen in einer Studie für Deutschland anhand von Haushaltsdaten der Kommunen in Sachsen-Anhalt für das Jahr 2004 sogar zu dem Ergebnis, dass die im Rahmen des kommunalen Finanzausgleichs gewährten Finanzzuweisungen zu Effizienzsteigerungen in der Bereitstellung von lokalen öffentlichen Gütern führen, was dem Flypaper-Effekt widerspricht. Bischoff et al. (2013, S. 25) stellen daher auch fest: „In any case, a careful re-assessment of the existing empirical evidence on the relationship between grants and efficiency is advised".

Die unterschiedlichen Ergebnisse beim empirischen Nachweis des Flypaper-Effekts lassen sich unter anderen darauf zurückführen, dass dessen Wirksamkeit – wie dies auch für andere Formen der Fiskalillusion gilt – die Abwesenheit von *Lernprozessen* über den Zusammenhang von zentralstaatlich gewährten Finanzzuweisungen und deren Finanzierung aus von den Bürgern geleisteten Steuerzahlungen voraussetzt. Ist demgegenüber auf Seiten der Bürger – worauf auch schon Gandenberger (1984) hingewiesen hat – ein Bewusstsein dafür vorhanden, dass innerstaatliche Finanztransfers letztlich nur aus bereits realisierten Steuereinnahmen des Staates getätigt werden können, dürfte dieses Wissen zu einer stärkeren Kontrolle des Ausgabenverhaltens der regierenden Politiker führen. Inwieweit entsprechende Lernprozesse zu einer Aufhebung von Fiskalillusion und damit auch des Flypaper-Effekts führen, wird in den genannten Studien jedoch nicht eigens untersucht.

3. Weitere Untersuchungsergebnisse am Beispiel des Fiskalföderalismus

Neben Studien zum Flypaper-Effekte als einer spezifischen Form von Fiskalillusion mit Blick auf die finanzpsychologische Wirkung innerstaatlicher Finanztransfers finden sich im Bereich des Fiskalföderalismus noch weitere Untersuchungen, deren Ergebnisse als Bestätigung verhaltensökonomischer Effekte zu interpretieren sind. Dabei stehen im Unterschied zum Flypaper-Effekte (bzw. zur Fiskalillusion) allerdings nicht die Einstellungsmuster und Wahrnehmungsverzerrungen der Bürger als vielmehr jene der politisch relevanten Akteure im Mittelpunkt des Untersuchungsinteresses. Eine in diesem Zusammenhang interessante Studie stellt die empirische Analyse von Heinemann et al. (2014) zu den „Föderalismus-Präferenzen in den deutschen Landesparlamenten" dar, die Ergebnisse einer in den Jahren 2011 und 2012 durchgeführten Befragung von Parlamentariern aller sechzehn Landtage zu den Themenbereichen der sogenannten Schuldenbremse, der ländereigenen Steuerautonomie sowie dem Ausgleichsniveau des bundesstaatlichen Finanzausgleichs umfasst. Insgesamt nahmen 639 Landtagsabgeordnete an der Umfrage teil, was einem durchschnittlichen Befragungsrücklauf von 34% entspricht, wobei die Antwortquote in den Ländern Baden-Württemberg (55,8%) und Rheinland-Pfalz (49,5%) am höchsten und in den Ländern Bremen (21,6%), Brandenburg (21,5%) und Berlin (20,1%) am niedrigsten ausfiel. Bezogen auf das Untersuchungsdesign weisen Heinemann et al. (2014, S. 58) zudem auf die folgende Vorgehensweise hin: „Um zu gewährleisten, dass die individuellen Antworten weder von etwaigen Wahlkampagnen noch durch Wahlen nachgelagerten Koalitionsverhandlungen beeinflusst sind, wurde die Umfrage in drei unterschiedlichen Wellen durchgeführt. Abgeordnete in Bayern, Brandenburg, Niedersachsen, dem Saarland, Schleswig-Holstein sowie Thüringen wurden im März und April 2011 befragt. Die zweite Welle im Dezember 2011 bzw. Januar 2012 erreichte Abgeordnete in Sachsen, Sachsen-Anhalt, Nordrhein-Westfalen, Hessen sowie Hamburg. Die Abgeordneten der verbleibenden Bundesländer Baden-Württemberg, Rheinland-Pfalz, Bremen, Berlin und Mecklenburg-Vorpommern wurden im April und Mai 2012 befragt".

Die Untersuchung belegt mit Blick auf die Frage nach der Befolgung der grundgesetzlichen Schuldenbremse auf Länderebene zwei Asymmetrien in den Erwartungs- und Einstellungsmustern der Parlamentarier. Dabei sind nach Heinemann et al. (2014; S. 70) die Ergebnisse zum einen „deutlich durch einen relativen ‚Regierungsoptimismus' beziehungsweise ‚Oppositionspessimismus' geprägt: Abgeordnete von Regierungsparteien sind zuversichtlicher als ihre Kollegen aus den Oppositionsparteien, was die Aussichten des jeweiligen Bundeslandes auf Einhaltung der Schuldenbremse anbelangt". Lässt sich dieser Unterschied noch vergleichsweise einfach mit Hilfe polit-ökonomischer Überlegungen erklären, ist die zweite Asymmetrie aus verhaltensökonomischer Sicht von besonderem Interesse. Sie „betrifft den Kontrast zwischen bundeslandinterner und -externer Einschätzung. Auffällig ist [dabei – T.D.] der Kontrast zwischen der zuversichtlichen Selbsteinschätzung und der skeptischen Sicht von außen besonders für die finanziell schwächeren Bundesländer" (ebenda). An anderer Stelle beschreiben Heinemann et al. (2014, S. 63) diesen Kontrast wie folgt: „Gerade dann, wenn insgesamt die Wahrscheinlichkeit der Befolgung für ein betrachtetes Bundesland als gering eingeschätzt wird, sind die Abgeordneten dieses Bundeslandes bei der Eigenbeurteilung deutlich optimistischer". Zur Erklärung dieses starken Unterschieds zwischen Selbst- und Fremdeinschätzung verweisen die Autoren auf zwei gegensätzliche Plausibilisierungsmöglichkeiten: Aus einer informationsökonomischen Perspektive könnten die Einschätzungsunterschiede das Ergebnis von Informationsasymmetrien (hidden information) sein, d. h. die Landtagsabgeordneten verfügen mit Blick auf ihr jeweils eigenes Bundesland über einen vergleichsweise genaueren Einblick in die laufenden Konsolidierungsbemühungen und kommen daher zu einer positiveren Einschätzung als die Abgeordneten der jeweils anderen Landesparlamente. Rein theoretisch würde dieser tiefere Einblick in die landeseigene Haushaltspolitik allerdings auch den Fall einer pessimistischeren Selbsteinschätzung erlauben, was sich in den Untersuchungsergebnissen jedoch nicht zeigt. Eine solche systematisch positivere Selbsteinschätzung lässt sich demgegenüber durch Rückgriff auf verhaltensökonomische Überlegungen erklären. So könnte – folgt man Heinemann et al. (2014, S. 63) – „das Phänomen der *Overconfidence*' die Beurteilung beeinflussen, wonach Menschen ganz allgemein dazu neigen, die eigenen Fähigkeiten unrealistisch hoch zu bewerten (Hervorhebung – T.D.)".

Auch das Antwortverhalten zu den beiden anderen Themenkomplexen weist Bezüge zu bekannten verhaltensökonomischen Effekten auf (siehe hierzu auch die Tab. 4.7).

Tab. 4.7 Einstellungen deutscher Landesparlamentarier zu Länderfinanzausgleich und Steuerautonomie der Länder in 2011 und 2012. (*Erläuterung:* Die Untersuchung erfolgte in drei Befragungswellen, wobei die erste Welle im April 2011 (Bayern, Brandenburg, Niedersachsen, Saarland, Schleswig-Holstein, Thüringen) und die zweite Welle im Dezember 2011 bzw. Januar 2012 (Sachsen, Sachsen-Anhalt, Nordrhein-Westfalen, Hessen, Hamburg) und die dritte Welle im April und Mai 2012 (Baden-Württemberg, Rheinland-Pfalz, Bremen, Berlin, Mecklenburg-Vorpommern) erfolgte. An der Befragung nahmen 639 Landtagsabgeordnete teil. Bezüglich des Ausgleichsniveaus des Länderfinanzausgleichs wurde den Untersuchungsteilnehmern die folgenden Frage vorgelegt: „Die derzeitige Angleichung in der Finanzausstattung zwischen den Bundesländern über den Finanzausgleich ist …". Die vorgegebenen Antwortmöglichkeiten reichten dabei von −4 (= zu gering) über 0 (= angemessen) bis zu +4 (= zu weitgehend). Die Frage zur Steuerautonomie der Länder lautete: „Würden Sie es begrüßen, wenn die Bundesländer Steuerzuschläge erheben und deren Höhe eigenständig festlegen dürften?". Die vorgegebenen Antwortmöglichkeiten reichten von −4 (= nein) über 0 (= unentschieden) bis zu +4 (= ja). Quelle: Eigene Darstellung auf der Grundlage von Heinemann et al. (2014))

Bewertungsskala	Ausgleichsniveau des Länderfinanzausgleichs (%)	Mehr Steuerautonomie der Bundesländer (%)
−4	3,8	24,3
−3	2,5	6,6
−2	7,4	6,3
−1	9,7	1,6
0	30,1	10,2
+1	9,4	6,4
+2	12,2	15,4
+3	9,4	12,1
+4	15,5	17,1

So wird zum einen das bestehende Ausgleichsniveau des bundesstaatlichen Finanzausgleichs zwar als hoch bewertet. Diese ausgeprägte Umverteilungsintensität findet jedoch in den Landesparlamenten einen starken politischen Rückhalt, was neben dem fiskalischen Eigeninteresse auf Seiten der Empfängerländer des Länderfinanzausgleichs auch auf einen *Status-quo Bias* hindeutet. Letzteres wird vor allem dadurch belegt, dass unabhängig von der Parteizugehörigkeit die jeweilige Regierung im Unterschied zur jeweiligen Oppositionspartei in allen Bundesländern – d. h. den Nehmer- wie den Geberländer – den Länderfinanzausgleich weniger kritisch sieht. Zum anderen zeigt sich auch bei der Frage nach einer größeren Steuerautonomie eine starke Orientierung der Abgeordneten an den bestehenden Verhältnissen, gleichwohl die Antworten in inhaltlicher Hinsicht durch eine vergleichsweise starke Polarisierung in Abhängigkeit von der jeweiligen Finanzkraft eines Landes gekennzeichnet sind. Dabei findet sich vor allem bei den Parlamentariern der finanzschwachen oder stärker verschuldeten Bundesländer die Einschätzung, dass landeseigene Steuerzuschlagsrechte zu keinen nennenswerten fiskalischen Vorteilen führen. In Anbetracht dessen stellen Heinemann et al. (2014, S. 70) im Hinblick auf zukünftige Finanzausgleichsreformen fest, dass „die Befragungsergebnisse auf ein starkes Beharrungsvermögen des Status quo hin[deuten]".

Eine solche finanzpsychologische Erklärung der föderalen Streitigkeiten zwischen Geber- und Nehmerländern im deutschen Länderfinanzausgleich findet sich in gleicher Weise in Heinemann (2012) mit dem Verweis darauf, dass zum Ausgleich verpflichtete Bundesländer die Ausgleichszahlungen aus Finanzmitteln leisten, die bereits in ihren jeweiligen Landeshaushalten etatisiert sind, was den aus verhaltensökonomischer Sicht bekannten *Endowment-Effekt* begünstigt. Wörtlich stellt Heinemann (2012, S. 477) hierzu fest: „Der Endowment-Effekt ist dort zu beobachten, wo der tatsächliche Besitz eines Gutes eine Verlustaversion hervorruft. Die Präferenz bezüglich eines Gutes ist nicht unabhängig von der Frage, ob das Gut bereits im Besitz ist oder erst erworben werden muss, was jedoch in der traditionellen Nutzentheorie vorausgesetzt wird. Im deutschen horizontalen Länderfinanzausgleich erfolgt nun gerade die Umverteilung aus ‚eigenen Mitteln', was die föderalen Streitigkeiten zwischen Geber- und Nehmerländern zusätzlich erklären kann". Und weiter: „Daher kann es schon deshalb einen Unterschied ausmachen, ob Länder über ein bundesstaatlich, also zwischen Bund und Ländern abgestimmtes, primäres Finanzverteilungssystem ihre allgemeinen Finanzausstattungen aus einem zentralen Budget erhalten, dessen Mittel zuvor hinsichtlich ihres Verwendungszweckes unbestimmt waren, oder aber ein Ausgleichssystem organisiert wird, das bereits kassenwirksame und daher auch bewusst als eigene Mittel wahrgenommene Haushaltsmittel zwischen den Ländern umverteilt und diese als ‚eigene' Mittel wahrgenommenen Transfers von anderen verausgabt werden können" (ebenda). Bezogen auf eine Reform des Länderfinanzausgleichs votiert Heinemann (2012, S. 479) daher nicht zuletzt aus finanzpsychologischen Überlegungen für die Einrichtung eines „föderalen Gemeinschaftsteuer-Pools", der für eine finanzielle Grundausstattung der finanzschwachen Länder im Rahmen eines rein vertikalen Finanzausgleichs durch den Bund mit entsprechenden horizontalen Effekten zur Vermeidung des Besitzstandseffekts und einer damit verknüpften Verlustaversion sorgt. Eine solche Form der föderalen Steuervereinnahmung und innerstaatlichen Mittelverteilung findet sich etwa im Finanzausgleichssystem Österreichs (vgl. für eine knappe Darstellung des österreichischen Finanzausgleichs Döring und Rischkowsky 2008 oder Döring 2014).

4.2.3 Wählerverhalten in der Demokratie – weitere (sozial-) psychologische und kognitive Einflussfaktoren des politischen Entscheidungsverhaltens

Die zurückliegend thematisierten Fehlbewertungen und fiskalischen Entscheidungsillusionen deuten bereits auf die psychologische Ergänzungsbedürftigkeit des polit-ökonomischen Standardmodells der Demokratie hin, soweit eine realitätsgerechte Beschreibung des (ausgaben-)politischen Verhaltens im Zentrum des Interesses steht. Auch wenn dies auf alle politisch relevanten Akteursgruppen (Wähler, Politiker, Bürokraten) zutrifft, soll eine solche verhaltenswissenschaftliche Erweiterung des ökonomischen Erklärungsansatzes nachfolgend lediglich stellvertretend anhand des Wählerverhaltens aufgezeigt werden. Den Bezugspunkt hierfür bildet erneut das bereits an früherer Stelle beschriebene Demokratiemodell von Downs (1957), welches im Weiteren sowohl mit den (älteren) Erkenntnissen der sozialpsychologischen Wahlforschung als auch mit den (neueren) kognitionstheoretischen Ansätzen des Wählerverhaltens konfrontiert werden soll, um die damit einhergehenden Implikationen für die staatliche Ausgabenpolitik aufzuzeigen.

1. *Sozialpsychologische Erklärungsfaktoren des Wählerverhaltens – Orientierung an Parteien, Themen und Kandidaten*

Aufgrund des immer rascher sich vollziehenden Strukturwandels in modernen Gesellschaften gewinnen solche Faktoren für die Bildung politischer Präferenzen und der darauf fußenden Wahlentscheidungen an Bedeutung, die – anders als Interessen oder Wertvorstellungen – einer kurzfristigen Veränderung unterliegen. Ausgehend von dieser Annahme berücksichtigt das sozialpsychologische Modell des Wählerverhaltens nach Gabriel und Keil (2013, S. 55) neben langfristig stabilen Einflussgrößen (ökonomische, sozialstrukturelle und historische Faktoren) auch „kurzfristig auftretende Schwankungen der Parteienpräferenz und versucht, diese durch einen Wandel politischer Einstellungen zu erklären". Bei diesen Einstellungen handelt es sich um die persönliche Identifikation mit einer Partei (Parteienorientierung), die Übereinstimmung mit dem programmatischen Angebot einer Partei (Themenorientierung) sowie der Akzeptanz der von einer Partei aufgestellten Kandidaten (Kandidatenorientierung). Campbell et al. (1960, S. 24) sprechen in diesem Zusammenhang auch vom „funnel of causality", an dessen Ende die je konkrete Wahlentscheidung einer einzelnen Person steht (vgl. zum sozialpsychologischen Modell des Wählerverhaltens auch Kellermann 2008; Pappi und Shikano 2007 oder Schoen und Weins 2005). Diese Entscheidung kann aus Sicht der sozialpsychologischen Wählerforschung nicht allein durch eine Maximierung des individuellen Nutzens erklärt werden. Vielmehr

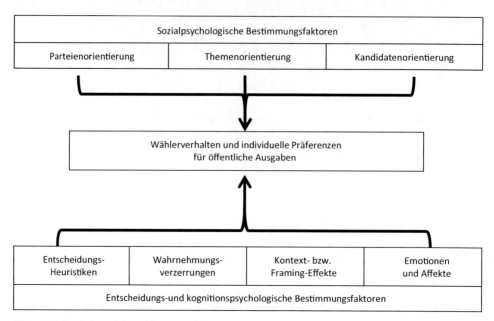

Abb. 4.7 Sozial- und kognitionspsychologische Bestimmungsfaktoren des Wählerverhaltens und der Präferenzen für öffentliche Ausgaben. (Quelle: Eigene Darstellung)

ist hierfür eine Vielzahl an Bestimmungsfaktoren verantwortlich, die überblickartig in Abb. 4.7 dargestellt sind und die nachfolgend schrittweise näher erläutert werden.

Unter der *Parteienidentifikation* wird dabei – folgt man Gabriel und Keil (2013, S. 57) – eine langfristige gefühlsmäßige Bindung der Wähler an eine politische Partei verstanden, die über soziale Gruppennormen vermittelt wird und zugleich „als Filter oder Verstärker bei der Wahrnehmung der Themen- und Kandidatenangebote der politischen Parteien" fungiert. Sie stellt damit in Anlehnung an Popkin (1991, S. 50 ff.) ebenso wie Lewis-Beck et al. (2008, S. 132 ff.) ein einfaches (mentales) Hilfsmittel bei der Beurteilung komplexer politischer Sachverhalte dar („Urteilsheuristik"). Das bedeutet zugleich, dass sozio-ökonomische Variablen wie die wirtschaftliche und soziale Stellung, die Schichtzugehörigkeit oder auch Alter und Geschlecht nicht unmittelbar das Wählerverhalten beeinflussen, sondern sich – so Stalder (1992, S. 88) – über „psychologische Mechanismen in den Einstellungen des Wählers zu politischen Problemen, Parteien und Kandidaten" niederschlagen. Folglich können politische Probleme nur dann die Präferenzen der Wähler beeinflussen, wenn sie vom Wähler wahrgenommen, zudem als bedeutsam empfunden und schließlich mit einer politischen Partei in Verbindung gebracht werden. Empirische Studien wie die von Schmitt und Holmberg (1995), Wattenberg (2000) oder auch Berglund et al. (2005) zeigen nicht nur, dass die Parteienidentifikation von Land zu Land variiert. Sie verdeutlichen zudem, dass sie in den westeuropäischen Ländern und in den USA an Bedeutung verliert, während in den mittel- und osteuropäischen Ländern die längerfristige Identifikation mit einer Partei erst zu wachsen beginnt (vgl. zur Parteienidentifikation in den west- und osteuropäischen Demokratien auch die Datenaufbereitung in Arzheimer 2013).

4.2 Zur Psychologie der politischen Willensbildung bezüglich Niveau und Struktur ...

Bezogen auf die öffentlichen Ausgaben können politische Wahrnehmung und Parteienidentifikation nach Stalder (1992, S. 90) wiederum von den folgenden Faktoren beeinflusst werden: Je länger zum einen eine bestehende Ausgabenpolitik des Staates (und damit der Regierungspartei bzw. -koalition) andauert, die zugleich positiv bewertet wird, desto empfindlicher reagieren die Wähler auf Verschlechterungen (*Erwartungshaltungs-Effekt*). Je größer zum anderen das Ausmaß einer Veränderung der staatlichen Ausgabenpolitik ist und je rascher diese Veränderung vollzogen wird, umso stärker wird diese vom Wähler wahrgenommen (*Reizschwellen-Effekt*). Je zeitnäher schließlich ausgabenpolitische Entwicklungen sind, umso stärker reagiert der Wähler auf diese (*Aktualitäts-Effekt*). Die Wahrnehmung ausgabenpolitischer Entscheidungen durch den Wähler besagt allerdings noch nichts darüber, ob er sich daran auch im Rahmen seines Wahlverhaltens orientiert. Nur wenn eine staatliche Ausgabenentscheidung sich unmittelbar auf eine Person auswirkt und damit von zentraler Bedeutung ist, kann davon ausgegangen werden, dass es das politische Verhalten dieser Person beeinflusst. Damit gilt aber auch im Gegenzug, dass je mittelbarer die Betroffenheit ausfällt, umso stärker bestimmen andere Faktoren wie vor allem die bestehende Parteienorientierung das Wahlverhalten. Je intensiver dabei wiederum die Parteiorientierung ist, umso stärker wird das Entscheidungsverhalten der Wähler durch parteipolitische Standpunkte geprägt.

Neben der Parteienorientierung ist aus Sicht des sozialpsychologischen Modells des Wählerverhaltens zudem die *Themenorientierung* bedeutsam, die sowohl die Einschätzung der Wichtigkeit bestimmter politischer Sachthemen oder programmatischer Positionen („Issues") als auch die Bewertung der Problemlösungskompetenz einzelner Parteien bezogen auf diese Sachthemen umfasst. Dabei ist zwischen „Positionsissues" und „Valenzissues" zu differenzieren (vgl. zu dieser Differenzierung auch Gabriel und Keil 2013, S. 59 ff.). Mit ersteren sind prinzipielle Positionsunterschiede zwischen den zur Wahl stehenden Parteien etwa in Fragen der Schulpolitik (Gesamtschule versus Gymnasium), der Ausländerpolitik (unbegrenzter Zuzug versus Beschränkung des Zuzugs), der Energiepolitik (Ausbau regenerativer Energien versus Nutzung fossiler Energieträger) oder auch der Sozialpolitik (Ausbau versus Einschränkung des Sozialstaats) und den damit verbundenen staatlichen Ausgabenentscheidungen gemeint. Im Unterschied dazu bezieht sich die Valenz von politischen Themen auf die Prioritäten, die einzelnen Sachfragen aus Sicht des Wählers zugeordnet werden. Dabei deuten die Ergebnisse der empirischen Wahlforschung nach Gabriel und Keil (2013, S. 61) darauf hin, dass keineswegs feststeht, welche „Themen den Wählern wichtig sind und wie sie die Kompetenz der Parteien bewerten, die entsprechenden Probleme zu lösen". Vielmehr muss mit Schwankungen in den Einstellungen (Präferenzen) der Wähler gerechnet werden.

Schließlich wird der Ausgang einer Wahl auch von der jeweiligen *Kandidatenorientierung* beeinflusst, die ebenfalls an bestimmte kognitive Voraussetzungen gebunden ist. Danach müssen die Kandidaten den Wählern nicht nur bekannt sein, sondern sie müssen auch mit den von den Wählern präferierten Parteien in Verbindung gebracht werden. In Anbetracht dessen besteht in aller Regel ein kognitiver Bias zugunsten jener Kandidaten, die bereits aktuell politische Führungspositionen in Regierung und Parlament besetzen. Dies gilt insbesondere für das Personal einer amtierenden Regierungspartei oder Regierungskoalition und hier vor allem für den jeweiligen Regierungschef, der nach Gabriel und Keil (2013, S. 62) „im Unterschied zu führenden Oppositionspolitikern […] in der Regel fast allen Wählerinnen und Wählern bekannt" ist. Das Gewicht dieser „Personalisierung der Wählerentscheidung" und deren unterschiedliche Ausprägungsform war in den zurückliegenden Jahren vermehrt Gegenstand entsprechender empirischer Untersuchungen. Die hierzu vorliegenden Studien von Brettschneider (2002), Schoen und Weins (2005) oder auch Gabriel und Keil (2007) zeigen bislang allerdings kein einheitliches Bild. In der Tendenz wird allerdings deutlich, dass in aktuellen Studien der Anteil der durch die Kandidatenorientierung gebundenen Streuung der Parteipräferenz größer ist als in älteren Untersuchungen und damit personenbezogene Faktoren in Relation zur Vergangenheit an Gewicht gewonnen haben.

Bezogen auf die aus sozialpsychologischer Sicht als maßgeblich für das Wählerverhalten eingestuften drei Determinanten wird im Demokratie-Modell von Downs (1957) lediglich die Themenorientierung in den Blick genommen, während sowohl die Parteienidentifikation als auch die Kandidatenorientierung ausgeblendet bleiben. In ähnlicher Weise stellen auch Gabriel und Keil (2013, S. 76) fest: „Wählen ist im Rational-Choice-Ansatz weitestgehend gleichbedeutend mit Issuewählen. Die Kandidatenorientierungen spielen keine Rolle, die Parteienorientierung kommt in neueren Ansätzen auf diesem Gebiet [lediglich – T.D.] über die Kostenseite des Wählens ins Spiel". Zudem stellt das dem Downs-Modell zugrunde liegende politische Links-Rechts-Schema ausschließlich auf zentrale politische Streitfragen („Positionsissues") wie etwa die als wünschenswert angesehene Wirtschaftsordnung ab und lässt Veränderungen der politischen Agenda ebenso wie Schwankungen in den Kompetenzprofilen der Parteien („Valenzissues") unberücksichtigt. Der Wähler soll vielmehr derjenigen Partei seine Stimme geben, von deren Arbeit er in der Vergangenheit wirtschaftlich am meisten profitiert hat oder von der er zukünftig den größten Ausgabenvorteil erwartet. Eine solche Betonung ökonomischer Einflussfaktoren auf das Wählerverhalten findet sich etwa bei Frey (1977), Beck und Paldam (2000), Rattinger (2000) oder auch Pappi und Shikano (2007). Dieses durch Orientierung am ökonomischen Eigennutz gekennzeichnete Wählerverhalten bezeichnen Kinder und Kiwiet (1979) als „pocket voting", das sie vom sogenannten „sociotropic voting" unterscheiden. Anlass für diese Differenzierung waren empirische Analysen, die zeigen, dass der individuelle Nutzen (ökonomische Vorteil) bei der Stimmabgabe nicht im Vordergrund steht, sondern die Wähler mehrheitlich ihr Entscheidungsverhalten an jenem Nutzen ausrichten, den das politische Wirken einer Partei für die gesamte Gesellschaft erwarten lässt.

Ähnliche Überlegungen finden sich – wenngleich lediglich implizit – auch bei Downs (1957) in der Auseinandersetzung mit dem „Paradox des Wählens". Dabei gilt als begründungsbedürftig, warum ein einzelner Wähler unter der Bedingung einer lediglich marginalen Bedeutung seiner persönlichen Entscheidung für den Ausgang einer Wahl sich überhaupt an dieser beteiligen sollte. Als Antwort auf diese Frage wird zum einen darauf verwiesen, dass für die Beteiligung an Wahlen weniger der im Vergleich zu den Kosten bestehende, individuelle wirtschaftliche Vorteil als vielmehr der mit der Stimmabgabe verbundene gesamtgesellschaftliche Nutzen von Bedeutung sein soll. Zudem gelten zum anderen auch psychologische Faktoren als relevant, wenn etwa auf eine entsprechende intrinsische Motivation zur Teilnahme an Wahlen, auf das Bekenntnis zum Kollektiv und der Wirksamkeit informeller Normen (Wählen als Bürgerpflicht) oder auch schlicht auf jenes Gefühl des „Dabei-gewesen-Seins" verwiesen wird (vgl. hierzu auch Gabriel und Keil 2013, S. 76 f. mit weiteren Verweisen auf Popkin 1991; Sniderman 1993; Lupia und McCubbins 1998 sowie Lau und Redlawsk 2007). Hinsichtlich der Folgen dieser Art der Informationsverarbeitung für die Güte politischer Entscheidungen stellen Lupia und McCubbins (1998, S. 1) entsprechend fest, „that people who are called upon to make reasoned choices may not capable of doing so".

2. Der Gebrauch von Heuristiken als Bestimmungsfaktor des Wählerverhaltens

Mit dem Verweis auf die Bedeutung der Parteienorientierung für das Wählerverhalten wurde bereits auf einen subjektiven Mechanismus verwiesen, der aus Sicht der Kognitionspsychologie auch als eine spezifische Entscheidungsheuristik bezeichnet werden kann. Abweichend von der Annahme des Rational-Choice-Ansatzes, wonach sich Wähler wie Konsumenten auf einem Markt verhalten, die über politische Sachthemen und Zuständigkeiten voll informiert sind, die stabile und transitive Präferenzen haben und die bemüht sind, durch das Wahlverhalten ihren Nutzen zu maximieren, ist mit Blick auf das reale Verhalten davon auszugehen, dass Wähler lediglich beschränkt rational agieren. Sie stützen ihr politisches Entscheidungsverhalten dabei auf kognitive Vereinfachungen (Heuristiken), Informationen von Parteien, Interessengruppen und Massenmedien (Framing) oder auch auf persönliche Sympathien und Antipathien (Emotionen), um ein lediglich zufriedenstellendes Entscheidungsergebnis zu erzielen. Zudem unterliegen Wähler – wie auch schon an anderer Stelle thematisiert – bestimmten Wahrnehmungsverzerrungen (Biases), die sich auf ihr Wahlverhalten auswirken. Von den genannten Einflussgrößen wird hier zunächst die Wirkung des Gebrauchs von Heuristiken auf das Entscheidungsverhalten von Wählern näher betrachtet. Da Politik von der Mehrheit der Wähler als kein besonders wichtiger Lebensbereich erachtet wird, ist diese Art der Entscheidungsfindung, d. h. der Rückgriff auf Heuristiken beim Umgang mit politischen Phänomenen, als vergleichsweise häufig anzusehen (vgl. hierzu auch Gabriel und Keil 2013, S. 78 ebenso wie Stalder 1992, S. 93).

Die angesprochene Parteienidentifikation wirkt wie eine *Ankerheuristik*, indem sie das Verhalten gewohnheitsmäßig lenkt. Es handelt sich dabei – folgt man Faden-Kuhne (2013, S. 91) – um „eine langfristig stabile affektive Bindung an eine Partei [...], die während der Sozialisation erlernt und somit als Bestandteil der Persönlichkeit gesehen wird. Diese prägt nicht nur das Wahlverhalten, sondern die gesamte Wahrnehmung. Man nimmt politische Informationen selektiv und konsistent mit der Parteienidentifikation wahr". In diesem Sinne führt die Parteienorientierung zu einem einseitigen Umgang mit politischen Informationen (*self-serving bias*), was das Ausblenden weiterer entscheidungsrelevanter Informationen begünstigt und somit zu politischen Fehlurteilen führen kann (*focus illusion*). Eine ebensolche Gewohnheits- bzw. Ankerheuristik stellt die Orientierung an politischen Ideologien dar, wie dies auch schon von Downs (1957) hervorgehoben wurde. Da es zu kompliziert und damit auch zu teuer ist, sich zu allen politischen Sachfragen eine Meinung zu bilden, richtet der Wähler sein Entscheidungsverhalten an grundlegenden gesellschaftlichen Ordnungsvorstellungen aus, was Downs (1957) zur Einführung eines ideologischen Differenzierungsschemas in Form des Links-Rechts- bzw. Liberalismus-Konservatismus-Kontinuums in sein Demokratiemodell veranlasst hat. Nach Faden-Kuhne (2013, S. 92) mit Verweis auf Huber (2010) schließt der Wähler diesbezüglich „von den ideologischen Positionen der Parteien auf deren Position in spezifischen Sachfragen". Entsprechend gelten linke Parteien unter anderen als Verfechter eines ausgebauten Wohlfahrtsstaates mit den daraus folgenden Konsequenzen für die staatliche Ausgabenpolitik, während rechte Parteien für eine Begrenzung der Staatstätigkeit und den damit verbundenen Einschränkungen im öffentlichen Ausgabenverhalten in den Bereichen der Sozial-, Bildungs- und Gesundheitspolitik stehen.

Neben der Ankerheuristik spielt nach Lau und Redlawsk (2007) oder Popkin (1991) auch die *Repräsentativitätsheuristik* eine wichtige Rolle bei der Informationsverarbeitung von Wählern. Von Bedeutung sind hierbei die sogenannten „Personen-Stereotypen", die dazu führen, dass Kandidaten entsprechend ihrem äußeren Erscheinungsbild, der Art ihres Auftretens in der Öffentlichkeit sowie ihrer politischen Verlautbarungen einer Partei zugeordnet werden. Hierbei kann es auch zu Glaubwürdigkeitsproblemen von Parteien in Wahlkämpfen bei den Stammwählern kommen, wenn beispielsweise ihr Spitzenkandidat in Hinblick auf die genannten Merkmale einer anderen als der eigenen Partei zugeordnet wird. Faden-Kuhne (2013, S. 92) verweisen darauf, dass solche Stereotypen auch als Schemata bezeichnet werden, bei der „bestimmte Objekte aufgrund prototypischer Merkmale allgemeinen Objektklassen" zugeordnet werden. Mit Fiske (1986) kann dabei zwischen Personen-, Selbst-, Rollen- sowie Situationsschemata differenziert werden (vgl. zur Anwendung des Schema-Konzepts in der Wahlforschung auch die verschiedenen Beiträge in Lau und Sears 1986). Bezugspunkt für diese stereotype Zuordnung sind Merkmale, die für die (Ausgaben-)Politik der Parteien als typisch gelten und auf deren Basis die Kandidaten hinsichtlich ihrer Eignung für politische Ämter bewertet werden.

Schließlich gilt aus psychologischer Sicht auch die *Verfügbarkeitsheuristik* als ein wesentlicher Bestimmungsfaktor des Wählerverhaltens. Zusätzlich zu den individuellen Erfahrungen und politischen Vorkenntnissen spielen hierbei vor allem Emotionen eine wichtige Rolle, die sowohl Parteien als auch Kandidaten entgegengebracht werden und die aus Sicht der Wähler relativ leicht als Information verfügbar sind. Dabei lassen sich zwei Varianten von emotionaler Zugänglichkeit zu Informationen unterscheiden: Zum einen ist dies in Anlehnung an Sniderman et al. (1991) die sogenannte *Likeability-Heuristik*, der zufolge uninformierte Wähler im Fall von (ausgaben-)politischen Streitthemen die Position ihnen bekannter politischer Gruppen zu diesem Thema einzuschätzen versuchen. Ihre eigene Urteilsbildung zu diesem Thema erfolgt dann auf der Grundlage der Gefühle, welche die Wähler den verschiedenen politischen Gruppen entgegenbringen, wobei die Partei, die sie mögen, als Orientierung für die eigene inhaltliche Position zu staatlichen Ausgabenalternativen herangezogen wird. Nach Faden-Kuhne (2013, S. 91) stellen die

Wähler auf diese Weise „kognitive Konsistenz her und verwenden ihre eigenen Gefühle gegenüber Gruppen als ‚Ersatz' für Informationen über Sachfragen". Eine zweite Variante des einfachen Zugangs zu Informationen stellt die sogenannte *How-do-I-fell-Heuristik* dar. Nach Lodge und Taber (2000) erfolgt dabei die Bewertung eines politischen Themas, indem ein einmal abgespeichertes Gefühl gegenüber einem Objekt („affective tag") erneut aufgegriffen wird, ohne dass zugleich auch die ursprünglich vorhandene Sachkenntnis, die überhaupt erst dieses Gefühl ausgelöst hat, mit aufgerufen wird. Allein die Information darüber, ob das Individuum das Objekt mag oder nicht mag, dient dann als kognitiver Filter für die weitere Wahrnehmung und Bewertung des Objekts.

Bezogen auf die empirische Relevanz der genannten Heuristiken zeigen Sniderman et al. (1991), dass die Anwendung der Likeability-Heuristik insofern anspruchsvoller als andere Heuristiken ist, wie sie bei der Urteilsbildung auf Seiten des Wählers voraussetzt, dass dieser über eigene Meinungen zu politischen Sachthemen verfügt und diese Meinung auch vorhandenen politischen Parteien zuordnen kann. Bei politisch desinteressierten und (weitgehend) uninformierten Wählern findet sich der Gebrauch dieser Heuristik demgegenüber eher selten, da dieser Personenkreis in aller Regel durch keinerlei Gefühle gegenüber politischen Gruppen gekennzeichnet ist. Nach Sniderman et al. (1991, S. 24) kommt die Verwendung dieser Heuristik allerdings nur für solche Wähler in Frage, die „already know their way around politics". Die How-do-I-feel-Heuristik wurde demgegenüber von Lodge und Taber (2000) im sogenannten „Abgeordneter Lucas"-Experiment empirisch überprüft, in dessen Rahmen die Untersuchungsteilnehmer einem fiktiven Abgeordneten im US-Kongress bestimmte kognitive und affektive Eigenschaften zuordnen sollten. Dabei galt die gemessene Geschwindigkeit der Merkmalszuordnung als Indiz für die kognitive Zugänglichkeit der jeweiligen Eigenschaft. Es zeigte sich, dass die Untersuchungsteilnehmer ein mit ihren eigenen Eigenschaften kongruentes affektives Merkmal mit Blick auf den fiktiven Abgeordneten schneller abrufen konnten, als dies bei inkongruenten Merkmalen der Fall war.

Anknüpfend an die Frage nach der empirischen Wirksamkeit von affektiven Heuristiken einschließlich der Relevanz von Personen-Stereotypen (*Repräsentativitätsheuristik*) für Wahlentscheidungen kommen Klein und Rosar (2005) bezogen auf Deutschland und unter Verwendung von Daten zur Bundestagswahl 2005 zu dem Ergebnis, dass ein Einfluss der physischen Attraktivität der jeweiligen Wahlkreiskandidaten auf das Wahlergebnis nachgewiesen werden konnte. Bezogen auf die Verwendung von *Ankerheuristiken* weist wiederum eine Vielzahl an Studien die empirische Relevanz der Parteienidentifikation für die Wahrnehmung von Kandidaten und deren jeweiliger Problemlösungskompetenz als Grundlage des Wahlverhaltens nach (vgl. hierzu die Pionier-Studie von Campbell et al. 1960 sowie in der Folgezeit die empirischen Untersuchungen von Converse 1969; Falter 1977; Popkin 1991; Erikson et al. 2001; Berglund et al. 2005; Lau und Redlawsk 2007; Lewis-Beck et al. 2008 oder auch Faas und Mayerl 2010). Während sich dabei nach Campbell et al. (1960) die Parteienorientierung nur in Folge von krisenhaften Ereignissen veränderte, zeigen spätere Studien wie etwa die von Popkin (1991) oder Converse (1969), dass die Parteienidentifikation auch durch die Einstellung zum Spitzenkandidaten, zur aktuellen Wirtschaftslage oder die Häufigkeit der Wahl einer bestimmten Partei beeinflusst bzw. verändert werden kann. Zusätzlich zur Parteienidentifikation werden aber auch Ideologien als entsprechende Heuristiken verwendet, wie die frühen Studien von Converse (1964) und Klingemann (1979) zeigen, welche die politische Selbstpositionierungen der Wähler unter Verwendung des Links-/Rechts-Schemas (bzw. Liberalismus-/Konservatismus-Schemas) empirisch überprüft haben. Dabei zeigte sich, dass die Untersuchungsteilnehmer zwar grundsätzlich verstehen, was im politischen Kontext mit „Links" und „Rechts" gemeint ist. Auch waren sie in der Lage, diese Begriffe bestimmten Parteien, Personen oder auch Sachfragen zuzuordnen. Es wurde allerdings ebenso deutlich, dass – folgt man Faden-Kuhne (2013, S. 94) – „nur ein sehr kleiner Teil der Wähler abstrakte ideologische Konzepte zur Bewertung politischer Objekte" nutzt.

Hierzu passt auch das Ergebnis der bereits erwähnten Studie von Sniderman et al. (1991), wonach die meisten Wähler zwar keine genaue Vorstellung davon haben, was sich mit den beiden politischen Positionen „Links bzw. Liberal" einerseits und „Rechts bzw. Konservativ" andererseits inhaltlich verbindet. Nichtsdestotrotz finden diese ideologischen Schemata jedoch eine entsprechende Anwendung bei der politischen Selbstverortung der eigenen Person (vgl. für entsprechende empirische Untersuchungen „zur Rolle der Selbstpositionierung auf dem Links-Rechts-Kontinuum für die Einstellung zu politischen Sachfragen für den Wahlentscheid" in Deutschland etwa Jagodzinski und Kühnel 1997, 2001 sowie Huber 2010). Beide Schemata werden hierbei jedoch in einer vergleichsweise einfachen – entweder personen- oder gruppenbezogenen – Bedeutungszuweisung von den Wählern angewendet. Die Verwendung vergleichbar einfacher Heuristiken belegen auch die empirischen Untersuchungen von Debus (2010), Brettschneider (2002), Brettschneider und Gabriel (2002) sowie Klein und Ohr (2000) für Deutschland, die zu dem Ergebnis kommen, dass im Rahmen von Wahlkämpfen auch die Einflussgrößen „Sympathie" und „Vertrauenswürdigkeit" bei der Bewertung der zur Wahl stehenden Kandidaten und deren Eigenschaften als einfache Heuristiken fungieren. Dies bedeutet allerdings zugleich, dass zusätzlich zum vergleichsweise „harten" Faktor der Einstellung der Wähler zu bestimmten Sachfragen der Steuer- und Ausgabenpolitik auch „weiche" Faktoren, wie deren individuelle Gefühlslage oder subjektive Vertrauenseinschätzung gegenüber einem Kandidaten, das Wahlverhalten steuern.

3. Der Einfluss von kognitiven Verzerrungen und Framing-Effekten auf das Wählerverhalten

Während die zurückliegend genannten Untersuchungen keinen direkten Bezug zur staatlichen Ausgabenpolitik aufweisen, gilt dies nicht in gleicher Weise für die Studie von Caplan (2007) mit dem Titel „The Myth of the Rational Voter", in der Daten aus den USA für das Jahr 1996 ausgewertet werden, die aus einer vergleichenden Befragung von mehr als 1500 US-Amerikanern und 250 promovierten Ökonomen zu wirtschaftspolitisch relevanten Themen gewonnen wurden. Es handelt sich dabei um eine gemeinsam von der Washington Post, der Kaiser Family Foundation und der Harvard University unter dem Titel „Survey of Americans and Economists on the Economy" durchgeführte Studie. Hinsichtlich seines grundlegenden Anliegens stellt Caplan (2007, S. 2) in Abgrenzung zur politökonomischen These, „that voters are deeply ignorant about politics", fest: „I offer an alternative story of how democracy fails. The central idea is that voters are worse than ignorant; they are, in a word, irrational – and vote accordingly. Despite their lag of knowledge, voters are not humble agnostics; instead they confidently embrace a long list of misconceptions".

Ausgehend von der Annahme, dass demokratisch gewählte Regierungen im Großen und Ganzen dem Mehrheitswillen der Wählerschaft folgen, können die Auswertungsergebnisse als eine empirische Erklärung dafür angesehen werden, warum Wirtschaftspolitik im Allgemeinen, aber auch staatliche Ausgabenpolitik im Besonderen in ihrer Ausgestaltung häufig ökonomisch suboptimal ausfallen. Als Ursache hierfür wird zum einen auf das in der Bevölkerung fehlende Verständnis der ökonomischen Funktionsweise von Märkten („*anti-market bias*") verwiesen. Dies führt nach Caplan (2007, S. 8) unter anderen dazu, dass Markteinkommen und staatliche Transferzahlungen als etwas der Sache nach gleiches angesehen werden, obwohl beide mit vollkommen unterschiedlichen Anreizwirkungen verbunden sind. In der Tendenz – so die Schlussfolgerung – führt diese fehlerhafte Wahrnehmung jedoch dazu, dass das Niveau staatlicher Transferleistungen (Sozialtransfers, Lohnzuschüsse etc.) höher ausfällt, als dies ökonomisch wünschenswert ist.

Zum fehlenden Marktverständnis tritt zum anderen eine fehlende Einsicht in die Vorteile der internationalen Arbeitsteilung („*anti-foreign bias*"), was nach Caplan (2007, S. 10) zu einer systematischen Unterschätzung des Nutzens der ökonomischen Interaktion mit ausländischen Wirtschaftspartnern führt. Bezogen auf den öffentlichen Haushalt lässt sich daraus unter anderen ein zu hohes Niveau an staatlichen Exportsubventionen, Einkommenstransfers oder auch Protektionszöllen ableiten, die aus dem Schutz einzelner Wirtschaftsbereiche vor internationaler Konkurrenz resultieren. Darüber hinaus belegen die Untersuchungsdaten zudem eine einseitige Betrachtung des Wirtschaftsgeschehens unter dem Aspekt der Arbeitsplatzsicherung („*make-work bias*"), was sich in einer Unterschätzung des ökonomischen Nutzens arbeitssparend wirkender Technologien und betrieblicher Organisationsformen niederschlägt. Caplan (2007, S. 13) stellt hierzu wörtlich fest: „Saving labor, producing more goods with fewer man-hours, is widely perceived not as progress, but as a danger". Im Rahmen staatlicher Ausgabenpolitik kann dies dazu führen, dass sich der Blick einseitig auf die Gewährung von Erhaltungssubventionen als Reaktion auf den wirtschaftlichen Strukturwandel richtet. Schließlich wird auch darauf verwiesen, dass die Bevölkerung weit mehrheitlich dazu neigt, den Schärfegrad (bestehender wie zukünftiger) ökonomischer Probleme zu überschätzen, während die vergangene, aktuelle wie zukünftige Leistungsfähigkeit des Wirtschaftssystems systematisch unterschätzt wird („*pessimistic bias*"). Eine mögliche Konsequenz daraus ist, dass der Staat – etwa im Bereich der sozialen Daseinsvorsorge und Risikoabsicherung – aufgrund des mangelnden Vertrauens der Mehrheit der Wähler in privatwirtschaftliche Problemlösungen deutlich höhere Ausgaben tätigt, als dies bei einer optimistischeren Bewertung der Problemlösungsfähigkeit des Marktsystems der Fall wäre.

Jenseits dessen sind hier aber auch die bereits an früherer Stelle (Kap. 2) genannten kognitiven Biases für das Wählerverhalten von Bedeutung. Dies betrifft zum einen das übersteigerte Selbstvertrauen, das Akteure im Hinblick auf ihre eigenen Fähigkeiten an den Tag legen (*overconfidence bias*) und aufgrund dessen sie dazu neigen, ihr politisches Wissen zu überschätzen oder zu stark auf ihr aktuelles wie zukünftiges Glück zu vertrauen. Werden zudem neue Informationen nur entsprechend des bereits bestehenden politischen Einstellungsmusters aufgenommen (*self-serving bias*), kann dies zu persistenten subjektiven Resistenzen mit Blick auf die Korrektur des eigenen politischen Meinungsbildes führen. Schließlich werden auf Seiten der Wähler politische Ereignisse aufgrund ihres Aktualitätsgrads mit einem zu hohen Gewicht belegt (*certainty effect*), was in Verbindung mit der Neigung, sich auf nur wenige Aspekte bei ihrer Entscheidungsfindung zu konzentrieren (*focus illusion*), nicht selten zu politischen Fehlurteilen führt. Bezogen auf die beiden zuletzt genannten Wahrnehmungsfehler kritisiert Stalder (1992, S. 92) den damit einhergehenden, „zeitgebundenen Faktor des Vergessens" auf Seiten der Wähler, der für bestehende Regierungen eine nicht unerhebliche Erweiterung ihres (ausgaben-) politischen Handlungsspielraums darstellt. Je größer dieser Vergessensfaktor ausfällt und je kurzsichtiger Wähler sich verhalten, umso mehr wird eine Regierung versuchen, solche Maßnahmen an den Beginn einer Legislaturperiode zu legen, die – wie etwa die Kürzung von Infrastruktur- oder auch Sozialausgaben – ebenso merklich wie unpopulär sind. Das Gegenteil gilt demgegenüber für merkliche und zugleich populäre Regierungsentscheidungen wie etwa die Erhöhung der Gesundheits- oder Rentenausgaben.

Aber auch hinsichtlich der beiden zuerst genannten Fehlwahrnehmungen weisen Kulinski und Quirk (2000, S. 170 ff.) darauf hin, dass die damit einhergehende Nutzung fehlerhafter Informationen und unzureichender Beurteilungsmaßstäbe zu politisch inferioren Entscheidungen seitens der Wähler führt. Zu den dabei auftretenden Problemen gehören – folgt man Faden-Kuhne (2013, S. 98) – „unter anderem die systematisch falsche Wahrnehmung von Fakten, eine Überschätzung des eigenen Wissens, Widerstände gegen die Korrektur von Irrtümern oder die Überbewertung der Präsentation von Argumenten gegenüber ihrem Inhalt. Da […] die beschriebenen Fehler nicht zufällig, sondern zumindest zum Teil systematischer Art sind, gleichen sie sich im Aggregat der Wählerschaft nicht aus und können zu folgenreichen politischen Fehlentscheidungen führen, besonders bei Wahlen oder Referenden". Der im Zitat enthaltene Hinweis auf die Relevanz der Präsentation politischer Inhalte für deren kognitive Verarbeitung verweist zugleich auf die Bedeutsamkeit von Framing-Effekten im Rahmen des Entscheidungsverhaltens von Wählern (vgl. hierzu auch Lau 2003 ebenso wie Lau und Redlawsk 2007, die ebenfalls zu dieser Bewertung des Wählerverhaltens gelangen).

Eine Rolle spielt diesbezüglich zum einen das von Lupia und McCubbins (1998) formulierte Konzept des *institutionellen Lernens*, wonach die Glaubwürdigkeit der von einzelnen Personen präsentierten politischen Informationen danach bewertet werden soll, welcher Institution diese Personen angehören. Oder mit den Worten von Faden-Kuhne (2013, S. 95): „Nach der Theorie des institutionellen Lernens ‚leihen' Institutionen ihre Glaubwürdigkeit den Personen ‚aus', die sie repräsentieren" (vgl. hierzu auch Lupia und

McCubbins 2000). An anderer Stelle sprechen Lupia und McCubbins (1998, S. 9) auch von sogenannten „external forces", „[...] [which – T.D.] can substitute (for) character". Die jeweilige institutionelle Zugehörigkeit bestimmt somit die „politische Kreditwürdigkeit" einer Person und beeinflusst auf diese Weise das Urteil des Wählers hinsichtlich der Vertrauenswürdigkeit der Informationsquelle. D. h. ein und derselbe Informationsinhalt kann je nach institutionellem Kontext der Informationsquelle zu einer vollkommen unterschiedlichen kognitiven Verarbeitung auf Seiten der Wähler führen. Ein besonderes Augenmerk galt in diesem Zusammenhang schon früh der Wirkung von Vertretern der Massenmedien im Hinblick auf die Funktion des *Agenda-Settings*. Den Ausgangspunkt hierfür lieferte vor allem die von Cohen (1963, S. 13) formulierte These: „The mass media may not be successful much of the time in telling people what to think, but the media are stunningly successful in telling their audience what to think about". Die sogenannte Chapel-Hill-Studie von McCombs und Shaw (1972) gilt nach Dageförde (2013, S. 278) in diesem Zusammenhang als „Pionierstudie der Agenda Setting-Forschung", deren Ergebnisse eine signifikante Korrelation zwischen der Medien- und der Bevölkerungsagenda zeigen. Dabei wurde anhand von 100 unentschlossenen Wählern der Gemeinde Chapel-Hill die Bedeutsamkeit von (ausgaben-)politischen Themen in den Medien mit der Rangreihe von Themen innerhalb dieser Wählergruppe verglichen. Danach beeinflusst die Berichterstattung der Medien nicht allein das Wissen der Wähler bezüglich der reinen Menge an Wahlkampfthemen. Zudem entscheidet deren Platzierung in den Medien darüber, welche Themen von den Wählern mit welcher Priorität wahrgenommen werden (vgl. zur Wirkungsweise von Framing-Effekten durch die mediale Berichterstattung auf das politische Verhalten von Wählern auch die Untersuchungen von Scheufele 2004; Matthes und Kohring 2004; Matthes 2007 sowie Matthes 2014).

In der Folgezeit durchgeführte empirische Studien kommen zu vergleichbaren Ergebnissen. Diese Untersuchungen fallen zum einen allerdings differenzierter aus. So unterscheiden Shaw und McCombs (1977) zwischen drei verschiedenen Modellen des Agenda Settings: Neben dem sogenannten Awareness-Modell, bei dem Wähler durch die Medien auf politische Themen lediglich aufmerksam gemacht werden, wird zudem das Salience-Modell, bei dem es um die mediale Beeinflussung der Wahrnehmung der Wichtigkeit von Themen durch die Wähler geht, sowie das Priorities-Modell betrachtet, bei dem es zu einer Übernahme der in den Medien kommunizierten Rangfolge von Themen durch die Wähler kommt. Zum anderen sind die Folgestudien in ihrem Untersuchungsdesign methodisch anspruchsvoller. So werden beispielsweise in der Untersuchung von Dearing und Rogers (1996) die befragten Wähler per Zufallsgenerator einer Experimental- und einer Kontrollgruppe zugeordnet, wobei nur die erstgenannte Gruppe im Anschluss mit medialen Informationen versorgt wird. Ein Agenda Setting-Effekt gilt vor diesem Hintergrund nur dann als nachgewiesen, wenn die Berichterstattung ausschließlich in der Experimentalgruppe zu einer veränderten Einschätzung der Wichtigkeit politischer Themen führt. Dabei wird auch dem sogenannten *Second Level Agenda Setting* ein besonderes Augenmerk beigemessen. Dessen Bedeutsamkeit kann dabei mit McCombs (2004, S. 87) wie folgt charakterisiert werden: „The first level of agenda-setting process is the transmission of object salience. The second level is the transmission of attribute salience [...] [through – T.D.] placing varying degrees of emphasis on the attributes of persons, public issues or other objects". Es wird damit also nicht allein die Übernahme der medial kommunizierten Rangfolge politischer Themen auf Seiten der Wähler untersucht. Vielmehr wird – folgt man Dageförde (2013, S. 283) – beim Second Level Agenda Setting zugleich analysiert, inwieweit „die von den Medien vorgenommene Zuordnung der Wichtigkeit von Eigenschaften zu politischen Objekten (Themen, Kandidaten) mit den entsprechenden Einstellungen der Wähler übereinstimmt". D. h. die wählerseitige Wahrnehmung der Wichtigkeit bestimmter Bereiche der staatlichen Ausgabenpolitik korreliert nicht allein mit der Rangfolge, die einzelnen ausgabenpolitischen Themen in der Medienberichterstattung zugewiesen wird. Darüber hinaus ist für die Wählerwahrnehmung der verschiedenen öffentlichen Ausgabenbereiche ebenso bedeutsam, welche Eigenschaften die Medien diesen Bereichen („wichtig", „nachrangig" etc.) oder den politischen Kandidaten („sympathisch", „durchsetzungsstark" etc.), die sich für einzelne Ausgabenbereiche besonders einsetzen, zuordnen.

Ein empirischer Beleg für diese Art des Agenda Settings findet sich unter anderem in einer von McCombs et al. (2000) durchgeführten Fallstudie für Pamplona im Rahmen der spanischen Nationalwahlen des Jahrs 1996, in der die mediale Darstellung von politischen Themen und Kandidaten und deren Einflussnahme auf die Bewertung dieser Themen sowie die Beschreibung der Kandidaten durch die Wähler untersucht wurde. Dabei zeigte sich eine starke Korrelation zwischen der Medienberichterstattung und den in den Wählerumfragen genannten Eigenschaften der Kandidaten. Nach Dageförde (2013, S. 283) bestätigt die Untersuchung von McCombs et al. (2000) damit den auch schon in früheren empirischen Studien ermittelten Zusammenhang „zwischen den von der Medienberichterstattung hervorgehobenen Eigenschaften politischer Objekte und den von den Bürgern wahrgenommenen oder als wichtig eingestuften Attributen". Hinsichtlich der beiden grundsätzlich zu unterscheidenden Formen von Framing-Effekten spielt dabei das *„equivalency framing"* im Gegensatz zum *„issue framing"* im Kontext politischer Kommunikationsprozesse eine geringere Rolle. Die erstgenannte Form des Framings geht dabei auf die klassische Untersuchung von Kahneman und Tversky (1984) zurück und stellt auf den Gebrauch von unterschiedlichen, aber logisch identischen Worten oder Formulierungen ab. Bei der zweitgenannten Form des Framings wird demgegenüber auf die unterschiedliche Interpretation politischer Streit- und Sachfragen als Beeinflussungsfaktor des Wählerverhaltens abgestellt (vgl. hierzu auch Ghanem 1997 oder Takeshita 1997).

Für Deutschland weist Brettschneider (2005) anhand der Charakterisierung von Angela Merkel in den Hauptnachrichtensendungen des Fernsehens für den Zeitraum von 2000–2002 eine starke Korrelation zwischen dem Tenor der Medienberichterstattung und der Zufriedenheit mit Angela Merkel in der Bevölkerung nach. In allgemeiner Form wird dieser Effekt von Druckman et al. (2004, S. 1180) wie folgt beschrieben: „Media coverage or candidate discussion of specific policy areas (e.g. economic policy) prime voters to give more weight to those areas when assessing candidates". Es werden dabei in aller Regel unterschiedliche inhaltliche oder emotionale Aspekte hervorgehoben, die mit in der Wählerschaft vorhandenen (aber konkurrierenden) Wertorientierungen in Verbindung stehen (vgl. hierzu etwa Gamson und Modigliani 1987, S. 3; Entman 1993, S. 52 oder auch Sniderman und Theriault 2004, S. 140). Neben den Massenmedien wird aber auch dem Agenda Setting von Parteien, Politikern oder Interessengruppen bei der Analyse von Framing-Effekten ein besonderes Gewicht beigemessen. Zaller (1992) und Chong (1996) sprechen in diesem Zusammenhang auch von „common frames of reference", welche die Einstellung der Wähler zu einem Sachthema bestimmen sollen (vgl. zur empirischen Evidenz dieser Art von Framing-Effekt etwa Carmines und Stimson 1989 oder auch Sniderman und Theriault 2004). Faas und Schoen (2010) zeigen wiederum in einer Untersuchung für Deutschland, dass bei ausgabenpolitischen Themen (z. B. staatliche Mehrausgaben zugunsten des Ausbaus von Kindertagesstätten), die sich inhaltlich nahe am Alltagsleben einzelner Wähler (hier: junger berufstätiger Eltern) bewegen, keine nennenswerten Framing-Effekte nachgewiesen werden konnten. Dies galt umso mehr, je breiter diese Sachthemen bereits im Vorfeld des Wahlkampfs in der Öffentlichkeit diskutiert wurden.

4. *Der Einfluss von Emotionen auf das Entscheidungsverhalten der Wähler*

Sowohl beim Gebrauch von Heuristiken als auch im Zusammenhang mit der Wirksamkeit von Framing-Effekten wurde bereits vereinzelt auf die Bedeutung von Gefühlen bzw. Emotionen verwiesen. Daran anknüpfend dienen die folgenden Ausführungen dazu, den Einfluss von Emotionen auf das Wählerverhalten systematischer als bislang darzustellen. Den Ausgangspunkt hierfür bildet die seit den 1980er Jahren in Auseinandersetzung mit dem Rational-Choice-Ansatz geführte Diskussion innerhalb der verhaltenswissenschaftlichen Wahlforschung, in welchem Verhältnis „Kognition" und „Emotion" das politische Denken und Handeln bestimmen (vgl. hierzu und zu den folgenden Ausführungen auch Faden-Kuhne 2013, S. 99 ff. mit weiteren Literaturverweisen). Im Rahmen dieser Diskussion dominierte für lange Zeit die *„primacy of affect"-Hypothese*. Sie besagt in Anlehnung an Zajonc (1980), dass Gefühlen und Emotionen ein zeitlicher wie inhaltlicher Vorrang vor kognitiven Prozessen einzuräumen ist. Nicht zuletzt die mangelnde empirische Unterscheidbarkeit von Kognition und Emotion hat mittlerweile jedoch zu der Auffassung geführt, dass zwar die Wahrnehmung von politischen Informationen ebenso wie die Bereitschaft zur Aufnahme neuer Informationen einerseits in erheblichem Maße von den Emotionen der Akteure beeinflusst wird. Andererseits gilt jedoch ebenso als zutreffend, dass vorhandene Gefühlslagen immer auch eine kognitive Grundlage haben. D. h. die Entscheidungen von Wählern basieren lediglich in Ausnahmefällen entweder nur auf der einen (Kognition) oder der anderen (Emotion) Einflussgröße. Vielmehr dürfte das Wählerverhalten das Ergebnis einer Mischung aus beiden Bestimmungsfaktoren sein (vgl. als Vertreter dieser Auffassung etwa Sniderman et al. 1991; Zaller 1992; Lodge und Taber 2000 oder auch Marcus 2003). Emotionen kommt hierbei zumeist die Funktion der Komplexitätsreduktion in Entscheidungssituationen zu, indem sie – folgt man Faden-Kuhne (2013, S. 100) – die „Auswahl und Aufnahme von Informationen" steuern und damit als „Wahrnehmungsfilter" – ähnlich dem self-serving bias – fungieren.

Die Wechselbeziehung zwischen kognitiven und emotionalen Prozessen steht auch im Zentrum der sogenannten *Theorie der affektiven Intelligenz*, der zufolge sich Akteure nicht entweder rational oder emotional verhalten. Nach Marcus et al. (2005, S. 950 ff.) ist vielmehr davon auszugehen, dass Emotionen zu einer individuellen Stärkung der Rationalität des Verhaltens beitragen können, indem sie unter bestimmten Bedingungen für Impulse sorgen, sich noch besser zu informieren bzw. noch intensiver über politische Sachthemen zu reflektieren. Dabei kann sich situationsgebunden mal die affektive Komponente und mal die kognitive Komponente als dominant erweisen. Für die Art der Informationsverarbeitung ebenso wie für die präferierte Entscheidungsstrategie fungieren Emotionen somit als eine vermittelnde Variable, was weder dem Rational-Choice-Ansatz noch dem – an früherer Stelle vorgestellten – sozialpsychologischen Modell des Wählerverhaltens entspricht. Als maßgebliches Unterscheidungsmerkmal zu beiden Theorieansätzen gilt dabei die Bedeutung, die nach MacKuen et al. (2007, S. 128) der sogenannten „political geography" beizumessen ist. Je nach gegebener Handlungssituation kann dabei aus Sicht des Wählers zwischen einer politischen Geografie der bekannten Situation („*habituated choice*") und einer politischen Geografie der Unsicherheit („*deliberative choice*") differenziert werden. Danach erfolgt in bekannten Situationen ein Rückgriff auf erlernte Routinen, während in neuen Handlungssituationen – so auch Faden-Kuhne (2013, S. 103) – die daraufhin aktivierten Gefühle der Unsicherheit und Angst einen Rückgriff auf vergangene Erfahrungen und Verhaltensmuster verhindern und beim Wähler dazu führen, sein Verhalten der neuen Situation anzupassen.

Entsprechend der Theorie der affektiven Intelligenz entscheidet sich der Wähler folglich nicht immer entsprechend der bestehenden Parteienorientierung oder gemäß einer rationalen Abwägung von (erwartetem) Nutzen und Kosten. Vielmehr tut er das eine oder das andere nur dann, wenn er dies für situationsangemessen hält. Wann dies jedoch der Fall ist, ergibt sich – so die Theorie – aus der emotionalen Wahrnehmung der Handlungssituation. Bezogen auf die staatliche Ausgabenpolitik würde dies bedeuten, dass der Wähler solange seinen Routinen und vorhandenen Erfahrungen in der Bewertung geplanter haushaltspolitischer Entscheidungen einer Regierung oder der daran geübten Kritik der Opposition folgt, solange es um altbekannte Kontroversen etwa in den Bereichen der Bildungs-, Gesundheits-, Sozial- oder auch Rentenpolitik geht. Stehen demgegenüber vollkommen neue Ausgabenentscheidungen zur Disposition, die über keinerlei „politische Historie" verfügen, wie dies etwa für zusätzliche Verteidigungsausgaben aufgrund einer vollkommen neuen Gefahrenlage oder für zusätzliche Infrastrukturausgaben zur Anpassung an die zukünftigen Auswirkungen des Klimawandels gilt, ist zu erwarten, dass der Wähler intensiver als sonst nach Informationen sucht, um zu einer möglichst rationalen Entscheidung zu gelangen.

Empirische Evidenz für die Theorie der affektiven Intelligenz findet sich zum einen in der Studie von Brader (2005), in der mittels eines Verhaltensexperiments aus Anlass des US-Präsidentenwahlkampfs des Jahres 1998 gezeigt werden konnte, dass Emotionen wie Angst und Enthusiasmus sich nachweislich auf das Wählerverhalten auswirken. Während in Wahlwerbespots enthaltene enthusiastische Appelle die Bürger zum Rückgriff auf Handlungsroutinen veranlassten, stimulierten angstbesetzte Impulse eine verstärkte Wachsamkeit auf Seiten der Wähler und sorgten für die Bereitschaft zur Neubewertung einer bestehenden Handlungssituation. Bucy und Bradly (2004) konnten zudem ebenfalls für die USA zeigen, dass vermittelnd wirkende Gefühle selbst wiederum situationsangemessen sein müssen, um Wirksamkeit entfalten zu können. D. h. ein „*emotional kongruentes*" Verhaltensmuster wird beim Wähler nur dann ausgelöst, wenn auch die emotionalen Darstellungen der Politiker als angemessen empfunden werden. Demgegenüber führen emotional unangemessene Darstellungen zu einer erhöhten kognitiven Aufmerksamkeit auf Seiten der Wähler.

Anhand von US-Daten zum Wählerverhalten für den Zeitraum 1980–1996 untersuchten wiederum MacKuen et al. (2007) den Einfluss von Parteienidentifikation und ideologischer Orientierung einerseits sowie Kandidaten- und Themenorientierung andererseits auf das Wählerverhalten unter der Bedingung des Vorhandenseins bzw. Nichtvorhandenseins von Angst. Dabei zeigte sich, dass die Wähler immer dann, wenn sie mit dem Kandidaten ihrer Partei zufrieden waren und darüber hinaus keinerlei Angstgefühl empfanden, sich in ihrem Wahlverhalten von Parteienorientierung und politischer Ideologie leiten ließen. Bestand demgegenüber Unzufriedenheit gepaart mit einem Bedrohungsgefühl, gewannen Kandidaten- und Themenorientierung in Verbindung mit einem verstärkten informationellen Suchverhalten seitens der Wähler zunehmend an Bedeutung. Ebenfalls anhand von US-Daten untersuchten Redlawsk et al. (2007) schließlich das Wechselspiel von Emotion und Kognition mit Blick auf das politische Lernverhalten in Wahlkämpfen. Auch in dieser Studie konnte gezeigt werden, dass Angst zu einer intensivierten Suche nach Informationen und einem stärker rational geprägten Entscheidungsverhalten führt. Allerdings wurde dieses Verhaltensmuster nur in solchen Situationen nachgewiesen, in denen die von den Wählern jeweils präferierten Kandidaten das Angstgefühl auslösten und dies zugleich in einer als hochgradig bedrohlich empfundenen Situation geschah. Wurde die situative Bedrohung seitens der Wähler jedoch als lediglich gering oder gar nicht vorhanden eingestuft, spielten Emotionen (hier: Angst) keinerlei Rolle mit Blick auf die Suche und Verarbeitung von Informationen und damit die Rationalität des Entscheidungsverhaltens. Für Deutschland liegt nach Faden-Kuhne (2013) bislang lediglich eine empirische Studie zur Überprüfung der Theorie affektiver Intelligenz vor. Schoen (2006) untersucht dabei anhand von Daten für die Bundestagswahl 2009, wie sich die Angst vor der Wirtschaftskrise auf das Wählerverhalten ausgewirkt hat. Dabei zeigte sich, dass die Angst zwar nicht das generelle Interesse an Politik steigert, sie jedoch zu einer erhöhten Aufmerksamkeit und Informationssuche auf Seiten der Wähler beiträgt. Zudem gewinnen politische Sachfragen gegenüber der Parteienidentifikation an Entscheidungs- bzw. Verhaltensrelevanz (vgl. auch Schoen 2010).

4.3 Verhaltensökonomische Schlussfolgerungen für die staatliche Ausgabenpolitik

Aus den Erkenntnissen von Verhaltensökonomik und Finanzpsychologie lässt sich für die staatliche Ausgabenpolitik eine Reihe von Gestaltungsempfehlungen ableiten. Wo diese Empfehlungen über traditionelle Schlussfolgerungen der finanzwissenschaftlichen Ausgabenanalyse hinausreichen, können sie dazu dienen, die theoretisch wie empirisch abgeleiteten Handlungsoptionen der staatlichen Finanzpolitik zu erweitern. Aber auch in all jenen Fällen, in denen die verhaltensökonomische Perspektive zu keinen fundamental neuen politischen Erkenntnissen führt, lassen sich bekannte Handlungsempfehlungen dennoch zusätzlich fundieren. Da sich die verhaltensökonomische Analyse der Ausgabentätigkeit des Staates vor allem mit Fragen der subjektiven Wahrnehmung öffentlicher Ausgaben, der psychologischen Wirksamkeit staatlicher Ausgabenimpulse sowie der politischen Kontrolle der Ausgabenpolitik des Staates durch den Bürger beschäftigt, ist auch der überwiegende Teil der abgeleiteten Handlungsempfehlungen darauf ausgerichtet. Im Einzelnen lassen sich dabei die folgenden Ansatzpunkte für eine Verbesserung staatlicher Ausgabenpolitik benennen:

(1) *Akzeptanz staatlicher Ausgabentätigkeit* – Hinsichtlich der Akzeptanz von einzelnen Ausgabenentscheidungen ebenso wie der Ausgabenpolitik des Staates insgesamt durch die Bürger besteht nach Kirchler (2007, S. 78 ff.) eine der zentralen Erkenntnisse der Verhaltensökonomik darin, dass die subjektive Beurteilung der öffentlichen Ausgabentätigkeit nicht losgelöst von den wahrgenommenen individuellen Steuerbelastungen erfolgt. Für diesen Vergleich von Ausgaben- und Finanzierungsseite des öffentlichen Haushalts ist wiederum maßgeblich, ob sich mit Blick auf die staatliche Mittelverwendung ein Gefühl der Fairness oder ein Empfinden der Benachteiligung einstellt. Dabei ist immer dann damit zu rechnen, dass die getätigten Ausgaben als ungerecht und die zu ihrer Finanzierung erhobenen Steuern als unfair empfunden werden, wenn beim einzelnen Bürger der Eindruck entsteht, selbst nur unzureichend von der Ausgabenpolitik des Staates zu profitieren, während die Mehrheit einen Vorteil aus den bereitgestellten Leistungen zieht. Für diesen Fall ist es unerheblich, ob diese Einschätzung auch den objektiven Gegebenheiten entspricht, da es einzig auf die subjektive Wahrnehmung des Austauschverhältnisses von Ausgaben und Steuern ankommt. Dabei ist zu berücksichtigen, dass Ausgaben mit einer ausgeprägten „Kollektivgutkomponente" (z. B. Verteidigungsausgaben) subjektiv weit weniger merklich sind als solche Ausgaben, die über eine nennenswerte „Individualgutkomponente" verfügen (z. B. Bildungsausgaben). Die subjektive Wahrnehmung (bzw. der Grad der Merklichkeit) der in staatlichen Ausgabenfeldern getätigten Ausgaben wird zudem beeinflusst von der Nutzungshäufigkeit einer öffentlichen Leistung sowie davon, ob der Ausgabenvorteil sich weitgehend auf einen Optionswert (z. B. Landesverteidigung) anstatt eines unmittelbaren Gebrauchswerts beschränkt. In Anbetracht dessen kann eine breite öffentliche Akzeptanz staatlicher Ausgabentätigkeit nur da-

durch erreicht werden, dass die (ökonomischen) Gründe für bestimmte staatliche Ausgabenentscheidungen nicht nur möglichst einfach, klar und damit leicht nachvollziehbar, sondern – wenn erforderlich – auch wiederholt gegenüber dem Bürger dargelegt werden. Andernfalls kann nicht ausgeschlossen werden, dass es zu einer Erosion des Staatsvertrauens bis hin zu einer grundlegenden Legitimationskrise der öffentlichen Ausgabenpolitik kommt.

(2) *Dringlichkeitsbewertung öffentlicher Ausgaben* – Eng verknüpft mit der Frage nach der Akzeptanz staatlicher Ausgabenpolitik ist die verhaltensökonomische Einsicht, dass die Bürger in der Bewertung ausgabenpolitischer Entscheidungen des Staates solange ihren Routinen und vorhandenen Erfahrungen folgen, solange es um bekannte Sachverhalte etwa in den Bereichen der Bildungs-, Gesundheits-, Sozial- oder auch der Rentenpolitik geht. Im Ergebnis führt dies – wie schon die frühen Untersuchungen von Schmölders (1970) gezeigt haben, die durch finanzpsychologische Studien jüngeren Datums bestätigt werden – zu stereotypen Dringlichkeitseinschätzungen der verschiedenen öffentlichen Ausgabenbereiche, wobei staatliche Mehrausgaben etwa in den Bereichen von Verteidigung oder Außenpolitik häufig als verzichtbar gelten, während solche Mehrausgaben etwa in den Bereichen von Kultur, Soziales, Bildung oder Wissenschaft mehrheitlich als wünschenswert eingestuft werden. Bezogen auf mögliche Ausgabenkürzungen zum Zweck der Haushaltskonsolidierung ergibt sich erwartungsgemäß das umgekehrte Bild. Stehen demgegenüber vollkommen neue Ausgabenentscheidungen zur Disposition, die über keinerlei „politische Historie" verfügen, wie dies beispielsweise für zusätzliche Infrastrukturausgaben zur Anpassung an die zukünftigen Auswirkungen des Klimawandels oder für vermehrte Ausgaben im Bereich der Inneren Sicherheit im Fall von neuen Gefahren- bzw. Bedrohungslagen gilt, ist davon auszugehen, dass die Bürger intensiver als sonst nach Informationen suchen, um zu einer möglichst rationalen Einschätzung entsprechender öffentlicher Ausgabenentscheidungen zu gelangen. Dies bedeutet allerdings auch, dass tiefgreifende Strukturreformen der Staatstätigkeit, die an den ausgabenintensiven Bereichen der Staatstätigkeit (Soziales und Personal) ansetzen, um eine ebenso nennenswerte wie dauerhafte Entlastung des öffentlichen Haushalts zu bewirken, angesichts des stereotypen Bewertungsverhaltens der staatlichen Ausgabenpolitik seitens der Bürger außerhalb von Zeiten gravierender wirtschaftlicher wie gesellschaftlicher Krisensituationen nur schwer politisch durchsetzbar sind.

(3) *Zeitliche Befristung staatlicher Ausgabenprogramme* – Aus verhaltensökonomischer Sicht neigen Bürger dazu, eine seit langem bestehende Praxis staatlicher Ausgabenpolitik auch dann als gerecht zu bewerten, wenn diese in ihrer konkreten Ausgestaltung als willkürlich oder hinsichtlich ihres Entstehungsprozesses als zufällig einzustufen ist. Solche Gewohnheits- oder auch Besitzstandseffekte können – folgt man Esser (1999) – jedoch dazu führen, dass es zu Pfadabhängigkeiten oder Entwicklungsblockaden bei staatlichen Ausgabenentscheidungen und damit zu einer abnehmenden Flexibilität in der politischen Gestaltung des öffentlichen Haushalts kommt. Verstärkt wird diese Inflexibilität dadurch, dass über einen längeren Zeitraum ge-

währte Ausgaben des Staates aus Sicht der Begünstigten wie ein Bestandteil des eigenen Einkommens- oder Vermögens gewertet werden. Das Reaktanz-Verhalten im Fall von möglichen Ausgabenkürzungen ist dabei umso ausgeprägter, je höher die subjektive Salienz dieser Ausgaben ist und je positiver diese Ausgaben im Vorfeld attribuiert waren. Dies lässt sich dadurch vermeiden, dass staatliche Ausgabenprogramme von vornherein mit einer zeitlichen Befristung versehen werden. Mit der generellen Festlegung eines solchen Ablaufdatums kann sichergestellt werden, dass über öffentliche Leistungen und die damit verbundenen Ausgaben immer wieder neu entschieden werden muss, womit einem habituellen Verhalten im Sinne einer reinen Status-quo-Orientierung auf Seiten der Bürger in Bezug auf die ausgabenbezogene Ausgestaltung des öffentlichen Haushalts entgegengewirkt werden kann. In gleicher Weise schlagen auch Enste und Hüther (2011, S. 23) vor: „Politisch kann zum Beispiel ein Verfallsdatum für Leistungs- und Steuergesetze (sunset legislation) […] bewirken, dass nicht am Status quo festgehalten wird".

(4) *Direkt-demokratische Partizipation und dezentraler Staatsaufbau* – Bereits aus steuerpsychologischen Untersuchungen ist bekannt, dass – folgt man Strotmann (2009, S. 74) – ein stärker dezentraler (bzw. föderaler) Aufbau des Staates zu einer Steigerung des Identifikationsgefühls der Bürger mit den staatlichen Institutionen beitragen kann, da die Verbindung zwischen eigener steuerlicher Leistung und staatlicher Gegenleistung für die Bürger auf diese Weise transparenter wird. Dies steht im Einklang mit der Forderung nach mehr Subsidiarität und fiskalischer Äquivalenz im Staatsaufbau, um die Übereinstimmung von Nutznießern und Kostenträgern staatlicher Leistungen besser zu gewährleisten. Auch für die staatliche Ausgabenpolitik kann daraus gefolgert werden, dass eine stärkere Dezentralisierung der öffentlichen Aufgabenerfüllung aufgrund der damit einhergehenden größeren Transparenz in der Verwendung der Steuermittel zu einer geringeren Fiskalillusion bei einer zugleich verbesserten Akzeptanz der Ausgabenpolitik des Staates auf Seiten der Bürger führt. Aus dem gleichen Grund sollten die Möglichkeiten für eine direkt-demokratische Partizipation der Bürger am staatlichen Willensbildungsprozess verbessert werden. Auch hier gilt, dass mit einer entsprechenden Einbindung der Bürger in die politische Entscheidungsfindung das etwaige Auftreten von Effekten der Fiskalillusion vermieden und zugleich die Identifikation mit verabschiedeten (Ausgaben-)Gesetzen gesteigert werden kann. Nach Blume et al. (2008) sowie Blume et al. (2011) sollte eine solche haushaltspolitische Beteiligung der Bürger jedoch so gestaltet werden, dass keine isolierte Partizipation an den ausgabenpolitischen Entscheidungen erfolgt (Beispiel: Bürgerhaushalt), sondern die Bürger über Ausgaben- und Einnahmen im Verbund entscheiden (Stichwort: Fiskal-Referendum), um mögliche Ineffizienzen in der staatlichen Haushaltsführung zu vermeiden.

(5) *Reduzierung staatlicher Ausgaben zur Haushaltskonsolidierung* – Die öffentliche Akzeptanz staatlicher Entscheidungen im Bereich der Ausgabenpolitik hängt nicht nur vom subjektiven Gerechtigkeitsempfinden sowie vom Grad an föderaler Dezentralisierung und politischer Partizipation ab. Insbesondere für den Fall geplanter

Ausgabenkürzungen als einem Beitrag zur Haushaltskonsolidierung ist aus Sicht der Verhaltensökonomik von Bedeutung, dass weniger der (objektive) monetäre Vorteil staatlicher Ausgaben als vielmehr deren individuelle Wahrnehmung und gefühlte Intensität für das Entscheidungs- und Akzeptanzverhalten der Bürger maßgeblich ist. Dabei zeigt sich, dass die Zustimmung zu Ausgabenkürzungen in der Tendenz umso größer ausfällt, je geringer die Merklichkeit sowie die individuelle Betroffenheit des jeweiligen Ausgabenpostens sind. Nach Schmölders (1970) zeigen finanzpsychologische Studien zugleich aber auch, dass Ausgabenkürzungen und Steuererhöhungen zwar zwei funktional äquivalente Instrumente der Haushaltskonsolidierung darstellen, bei beiden Konsolidierungsalternativen jedoch Reaktanz und Verlustaversion unterschiedlich ausgeprägt sind. So wird in Einklang mit der Prospect-Theorie der Verzicht auf einen Gewinn (Ausgabenkürzung) im Vergleich zu einem Verlust an eigenen Mitteln (Steuererhöhung) aus Sicht der betroffenen Bürger als weniger „schmerzhaft" empfunden. Unter dem Ziel der Realisierung eines ausgeglichenen Haushalts wären danach entsprechende Einschränkungen auf der Ausgabenseite alternativen Maßnahmen der Einnahmensteigerung vorzuziehen.

(6) *Gestaltung des ausgabenpolitischen Willensbildungsprozesses* – Die asymmetrische Wahrnehmung von Gewinnen und Verlusten haushaltspolitischer Entscheidungen kennzeichnet aus finanzpsychologischer Sicht nicht allein das Entscheidungsverhalten der Bürger, sondern kann in gleicher Weise auch als ein kognitives Verhaltensmerkmal von Politikern und Bürokraten gelten. Auch für die Vertreter der beiden letztgenannten Akteursgruppen gilt danach, dass diese – abweichend von der Rationalitätsannahme des neoklassischen Verhaltensmodells – nicht immer die Handlungsoption mit dem am höchsten zu erwartenden Nutzen wählen, sondern vielmehr ebenfalls aufgrund der bestehenden Verlustaversion zu verzerrten politischen Entscheidungen neigen. Dies führt nach Milkman et al. (2012, S. 158 ff.) beispielsweise dazu, dass sich für ausgabenseitige Maßnahmen – wie etwa die Erhöhung der Sozialhilfesätze – aufgrund der für die Betroffenen in Aussicht stehenden monetären Zugewinne leichter ein politischer Konsens finden lässt als für solche Entscheidungen – wie etwa die Einführung einer Pkw-Maut –, die bei den betroffenen Bürgern zu monetären Verlusten führen. Damit jedoch auch unpopuläre haushaltspolitische Maßnahmen eine größere Chance auf politische Durchsetzung haben, sollten im Rahmen von Budgetverhandlungen die Themen so gebündelt werden, dass Gewinne nur mit Gewinnen und Verluste nur mit Verlusten verglichen werden. Um die verzerrende Wirkung der Verlustaversion zu umgehen, würde dies mit Blick auf die beiden genannten Beispiele bedeuten, dass Nutzen und Kosten der Pkw-Maut im Verbund mit den Vor- und Nachteilen einer Erhöhung der Kraftfahrzeugsteuer zu diskutieren wären. In gleicher Weise müssten Nutzen und Kosten einer Sozialtransfererhöhung mit den Vor- und Nachteilen einer Steigerung der Bildungsausgaben verglichen werden.

(7) *Einkommens- und Nachfragewirkung öffentlicher Ausgaben* – Aus konjunkturpolitischer Sicht sind vor allem die Einkommens- und Nachfragewirkung der Staatsausgaben von besonderer Relevanz, deren Eintreten aus finanzpsychologischer Sicht

allerdings an spezifische Voraussetzungen gebunden ist. Dies ist zum einen wiederum eine hinreichende subjektive Merklichkeit ausgabenpolitisch induzierter Einkommensänderungen als Grundlage einer zusätzlichen privaten Nachfrage, die – im Unterschied zur herkömmlichen finanzwissenschaftlichen Multiplikator-Analyse – nicht bereits als gegeben unterstellt werden kann. Auch führt eine Ausgabensteigerung des Staates nur dann zu einer multiplikativen Vervielfachung der gesamtwirtschaftlichen Nachfrage, wenn die damit einhergehende Einkommensveränderungen von den privaten Wirtschaftssubjekten als dauerhafte Erweiterung der Handlungs- und Konsummöglichkeiten attribuiert wird. Schließlich setzt der ausgabenpolitische Multiplikatoreffekt aus verhaltensökonomischer Sicht – folgt man Thaler und Sunstein (2012, S. 119) – eine ausreichende Reiz-Reaktions-Kompatibilität voraus, die in Folge eines konjunkturbedingten Herdenverhaltens jedoch nicht notwendigerweise gegeben sein muss. Vielmehr ist davon auszugehen, dass der staatliche Ausgabenimpuls im Regelfall nicht zu der in Abhängigkeit von der jeweiligen Konjunkturlage präferierten Handlungsalternative eines Wirtschaftssubjekts passt. Die genannten Voraussetzungen, die aus finanzpsychologischer Sicht für einen ökonomisch wirksamen Multiplikatoreffekt gegeben sein müssen, sprechen in der Summe für einen in der Tendenz zurückhaltenden Einsatz der Ausgabenpolitik des Staates unter dem Ziel der Konjunkturstabilisierung.

(8) *Verteilungs- und Anreizwirkung staatlicher Sozialausgaben* – Es zählt zu den zentralen Einsichten der Finanzpsychologie, dass zwischen ökonomisch ermittelten (objektiven) Verteilungswirkungen staatlicher Ausgabenpolitik einerseits und den subjektiv wahrgenommenen distributiven Effekten öffentlicher Leistungen andererseits unterschieden werden muss, wobei es für das individuelle Gerechtigkeitsempfinden der staatlichen Ausgabenpolitik nicht auf die objektiven Gegebenheiten sondern ausschließlich auf deren subjektive Wahrnehmung ankommt. Nach Weimann et al. (2012, S. 28 ff.) haben die Untersuchungsergebnisse der ökonomischen Glücksforschung diesbezüglich gezeigt, dass nicht vorrangig die Veränderung absoluter Einkommenspositionen maßgeblich ist, sondern vielmehr bestehende relative Einkommenspositionen als Referenzwert für die individuellen Glücks- und Gerechtigkeitsbewertungen dienen. In Anbetracht dessen werden die (Um-)Verteilungseffekte staatlicher Transferausgaben nur dann auch bei den Betroffenen als solche wahrgenommen, wenn diese zusätzlich zu einer Veränderung des absoluten Einkommens eine Steigerung des relativen Einkommens bewirken. Neben der Verteilungswirkung ist aus finanzwissenschaftlicher Sicht auch die Anreizwirkung staatlicher Sozialtransfers von Bedeutung. Mit der Verhaltensökonomik kann hierbei zum einen die auch schon in der neoklassischen Ökonomik vertretene Forderung nach Einhaltung des sogenannten Lohnabstandgebots bekräftigt werden. Begründet wird dies allerdings mit dem aus der Höhe von Sozialausgaben resultierenden Ankereffekt, der nachhaltig das Gerechtigkeitsempfinden bezüglich eines am Markt erzielbaren Einkommens beeinflusst. Zum anderen führt aus verhaltensökonomischer Sicht eine Reduktion der Sozialhilfesätze nicht zwingend zu einem positiven Anreiz auf das Erwerbsverhalten. Als verantwortlich hierfür gilt das psychologische Phänomen der erlernten

Hilfslosigkeit, welches nach Pelzmann (2012, S. 214) immer dann eintritt, wenn ein bestimmter Zustand (hier: Arbeitslosigkeit) nicht ursächlich dem eigenen Verhalten sondern als Folge einer als unkontrollierbar wahrgenommenen Handlungssituation zugerechnet wird. Dies legt die Schlussfolgerung nahe, die Gestaltung staatlicher Sozialausgaben vorrangig an den gesellschaftlich erwünschten Verteilungswirkungen und lediglich nachrangig an den möglichen Anreizeffekten auszurichten, da letztere aus finanzpsychologischer Sicht hinsichtlich ihrer Wirksamkeit nicht hinreichend eindeutig sind. Bedeutsam ist in diesem Zusammenhang schließlich auch das in der Bevölkerung fehlende Verständnis der Funktionsweise von Märkten, welches nach Caplan (2007, S. 8) unter anderen dazu führt, dass Markteinkommen und staatliche Transferzahlungen häufig als etwas der Sache nach gleiches angesehen werden. In der Tendenz bewirkt diese fehlerhafte Wahrnehmung jedoch, dass das Niveau staatlicher Transferleistungen (Sozialtransfers, Lohnzuschüsse etc.) höher ausfällt, als dies ökonomisch wünschenswert ist.

(9) *Begrenzung von Sozialtransfers* – Mit Blick auf die Anreizwirkungen staatlicher Sozialausgaben wird von Beaulier und Caplan (2007) unter Verweis auf verhaltensökonomische Erkenntnisse darüber hinaus das Argument ins Feld geführt, dass diese bei den Zahlungsempfängern ein zeitinkonsistentes Verhalten begünstigen. Die kurzfristig positiven Effekte bewirken, dass auf eigene Anstrengungen zur Einkommenserzielung verzichtet wird, was langfristig jedoch zu einer Schlechterstellung der Sozialtransferempfänger führt. Als Grund hierfür kann mit Beck (2014, S. 369) darauf verwiesen werden, dass „einkommensschwächere Bevölkerungsschichten die langfristig negativen Folgen einer Abhängigkeit von staatlichen Transfers – eine Entwertung des Human- und Sozialkapitals und sinkende Chancen auf eine Rückkehr in den Arbeitsmarkt – unterschätzen". Nach Beaulier und Caplan (2007, S. 499 ff.) können zeitliche Beschränkungen bei der Gewährung von Sozialtransfers sowie Verhaltensauflagen, Kürzungen oder sogar Streichungen zu einer Korrektur zeitinkonsistenten Verhaltens auf Seiten der Empfänger beitragen. Inwieweit entsprechende Kürzungen oder Streichungen von Sozialtransfers unter Fairness- und Gerechtigkeitsaspekten auch politisch vermittelbar sind, muss aus verhaltensökonomischer Sicht jedoch zugleich als fraglich gelten. Folgt man Beck (2014, S. 369) lässt sich diese Einsicht aber auch als Hinweis auf die Notwendigkeit deuten, „staatliche Transfers anreizkompatibel zu gestalten, so dass die Eigeninitiative und Eigenverantwortung der Transferempfänger nicht verloren gehen".

(10) *Lernprozesse zur Überwindung des Flypaper-Effekts* – Um die im Zusammenhang mit staatsinternen Finanztransfers (bzw. Zuweisungen) bestehende Fehlwahrnehmung der Kosten öffentlicher Leistungen und die daraus resultierende Fiskalillusion der Bürger in Gestalt des sogenannten Flypaper-Effekts zu durchbrechen, bedarf es der Initiierung von Lernprozessen. Solche Lernprozesse können auf Seiten der Bürger ein Bewusstsein dafür erzeugen, dass auch innerstaatliche Finanztransfers letztlich nur aus bereits realisierten Steuereinnahmen des Staates getätigt werden können. Dieses Wissen dürfte zu einer stärkeren Kontrolle des Ausgabenverhaltens der regierenden Politiker und damit zu einer Eindämmung des Flypaper-Effekts bei-

tragen. Aus verhaltensökonomischer Sicht ist dabei jedoch wichtig, dass diese Informationsbereitstellung regelmäßig erfolgt, um bestehenden myopischen Effekten ebenso wie dem „Abspeichern" von Vorteilen und Nachteilen zuweisungsfinanzierter öffentlicher Ausgaben in unterschiedlichen mentalen Konten wirksam entgegenzuwirken. Eine entsprechende Aufklärungsstrategie wird darüber hinaus nur dann die erhoffte Wirkung entfalten, wenn die dargebotenen Informationen zum einen leicht verständlich sind und zum anderen mit ihnen im Sinne eines negativen Framing-Effekts die „Verlustdimension" zuweisungsfinanzierter Staatsausgaben verdeutlicht wird. Denkbar ist diesbezüglich eine transparentere Kommunikation der Finanzierungsanteile unterschiedlicher Einnahmequellen der öffentlichen Haushalte auf den verschiedenen föderalen Ebenen mittels einfacher Kennzahlen (Steuerfinanzierungsquote, Zuweisungsfinanzierungsquote, Schuldenfinanzierungsquote etc.).

(11) *Wählerverhalten und staatliche Ausgabenpolitik* – Neben der Fiskalillusion bestimmen aus verhaltensökonomischer Sicht noch weitere Einflussgrößen das Wählerverhalten. So reagieren Wähler zum einen umso empfindlicher auf eine Reduzierung von öffentlichen Ausgaben, je länger eine bestehende Ausgabenpolitik des Staates andauert, die zugleich positiv bewertet wird. Je größer zum anderen das Ausmaß einer Veränderung der staatlichen Ausgabenpolitik ist und je rascher diese Veränderung vollzogen wird, umso stärker wird diese vom Wähler wiederum wahrgenommen. Je zeitnäher schließlich ausgabenpolitische Entwicklungen sind, umso stärker reagiert der Wähler auf diese. Die Wahrnehmung ausgabenpolitischer Entscheidungen durch den Wähler besagt allerdings noch nichts darüber, ob er sich an diesen auch im Rahmen seines Wahlverhaltens orientiert. Nur wenn eine staatliche Ausgabenentscheidung sich unmittelbar auf eine Person auswirkt, kann davon ausgegangen werden, dass es das politische Verhalten dieser Person beeinflusst. Damit gilt aber auch im Gegenzug, dass je mittelbarer die Betroffenheit ausfällt, umso stärker bestimmen andere Faktoren wie vor allem die bestehende Parteienorientierung das Wahlverhalten. Je intensiver dabei wiederum die Parteiorientierung ist, umso stärker wird das Entscheidungsverhalten der Wähler durch parteipolitische Standpunkte geprägt. Darüber hinaus fungieren einfache Heuristiken wie „Sympathie" und „Vertrauenswürdigkeit" als Grundlage bei der Bewertung von zur Wahl stehenden Politikern und deren ausgabenpolitischen Programmen. Dies bedeutet, dass zusätzlich zum vergleichsweise „harten" Faktor der Einstellung der Wähler zu bestimmten Sachfragen der Steuer- und Ausgabenpolitik auch „weiche" Faktoren, wie die subjektive Vertrauenseinschätzung gegenüber einem politischen Kandidaten, das Wahlverhalten steuert. Für die Wählerwahrnehmung der verschiedenen öffentlichen Ausgabenbereiche ist schließlich ebenso bedeutsam, welche Eigenschaften die Medien diesen Bereichen („wichtig", „nachrangig" etc.) oder den politischen Kandidaten („sympathisch", „durchsetzungsstark" etc.), die sich für einzelne Ausgabenbereiche besonders einsetzen, zuordnen. Für die Zustimmungsfähigkeit ausgabenpolitischer Vorhaben des Staates auf Seiten der Bürger kann daraus abgeleitet werden, dass nicht allein die (ökonomische) Zweckmäßigkeit überzeugend dargelegt werden

muss. Vielmehr müssen staatliche Ausgaben-Progaramme zugleich auch über eine hinreichende politische Sympathie und Glaubwürdigkeit unter den Wählern verfügen sowie eine entsprechend positive Darstellung und Bewertung in den berichterstattenden Medien erfahren.

Öffentliche Ausgaben stellen ebenso wie die zu ihrer Finanzierung benötigten Einnahmen keinen Selbstzweck staatlichen Handelns dar. Die Ausgabentätigkeit des Staates leitet sich aus finanzwissenschaftlicher Sicht vielmehr aus der budgetwirksamen Erfüllung jener Aufgaben ab, für die keine oder zumindest keine hinreichende private Lösung zu erwarten ist. Dies setzt eine Vorstellung darüber voraus, für welche gesellschaftlichen Aufgaben der Staat verantwortlich sein soll. Auch hierfür liefert die Verhaltensökonomik – wie im nachfolgenden Kapitel gezeigt wird – eine Reihe von Rechtfertigungsargumenten und Gestaltungshinweisen, die über die traditionelle finanzwissenschaftliche Begründung staatlichen Handelns hinausreicht.

Literatur

Abramson, L.Y., Seligman, M.E. und J.D. Teasdale (1978): Learned Helplessness in Humans – Critique and Reformulation, in: Journal of Abnormal and Social Psychology, Vol. 87, S. 49–74.

Akerlof, G.A. und R.J. Shiller (2009): Animal Spirits – Wie Wirtschaft wirklich funktioniert, Frankfurt am Main.

Alderfer, C.P. (1969): An Empirical Test of a New Theory of Human Needs, in: Organizational Behavior and Human Performance, Vol. 4, S. 142–175.

Alesina, A. (1987): Macoreconomic Policy in a Two-Party System as a Repeated Game, in: Quarterly Journal of Economics, Vol. 102, S. 651–678.

Alesina, A. und N. Fuchs-Schündel (2007): Good-Bye Lenin (or not?) – The Effect of Communism on People's Preferences, in: American Economic Review, Vol. 97, S. 1507–1528.

Alesina, A., Roubini, N. und G. Cohen (1999): Political Cycles and the Macroeconomy, London.

Alevy, J., Haigh, M. und J. List (2003): Information Cascades – Evidence from a Field Experiment with Financial Market Professionals, Working Paper, University of Maryland.

Allsopp, L. und J. Hey (2000): Two Experiments to Test a Model of Herd Behaviour, in: Experimental Economics, Vol. 3, S. 121–136.

Alt, H. (2013): Eine Frage der Fairness – Viele Langzeitarbeitslose haben trotz guter Konjunktur keine Chance auf reguläre Arbeit, in: Die Zeit, Nr. 26 (20. Juni 2013), S. 31.

Anderson, L. und C. Holt (1997): Information Cascades in the Laboratory, in: The American Economic Review, Vol. 87, S. 847–862.

André, C. und R. Delorme (1978): The Long-Run Growth of Public Expenditure in France, in: Public Finance, Vol. 33, S. 42–66.

Apolte, T. (2011): Die Baumolsche Kostenkrankheit, in: Pies, I. und M. Leschke (Hrsg.), Willam Baumols Markttheorie unternehmerischer Innovation, Tübingen, S. 37–53.

Arrow, K.J. (1951): Social Choice and Individual Values, New York.

Arzheimer, K. (2013): Mikrodeterminanten des Wahlverhaltens – Parteiidentifikation, in: Gabriel, O.W. und B. Westle (Hrsg.), Wählerverhalten in der Demokratie, Baden-Baden, S. 223–246.

Asaba, S. und M. Lieberman (1999): Why Do Firms Behave Similarly? – A Study on New Product Introduction in the Japanese Soft-drink Industry, Working Paper, Gakushuin University, UCLA.

Atkinson, J.W. (1964): An Introduction to Motivation, Princeton.
Atkinson, J.W. (1968): Achievement Motive, in: International Encyclopedia of the Social Sciences, Vol. 1, S. 27–33.
Baber, W.R. und P.K. Sen (1986): The Political Process and the Use of Debt Financing by State Governments, in: Public Choice, Vol. 48, S. 201–215.
Bäck, T. (1996): Evolutionary Algorithms in Theory and Practice, New York et al.
Bailey, S. und S. Connolly (1989): The Flypaper Effect – Identifying Areas for further Research, in: Public Choice, Vol. 95, S. 335–361.
Balaguer-Coll, M.T. und D. Prior (2009): Short- and Long-Term Evaluation of Efficiency and Quality – An Application to Spanish Municipalities, in: Applied Economics, Vol. 41, S. 2991–3002.
Balaguer-Coll, M.T., Prior, D. und E. Tortosa-Ausina (2007): On the Determinants of Local Government Performance – A Two-Stage Nonparametric Approach, in: European Economic Review, Vol. 51, S. 425–451.
Bank, H.P. (1970): Die Sozialgesetzgebung der Bundesrepublik Deutschland und ihr zeitlicher Zusammenhang mit den Wahlterminen seit 1949, in: Recht der Arbeit, Heft 4, S. 101–123.
Banzhaf, H.S. und W.E. Oates (2012): On Fiscal Illusion and Ricardian Equivalence in Local Public Finance, NBER Working Paper, No. 18040, Cambridge (MA).
Baron, J. und E.J. McCaffery (2008): Starving the Beast – The Political Psychology of Budget Deficits, in: Garrett, E., Graddy, E. und H.E. Jackson (Hrsg.), Fiscal Challenges – An Interdisciplinary Approach to Budget Policy, Cambridge, S. 221–241.
Barron, J. und N. Valev (2000): International Lending by U.S. Banks. In: Journal of Money, Credit and Banking, Vol. 32, S. 357–381
Baumol, W.J. (1967): Macroeconomics of Unbalanced Growth: The Anatomy of Urban Crisis, in: American Economic Review, 57, S. 415–426.
Baumol, W.J. (2010): The Microtheory of Innovative Entrepreneurship, Princeton und Oxford.
Baumol, W.J. und W.G. Bowen (1965): On the Performing Arts: The Anatomy of their Economic Problems, in: American Economic Review, 55, S. 495–502.
Bazerman, M.H., Curhan, J.R., Moore, D.A. und K.L. Valley (2000): Negotiation, in: Annual Review of Psychology, Vol. 51, S. 279–314.
Beaulier, S. und B. Caplan (2007): Behavioral Economics and Perverse Effects of the Welfare State, in: Kyklos, Vol. 60, S. 485–507.
Beck, H. (2014): Behavioral Economics – Eine Einführung, Wiesbaden.
Beck, M.S. und M. Paldam (2000): Economic Voting – An Introduction, in: Electoral Studies, Vol. 19, S. 113–121.
Belke, A. (1996): Politische Konjunkturzyklen in Theorie und Empirie – Eine kritische Analyse der Zeitreihendynamik in Partisan-Ansätzen, Tübingen.
Bell, C.S. (1968): Macroeconomics of Unbalanced Growth: Comment, in: American Economic Review, 58, S. 877–884.
Berglund, F., Holmberg, S. und H. Schmitt (2005): Party Identification, in: Thomassen, J. (Hrsg.), The European Voter – A Comparative Study of Modern Democracies, Oxford, S. 106–124.
Bergstrom, T.C. und R.P. Goodman (1973): Private Demands for Public Goods, in: American Economic Review, Vol. 63, S. 280–296.
Bernholz, P. und F. Breyer (1994): Grundlagen der Politischen Ökonomie, Band 2, 3. Auflage, Tübingen.
Beugelsdijk, S. und R. Smeets (2008): Entrepreneurial Culture and Economic Growth, in: The American Journal of Economics and Sociology, Vol. 67, S. 915–939.
Bewley, T.F. (2004): Fairness, Reciprocity and Wage Rigidity, IZA Discussion Paper, No. 1137, Bonn.
Bischoff, I. (2007): Mentale Modelle, politisches Lernen und demokratische Wirtschaftspolitik, Marburg

Bischoff, I., Bönisch, P., Haug, P. und A. Illy (2013): Vertical Grants and Local Public Efficieny, IWH-Diskussionspapiere, Nr. 1 (Februar 2013), Halle.
Blais, A. und S. Dion (1991)(Hrsg.): The Budget-Maximizing Bureaucrat – Appraisal and Evidence, Pittsburgh.
Blanchard, O. und G. Illing (2004): Makroökonomie, 3. Auflage, München.
Blankart, Ch.B. (2003): Öffentliche Finanzen in der Demokratie, 5. Auflage, München.
Blankart, Ch.B. (2011): Öffentliche Finanzen in der Demokratie, 8. Auflage, München.
Blume, L., Döring, T. und S. Voigt (2008): Ökonomische Effekte der Kommunalverfassungsreformen der 1990er Jahre in Deutschland, in: Jahrbücher für Nationalökonomie und Statistik, Bd. 228, S. 317–344.
Blume, L., Döring, T. und S. Voigt (2011): Fiscal Effects of Reforming Local Constitutions – Recent German Experiences, in: Urban Studies, Vol. 48, S. 2123–2140.
Bonin, J.M., Finch, B.W. und J.B. Waters (1969): Alternative Tests of the Displacement Effect Hypothesis, in: Public Finance, Vol. 24, S. 441–456.
Bonin, H., Fichtl, A., Rainer, H. Spieß, C.K., Stichnoth, H. und K. Wrohlich (2013): Lehren für die Familienpolitik – Zentrale Resultate der Gesamtevaluation familienbezogener Leistungen, in: ifo-Schnelldienst, Jg. 66 (18), S. 22-30.
Bonin, H., Fichtl, A., Rainer, H., Spieß, C.K., Stichnoth, H. und K. Wrohlich (2013): Zentrale Resultate der Gesamtevaluation familienbezogener Leistungen, in: DIW-Wochenbericht, Nr. 40/2013, S. 3-13.
Borcherding, T.E. (1985): The Causes of Government Expenditure Growth – A Survey of the U.S. Evidence, in: Journal of Public Economics, Vol. 28, S. 359–382.
Borg, I. (1994): Evolving Notions of Facet Theory, in: Borg, I. und P.P. Mohler (Hrsg.), Trends and Perspectives in Empirical Social Research, Berlin, S. 178–200.
Brader, T. (2005): Striking a Responsive Chord – How Political Ads Motivate and Persuade Voters by Appealing to Emotions, in: American Journal of Political Science, Vol. 49, S. 388–405.
Brecht, A. (1932): Internationaler Vergleich der öffentlichen Ausgaben, Leipzig und Berlin.
Breeden, C.H. und W.J. Hunter (1985): Tax Revenue and Tax Structure, in: Public Finance Quarterly, Vol. 13, S. 216–224.
Brenner, T. (1999): Modelling Learning in Economics, Cheltenham.
Brenner, T. (2001): Komplexität und Lernen, in: Ökonomie und Gesellschaft, Jg. 17, S. 49–96.
Breton, A. (1998): Competitive Governments – A Theory of Politics and Public Finance, Cambrdige (Mass.).
Brettschneider, F. (2002): Spitzenkandidaten und Wahlerfolg – Personalisierung, Kompetenz, Parteien, Wiesbaden und Opladen.
Brettschneider, F. (2005): Massenmedien und Wählerverhalten, in: Falter, J.W. und H. Schoen (Hrsg.), Handbuch Wahlforschung, Wiesbaden, S. 473–497.
Brettschneider, F. und O.W. Gabriel (2002): The Nonpersonalisation of Voting Behavior in Germany, in: King, A. (Hrsg.), Leaders' Personalities and the Outcome of Democratic Elections, Oxford, S. 127–157.
Breyer, F. und W. Buchholz (2009): Ökonomie des Sozialstaats, Berlin und Heidelberg.
Brickman, P., Coates, D. und R. Janoff-Bulman (1978): Lottery Winners and Accident Victims – Is Happiness Relative?, in: Journal of Personality and Social Psychology, Vol. 36, S. 917–927.
Brunstein, J.C. und H. Heckhausen (2010): Leistungsmotivation, in: Heckhausen, Jutta und Heinz Heckhausen (Hrsg.), Motivation und Handeln, 4. überarbeitete und erweiterte Auflage, Berlin und Heidelberg, S. 145–192.
Buch, C., Schmidt, C.M. und M. Schnitzer (2013): Die Politiker beim Wort nehmen, in: Frankfurter Allgemeine Zeitung, 27. September 2013, Nr. 225, S. 12.
Buchanan, J.M. (1967): Public Finance in Democratic Process, Chapel Hill.

Buchanan, J.M. und G. Tullock (1962): The Calculus of Consent – Logical Foundations of Constitutional Democracy, Ann Arbor.

Buchanan, J.M. und R.E. Wagner (1977): Democracies in Deficit, New York.

Bucy, E.P. und S.D. Bradly (2004): Presidential Expressions and Viewers Emotion – Counterempathatic Responses to Televised Leader Displays, in: Social Science Information, Vol. 43, S. 59–94.

Caliendo, M. und K. Wrohlich (2006): Evaluating the German ‚Mini-Jobs' Reform Using a True Natural Experiment, IZA Discussion Papers No. 2041, Bonn.

Campbell, R.J. (2004): Leviathan and Fiscal Illusion in Local Government Overlapping Jurisdictions, in: Public Choice, Vol. 120, S. 301–329.

Campbell, A., Converse, P., Miller, W.E. und D.E. Stokes (1960): The American Voter, New York et al.

Cansier, D. (2004): Finanzwissenschaftliche Steuerlehre, Stuttgart.

Caplan, B. (2001): Rational Irrationality and the Microfoundations of Political Failure, in: Public Choice, Vol. 107, S. 311–331.

Caplan, B. (2007): The Myth of the Rational Voter – Why Democracies Choose Bad Policies, Cato Institute Policy Analysis Series, No. 594 (May 29, 2007).

Carmines, E.G. und J.A. Stimson (1989): Issue Evolution – Race and the Transformation of American Politics, Princeton.

Carter, J.R. (1982): Beliefs and Errors in Voting Choices – A Restaterment of the Theory of Fiscal Illusion, in: Public Choice, Vol. 39, S. 343–360.

Celen, B. und S. Kariv (2004): Distinguishing Informational Cascades from Herd Behavior in the Laboratory, in: The American Economic Review, Vol. 94, S. 484–498.

Chang, A., Chaudhuri, S. und J. Jayaratne (1997): Rational Herding and the Spatial Clustering of Bank Branches – An Empirical Analysis, Federal Reserve Bank of New York Research Paper No. 9724.

Chang, E.C., Cheng, J. und A. Khorana (2000): An Examination of Herd Behaviour in Equity Markets – An International Perspective, in: Journal of Banking and Finance, Vol. 24, S. 1651–1679.

Charness, G., Masclet, D. und M.C. Villeval (2013): The Dark Side of Competition for Status, in: Management Science, Vol. 60, S. 38–55.

Chen, G., Rui, O. und Y. Xu (2003): When Will Investors Herd? – Evidence from the Chinese Stock Markets. Working Paper, University of Texas.

Chilas, J.G. und C.A. Botsaris (2003): Displacement Effects – The Case of Greece, in: Jpurnal of Statistics and Management Systems, Vol. 6, S. 371–389.

Choi, S., Gale, D. und S. Karvis (2004): Learning in Networks – An Experimental Study, Working Paper, New York University and UC Berkeley.

Chong, D. (1996): Creating Common Frames of Reference on Political Issues, in: Mutz, D. et al. (Hrsg.), Political Persuation and Attitude Change, Ann Arbor, S. 195–224.

Chong, D. und J.M. Druckman (2007): Framing Public Opinion in Competitive Democracies, in: American Political Science Review, Vol. 101, S. 637–655.

Christie, W. und R. Huang (1995): Following the Pied Piper – Do Individual Returns Herd around the Market?, in: Financial Analysts Journal, Vol. 51 (4), S. 31–37.

Clark, A.E. und A.J. Oswald (1996): Satisfaction and Comparison Income, in: Journal of Public Economics, Vol. 61, S. 359–381.

Clark, A.E., Kristensen, N. und N. Westergard-Nielsen (2009): Economic Satisfaction and Income Rank in Small Neighbourhoods, in: Journal of the European Economic Association, Vol. 7, S. 519–527.

Cohen, B.C. (1963): The Press and Foreign Policy, Princeton.

Conslik, J. und H.W. Watts (1969): A Model of Optimizing Experimental Designs for Estimating Response Surfaces, in: American Statistical Association (Hrsg.), Proceedings of the Social Statistics Section, Alexandria, S. 150–156.

Converse, P.E. (1964): The Nature of Belief Systems in Mass Politics, Apter, D. (Hrsg.), Ideology and Discontent, New York, S. 206–261.
Converse, P.E. (1969): Of Time and Partisan Stability, in: Comparative Political Studies, Vol. 2, S. 139–171.
Cooper, J.C. und W.E. Kovacic (2012): Behavioral Economics – Implications for Regulatory Behavior, in: Journal of Regulatory Economics, Vol. 41, S. 41–58.
Corneo, G. (2012): Öffentliche Finanzen – Ausgabenpolitik, 4. Auflage, Tübingen.
Corneo, G. und H.P. Grüner (2000): Social Limits to Redistribution, in: American Economic Review, Vol. 50, S. 1491–1507.
Corneo, G. und H.P. Grüner (2002): Individual Preferences for Political Redistribution, in: Journal of Public Economics, Vol. 83, S. 83–107.
Courakis, A.S., Moura-Roque, F. und G. Tridimas (1993): Public Expenditure Growth in Greece and Portugal – Wagners Law and beyond, in: Applied Economics, Vol. 25, S. 125–134.
Courant, P., Gramlich, E. und D. Rubinfeld (1979): The Stimulative Effects of Intergovernmental Grants – Or Why Money ‚Sticks Where It Hits', in: Mieszkowski, P. und W. Oakland (Hrsg.), Fiscal Federalism and Grants in Aid, Washington D.C., S. 5–21.
Creutzburg, D. (2013): Staatslohn, in: Frankfurter Allgemeine Zeitung, 19. Oktober 2013, Nr. 243, S. 15.
Cruces, G., Truglia, R.P. und M. Tetaz (2011): Biased Perception of Income Distribution and Preferences for Redistribution – Evidence from Survey Experiment, IZA Discussion Paper, No. 5699.
Cukierman, A. und A. Meltzer (1986): A Positive Theory of Discretionary Policy, the Cost of Democratic Government, and the Benefit of a Constitution, in: Economic Inquiry, Vol. 24, S. 67–88.
Dageförde, M. (2013): Wahlkampfkommunikation, in: Gabriel, O.W. und B. Westle (Hrsg.), Wählerverhalten in der Demokratie, Baden-Baden, S. 275–295.
Davis, D.D. und C.A. Holt (1993): Experimental Economics, Princeton.
DeBorger, B. und K. Kerstens (1996): Cost Efficiency of Belgian Local Governments – A Comparative Analysis of FDH, DEA, and Econometric Approaches, in: Regional Science and Urban Economics, Vol. 26, S. 145–170.
Dearing, J.W. und E.M. Rogers (1996): Agenda Setting, Thousand Oaks.
Debus, M. (2010): Sympathien gegenüber politischen Akteuren und ihre Auswirkung auf die individuelle Wahlentscheidung, in: Faas, T. et al. (Hrsg.), Information, Wahrnehmung, Emotion – Politische Psychologie in der Wahl- und Einstellungsforschung, Wiesbaden, S. 291–314.
Demirer, R. und A. Kutan (2004): Does Herding Behavior Exist in Chinese Stock Markets?, Working Paper, Southern Illinois University Edwardsville.
Demirer, R. und D. Lien (2001): A New Measure to Test Herd Formation in Equity Markets, School of Business Working Paper No. 290, University of Kansas.
DeVellis, R.F., De Vellis, B. und C. McCauley (1978): Vicarious Acquisition of Learned Helplessness, in: Journal of Personality and Social Psychology, Vol. 36, S. 894–899.
Diamond, J. (1977): Economic Testing of the Displacment-Effect – A Reconsideration, in: Finanzarchiv, Jg. 35, S. 387–404.
Dilnot, A. und J. McCrea (2000): The Family Credit System and the Working Families Tax Credit in the United Kingdom, in: Economic Studies, No. 31, 2000/2, S. 69–84.
Dollery, B.E. und A.C. Worthington (1996): The Empirical Analysis of Fiscal Illusion, in: Journal of Economic Surveys, Vol. 10, S. 261–297.
Dollery, B.E. und A.C. Worthington (1999): Fiscal Illusion at the Local Level – An Empirical Test Using Australian Municipal Data, in: Economic Record, Vol. 75, S. 37–48.
Döring, T. (2001): Institutionenökonomische Fundierung finanzwissenschaftlicher Politikberatung, Marburg.
Döring, T. (2009): Douglass North und das Problem der „Shared Mental Models", in: Pies, I. und M. Leschke (Hrsg.), Douglass Norths ökonomische Theorie der Geschichte, Tübingen, S. 145–187.

Döring, T. (2013), Staatsfinanzierung und Verhaltensökonomik – Zur Psychologie der Besteuerung und Verschuldung, Sofia-Studien zur Institutionenanalyse, Nr. 13–1, Darmstadt.

Döring, T. (2014): Fiskalföderalismus, gesamtwirtschaftliche Entwicklung und grundlegender Reformbedarf des Finanzausgleichs in Österreich, in: Wirtschaftspolitische Blätter, Jg. 60, S. 111–121.

Döring, T. und F. Rischkowsky (2008): Nach der Reform ist vor der Reform: FAG 2008 als verpasste Chance einer Neuordnung der österreichischen Finanzbeziehungen, in: Kärntner Jahrbuch für Politik, Jg. 15, S. 224–262.

Döring, T. und F. Rischkowsky (2011): Lohnsubventionen zum Abbau von Arbeitslosigkeit im Niedriglohnsektor, sofia-Diskussionsbeiträge, Nr. 11–5, Darmstadt.

Döring, T. und J. Schnellenbach (2011): A Tale of Two Federalisms: Germany, the United States and the Ubiquity of Centralization, in: Constitutional Political Economy, Vol. 22, S. 83–102.

Douglas, D. und H. Anisman, (1975): Helplessness or Expectation Incongruency – Effects of Aversive Stimulation on Subsequent Performance, in: Journal of Experimental Psychology, Vol. 1, S. 411–417.

Downs, A. (1957): Economic Theory of Democracy,

Downs, A. (1960): Why the Government Budget is too small in a Democracy, in: World Poltics, Vol. 12, S. 541–563.

Druckman, J.M., Jacobs, L.R. und E. Ostermeier (2004): Candidate Strategies to Prime Issues and Image, in: The Journal of Politics, Vol. 66, S. 1180–1202.

Dunsire, A. (1987): Testing Theories – The Contribution of Bureaumetrics, in: Lane, J.A. (Hrsg.), Bureaucracy and Public Choice, London, S. 94–144.

Edelmann, W. (2000): Lernpsychologie, 6. Auflage, Kempten.

Ellsberg, D. (1961): Risk, Ambiguity, and the Savage Axioms, in: The Quarterly Journal of Economics, Vol. 75, S. 643–669.

Engelhardt, G., Hegmann, H. und S. Panther (1994): Fiskalillusion aus Sicht der Neuen Institutionenökonomik, in: Smekal, Ch. und E. Theurl (Hrsg.), Stand und Entwicklung der Finanzpsychologie, Baden-Baden, S. 121–152.

Englerth, M. (2004): Behavioral Law and Economics – Eine kritische Einführung, Preprints of the Max Planck Institute for Research on Collective Goods, Nr. 2004–11, Bonn.

Enste, D.H. und M. Hüther (2011): Verhaltensökonomik und Ordnungspolitik – Zur Psychologie der Freiheit, Köln.

Entman, R. (1993): Framing – Toward Clarification of a Fractured Paradigm, in: Journal of Communication, Vol. 43 (4), S. 51–58.

Erikson, R., MacKuen, M. und J. Stimson (2001): Macropartisanship – The Permanent Memory of Partisan Evaluation, in: Niemi, R.G. und H.F. Weisberger (Hrsg.), Controversies in Voting Behavior, 4. Auflage, Washington (D.C.), S. 364–370.

Esser, H. (1991): Alltagshandeln und Verstehen, Tübingen.

Esser, H. (1999): Soziologie – Spezielle Grundlagen, Band 1: Situationslogik und Handeln, Frankfurt am Main.

Faas, T. und J. Mayerl (2010): Michigan reloaded – Antwortlatenzzeiten als Moderator-Vatiablen in Modellen des Wahlverhaltens, in: Faas, T. et al. (Hrsg.), Information, Wahrnehmung, Emotion – Politische Psychologie in der Wahl- und Einstellungsforschung, Wiesbaden, S. 259–276.

Faas, T. und H. Schoen (2010): Mehrwertsteuer und Staatsverschuldung – Lassen sich die Einstellungen der Bevölkerung durch Framing verschieben?, in: Faas, T., Arzheimer, K. und S. Roßteuscher (Hrsg.), Information – Wahrnehmung – Emotion, Wiesbaden, S. 123–144.

Faden-Kuhne, K. (2013): Neuere Ansätze in der Wahlforschung – Heuristiken und Emotionen, in: Gabriel, O.W. und B. Westle (Hrsg.), Wählerverhalten in der Demokratie, Baden-Baden, S. 87–115.

Falk, A., Fehr, E. und C. Zehnder (2006): Fairness Perception and Revervation Wages – The Behavioral Effects of Minimum Wages Law, in: The Quarterly Journal of Economics, Vol. 121, 1347–1381.

Falter, J.W. (1977): Einmal mehr: Läßt sich das Konzept der Parteiidentifikation auf deutsche Verhältnisse übertragen?, in: Politische Vierteljahresschrift, Jg. 18, S. 476–500.

Farnham, P.G. (1990): The Impact of Citizen Influence on Local Government Expenditure, in: Public Choice, Vol. 64, S. 201–212.

Feld, L.P. und J.G. Matsusaka (2003): Budget Referendums and Government Spending - Evidence from Swiss Cantons', in: Journal of Economic Policy, Vol. 87, S. 2703–2724.

Ferber, R. und W.Z. Hirsch (1978): Social Experimentation and Economic Policy – A Survey, in: Journal of Economic Literature, Vol. 16, S. 1379–1414.

Fernbach, P.M., Rogers, T., Fox, C.R. und S.A. Sloman (2013): Political Extremism Is Supported by an Illusion of Understanding, in: Psychological Science, Vol. 24, S. 939–946.

Ferrer-i-Carbonell, A. (2005): Income and Well-Being – An Empirical Analysis of the Comparison Income Effect, in: Journal of Public Economics, Vol. 89, S. 997–1019.

Fiske, S.T. (1986): Schema-Based versus Piecemeal Politics – A Patchwork Quilt, not a Blanket, of Evidence, in: Lau, R.R. und D.O. Sears (Hrsg.), Political Cognition, Hillsdale, S. 41–53.

Fitoussi, J.-P. (2000): Payroll Tax Reductions for the Low Paid, in: OECD Economic Studies, No. 31, 2000/2, S. 115–131.

Freiberg, N. (2004): Rationales Herdenverhalten – Theorie, Empirie und Lösungsansätze, Dissertation an der Wirtschaftswissenschaftlichen Fakultät der Bayerischen Julius-Maximilians-Universität Würzburg.

Freier, R. und V. Steiner (2007): Marginal Employment – stepping stone or dead end? Evaluating the German experience, DIW Discussion Papers No. 744, Berlin.

Frey, B.S. (1976): Theorie und Empirik politischer Konjunkturzyklen, Diskussionsbeiträge des Fachbereichs Wirtschaftswissenschaften der Universität Konstanz, Nr. 75.

Frey, B.S. (1977): Moderne politische Ökonomie, München.

Frey, B.S. und G. Krichgässner (1994): Demokratische Wirtschaftspolitik, 2. Auflage, München.

Frey, B.S. und F. Schneider (1979): An Econometric Model With an Endogenous Government Sector, Diskussionsbeiträge des Fachbereichs Wirtschaftswissenschaften der Universität Konstanz, Nr. 59.

Frey, R.L. und B. Torgler (2002): Entwicklung und Stand der Steuermoralforschung, in: Wirtschaftswissenschaftliches Studium, Jg. 31, S. 130–135.

Fudenberg, D. und D.K. Levine (1998): The theory of learning in games, Cambridge (Mass.).

Funk, P. und Gathmann (2011): Does Direct Democracy Reduce the Size of Government? – New Evidence from Historical Data, 1890–2000, in: The Economic Journal, Vol. 121, S. 1252–1280.

Gabriel, O.W. und S.I. Keil, (2007): Kandidatenorientierung in Teilelektoraten und Wahlverhalten, in: Rattinger, H., Gabriel, O.W. und J.W. Falter (Hrsg.), Der gesamtdeutsche Wähler – Stabilität und Wandel des Wählerverhaltens im wiedervereinigten Deutschland, Baden-Baden, S. 357–381.

Gabriel, O.W. und S.I. Keil (2013): Theorien des Wählerverhaltens, in: Gabriel, O.W. und B. Westle (Hrsg.), Wählerverhalten in der Demokratie, Baden-Baden, S. 43–85.

Gamson, W.A. und A. Modigliani (1987): The Changing Culture of Affirmative Action, in: Research in Political Sociology, Vol. 3, S. 137–177.

Gandenberger, O. (1984): On Government Borrowing and False Political Feedback. Paper presented at the 40th Congress of IIPF, Innsbruck.

Ghanem, S. (1997): Filling in the Tapestry – The Second Level of Agenda Setting, in: McCombs, M.E. et al. (Hrsg.), Communication and Democracy, Mahwah, S. 3–14.

Gleason, K., Mathur, I. und M. Peterson (2004): Analysis of Intraday Herding Behavior among the Sector ETFs, in: Journal of Empirical Finance, Vol. 11, S. 681–694.

Greenwood, J. und J.-P. Voyer (2000): Experimental Evidence on the Use of Earnings Supplements as a Strategy to ‚Make Work Pay', in: Economic Studies, No. 31, 2000/2, S. 43–67.

Grund, Ch. und D. Sliwka (2007): Reference-Dependent Preferences and the Impact of Wage Increases on Job Satisfaction – Theory and Evidence, in: Journal of Institutional and Theoretical Economics, Vol. 163, S. 313–335.

Gupta, S.P. (1967): Public Expenditure and Economic Growth – A Time-Series Analysis, in: Public Finance, Vol. 22, S. 423–466.

Hall, D.T. und K.E. Nougaim (1968): An Examination of Maslow's Need Hierarchy in an Organizational Setting, in: Organizational Behavior and Human Performance, Vol. 3, S. 12–35.

Hamlin, A. und C. Jennings (2011): Expressive Political Behaviour – Foundations, Scope and Implications, in: British Journal of Political Science, Vol. 41, S. 645–670.

Hammes, D.L. und D.T. Wills (1987): Fiscal Illusion and the Grantor Government in Canada, in: Western Economic Association International, Vol. 25, S. 7070–713.

Häring, N. und O. Storbeck (2007), Ökonomie 2.0–99 überraschende Erkenntnisse, Stuttgart.

Haß, H.-J. (2015): Zur Diskussion um eine Investitionsschwäche in Deutschland, in: Wirtschaftswissenschaftliches Studium, Jg. 44, S. 93–96.

Haug, P. (2009): Shadow Budgets, Fiscal Illusion and Municipal Spending – The Case of Germany, IWH Diskussionspapiere, Nr. 9 (April 2009), Halle.

Hawkins, S.A. und R. Hastie (1990): Hindsight – Biased Judgments of Past Events after the Outcomes are known, in: Psychological Bulletin, Vol. 107, S. 311–327.

Heckhausen, H. (1967): The Anatomy of Achievement Motivation, New York.

Heinemann, A.W. (2012): Horizontal oder vertikal? – Zur Zukunft des Finanzausgleichs in Deutschland, in: Wirtschaftsdienst, Jg. 92, S. 471–479.

Heinemann, F., Janeba, E., Moessinger, M.-D., Schröder, C. und F. Streif (2014): Föderalismus-Präferenzen in den deutschen Landesparlamenten, in: Perspektiven der Wirtschaftspolitik, Jg. 15, S. 56–74.

Henker, J., Henker, T. und A. Mitsios. (2003): Do Investors Herd Intraday in the Australian Equities Markets?, Working Paper, University of New South Wales.

Henrekson, M. (1993): Wagner's Law – A Spurious Relationship?, in: Public Finance, Vol. 48, S. 406–415.

Henrekson, M. (1994): The Peacock-Wiseman Hypothesis in: Gemmel, N. (Hrsg.), The Growth of the Public Sector – Theories and International Evidence, Cheltenham, S. 53–74.

Herder-Dorneich, P. (1959): Politisches Modell der Wirtschaftstheorie, Freiburg i.Br. (bereits 1957 in einer ersten Fassung erschienen unter dem Pseudonym F.O. Harding).

Hibbs, D. (1977): Political Parties and Macroeconomic Policy, in: American Political Science Review, Vol. 71, S. 1467–1487.

Hicks, J.R. (1937): Mr Keynes and the ‚Classics' – A Suggested Interpretation, in: Econometrica, Vol. 5, S. 147–159.

Hillman, A.L. (2010): Expressive Behavior in Economics and Politics, in: European Journal of Political Economy, Vol. 26, S. 403–418.

Hines, J. und R. Thaler (1995): Anomalies – The Flypaper Effect, in: Journal of Economic Perspectives, Vol. 9, S. 217–226.

Hoelzl, E. und E. Kirchler (2005): Attribution and Hindsight Bias for Economic Development, in: Applied Psychology, Vol. 90, S. 167–174.

Hofmann, P. (2009): Steuermoral – Eine wirtschaftspsychologische Analyse, Hamburg.

Holz, V.J. und J.K. Scholz (2000): Not Perfect, But Still Pretty Good – The EITC and Other Policies to Support the US Labour Market, in: Economic Studies, No. 31, 2000/2, S. 25–42.

Homburg, S. (2010): Allgemeine Steuerlehre, 6. Auflage, München.

Hotelling, H. (1929): Stability in Competition, in: The Economic Journal, Vol. 39, S. 41–57.

Huber, S. (2010): Kognition und Motivation bei der Wahrnehmung politischer Positionen – Eine experimentelle Untersuchung zur Rolle von Ideologie-Hinweisen, in: Fass, T. et al. (Hrsg.), Information, Wahrnehmung, Emotion – Politische Psychologie in der Wahl- und Einstellungsforschung, Wiesbaden, S. 145–168.

Huizinga, G. (1970): Maslow's Need Hierarchy in the Work Situation, Groningen.

Hwang, S. und M. Salmon (2004): Market Stress and Herding, in: Journal of Empirical Finance, Vol. 11, S. 585–616.

Inglehart, R. (1977): The Silent Revolution – Changing Values and Political Styles among Western Publics, Princeton.

Inglehart, R. (1989): Kultureller Umbruch – Wertewandel in der westlichen Welt, Frankfurt am Main.

Inglehart, R. (1998): Modernisierung und Postmodernisierung – Kultureller, wirtschaftlicher und politischer Wandel in 43 Gesellschaften, Frankfurt am Main.

Institut für Demoskopie Allensbach (2012): Was bedeutet sparen? – Eine Dokumentation des Beitrags von Dr. Thomas Petersen in der Frankfurter Allgemeinen Zeitung Nr. 165 vom 18. Juli 2012, o.O.

Jagodzinski, W. und S.M. Kühnel (1997): Werte, Ideologien und Wahlverhalten, in: Gabriel, O.W. (Hrsg.), Politische Orientierungen und Verhaltensweisen im vereinigten Deutschland, Opladen, S. 449–471.

Jagodzinski, W. und S.M. Kühnel (2001): Werte und Ideologien im Parteienwettbewerb, in: Gabriel, O.W., Niedermayer, O. und R. Stöss (Hrsg.), Parteiendemokratie in Deutschland, Bonn, S. 204–227.

Johnson, D.B. (1991): Public Choice, Mountain View.

Johnson, R.N. und G.D. Libecap (1989): Agency Growth, Salaries, and the Protected Bureaucrat, in: Economic Inquiry, Vol. 27, S. 431–451.

Jones, P. und J. Hudson (2000): Civic Duty and Expressive Voting – Is Virtue its own Reward?, in: Kyklos, Vol. 53, S. 3–16.

Jones, S.L., Nation, J.R. und P. Massad (1977): Immunization Against Learned Helplessness in Man, in: Journal of Abnormal and Social Psychology, Vol. 86, S. 75–83.

Kahneman, D. (1994): New Challenges to the Rationality Assumption, in: Journal of Institutional and Theoretical Economics, Vol. 150, S. 18–36.

Kahneman, D. und A. Deaton (2010): High Income Improves Evaluation of Life but not Emotional Well-being, in: Proceedings of the National Academy of Sciences of the United States of America, Vol. 107, S. 16489–16493.

Kahneman, D. und A. Tversky (1979): Prospect Theory – An Analysis of Decision under Risk, in: Econometrica, Vol. 47, S. 263–291.

Kahneman, D. und A. Tversky (1984): Choices, Values and Frames, in: American Psychologist, Vol. 39, S. 341–350.

Kahneman, D. und A. Tversky (1992): Advances in Prospect Theory – Cumulative Representation of Uncertainty, in: Journal of Risk and Uncertainty, Vol. 5, S. 297–323.

Kalb, A. (2010): The Impact of Intergovernmental Grants on Cost Efficiency – Theory and Evidence from German Municipalities, in: Economic Analysis and Policy, Vol. 40, S. 23–48.

Katona, G. (1960): The Powerful Consumer – Psychological Studies of the American Economy, New York.

Kayser, H. und J.R. Frick (2000): Take it or Leave it – (Non-)Take-Up Behavior of Social Assistance in Germany, DIW Diskussionspapiere, Nr. 210, Berlin.

Keller, H. (1997): Evolutionary Approaches, in: Berry, J., Poortinga, Y. und J. Panndey (Hrsg.), Handbook of Cross-Cultural Psychology – Theory and Method, Band 1, Boston, S. 215–251.

Kellermann, C. (2008): Trends and Constellations – Klassische Bestimmungsfaktoren des Wahlverhaltens bei den Bundestagswahlen 1990–2005, Baden-Baden.

Kershaw, D. und J. Fair (1976): The New Jersey Income-Maintenance Experiment, Volume I: Operations, Surveys and Administration, New York.

Keuschnigg, Ch. (2005): Öffentliche Finanzen – Einnahmenpolitik, Tübingen.

Kevenhörster, P. (2006): Politikwissenschaft, Band 2: Ergebnisse und Wirkungen der Politik, Wiesbaden.

Keynes, J.M. (1936, 2009): Allgemeine Theorie der Beschäftigung, des Zinses und des Geldes, 11. Auflage, Berlin.

Kiewiet, D.R. und K. Szakaly (1996): Constitutional Limitations on Borrowing – An Analysis of State Bonded Indebtedness, in: Journal of Law, Economics and Organization, Vol. 12, S. 62–97.

Kinder. D.R. und D.R. Kiwiet (1979): Economic Discontent and Political Behavior – The Role of Personal Grievances and Collective Judgment in Congressional Voting, in: American Journal of Political Science, Vol. 23, S. 129–161.

Kirchgässner, G., Feld, L.P. und M.R. Savioz (1999): Die direkte Demokratie, Basel et al.

Kirchler, E. (1997): Balance between Giving and Receiving – Tax Morality and Satisfaction with Fiscal Policy as They Relate to the Perceived Just Distribution of Public Resources, in: International Journal of Economic Studies, Vol. 5, S. 59–70.

Kirchler, E. (1999): Reactance to Taxation – Employers' Attitudes toward Taxes, in: Journal of Socio Economics, Vol. 28, S. 131–138.

Kirchler, E. (2007): The Economic Psychology of Tax Behaviour, Cambridge.

Kirchler, E. (2011): Wirtschaftspsychologie – Individuen, Gruppen, Märkte, Staat, 4. Auflage, Göttingen et al.

Kirchler, E. und B. Maciejovsky (2007): Steuermoral und Steuerhinterziehung, in: Frey, D. und L.v. Rosenstiehl (Hrsg.), Enzyklopädie der Psychologie – Wirtschaftspsychologie, Göttingen et al., S. 203–234.

Kirsch, G. (2004): Neue Politische Ökonomie, 5. Auflage, Stuttgart.

Klein, M. und D. Ohr (2000): Gerhard oder Helmut? – ‚Unpolitische' Kandidateneigenschaften und ihr Einfluß auf die Wahlentscheidung bei der Bundestagswahl 1998, in: Politische Vierteljahresschrift, Jg. 41, S. 199–224.

Klein, M. und U. Rosar (2005): Physische Attraktivität und Wahlerfolg – Eine empirische Analyse am Beispiel der Wahlkreiskandidaten bei der Bundestagswahl 2002, in: Politische Vierteljahresschrift, Jg. 46, S. 263–287.

Klingemann, H.-D. (1979): Measuring Ideological Conceptualisations, in: Barnes, S. und M. Kaase (Hrsg.), Political Action – Mass Participation in Five Western Democracies, Beverly Hills, S. 215–255.

Krämer, W. (2014): Thünen-Vorlesung 2014 – Zur Ökonomie von Panik, Angst und Risiko, in: Perspektiven der Wirtschaftspolitik, Jg. 15, S. 367–377.

Krech, D. und R.S. Crutchfield (1971): Grundlagen der Psychologie, 2 Bände, Weinheim.

Kubon-Gilke, G. (2001): Verständnis und Einsicht: Kategorien psychologischer Lerntheorien und ihre Relevanz für ökonomische Fragen, in: Ökonomie und Gesellschaft, Jg. 17, S. 343–367.

Kuhn, A. (2013): Inequality Presceptions, Distributional Norms, and Redistributive Preferences in East and West Germany, in: German Economic Review, Vol. 14, S. 483–499.

Kulinski, J. und P. Quirk (2000): Reconsidering the Rational Public – Cognition, Heuristics, and Mass Opinion, in: Lupia, A. et al. (Hrsg.), Elements of Reason – Cognition, Choice, and the Bounds of Rationality, Cambridge (Mass.), S. 153–182.

Kuran, T. (1991): Cognitive Limitations and Preference Evolution, in: Journal of Institutional and Theoretical Economics, Vol. 147, S. 241–273.

Kuran, T. und C. Sunstein (1999): Availability Cascades and Risk Regulation, in: Stanford Law Review, Vol. 51, S. 683–768.

Lau, R.R. (2003): Models of Decision-Making, in: Sears, D., Huddey, L. und R. Jervis (hrsg.), Oxford Handbook of Political Psychology, Oxford, S. 19–59.

Lau, R.R. und D.O. Sears (1986) (Hrsg.): Political Cognition, Hillsdale.
Lau, R.R. und D.P. Redlawsk (2007): How Voters Decide – Information Processing During Election Campaigns, 2. Auflage, New York.
Lawler, E.E. (1977): Motivierung in Organisationen, Stuttgart.
Lawler, E.E. und J.L. Suttle (1973): Expectancy Theory and Job Behavior, in: Organizational Behavior and Human Performance, Vol. 9, S. 482–503.
Layard, R. (2005): Happiness – Lessons from a New Science, New York.
Legrenzi, G. (2004): The Displacement Effect in the Growth of Government, in: Public Choice, Vol. 120, S. 191–204.
Leloup, L.T. und W.B. Moreland (1978): Agency Strategies and Executive Review – The Hidden Politics of Budgeting, in: Public Administration Review, Vol. 38, S. 223–239.
Lewis, A. (1983): Public Expenditures – Perceptions and Preferences, in: Journal of Economic Psychology, Vol. 3, S. 159–167.
Lewis-Beck, M.S., Jacoby, W.G., Norpoth, H. und H.F. Weisberg (2008): The American Voter Revisited, Ann Arbor.
Liefmann-Keil, E. (1971): Sozialpolitische Entscheidungen, Wahl- und Legislaturperioden, in: Sanmann, H. (Hrsg.), Aspekte der Friedensforschung und Entscheidungsprobleme in der Sozialpolitik, Berlin, S. 61–75.
Lindbeck, A. (1976): Stabilization Policy in Open Economies with Endogenous Politicians, in: American Economic Review, Vol. 66, S. 1–19.
Linville, P.W. (1985): Self-Complexity and Affective Extremity – Don't Put All of Yours Eggs in One Cognitive Basket, in: Social Cognition, Vol. 3, S. 94–120.
Lodge, M. und C.S. Taber (2000): Three Steps towards a Theory of Motivated Political reasoning, in: Lupia, A. et al. (Hrsg.), Elements of Reason – Cognition, Choice, and the Bounds of Rationality, Cambridge (Mass.), S. 183–213.
Logan, R.R. (1986): Fiscal Illusion and the Grantor Government, in: Journal of Political Economy, Vol. 94, S. 1304–1318.
Logan, R.R. und J.P. O'Brien (1989): Fiscal Illusion, Budget Maximizers, and Dynamic Equilibrium, in: Public Choice, Vol. 63, S. 221–235.
Loikkanen, H.A. und I. Susiluoto (2006): Cost Efficiency of Finnish Municipalities in Basis Service Provision 1994–2002, Helsinki Center of Economic Research, Discussion Paper No. 96.
Lucas, R.E. und T. Sargent (1981)(Hrsg.): Rational Expectations and Econometric Practice, Minneapolis.
Lupia, A. und M.D. McCubbins (1998): The Democratic Dilemma – Can Citizens Learn What They Need to Know?, Cambridge und New York.
Lupia, A. und M.D. McCubbins (2000): Beyond Rationality – Reason and the Study of Politics, in: Lupia, A. et al. (Hrsg.), Elements of Reason – Cognition, Choice, and the Bounds of Rationality, Cambridge (Mass.), S. 1–22.
Lynn, L.E. (1991): The Budget-Maximizing Bureaucrat – Is There a Case?, in: Blais, A. und S. Dion (Hrsg.), The Budget-Maximizing Bureaucrat – Appraisal and Evidence, Pittsburgh, S. 59–84.
MacKuen, M., Marcus, G.E., Neuman, R.W. und L. Keele (2007): The Third Way – The Theory of Affective Intelligence and American Democracy, in: Neuman, R.W. et al. (Hrsg.), The Affect Effect, Chicago und London, S. 124–151.
Mankiw, N.G. und M.P. Taylor (2012): Grundzüge der Volkswirtschaftslehre, 5. Auflage, Stuttgart.
Marcus, G.E. (2003): The Psychology of Emotions and Politics, in: Sears, D. et al. (Hrsg.), Oxsford Handbook of Political Psychology, Oxford, S. 182–221.
Marcus, G.E., Sullivan, J., Theiss-Morse, E. und D. Stevens (2005): The Emotional Foundation of Political Cognition – The Impact of Extrinsic Anxiety on the Formation of Political Tolerance Judgments, in: Political Psychology, Vol. 26, S. 949–963.
Maslow, A.H. (1954): Motivation and Personality, New York.

Maslow, A.H. (1968): Toward a Psychology of Being, New York.

Matsusaka, J.G. (1995): Fiscal Effects of the Voter Initiative – Evidence from the last 30 Years, in: Journal of Political Economy, Vol. 103, S. 587–623.

Matthes, J. (2007): Framing-Effekte – Zum Einfluss der Politikberichterstattung auf die Einstellung der Rezipienten, München.

Matthes, J. (2014): Framing, Baden-Baden.

Matthes, J. und M. Kohring (2004): Die empirische Erfassung von Medien-Frames, in: Medien & Kommunikationswissenschaft, Jg. 52, S. 56–75.

Mattos, E., Rocha, F. und P. Arvate (2011): Flypaper Effect Revisited – Evidence for Tax Collection Efficiency in Brazilian Municipalities, in. Estudos Economicos, Vol. 41, S. 239–267.

McClelland, D.C. (1961): The Achieving Society, Princeton.

McCombs, M.E. (2004): Setting the Agenda, Cambridge (Mass.).

McCombs, M.E. und D.L. Shaw (1972): The Agenda-Setting Function of Mass Media, in: Public Opinion Quarterly, Vol. 36, S. 176–185.

McCombs, M.E., Lopez-Escobar, E. und P. Llamas (2000): Setting the Agenda of Attributes in the 1996 Spanish General Election, in: Journal of Communication, Vol. 50, S. 77–92.

Mechtel, M. und N. Potrafke (2013: Aktive Arbeitsmarktpolitik und Wahltermine, in: ifo-Schnelldienst, Jg. 65 (16), S. 35–37.

Megdal, S.B. (1983): The Determination of Local Public Expenditures and the Principal Agent Relation – A Case Study, in: Public Choice, Vol. 40, S. 71–87.

Milkman, K.L., Mazza, M.C., Shu, L.L., Tsay, C.-J. und M. Bazerman (2012): Policy Bundling to Overcome Loss Aversion – A method for Improving Legislative Outcome, in: Organizational Behavior and Human Decision Processes, Vol. 117, S. 158–167.

Misiolek, W.S. und H.W. Elder (1988): Tax Structure and the Size of Government – An Empirical Analysis of the Fiscal Illusion and Fiscal Stress Arguments, in: Public Choice, Vol. 57, S. 233–247.

Mueller, D.C. (1989): Public Choice II, Cambridge (MA).

Mueller, D.C. (1993) (Hrsg.): The Public Choice Approach to Politics, Aldershot.

Mueller, D.C. (2003): Public Choice III, Cambridge (MA).

Mulder, M. (1977): The Daily Power Game, Den Haag.

Mullainathan, S. und E. Shafir (2013): Knappheit – Was es mit uns macht, wenn wir zu wenig haben, Frankfurt am Main.

Nagarajan, P. (1979): Econometric Testing of the Displacement Effect Associated with an Non-Global Disturbance in India, in: Public Finance, Vol. 34, S. 101–113.

Nakagawa, R. und H. Uchida (2003): Herd Behavior in the Japanese Loan Market – Evidence from Semi-Macro Data, Working Paper, Hiroshima University of Economics, Wakayama University.

Nguyen, T. und A. Schüssler (2011): Behavioral Finance als neuer Erklärungsansatz für ‚irrationales' Anlegerverhalten, Diskussionspapiere der WHL Wissenschaftliche Hochschule Lahr, Nr. 33-2011.

Nikanen, W.A. (1971): Bureaucracy and Representative Government, Chicago.

Niskanen, W.A. (1968): The Peculiar Economics of Bureaucracy, in: American Economic Review, Vol. 58, S. 293–305.

Niskanen, W.A. (1975): Bureaucrats and Politicians, in: Journal of Law and Economics, Vol. 18, 617–644.

Niskanen, W.A. (1994): Bureaucracy and Public Economics, Aldershot.

Nomura, M. (1995): Wagner's Hypothesis and Displacement Effect in Japan, 1960–1991, in: Public Finance, Vol. 50, S. 121–135.

Nordhaus, W. (1975): The Political Business Cycle, in: Review of Economic Studies, Vol. 42, S. 169–190.

Oates, W.E. (1979): Lump-Sum Intergovernmental Grants Have Price Effects, in: Mieszkowski, P. und W. Oakland (Hrsg.), Fiscal Federalism and Grants in Aid, Washington D.C., S. 23–30.

Oates, W.E. (1988): On the Nature and Measurement of Fiscal Illusion: A Survey, in: Brennan, G., Grewel, B.S. und P. Groenwegen (Hrsg.), Taxation and Fiscal Federalism, Sydney, S. 65–82.

Oehler, A. (1998): Empirische Untersuchungen zum Verhalten institutioneller Investoren, in: Kleeberg, J. und H. Rehkugler (Hrsg.), Handbuch Portfoliomanagement, Bad Soden, S. 111–125.

Oehler, A. und G. Chao (2000): Institutional Herding in Bond Markets, Working Paper, Bamberg University.

Olmstedt, G.M., Denzau, A.T. und J.A. Roberts (1993): We Voted for This? – Institutions and Educational Spending, in: Journal of Public Economics, Vol. 88, S. 363–376.

Olson, M. (1965): The Logic of Collective Action, Harvard.

Olson, M. (1969): The Principle of Fiscal Equivelance – The Division of Responsibilities among Different Levels of Government, in: American Economic Review, Vol. 59, S. 479–487.

Pappi, F. und S. Shikano (2007): Wahl- und Wählerforschung, Baden-Baden.

Peacock, A.T. und J. Wiseman (1961): The Growth of Public Expenditure in the United Kingdom, Princeton.

Peacock, A.T. und J. Wiseman (1979): Approaches to the Analysis of Public Expenditure Growth, in: Public Finance Quarterly, Vol. 7, S. 3–23.

Pearson, M. und S. Scarpetta (2000): An Overview – What Do We Know About Policies to Make Work Pay?, in: Economic Studies, No. 31, 2000/2, S. 11–24.

Pechman, J.A. und M.P. Timpane (1975): Work Incentives and Income Guarantees – The New Jersey Negative Income Tax Experiment, Washington D.C.

Peffekoven, R. (2003): Der Bundestag verzichtet auf das Budgetrecht, in: Frankfurter Allgemeine Zeitung, 28. Oktober 2003, S. 12.

Pelzmann, L. (2012): Wirtschaftspsychologie – Behavioral Economics, Behavioral Finance, Arbeitswelt, 6. Auflage, Wien.

Persson, T. und G.E. Tabellini (1990): Macroeconomic Policy, Credibility and Politics, London.

Petersen, T. (2012): Was bedeutet sparen?, in: Frankfurter Allgemeine Zeitung vom 18. Juli 2012, Nr. 165, S. 8.

PEW Research Center (2013): As Sequester Deadline Looms, Little Support for Cutting Most Programs, Washington (D.C.).

Pommerehne, W.W. (1978): Institutional Approaches to Public Expenditure – Empirical Evidence from Swiss Municipalities, in: Journal of Public Economics, Vol. 9, S. 255–280.

Pommerehne, W.W. (1990): The Empirical Relevance of Comparative Institutional Analysis, in: European Economic Review, Vol. 34, S. 458–469.

Pommerehne, W.W. und G. Kirchgässner (1988): Gesamtwirtschaftliche Effizienz, gesellschaftliche Umverteilung und Wachstum der Staatstätigkeit – Ein Überblick, in: Zimmermann, H. (Hrsg.), Die Zukunft der Staatsfinanzierung, Stuttgart, S. 206–241.

Pommerehne, W.W. und F. Schneider (1978): Fiscal Illusion, Political Institutions, and Local Public Spending, in: Kyklos, Vol. 31, S. 381–408.

Popkin, S.L. (1991): The Reasoning Voter – Communication and Persuasion in Presidential Campaigns, Chicago und London.

Praag, B.M.S. von und P. Frijters (1999): The Measurement of Welfare and Well-Being – The Leyden Approach, in: Kahneman, D., Diener, E. und N. Schwarz (Hrsg.), *Well-Being – The Foundations of Hedonic Psychology*, New York, S. 413–433.

Prognos (2012): Wissenschaftliches Symposium zur Gesamtevaluation ehe- und familienpolitischer Leistungen am 28. Juni 2012 in Berlin – Dokumentation, Basel et al.

Quattrone, G.A. und A. Tversky (1988): Contrasting Rational and Psychological Analysis of Political Choice, in: American Political Science Review, Vol. 82, S. 719–736.

Rattinger, H. (2000): Konjunkturentwicklung, Wahrnehmungen der Wirtschaftslage und Parteipräferenzen in Deutschland, in: Klein, M. et al. (Hrsg.), 50 Jahre empirische Wahlforschung in Deutschland – Entwicklung, Befunde, Perspektiven, Daten, Wiesbaden, S. 309–339.

Ravallion, M. und M. Lokshin (2000): Who Wants to Redistribute? – The Tunnel Effect in 1990s Russia, in: Journal of Public Economics, Vol. 76, S. 87–104.

Reding, K. und W. Müller (1999): Einführung in die Allgemeine Steuerlehre, München.

Redlawsk, D., Civettini, A. und R. Lau (2007): Affective Intelligence and Voting – Information Processing and Learning in a Campaign, in: Neuman, R. et al. (Hrsg.), The Affect Effect, Chicago und London, S. 152–179.

Rice, S.A. (1928): Quantitative Methods in Politics, New York.

Riechmann, T. (2001): Learning in Economics, Heidelberg et al.

Rodin, J. (1976): Density, Perceived Choice, and Response to Controllable Outcomes, in: Journal of Experimental and Social Psychology, Vol. 12, S. 564–578.

Roemer, J.E. und J. Silvestre (2005): The ‚Flypaper Effect' is not an Anomaly, Cowles Foundation Paper No. 1113, New Haven.

Romer, T. und H. Rosenthal (1978): Political Resource Allocation, Controlled Agendas, and the Status Quo, in: Public Choice, Vol. 33(4), S. 27–43.

Romer, T. und H. Rosenthal (1982): Median Voters and Budget Maximizers – Evidence from School Expenditure Referenda, in: Economic Inquiry, Vol. 20, S. 556–578.

Roppel, U. (1979): Ökonomische Theorie der Bürokratie – Beiträge zu einer Theorie des Angebotsverhaltens staatlicher Bürokratien in Demokratien, Freiburg i.Br.

Roschmann, C. (1999): Bürokratie – Zwischen Produktionsauftrag und Machtlogik, Baden-Baden.

Rossi, P. und K. Lyall (1976): Reforming Public Welfare – A Critique of the Negative Income Tax Experiment, New York.

Rötheli, T.F. (2001): Competition, Herd Behaviour, and Credit Cycles – Evidence from major Swiss Banks, in: Journal of Economics and Business, Vol. 53, S. 585–592.

Sausgruber, R. und J.-R. Tyran (2005): Testing the Mill Hypothesis of Fiscal Illusion, in: Public Choice, Vol. 122, S. 39–68.

Schaltegger, C.A. (2003): Zum Problem räumlicher Nutzen-Spillover zentralörtlicher Leitungen – einige empirische Ergebnisse aus dem Schweizer Föderalismus, in: Jahrbücher für Nationalökonomie und Statistik, Jg. 223, S. 159–179.

Schaltegger, C.A. (2004): Finanzpolitik als Nachahmungswettbewerb – Empirische Ergebnisse zu Budgetinterdependenzen unter den Schweizer Kantonen, in: Swiss Political Science Review, Vol. 10(2), S. 61–85.

Scheffer, D. und H. Heckhausen (2010): Eigenschaftstheorien der Motivation, in: Heckhausen, J. und H. Heckhausen (Hrsg.), Motivation und Handeln, 4. Auflage, Berlin und Heidelberg, S. 43–72.

Scherf, W. (2009): Öffentliche Finanzen – Eine Einführung in die Finanzwissenschaft, Stuttgart.

Scheufele, B. (2004): Framing-Effekte auf dem Prüfstand – Eine theoretische, methodische und empirische Auseinandersetzung mit der Wirkungsperspektive des Framing-Ansatzes, in: Medien & Kommunikationswissenschaft, Jg. 52, S. 30–55.

Schmidt, K. (1994): Wertewandel, Politikverdrossenheit und Schattenwirtschaft, in: Wirtschaftsdienst, Jg. 74, S. 303–306.

Schmitt, H. und S. Holmberg (1995): Political Parties in Decline?, in: Klingemann, H.-D. und D. Fuchs (Hrsg.), Citizen and the State – Beliefs in Government, Band 1, Oxford, S. 95–133.

Schmitt, K. und J.H. Wolff (2011): Staatsaufgaben und Staatsausgaben – Ergebnisse des Thüringen-Monitors 2011, Jena.

Schmölders, G. (1970): Finanz- und Steuerpsychologie, Hamburg.

Schneider, F. (1986): Der Einfluß von politischen Institutionen auf die Sozialpolitik, in: Jahrbuch für Neue Politische Ökonomie, Jg. 5, S. 88–102.

Schneider, F. und B.S. Frey (1986): Competing Models of International Lending Activity, in: Journal of Development Economics, Vol. 20, S. 225–245.

Schneider, F. und W.W. Pommerehne (1983): Macroeconomia della cresita in disequilibrio e settore pubblico in espansione – Il peso delle differenze istituzionali, Rivisita Internazionale di Scienze Economiche e Commercialai, Vol. 33, S. 306–420.

Schneider, U. (2009): Staatsausgaben und Sozialtransfers – Theoretische und empirische Analyse der Entwicklung der Staatstätigkeit, Baden-Baden.

Schnellenbach, J. und C. Schubert (2014a): Behavioral Political Economy – Ein neues Forschungsfeld, in: Wirtschaftswissenschaftliches Studium, Jg. 43, S. 658–662.

Schnellenbach, J. und C. Schubert (2014b): Behavioral Public Choice – A Survey, Freiburg Discussion Papers on Constitutional Economics, No. 14–03.

Schoen, H. (2006): Beeinflusst Angst politische Einstellungen? – Eine Analyse der öffentlichen Meinung während des Golfkriegs 1991, in: Politische Vierteljahresschrift, Jg. 47, S: 441–464.

Schoen, H. (2010): Die Wirtschaftskrise, Angst und politische Urteilsbildung – Eine Analyse zum Affective-Intelligence-Modell am Beispiel der Bundestagswahl 2009, in: Österreichische Zeitschrift für Politikwissenschaft, Jg. 39, S. 205–222.

Schoen, H. und C. Weins (2005): Der sozialpsychologische Ansatz zur Erklärung von Wahlverhalten, in: Falter, J.W. und H. Schoen (Hrsg.), Handbuch Wahlforschung, Wiesbaden, S. 187–242.

Schumpeters, J.A. (1942, 1980): Schumpeter, Joseph A. (1942, 1980): Kapitalismus, Sozialismus und Demokratie, 5. Auflage, München.

Seel, N. (2000): Psychologie des Lernens, München et al.

Seitz, H. (2002): Der Einfluss der Bevölkerungsdichte auf die Kosten der öffentlichen Leis-tungserstellung, Berlin.

Seligman, M.E. (1975): Helplessness – On Depression, Development and Death, San Francisco.

Shaw, D.L. und M.E. McCombs (1977): The Emergence of American Political Issues – The Agenda Setting Function of the Press, St. Paul.

Slovic, P. (1987): Perception of Risk, in: Science, Vol. 236, S. 280–285.

Slovic, P. (2010): The Feeling of Risk, New York.

Sniderman, P.M. (1993): The New Look in Public Opinion Research, in: Finifter, A.W. (Hrsg.), Political Science – The State of the Discipline II, Washington D.C., S. 219–245.

Sniderman, P.M. und S.M. Theriault (2004): The Structure of Political Arguments and the Logic of Issues Framing, in: Saris, W.E. und P.M. Sniderman (Hrsg.), Studies in Public Opinion, Princeton, S. 133–165.

Sniderman, P.M., Brody, R. und P. Terlock (1991): Reasoning and Choice – Explorations in Political Psychology, Cambridge (Mass.).

Spicer, M.W. und S.B. Lundstedt (1975): A Reexamination of Taxpayer Behavior, Ohio State University.

Spiwoks, M., Bizer, K. und O. Hein (2006): Rationales Herdenverhalten bei US-amerikanischen Rentenmarkt-Analysten, sofia-Diskussionsbeiträge, Nr. 06–4, Darmstadt.

Sprenger, R.K. (2000): Mythos Motivation – Wege aus einer Sackgasse, Frankfurt am Main.

Stalder, I. (1992): Staatsverschuldung aus Sicht der Neuen Politischen Ökonomie, Nürnberg.

Steiner, V. (2007): Beschäftigungsförderung und Einkommenssicherung im Niedriglohnsektor – Wege und Irrwege, DIW Discussion Papers No. 747, Berlin.

Stevens, J.B. (1993): The Economics of Collective Choice, Boulder et al.

Stine, W.F. (1994): Is Local Government Revenue Response to federal Aid Symmetrical? – Evidence from Pennsylvania County Governments in an Era of Retrenchment, in: National Tax Journal, Vol. 47, S. 799–816.

Strotmann (2009): Vertrauen ist gut, Kontrolle nicht zwingend besser, in: Hochschule Pforzheim (Hrsg.), Konturen 2009, Pforzheim, S. 70–74.

Stumm, T.J. (2000): Fiscla Illusion and Municipal Enterprises, in: Municipal Finance Journal, Vol. 20 (4), S. 61–72.

Takeshita, T. (1997): Exploring the Medias' Roles in Defining Reality – From Issue Agenda Setting into Attribute Agenda Setting, in: McCombs, M.E. et al. (Hrsg.), Communication and Democracy, Mahwah, S. 15–28.

Teasdale, J.D. (1978): Effects of Real and Recalled Success on Learned Helplessness and Depression, in: Journal of Abnormal Psychology, Vol. 87, S. 155–164.

Tennen, H. und S.J. Eller (1977): Attributional Components of Learned Helplessness and Facilitation, in: Journal of Personality and Social Psychology, Vol. 35, S. 265–271.

Thaler, R.H. und C.R. Sunstein (2012): Nudge – Wie man kluge Entscheidungen anstößt, 2. Auflage, Berlin.

Thornton, J.W. und G.D. Powell (1974): Immunization and Alleviation of Learned Helplessness in Man, in: American Journal of Psychology, Vol. 87, S. 351–367.

Timm, H. (1961): Das Gesetz der wachsenden Staatsausgaben, in: Finanzarchiv, Jg. 21, S. 201–247.

Tompkinson, P. und J. Bethwaite (1991): The Effect of Information on Fiscal Perception, in: Journal of Economic Psychology, Vol. 12, S. 287–298.

Tufte, E.R. (1978): Political Control of the Economy, 2. Auflage, Princeton.

Turnbull, G.K. (2007): Government Form and Performance – Fiscal Illusion and Administrative Ability in U.S. Counties, in: Southern Economic Journal, Vol. 73, S. 754–769.

Tussing, A.D. und J.A. Henning (1979): Econometric Testing of the ‚Displacement Effect', in: Finanzarchiv, Jg. 37, S. 476–484

Tyran, J.-R. (2004): Voting when Money and Morals Conflict – An Experimental Test of Expressive Voting, in: Journal of Public Economics, Vol. 88, S. 1645–1664.

Tyran, J.-R. und R. Sausgruber (2011): Are We Taxing Ourselves? – How Deliberation and Experience Shape Voting on Taxes, in: Journal of Public Economics, Vol. 96, S. 164–176.

Vanden-Eeckaut, P., Tulkens, H. und M.-A. Jamar (1993): Cost-Efficiency in Belgian Municipalities, in: Fried, H.O. et al. (Hrsg.), The Measurement of Productive Efficiency – Techniques and Applications, Oxford, S. 300–374.

Variyam, J.M. und J.L. Jordan (1991): Economic Perceptions and Agricultural Policy Preferences, in: Western Journal of Agricultural Economics, Vol. 16, S. 304–314.

Viscusi, W.K. (1995): Carcinogen Regulation – Risk Characteristics and the Synthetic Risk Bias, in: American Economic Review, Vol. 85, S. 50–54.

Wagner, A. (1883): Finanzwissenschaft, 3. Auflage, Leipzig und Heidelberg.

Wagner, A. (1892): Grundlegung der politischen Oekonomie, Leipzig.

Wagner, R.E. (1976): Revenue Structure, Fiscal Illusion, and Budgetary Choice, in: Public Choice, Vol. 25, S. 45–61.

Watt, P.A. (1978): Econometric Testing of the Displacement Effect – A Note, in: Finanzarchiv, Jg. 36, S. 445–448.

Wattenberg, M.P. (2000): The Decline of Party Mobilization, in: Dalton, R.J. und P.M. Wattenberg (Hrsg.), Parties without Partisans – Political Change in Advanced Industrial Democracies, Oxford, S. 64–78.

Watts, H.W. und A. Rees (1977a): The New Jersey Income-Maintenance Experiment, Volume II: Labor-Supply Responses, New York.

Watts, H.W. und A. Rees (1977b): The New Jersey Income-Maintenance Experiment, Volume III: Expenditures, Health and Social Behavior and the Quality of the Evidence, New York.

Weimann, J., Knabe, A. und R. Schöb (2012): Geld macht doch glücklich – Wo die ökonomische Glücksforschung irrt, Stuttgart.

Widmaier, H.P. (1999): Demokratische Sozialpolitik – Zur Radikalisierung des Demokratieprinzips, Tübingen.

Wildasin, D.E. (1989): Demand Estimation for Public Goods – Distortionary Taxation and other Sources of Bias, in: Regional Science and Urban Economics, Vol. 19, S. 353–379.

Wildasin, D.E. (1990), Budgetary Pressures in the EEC – A Fiscal Federalism Perspective, in: American Economic Review, Vol. 80, S. 69–74.

Wildavsky, A. (1964): The Politics of the Budgetary Process, Boston.

Wildavsky, A. (1988): The New Politics of the Budgetary Process, Glenview et al.

Willinger, M. und A. Ziegelmeyer (1998): Are More Informed Agents Able to Shatter Information Cascades in the Lab?, in: Cohendat, P. et al. (Hrsg.), The Economics of Networks, Heidelberg, S. 291–305.

Wiswede, G. (1996): Psychologie im Wirtschaftsleben – Geld, Kunden und Mitarbeiter aus psychologischer Sicht, 2. Auflage, Stuttgart.

Wiswede, G. (2012): Einführung in die Wirtschaftspsychologie, 5. Auflage, München und Basel.

Wortmann, C.B. und J.W. Brehm (1975): Responses to Uncontrollable Outcomes – An Integration of Reactance Theory and the Learned Helplessness Model, in: Berkowitz, L. (Hrsg.), Advances in Experimental Social Psychology, Vol. 8, New York und London, S. 277–336.

Wyckoff, P.G. (1991): The Elusive Flypaper Effect, in: Journal of Urban Economics, Vol. 30, S. 310–328.

Zajonc, R. (1980): Feeling and Thinking – Preferences need no Inferences, in: American Psychologist, Vol. 35, S. 151–175.

Zaller, J.R. (1992): The Nature and Origins of Mass Opinion, Cambridge (Mass.).

Zax, J.S. (1989): Is There a Leviathan in Your Neighborhood?, in: The American Economic Review, Vol. 79, S. 560–567.

Zenker, J. (2011): Staatsverschuldung in der Bundesrepublik Deutschland, Universität Potsdam, Finanzwissenschaftliche Diskussionsbeiträge, Nr. 64, Potsdam.

Zimmermann, H., Henke, K.-D. und M. Broer (2012): Finanzwissenschaft, 11. Auflage, München.

Markteingriffe und Verhaltensökonomik – Zur Psychologie der Rechtfertigung und Gestaltung staatlicher Interventionstätigkeit 5

Die Berücksichtigung verhaltensökonomischer Erkenntnisse führt nicht allein zu einer Erweiterung der Analyseperspektive im Bereich der Ausgaben- und Einnahmenpolitik des Staates. Auch hinsichtlich der Legitimation der öffentlichen Aufgabenerfüllung und damit verbundener staatlicher Eingriffe in den Marktmechanismus lassen sich aus den theoretischen wie empirischen Untersuchungsergebnissen der Verhaltensökonomik eine Vielzahl an Hinweise ableiten, in welchen Fällen („Ob") und in was für einer Form („Wie") der Staat unter Einsatz seiner finanzwirtschaftlichen Instrumente intervenierend tätig sein sollte. Auch wenn in der verhaltensökonomischen Literatur die beiden genannten Fragen zumeist anhand einzelner Politikfelder diskutiert werden (vgl. stellvertretend für die Wettbewerbspolitik Haucap 2015 oder auch Normann 2010; vgl. für die Finanzmarkt- und Geldpolitik Böker und Michler 2015 und Seitz 2015; vgl. für die Verbraucherpolitik Döring und Rischkowsky 2015 oder Oehler und Reisch 2008; vgl. zudem für die Arbeitsmarktpolitik Rottmann 2015, für die Klimapolitik Weimann 2010, für die Verkehrspolitik Eisenkopf und Knorr 2015 sowie für die Medienpolitik Beck und Wentzel 2015), erfolgt die Darstellung der dabei gewonnen Ergebnisse hier in Orientierung an der gängigen finanzwissenschaftlichen Begründung staatlichen Handelns, die an den grundlegenden Zielsetzungen der Finanzpolitik (Effizienz-, Verteilungs- und Stabilisierungsziel) ausgerichtet ist. Dabei kann nicht nur unter Bezug auf das Effizienzziel (Kap. 5.1) gezeigt werden, wie im Hinblick auf die Bereitstellung von öffentlichen und meritorischen Gütern, die Internalisierung externer Effekte oder auch die Korrektur informationsbedingter Marktunvollkommenheiten die Verhaltensökonomik zu neuen Einsichten führt. Vielmehr tragen kognitions- und sozialpsychologische Erkenntnisse darüber hinaus zu einer Erweiterung der herkömmlichen finanzwissenschaftlichen Argumentation in der Bewertung des staatlichen Handlungsbedarfs unter dem Verteilungs- (Kap. 5.2) ebenso wie dem Stabilisierungsziel (Kap. 5.3) bei.

5.1 Staatseingriffe unter Effizienzaspekten – Standardargumentation und verhaltensökonomische Ergänzungen

Um den Erkenntnisgewinn einer verhaltensökonomischen Begründung staatlicher Interventionen unter dem Effizienzziel benennen zu können, ist es hilfreich, sich zunächst all jene ökonomischen Argumente in Erinnerung zu rufen, die auch schon bislang zur *Rechtfertigung eines staatlichen Markteingriffs* innerhalb der wirtschaftswissenschaftlichen Literatur angeführt werden (vgl. für einen Überblick zu den ökonomischen Rechtfertigungsargumenten staatlichen Handelns die Ausführungen in Fritsch 2011). Den Ausgangspunkt bildet dabei die Einsicht, dass wirtschaftspolitische Maßnahmen einen wesentlichen Bestandteil der Marktordnung darstellen und insoweit als ein Element staatlicher Ordnungspolitik verstanden werden können. Für eine ökonomische Begründung staatlichen Handelns lässt sich zunächst grundlegend auf die von Eucken (2012, S. 348) formulierte Leitidee für staatliche Eingriffe in das Marktsystem im Sinne des Subsidiaritätsprinzips verweisen: „Von unten nach oben soll der Aufbau der Gesellschaft erfolgen. […] Und der Staat soll nur da eingreifen, wo seine Mithilfe in keiner Weise zu entbehren ist" (vgl. für eine ökonomische Interpretation des Subsidiaritätsgrundsatzes auch Döring 1995 sowie Döring 1994). Mit dieser normativen Vorgabea wird für die ökonomische Legitimation staatlicher Maßnahmen ein theoretischer Ausgangspunkt definiert, der durch einen Zustand ohne jegliches Staatshandeln gekennzeichnet ist und von dem aus Gründe für zwingend notwendige Markteingriffe zu benennen sind, auf die keineswegs verzichtet werden kann, wenn Effizienzverluste und damit verbundene Wohlfahrtseinbußen vermieden werden sollen.

Mit Blick auf die Rechtfertigung einer dergestalt *effizienzorientierten Interventionspolitik* des Staates lassen sich aus ökonomischer Sicht im Kern fünf Argumente benennen, die ein korrigierendes Eingreifen in Marktabläufe erforderlich machen, um deren Funktionsfähigkeit zu gewährleisten bzw. ein entsprechendes „Marktversagen" zu verhindern. Bekanntermaßen handelt es sich dabei 1) um die staatliche Bekämpfung von Marktmacht zu Lasten der Verbraucher, 2) die Bereitstellung von sogenannten öffentlichen Gütern, 3) die Internalisierung bestehender externer Effekte, 4) die Beseitigung von Informationsasymmetrien zwischen Anbietern und Verbrauchern sowie 5) die Behebung eines Koordinationsversagens von Märkten aufgrund sonstiger Transaktionskosten über die Kosten der Informationsbeschaffung auf Seiten der Konsumenten hinaus (vgl. zu den genannten Interventionsgründen ausführlich Fritsch 2011, S. 79 ff.). Von diesen unterschiedlichen Begründungen für Staatseingriffe in den Markt zielt die Wettbewerbspolitik lediglich auf die Verhinderung der Ansammlung (Kartellverbote, Fusionskontrolle) sowie der Ausübung (Missbrauchskontrolle) von Marktmacht auf der Anbieterseite, um die daraus resultierende Abweichung des jeweiligen Güterpreises vom Konkurrenzpreis, aber auch um eine zu geringe Produktvielfalt und Produktqualität oder eine zu niedrige Zahl an Produkt- und Verfahrensinnovationen zu verhindern.

Dass Wettbewerbspolitik nur ein notwendiger, aber noch kein hinreichender Bestandteil einer funktionsfähigen Marktordnung ist, sondern komplementär dazu weitere staatliche

Maßnahmen erforderlich sind, wird durch die Betrachtung der anderen Formen von Marktversagen deutlich. Hierzu zählt zum einen die Bereitstellung von sogenannten öffentlichen Gütern, für die individuelle Präferenzen bestehen, die jedoch aufgrund von spezifischen Eigenschaften dieser Güter nicht über den Markt befriedigt werden können (Beispiel: Innere und Äußere Sicherheit). Ohne eine staatliche Bereitstellung solcher Güter kommt es zu einem suboptimalen Wohlfahrtsniveau innerhalb einer Gesellschaft. Dies schließt die Bereitstellung sogenannter (de-)meritorischer Güter mit ein, was allerdings über das klassische Marktversagen in Gestalt öffentlicher Güter hinaus einen weiteren staatlichen Interventionsgrund liefert. Für den Staat ergibt sich daraus das zusätzliche Ziel, den Gesellschaftsmitgliedern zu Entscheidungen in ihrem „wohlverstandenen Interesse" zu verhelfen. Zum anderen ist dies das Auftreten produktions- wie konsumbezogener externer Effekte, auf deren Umfang ein (negativ oder positiv) betroffener Anbieter oder Nachfrager von Marktleistungen keinen unmittelbaren Einfluss hat, was bekanntermaßen dazu führt, dass die Produktions- oder Konsummenge von diesem nicht optimal gewählt werden kann. Die Internalisierung solchermaßen auftretender externer Nutzen oder Kosten gilt dabei als Rechtfertigungsargument für entsprechende staatliche Eingriffe in den Markt.

Darüber hinaus gilt eine unvollständige oder auch unzutreffende Informationsbereitstellung seitens der Anbieter bezüglich der Eigenschaften der von den Verbrauchern konsumierten Produkte als weiterer Fall eines korrekturbedürftigen Marktversagens, das nicht allein durch Wettbewerbspolitik gelöst werden kann. Unvollständige oder fehlerhafte Verbraucherinformationen können zu falschen Konsumentscheidungen und damit ebenfalls zu Marktineffizienzen führen, die Anlass für ein entsprechendes Eingreifen des Staates in bestehende Marktabläufe darstellen. Zudem können weitere Marktunvollkommenheiten die Koordinationsleistung von Märkten negativ beeinträchtigen. Dabei sind vor allem anfallende Kosten der Anbahnung und der Aushandlung einer Transaktion (Kosten der Beschaffung, Verarbeitung und Speicherung von Informationen sowie der Vereinbarung, des Abschlusses und der Durchsetzung von Verträgen) und die damit verbundenen Unsicherheiten für die Marktkoordination von Anbietern und Nachfragern bedeutsam, die ebenfalls zu ineffizienten Marktergebnissen führen können. Hierzu stellen Richter und Furubotn (2010, S. 5) fest, dass es den Wirtschaftssubjekten in der Realität unmöglich ist, sich „mit der komplexen Wirklichkeit in allen vertragsrelevanten Punkten auseinander zu setzen", was zu Transaktionskosten im Rahmen von Marktprozessen führt, welche die Effizienz von Marktergebnissen nachhaltig beeinträchtigen. Für den Staat ergibt sich daraus die Aufgabe, die genannten Unsicherheiten und die sich daraus ergebenden Transaktionskosten möglichst niedrig zu halten, so dass potentielle Markttransaktionen auch tatsächlich realisiert werden können.

5.1.1 Bereitstellung öffentlicher Güter aus traditioneller und verhaltenspsychologischer Sicht

Zentraler Bezugspunkt für die finanzwissenschaftliche Bestimmung von Staatseingriffen aus Sicht des neoklassischen Marktmodells ist die sogenannte Theorie des Marktversagens, wie sie vor allem von Samuelson (1954) und Musgrave (1959) formuliert wurde (vgl. hierzu auch Zimmermann et al. 2012, S. 49 ff.; Blankart 2011, S. 29 ff. sowie Scherf 2009, S. 68 ff.). Ausgehend von einem Vorrang des privatwirtschaftlichen Sektors gegenüber dem Staat steht dabei die Ableitung von Eingriffsmerkmalen, welche die Notwendigkeit einer öffentlichen Aufgabenerfüllung kennzeichnen, im Mittelpunkt der Überlegungen. Das Erfordernis staatlichen Handelns wird hierbei bekanntermaßen aus dem Sachverhalt abgeleitet, dass der für den Markt konstitutive Preismechanismus, der im Fall von privaten Gütern (Autos, Kleidung, Lebensmittel, Bücher etc.) für eine gesamtwirtschaftlich effiziente Allokation knapper Ressourcen sorgt, bei öffentlichen Gütern (z. B. Verteidigung, Außenpolitik, Innere Sicherheit) nicht oder zumindest nicht zufriedenstellend funktioniert. Folgt man Musgrave et al. (1990), kann nur auf dem Weg einer staatlichen Bereitstellung solcher öffentlichen Güter gewährleistet werden, dass die allgemein in der Gesellschaft vorhandenen, aber durch den Markt nicht oder nur unzureichend erfüllten individuellen Bedürfnisse entsprechend gebündelt und durch kollektives Handeln befriedigt werden.

Auf diese Weise trägt der Staat stellvertretend für den Markt durch die öffentliche Durchführung bestimmter Aufgaben zu einer optimalen Verwendung der vorhandenen Produktionsfaktoren bei. Dies bedeutet allerdings noch nicht, dass jede Form des „Marktversagens" eines staatlichen Eingriffs bedarf. So stellen Zimmermann et al. (2012, S. 49) diesbezüglich zutreffend fest: „Bei dieser Betrachtung ist einem Marktversagen immer gegenüberzustellen, dass der zur Korrektur herangezogene Staat seinerseits fehlerhaft handeln kann, seine Akteure Eigeninteressen entwickeln usf. Folglich ist einem beobachteten Marktversagen immer das einzurechnende Staatsversagen gegenüberzustellen […]. Dies kann dazu führen, ein konstatiertes, nicht zu gewichtiges Marktversagen auf sich beruhen zu lassen". Aus verhaltensökonomischer Sicht ließe sich hier noch ergänzen, dass nicht allein das explizit angesprochene Eigeninteresse der politischen Akteure, sondern ebenso die kognitiven Restriktionen und Mechanismen (Biases, Heuristiken, Framing-Effekte), denen das Entscheidungsverhalten jener Akteure unterliegt, zu einem unvollkommenen staatlichen Handeln führen kann, wie dies bereits in Kap. 4.2 ausführlich dargestellt worden ist.

1. *Merkmale öffentlicher Güter, Gefangenendilemma und Freifahrer-Verhalten*

Unter öffentlichen Gütern werden in der Finanzwissenschaft solche Leistungen verstanden, die nach Scherf (2009, S. 69) „sich dadurch auszeichnen, dass sie allen Bürgern gleichzeitig einen Nutzen stiften", aufgrund dessen aber „nicht effizient vom Markt bereitgestellt werden" können. Als konstitutiv für „reine" öffentliche Leistungen gelten dabei bekanntermaßen zwei Guts-Eigenschaften: Dies ist zum einen das Kriterium der *Nichtrivalität im Konsum*, mit dem einhergeht, dass eine Leistung mit einer solchen Eigenschaft zwar grundsätzlich über den Markt angeboten werden kann, ein solches privates Angebot jedoch unter Effizienzaspekten nicht wünschenswert ist, da ein zusätzlicher Nutzer dieser Leistung keine zusätzlichen Kosten verursacht. In dem Maße jedoch, wie die Grenzkosten gleich Null sind, sollte auch der Preis gleich Null sein, um eine gegebene Nachfrage möglichst vollständig zu bedienen. Als weitere Eigenschaft von öffentlichen Gütern gilt die *Nicht-Anwendbarkeit des Ausschlussprinzips*, d. h. es kommt deshalb zu keinem privaten Angebot einer Leistung am Markt, da aufgrund fehlender bzw. nicht durchsetzbarer Eigentumsrechte eine exklusive Nutzung dieser Leistung nicht möglich ist. Kann jedoch – so die bekannte ökonomische Argumentation – nicht gewährleistet werden, dass es zu einer solch exklusiven Nutzung kommt, besteht auf Seiten der potentiellen Nachfrager keinerlei Anreiz, einen kostendeckenden Preis für das Gut zu zahlen.

Damit wird jedoch jede Form der Bereitstellung dieser Leistung über den Markt unterlaufen, da sich kein privater Anbieter finden dürfte, der angesichts einer dauerhaft unzureichenden Kostendeckung zur Produktion einer solchen Leistung bereit wäre. Von den beiden genannten Guts-Eigenschaften stellt nach Behnke (2012, S. 99) dabei insbesondere die Nicht-Ausschließbarkeit das zentrale Problem „für die Anreizstruktur zur freiwilligen individuellen Bereitstellung eines öffentlichen Gutes dar". Deutlich wird dies bei den sogenannten Allmende-Gütern als einem Unterfall von öffentlichen Gütern, bei denen es zwar zu einer Rivalität im Konsum kommt, aber das Ausschlussprinzip nach wie vor keine Anwendung findet. Anders als bei reinen öffentlichen Gütern treten in solchen Fällen Nutzungskonflikte – beispielsweise in Gestalt der rivalisierenden Nutzung von Umweltgütern zu Produktions- und Konsumzwecken – auf, die im Ergebnis zu einer Übernutzung der verfügbaren Ressourcen führen können, da aufgrund fehlender Eigentumsrechte kein Anreiz für einen schonenden Umgang mit diesen Ressourcen besteht. Ostrom (1999) hat im Zusammenhang mit entsprechenden Problemen der Bereitstellung von Gütern den Begriff der „Tragik der Allmende" geprägt.

Unter Bezug auf das neoklassische Verhaltensmodell mit seinen Annahmen der individuellen Nutzenmaximierung sowie der vollständigen Information und Rationalität lässt sich das staatliche Erfordernis zur Bereitstellung öffentlicher Güter aus spieltheoretischer Sicht auch als die typische *Situation eines Gefangendilemmas* charakterisieren. Obwohl danach ein kooperatives Verhalten aller beteiligten Akteure in Form der freiwilligen Entrichtung eines kostendeckenden Finanzierungsbeitrags zur kollektiv besten Lösung (hier: der Bereitstellung des öffentlichen Gutes) führen würde, lohnt sich aus der Perspektive jedes einzelnen Akteurs jedoch ein strategisches Verhalten dergestalt, dass eine „Freifahrer-Haltung" eingenommen wird. Ermöglicht wird dieses Freifahrer-Verhalten im Fall von öffentlichen Gütern dadurch, dass – ist das Gut erst einmal bereitgestellt – niemand von dessen Konsum aufgrund nicht durchsetzbarer Eigentumsrechte ausgeschlossen werden kann. Illustriert am Beispiel von privaten Sicherheitskräften in Wohnanlagen und deren Auswirkung auf die Nachbarschaft heißt es bei Zimmermann et al. (2012, S. 52) hierzu: „Obwohl also auch die Nachbarn das Gut der zusätzlichen Sicherheit erhalten, kommt es nicht zur Zahlung, soweit die Mitkonsumenten sich strategisch geschickt verhalten. Sobald sie die Unteilbarkeit der geschaffenen Leistung überblicken, d. h. einsehen, dass auch ihnen die Leistung zugutekommen muss, wenn sie überhaupt in der Nachbarschaft angeboten wird, können sie nämlich bei der Bitte um Kostenbeteiligung vorgeben, sie hätten kein Interesse an der Leistung". Aus diesem Sachverhalt lässt sich mit Behnke

(2012, S. 99) verallgemeinernd ableiten: „Da ja unabhängig vom eigenen Beitrag niemand von der Nutzung des öffentlichen Gutes ausgeschlossen werden kann, ist es offensichtlich verlockend, die Kosten der Bereitstellung anderen zu überlassen und als Trittbrettfahrer das von anderen geschaffene öffentliche Gut mit zu genießen". Dies führt jedoch dazu, dass ein nicht-kooperatives, auf individuelle Vorteilsmaximierung ausgelegtes Verhalten in einer solchen Handlungssituation zur dominanten Strategie wird mit dem Ergebnis, dass für sämtliche Akteure die kollektiv schlechteste Lösung (hier: die Nichtbereitstellung des öffentlichen Gutes) realisiert wird. Diese Situation des Gefangenendilemmas kann – so die übliche Argumentation – nicht von den beteiligten Akteuren selbst überwunden werden, sondern es bedarf einer externen Zwangsinstanz in Gestalt des Staates, die auf dem Wege der Steuerfinanzierung zu einer im Idealfall kostendeckenden Bereitstellung öffentlicher Güter beiträgt.

Folgt man dem Rational-Choice-Ansatz, wird die Entscheidung, ob man sich an der Finanzierung eines öffentlichen Gutes beteiligt, ausschließlich anhand von individuellen Gesichtspunkten getroffen. Auf der Grundlage eines rationalen Nutzen-Kosten-Kalküls erfolgt eine allein am subjektiven Nettovorteil ausgerichtete Abwägung der positiven Bedürfnisbefriedigungseffekte mit den Finanzierungslasten, die aus der Bereitstellung eines öffentlichen Gutes resultieren. Vor diesem Hintergrund wird nach Beck (2014, S. 266) „ein rein eigennutzorientierter Mensch [...] nie einen Beitrag zum öffentlichen Gut leisten". Und weiter: „Würden alle investieren, wären die Auszahlungen für alle Beteiligten höher, doch aufgrund der Anreize, Trittbrettfahrer zu spielen, investiert niemand und alle stellen sich schlechter. Eine rein ökonomische Sichtweise prophezeit also, dass sich niemand an der Finanzierung öffentlicher Güter beteiligen wird". Diese Prognose deckt sich jedoch nicht mit den Ergebnissen sozialpsychologischer Untersuchungen: Danach kann zwar ein Trittbrettfahrerverhalten empirisch nachgewiesen werden, das gleiche gilt jedoch auch für freiwillige Kostenbeiträge zur Bereitstellung von öffentlichen Gütern, was auf die Wirksamkeit von Einflussfaktoren wie Altruismus oder soziale Normen in Form von Fairness oder Reziprozität zurückgeführt wird.

2. Fairness und Reziprozität als sozialpsychologische Einflussgrößen

Innerhalb der Spieltheorie ist es in den zurückliegenden Jahren zu einer verhaltenswissenschaftlichen Erweiterung bisheriger Ansätze gekommen, wobei die Erklärung realen Verhaltens zunehmend ins Zentrum des Untersuchungsinteresses gerückt ist. Merkmal dieser neuen Ansätze ist die Durchführung von Experimenten, die dazu dienen, das aus spieltheoretischen Voraussagen abgeleitete Entscheidungsverhalten von Akteuren mit den in der Realität beobachtbaren Verhaltensergebnissen abzugleichen. Soweit dabei Abweichungen des beobachteten Verhaltens vom spieltheoretisch prognostizierten Verhalten festgestellt werden, dient dies dazu, das Augenmerk auf jene (ökonomischen) Verhaltensannahmen zu lenken, die möglicherweise einer Modifikation bedürfen. Behnke (2012, S. 200) spricht diesbezüglich von einer „Konfrontation der Voraussagen" der traditionellen Spieltheorie „mit der Wirklichkeit und der Erklärung der dabei beobachteten Abweichungen durch sozialpsychologische Variablen". Und weiter: „Die mit Hilfe der spieltheoretischen Modellierung gewonnene Voraussage kann dann gewissermaßen als ein ‚baseline'-Modell betrachtet werden, als Folie, vor deren Hintergrund die tatsächlichen Beobachtungen interpretiert werden und in Abgleich mit welcher die Ergebnisse zu erklären sind" (ebenda). Die experimentelle Spieltheorie, bei der sozialpsychologische Erkenntnisse explizit mit einbezogen werden, kann als ein Teilgebiet der Verhaltensökonomik eingeordnet werden (vgl. für diese Zuordnung der experimentellen Spieltheorie zur Verhaltensökonomik auch Camerer et al. 2004 sowie Bowles 2004; vgl. hierzu ebenso Diekmann 2008 oder auch Behnke et al. 2010).

Im Mittelpunkt der experimentellen Spieltheorie steht die Untersuchung von sogenannten *Verhandlungsspielen*, in denen entweder Güter oder auch Geldbeträge zwischen mehreren Akteuren aufzuteilen sind. Ähnlich wie im Gefangenendilemma, welches vor allem in Form von „Public-Good"-Spielen empirisch untersucht wird, ist in Verhandlungsspielen das Augenmerk auf den Umfang an freiwilligen Beiträgen zur Problembewältigung gerichtet. Analog zu den Ergebnissen „gespielter" Gefangenendilemma kommt es auch bei diesen Verhandlungsspielen immer wieder zu Verhaltensergebnissen, die – zumindest auf den ersten Blick – nicht im Einklang mit den Verhaltenserwartungen der neoklassischen Entscheidungstheorie stehen (vgl. für diese Bewertung stellvertretend Roth 1995 oder auch Camerer 2003). Das klassische Beispiel für ein solches Verhandlungsspiel stellt das sogenannte *Ultimatumspiel* dar, bei dem in Form eines One-Shot-Games ein vorgegebener Geldbetrag zwischen zwei Akteuren aufzuteilen ist (vgl. hierzu auch Camerer und Thaler 1995 ebenso wie Güth et al. 1982). Während einer von beiden Akteuren über das Vorschlagsrecht bezüglich der Aufteilung verfügt, besitzt der andere Akteur die Möglichkeit, den Vorschlag entweder zu akzeptieren oder abzulehnen, wobei im letztgenannten Fall beide Akteure leer ausgehen. In Tab. 5.1 sind beispielhaft sowohl die Ergebnisse eines Ultimatumspiels als auch die Ergebnisse eines Diktatorspiels dargestellt, die beide von Behnke et al. (2010) im Rahmen eines vergleichenden Verhaltensexperiments durchgeführt wurden.

Durch den Besitz des Vorschlagsrechts verfügt der erste der beiden Akteure quasi über ein Erpressungspotenzial (daher auch der Name „Ultimatumspiel") gegenüber dem zweiten Mitspieler. Unter der Annahme eines den eigenen Nutzen maximierenden Verhaltens müsste der zweite Akteur jedes noch so schlechte Aufteilungsangebot des ersten Akteurs akzeptieren, wenn er sich nicht selbst einen Schaden zufügen will. Da der Akteur mit dem Vorschlagsrecht dies antizipiert, würde dieser lediglich den kleinstmöglichen Geldbetrag vorschlagen, wenn er sich ebenfalls rational verhält. In den durchgeführten Verhaltensexperimenten zeigt sich jedoch, dass nur die wenigsten Akteure bestrebt sind, ihren eigenen Nutzen zu maximieren. Entgegen den Annahmen des neoklassischen Verhaltensmodells lässt sich vielmehr beobachten, dass rund zwei Drittel der Aufteilungsvorschläge sich in der engen Bandbreite zwischen 40–50 % bewegen. Zudem zeigt sich, dass je kleiner das Angebot ist, welches der erste Akteur vorschlägt, umso wahrscheinlicher ist es, dass dieses vom zweiten Akteur abgelehnt wird. Beide Befunde lassen sich nicht mit Hilfe des Konzepts egoistischen Verhaltens erklären, sondern deuten vielmehr darauf hin, dass dem

Tab. 5.1 Exemplarische Darstellung der Ergebnisse von Ultimatum- und Diktatorspielen anhand eines ausgewählten Experiments. (*Erläuterung*: Die Tabelle gibt die Resultate eines Ultimatum- sowie eines Diktatorspiels wieder, die beide jeweils mit 108 Untersuchungsteilnehmern durchgeführt wurden, von denen die eine Hälfte in der Rolle des Vorschlagenden („Proposer") und die andere Hälfte in der Rolle des Reagierenden („Responder") am Verhaltensexperiment teilnahmen. Der zwischen den Spielern in den unterschiedlichen Rollen aufzuteilende Betrag belief sich auf 3 €. In der Tabelle ist die Verteilung derjenigen Beträge angegeben, die der Spieler mit dem Vorschlagsrecht für sich selbst vorgesehen hatte. Der als Summe der Ergebnisse beider Spieltypen in der vierten Spalte ausgewiesene Prozentwert ist das arithmetische Mittel der Verteilung des vom Vorschlagenden jeweils für sich selbst vorgesehenen Geldbetrages. Quelle: Eigene Darstellung auf der Grundlage von Behnke et al. (2010))

Vom vorschlagenden Spieler sich selbst zugeteilte Geldbeträge (in €)	Ergebnisse des Diktatorspiels (in %)	Ergebnisse des Ultimatumspiels (in %)	Summe der Ergebnisse beider Spieltypen (in %)
0,50	0,9	–	0,5
1,00	–	0,9	0,5
1,50	36,1	57,4	46,8
1,60	3,7	9,3	6,5
1,70	4,6	11,1	7,9
1,80	3,7	3,7	3,7
1,90	0,9	2,8	1,9
2,00	21,3	11,1	16,2
2,10	0,9	–	0,5
2,50	13,9	3,7	8,8
2,70	1,9	–	0,9
3,00	12,0	–	6,0
Gesamt	100	100	100
Mittelwert	1,97	1,64	1,81
Standardabweichung	0,54	0,25	0,45

Empfinden von Fairness eine wesentliche Rolle für den Ausgang des Spiels zukommt (vgl. zu dieser Einschätzung auch Fehr und Schmidt 2005, S. 6). In gleicher Weise stellt auch Beck (2014, S. 256) fest: „Obwohl dem zweiten Spieler durch die Ablehnung Geld verloren geht, zieht er es vor, seinen Mitspieler für eine als ungerecht empfundene Verteilung des Geldes zu bestrafen". In diesem Zusammenhang spricht Behnke (2012, S. 202) mit Blick auf die scheinbar als „fair" empfundene 50 %-Lösung mit Verweis auf Schelling (1960, S. 57) auch von einem „Focal Point", der den Akteuren im Ultimatumspiel als Orientierung für die Lösung der Aufgabenstellung dient.

Dies deckt sich mit Überlegungen von Dijk und Vermunt (2000, S. 1), die davon ausgehen, dass ein „taste for fairness" ein intrinsisches Motiv darstellt, welches bei der überwiegenden Zahl von Akteuren anzutreffen ist. Verankert in der Persönlichkeit, bildet es einen Bestandteil der individuellen Präferenzen und geht als immaterielle Kosten in Form eines schlechten Gewissens, welches von unfairen Aufteilungsvorschlägen abhält, in die jeweilige Nutzenfunktion der handelnden Akteure ein. Alternativ zum Verweis auf Fairness-Vorstellungen wird von Fehr und Gächter (1998) zur Erklärung des beobachteten Verhaltens auch auf die Wirksamkeit der Reziprozitätsnorm verwiesen. Unter Reziprozität wird dabei die Neigung verstanden, gleiches mit gleichem zu beantworten, d. h. auf ein kooperatives Verhalten anderer Akteure wird selbst mit Kooperation reagiert (positive Reziprozität), während Akteure, welche die Norm der Kooperation missachten, mit Bestrafung rechnen müssen (negative Reziprozität). Folgt man Fehr und Gächter (2000) weiter, findet sich „negative Reziprozität" in Ultimatumspielen, während sich „positive Reziprozität" in sogenannten Vertrauensspielen und Gift-Exchange-Spielen feststellen lässt. Bei *Vertrauensspielen* erhält der erste Akteur einen bestimmten Betrag, den er in einem Umfang von 0–100 % an einen zweiten Akteur weitergeben kann, wobei der weitergegebene Betrag verdreifacht wird. Der zweite Akteur darf danach entscheiden, welcher Prozentanteil dieses verdreifachten Betrages an den ersten Akteur zurückfließt. Unter der Annahme rein eigennützigen Verhaltens dürfte der erste Akteur unter diesen Bedingungen keinen Geldbetrag weiterleiten, da davon auszugehen wäre, dass der zweite Akteur aus Gründen der Nutzenmaximierung keinen Betrag zurücksenden würde. Die aus solchen Vertrauensspielen gewonnen Ergebnisse bestätigen diese Verhaltenserwartung jedoch nicht.

Mit Hilfe von *Gift-Exchange-Spielen* wird wiederum die Verhandlungssituation zwischen Arbeitgebern und Arbeitnehmern experimentell abgebildet. Unter der Annahme rationalen Verhaltens müsste bei einem gegebenen Lohnangebot eines Arbeitgebers ein rein eigennütziger Arbeitnehmer immer das niedrigste Anstrengungsniveau wählen. Da ein rationaler Arbeitgeber dies jedoch antizipiert, würde dieser wiederum das Lohnniveau so niedrig wie möglich ansetzen. Die Untersuchungsergebnisse zeigen jedoch, dass – entgegen der theoretischen Erwartung – Arbeitnehmer auf großzügige Lohnangebote mit einem erhöhten Anstrengungsniveau reagieren. Es zeigt sich allerdings auch, dass dieses Verhalten nicht von Dauer ist, sondern die „Arbeitnehmer" aufgrund von Gewöhnungseffekten und eines Besitzstandsdenkens ihr Anstrengungsniveau im Zeitverlauf reduzieren (vgl. hierzu etwa die Untersuchungen von Gneezy und List 2006; Goette et al. 2004 oder auch Fehr und Goette 2005). Nach Smith (2008) kann jedoch nicht ausgeschlossen werden, dass das faire Verhalten dazu dient, sich einen langfristigen Vorteil zu verschaffen. Bei dieser Interpretation der Untersuchungsergebnisse würden die Akteure – folgt man Beck (2014, S. 261) – Fairness nur vorschieben, „um sich selbst bessere Konditionen zu sichern, das Fairness-Argument soll also die eigennützigen Motive verdecken". In gleicher Weise kann auch das reziproke Verhalten kritisch hinterfragt werden: So kann auch die mit Anwendung der Reziprozitäts-Norm verbundene Vergeltung eines unfreundlichen Verhaltens durch eigenes unfreundliches Verhalten allein dazu dienen, beim Gegenüber durch Bestrafung in Zukunft ein Wohlverhalten zum eigenen Vorteil zu erzwingen. Das in Ultimatumspielen beobachtete faire bzw. reziproke Verhalten der Akteure ließe sich vor diesem Hintergrund auch damit erklären, das Risiko einer Ablehnung bzw. Bestrafung aus strategischen Motiven möglichst gering zu halten (vgl. hierzu Behnke 2012, S. 204 mit Verweis auf Güth und van Damme 1998). In ähnlicher

Weise erklären auch Yang et al. (2006) das Verhalten von Akteuren in Ultimatumspielen mit eigennützigem Verhalten, welches dazu dienen soll, die Auszahlungen langfristig zu maximieren.

Eine isolierte Betrachtung des originären Fairness- bzw. Reziprozitäts-Effekts ermöglicht nach Forsythe et al. (1994) jedoch das sogenannte *Diktatorspiel*. Als wichtiger Unterschied zum Ultimatumspiel verfügen die Akteure bei dieser ansonsten identischen Spielvariante über keine Bestrafungsmöglichkeit. D. h. wird bei diesem Untersuchungsdesign ein faires oder reziprokes Verhalten beobachtet, lässt sich dieses nur auf das Vorhandensein einer intrinsischen Motivation zurückführen, da keine Möglichkeit zur Sanktion besteht. Auf diese Weise lassen sich taktisch begründete Fairness und echte Fairness analytisch voneinander trennen. Unter der Annahme rationalen Verhaltens müsste ein eigennütziger Akteur den aufzuteilenden Geldbetrag vollständig für sich reklamieren. Wenn er dies demgegenüber nicht tut, dann kann dies nur auf die Wirksamkeit der Reziprozitätsnorm bzw. auf die intrinsische Motivation zu einem fairen Verhalten zurückgeführt werden. In entsprechend durchgeführten Diktatorspielen zeigt sich, dass immer noch mehr als ein Drittel der Akteure, die im Besitz des Vorschlagsrechts sind, sich für eine Aufteilung des Geldbetrages entscheiden, die der 50 %-Lösung entspricht (siehe hierzu auch die Verteilungsergebnisse in Tab. 5.1). Dies legt nach Bolton et al. (1998) die Interpretation nahe, dass normative Vorstellungen in der genannten Form (Fairness bzw. Reziprozität) das Verhalten der entsprechenden Akteure bestimmen.

Folgt man Behnke (2012, S. 205), fällt der Teilungsvorschlag dabei umso gleichmäßiger aus, je höhe die Akteure Werte wie „Gerechtigkeit" und „Respekt vor anderen" gewichten. Auch fällt das Teilungsverhältnis umso gleichmäßiger aus, je ausgeprägter beim vorschlagenden Akteur die Einschätzung verankert ist, dass „Gerechtigkeit" eine von allen geteilte Wertvorstellung darstellt. Umgekehrt fällt der Geldbetrag, den ein Akteur für sich reklamiert, umso größer aus, je stärker der Wert „Unabhängigkeit" das eigene Verhalten beeinflusst. Eine solche hohe Gewichtung des Werts der „Unabhängigkeit" und eine daraus sich ergebende Neigung zu stärker eigennützigem Verhalten zeigt sich in *Public-Goods-Spielen*, die mit Studierenden der Wirtschaftswissenschaften durchgeführt wurden. In der Standardvariante dieses Spiels entscheiden die Teilnehmer jeweils für sich, wie viel ihrer Anfangsausstattung sie in einen gemeinsamen Topf zur Bereitstellung öffentlicher Güter investieren wollen. Dieser Topf wird am Ende vervielfacht und anschließend auf sämtliche Spieler gleichmäßig aufgeteilt, d. h. es erhalten auch jene Spieler einen (gleich hohen) Anteil, die keinen finanziellen Beitrag zur Bereitstellung der öffentlichen Güter geleistet haben. In solchen Public-Goods-Spielen war die Kooperationsbereitschaft dieser Gruppe von Probanden (Studierende der Wirtschaftswissenschaften) deutlich niedriger ausgeprägt als im Durchschnitt (vgl. hierzu Marwell und Aimes 1981; Carter und Irons 1991 oder auch Frank et al. 1993). Offen ist allerdings, ob es sich hierbei um einen Effekt der Selbstselektion („Wirtschaftswissenschaften studieren Personen, die weniger sozial eingestellt sind") oder einen studienbedingten Sozialisationseffekt („das Studium der Wirtschaftswissenschaften erzieht zu unsozialen Verhaltensweisen") handelt (vgl. hierzu auch Beck 2014, S. 277 f.).

Soweit *Fairness* („Gerechtigkeit") oder auch *Reziprozität* als allgemein geteilte Wertvorstellungen gelten, denen die Akteure quasi intuitiv in beliebigen Entscheidungssituationen folgen, wird dies von Fehr und Gächter (2000) darauf zurückgeführt, dass es sich in beiden Fällen um soziale Normen handelt, die im Fall von unvollkommener Information und unvollständigen Verträgen hilfreich sind. Dies deckt sich auch mit der Einschätzung von Smith (2003), dass es sich bei Fairness und reziprokem Verhalten um Strategien des Entscheidens handelt, die sich evolutionär bewährt haben, um Märkte überhaupt erst funktionsfähig zu machen. Zu der gleichen Einschätzung gelangt auch Grant (2013) aus einer organisationspsychologischen Perspektive mit Blick auf den Vorteil eines reziproken bzw. „selbstlosen" Verhaltens bei der Verfolgung von (individuellen) Zielen innerhalb von Unternehmen und sonstigen Organisationen. Es liegt dabei auf der Hand, dass die verhaltenskoordinierende Wirkung entsprechender Verhaltensnormen und Wertvorstellungen nicht allein für die Erstellung und den Austausch rein privater Güter, sondern ebenso für die Bereitstellung öffentlicher Güter von Bedeutung ist. Indem Fairness und Reziprozität – so Smith (2008, S. 218 ff.) an anderer Stelle – zur Kooperation anhalten, führt dies dazu, dass ein kurzfristig eigennutzmaximierendes Verhalten zugunsten einer langfristig angelegten Kooperation verhindert wird. Ökonomisch gedeutet, liegen solche Normen und Werte somit im langfristigen Interesse aller Akteure, da sie dazu dienen, Transaktionskosten im Rahmen von sozialen Interaktionsprozessen zu senken und Verhaltenserwartungen zu stabilisieren. Vergleichbares stellt Behnke (2012, S. 206 f.) unter Verweis auf Bowles und Gintis (2011) auch mit Blick auf altruistisches Verhaltens fest: „Altruismus kann aus Sicht einer Gruppe durchaus eine Eigenschaft sein, die für die Gruppe als Ganzes positive Gewinne erzielt. Aus Sicht der Gruppe ist es daher gut, wenn die einzelnen Mitglieder die altruistische Norm so sehr verinnerlichen, dass sie ihr zuliebe sogar auf die Verwirklichung einseitiger Gewinne auf Kosten des anderen verzichten. Die Entwicklung reziproker Fairness kann unter diesen Umständen sogar einen evolutionären Vorteil bedeuten".

3. *Weitere Einflussfaktoren: Häufigkeit der Interaktion, Lernprozesse, Bestrafungspotenzial, Kommunikation und Kontextbedingungen*

Die bislang dargestellten Ergebnisse verhaltensökonomischer Experimente legen die Schlussfolgerung nahe, dass ein aus eigennützigen Motiven erfolgendes Freifahrerverhalten und eine daraus abgeleitete Notwendigkeit zur staatlichen Bereitstellung öffentlicher Güter keineswegs zwingend sind. Der Nachweis eines von Fairness und Reziprozität bestimmten Verhaltens deutet vielmehr darauf hin, dass von einer nennenswerten Zahl von Akteuren auch freiwillige Beiträge zur Erstellung von Kollektivgütern zu erwarten sind. Allerdings sollte diese Einsicht mit Vorsicht behandelt werden, da die aus Ultimatum- und Diktatorspielen gewonnenen Untersuchungsergebnisse zum einen nicht ohne Kritik geblieben sind. Zum anderen deuten weitere Untersuchungen darauf hin, dass neben den beiden bereits genannten Bestimmungsgrößen individuellen Verhaltens noch weitere Faktoren zu berücksichtigen sind, welche die Bereitschaft, etwas zu einem öffentlichen Gut beizutragen, beeinflussen können. So lautet eine häufig geäußerte Kritik an den Ergebnissen von Ultimatum- und Diktatorspielen, dass es sich dabei nur um Laborexperimente mit geringen Geldbeträgen handelt, die aufgrund dessen mit realen Entscheidungssituationen, in denen „mehr auf dem Spiel steht", nicht zu vergleichen sind. Zusätzliche Verhaltensexperimente, die aufgrund dessen teilweise in ärmeren Ländern mit zugleich höheren Geldbeträgen durchgeführt wurden, zeigen jedoch keine wesentlich geänderten Untersuchungsergebnisse. Auch im Fall von größeren Geldbeträgen sind Akteure im Rahmen von Ultimatumspielen überwiegend bereit zu teilen, d. h. sie tragen freiwillig zu einer als fair empfundenen Aufteilung des verfügbaren Geldbetrages bei. Dieses Ergebnis stellt sich auch dann ein, wenn man als Probanden auf Akteure aus unterschiedlichen Kulturkreisen zurückgreift, d. h. unterschiedliche kulturelle Einflussfaktoren führen zu keiner Variation in den Ergebnissen (vgl. für eine Übersicht zu den Untersuchungsergebnissen dieser modifizierten Verhaltensexperimente etwa Fehr und Schmidt 2005; vgl. hierzu ebenso Henrich et al. 2005).

Zu veränderten Ergebnissen kann es allerdings dann kommen, wenn sich die Rahmenbedingungen eines Experiments ändern. D. h. welches Spiel aus Sicht der Akteure gespielt wird und welche verhaltensleitenden Normen dabei aktiviert werden, hängt von der Festlegung des Spielkontextes ab, der – folgt man der Framing-Theorie von Kahneman und Tversky (2000) – die Handlungssituation definiert, innerhalb deren die Akteure miteinander interagieren. Je nach Framing werden sogenannte Schemata aktiviert, die dazu führen, dass von den Spielern entweder Fairnesserwägungen und Reziprozitätsnormen gefolgt wird oder bei diesen Wettbewerbs- und Eigennutzorientierung dominieren. Folgt man Esser (1996), ergeben sich aus den jeweiligen Rahmenbedingungen einer Interaktionssituation entsprechende Hinweise für die Akteure, wie die gegebene Spielsituation angemessen zu interpretieren ist. In Anbetracht dessen stellt auch Behnke (2012, S. 207) fest: „Das Ultimatumspiel, genauso wie die Gefangenendilemmaspiele, die in Public-Goods-Experimenten gespielt werden, sind für die meisten Spieler keine wettbewerbsorientierten Spiele, sondern eine soziale Interaktion, die eine gemeinsame Erfahrung wiedergibt bzw. manchmal sogar erst ermöglicht. Ein Clubschachspieler, der gegen einen anderen Clubschachspieler spielt und einen verhängnisvollen Fehler begeht, der ihn die Dame kostet, hat schlecht gespielt. […] Ein Vater hingegen, der mit seinem sechsjährigen Sohn ‚aus Spaß' Schach spielt und gnadenlos sofort jeden Fehler seines Sohnes zum eigenen Vorteil nutzt, würde hingegen ein äußerst befremdliches Verhalten an den Tag legen". Darüber hinaus zeigen sich nach Smith (2003) auch dann deutliche Unterschiede in den Ergebnissen der Verhaltensexperimente, wenn man den Versuchspersonen anstelle der üblichen Informationen zum Untersuchungsdesign eine extensive Einführung in das jeweilige Spiel bietet. Des Weiteren zeigt List (2007) in einer Auswertung der Verhaltensergebnisse von knapp 200 Diktatorspielen, dass die Aufteilung des Geldbetrages auch in Abhängigkeit davon variiert, ob die Person, die im Besitz des Vorschlagsrechts ist, zugleich über die Möglichkeit verfügt, dem anderen Akteur etwas wegnehmen zu können. Erlaubt man eine solche Option der „Vorteilswegnahme" innerhalb eines Experiments, nimmt die Zahl der Akteure ab, die sich fair verhalten.

Die *Bedeutung des Spielkontextes* wird auch bei Falk und Fischbacher (2006) thematisiert, die unter Bezug auf Rabin (1993) von Fairnesserwägungen ausgehen, bei der die Handlungsoptionen und die damit verbundenen Intentionen der Akteure in die Verhaltensbewertung des jeweiligen Gegenübers mit einfließen. Dabei werden die Aufteilungsvorschläge des ersten Spielers vom zweiten Spieler nach ihrem „Nettigkeitsgrad" (kindness) eingestuft. Dabei zeigt sich, dass ein und derselbe Teilungsvorschlag vom zweiten Spieler in Abhängigkeit davon unterschiedlich bewertet wird, welche Menge an Entscheidungsalternativen dem Akteur zur Verfügung steht, der im Besitz des Vorschlagsrechts ist. Zusätzlich zur Menge an verfügbaren Handlungsalternativen sind auch die dem Entscheidungsverhalten zugeschriebenen Intentionen von Bedeutung für die Reaktionsweise des jeweiligen Gegenübers. So fallen nach Blount (1995) die emotionalen Reaktionen der Akteure auf eine mangelnde Kooperationsbereitschaft unterschiedlich aus, je nachdem, welche Motive hinter dem Verhalten vermutet werden. Besteht der Eindruck, dass das nicht-kooperative Verhalten beabsichtigt ist, kann dies Wut und Ärger auslösen, erscheint es demgegenüber als unbeabsichtigt, steigt die Bereitschaft zur Toleranz der mangelnden Kooperation.

Die Bedeutung, die den Kontextbedingungen zukommt, zeigt sich auch bei der Untersuchung von „doppelt-blinden" Diktatorspielen durch Hoffman et al. (1994). Bei dieser Spielvariante kennt nur der Akteur, der über das Vorschlagsrecht zur Aufteilung des Geldbetrages verfügt, die von ihm getroffene Entscheidung, was zu einer Steigerung des eigennützigen Verhaltens führt. Man kann dieses Ergebnis – folgt man Beck (2014, S. 284) – dahingehend interpretieren, dass „ein Verhalten, das den Nutzen anderer Menschen berücksichtigt, durch strategische Erwartungen motiviert ist". Wenn sich die Akteure jedoch in ihren Entscheidungen unbeobachtet fühlen, dann agieren sie weitaus eigennütziger als in Situationen, in denen ihr Verhalten von anderen wahrgenommen wird. Diese besondere Bedeutung, die der Transparenz eigener Entscheidungen gegenüber Dritten zukommt, zeigt sich auch in einer Untersuchung von Leimgruber et al. (2012), die zu dem Ergebnis kommt, dass das individuelle Schenkungs- und Spendenverhalten umso großzügiger ausfällt, je transparenter dieses gestaltet ist. Die genannten Autoren haben diese Untersuchung anhand des Schenkungsverhaltens von Kindern durchgeführt, wobei sich das Ergebnis mit den Worten von Beck (2014, S. 284) wie folgt zusammenfassen lässt: „Gibt man ihnen Aufkleber mit der Option, diese mit einem anderen Kind zu teilen, so sind sie großzügiger, wenn sie den Empfänger ihrer Gabe sehen und wenn sie die Sticker, die sie hergeben, in einen transparenten Container [...] legen, wo der Empfänger sehen kann, wie viele Aufkleber geschenkt werden".

Hinzu kommen noch weitere Einflussgrößen, die mit Blick auf die Frage nach freiwilligen Beiträgen zur Bereitstellung von öffentlichen Gütern von Bedeutung sind. So kann in verhaltensökonomischen Experimenten gezeigt werden, dass sich die durchschnittlichen Beiträge für die Erstellung von Kollektivgütern durch das *Zulassen von Kommunikation* zwischen den Akteuren erhöhen lassen. Unter der Annahme rationalen Verhaltens ist dies insofern überraschend, wie dieser Effekt nur dann eintreten dürfte, wenn es zugleich auch die Möglichkeit zur Bestrafung gibt, um nicht eingehaltene Versprechen sanktionieren zu können. Begründen lässt sich dieser Effekt aus kognitionspsychologischer Sicht damit, dass die Kommunikation über Beiträge zur Bereitstellung öffentlicher Güter zu einer mentalen Verfügbarkeit von Gründen für ein kooperatives Verhalten führt. Sind entsprechende Argumente jedoch erst einmal kognitiv präsent, steigert dies nicht selten auch die Bereitschaft zu einem solchen Verhalten. Zusätzlich kann die Kommunikation nach Beck (2014, S. 269) „auch den inneren Zusammenhalt einer Gruppe, das Gemeinschaftsgefühl stärken, was die Bereitschaft, einen Beitrag zum öffentlichen Gut zu leisten, steigern dürfte". Als eine spezielle Form der Kommunikation kann zudem das Bestreben danach gewertet werden, lediglich als fair erscheinen zu wollen, ohne es zwingend auch tatsächlich zu sein. Kagel et al. (1996) haben versucht, dies mit Hilfe einer speziellen Variante des Ultimatumspiels herauszufinden. Die Variante besteht darin, dass anstelle eines Geldbetrages 100 Spielchips mit einer unterschiedlichen Wertigkeit aufgeteilt werden sollen. Dabei zeigte sich, dass in der Mehrheit der Fälle eine 50:50-Aufteilung vorgeschlagen wurde, ohne dass diese jedoch auch zu einer Gleichverteilung der mit den Chips verbundenen monetären Werte geführt hätte. D. h. weniger die tatsächlichen Verhaltensmotive als vielmehr das „äußere Erscheinungsbild" beeinflussen das Verhalten in entsprechenden Interaktionssituationen. Dies spricht zum einen dafür, dass das Streben nach Eigennutz nicht vernachlässigt werden darf. Dies bedeutet zum anderen aber auch, dass Fairness und Kooperationsbereitschaft von den Akteuren als soziale Normen angesehen werden, denen man im Rahmen des eigenen Entscheidungsverhaltens entsprechend Rechnung zu tragen hat. Die Relevanz des äußeren Erscheinungsbildes im wörtlichen Sinne belegen zudem die Untersuchungen von Rosenblat (2008) sowie Solnik und Schweitzer (1999), die für das Diktator- wie das Ultimatumspiel zeigen, dass auch das persönliche Aussehen der Spieler die Verhaltensergebnisse beeinflusst. Die Ergebnisse dieser Spielvariante zeigen, dass es den Akteuren häufig bereits genügt, den Eindruck von Fairness und Kooperationsbereitschaft zu erwecken.

Eine weitere Einflussgröße stellen die bereits angesprochenen Bestrafungsmöglichkeiten für nicht-kooperatives Verhalten dar. Folgt man wiederum Beck (2014, S. 268), sollte die *Möglichkeit zur Bestrafung* unter der Annahme vollständig rational handelnder Akteure zu keinen Ergebnisveränderungen bei den Verhaltensexperimenten führen. Mit der Bestrafung geht zwar eine Reduzierung der Auszahlungen auf Seiten der unkooperativen Spieler einher, zugleich verringert sich aber auch die Auszahlungen der bestrafenden Spieler, da die Sanktionen mit Kosten verbunden sind. Ein eigennützig sich verhaltender Akteur wird aufgrund dessen „niemand bestrafen, und da ein rationaler Spieler das antizipiert, wird er dementsprechend nicht kooperativ sein" (ebenda). Entsprechende Verhaltensexperimente, in denen Bestrafungsmöglichkeiten zugelassen werden, führen jedoch zu einem anderen Ergebnis. Folgt man Fehr und Gächter (2000), zeigt sich vielmehr, dass die Akteure unter dieser Bedingung ihre Beiträge zur Erstellung eines öffentlichen Guts um den Faktor 2 bis 4 erhöhen im Unterschied zu Experimenten, in denen es keine Möglichkeit zur Bestrafung anderer Akteure gab. Auch blieben bei der Untersuchungsvariante mit Bestrafungsmöglichkeiten die individuellen Beiträge zum Kollektivgut stabil, während sie im Fall fehlender Sanktionen mit zunehmender Dauer des Experiments abnahmen (vgl. hierzu auch Dawes und Tahler 1998; vgl. für eine Ergebnisübersicht zum Zusammenhang von Kooperationsbereitschaft und Spielwiederholungen ebenso Ledyard 1995). Schließlich stellte sich als ein weiteres Ergebnis ein, dass die vorgenommenen Bestrafungen umso höher ausfielen, je mehr der Beitrag eines Akteurs unter dem Durchschnitt dessen lag, was die Summe aller Akteure an Bereitstellungsbeiträgen leistete. Nach Beck (2014, S. 269) spricht die „Tatsache, dass Spieler bereit sind, für die Bestrafung anderer Mitspieler Geld auszugeben, [...] gegen die Erklärung, dass Menschen sich aus reinem Altruismus an der Finanzierung öffentlicher Güter beteiligen – ein Altruist würde kein Geld dafür ausgeben, andere Menschen zu bestrafen. Möglicherweise spielt hier eher der Wunsch nach Gerechtigkeit und Fairness eine Rolle".

Der Sachverhalt, dass die Beiträge zum öffentlichen Gut im Verlauf des Experiments abnehmen, wenn die Möglichkeit zur Bestrafung nicht-kooperativer Akteure fehlt, wird aus Sicht des herkömmlichen ökonomischen Verhaltensmodells in aller Regel mit dem Einsetzen von *Lernprozessen* erklärt. D. h. je größer die Anzahl an Spielwiederholungen ist und je länger damit ein Spiel dauert, umso vermehrt kommt es zum Freifahrerverhalten, da zumindest bei einem größeren Teil der Akteure möglicherweise erst mit der Zeit erkannt wird, dass eine mangelnde Kooperationsbereitschaft die strategisch beste Option ist. In diesem Zusammenhang weisen Fehr und Schmidt (2005) allerdings darauf hin, dass sowohl das Ultimatum- als auch das Diktatorspiel vergleichsweise einfache Spiele sind, die ohne großen Aufwand zu lernen sein sollten. Gegen die These, dass die Tendenz zum Freifahrerverhalten mit zunehmender Spieldauer ansteigt, sprechen jedoch Untersuchungsergebnisse, wie sie etwa in den Verhaltensexperimenten von Andreoni (1988) gewonnen wurden. Zwar zeigte sich auch hier, dass die Beiträge zum öffentlichen Gut mit der Anzahl an Spielwiederholungen im Durchschnitt abnahmen. Wurde das Experiment jedoch mit denselben Versuchspersonen nach einer Unterbrechung erneut gestartet, zeigten die Akteure in den ersten Spielrunden wieder eine ausgeprägte Kooperationsbereitschaft.

Aus spieltheoretischer Sicht könnte man dies damit erklären, dass die Akteure überwiegend eine reziproke Strategie spielen – die bekannte „Tit-for-Tat-Strategie", bei der auf kooperatives Verhalten mit Kooperation und auf nicht-kooperatives Verhalten mit Nicht-Kooperation reagiert wird. Was damit allerdings nicht erklärt werden kann, ist der Sachverhalt, dass Akteure auch in einmaligen Spielen („One-Shot-Game") kooperieren. In gleicher Weise macht das Spielen dieser Strategie aus rein rationaler Sicht auch dann keinen Sinn, wenn die Versuchspersonen innerhalb eines Experiments auf ständig wechselnde Kontrahenten treffen. Nichtsdestotrotz findet sich auch in solchen Spielsituationen nach Dawes und Thaler (1988) ein ähnlich hohes Maß an Kooperation wie in Verhaltensexperimenten, die eine Wiederholung von Spielrunden vorsehen. Schließlich gilt auch die *Anzahl der Akteure* als bedeutsam mit Blick auf die Frage, ob es zu freiwilligen Beiträgen zur Bereitstellung eines öffentlichen Gutes kommt. Die herkömmliche ökonomische Argumentation unterstellt dabei, dass es – folgt man Beck (2014, S. 270) – mit steigender Zahl der Mitspieler immer schwieriger wird, „unkooperatives Verhalten zu entdecken, weswegen die Bereitschaft, etwas zum öffentlichen Gut beizutragen, sinken sollte". Dem kann allerdings entgegen gehalten werden, dass mit steigender Gruppengröße auch der mit der Bereitstellung eines öffentlichen Gutes verbundene Nutzen für alle steigt und dass mit diesen zunehmenden Erträgen des Kollektivgutes auch die individuelle Kooperationsbereitschaft zunimmt. Oder mit den Worten von Beck (2014, S. 270): „Je mehr Menschen von dem Beitrag zum öffentlichen Gut profitieren, umso größer wird der Anreiz, aus altruistischen Motiven einen Beitrag zu diesem Gut zu leisten".

Trotz der mittlerweile vorliegenden Fülle an verhaltensökonomischen Experimenten zur Bereitstellung öffentlicher Güter, lassen deren Ergebnisse eine eindeutige Zurückweisung des neoklassischen Verhaltensmodells und der damit verbundenen Freifahrer-Hypothese nicht zu. So können nach Ledyard (1995) die Ergebnisse der Verhaltensexperimente nicht vollständig mit dem Verweis auf Fairness, Reziprozität oder auch Altruismus erklärt werden. Vielmehr zeigt sich in den entsprechenden Untersuchungen immer auch eine Tendenz zum eigennutzmaximierenden Verhalten, welches je nach Ausgestaltung des Untersuchungsdesigns und der damit verbundenen Anreizsituation mal stärker und mal weniger stark ausgeprägt sein kann. Im Gegenzug wird aber ebenso deutlich, dass es über die verschiedenen Spieltypen und Untersuchungsvarianten hinweg immer Versuchspersonen gibt, die freiwillige Beiträge zu öffentlichen Gütern zu leisten bereit sind und deren Verhalten sich somit nicht mit Hilfe des traditionellen ökonomischen Verhaltensmodells erklären lässt. Bezogen auf die Notwendigkeit einer staatlichen Bereitstellung öffentlicher Güter kann aus den vorliegenden Untersuchungsergebnissen wiederum abgeleitet werden, dass die Bereitschaft zu einem freiwilligen (und damit privaten) Angebot solcher Güter umso größer ausfällt, je ausgeprägter der *soziale Zusammenhalt* zwischen den betroffenen Akteuren ist, je intensiver untereinander kommuniziert wird und je wirksamer etwaige Sanktionen für den Fall eines nicht-kooperativen Verhaltens ausfallen. Unter diesen Rahmenbedingungen ist davon auszugehen, dass weniger Vorteilsmaximierung und Eigennutz anstelle von Fairness und Reziprozität das individuelle Entscheidungsverhalten bestimmen. Da diese Bedingungen vor allem auf der lokalen Ebene – unter Abstrichen auch auf der regionalen Ebene – gegeben sind, spricht aus verhaltensökonomischer Sicht einiges dafür, insbesondere im Fall der Bereitstellung von lokalen und regionalen öffentlichen Gütern noch stärker als bislang auf „Bürgerbeteiligung" und „ehrenamtliches Engagement" zu setzen.

5.1.2 Internalisierung externer Effekte – technologische, pekuniäre und psychologische Externalitäten

Neben der Bereitstellung von öffentlichen Gütern gilt aus finanzwissenschaftlicher Sicht ebenso die Internalisierung von externen Effekten als eine weitere, vom Staat zu erfüllende Aufgabe. Anders als im Fall von öffentlichen Gütern, bei denen aufgrund spezifischer Gutseigenschaften es zu keinem über den Markt vermittelten Angebot kommt („Marktversagen"), kennzeichnen externe Effekte lediglich eine besondere Form von Marktunvollkommenheit: Zwar kommt es zu einem privaten Güterangebot auf dem Markt, dieses ist jedoch als ineffizient zu bewerten, da bestehende private und soziale Grenzkosten bzw. Grenznutzen nicht deckungsgleich sind und es in Folge dessen zu einer Fehlallokation knapper Ressourcen kommt (vgl. hierzu stellvertretend Scherf 2009, S. 68 f.). Fritsch (2011, S. 80) stellt hierzu fest: „Ein idealer Markt ist dadurch gekennzeichnet, dass jeder Akteur für die von ihm verursachten Kosten aufkommt; ebenso erhält in einem idealen Markt jeder Akteur für die durch sein Handeln bei Dritten erzeugten Vorteile – sofern er dies wünscht – ein entsprechendes Entgelt. Sind diese Voraussetzungen des Modells der vollständigen Konkurrenz nicht erfüllt, so liegen externe Effekte vor". Und mit Zimmermann et al. (2012, S. 50) kann noch ergänzt werden: „Gemeinsam ist diesen sog. externen Effekten [...], dass sie ex definitione nicht als Kosten bzw. Erlöse oder ‚Nachteile' bzw. ‚Vorteile' in den Wirtschaftsrechnungen der privaten Haushalte und Unternehmen erscheinen. Folglich besitzen die Wirtschaftssubjekte einen Anreiz, Produktion und Konsum mit hohen externen Kosten auszudehnen und solche mit externen Erträgen gering zu halten. Da dieses Verhalten eine volkswirtschaftlich optimale Güterversorgung verhindert, kann eine Minderung oder Ausweitung von Produktion bzw. Konsum aus gesamtwirtschaftlichen Erwägungen angezeigt sein".

Dabei kann bekanntermaßen zwischen positiven externen Effekten einerseits, mit denen ein Zusatznutzen für die Gesellschaft verbunden ist (wie z. B. im Fall von Bildungs- oder Gesundheitsleistungen), und negativen externen Effekten andererseits, die zu einer Belastung unbeteiligter Dritter führen können (wie z. B. bei Umweltverschmutzungen), unterschieden werden. Ihre Existenz – folgt man Scherf (2009, S. 69) – rechtfertigt „in der Regel keine staatliche Bereitstellung der Güter, sondern nur lenkende Eingriffe in das Marktgeschehen, mit denen die Produktion bei positiven externen Effekten gefördert oder bei negativen externen Effekten gebremst werden kann". Diese aus dem neoklassischen Standardmodell des vollkommenen Marktes abgeleiteten Schlussfolgerungen werden aus verhaltensökonomischer Sicht nicht grundlegend in Frage gestellt. Der Beitrag der Verhaltensökonomik ist hier vielmehr zum einen darin zu sehen, dass neben den beiden Standardfällen von externen Effekten (pekuniäre und technologische Externalitäten) zudem die Bedeutung sogenannter psychologischer externer Effekte betont wird. Zum anderen wird darauf verwiesen, dass die Anreizwirkung staatlicher Maßnahmen zur Internalisierung von externen Effekten nicht einfach vorausgesetzt werden kann, sondern vielmehr einer genaueren psychologischen Fundierung bedarf, um deren Effektivität zu erhöhen.

1. *Die Standardfälle: Pekuniäre und technologische Externalitäten*

Aus Sicht der neoklassischen Markttheorie stellt nicht jede Form von Externalität eine Beeinträchtigung der Funktionsweise des Marktes dar, die einer entsprechenden staatlichen Korrektur bedarf. So gelten von den beiden ökonomischen Standardfällen externer Effekte die sogenannten *pekuniären Externalitäten* lediglich als eine Folge von Marktbeziehungen. Sie finden ihren Ausdruck in sich verändernden Preisen auf Güter- und Faktormärkten, die durch das Angebots- und Nachfrageverhalten anderer Marktteilnehmer hervorgerufen werden. Als wesentlicher Bestandteil der Marktallokation signalisieren pekuniäre externe Effekte nach Fritsch (2011, S. 81) gewandelte Knappheitsrelationen, die unter Effizienzaspekten erwünscht sind und insofern nicht als Rechtfertigung für Staatsinterventionen zur Beseitigung von Marktunvollkommenheiten dienen können. Eine Ausnahme hiervon bilden lediglich solche pekuniären Externalitäten, die das Ergebnis der Bildung oder Ausübung von Marktmacht auf der Angebots- oder Nachfrageseite sind. Beispielhaft kann hier auf das abgestimmte Verhalten von Anbietern in Oligopolmärkten verwiesen werden, wobei entsprechende Preisabsprachen zu verzerrten Knappheitssignalen führen, was – vermittelt über den Marktmechanismus – zu einer indirekten Beeinträchtigung der Nutzenfunktionen der Nachfrager beiträgt. Nach Zimmermann et al. (2012, S. 50) zeigen „Monopol- und Fusionskontrollen sowie andere wettbewerbspolitische Maßnahmen […], wie der Staat diese Unzulänglichkeiten des Marktes durch geeignete Rahmenbedingungen zu korrigieren versucht".

Die Erkenntnisse der Verhaltensökonomik führen zu keiner grundsätzlichen Neubewertung des staatlichen Handlungsbedarfs im Umgang mit pekuniären Externalitäten. Lediglich mit Blick auf die zuletzt genannte Ausprägungsform von pekuniären externen Effekten in Gestalt der Erzeugung und Ausübung von Marktmacht kann mit Käseberg (2013, S. 36) festgestellt werden, dass sich mittels der in verhaltensökonomischen Ansätzen aufgezeigten Abweichungen von einem vollständig rationalen (Nachfrager-)Verhalten „die bisherige […] Sicht auf Märkte und Marktteilnehmer" ändern kann. Dies betrifft unter anderem die Frage, wie ein eingeschränkt rationaler Akteur auf die verschiedenen Formen von Marktversagen reagiert. Es wird dabei vermutet, dass beispielsweise ein in seinen kognitiven Fähigkeiten systematisch begrenzter Nachfrager im Fall von angebotsseitig ausgeübter Marktmacht in stärkerem Maße „ausbeutbar" ist, als dies für den Fall eines vollständig rationalen Akteursverhaltens gilt. Zusätzlich zu Wettbewerbspolitik, Kartellrecht und traditionellem Verbraucherschutz wäre – folgt man Käseberg (2013, S. 36) – in Anbetracht dessen zu prüfen, inwieweit vor allem die bisherigen Instrumente des Verbraucherschutzes eine etwaige Ergänzung erfordern. So sieht etwa Billen (2011, S. 159) diesbezüglich „[z]wischen Eigenverantwortung und Schutz der Verbraucher" einen „Platz für neue Instrumente der Verbraucherpolitik" (eine ausführlichere Betrachtung alternativer Instrumente des Verbraucherschutzes aus verhaltensökonomischer Sicht findet sich in Kap. 5.1.3).

Im Unterschied zu pekuniären externen Effekten besteht bei sogenannten *technologische Externalitäten* mit Fritsch (2011, S. 81) ein „direkter Zusammenhang zwischen den Gewinn- und Nutzenfunktionen mehrerer Akteure (Individuen bzw. Unternehmen), der nicht durch den Marktmechanismus erfasst und – etwa in Form einer preislichen Kompensation – ausgeglichen wird". Technologische Externalitäten stellen damit eine zentrale Ursache für Marktunvollkommenheiten dar, die unter Effizienzaspekten eine staatliche Korrektur erfordern. Solche externen Effekte können bekanntermaßen durch das Entscheidungsverhalten von Akteuren sowohl im Produktions- wie im Konsumbereich entstehen, um sich positiv (sozialer Zusatznutzen) oder auch negativ (soziale Zusatzkosten) auf die Produktion oder den Konsum dritter Personen auszuwirken. Entscheidend ist dabei, dass die Interdependenz zwischen den Produktions- und Nutzenfunktionen der betroffenen Akteure rein physischer Natur ist, der Marktmechanismus folglich die entsprechenden Interdependenzen nicht erfasst und damit die betroffenen Akteure selbst nicht oder nur sehr bedingt zu einer Internalisierung dieser Art von Externalitäten beitragen können. Technologische externe Effekte gelten daher innerhalb der Finanzwissenschaft als ein klassischer Rechtfertigungsgrund staatlichen Handels unter der Zielsetzung einer Internalisierung bestehender positiver wie negativer Externalitäten. Im Unterschied zu rechtlichen Ge- und Verboten sollten dabei aus ökonomischer Sicht vor allem finanzielle Anreizinstrumente (z. B. in Form von Steuern oder Subventionen) zum Einsatz kommen, da sie eine marktkonforme, weil über den Preismechanismus vermittelte, Internalisierung externer Effekte erlauben.

Die Relevanz von finanziellen Anreizinstrumenten zur Internalisierung von positiven wie negativen (technologischen) Externalitäten wird aus verhaltensökonomischer Sicht nicht grundsätzlich in Frage gestellt. Vielmehr zeigen entsprechende Untersuchungen, dass eine solche Internalisierung nicht allein zu einer Vermeidung verzerrter Marktpreise, sondern ebenso zu einer Steigerung des individuellen Glücksgefühls beitragen kann (vgl. hierzu etwa die Studie von Gruber und Mullainathan 2002 zum Zusammenhang von Zigarettensteuer und Glücksempfinden). Enste und Hüther (2011, S. 56) verweisen allerdings darauf, dass individuelle Entscheidungsprozesse nicht allein durch „finanzielle Kriterien determiniert, sondern auch durch soziale Motive beeinflusst" werden. So ist – folgt man Reiss (2000) oder auch Schuler und Prochaska (2000) – aus der Motivationspsychologie hinreichend bekannt, dass nicht nur ein finanzieller Anreiz, sondern unter anderen auch der soziale Status ein starkes Handlungsmotiv darstellt. Angewendet auf das Beispiel energetisch sanierter Häuser und der damit verbundenen positiven externen Effekte bezogen auf Primärenergieverbrauch und Klimaschutz bedeutet dies, dass Investitionen in ein entsprechend energetisch optimiertes Gebäude nicht allein für Sparen und Verzicht auf Gegenwartskonsum mit der Aussicht auf eine in die Zukunft verschobene Bedürfnisbefriedigung steht, sondern nach Enste und Hüther (2011, S. 56) ebenso „für einen verantwortungsvollen Lebensstil, mit dem sich der moderne, nachhaltige Mensch profilieren kann". Für staatliche Interventionen zwecks Internalisierung externer Effekte bedeutet dies, dass sich deren Anreizwirkung dadurch steigern lässt, wenn die zum Einsatz kommen finanziellen Anreize mit einer *affektiven Komponente* verknüpft werden. Auf diese Weise lassen sich die mit finanziellen Anreizen verbundenen Gefühle der Belohnung (bzw. Bestrafung bei nicht Befolgung) entsprechend intensivieren, um das unter Effizienzaspekten staatlich gewünschte Entscheidungsverhalten zu realisieren.

Die Wirkung von finanziellen Anreizen zur Internalisierung externer Effekte lässt sich aus verhaltensökonomischer Sicht darüber hinaus durch eine Erhöhung der *Merklichkeit (Salienz)* der entsprechenden Handlungsfolgen steigern. Nach Swim et al. (2009) ist diese Erinnerungsfunktion insofern psychologisch wichtig, als die Akteure ihren eigenen Einfluss auf das gegebene gesellschaftliche Umfeld in aller Regel unterschätzen. Das unmittelbare Aufzeigen von Handlungskonsequenzen verstärkt demgegenüber die innere Bereitschaft der Akteure zu einer Änderung ihres bisherigen Entscheidungsverhaltens. Enste und Hüther (2011, S. 57) verweisen in diesem Zusammenhang exemplarisch auf den

Einsatz eines sogenannten Smart Meter, um die subjektive Salienz des Stromverbrauchs zu erhöhen. Solche Smart Meter zeigen dabei nicht nur zeitpunktbezogen den Verbrauch des Stroms in Kilowattstunden an, sondern auch die mit einer geringeren Verbrauchsmenge verbundene monetäre Einsparung sowie die Vermeidung an CO_2-Ausstoß. Vor allem durch „die Darstellung des CO_2-Ausstoßes wird der Verbraucher immer wieder an die Auswirkungen des eigenen Verhaltens auf die Umwelt erinnert" (ebenda). Neben einer zeitnahen Übermittlung von Daten zum eigenen Verhalten kann diese Erinnerungsfunktion auch in Form von sozialen Vergleichsprozessen hervorgerufen werden. So konnte beispielsweise Allcott (2010) in einem Feldexperiment zur individuellen Energienachfrage zeigen, dass die Probanden ihren Stromverbrauch immer dann reduzierten, wenn sie über den durchschnittlichen Energieverbrauch ihrer Nachbarn informiert wurden. Bei gegebener Preiselastizität der Nachfrage nach Strom entsprach der auf diese Weise realisierte Einspareffekt einer Preiserhöhung von bis zu 28%.

Schließlich kann die staatlich intendierte Wirksamkeit von (monetären) Verhaltensanreizen zudem durch eine Kombination mit *optischen Informationen* gesteigert werden, wie dies nach Enste und Hüther (2011, S. 58) etwa für den zusätzlichen Einsatz von sogenannten Ampelkennzeichnungen gilt oder auch auf die Verwendung von lachenden und weinenden Gesichtern („Smileys") zutrifft. In beiden Fällen erfolgt eine mentale Verknüpfung von kognitiver und emotionaler Ebene, was in der Regel zu einer erheblichen Verstärkung rein materiell orientierter Handlungsmotive beiträgt. Nach Haley und Fessler (2005) entfaltet dabei vor allem der Gebrauch von Smileys eine entsprechende Wirkung auf das Belohnungssystem, was anstelle von Frust (schlechtes Gewissen) zu positiven Emotionen führt. Auf diese Weise kann das individuelle Anspruchsniveau zum einen im Sinne der Etablierung eines neuen mentalen Status quo verändert werden, so dass negative Abweichungen davon subjektiv als Niederlage wahrgenommen werden, die es zu vermeiden gilt. Aber auch für den Fall, dass das individuelle Anspruchsniveau unverändert bleibt, kann zum anderen eine positive emotionale Rückkopplung dafür sorgen, dass ein anreizkonformes Entscheidungsverhalten jenseits seiner materiellen Implikationen auch mental als Gewinn oder Belohnung verbucht wird. Folgt man Enste und Hüther (2011, S. 59), haben beide Mechanismen „den gleichen Effekt, der als psychologische Internalisierung von externen Effekten beschrieben werden kann".

2. *Nutzeninterdependenzen in Form von psychologischen Externalitäten*

Im Unterschied zu technologischen und pekuniären Externalitäten, auf die innerhalb der ökonomischen (neoklassischen) Standardargumentation das Augenmerk konzentriert ist, kann aus verhaltensökonomischer Sicht zudem auf die Existenz sogenannter *psychologischer Externalitäten* verwiesen werden, die ein weiteres Argument für staatliche Eingriffe in das Marktgeschehen liefern. (vgl. zu Ursachen und Inhalt von psychologischen externen Effekten die Ausführungen in Rodgers 1974; Pommerehne 1980; Becker 1981 oder auch Paqué 1986). Diese Art von externen Effekten lässt sich auf solche Nutzeninterdependenzen zwischen Akteuren zurückführen, bei denen das Nutzen- bzw. Konsumniveau anderer Akteure in der eigenen Nutzenfunktion eine Berücksichtigung findet, ohne dass zwischen diesen Akteuren eine marktvermittelte (pekuniäre Externalitäten) oder physische Interaktionsbeziehung (technologische Externalitäten) besteht. Es können dabei nach Fritsch (2011, S. 96) grundsätzlich zwei Arten von psychologischen Externalitäten unterschieden werden, die sich „entweder in altruistisch-wohlmeinender (,benevolenter') oder in neidisch-böswilliger (,malevolenter') Haltung der Individuen manifestieren [...]. Beispielhaft für solche psychologischen Externalitäten wären etwa der Neid auf den Erfolg bzw. den Wohlstand anderer oder das Mitleid mit Notleidenden". Auch wenn die angesprochenen Gefühle von Wohltätigkeit und Neid vordergründig auf ein Problem der Einkommens- und Vermögensumverteilung verweisen, verbindet sich mit dem Vorliegen psychologischer externer Effekte die Frage nach einer effizienten Allokation knapper Ressourcen mit dem Ziel, die gesamtgesellschaftliche Wohlfahrt zu erhöhen. Hochman und Rogers (1969) sprechen in diesem Zusammenhang von einer „pareto-optimalen Umverteilung", wobei unter Anwendung unterschiedlich gestalteter Nutzeninterdependenz-Konzepte freiwillige Transferzahlungen zwischen Wirtschaftssubjekten und die ihnen zugrunde liegenden karitativen Motive erklärt werden sollen (vgl. für die unterschiedlichen Formen von Nutzeninterdependenzen im Fall von psychologischen Externalitäten den Überblick in Fritsch 1984, S. 59 ff.). Als Voraussetzung für entsprechende *Nutzeninterdependenzen* und daraus resultierende private Sach- oder Geldtransfers gilt dabei, dass die Einkommenssituation der „ärmeren" Gesellschaftsmitglieder in die Nutzenfunktion der „reicheren" Gesellschaftsmitglieder mit einfließt und deren Entscheidungsverhalten entsprechend beeinflusst (vgl. für eine knappe Darstellung des Problems der „pareto-optimalen Umverteilung" etwa Blankart 2011, S. 94 f.). Mit Hilfe solcher psychologischen Nutzeninterdependenzen lassen sich nach Fritsch (2011, S. 96) beispielsweise „die Tätigkeit privater Wohlfahrtsorganisationen oder die Vorsorge für nachfolgende Generationen" zumindest teilweise erklären.

Von Bedeutung in diesem Kontext und damit Gegenstand entsprechender empirischer Untersuchungen war die Frage, in welchem Umfang sich eine praktizierte Einkommens- und Vermögensumverteilung durch Nutzeninterdependenzen und freiwillige Umverteilungsmotive begründen lässt. Ireland und Johonson (1970) konnten dabei in einer frühen Untersuchung für die USA zeigen, dass US-Bürger im Durchschnitt lediglich bis zu 1 % ihres Einkommens für karitativ motivierte Transfers auszugeben bereit sind. Bezogen auf die ökonomische Rechtfertigung von Staatseingriffe ist jedoch nicht das geringe Ausmaß an privater Umverteilung maßgeblich. Entscheidend ist vielmehr die Frage, inwiefern trotz gegebener Nutzeninterdependenzen freiwillige Transferzahlungen aus spezifischen Gründen nicht oder in einem nur sehr geringen Umfang erfolgen und daher von einem Marktversagen privater Umverteilungsmaßnahmen ausgegangen werden muss. Können solche Gründe für ein Marktversagen im Fall von karitativen Spenden benannt werden, lassen sich – folgt man Fritsch (2011, S. 96) – daraus „wiederum entsprechende staatliche Maßnahmen rechtfertigen".

Als ein wesentlicher Grund dafür, dass es trotz bestehender (psychischer) Nutzeninterdependenzen zu keinen oder nur geringen privaten Umverteilungsmaßnahmen kommt, gilt die *Größe eines Kollektivs* von Akteuren. So wird unter anderen bei Becker (1981, S. 10 ff.) davon ausgegangen, dass in vergleichsweise kleinen Gruppen – beispielsweise der Familie – private Transferleistungen in einem effizienten Umfang zustande kommen. Je größer jedoch die Gruppe ist (bis hin zu anonymen Marktbeziehungen), die von freiwilligen Umverteilungsmaßnahmen profitieren würde, desto unwahrscheinlicher ist es, dass es zu entsprechenden Spendenaktivitäten kommt. Die Relevanz der Kollektivgröße wird vor allem damit begründet, dass – so auch Fritsch (2011, S. 98) – das „Ausschlussprinzip auf die Nutznießung einer verbesserten Einkommensverteilung kaum anwendbar ist". Oder anders formuliert: Altruistisch motivierte Spendenaktivitäten können im Fall einer großen Zahl von potentiellen Spendern zu einem Trittbrettfahrer-Problem führen, da der Gesamttransfer aus Sicht der spendenden Akteure ein öffentliches Gut darstellt. Wenn die Nutzensteigerung eines Spenders daraus resultiert, dass das Nutzenniveau eines armen Akteurs durch eine entsprechende Transferleistung erhöht werden kann, dann profitiert ein solcher Spender auch von den Transfers, die andere Spender tätigen. D. h. ein einzelner Spender steigert durch seine Transfers nicht nur das Wohlergehen der Empfänger, sondern erhöht auch das Wohlergehen der übrigen potenziellen Spender über deren altruistische Nutzenkomponente. Aufgrund dieses positiven externen Effekts muss – insbesondere im Fall von rational handelnden Akteuren – jedoch davon ausgegangen werden, dass einzelne Spender es vorziehen, wenn ein bestimmter Transfer von anderen finanziert wird, um einen eigenen Einkommens- bzw. Konsumverzicht zu vermeiden. Die in dieser Situation sich ergebenden freiwilligen Spenden bzw. Transferleistungen stellen aus herkömmlicher ökonomischer Sicht keine effiziente Lösung dar, da eine simultane Erhöhung der Transferzahlungen aller potentiellen Spender sowohl deren Nutzen als auch jenen der Empfänger erhöhen würde (siehe hierzu auch die Abb. 5.1). Da die beschriebene Situation einem Gefangenendilemma entspricht, ist nicht zu erwarten, dass sich ein nutzensteigerndes kooperatives Spendenverhalten von selbst (d. h. durch freiwillig getätigte Transfers) einstellt. Eine Internalisierung der mit solchen Transfers verbundenen positiven externen Effekte bedarf vielmehr einer kollektiven Instanz (Staat), die entweder mittels entsprechender Anreize (Steuerabzugsfähigkeit von Spenden) oder notfalls auch durch Zwang für die erforderliche Verhaltensbindung im Sinne eines kooperativen Spendenverhaltens sorgt.

Die Größe des Kollektivs gewinnt hier insofern eine Bedeutung, wie traditionell davon ausgegangen wird, dass mit wachsender sozialer Anonymität zugleich die Bereitschaft zum strategischen Verhalten steigt. Damit in Einklang stehen Überlegungen von Pauly (1973), der darauf hinweist, dass die persönliche oder auch räumliche Nähe zu Bürgern mit geringer Einkommenshöhe das Ausmaß an privaten Geld- und Sachtransfers in der Tendenz ansteigen lässt. Begründet wird dies damit, dass die Bürger ein Mitgefühl für die Bedürftigen im nahen persönlichen Umfeld oder auch innerhalb der eigenen Gebietskörperschaft (nicht aber für Person außerhalb des persönlichen Umfelds oder die weiter entfernt Wohnenden) haben und daher leichter dazu bereit sind, entsprechende Transferleistungen auf freiwilliger Basis zu erbringen. Sind diese Randbedingungen nicht gegeben, sind solche Umverteilungsmaßnahmen nach Blankart (2011, S. 644) nur auf dem Weg (zentral-)staatlicher Interventionen zu realisieren. Aus Sicht der Verhaltensökonomik

5.1 Staatseingriffe unter Effizienzaspekten – Standardargumentation ...

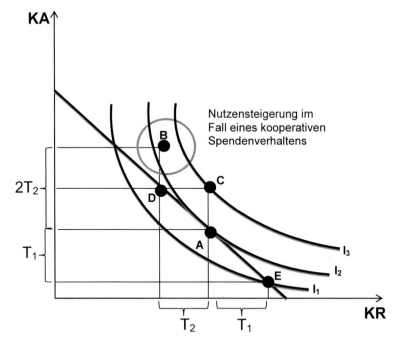

Abb. 5.1 Altruismus als Nutzenkomponente und Nutzensteigerung durch kooperatives Spendenverhalten. (*Erläuterung*: Geht man von der Nutzenfunktion eines reichen Akteurs aus (I_1 bis I_3) und unterscheidet man zwischen den Konsummöglichkeiten eines armen Akteurs (*KA*) und denjenigen eines reichen Akteurs (*KR*), dann kann – ausgehend von Punkt E – der reiche Akteur seinen Nutzen dadurch steigern (*Punkt A*), indem er einen Teil seiner Konsummöglichkeiten an den armen Akteur spendet (Transfer in Höhe von T_1). Geht man von mehr als einem reichen Geber-Akteur (z. B. zwei reiche Spender) aus, kann es zu einem Trittbrettfahrerverhalten kommen. Werden – ausgehend von Punkt A – von anderen reichen Akteuren Transferleistungen im Umfang von T_2 getätigt, kann ein höheres Nutzenniveau auch ohne eigene Spendentätigkeit erreicht werden (*Punkt C*). Spendet ein reicher Akteur demgegenüber im Umfang von T_2, ohne dass auch andere reiche Akteure Transfers leisten, kommt es aus Sicht des Spenders relativ zum Ausgangspunkt A zu einer Nutzeneinbuße (*Punkt D*). Eine Besserstellung aller reichen Geber-Akteure könnte allerdings dadurch erreicht werden, dass die Akteure sich kooperativ verhalten, d. h. alle ohne Ausnahme Transferleistungen ($2T_2$) erbringen (*Punkt B*). Da diese nutzensteigernde Umverteilungslösung auf der Grundlage eines freiwilligen Verhaltens der Geber-Akteure insbesondere im Fall großer Gruppen nicht sehr wahrscheinlich ist, besteht ein Bedarf für staatliche Interventionen zur Internalisierung positiver Nutzen-Spillovers. Quelle: Eigene Darstellung)

wird dieser Argumentation zwar nicht grundlegend widersprochen. Jedoch kann die Spendenbereitschaft auch dann vergleichsweise groß sein, wenn weder eine soziale noch eine räumliche Nähe zum Transferempfänger gegeben ist.

Das Ausmaß an Spendenaktivitäten allein in Deutschland, wie es sich etwa im Zuge der thailändisch-indonesischen Tsunami-Katastrophe in 2004, der Erdbebenkatastrophe in Pakistan und Haiti in 2010, im Fall des „Jahrhunderthochwassers" an der Elbe in 2013 oder auch den philippinischen Zerstörungen durch den Taifun Haiyan in 2014 gezeigt hat, mag hier als ein entsprechender Beleg dafür gelten, dass räumliche ebenso wie persönliche Distanz keine generellen Hinderungsgründe für eine hohe Spendenbereitschaft sein müssen. Räumliche und persönliche Distanz entfalten dann ihre Wirksamkeit, wenn ein Katastrophenereignis keine mediale Präsenz aufweist und daher bei potenziellen Spendern nicht mental verfügbar ist, wie dies beispielsweise bei der Ebola-Seuche in Westafrika in 2014 lange zeit der Fall war (zum aktuellen Spendenverhalten in Deutschland vgl. Deutscher Spendenrat 2015). Als verantwortlich hierfür gilt aus verhaltensökonomischer Sicht zum einen wiederum die Wirksamkeit der Verfügbarkeitsheuristik, d. h. sind Anlass (verursachtes Leid) und potentielle Nutzeneffekte der Spendentätigkeit (Milderung des Leids) mental präsent, steigt die Wahrscheinlichkeit, dass Transfers getätigt werden. Zum anderen kann die Art und Weise, wie das die Spendentätigkeit hervorrufende Ereignis (medial) dargestellt wird, sich auf den Umfang an individuellen Transfers auswirken (Framing-Effekt). Schließlich wird die Höhe der geleisteten Transfers auch durch das Wissen darüber beeinflusst, was andere bereits gespendet haben (Anker-Effekt).

Ein Marktversagen im Fall von freiwilligen Transferleistungen kann nach Fritsch (2011, S. 98) insbesondere dann auftreten, wenn in der Nutzenfunktion eines Akteurs die folgenden Elemente enthalten sind: 1) die Einkommens- und Nutzenniveaus anderer Akteure, 2) die von anderen Akteuren konsumierte Menge an Gütern oder auch 3) solche Güter wie beispielsweise „Innere Sicherheit" oder auch „Gesundheit", bei denen davon auszugehen ist, dass deren Bereitstellung durch bestimmte Umverteilungsmaßnahmen verbessert wird. In allen drei genannten Fällen kann eine staatliche Erfüllung dieser distributiven Aufgabe unter Effizienz- bzw. Wohlfahrtsaspekten ökonomisch zweckmäßig sein, da sich damit ein Nutzengewinn für alle Gesellschaftsmitglieder verbindet. Zu einer anderen Einschätzung der Notwendigkeit staatlichen Handelns kommt man demgegenüber dann, wenn die psychologische Externalität darin besteht, dass ein Akteur aus dem Akt der freiwilligen Transferleistung als solcher einen zusätzlichen Nutzen zieht. Eine unter dieser Bedingung vom Staat erzwungene Umverteilung könnte beim vormals freiwillig spendenden Akteur anstelle eines Nutzengewinns vielmehr als Minderung der eigenen Wohlfahrt empfunden werden.

Auf diesen Aspekt staatlicher Transfermaßnahmen weist auch Balcerovic (2004) hin, der in diesem Zusammenhang auf einen möglichen motivationalen Crowding-out-Effekt privater karitativer Tätigkeiten durch staatliche Transferleistungen verweist. Ob es zu einem solchen Verdrängungseffekt jedoch tatsächlich kommt, ist allerdings umstritten. So zeigen etwa Bengtsson und Engström (2014) in einer Untersuchung, dass eine erhöhte staatliche Kontrolle nicht zwingend zu Crowding-Out Effekten führen muss, sondern vielmehr zu einer Effizienzsteigerung karikativer Tätigkeit beitragen kann. Dieses Ergebnis wird durch die Untersuchung von Rand und Epstein (2014) zum altruistischen Verhalten ziviler Lebensretter gestützt. Danach handelte die Mehrheit der befragten Lebensretter intuitiv, ohne über mögliche Konsequenzen nachzudenken. Die Autoren interpretieren dies als einen Hinweis darauf, dass ausgeprägter Altruismus als ein automatisierter Prozess abläuft, der durch äußere Faktoren – wenn überhaupt – nur bedingt beeinflusst wird. D. h.

staatliche Interventionen führen hier zu keiner Verdrängung eines „reflexartigen" privaten Altruismus.

3. *Psychologische Externalitäten, Sozialkapital und Lebenszufriedenheit*

Neben den bislang bereits dargestellten Ausprägungsformen psychologischer Externalitäten wird zudem im Rahmen der seit Beginn der 1990er Jahre sich entwickelnden Sozialkapitalforschung auf eine weitere Variante von Nutzeninterdependenz hingewiesen. Mit dem Begriff des *Sozialkapitals* werden nach Woolcock (2001, S. 70) in allgemeiner Form „norms and networks that facilitate collective action" umschrieben. Den Ausgangspunkt des Sozialkapitalbegriffs stellten die Überlegungen von Bourdieu (1982) und Coleman (1990) dar. Weitere wichtige frühe Arbeiten zum Sozialkapital sind die Beiträge von Coleman (1988), Putnam et al. (1993) oder auch Helliwell und Putnam (1995). Die Normkomponente wird dabei oft mit Vertrauen und postmaterialistischen Werten wie zivilgesellschaftlichem Engagement, Bürgerbeteiligung, politischem Interesse und Selbstbestimmung gleichgesetzt, während die Netzwerke sich sowohl auf ehrenamtliches Engagement und Nachbarschaftshilfe als auch auf die Mitgliedschaft in Vereinen, Verbänden, Gewerkschaften und Parteien beziehen. Sozialkapital leistet – so die weitere Argumentation – einen wesentlichen Beitrag zur produktiven Strukturierung von sozialen und ökonomischen Interaktionsbeziehungen und führt damit zu einer Reduzierung von Transaktionskosten (vgl. hierzu auch Milgrom et al. 1990; Greif 1993; Fehr und Schmidt 2000; Bolton und Ockenfels 2000; Scott und Storper 2003 sowie Falk et al. 2005; vgl. zu den Fragen, wie Wertvorstellungen entstehen und wie individuelle Werte ein bestimmtes Verhalten begünstigen, etwa Fehr et al. 2005 oder auch Glaeser et al. 2001). Aufgrund der genannten Eigenschaft hat der Sozialkapitalbegriff unter anderen einen prominenten Eingang in die Untersuchung der Bestimmungsfaktoren einer unterschiedlichen wirtschaftlichen Entwicklung von Regionen gefunden (vgl. als Überblick zu entsprechenden theoretischen und empirischen Studien in diesem Bereich Döring et al. 2008, S. 92 ff. mit weiteren Literaturhinweisen).

Im Unterschied zu den Wachstumswirkungen von Sozialkapital sind mit Blick auf die Internalisierung psychologischer Externalitäten allerdings jene Effekte von besonderer Bedeutung, wie sie bislang vor allem im Kontext der ökonomischen Glücksforschung eingehender untersucht wurden (vgl. hierzu auch Weimann et al. 2012, S. 52 ff., die einen Überblick zu den Untersuchungsergebnissen der ökonomischen Glücksforschung bezogen auf den Faktor „Sozialkapital" geben). Den Anknüpfungspunkt hierfür liefert das aus der sozialen Interaktion von Akteuren mit ihrem unmittelbaren Umfeld (Familie, Freunde, Nachbarn, Gemeindemitglieder) resultierende (Gemeinschafts-)Gefühl der *Anerkennung, Zugehörigkeit und Geborgenheit* und den sich daraus ergebenden Auswirkungen auf das subjektive Wohlbefinden. So hat Putnam (1995) in einer Pionierstudie mit Daten für die US-Bundesstaaten gezeigt, dass Akteure mit engen Familien-, Freundschafts- oder Nachbarschaftskontakten zugleich auch über eine bessere Gesundheit verfügen und eine höhere Lebenszufriedenheit aufweisen. Gleiches gilt für solche Akteure, die sich aktiv in soziale

Gemeinschaften und Vereine vor Ort einbringen oder die Mitglieder in religiösen Vereinigungen sind (vgl. diesbezüglich ebenso Putnam 2000 sowie Putnam 2001). Eine Bestätigung dieser Ergebnisse für die USA, aber auch für Kanada findet sich in Helliwell und Putnam (2005), die in ihrer Untersuchung umfangreiche Daten des World Values Survey, des US Benchmark Survey sowie vergleichbare kanadische Daten ausgewertet haben.

Ähnliche Ergebnisse einer positiven Wirkung des Sozialkapitals auf das subjektive Wohlbefinden liegen für Europa vor. So konnte Powdthavee (2008) für Großbritannien zeigen, dass Untersuchungsteilnehmer, die eine hohe Frequenz an Kontakten zu Freunden aufwiesen, über eine *höhere Lebenszufriedenheit* verfügten als jene befragten Akteure, die nur durch eine geringe Zahl an sozialen Kontakten gekennzeichnet waren. Gefühle der emotionalen Geborgenheit, Sicherheit und sozialen Unterstützung waren bei der zuletzt genannten Akteursgruppe signifikant niedriger ausgeprägt, was sich entsprechend negativ auf das subjektive Glücksempfinden auswirkte. Bezogen auf die Studie von Powdthavee (2008) beschreiben Weimann et al. (2012, S. 53) die damit einhergehenden (psychischen) Nutzeninterdependenzen wie folgt: „Freunde sind wertvoll und enge Freunde sind besonders wertvoll. Jedenfalls gilt das dann, wenn diese Freundschaften dazu genutzt werden, um auch über sehr persönliche Dinge zu sprechen" (vgl. hierzu auch die Untersuchung von Oswald und Powdthavee 2008). Auch für Deutschland kamen Becchetti et al. (2008) unter Verwendung von Daten des sozio-ökonomischen Panels (SOEP) zu dem Ergebnis, dass die durchschnittliche Lebenszufriedenheit bei Akteuren mit einer vergleichsweise hohen Rate an Gemeinschaftsaktivitäten systematisch höher ausfiel, als dies bei Akteuren der Fall war, die relativ wenig Zeit für solche Aktivitäten aufwendeten.

Allerdings können sich hierbei auch geschlechtsspezifische Unterschiede zeigen, wie eine Untersuchung von Nolen-Hoeksema (1991) ergab, wonach Frauen im Vergleich zu Männern mehr Freundschaften pflegen, auch wenn sie diese eher selten zielstrebig und damit produktiv nutzen. Diesbezüglich stellen Weimann et al. (2012, S. 53) fest: „Anstatt mit ihren Freundinnen zu sprechen, wie sie ein bestimmtes Problem lösen können, klagen sie mehr und diskutieren. Männer sind da weniger offen, aber zielstrebiger. Sie sind eher bemüht, Probleme zu lösen und verlieren sich nicht in langen Diskussionen. Neuere Studien haben zwar das Vorurteil widerlegt, dass Männer deutlich weniger reden als Frauen, aber beim Problemlösen scheint es immer noch eine höhere Redebereitschaft bei Frauen zu geben". Bezogen auf das subjektive Wohlbefinden ist dabei von Bedeutung, dass – wie Wheeler et al. (1983) in einer Studie mit amerikanischen Studierenden nachweisen konnten – aus Sicht von Akteuren beiderlei Geschlechts sich die Freundschaftsbeziehung mit einer Frau positiver auf das individuelle Glücksgefühl auswirkt als die mit einem Mann. Grundsätzlich ist nach Kahneman et al. (2004) davon auszugehen, dass soziale Kontakte mit anderen Akteuren – positiv wie negativ – zu einer intensiveren Wahrnehmung von Gefühlen beitragen. Im Umkehrschluss bedeutet dies aber auch, dass fehlende soziale Kontakte und eine damit verbundene individuelle Vereinsamung zu einer emotionalen Beschränktheit von Akteuren führen. Mit Kirchler (2011, S. 802) ist dies darauf zurückzuführen, dass soziale Kontakte eine „stete Quellen von Neuem [sind], was Aufmerksamkeit, Neugier und Auseinandersetzung fördert", um auf diese Weise auch zu einer höheren Lebenszufriedenheit beizutragen. Der Autor zieht daraus die folgende Schlussfolgerung: „Da alle materiellen Dinge, mit denen sich Konsumenten umgeben können, schnell ihren Neuigkeitscharakter verlieren und somit als Glückquelle versiegen, lohnt es sich nicht, nach ihnen zu streben, sondern nach Sozialkontakten" (ebenda). Dies deckt sich auch mit den Ergebnissen einer Studien von Frey (2008), in der mehr als 42.000 Personen aus 22 europäischen Ländern zu ihren TV-Gewohnheiten und ihrer Lebenszufriedenheit befragt wurden. Dabei konnte gezeigt werden, dass ein übermäßiger TV-Konsum, der zu einer Vernachlässigung von Sozialkontakten führt, sich negativ auf das Glücksgefühl der Befragten auswirkt.

Aus den dargestellten Untersuchungsergebnissen zu den psychologischen Externalitäten in Form der Bedeutung des Sozialkapitals für das individuelle Wohlbefinden lässt sich mit Blick auf die Rechtfertigung staatlichen Handelns ableiten, dass solche Staatsinterventionen als verhaltensökonomisch legitim zu bewerten sind, die zu einer Förderung von sozialen Kontakten beitragen. Vor diesem Hintergrund kann – folgt man Weimann et al. (2012, S. 54) – nicht allein die bereits im deutschen Grundgesetz verfassungsrechtlich verankerte staatliche Unterstützung von Ehe und Familie zusätzlich gerechtfertigt werden. Vielmehr sind auch solche Maßnahmen wie etwa die steuerliche Förderung von Vereinen und gemeinnützigen Organisationen aus verhaltensökonomischer Sicht als wohlfahrtssteigernd und damit unter dem Effizienzaspekt als zweckmäßig zu bewerten. Gleiches gilt im Bereich des Sozialkapitals schließlich ebenso für die staatliche Unterstützung von zivilgesellschaftlichem Engagement und Bürgerbeteiligung, soweit diese zu einer Steigerung von Gefühlen der sozialen Zugehörigkeit und Anerkennung sowie von emotionaler Geborgenheit und Sicherheit beitragen.

5.1.3 Marktunvollkommenheiten aufgrund von Informationsasymmetrien unter Berücksichtigung kognitionspsychologischer Aspekte

Neben der Existenz unterschiedlicher Typen von externen Effekten, die aus Sicht der ökonomischen (neoklassischen) Standardtheorie zu Marktunvollkommenheiten führen und damit mögliche Staatseingriffe rechtfertigen, können nach Fritsch (2011, S. 247 ff.) zudem Informationsmängel auf Seiten der Marktakteure dazu beitragen, dass die Funktionsweise von Märkten wesentlich beeinträchtigt wird. Entsprechende Informationsmängel und damit verbundene Markineffizienzen bilden den zentralen Untersuchungsgegenstand der Informationsökonomik. Vor allem in Gestalt von zwei unterschiedlichen Effekten – der „Adversen Selektion" einerseits sowie des „Moral Hazard" andererseits – ist das Auftreten entsprechender Markineffizienzen im Rahmen der Informationsökonomik untersucht worden (vgl. hierzu grundlegend Stigler 1961; Akerlof 1970 sowie Nelson 1970). Adverse Selektion kennzeichnet dabei jenes Problem, bei dem Informationsasymmetrien – etwa im Fall von Versicherungsleistungen – zu einer Negativ-Auslese abzusichernder Risiken führen. D. h. die Nachfrage nach Versicherungsleisten ist bei jenen Akteuren am größten, bei denen auch die entsprechenden Risiken am höchsten sind. Wenn zugleich Akteure mit lediglich niedrigen Risiken in ihrer Nachfrage nach Versicherungsleistung zurückhaltend sind, kann dies zu einer ungünstigen Risikostruktur für ein Versicherungsunternehmen ohne hinreichenden Risikoausgleich führen.

Mit dem Problem des Moral Hazard wird demgegenüber ein Verhalten beschrieben, dass – wählt man erneut das Beispiel der Versicherungsleistungen – angesichts eines bestehenden Versicherungsschutzes durch ein geringes Sorgfaltsniveau gekennzeichnet ist. Durch das sorglose Verhalten steigt jedoch die Wahrscheinlichkeit, dass es zu einer übermäßigen und damit ineffizienten Nutzung bestehender Versicherungsleistungen kommt. Können nach Fritsch (2011, S. 255) „Versicherer nicht erkennen, wer ein hohes Sorgfaltsniveau einhält und wer nicht, muss er für alle – auch für die wirklich Vorsichtigen – eine gleich hohe Prämie festsetzen. Bei einer relativ hohen Prämie werden aber die guten Risiken auf eine [V]ersicherung verzichten […]. Vor allem für die schlechten Risiken, die ein geringes Sorgfaltsniveau walten lassen, lohnt sich die nunmehr zu relativ hohen Prämien angebotene Versicherung". Damit begünstigt Moral Hazard zugleich den Effekt der Adversen Selektion. Auch wenn solche Informationsdefizite auf beiden Marktseiten – also bei Anbietern wie Nachfragern – auftreten können, soll hier das Augenmerk auf das Vorliegen *asymmetrischer Informationen* sowie das damit verbundene Informationssuchverhalten auf Seiten der Verbraucher gelegt werden. Asymmetrische Informationsstrukturen können bekanntermaßen aus der Tatsache resultieren, dass produktspezifische Informationen in der Regel als Kuppelprodukte im Produktionsprozess anfallen. Sie sind somit für den Produzenten praktisch kostenlos, während der Konsument nicht selten hohe Kosten aufbringen muss, um sie zu erlangen.

In Anbetracht dessen ist davon auszugehen, dass der rationale Verbraucher nicht vollständig informiert sein wird, sondern lediglich einen – unter Nutzen-Kosten-Aspekten – optimalen Informationsgrad anstrebt. Zusammen mit der Annahme, dass sich die Anbieter opportunistisch verhalten, kann eine asymmetrische Informationsverteilung – so auch Vahrenkamp (1991, S. 39) – zu ineffizienten Marktergebnissen führen, solange Anbieter keinen Anreiz haben, ihr Wissen vollständig und glaubwürdig weiterzugeben. Zudem könnten Anbieter versucht sein, Informationen nur selektiv preiszugeben oder sogar falsche Informationen an die Konsumenten zu übermitteln, um ihre Marktposition zu stärken. Beides verringert die Möglichkeit der Verbraucher rationale (Kauf-)Entscheidungen zu treffen, was im Ergebnis zu Fehlallokationen oder sogar zum Zusammenbrechen des betreffenden Marktes führen kann. Da allein wettbewerbspolitische Maßnahmen zu keiner Lösung des Problems beitragen, dient die Existenz von Informationsmängeln auf Konsumentenseite zur Rechtfertigung staatlicher Markteingriffe unter der Zielsetzung eines hinreichenden Verbraucherschutzes. Maynes (1979) und Maynes et al. (1989) sprechen diesbezüglich von „informational imperfect markets", was nach Morris und Bronson (1969) zu einem „chaos of competition" führt (vgl. hierzu auch Imkamp 2015 mit einer abweichenden Bewertung).

1. *Informationsökonomische Argumente für Markteingriffe des Staates*

Um Markteingriffe des Staates zu begründen, die aus der Existenz von Informationsasymmetrien abgeleitet werden, ist es aus informationsökonomischer Sicht zweckmäßig, zwischen verschiedenen Güterarten zu unterscheiden. So bezieht sich das Problem unvollkommener Information nach Sinn (1989, S. 82) nur auf solche Güter, deren „Qualität erst bei ihrer Nutzung festgestellt werden kann und die selten oder von häufig wechselnden Anbietern (Laufkundschaft) erworben werden". Ob diese „Erfahrungsgüter" (z. B. elektronische Geräte, Qualität von Restaurants) zur Befriedigung der Bedürfnisse des Konsumenten geeignet sind, wird entsprechend erst nach dem Kauf und durch den Gebrauch festgestellt, da eine Beurteilung der Qualität dieser Güter vor dem Kauf in der Regel nicht möglich ist. Damit können potenzielle negative Beeinträchtigungen, die mit der Nutzung des Gutes verbunden sind, eventuell zu spät bemerkt werden. Ein noch größeres „Schädigungspotenzial" verbindet sich mit „Vertrauensgütern" (z. B. pharmazeutische Produkte, Versicherungsleistungen oder komplexe Güter wie Autos), deren Eigenschaften sich dem Konsumenten selbst durch den Gebrauch nicht oder erst nach einem langen Zeitraum erschließen. D. h. die mit dem Konsum dieser Güter kurzfristig gemachten Erfahrungen bieten keine Evidenz für eine gute oder schlechte Qualität der Leistung. Die Kategorisierung von Gütern nach ihrem Informationsaufwand in Such- und Erfahrungsgüter geht auf Nelson (1970) sowie Nelson (1974) zurück und wurde von Darby und Karni (1973) um die Kategorie der Vertrauensgüter ergänzt (vgl. für eine zusammenfassende Darstellung auch Weiber und Adler 1995). Aus den mit *Erfahrungs-* wie *Vertrauensgütern* einhergehenden Informationsproblemen leitet sich somit eine vergleichsweise hohe Schutzbedürftigkeit des Verbrauchers ab. Demgegenüber benötigt der Verbraucher bei Gütern, die aufgrund ihrer Eigenschaften vorwiegend der Gruppe der „Such- bzw. Inspektionsgüter" (z. B. Lebensmittel wie Obst, Gemüse, Brötchen) zuzuordnen sind, weniger Schutz. Vielmehr kann der Konsument hier in der Regel zu geringen Kosten erkennen, ob das vorliegende Gut seinen Bedürfnissen und Qualitätspräferenzen entspricht (vgl. hierzu auch Kuhlmann 1990, S. 48).

Auch wenn sich in Anbetracht dessen aus dem Vorliegen asymmetrischer Informationen grundsätzlich ein staatlicher Regulierungsbedarf ableiten lässt, dann muss dies aus Sicht der ökonomischen (neoklassischen) Standardtheorie aber noch nicht zwangsläufig zu Markteingriffen des Staates führen. Vielmehr besteht aus informationsökonomischer Sicht hier die Möglichkeit zu Marktlösungen, da Anbieter durchaus einen Anreiz haben, Konsumenten ausreichend mit Informationen zu versorgen. So stellen etwa glaubhafte Qualitätssignale ein Instrument der nicht-staatlichen Lösung von Informationsproblemen dar. Hierzu gehören insbesondere Mechanismen zum Aufbau von Reputation sowie die Investition in einen Markennamen oder in qualitativ hochwertige und häufig praktizierte Werbung. Eine weitere Möglichkeit ist die (freiwillige) Gewährung von Garantien, die – als Qualitätsversprechen – die Überzeugung von der Qualität der eigenen Produkte unterstreicht. Aber auch die Verbraucher selber können im Markt aktiv nach Informationen über Güter und Anbieter suchen, wobei neben dem direkten Einholen von Informationen bei Anbietern oder durch das Testen von Produkten ebenso auf externe Informationsquellen zurückgegriffen werden kann, zu denen unter anderen die Nutzung sogenannter Informationsintermediäre (z. B. Journalisten, Broker, Verbraucherverbände, gemeinnützige Einrichtungen zum Test von Waren) zählt (vgl. hierzu etwa Hörner 2002; Spence 2002; Tirole 1990; Beales et al. 1981 oder auch Ungern-Sternberg und Weizsäcker 1981).

Erst wenn private Mechanismen bei der Erhöhung der Funktionsfähigkeit von Märkten mit asymmetrischer Informationsverteilung versagen, gelten Staatseingriffe zugunsten der Verbraucher als gerechtfertigt. Dies kann etwa dann der Fall sein, wenn selbst nach dem Gebrauch eines Gutes dessen Leistungsqualität vom Konsumenten nicht oder lediglich zu sehr hohen Kosten beurteilt werden kann oder wenn potenzielle Gefahren, die mit einem Gut oder seinem Gebrauch verbunden sind, sich diesem erst zu spät erschließen. Zudem bietet das Gut Information – folgt man Becker (1998, S. 11) – mannigfaltige Möglichkeiten der anbieterseitigen Manipulation, was wiederum eine staatliche Kontrolle notwendig macht. Die Verbreitung von Fehlinformationen oder die Zurückhaltung von negativen Informationen über ein Produkt sind immer dann „profitabel", wenn solche falschen Informationen vom Konsumenten geglaubt bzw. von Seiten Dritter nicht als Fehlinformation entlarvt werden. Zu den staatlichen Instrumenten, welche die Kosten der Informationssuche reduzieren sowie den Informationsstand der Verbraucher verbessern sollen, zählen aus Sicht der Informationsökonomik insbesondere *Informationspflichten* seitens der Anbieter (bezogen auf das Produkt und den Leistungserbringer), die Aufhebung von Informationsbeschränkungen (beispielsweise durch das Zulassen vergleichender Werbung), die Definition von Standards oder Metriken zur Spezifikation der Informationen, die vom Anbieter bereitzustellen sind, oder auch das Verbot irreführender Information. Für den Fall, dass diese Maßnahmen nicht ausreichen, um dem Konsumenten hinreichend zu informieren, kann darüber hinaus ein eigenes staatliches Informationsangebot gerechtfertigt sein (vgl. auch Meyer 1990; Vahrenkamp 1991; Mitropoulos 1996 sowie Wein 2001).

Folgt man Beales et al. (1981, S. 513) oder auch Wein (2001, S. 94 f.), sind demgegenüber solche staatlichen Maßnahmen mit Vorsicht zu betrachten, die das Setzen von verpflichtenden Qualitätsstandards oder die zwingende Einführung von Haftungsregeln zum Gegenstand haben, da diese – bei ausreichender Information der Konsumenten – als die Wohlfahrt mindernde Eingriffe in den Marktmechanismus bewertet werden. Dies gilt insbesondere für solche Situationen, in denen die Konsumenten nicht besonders daran interessiert sind, dass die Qualität oder die Sicherheit eines Produktes steigt. Während einheitliche Qualitätsstandards zu einer Uniformität des Produktangebotes führen, lassen Informationspflichten hier einen Freiraum, so dass Konsumenten nach wie vor ihre Kaufentscheidungen an individuellen Preis-Qualitäts-Abwägungen ausrichten können. Demgegenüber verbindet sich mit Qualitätsregulierungen die schwierige Aufgabe, auf unterschiedliche Konsumentenpräferenzen mit einem einheitlichen Standard reagieren zu müssen. Davon abweichend zielen Informationspflichten auf einen verbesserten Selbstschutz der Konsumenten in Abhängigkeit ihrer individuellen Präferenzen. Direkte staatliche Eingriffe, die auf die Regulierung der Inhalte oder der Partner von Markttransaktionen ausgerichtet sind, werden in Grenzen lediglich dann als gerechtfertigt eingestuft, wenn – wie im

Fall von Vertrauensgütern – auch die staatliche Bereitstellung zusätzlicher Informationen zu keiner Lösung von Informationsasymmetrien beiträgt. Von den Vertretern der Informationsökonomik in jedem Fall abgelehnt werden jedoch all jene staatlichen Maßnahmen, die im Sinne paternalistischer Staatseingriffe auf eine Korrektur der Präferenzen der Verbraucher abzielen (vgl. stellvertretend Glaeser 2003 oder auch Sinn 2003a).

2. *Verhaltensökonomisch gebotener Umgang mit Informationsasymmetrien*

Aus Sicht des Verbraucherschutzes zählt es zu den zentralen Leistungen der Informationsökonomik, auf die Besonderheiten des Gutes Information sowie auf informationsbedingte Funktionsdefizite von Märkten aufmerksam gemacht zu haben. Durch die alleinige Betrachtung von Problemen der asymmetrischen Informationsverteilung als Ursache von Marktineffizienzen werden jedoch weitere wichtige Einflussgrößen, die ebenfalls Auswirkungen auf das Verbraucherverhalten sowie die Effizienz von Marktergebnissen haben, nicht hinreichend berücksichtigt. So kann mit Beales et al. (1981, S. 506) festgestellt werden, dass „consumers may not always protect themselves by gathering and rationally evaluating the optimal amount of product information. […] Consumers may underestimate the value of additional information simply because they lack other data that would tell them of their need to learn more. Consumers' information-processing skills are also imperfect. Consumers, like anyone else, can make false deductions or errors of judgment. Moreover, consumers can also be poor negotiators and may be persuaded by insistent salesmen to ‚by the product now' without waiting to acquire additional information". Anstelle einer genaueren Betrachtung solcher Probleme und der daraus resultierenden verbraucherpolitischen Schlussfolgerungen besteht vielmehr die Neigung „to treat them as factors which lead the market to generate less information than informed consumers would ‚really' prefer" (ebenda).

Vor diesem Hintergrund lässt sich – zugespitzt formuliert – das informationsökonomische Credo darauf reduzieren, dass allein unvollkommene Information zu einer Beeinträchtigung der Effizienz des Marktes führt. Der Verbraucher bedarf – sofern er mit ausreichend Information ausgestattet ist – keines zusätzlichen Schutzes. Entsprechend weist auch Shapiro (1983, S. 527) darauf hin, dass Konsumentenschutz „would be unnecessary in a world of perfect information". Es ist allerdings darauf hinzuweisen, dass eine Reihe von Beiträgen zur Informationsökonomik sehr wohl durch eine breiter angelegte Betrachtungsperspektive gekennzeichnet ist. Solche Beiträge können jedoch überwiegend im Schnittfeld zwischen der Informationsökonomik und alternativen Ansätzen der Verbraucherpolitik wie etwa der Verhaltensökonomik verortet werden. Für eine Erweiterung der informationsökonomischen Analyseperspektive unter der Zielsetzung, auch solche Faktoren und Mechanismen näher zu beleuchten, die ebenfalls das Konsumentenverhalten (negativ) beeinflussen, sind aus verhaltensökonomischer Sicht allerdings noch weitere Punkte zu berücksichtigen. Zwar erfolgt mit der Informationsökonomik eine Korrektur der Verhaltenshypothesen des neoklassischen Verhaltensmodells dahingehend, dass die Annahme vollkommener Information zugunsten eines am individuellen Nutzen-Kosten-

Kalkül orientierten Suchverhaltens von Informationen aufgegeben wird. Demgegenüber wird jedoch im Rahmen dieses Ansatzes auch weiterhin von einem rational handelnden Konsumenten ausgegangen, der in der Lage ist, optimale Kaufentscheidungen zu treffen, indem er sich einen Überblick über die ihm zur Verfügung stehenden Alternativen verschafft, diese ordnet und eine folgerichtige Auswahl trifft.

Aus Sicht von in der Realität auftretenden Verbraucherproblemen sollte nach Vahrenkamp (1991, S. 158 f.) jedoch ebenso berücksichtigt werden, dass „bei begrenzter Informationsverarbeitungsfähigkeit, mangelnden kritischen Bewusstseins gegenüber Anbieterinformationen und einer teilweisen Offenheit für manipulative Werbung [...] zusätzliche Informationen nur ein begrenztes Korrektiv darstellen". In gleicher Weise stellen auch Enste und Hüther (2011, S. 47) fest, dass „Informationsasymmetrien eben nicht über mehr Informationen überwunden werden können". In ähnlicher Form betonen Reisch und Oehler (2009, S. 34) dass „der informationsökonomische Ansatz – man biete den Konsumenten mehr und bessere Informationen an – keineswegs ausreichend ist. Ein zu großes Informationsangebot kann ganz im Gegenteil zu einer Überforderung und Verwirrung der Konsumenten führen, und daraus folgend zu einer Weigerung, sich überhaupt mit dem Angebot zu befassen". Bei Beck (2014, S. 378) heißt es hierzu: „Problematisch allerdings wird es, wenn die Konsumenten mit zu viel Informationen überfrachtet werden, die sie nicht mehr nachvollziehen wollen oder auch können". D. h. zwischen der Menge an bereitgestellten Informationen und dem Grad an Entscheidungsrationalität besteht kein linearer Zusammenhang in dem Sinne, dass mit zunehmender Informationsmenge die Rationalität des Entscheidungsverhaltens steigt. Vielmehr ist von einer konkaven Beziehung zwischen der Menge an bereitgestellten Informationen und dem Rationalitätsgehalt von Entscheidungen auszugehen (siehe hierzu auch die Abb. 5.2). Aus verhaltensökonomischer Sicht kann daher eine *qualitativ hochwertige Information* in geringer Menge wirksamer sein als der Überfluss dieses Gutes.

Auch gilt die Art und Weise der Präsentation von Informationen als entscheidend dafür, ob ein Konsument diese auch aufnimmt. So sind beispielsweise – folgt man Krämer (2014) – Prozent- bzw. Wahrscheinlichkeitsangaben zu möglichen Produktrisiken von der weitüberwiegenden Mehrheit der Konsumenten inhaltlich nicht verständlich: „Das menschliche Gehirn ist genetisch bedingt ein ganz schlechter Statistiker. Und zwar deshalb, weil statistisches Denken über 99 % der Menschheitsgeschichte keinen Überlebensvorteil brachte und deshalb durch die Auslese auch nicht gefördert worden ist. Ein Kind von vier Jahren beherrscht mühelos die äußerst komplizierten Regeln der deutschen Grammatik. Aber das gleiche Kind macht mit 40 immer noch die dümmsten Fehler mit Prozenten und Wahrscheinlichkeiten" (ebenda, S. 367). Vor diesem Hintergrund gelten solche Maßnahmen als notwendig, die eine möglichst einfache Nutzung von Informationen erlauben. Informationen zu Eigenschaften des Produktes oder des Herstellungsverfahrens sollten danach nicht nur pflichtmäßig bereitgestellt, sondern dem Verbraucher zudem in Form von Schlüsselsignalen (z. B. symbolische anstelle von textbasierten Informationen) dargeboten werden. Demgegenüber können *Informationsflut* und qualitativ minderwertige Information ihrerseits zu Marktversagen führen.

5.1 Staatseingriffe unter Effizienzaspekten – Standardargumentation ... 261

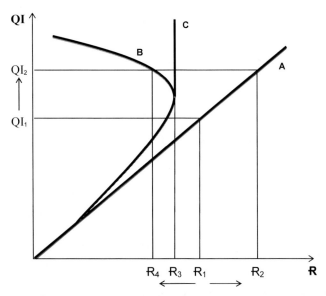

Abb. 5.2 Zusammenhang zwischen Quantität an verfügbaren Informationen und Grad an Entscheidungsrationalität. (*Erläuterung*: Im Rahmen der Informationsökonomik wird davon ausgegangen, dass der Grad an Rationalität des individuellen Entscheidungsverhaltens (R) (mehr oder weniger linear) von der Menge an verfügbaren Informationen (QI) abhängt und insofern eine positive Informationselastizität aufweist (A). Eine Zunahme der Quantität an Informationen von QI_1 auf QI_2 führt danach zu einem höheren Maß an Entscheidungsrationalität (R_1 steigt auf das Niveau R_2). Aus Sicht der Verhaltensökonomik ist demgegenüber zu erwarten, dass mit einer stetig steigenden Menge an Informationen der Grad an Entscheidungsrationalität ab einem bestimmten Punkt entweder konstant bleibt (R_3) oder sogar wieder abnimmt (R_4). D. h. bei einer zunehmenden Quantität an Informationen reagiert das Entscheidungsverhalten in Abhängigkeit von den kognitiven Kapazitäten entweder informationsunelastisch (C), oder es ist – wie im Fall des „Information-Overload" – durch eine negative Informationselastizität gekennzeichnet (B). Quelle: Eigene Darstellung)

In diesem Zusammenhang haben Jacoby et al. (1974) ebenso wie Russo (1974) schon früh auf das aus kognitionspsychologischer Sicht bestehende Problem eines möglichen „Information-Overload" hingewiesen, ohne dass diesem Sachverhalt innerhalb der Informationsökonomik allerdings bislang hinreichend Rechnung getragen wurde. Vielmehr wird auch weiterhin von einer aktiven (und rationalen) Mitwirkung der Konsumenten bei der Wahrnehmung und Verarbeitung von Informationen ausgegangen (vgl. hierzu ebenso Mitropoulos 1996 oder auch Berndt 1984). In ähnlicher Weise stellen Strünck et al. (2012, S. 6) fest, dass es nicht ausreicht, „fehlende oder falsche Information einfach durch mehr oder bessere Information zu ersetzen, da die affektiven und kognitiven Fähigkeiten der Verbraucher oft nicht ausreichend sind, um ‚mündige' Entscheidungen zu treffen". Und weiter: „Die Verhaltensökonomik verabschiedet sich damit nicht nur von der Annahme der ‚Mündigkeit'. Sie betrachtet auch das Leitbild des mündigen Verbrauchers als unerreichbares Ideal – als wissenschaftliche und politische Fiktion" (ebenda). Unklar ist diesbezüglich allerdings nicht nur, wie groß – folgt man Reisch und Oehler (2009, S. 32) – in empirischer Hinsicht „der Anteil solcher gut informierten und ‚aktiven' Verbraucher sein muss, um die gewünschte Marktdynamik zu erzeugen". Offen bleibt vielmehr auch, inwiefern ein solches Verbraucherverhalten überhaupt als realitätsgerecht unterstellt werden kann. So ist immer wieder festzustellen, dass die Konsumenten auch bei hinreichender Quantität an verfügbaren Informationen situationsgebunden mehr für Produkte ausgeben als notwendig, nicht ihren Bedürfnissen entsprechende Güter kaufen, aufgrund einer zu großen Angebotsvielfalt nur unzureichend in Vorsorgeleistungen investieren oder auch Formen der kurzfristigen Bedürfnisbefriedigung praktizieren, die ihren langfristigen Interessen entgegenstehen. Zudem verhindert laut Billen (2011, S. 159) ein ausreichendes Maß an Information nicht, dass Verbraucher im Fall von komplexen Entscheidungsprozessen verstärkt zu willkürlichen Entscheidungen neigen oder sogar versuchen, sich dem Treffen einer Entscheidung gänzlich zu entziehen.

Des Weiteren zeigen verhaltensökonomische Untersuchungen, dass Verbraucher die ihnen zur Verfügung stehenden Informationen nicht oder nur begrenzt nutzen (vgl. für einen Überblick Roßmanith 2001 sowie Gino 2004). Nach Strünck et al. (2010, S. 9) verdeutlichen diese Untersuchungsergebnisse, dass „umfassende, transparente und neutrale Informationen alleine nicht ausreichen, um Wettbewerb zu garantieren". In gleicher Weise stellt auch Billen (2011, S. 160) fest, dass „im Konsumalltag weitere Maßnahmen entwickelt werden müssen, die ergänzend neben Information und Transparenz treten". Eine Erhöhung der Rationalität von Kaufentscheidungen über zusätzliche Informationen scheint somit selbst spezifischen Restriktionen zu unterliegen. In diesem Zusammenhang entstehende Verbraucherprobleme müssen folglich andere Ursachen als die (wahrgenommene) Unterversorgung der Konsumenten mit Informationen haben. Unberücksichtigt bleiben darüber hinaus systematische Defizite im menschlichen Informationsverarbeitungs- und Entscheidungsverhalten. Vor diesem Hintergrund liegt die Schlussfolgerung nahe, dass die Informationsökonomik wichtige Determinanten der Suche, Aufnahme und Verarbeitung von Informationen als Grundlage von Kaufentscheidungen vernachlässigt. So kann die individuelle *Aufnahme- und Verarbeitungskapazität* von Informationen realiter als emotional gesteuert und vielfach durch den Entscheidungskontext beeinflusst gelten (vgl. etwa Loewenstein 2000 oder auch Kahneman 2003). Auch muss davon ausgegangen werden, dass das individuell bereits akkumulierte Wissen sich auf die Suche nach und die Verarbeitung von weiteren Informationen auswirkt und zu entsprechenden Pfadabhängigkeiten führt (vgl. zur Pfadabhängigkeit der Verarbeitung von Informationen etwa Dohse 2001).

Angesichts von subjektiven Wahrnehmungsverzerrungen, dem Rückgriff auf simplifizierende Entscheidungsheuristiken, der Bedeutung emotionaler Einflussfaktoren sowie der Wirksamkeit von Kontexteffekten ist zudem davon auszugehen, dass die überwiegende Mehrheit der Konsumenten in den meisten Fällen sich nicht reflektiert und bewusst mit Informationsangeboten von Unternehmen auseinandersetzt, sondern selbige nur flüchtig wahrnimmt. Auch gilt aus verhaltensökonomischer Sicht ein verbraucherpolitisches Verbot jeder Art von unlauteren (d. h. irreführenden oder aggressiven) Geschäftspraktiken, die zu einer „manipulativen" Beeinflussung des Konsumenten geeignet sind, als geboten. Dies umfasst beispielsweise den Schutz des Verbrauchers bei Impulskäufen vor negativen Einwirkungen des Marketings (vgl. Rischkowsky und Döring 2009, S. 315 mit weiteren

Literaturverweisen). Dem liegt mit Reisch und Oehler (2009, S. 34) die Einsicht zugrunde, dass sowohl die Art der Darstellung einer Information als auch der situative Kontext, in dem die Information dargeboten wird, in erheblichen Maße „Aufnahmebereitschaft, Verständnis, Akzeptanz und Verhaltensrelevanz der Botschaften beeinflussen". Dieses Problem wird noch dadurch verschärft, dass – wie die verhaltenswissenschaftliche Konsumforschung ebenfalls zeigt (vgl. hierzu stellvertretend Kruger und Vargas 2008 ebenso wie Lang 2014) – die mathematischen Fähigkeiten (z. B. Prozentrechnung) ebenso wie das Sprachverständnis von Konsumenten, die beide eine zwingende Voraussetzung sind, um eine Vielzahl von Produkten angemessen bewerten zu können (z. B. Finanzprodukte oder Produkte mit Mengen- und Gewichtsangaben), oft nicht hinreichend ausgebildet sind. In Anbetracht dessen kann nicht überraschen, dass Verhaltensökonomen zusätzlich zum Inhalt von Informationen auch eine verbraucherpolitische Regulierung von deren Form und Darstellungsweise einfordern, um die anbieterseitige Informationsbereitstellung auf einen ebenso wesentlichen wie verständlichen Umfang zu begrenzen.

Des Weiteren ist bei einer staatlichen Korrektur von Marktunvollkommenheiten aufgrund von Informationsasymmetrien laut Weinberg (1981, S. 23) zu beachten, dass zusätzliche Informationen überhaupt nur dann Beachtung finden, wenn die Verbraucher dazu motiviert sind, diese Informationen auch aufzunehmen und zu verarbeiten. Neben der Annahme, dass die Konsumenten zu einem optimalen Such- und Verarbeitungsverhalten von Informationen befähigt sind, wird innerhalb der Informationsökonomik implizit davon ausgegangen, dass diese auch intrinsisch motiviert sind, überhaupt eine Informationssuche zu betreiben oder angebotene Informationen aufzunehmen. Empirische Studien zeigen hier jedoch, dass das Engagement der Verbraucher zur aktiven Informationssuche entscheidend vom *Grad der persönlichen Beteiligung* (Involvement) abhängt. Der Grad dieser persönlichen Beteiligung (verstanden als intrinsische Motivation oder Bereitschaft, überhaupt nach Informationen suchen zu wollen), wird wiederum unter anderen durch personen-, produkt-, medienspezifische sowie situative Faktoren beeinflusst. Danach kann die im Rahmen der Informationsökonomik unterstellte aktive Informationssuche allenfalls für jenen Teil der Konsumenten angenommen werden, der über ein hohes persönliches Engagement („Ich-Beteiligung") verfügt (vgl. auch Kroeber-Riel und Weinberg 2003 sowie Weinberg 1981). In gleicher Weise stellen auch Enste und Hüther (2011, S. 47) mit Verweis auf Warmbier (2008) fest, dass „die meisten alltäglichen Konsumentscheidungen mit einer nur sehr geringen Beteiligung der für die Kognition zuständigen Hirnregionen getroffen werden".

Auf der Grundlage von Studien der verhaltenswissenschaftlichen Konsumforschung lassen sich (mindestens) vier *Typen von Verbraucherentscheidungen* benennen, die durch eine unterschiedliche Verknüpfung von kognitiven, emotionalen sowie reaktiven Prozessen gekennzeichnet sind. Diese unterschiedlichen Verhaltensmuster lassen sich jedoch nicht einfach verschiedenen Personenkreisen von Konsumenten etwa dergestalt zuordnen, dass zwischen (weitgehend) rational und (überwiegend) „irrational" sich verhaltenden Verbrauchergruppen differenziert werden kann. Vielmehr ist empirisch davon auszugehen, dass diese unterschiedlichen Typen von Verbraucherentscheidungen bei ein und demselben Konsumenten anzutreffen sind und in Abhängigkeit von situativen, motivationalen oder auch kognitiven Einflussfaktoren zeitpunktbezogen unterschiedlich aktiviert werden (vgl. Weinberg 1981; vgl. zu den unterschiedlichen Typen des Verbraucherverhaltens zudem Rischkowsky 2007, S. 129 ff.; vgl. zur verhaltenswissenschaftlichen Konsumforschung als Oberbegriff für empirische Studien aus den Bereichen von Psychologie, Soziologie, Anthropologie sowie der betriebswirtschaftlichen Marketinglehre zum Konsumentenverhalten stellvertretend Featherstone 1990; Kroeber-Riel 1992; Triandis 1994; Lury 1996; Gallagher 1997; Ölander 2005 oder auch Thøgersen 2005). Bezogen auf die unterschiedlichen Typen von Verbraucherentscheidungen decken sich lediglich „extensive Kaufentscheidungen" mit dem in der Informationsökonomik unterstellten Verbraucherverhalten in Form einer aktiven Suche nach und Verarbeitung von Informationen. Entscheidungen dieser Art sind durch ein Fehlen bewährter Problemlösungsmechanismen gekennzeichnet, sodass eine Vielzahl an Alternativen miteinander verglichen werden müssen, woraus ein hoher Informationsbedarf resultiert. Dies setzt wiederum einen hohen Bedarf an gedanklicher Steuerung sowie „emotionaler Schubkraft" auf Seiten des Verbrauchers voraus. Zudem verlaufen extensive Kaufentscheidungen nicht reaktiv, sie sind vielmehr das Ergebnis umfassender Informationsverarbeitungsprozesse. Sie gelten allerdings nicht als der Regelfall alltäglichen Verbraucherverhaltens, sondern kommen unter dem Einfluss starker Motivationskräfte und neuer Situationen zustande.

Damit unterscheiden sich extensive Kaufentscheidungen von „vereinfachten (limitierten) Entscheidungen", bei denen der Verbraucher bereits über Kauferfahrungen und ein gesammeltes Wissen verfügt (vgl. hierzu auch Kroeber-Riel 1977, S. 94 sowie Weinberg 1981, S. 14). Die zu treffende Entscheidung ist auf wenige Handlungsalternativen (evoked set) beschränkt. Aufgrund des Rückgriffs auf bewährte Problemlösungen wird die Informationssuche auf wenige Schlüsselmerkmale begrenzt, der Suchprozess – so die Untersuchungsergebnisse – wird zudem beendet, wenn das subjektive Anspruchsniveau des Verbrauchers erreicht ist. Unter „habituelle Kaufentscheidungen" werden des Weiteren immer wiederkehrende Entscheidungen mit gleichem Ausgang verstanden. Über Alternativen denkt der Konsument hier nicht mehr nach, d. h. mögliche Veränderungen innerhalb der Entscheidungssituation bleiben unberücksichtigt. Aufgrund vorhandener Produkterfahrungen ist das Ausmaß an kognitiver Steuerung gering, entsprechend spielt das Anspruchsniveau des Konsumenten – wenn überhaupt – nur eine untergeordnete Rolle. Eine weitere Gruppe bilden nach Kroeber-Riel (1977, S. 94) schließlich sogenannte impulsive (nicht geplante) Entscheidungen, die „unmittelbar unter dem Einfluss der Kaufsituation zustande kommen. Sie werden insbesondere durch eine vom Angebot ausgelöste emotionale Hinwendung der Konsumenten zum Produkt verursacht". Sie gelten als kognitiv nicht kontrolliert, entsprechend fällt der Informationsbedarf des Verbrauchers gering aus bei jedoch gleichzeitig hoher Risikoneigung. Impulsive Kaufentscheidungen treten danach insbesondere dann auf, wenn – folgt man Weinberg (1981, S. 14) – „ausgeprägte Bedürfnisse (zumindest latent) vorliegen, der Konsument durch Reize stark stimuliert wird und keine situativen Hemmnisse die spontane kognitiv gering gesteuerte Kaufentscheidung beeinträchtigen". Die Möglichkeit einer (manipulativen) Beeinflussung des Konsumenten bei dieser Art von Entscheidungen muss als vergleichsweise hoch eingestuft werden.

Jenseits der Quantität und Qualität von Informationen zu einer bestimmten Produktvariante gilt aus verhaltensökonomischer Sicht schließlich auch die *Zahl an Produktvarianten* selbst als problematisch. Damit wird explizit der – auch innerhalb der Informationsökonomik gängigen – Annahme widersprochen, dass mit steigender Angebotsvielfalt auch der potenzielle Nutzen der Verbraucher steigt. Diese Annahme ist zwar nicht generell falsch, vielmehr trifft sie im Fall von überschaubaren Märkten bei zugleich gut informierten (rationalen) Konsumenten mit hinreichender Produkterfahrung in aller Regel zu. Verhaltensökonomische Studien zeigen aber auch, dass bei selten gekauften „Vertrauensgütern" (z. B. Finanzprodukte, Versicherungen) oder im Fall von komplexen Marktsituationen, bei denen sich die Eigenschaften der angebotenen Produkte nur minimal voneinander unterscheiden und diese Eigenschaften zudem häufig geändert werden (z. B. bei der Tarifgestaltung im Bereich von Telekommunikation, Energieversorgung oder im Flugverkehr), ein Überangebot an Produktvarianten und ein damit verbundenes „zu viel" an Auswahlmöglichkeiten tendenziell zu vergleichsweise „schlechten" Kaufentscheidungen oder sogar zu einem gänzlichen Kaufverzicht führen kann (vgl. zu entsprechenden empirischen Studien etwa Sela et al. 2009; DeMeza et al. 2008; Tapia und Yermo 2007 oder auch Iyengar und Lepper 2000).

In diesem Zusammenhang merken auch Oehler und Reisch (2008, S. 64) unter Verweis auf Walsh (2002) an: „Konsumentenentscheidungen sind belastend, sie kosten Zeit und Energie. [...] Das Marketing hat sich dies schon länger zunutze gemacht und die gezielte Konsumentenverwirrung durch Alternativen(schein)vielfalt zu einer Strategie der ‚Konfusion und Resignation' entwickelt. Wettbewerb und Vielfalt scheinen nicht per se das Funktionieren von Märkten zu garantieren, sondern können auch zu schlechteren Entscheidungen führen". Um im Fall von Produkten mit Vertrauensguteigenschaften oder in komplexen Marktsituationen dem Konsumenten dennoch eine „echte" Wahlfreiheit zu ermöglichen, wird daher für staatliche Standardisierungen votiert, um dem Problem der Überkomplexität und „Konsumentenverwirrung" entgegenzuwirken. Die Vorschläge reichen hier von einer Vereinheitlichung komplexer Finanzprodukte einschließlich des Angebots einer Standard- oder Grundversion, der weiteren Standardisierung von Vertragsbedingungen (AGBs), der Standardisierung von Beratung, Dienstleistung oder Vermittlung mit kontrollierten Kodizes, über leicht verständliche Begleitinformationen in Gestalt von einfachen Nutzungs- und Warnhinweisen bei komplexen Produkten (wie etwa Versicherungen oder Medikamenten) bis hin zur Verpflichtung staatlicher Regulierer zur Einrichtung sogenannter Transparenzplattformen im Bereich von Energie oder Telekommunikation, soweit es zu keiner Bereitstellung entsprechender Informationen über den Markt (z. B. im Internet) kommt.

5.1.4 Bereitstellung (de-)meritorischer Güter aus traditioneller und verhaltensökonomischer Sicht

Während die staatliche Bereitstellung öffentlicher Güter dazu dient, bestehende Bedürfnisse der Gesellschaftsmitglieder für solche Leistungen zu befriedigen, wird innerhalb der

Finanzwissenschaft davon ausgegangen, dass sich sogenannte meritorische Güter nicht oder zumindest nicht hinreichend in den individuellen Präferenzen niederschlagen. Oder mit den Worten von Scherf (2009, S. 73) formuliert: „Bei diesen Gütern sind also nicht individuelle, sondern gesellschaftliche Präferenzen relevant". Folglich dienen staatliche Eingriffe in das Marktgeschehen dazu, eine gegebene individuelle Nachfrage an die gesellschaftlich gewünschte Nachfrage nach diesen Gütern anzupassen (vgl. hierzu auch Zimmermann et al. 2012, S. 55 ff.). Als Rechtfertigung für solche Marktinterventionen gelten dabei individuell „verzerrte" Präferenzen. Damit wird dem Staat zugleich zugebilligt, dass dieser in bestimmten Fällen die „wahren" Bedürfnisse der Bürger besser kennt als diese selbst. Das daraus resultierende Verhalten des Staates kann insofern als paternalistisch bezeichnet werden, wie es – abweichend vom Fall der öffentlichen Güter – nicht darum geht, bestehende Präferenzen aufzudecken und zu bündeln. Vielmehr kommt dem Staat hier eine Ergänzungs- und Korrekturfunktion im Hinblick auf die individuellen Bedürfnisse zu, wobei zwei Fälle von verzerrten Präferenzen unterschieden werden können: 1) Bei meritorischen Gütern – so die übliche Argumentation – soll deren Bereitstellung staatlicherseits unabhängig von den Bedürfnissen der einzelnen Konsumenten begünstigt werden, d. h. die entsprechend nachgefragten Leistungen werden nach Blankart (2011, S. 70) aus „übergeordneten Gründen" in einem größeren Umfang angeboten, als der Markt dies tut (z. B. höhere Bildung, Gesundheitsdienstleistungen). 2) Demgegenüber versucht der Staat bei demeritorischen Gütern (z. B. Suchtmittel wie Alkohol, Tabak, Rauschmittel), die am Markt zu viel nachgefragt werden und deren Konsum als gesellschaftlich unerwünscht gilt, die Bereitstellung zu diskriminieren.

Für eine zu hohe oder zu geringe Nachfrage nach diesen Gütern als Ausdruck *individuell verzerrter Präferenzen*, die es paternalistisch zu korrigieren gilt, wird auf verschiedene Gründe verwiesen: So wird zum einen angenommen, dass die Gesellschaftsmitglieder nicht genügend über die Kosten und Nutzen meritorischer bzw. demeritorischer Güter informiert sind, was zu „falschen" Nachfrageentscheidungen führt. Zum anderen wird auf das Auftreten eines „irrationalen" Entscheidungsverhaltens verwiesen, welches sich vor allem in einer Minderwertschätzung zukünftiger individueller Bedürfnisse ausdrückt. Dies trifft – so die gängigen Beispiele – sowohl auf eine hinreichende Absicherung gegen soziale Risiken zu (Krankheit, Unfall, Alter, Arbeitslosigkeit, Pflegebedürftigkeit) als auch auf gesundheitliche Beeinträchtigungen, die beispielsweise mit einem übermäßigen Tabak- oder Alkoholkonsum einhergehen können. Der mit diesen Argumenten gerechtfertigte Paternalismus lässt sich nach Beck (2014, S. 381) umschreiben mit dem Satz: „Der Staat weiß, was gut für seine Bürger ist und zwingt ihn, entsprechend zu handeln". Bereits innerhalb der traditionellen Finanzwissenschaft werden dergestalt begründete paternalistische Staatseingriffe im Allgemeinen kritisch betrachtet, da sie nicht mit einer mangelnden Allokationseffizienz des Marktes zu begründen sind und daher die Konsumentensouveränität grundsätzlich beeinträchtigen (vgl. für eine solche kritische Auseinandersetzung mit dem Konzept der meritorischen Güter stellvertretend Andel 1984 oder auch Head 1988). Die Beeinträchtigung der Konsumentensouveränität erfolgt nach Camerer et al. (2003, S. 1211) hierbei „by forcing, or preventing, choices for the individuals's own good, much as when parents limit their children's freedom to skip school or eat candy for dinner". Es kann daher nicht überraschen, dass das im Rahmen der Verhaltensökonomik entwickelte Verständnis von Paternalismus sich grundlegend von dieser traditionellen Sichtweise meritorischer Güter unterscheidet. Es lässt sich – wie nachfolgend noch ausführlich zu erläutern sein wird – demgegenüber laut Beck (2014, S. 381) in Anlehnung an Witheman (2006) mit dem Satz umreißen: „Die Bürger wissen, was gut für sie ist, und der Staat bringt sie dazu, entsprechend zu handeln".

1. *Die Grundidee des asymmetrischen (libertären) Paternalismus*

Aus Sicht der Verhaltensökonomik liefert das sogenannte Konzept des „asymmetrischen Paternalismus" die Grundlage für eine Neubewertung meritorischer Eingriffe. Es verbindet sich damit im Unterschied zur traditionellen Diskussion um die staatliche Bereitstellung meritorischer Güter eine Form der paternalistischen Verhaltenslenkung, die ohne staatlichen Zwang auskommt (vgl. ausführlich zum Konzept des „asymmetrischen bzw. libertären Paternalismus" die Ausführungen in Camerer et al. 2003 sowie Jolls et al. 1998; vgl. für eine Darstellung der Kernaussagen des Konzepts zudem Neumann 2013, S. 15 ff.). Nach Thaler und Sunstein (2012, S. 15) handelt es sich „hierbei um eine relativ leichte, weiche und unaufdringliche Art des Paternalismus, weil die Auswahl der Möglichkeiten nicht eingeschränkt und keine der Optionen mit überaus strengen Auflagen versehen wird". Während die traditionelle Legitimation von paternalistischen Staatseingriffe auf bestimmte Personengruppen ausgerichtet ist, denen eine verzerrte Präferenzstruktur unterstellt wird, bezieht sich das Konzept des asymmetrischen bzw. libertären Paternalismus auf *Entscheidungssituationen*. Damit lassen sich meritorische Eingriffe des Staates begründen, ohne dass man eine Aussage darüber treffen muss, welche Interessen (Präferenzen) die besseren sind. Staatliches Handeln, welches der Bereitstellung meritorischer Güter dient, wäre danach laut Camerer et al. (2003, S. 1219) dann „asymmetric paternalistic if it creates large benefits for those people who are boundedly rational [...] while imposing little or no harm on those who are fully rational". Der Nettonutzen als die Differenz zwischen dem Nutzen, den ein staatlicher Eingriff rational begrenzt agierenden Individuen stiftet, und den Kosten, die er denen auferlegt, die rationale Entscheidungen ohne Probleme treffen können, sollte entsprechend positiv sein. Dabei wird ein „fehlerhaftes" Entscheidungsverhalten, welches das Ergebnis eines spezifischen Zusammenspiels aus kognitiven, emotionalen und situativen Faktoren sein soll, als für den Akteur mit negativen externen Effekten versehen interpretiert. Es wird in diesem Zusammenhang daher auch – wie etwa bei Hernstein et al. (1993) – von „negativen Internalitäten" gesprochen, deren Internalisierung auf dem Wege staatlicher Eingriffe zu einer Erhöhung der Markteffizienz beitragen soll.

Für das Konzept des asymmetrischen (libertären) Paternalismus ist die Annahme zentral, dass Akteure zu Entscheidungen neigen, die zu einem späteren Zeitpunkt bereut werden, weil sie in der entsprechenden Entscheidungssituation nur über begrenzte kognitive Fähigkeiten verfügt haben, die verwendeten Informationen unvollständig waren und die eigene Willenskraft eingeschränkt war. D. h. entgegen dem neoklassischen Verhaltensmodell, in dem von einer unbegrenzten Rationalität der Akteure ausgegangen wird, sind diese aus Sicht des Konzepts des asymmetrischen (libertären) Paternalismus aufgrund der genannten Restriktionen nur zu einem Entscheidungsverhalten mit lediglich begrenzter Rationalität in der Lage. Staatliche Eingriffe, die mit keinerlei Zwang verbunden sind, eröffnen jedoch die Möglichkeit, das individuelle Entscheidungsverhalten in die richtige Richtung zu lenken. Thaler und Sunstein (2012, S. 23) sprechen in diesem Zusammenhang auch davon, dass der Staat durch eine *Gestaltung der Entscheidungsarchitektur* ein „benutzerfreundliches Umfeld schaffen" kann, welches helfen soll, im eigenen Interesse liegende und insofern vernünftige Entscheidungen besser treffen zu können. Anhand des bekannten Cafeteria-Beispiels erläutern Thaler und Sunstein (2012, S. 9 ff.), was es bedeutet, das Umfeld zu organisieren, in dem Akteure ihre Entscheidungen treffen: Da durch das Management einer Cafeteria in jedem Fall die angebotenen Speisen in irgendeiner Reihenfolge präsentiert werden müssen, kann dies auch so geschehen, dass den Besuchern der Cafeteria ein gesundes Ernährungsverhalten erleichtert wird. Dies kann dadurch erfolgen, dass gesundheitlich als problematisch geltende Speisen (z. B. Süßigkeiten) außerhalb des unmittelbaren Laufweges oder Blickfeldes angeordnet werden und damit der Aufwand marginal steigt, sich für diese Speisen zu entscheiden, ohne zugleich das Angebot an Speisen zwangsweise einzuschränken. Wer sich unter diesen Rahmenbedingungen dennoch für Süßigkeiten entscheidet, findet diese im Sortiment und kann sie auch kaufen. Die Abb. 5.3 liefert vor diesem Hintergrund eine vereinfachte Gegenüberstellung von Meritorik-Ansatz und dem verhaltensökonomischen Konzept des asymmetrischen Paternalismus.

Abb. 5.3 Gegenüberstellung der Kernaussagen von Meritorik und Asymmetrischem Paternalismus. (Quelle: Eigene Darstellung)

Wenn Akteure „unvernünftige" Entscheidungen treffen, dann resultiert dies aus verhaltensökonomischer Sicht nicht selten aus einem Zusammenspiel von Versuchung und Gedankenlosigkeit. Akteure sehen sich danach immer wieder Versuchungen ausgesetzt, gegen die zwar auch eigenständig Schutz- bzw. Gegenmaßnahmen ergriffen werden können (und einige dies auch tun). Den meisten Akteuren gelingt nach Thaler und Sunstein (2012, S. 63) jedoch „die Selbstkontrolle nicht, weil sie die Kraft der Erregung unterschätzen". Nach Loewenstein (1996) liegt die Ursache hierfür in einer „Empathie-Kluft", d. h. in einem erregungsfreien Zustand ist in aller Regel nicht nachvollziehbar, wie stark situative Wünsche das Verhalten beeinflussen können und wie stark damit der jeweilige Kontext individuelle Entscheidungen prägt. Gestützt wird diese Sichtweise auch durch Untersuchungsergebnisse aus dem Bereich der Neuroökonomik, zu denen sich etwa bei Chaicken und Trope (1999) ein Überblick findet. Danach neigt immer ein Teil des Gehirns dazu, sich in Versuchung führen zu lassen, während ein anderer Teil zu widerstehen versucht, was zu starken Konflikten führen kann, den wiederum nur einer der beiden Gehirnbereiche gewinnen kann. Im Ergebnis führt dies nicht selten zu einem dynamisch inkonsistenten Verhalten. Dies wird dadurch noch zusätzlich verstärkt, dass aktuell zu bewältigende Aufgaben häufig keine aktive Aufmerksamkeit erfahren. Zwar rechtfertigt dies per se noch keine staatlichen Eingriffe zur Korrektur eines solchen Verhaltens, zumal bereits der Markt in vielen Fällen eine Hilfe zur besseren Selbstkontrolle bietet, da sich damit erfolgreiche Geschäftsmodelle von Unternehmen begründen lassen. Allerdings bildet der Markt wiederum nur einen Rahmen, innerhalb dessen Unternehmen mit Blick auf die Erfüllung von Konsumentenwünschen zueinander in Wettbewerb treten und dies unabhängig davon, ob diese Wünsche auch vernünftig sind oder nicht. Eine mangelnde Selbstkontrolle kann etwa durch soziale Einflüsse in Form des Herdenverhaltens oder auch des Spotlight-Effekts bewirkt werden. In entsprechenden Situationen neigen Akteure – folgt man etwa den frühen Studien von Asch (1951) und Asch (1955) oder auch der aktuellere Untersuchung von Gilovich et al. (2000) – dazu, sich am Entscheidungsverhalten anderer zu orientieren. Dies kann aufgrund eines Gruppenzwangs geschehen, dies kann aber auch aufgrund dessen geschehen, dass man sich beobachtet fühlt und im Zuge dessen an die Erwartungen Dritter anzupassen versucht. Shiller (2008) spricht in diesem Zusammenhang – wenn auch bezogen auf das Verhalten auf Finanzmärkten – von sozialer Ansteckungskraft. In einer Auswertung von 130 Experimenten in 17 verschiedenen Ländern weist zudem Sunstein (2003) darauf hin, dass dieses soziale Anpassungsverhalten einen generellen Charakter aufweist.

Neben sozialen Einflüssen führen aus verhaltensökonomischer Sicht zudem Emotionen nicht selten zu einer mangelnden Selbstkontrolle des individuellen Entscheidungsverhaltens. So können nach Beck (2014, S. 286) in „der emotionalen Hitze des Moments (Gier, Wut) [...] Objekte oder Handlungsweisen attraktiv [werden], weswegen man sich gegen die langfristige Option entscheidet". Auch können die „Nähe der Belohnung oder andere Faktoren wie Gerüche, Geräusche oder vertraute Situationen [...] ungesteuerte Gefühle aus[lösen], die zu zeitinkonsistentem Verhalten führen" (ebenda). Bezogen auf die unterschiedliche Geschwindigkeit der Verarbeitung von emotionalen und kognitiven

Reaktionen haben Damasio et al. (1991) sowie Damasio (1996) die „Somatic-marker-hypothesis" formuliert, der zufolge körperliche Reaktionen auf situative Gegebenheit einsetzen, noch bevor eine entscheidungsbezogene Nutzen-Kosten-Analyse zur Anwendung kommt (vgl. hierzu kritisch Pham (2007) ebenso wie Dunn et al. 2006; zum verhaltensändernden Potenzial von Emotionen vgl. wiederum exemplarisch die Studie von Winterrich und Haws 2011, in der die Auswirkungen von Emotionen auf die Essgewohnheiten von Versuchspersonen untersucht wurden).

Der Grund für die unterschiedliche Verarbeitung von emotionalen und kognitiven Reaktionen ist nach Kopcke et al. (2004), dass zum einen *emotionale Reaktionen* schneller als kognitive Prozesse sind, Emotionen zudem aufgrund ihrer Gefühlsintensität ein inhärentes Potenzial zu radikalen Verhaltensänderungen aufweisen und schließlich die Auswirkung von Emotionen auf die Rationalität des Entscheidungsverhaltens von den Akteuren tendenziell unterschätzt wird. Bezogen auf letzteres weist auch Pham (2007) darauf hin, dass starke Emotionen (z. B. Angst) die Leistung des Arbeitsgedächtnisses nachweislich reduzieren, was dazu führt, dass die Fähigkeit zum Abrufen und Kombinieren von Informationen, zum Überprüfen der Konsistenz von Informationen sowie zur Suche nach Entscheidungsalternativen signifikant beeinträchtigt wird. Zudem neigen Akteure dazu, ihre Emotionen demjenigen Objekt zuzuschreiben, das sich gerade in ihrem Aufmerksamkeitsfeld befindet. Darüber hinaus beeinträchtigen Emotionen die individuelle Risikowahrnehmung. Handelt es sich hierbei um negative Emotionen in Verbindung mit Furcht, trägt dies in aller Regel zu einer Überschätzung von Risiken bei, während positive Emotionen in Verbindung mit einem Gefühl des Ärgers häufig zu einer Unterschätzung von Risiken führen. Folgt man Beck (2014, S. 296), führen negative Emotionen auch „eher zu übermäßigen Essen, Rückfällen bei Rauchern, die aufgehört haben zu rauchen, zu verstärktem Kaufverhalten und zu verstärkter Neigung, Versuchungen zu erliegen".

Verhaltensökonomisch kann das Problem der *fehlenden Selbstkontrolle* staatlicherseits mit Hilfe „kleiner Schubser" (Nudges) korrigiert werden. Dabei sind staatliche Maßnahmen zur Verbesserungen der situativen Rahmenbedingungen des individuellen Entscheidungsverhaltens (d. h. der Einsatz von Entscheidungsarchitektur) aus Sicht des asymmetrischen (libertären) Paternalismus vor allem dort angezeigt, wo ein – folgt man Neumann (2013, S. 34) – „zu verbessernder" Entscheidungskontext durch einen „intertemporalen und von Unsicherheit geprägten Charakter" gekennzeichnet ist, wie dies etwa auf Entscheidungen im Bereich der Altersvorsorge, der Gesundheitsvorsorge oder auch der Bildungspolitik zutrifft. Es handelt sich hierbei um Entscheidungen, die in Anlehnung an Williamson (1979, S. 239 ff.) aufgrund hoher Unsicherheit und geringer Häufigkeit und einer sich daraus ergebenden Spezifität der Transaktion als idiosynkratisch und diskret bezeichnet werden können. Aufgrund der genannten Eigenschaften von Unsicherheit, Häufigkeit und Spezifität handelt es sich zugleich um Tauschvorgänge, die durch hohe Transaktionskosten gekennzeichnet sind. Dabei wird insbesondere auf solche Entscheidungssituationen abgestellt, in denen keine Möglichkeit besteht, eine „einmal getroffene Entscheidung auf der Grundlage von Lernprozessen selbständig zu optimieren" (ebenda). Nach Thaler und Sunstein (2012, S. 106 ff.) ist dies immer dann der Fall, wenn Nutzen-

und Kostenrealisierung nicht zum gleichen Zeitpunkt erfolgen und dadurch „unvernünftige" Entscheidungen begünstigt werden.

Die daraus sich ergebende, unzureichende Reflexion über die zu erwartenden Handlungsfolgen des eigenen Entscheidungsverhaltens werden – folgt man O'Donoghue und Rabin (2001) oder auch Loewenstein und O'Donoghue (2006) – sowohl durch die Status-Quo-Orientierung als auch die Tendenz zur Prokrastination (d. h. dem aus Bequemlichkeit erfolgenden Aufschieben von Entscheidungen) noch zusätzlich begünstigt. Der Unterschied zum traditionellen Meritorik-Ansatz ist vor diesem Hintergrund nun gerade darin zu sehen, dass zur Lösung des Problems der fehlenden Selbstkontrolle sowie zur individuellen Optimierung intertemporaler Entscheidungen der Staat aus Sicht des Konzepts des asymmetrischen (libertären) Paternalismus lediglich so in das Marktgeschehen eingreift, dass die Entscheidungs- bzw. Wahlfreiheit der betroffenen Akteure gewahrt bleibt (vgl. hierzu auch Jolls et al. 1998, S. 1514). Die Konsequenz daraus ist nach Thaler und Sunstein (2012, S. 106), „dass Menschen kleine Schubser brauchen, wenn es um Entscheidungen geht, die schwierig und selten zu treffen sind, bei denen sie nicht umgehend Rückmeldung bekommen und nicht alle Aspekte problemlos verstehen können". Und weiter: „Menschen neigen in solchen Fällen dazu, zu wenig zu tun" (ebenda, S. 107). Bezogen auf die Möglichkeiten des Marktes zur Korrektur irrationaler Entscheidungen stellen Thaler und Sunstein (2012, S. 115) demgegenüber fest: „Der Wettbewerb schützt irrationale Verbraucher oft vor sich selbst. Manchmal gibt es diesen Schutz allerdings nicht". Denn man „verdient kein Geld damit, Leute davon zu überzeugen, gewisse Dinge nicht zu kaufen. Daraus schlussfolgern wir: Wenn Verbraucher eine irrationale Überzeugung hegen, dann profitieren Unternehmen mehr davon, wenn sie diese Ansicht bedienen, als wenn sie sie korrigieren" (ebenda, S. 116). Zielsetzung dieser staatlichen Korrektur irrationalen Entscheidens ist es laut Neumann (2013, S. 35) wiederum, die „Rahmenbedingungen von Entscheidungssituationen genau auf die Weise zu gestalten, dass sich in der Folge tatsächlich das rationale und kalkulierende Entscheidungsverhalten einstellen wird".

2. *Möglichkeiten zur Korrektur irrationalen Entscheidungsverhaltens*

Um genauer zu spezifizieren, worauf bei der staatlichen Gestaltung der Rahmenbedingungen von Entscheidungssituationen zu achten ist, kann mit Fazio (1990, S. 92 f.) darauf verwiesen werden, dass bezogen auf die Verarbeitung entscheidungsrelevanter Informationen sowohl „Motivation" als auch „Möglichkeit" die Einflussgrößen einer überlegten und reflektierten Form der Informationsverarbeitung sind. Der Erklärungsfaktor „Motivation" bezieht sich dabei auf die jeweilige Bedeutung einzelner Entscheidungen, während der Faktor „Möglichkeit" auf die bestehende zeitliche Gelegenheitsstruktur abstellt. Vor diesem Hintergrund ist nur bei hinreichender Motivation sowie zeitlicher Möglichkeit mit einem rationalen Entscheidungsverhalten im Sinne des neoklassischen Verhaltensmodells zu rechnen. Die staatliche Gestaltung der Entscheidungsarchitektur zielt laut Neumann (2013, S. 36) folglich darauf ab, dass „den Akteuren genügend Motivation und hinreichend viele Möglichkeiten eingeräumt werden, um in Entscheidungssituationen auch tatsächlich nachzudenken und über ihre Handlungskonsequenzen intensiv zu reflektieren". Ob dabei eine Handlungsoption tatsächlich zu einer individuellen Besserstellung beiträgt, bleibt nach Camerer et al. (2003, S. 1215) der Bewertung der Akteure überlassen. Damit bleiben die subjektiven Einschätzungen von Handlungsoptionen und Entscheidungsergebnissen – im Einklang mit dem ökonomischen Mainstream – auch beim Konzept des asymmetrischen (libertären) Paternalismus ein zentraler Bezugspunkt, um das individuelle Entscheidungsverhalten zu erklären sowie staatliche Interventionen zu rechtfertigen.

Die verschiedenen Möglichkeiten und Formen paternalistischer Regulierung lassen sich nach Thaler und Sunstein (2012, S. 118 ff.) anhand ihrer Eingriffsintensität in das individuelle Entscheidungsverhalten voneinander unterscheiden. Einen geringen Interventionsgrad weisen danach sogenannte *Default-Optionen* („Voreinstellungen") auf, bei denen sich der Staat die Wirksamkeit des Status-quo-Bias bei seinen Eingriffen zunutze machen kann. Die grundsätzliche Bedeutung solcher Voreinstellungen (Defaults) in Gestalt von Opting-in- bzw. Opting-out-Klauseln für das individuelle Entscheidungsverhalten gilt in der verhaltensökonomischen Literatur als hinreichend empirisch belegt. So konnte etwa gezeigt werden, dass solche Defaults im Sinne der Ankerheuristik zur Vereinfachung von Entscheidungsprozessen genutzt werden, um auf diese Weise das Entscheidungsverhalten bei der Wahl zwischen Produkten nachweislich zu beeinflussen. Dies ist vor allem dann der Fall, wenn eine Voreinstellung vom Konsumenten wie die „Empfehlung" eines Experten gedeutet wird (vgl. zur Analyse der Wirksamkeit solcher Defaults etwa Goldstein und Johnson 2003 oder auch Goldstein et al. 2008). Reisch und Oehler (2009, S. 36) weisen in diesem Zusammenhang auf ein markantes Beispiel für die Verhaltenswirksamkeit entsprechender Voreinstellung hin: „Von der Organspendenbereitschaft weiß man, dass in den Ländern, in denen die Verstorbenen grundsätzlich als Organspender betrachtet werden und die Angehörigen der Organentnahme aktiv widersprechen müssen (,opt-out'), der Anteil der Organspender bei 99 % liegt (Österreich), während dieser Anteil in Ländern mit einer ‚Opt-in'-Bedingung im einstelligen Bereich liegt (Deutschland)".

Zu den klassischen Beispielen für die effizienzsteigernde Wirkung entsprechender Voreinstellungen zählt hier der Bereich der privaten Altersvorsorge, in welchem Akteure aufgrund von zeitinkonsistentem Verhalten und Prokrastination dazu neigen, weniger Mittel für spätere Lebensphasen anzusparen, als dies aus ökonomischer Sicht optimal wäre. Die Einführung von Opting-out-Klauseln hätte laut Enste und Hüther (2011, S. 48 ff.) in der neoklassischen Logik keine negativen Auswirkungen auf den Einzelnen, „da er entsprechend seinen Präferenzen die Höhe der Sparbeträge anpassen würde. Gemäß der verhaltensökonomischen Logik würde die freiwillige Verpflichtung als Status quo hingegen dazu führen, dass Menschen mehr sparen und ihre längerfristigen Ziele stärker berücksichtigen würden". Im Unterschied zu einer Opting-in-Klausel ist in Anbetracht dessen zu erwarten, dass die individuellen Beiträge zur Altersvorsorge „durch diese andere Voreinstellung deutlich steigen würden, ohne dass zusätzliche Werbe- oder Informationsmaßnahmen notwendig wären" (ebenda). Aber auch jenseits der privaten Altersvorsorge bestehen zahlreiche Anwendungsmöglichkeiten für entsprechende Voreinstellungen (vgl. Thaler und Sunstein 2012, S. 148 ff., 216 ff. ebenso wie Neumann 2013, S. 55 ff.; vgl. Haupt 2014,

5.1 Staatseingriffe unter Effizienzaspekten – Standardargumentation ...

S. 785 ff. oder auch Bosworth und Bartke 2014, S. 776 ff. mit weiteren Anwendungsbeispielen aus den Bereichen der Gesundheitsvorsorge, der Umwelt- und Energiepolitik sowie der Entwicklungspolitik; vgl. für die Nutzung solcher Voreinstellungen im Rahmen der Verbraucherpolitik etwa Döring und Rischkowsky 2014, S. 34 f.; Lissowska 2011 sowie OECD 2010; vgl. in diesem Zusammenhang ebenso die Untersuchung von Johnson et al. 2003 zur Wirkung unterschiedlich gestalteter Wahlmöglichkeiten im Bereich der Autoversicherung der US-Staaten New Jersey und Pennsylvania, wonach bei einem identischen Angebot an Versicherungspolicen eine jeweils unterschiedliche Voreinstellung dazu führte, dass entweder weit mehrheitlich die günstigste (New Jersey) oder die teuerste Police (Pennsylvania) gekauft wurde).

Eine weitere Form paternalistischer Regulierung mit einer vergleichsweise geringen Eingriffsintensität stellt die *Versorgung mit Informationen* dar, die Akteuren staatlicherseits unter der Zielsetzung einer Verbesserung des eigenen Entscheidungsverhaltens bereitgestellt werden. Aufgrund einer Vielzahl an verhaltensökonomischen Studien zur Wirksamkeit von Framing-Effekten kann sich der Staat mit Blick auf die Bereitstellung von Informationen zur Verhaltenskorrektur die Einsicht zunutze machen, dass – wie schon an früherer Stelle erläutert (Kap. 5.1.3) – weniger die Menge an Informationen als vielmehr die Art und Weise, wie diese Informationen dargeboten werden, für die Ergebnisse individuellen Entscheidungsverhaltens von Bedeutung sind. Folgt man Beck (2014, S. 378), kann danach bereits die „rein semantische Umgestaltung einer Situation, die aus ökonomischer Perspektive unerheblich ist, [...] aus Sicht der Behavioral Economics große Wirkung zeigen". Zur Illustration verweist er auf das Problem der falschen Einschätzung von Gewinn-Wahrscheinlichkeiten im Rahmen des Lotto-Spielens: Ausgangspunkt ist dabei der Sachverhalt, dass „Menschen dazu tendieren, kleine Wahrscheinlichkeiten zu überschätzen [...]. Hier würde der asymmetrische Paternalismus raten, die wahren Gewinnwahrscheinlichkeiten explizit für den Spieler sichtbar zu machen, eventuell unterstützt durch Grafiken [...] oder durch anschauliche Vergleiche [...]. Wenn die Lottokunden rational sind und die Wahrscheinlichkeiten korrekt einschätzen, entstehen ihnen aus dieser Politik mehr oder weniger keine Kosten; irren sie sich hingegen bei der Einschätzung der Wahrscheinlichkeiten, dann hilft ihnen diese Politik, ihre wahre Nachfrage nach Lottoscheinen zu finden" (ebenda).Von praktischer Bedeutung sind diese Erkenntnisse vor allem im Bereich der staatlichen Verbraucherpolitik, wo Unternehmen mit Blick auf den Konsumentenschutz gesetzlich dazu verpflichtet sind, Informationen zu den eigenen Produkten und deren Herstellungsverfahren zu veröffentlichen. Dabei kann durch eine möglichst anschauliche Gestaltung von Produkt- und Verfahrensinformationen (z. B. mittels der Verwendung von Qualitätssiegeln oder auch sogenannter Ampel-Kennzeichnungen) eine Grundlage dafür geschaffen werden, dass es zu „vernünftigen" Konsumentscheidungen kommt, die im eigenen Interesse der Verbraucher liegen (vgl. hierzu auch Döring und Rischkowsky 2014 mit weiteren Literaturverweisen).

Eine weitere Form staatlicher Maßnahmen, die dem Konzept des asymmetrischen (libertären) Paternalismus folgen, stellen laut Mulholland (2007) oder auch McAurey (2007) sogenannte *Cooling-off-Regulierungen* dar. Den Hintergrund für solche Regulierungen bildet die Beobachtung, dass Akteure immer wieder auch (Kauf-)Entscheidungen aus momentanen Gefühlslagen heraus treffen („emotionally hot states"), die sie mit etwas Abstand und unter rationaler Abwägung aller Handlungsalternativen so nicht treffen würden. Folgt man dem herkömmlichen (neoklassischen) Verhaltensmodell, entscheiden sich rationale Akteure immer für jene Handlungsalternative, die den größten Nettonutzen erwarten lässt. Aus verhaltensökonomischer Sicht können jedoch situationsspezifische Faktoren (soziale Einflüsse wie das Herdenverhalten, intensive Gefühlslagen, kognitive Wahrnehmungsfehler, Minderschätzung des zukünftigen Nutzens etc.) dazu führen, dass sich in einer Entscheidungssituation nicht für jene Handlungsalternative mit der besten Nutzen-Kosten-Relation entschieden wird. Mit dem Einräumen einer „Cooling-off-Phase" wird Akteuren die Möglichkeit zu einer rationalen Korrektur impulsiv getroffener Entscheidungen eröffnet. Während eingeschränkt rational agierende Akteure damit vom Druck emotional bestimmter Handlungssituationen entlastet werden, um ihre Entscheidungen nochmals überdenken zu können, übt eine solche Cooling-off-Regelung in Form eines zeitlich erweiterten Widerrufrechts – so die Argumentation – keinen (negativen) Einfluss auf das Entscheidungsverhalten solcher Akteure aus, die zu rationalen Entscheidungen in der Lage sind. Als reale Beispiele für solche Cooling-off-Regelungen kann mit Beck (2014, S. 379) auf das Rücktrittsrecht bei Haustürgeschäften, die Wartezeiten zwischen der Bestellung des Aufgebots und der Heirat oder auch die Wartezeit bis zur Rechtswirksamkeit von Scheidungen verwiesen werden.

Die höchste Eingriffsintensität paternalistischer Regulierungen weisen sogenannten Sündensteuern (sin taxes) sowie die Beschränkung von Handlungsrechten auf, die beide Formen der staatlichen Hilfe zur Selbstbeschränkung darstellen. Grundlegend für den Gebrauch beider Interventionsformen ist dabei laut Thaler und Sunstein (2012, S. 61 ff.) die Annahme, dass insbesondere zeitinkonsistent handelnde Personen es positiv bewerten, wenn der Staat rechtliche Möglichkeiten schafft oder auch anreizwirksame Instrumente einsetzt, die Akteuren eine Selbstbeschränkung erleichtern, um sich auf diese Weise vor ihren eigenen Schwächen besser schützen zu können. Im Fall der *Sündensteuern* wird des Weiteren unterstellt, dass Akteure ein „Multiple-Selves-Problem" aufweisen, wobei Entscheidungen eines „jetzigen Ichs" zulasten eines „zukünftigen Ichs" zu externen Effekten führen, die jedoch aufgrund ihres intrapersonalen Charakters als „Internalitäten" bezeichnet werden. Analog zum Auftreten von externen Effekten in anderen Politikbereichen (z. B. in der Umweltpolitik) zielt die Besteuerung schädlicher Verhaltensweisen (z. B. Alkohol- oder Tabakkonsum) auf eine wohlfahrtsoptimierende Internalisierung dieser Externalitäten ab. In der *Beschränkung von Handlungsoptionen* wird demgegenüber aus verhaltensökonomischer Sicht ein Instrument gesehen, um in bestimmten Entscheidungssituationen überhaupt erst zur Durchsetzung einer echten Wahlfreiheit beizutragen. Exemplarisch kann auch hier wieder auf den Bereich des staatlichen Verbraucherschutzes verwiesen werden, der entsprechende Einschränkungen des Vertragsrechts aufweist. Beispiele hierfür stellen verbraucherpolitische Regulierungen dar, mit denen ein vertraglicher Ausschluss von Informations- oder Widerrufsrechten generell untersagt wird. So ist beispielsweise im Rahmen der EU-Verbraucherpolitik diese Empfehlung bereits in entsprechenden Richtlinien zum Fernabsatz und E-Commerce umgesetzt (vgl. hierzu auch Rischkowsky 2007 sowie Rischkowsky und Döring 2004). Als Begründung hierfür lässt sich auf die präventive Schutzfunktion dieser Rechte verweisen, die diesen unter der Annahme zukommt, dass angesichts spezifischer kognitiver und emotionaler Mechanismen Konsumenten in komplexen Marktsituationen „fehlerhafte" Kaufentscheidungen treffen können. Damit verbunden ist die Skepsis bezüglich der Fähigkeit zumindest eines Teils der Konsumenten, jederzeit Entscheidungen zum eigenen Vorteil treffen zu können. Als Beleg für ein solches „Fehlverhalten" gelten Situationen (z. B. im Bereich von Internet-Transaktionen), bei denen Konsumenten auch dann nicht von einer Kaufentscheidung absahen, wenn die entsprechenden Verträge Regelungen enthielten, die zu ihrem Nachteil waren (vgl. ausführlicher Clapperton und Corones 2007 sowie Howell 2006). Jenseits der Verbraucherpolitik stellen Abgabetermine für Steuererklärungen oder auch Seminararbeiten weitere Beispiele für solche Beschränkungen in den Handlungsrechten zum Selbstschutz von Akteuren dar (vgl. hierzu auch die Untersuchung von Ariely und Wertenbroch 2002 sowie die Ausführungen in O'Donoghue und Rabin 1999 und Yaacov und Fishbach 2000).

Die Wohlfahrtswirkung der erläuterten Maßnahmen einer paternalistischen Regulierung, wie sie sich für vollständig informierte Akteure ergeben, werden allerdings durchaus kontrovers diskutiert, da diese zu einer verzögerten Realisierung effizienter Transaktionen und somit zu zusätzlichen Kosten führen können (vgl. für eine zusammenfassende Darstellung der Kritik am Konzept des asymmetrischen (libertären) Paternalismus sowie der daraus sich ergebenden Grenzen für die Gestaltung staatlichen Handelns etwa Beck 2014, S. 383 ff. oder auch Neumann 2013, S. 78 ff.). Dies ist dann der Fall, wenn staatliche Verbraucherschutzregelungen beispielsweise Versicherungsunternehmen dazu verpflichten, Änderungen bestehender Versicherungsverträge nur unter der Bedingung vornehmen zu dürfen, dass die Versicherungsnehmer vollständig über alle Änderungen und die damit verbundenen Wirkungen informiert wurden und diesen die Möglichkeit gegeben wird, unter Einhaltung einer bestimmten Bedenkfrist den Versicherungsanbieter zu wechseln. Wenn eine solche Cooling-off-Regelung jedoch – wie bereits in Rischkowsky und Döring (2008, S. 308) angemerkt – dazu führt, dass „it takes much longer to change contracts (compared to the absence of such a rule), at least, well-informed and rationally acting consumers, whose purpose of chance is to switch away from a more expensive company, could face noticeable financial losses". Das Beispiel verdeutlicht, dass das Konzept des asymmetrischen Paternalismus noch einer weiteren Konkretisierung bedarf. So wird – vergleichbar dem Kaldor-Hicks-Kriterium zur Bewertung der Wohlfahrtseffekte wirtschaftspolitischer Maßnahmen – hier zunächst lediglich ein Effizienzgrundsatz formuliert, anhand dessen sich staatliche Markteingriffe angesichts einer unterschiedlichen Reichweite individuellen Rationalverhaltens beurteilen lassen. Wie die Nutzenbewertung in einer je spezifischen Entscheidungssituation erfolgen kann, bleibt jedoch unklar. Zudem ist zu berücksichtigen, dass nach Englerth (2004, S. 58) im Unterschied zur Theorie des Marktversagens aus der bloßen Feststellung von kognitiven oder emotionalen Restriktionen des Akteursverhaltens allein noch nicht die Vorzugswürdigkeit spezifischer Staatseingriffe folgt.

Schließlich ist auch zu bedenken, dass die im Konzept des asymmetrischen Paternalismus angelegte Normvorstellung eines als „wünschenswert" anzusehenden Akteursverhaltens zu einer – letztlich innovationsfeindlichen – Standardisierung individueller Entscheidungen führen kann. Bezogen auf einen daraus resultierenden Konformismus stellt Schnellenbach (2011, S. 455) fest: „Erstens wohnt […] auch dem liberalen Paternalismus eine Tendenz zur Standardisierung inne. Wird er konsequent umgesetzt, und ist er erfolgreich, dann werden Individuen mit eher schwachen Präferenzen in Richtung eines Normkonsums gelenkt und nur Individuen mit ohnehin schon relativ starken abweichenden Präferenzen nehmen auch bewusst die Kosten eines abweichenden Konsums auf sich. Eine möglicherweise große Gruppe von Individuen mit zunächst schwachen Präferenzen, die nicht der Vielfalt, den Zufällen und den Überraschungen nicht-paternalistischer Entscheidungssituationen ausgesetzt ist, wird also möglicherweise nie durch Versuch und Irrtum erfahren, wie hoch die Opportunitätskosten des Normkonsums tatsächlich sind. Zweitens ist zu bedenken, dass ein politisch gestützter, zeitgeistiger Paternalismus gerade diesen Zeitgeist möglicherweise verstärkt und stabilisiert. Auch auf der gesellschaftlichen Ebene besteht also die Gefahr, dass das Lernen aus Versuch und Irrtum behindert und verlangsamt wird". In ähnlicher Weise kritisieren auch Enste und Hüther (2011, S. 44), dass bei entsprechend zum Einsatz kommenden „Nudges" (Anstößen bzw. Voreinstellungen) „die Zielrichtung mitunter unklar" ist. Auch kann danach gefragt werden, ob „die längerfristigen Präferenzen der Menschen, die sie eigentlich haben, aber nicht (immer) zeigen und nicht immer dementsprechend handeln, die richtige Orientierungsgröße [sind]" und inwieweit „irrationale Entscheidungen immer zu vermeiden [sind] oder […] nicht zum freiheitlichen Leben dazu [gehören]" (ebenda). Weitere kritische Auseinandersetzung mit dem Konzept des asymmetrischen (libertären) Paternalismus finden sich zudem in Güth und Kliemt (2014), Schnellenbach (2014), Schnellenbach (2012a), Kirchgässner (2012), Schnellenbach (2012b) sowie Koopman und Ghei (2013).

5.2 Staatseingriffe unter Verteilungsaspekten – Erweiterung der traditionellen Perspektive um Einsichten der Verhaltensökonomik

Innerhalb der Finanzwissenschaft wird neben der Allokationsfunktion staatlichen Handelns auch die Verteilungsfunktion zu den grundlegenden Aufgaben des Staates gerechnet (vgl. etwa Zimmermann et al. 2012, S. 291 ff. oder auch Blankart 2011, S. 89 ff.). Verteilungspolitische Maßnahmen des Staates sind hierbei nicht allein auf die Umverteilung von Einkommen und Vermögen unter der Zielsetzung einer gesellschaftlich erwünschten *Korrektur der Primärverteilung* des Marktes gerichtet. Vielmehr fällt unter die Verteilungsfunktion des Staates ebenso die Absicherung möglicher Lebensrisiken (Krankheit, Arbeitslosigkeit, Unfall, Pflegebedürftigkeit) einschließlich der Einkommenssicherung im Alter (Rente). Richtet man den Blick zunächst auf die staatliche Umverteilung zwischen reichen und armen Gesellschaftsmitgliedern, fallen nicht nur die herkömmlichen finanzwissenschaftlichen Begründungen dafür unterschiedlich aus. Darüber hinaus gilt aus ökonomischer Sicht auch das Ausmaß an Einkommens- und Vermögensnivellierung als umstritten, wobei dessen Bestimmung letztlich nicht ohne Rückgriff auf Werturteile erfolgen kann.

Musgrave et al. (1990, S. 96 ff.) haben in Anbetracht dessen die Begründungen staatlicher Umverteilungspolitik und das sich daraus ergebende Umverteilungsniveau in Form von drei *unterschiedlichen Gerechtigkeitspostulaten* zusammengefasst: 1) Gemäß dem „ausstattungsfundierten Gerechtigkeitskriterium" verfügt jeder Akteur über ein grundlegendes Recht an den Ergebnissen seiner Anstrengungen, was auf eine Legitimation der Marktverteilung hinausläuft. Dieses Gerechtigkeitskriterium geht auf Hobbes (1651, 1966) und Locke (1690, 1967) zurück und wurde in der jüngeren Vergangenheit vor allem von Nozick (1974) postuliert. Staatliche Korrekturen dieser Marktverteilung sind nur in denjenigen Fällen gerechtfertigt, in denen entweder Einkommen und Vermögen aus Monopolstellungen resultieren oder die Start- und Chancengleichheit mit Blick auf die Beteiligung am Marktgeschehen nicht gewährleistet ist. 2) Im Unterschied dazu verbindet sich mit dem „nutzenfundierten Gerechtigkeitskriterium" die Forderung nach einer Maximierung der Summe des Nutzens aller Gesellschaftsmitglieder. Das Verteilungskriterium der nutzenfundierten Gerechtigkeit leitet sich aus den frühen Überlegungen von Bentham (1789, 1968) ab. Unter der Annahme eines abnehmenden Grenznutzens des Einkommens sowie einer vom Umverteilungsvolumen unabhängigen Ressourcenausstattung steigt dann der Gesamtnutzen aller Individuen, wenn Einkommen von reich zu arm umverteilt wird. 3) Mit dem Verteilungskriterium der „beschränkten Gleichheit" verbindet sich schließlich die Auffassung, dass jedem Gesellschaftsmitglied eine Güterausstattung in Orientierung an seinem Bedarf zusteht. Nach dem sogenannten Maximin-Kriterium ist danach eine Ungleichverteilung von Einkommen und Vermögen nur dann als gerecht anzusehen, wenn dadurch die Ärmsten der Gesellschaft durch verteilungspolitische Maßnahmen des Staates besser gestellt werden. Entsprechende Überlegungen zum beschränkten Gleichheitskriterium finden sich etwa bei Rawls (1971).

Eine ökonomische Begründung staatlicher Verteilungspolitik in Form der *Bereitstellung sozialer Sicherungssysteme* (Kranken-, Arbeitslosen-, Unfall-, Pflege-, Rentenversicherung) erfolgt demgegenüber – anknüpfend an Brennan und Buchanan (1985), Brennan (1973) sowie Buchanan und Tullock (1962) – unter Verweis auf das Kriterium der „konsensualen Gerechtigkeit", welches sich auf konstitutionell vereinbarte Umverteilungsregeln (Metaregeln der Umverteilung) und deren Einhaltung im gesellschaftlichen Alltag bezieht. Für die Etablierung solcher Umverteilungsregeln auf der Verfassungsebene werden dabei zwei unterschiedliche Motive benannt: 1) Beim *Versicherungsmotiv* wird davon ausgegangen, dass die Individuen zum einen überwiegend risikoavers sind, sich daher gegenüber zukünftigen Lebensrisiken absichern wollen, die jedoch nur eingeschränkt – wenn überhaupt – über den Markt in angemessener Form bereitgestellt werden. Gesetzliche Sozialversicherungssysteme stellen in diesem Fall eine Lösung des Problems der Risikoabsicherung dar. 2) Staatliche Umverteilungspolitik und soziale Sicherungssysteme lassen sich unter dem *Selbstschutzmotiv* darüber hinaus als ein Beitrag zur (präventiven)

Vermeidung von sozialen Unruhen sowie einer Kriminalisierung sozialer Randgruppen interpretieren. Eine solche „Sozialpolitik für den Markt" kann zugleich als ein Instrument zur Ergänzung bzw. Stabilisierung des Rechtsstaats angesehen werden (vgl. hierzu auch die Ausführungen in Homann und Pies 1996).

1. *Soziale Präferenzen, Altruismus und Ungleichheitsaversion*

Eine Erweiterung erfahren diese traditionellen ökonomischen Argumente für eine staatliche Umverteilungspolitik aus Sicht der Verhaltensökonomik vor allem durch den Verweis auf die *Existenz sozialer Präferenzen*. Folgt man Charness und Rabin (2002), wird beim Konzept der sozialen Präferenzen davon ausgegangen, dass nicht allein das eigene Einkommen und Vermögen und der auf dieser Grundlage erfolgende Konsum einen individuellen Nutzen stiftet. Vielmehr erzeugt – so die Argumentation – auch das Wohlbefinden anderer Akteure einen nutzenstiftenden Effekt, worauf bereits im Rahmen der Überlegungen zu den psychologischen Externalitäten hingewiesen wurde. Soziale Präferenzen sind ein Ausdruck der individuellen Vorstellungen davon, wie die gesellschaftliche Realität aus Sicht der Akteure gestaltet sein sollte. Diese Vorstellungen können unterschiedliche Ausprägung annehmen, so etwa 1) in Form der Wirksamkeit von sozialen Normen und Werten wie *Altruismus* oder auch Fairness und Reziprozität, 2) als eine subjektive Aversion gegen Ungleichheit, 3) als Vorliebe für die Gleichverteilung von Einkommen und Vermögen oder auch 4) als Angst vor dem Verlust der eigenen sozialen Position innerhalb einer Gruppe (vgl. zu den genannten Ausprägungsformen sozialer Präferenzen und deren Erläuterung etwa Erlei 2015, S. 34 ff. oder auch Beck 2014, S. 271 ff.; siehe hierzu auch Abb. 5.4). Weicht die gesellschaftliche Realität von den sozialen Präferenzen eines Akteurs ab, führt dies zu einer Reduzierung seines Nutzens. Umgekehrt kann bei bestehen-

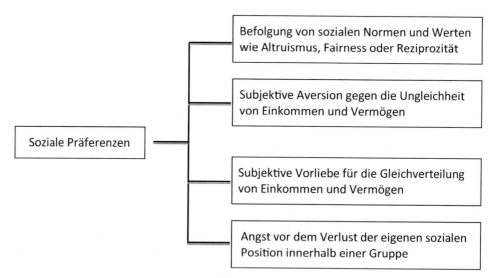

Abb. 5.4 Ausprägungsformen sozialer Präferenzen als wünschenswerte Vorstellungen der Einkommens- und Vermögensverteilung. (Quelle: Eigene Darstellung)

5.2 Staatseingriffe unter Verteilungsaspekten – Erweiterung ...

den Inkongruenzen zwischen gesellschaftlicher Realität und sozialen Präferenzen durch staatliche Eingriffe zur individuellen Nutzensteigerung beigetragen werden.

Die Existenz solcher sozialen Präferenzen lässt sich mit Hilfe der bereits an früherer Stelle erwähnten Ultimatum- und Diktatorspiele nachweisen. Vergleicht man die Aufteilungsergebnisse des Geldbetrages bei beiden Spielvarianten miteinander, fällt bekanntermaßen die Anzahl derjenigen Akteure im Diktatorspiel niedriger als im Ultimatumspiel aus, die eine „faire" Aufteilung (50:50-Lösung) vorschlagen. Während im Ultimatumspiel die Präferenz für eine Gleichverteilung des Geldbetrages auch der (eigennützigen) Angst vor der Ablehnung des Teilungsangebots durch den Mitspieler geschuldet sein kann, legt die Abwesenheit der Bestrafungsmöglichkeit im Diktatorspiel eine Erklärung der verbleibenden Anzahl an 50 %-Lösungen durch die Existenz sozialer Präferenzen nahe (vgl. zu Erklärung der unterschiedlichen Verhaltensergebnisse im Vergleich von Ultimatum- und Diktatorspiel ebenso Behnke 2012, S. 200 ff. mit weiteren Literaturverweisen). Der Vergleich beider Spielvarianten zeigt nach Beck (2014, S. 272) allerdings auch, dass die gewonnen Untersuchungsergebnisse noch keinen Hinweis auf die Wirkungsrichtung bestehender sozialer Präferenzen enthalten: „Beim Diktator-Spiel zeigen die Versuchspersonen Altruismus in dem Sinne, dass das Wohlergehen der anderen Spieler auch ihr Wohlergehen steigert, im Ultimatumspiel ist hingegen das Gegenteil der Fall: Hier steigert man offensichtlich seinen Nutzen, wenn man den Gegenspieler bestraft. Es ist also nicht allein eine altruistische Ader, die unser Verhalten bestimmt, sondern es kommt wohl auch auf den Kontext an". Unabhängig von der Frage der Wirkungsrichtung von Altruismus deutet die bereits an früherer Stelle erwähnte Untersuchung von Rand und Epstein (2014) darauf hin, dass zumindest im Fall eines sehr ausgeprägten Altruismus die Akteure weit mehrheitlich intuitiv handeln, ohne über mögliche Konsequenzen ihres Verhaltens nachzudenken (vgl. auch Rand et al. (2012).

Anstelle von Altruismus können soziale Präferenzen auch in Gestalt einer subjektiven *Ungleichheitsaversion* auftreten. Folgt man Fehr und Schmidt (1999), enthält die Nutzenfunktion der Akteure in diesem Fall nicht nur die unmittelbaren monetären Auszahlungen, wie dies das herkömmliche ökonomische Verhaltensmodell unterstellt. Vielmehr wird der individuelle Nutzen – so die weitergehende Annahme – zudem durch Unterschiede in diesen Auszahlungen beeinflusst, wobei dieser umso geringer ausfällt, je ausgeprägter die Unterschiede sind. Dies bedeutet zugleich, dass die Akteure, welche die 50:50-Aufteilungsregel in Verhaltensexperimenten bevorzugen, den unterschiedlichen relativen Nutzen, den Akteure aus den zugeteilten Geldbeträgen ziehen können, bei ihren Entscheidungen nicht in Rechnung stellen. Dieses Verhalten steht nicht in Einklang mit der herkömmlichen ökonomischen Effizienzüberlegung, wonach man den Gesamtnutzen im Ultimatum- oder Diktatorspiel dadurch steigern kann, indem man demjenigen Akteur den größten Geldbetrag zuteilt, der daraus den höchsten marginalen Nutzen zieht. In diesem Zusammenhang kann exemplarisch auf Yaari und Bar-Hillel (1984) verwiesen werden, die in Experimenten anhand der Aufteilung von Früchten mit unterschiedlichem Vitamingehalt zeigen, dass es nicht zu der ökonomisch effizienten Lösung kommt, sondern sich jenes Verteilungsmuster durchsetzt, welches im Einklang mit der These von der Ungleichheitsaversion steht. Die Ungleichheitsaversion ist dabei keineswegs auf die eigene Person beschränkt. Das sogenannte *Third-Party-Punishment-Spiel* zeigt nach Fehr und Fischbacher (2004) vielmehr, dass Akteuren die Realisierung von Gleichheit und Fairness auch gegenüber Dritten wichtig ist. In dieser Variante des Diktatorspiels erhält ein dritter Akteur, der das Spiel der beiden anderen Akteure beaufsichtigt, die Möglichkeit zur Bestrafung des „Diktatorspielers" für den Fall eines aus seiner Sicht unfairen Aufteilungsverhaltens. Obwohl das Durchführen von Sanktionen für den „Aufseher" selbst mit Kosten verbunden ist, da jede Bestrafung zu einer Verringerung des ihm vorab zugeteilten Budgets führt, zeigt sich dennoch, dass rund 60 % der Versuchspersonen den „Diktatorspieler" sanktionieren.

Jenseits dieser grundlegenden sozialpsychologischen Einsicht, dass Ungleichheit und die *relative Position anderer Akteure* für das individuelle Entscheidungsverhalten von Bedeutung sind, ist nach Beck (2014, S. 274 f.) jenseits dessen jedoch weitgehend unklar, wann und in welchem Umfang die Einkommens- und Vermögenssituation anderer Akteure und die daraus sich ergebende soziale Lage berücksichtigt wird. Als vergleichsweise sicher gilt lediglich, dass die Bereitschaft zum Teilen eines Geldbetrages mit zunehmender sozialer Distanz abnimmt. Oder anders formuliert: Die Bereitschaft zur freiwilligen Umverteilung eines Geldbetrages ist umso größer, je kleiner und homogener eine Gruppe von Akteuren ist. Umgekehrt nimmt der Anreiz zum Trittbrettfahrerverhalten mit steigender Gruppengröße zu, d. h. aus eigenem Antrieb praktizierte Umverteilungsaktivitäten nehmen ab, wenn die soziale Anonymität steigt. Abgesehen vom Faktor „soziale Distanz" lassen sich die Ergebnisse von Ultimatum- und Diktatorspielen darüber hinaus vor allem durch solche verhaltenstheoretischen Modelle sozialer Präferenzen erklären, bei denen angenommen wird, dass die Akteure durch eine Ungleichheitsaversion gekennzeichnet sind, in die auch die relative Position anderer Akteure mit einfließt. Ein solcher Erklärungsansatz ist das ERC-Modell (Equity, Reciprocity, Competition) von Bolton und Ockenfels (2000), bei dem davon ausgegangen wird, dass der Nutzen eines Akteurs neben dem Geldbetrag, über den er selbst verfügt, auch vom persönlichen Anteil an der gesamten „Verteilungsmasse" abhängt. Anstelle einer Maximierung dieses Anteils an der Gesamtauszahlung wird unterstellt, dass die Akteure sich mit einem Geldbetrag zufriedengeben, der dem Durchschnitt aller Auszahlungen entspricht. Vor diesem Hintergrund fühlt sich ein einzelner Akteur – so das Modell weiter – dann glücklich und zufrieden, wenn die Gesamtheit aller Akteure (bzw. Mitspieler) den gleichen Betrag erhalten. Als zufrieden gilt ein Akteur im ERC-Modell aber auch dann, wenn es einige reiche und einige arme Akteure gibt, solange seine Auszahlung dem Durchschnitt entspricht. Nach Engelmann und Strobel (2000) würde es bei dieser Motivationsstruktur bereits ausreichen, dass man selbst der Mittelschicht angehört. Eine Begründung für staatliche Umverteilungsaktivitäten kann daraus allerdings nicht abgeleitet werden.

Dieser Auffassung widersprechen Fehr und Schmidt (1999) in ihrem Modell sozialer Präferenzen, bei dem unterstellt wird, dass die Akteure jede Art von Ungleichheit zu den Auszahlungen anderer Akteure zu vermeiden versuchen. Damit kann sowohl das freundliche Verhalten in Diktatorspielen als auch das bestrafende Verhalten in Ultimatumspielen erklärt werden. Im Unterschied zum ERC-Modell verfügen die Akteure, die der Mittelschicht angehören, bei diesem Erklärungsansatz über eine eindeutige Präferenz zur Besteuerung der Reichen, um aus den daraus erzielten Einnahmen die Transferleistungen an die Armen zu finanzieren. D. h. die Existenz ungleicher Einkommen liefert in diesem Fall ein Argument für eine staatliche Verteilungspolitik. Verantwortlich hierfür ist, dass die Akteure eindeutig eine solche Situation bevorzugen, in der alle über den gleichen Betrag verfügen, d. h. eine *Vorliebe für die Gleichverteilung von Einkommen und Vermögen* besteht. Auch wenn bei diesem Modell nicht alle denkbaren Verhaltensmotive der Akteure – altruistische Motive ebenso wie Maximierungsüberlegungen – berücksichtigt werden, finden Engelmann und Strobel (2000) in entsprechenden Verhaltensexperimenten in der Tendenz den Erklärungsansatz von Fehr und Schmidt (1999) anstelle des ERC-Modells von Bolton und Ockenfels (2000) empirisch bestätigt. Weitere Verhaltensmodelle, die neben der Ungleichheitsaversion noch zusätzliche Motive enthalten, finden sich in Fehr und Schmidt (2005). Ein Verhaltensmodell, welches eine Pluralität an Motiven berücksichtigt, formulieren auch Bénabou und Tirole (2006a). Danach sollen Akteure nicht nur durch ein unterschiedliches Maß an Altruismus und Gier, sondern zudem durch eine Besorgnis um ihre gesellschaftliche Reputation gekennzeichnet sein.

Die Bedeutung des im ERC-Modell enthaltenen Faktors „Wettbewerb" zeigt sich in weiteren Varianten des Diktatorspiels, die in Experimenten von Fershtman et al. (2012) durchgeführt wurden und bei denen sich zum einen wiederum soziale Präferenzen in Form einer Ungleichheitsaversion beobachten ließen. Die Variation des Diktatorspiels bestand darin, dass dem Spieler mit Vorschlagsrecht zwei Verteilungsoptionen (11:2 versus 8:8) vorgegeben wurden, zwischen denen er sich entscheiden sollte. Dabei präferierten 75 % der „Diktatoren" eine Gleichverteilung des Geldbetrages. Zum anderen zeigte sich bei einer Spielvariante, bei der den Versuchspersonen mit Vorschlagsrecht mitgeteilt wurde, dass die Aufteilung des Geldbetrages von den Ergebnissen einer Aufgabe abhängt, die beide Spieler zu bewältigen hatten, dass die Mehrheit der Akteure sich anstrengte, um das Spiel zu gewinnen. Ein solches Verhalten steht jedoch nicht in Einklang mit der Annahme, dass die Akteure über eine soziale Präferenz zugunsten gleichverteilter Einkommen verfügen. Es fand sich allerdings auch keine experimentelle Evidenz dafür, dass ein solches Verhalten auf eine Lust am Wettbewerb zurückgeführt werden könnte. Nach Fershtman et al. (2012, S. 139 ff.) lassen sich die Ergebnisse der Verhaltensexperimente mit dem Vorhandensein kollidierender sozialer Normen erklären, die je nach Spielkontext unterschiedlich aktiviert werden. Dabei wird davon ausgegangen, dass in der herkömmlichen Variante des Diktatorspiels bei der Aufteilung des Geldbetrages einer sozialen Norm gefolgt wird, die sich an der Idee einer Gleichverteilung der Einkommen orientiert. Beck (2014, S. 276) spricht darauf bezogen auch von der Idee der „Verteilungsgerechtigkeit". Demgegenüber herrscht in der Situation, in welcher die Probanden eine Aufgabe zu erfüllen haben, eine Wettbewerbsorientierung vor, die in Widerstreit zur Gleichverteilungsnorm tritt. Da bei dieser Spielvariante „unterschiedliche Leistungen auch unterschiedliche Einkommensverteilungen zulassen", spiegelt sich darin die Idee der „Leistungsgerechtigkeit".

Zwar kann aus dieser Erkenntnis keine zusätzliche Begründung für eine staatliche Umverteilungspolitik abgeleitet werden, da sich in beiden Fällen eine Korrektur der bestehenden Einkommensverteilungen verhaltensökonomisch legitimieren lässt. Die kontextabhängige Existenz unterschiedlicher Gerechtigkeitsnormen hat allerdings Konsequenzen für die jeweilige Ausgestaltung staatlicher Umverteilungsmaßnahmen. Entsprechend stellt auch Beck (2014, S. 272) in diesem Zusammenhang fest: „Wenn man dem ersten Spieler, dem Diktator, das Gefühl vermittelt hat, dass er das Geld, das er bekommt, auch verdient hat, dann senkt das deutlich seine Bereitschaft, mit dem zweiten Spieler zu teilen". Und an anderer Stelle betont er zudem: „Eine weitere Verteilungsmaxime könnte darin bestehen, dass demjenigen, der das Geld zuerst gesehen hat oder der mehr Anstrengungen unternommen hat, es zu bekommen (beispielsweise, indem er den Gullydeckel angehoben hat), auch Anspruch auf einen größeren Anteil hat" (ebenda, S. 273). Die Relevanz der Kontextbedingungen zeigt sich zudem in einem weiteren Experiment von Cherry et al. (2002), bei dem die mangelnde Beobachtbarkeit des eigenen Verhaltens durch Dritte dazu führt, dass die Versuchsperson mit dem Vorschlagsrecht zu einem ausgeprägt weniger solidarischen Verhalten tendiert.

Dies kann als eine Bestätigung des schon an früherer Stelle berichteten Sachverhalts angesehen werden, dass die Anonymität großer Gruppen und die damit einhergehende soziale Distanz zu einer Reduzierung des „Solidargefühls" beiträgt. Diese Einsicht findet sich auch in Bénabou und Tirole (2006b), deren Überlegungen auf der Beobachtung beruhen, dass dem Entscheidungsverhalten von Akteuren – neben anderen Antriebsfaktoren – weit mehrheitlich der Glaube an eine gerechte Welt zugrunde liegt. Allerdings kann diese Erwartungshaltung von Land zu Land (bzw. von Kontinent zu Kontinent) unterschiedliche Ausprägungsformen annehmen. So können etwa ausgebaute soziale Sicherungssysteme in Verbindung mit einer entsprechenden politischen Ideologie, wie dies für die Mehrheit der europäischen (Wohlfahrts-)Staaten gilt, diese Erwartung bestätigen, allerdings nicht selten verknüpft mit der Konsequenz, dass weniger Eigeninitiative gezeigt und weniger hart gearbeitet wird („realistic pessimism equilibirium"). Eine andere Variante der Erfüllung der Erwartungshaltung nach einer gerechten Welt in Verbindung mit einer bestimmten politischen Ideologie findet sich beispielsweise im US-amerikanischen Gesellschaftsmodell. Hier wird stärker auf die Eigeninitiative der Akteure gesetzt und zugleich den sozialen Sicherungssystemen und politischen Institutionen weniger vertraut („laissez faire equilibrium").

Ein weiterer sozialpsychologischer Erklärungsansatz der Existenz sozialer Präferenzen geht auf die sogenannte Theorie der *intentionalen Gegenseitigkeit* zurück. Danach sind im Unterschied zum Konzept der Ungleichheitsaversion nicht die Ergebnisse des Verhaltens eines Gegenübers von Bedeutung, sondern vielmehr die Absichten (Intentionen), die diesem Verhalten zugrunde liegen. D. h. es kommt dann zu einem altruistischen Verhalten, wenn Akteure davon ausgehen, dass auch der jeweilige Interaktionspartner sich altruistisch verhält. Es handelt sich bei diesem Ansatz um eine Weiterentwicklung der sogenannten Theorie der intentionalen Kausalität als einer bekannten Variante psychologischer Attributionstheorien. Beim Konzept der „intentional causality" wird von der Annahme ausgegangen, dass Akteure nicht nur automatisch nach Kausalitäten suchen, sondern diese auch mit absichtsvollen Motiven verbinden (vgl. hierzu auch Kahneman 2011, S. 76 mit Verweis auf die Pionierstudie von Heider und Simmel 1944). Wird jedoch demgegenüber vermutet, dass der Gegenüber eigennützig handelt, reagieren die Akteure darauf ebenfalls mit einem eigennutzmaximierenden Verhalten. Ein solches Verhalten lässt sich in einer Variante des Ultimatumspiels beobachten, bei der die Aufteilung des Geldbetrages nicht durch den Akteur vorgenommen wird, der über das Vorschlagsrecht verfügt, sondern durch einen Zufallsgenerator erfolgt. Im Ergebnis zeigt sich bei dieser Spielvariante eine deutlich reduzierte Schwelle, ab der ein Mitspieler den Aufteilungsvorschlag akzeptiert, was zu der Interpretation führt, dass nicht der Grad an Ungleichverteilung des Geldbetrages als vielmehr die Intention des Gegenübers für die Akzeptanzbereitschaft ausschlaggebend ist. Stellvertretend hierfür kann auf die Untersuchung von Kagel et al. (1996) verwiesen werden, bei der die Bestrafung eines Akteurs in Abhängigkeit von dessen Wissensstand erfolgt: Wenn ein Akteur in den Augen seiner Mitspieler wissentlich einen ungleichen Verteilungsvorschlag unterbreitet, dann steigt die Wahrscheinlichkeit der Bestrafung. Wenn demgegenüber jedoch auf Seiten der Mitspieler davon ausgegangen wird, dass die vorschlagende Person keine Kenntnis über das Ausmaß an Ungleichheit hat, welches sich mit der Aufteilung des Geldbetrages verbindet, dann entgeht diese Person tendenziell einer möglichen Sanktionierung.

Der Rückgriff auf die Theorie der intentionalen Gegenseitigkeit zur Erklärung sozialer Präferenzen stößt allerdings dann an Grenzen, wenn plausibel gemacht werden soll, warum Akteure auch in Diktatorspielen gewillt sind, einen Teil des Geldbetrages an ihre Mitspieler zu transferieren, obwohl hierzu unter rein rationalen Erwägungen keine Notwendigkeit besteht. Dieses Verhalten stellt insofern ein Erklärungsproblem dar, da es hier – folgt man Beck (2014, S. 279) – kein Verhalten des Gegenübers gibt, welches man im Hinblick auf seine Intention bewerten könnte. Die vorliegenden Untersuchungsergebnisse zu Diktatorspielen deuten – wie schon an früherer Stelle dargestellt – vielmehr darauf hin, dass für die vorgenommene Aufteilung des Geldbetrages nicht die Motivationsstruktur des Gegenübers von Relevanz ist, sondern stattdessen entweder die Ungleichheitsaversion oder das Eigennutzstreben der vorschlagenden Person maßgeblich sind. Soweit soziale Präferenzen vor diesem Hintergrund als zusätzliche Begründung für staatliche Umverteilungsaktivitäten ins Feld geführt werden, dürfte daher am ehesten das Streben nach Vermeidung einer ungleichen Einkommensverteilung als inhaltliche Konkretisierung einer solchen Präferenzstruktur in Frage kommen.

2. *Ungleiche Einkommen und individuelle Lebenszufriedenheit*

Allerdings ist auch dieser Erklärungsversuch der Existenz sozialer Präferenzen mit Vorsicht zu bewerten, wie die Ergebnisse der ökonomischen Glücksforschung zum Zusammenhang von Einkommensungleichheit und individueller Lebenszufriedenheit zeigen. Dabei kann grundlegend zwischen einem Einkommenseffekt und einem Status-effekt differenziert werden (vgl. für eine zusammenfassende Darstellung der Untersuchungsergebnisse etwa Weimann et al. 2012, S. 71 f. ebenso wie Jansen und Neumann 2014). Der *Einkommenseffekt* besagt dabei, dass mit steigendem Einkommen zwar auch das Glücksgefühl steigt, der positive Effekt des Einkommenszuwachses auf die Lebenszufriedenheit aber umso geringer ausfällt, je reicher eine Person wird bzw. bereits ist. Eine Bestätigung des Einkommenseffekts findet sich etwa in den psychologischen Untersuchungen von Brandstätter und Brandstätter (1996) sowie Brandstätter (1998), die zu dem Ergebnis kommen, dass der subjektiv wahrgenommene Wert des verfügbaren Geldes negativ mit der Höhe des Einkommens korreliert ist. Damit wird bestätigt, was bereits Bruner und Goodman (1947) in einer frühen Studie nachweisen konnten, wonach ärmere Kinder im Vergleich zu Kindern aus wohlhabenden Verhältnissen Münzen als größer wahrnehmen als sie eigentlich sind, was als empirischer Beleg für die These vom abnehmenden Grenznutzen gilt. Aus ökonomischer Sicht ist dies keine überraschende Erkenntnis, da traditionell von einem abnehmenden Grenznutzen des Einkommens ausgegangen wird, der nicht zuletzt die Möglichkeit zu staatlichen Umverteilungsaktivitäten bietet. Von größerer Bedeutung ist daher der *Status-Effekt*, mit dem die verhaltensökonomische Einsicht verbunden ist, dass das Glücksempfinden auch davon abhängt, wie die eigene Einkommenssituation sich im Vergleich zum Einkommen einer sozialen Bezugsgruppe (Verwandte, Nachbarn, Kollegen etc.) darstellt. Danach steigt die individuelle Lebenszufriedenheit nur dann, wenn das eigene Einkommen stärker steigt als das der Vergleichsgruppe. Eine auf Einkommensnivellierung ausgerichtete staatliche Verteilungspolitik würde danach zu keiner Erhöhung des gesamtgesellschaftlichen Glücksempfindens beitragen können, da dem Gewinn an Lebenszufriedenheit bei jenen Personen, deren Einkommen sich verteilungspolitisch erhöht, ein eben solcher Verlust bei denjenigen Akteuren gegenübersteht, deren relative Einkommensposition sich dadurch verschlechtert.

Diese „Wahrnehmung des Einkommens der anderen – das soziale Vergleichsniveau also" – ist nach Wiswede (2012, S. 167) zentral für die individuelle Bewertung distributiver Ungerechtigkeiten. Auf diesen Sachverhalt, den die ökonomische Glücksforschung betont, hat schon früh Duesenberry (1952) als Bezugspunkt für die Zufriedenheit oder Unzufriedenheit mit der eigenen Einkommenssituation hingewiesen. Ein niedriges Einkommen oder auch Einkommensänderungen führen danach zu subjektiver Frustration, wenn man schlechter abschneidet als die jeweiligen Bezugspersonen. Diese nach Gurr (1970) oder auch Runciman (1961) relative soziale Deprivation kann mit subjektiv unterschiedlichen Bewältigungsstrategien einhergehen. Wird das eigene Einkommen mit dem Einkommen anderer verglichen und entwickelt sich dabei das Gefühl ungerechter Behandlung, kann bei geringer Kontrollüberzeugung (d. h. fehlender Chance, an dieser Situation etwas zu ändern) ein bestehendes Frustrationsgefühl in Abhängigkeit von den jeweiligen Randbedingungen entweder in Resignation oder in Aggression einmünden. Die Bedeutung der *relativen Einkommensposition* könnte eine Erklärung dafür sein, dass Veenhoven (2006) in ihrer empirischen Untersuchung keinen Zusammenhang zwischen den staatlichen Sozialausgaben und der individuellen Lebenszufriedenheit nachweisen konnte. Auch kann Luttmer (2005) zeigen, dass das subjektive Glücksempfinden abnimmt, je stärker das Einkommen der Nachbarn steigt. Dem stehen allerdings auch Studien gegenüber, wie etwa jene von Alesina et al. (2004), die belegen, dass das Glücksempfinden umso stärker sinkt, je ungleicher das Einkommen innerhalb einer Gesellschaft verteil ist, was insbesondere für Europa nachgewiesen werden kann, wenngleich dieser Effekt auch für die Vereinigten Staaten gelten soll. Vor dem Hintergrund dieser – teilweise widersprüchlichen – Untersuchungsergebnisse der Glücksforschung schlussfolgern Weimann et al. (2012, S. 72), „dass Sozialpolitik bei weitem nicht so wichtig ist, wie wir bisher immer angenommen haben". Gleiches ließe sich in Anbetracht dessen für die Notwendigkeit einer staatlichen Umverteilungspolitik feststellen.

Zu einer positiveren Bewertung der staatlichen Korrektur einer durch den Markt erzeugten Primärverteilung gelangt man demgegenüber, wenn man – wie etwa Klocke und Hurrelmann (2002) oder auch Hanesch et al. (2000) – die psychosozialen Folgen von niedrigem Einkommen und Armut in die Betrachtung mit einbezieht. Mit Wiswede (2012, S. 168) lassen sich die negativen Auswirkungen von Armut als Ausdruck von Einkommensungleichheit wie folgt zusammenfassen: „Schädliche Auswirkungen auf das Wohlbefinden und die Gesundheit, Stress-Erleben, insbesondere auch durch Konfliktsituationen, die aus der Geldknappheit resultieren, geringere Lebenserwartung, höhere Kindersterblichkeit, Minderwertigkeitsgefühle, Ängstlichkeit, Depressivität und Resignation, Feindseligkeit und Aggression. Dabei werden psychische Spannungen und Störungen des psychosozialen Verhaltens auf die Kinder übertragen und führen zu entsprechenden Leistungsdefiziten im schulischen Bereich und zu Erfahrungen der Ausgrenzung". Mit Blick auf die psychosozialen „Kosten der Ungleichheit" in Form begrenzter sozialer Beziehungen, einer eingeschränkten seelischen Gesundheit, eines vermehrten Drogenkonsums, einer reduzierten physischen Gesundheit und Lebenserwartung, sich verschlechternder schulischer Leistungen, eines negativen Umweltverhaltens, einer zunehmenden Gewalt aufgrund mangelnder sozialer Anerkennung sowie einer steigenden Kriminalität kann hier auf die umfassende empirische Untersuchung von Wilkinson und Pickett (2009) verwiesen werden.

Während bei der herkömmlichen ökonomischen Sicht auf das Einkommen allein die damit verbundenen Konsummöglichkeiten und das daraus resultierende Bedürfnisbefriedigungspotenzial (Nutzen) im Vordergrund stehen, betont die verhaltenspsychologische Perspektive – folgt man wiederum Wiswede (2012, S. 166) – zudem „die symbolischen Aspekte des Einkommens als Quelle des Selbstwertgefühls und der sozialen Anerkennung". Auch ist in Abweichung von der Annahme rationalen Verhaltens auf Seiten der ärmeren Bevölkerungsschichten nicht selten ein wenig wirtschaftlicher Umgang mit den knappen finanziellen Mitteln festzustellen, worauf bereits Caplowitz (1963) in seiner Untersuchung des Konsumverhaltens von Familien mit niedrigem Einkommen hingewiesen hat. Nach Wiswede (2012, S. 166) deckt sich dies mit „der Beobachtung, dass Arme (oft auch durch geringeren Bildungsstand) trotz des Knappheitsdrucks nicht gerade haushälterisch wirtschaften, indem sie in ‚falschen' Läden einkaufen, Sonderangebote nicht nutzen, öfter von Hausierern ausgenommen werden usw."

Eine staatliche Umverteilungspolitik könnte in Anbetracht dessen zu einer Verringerung der genannten *psychosozialen Kosten eines geringen Einkommens* beitragen. Fragt man dabei nach den Anknüpfungspunkten für eine staatliche Umverteilungspolitik, liefert aus psychologischer Sicht die subjektive Einschätzung darüber, wie mühevoll das Einkommen oder Vermögen erworben wurde, einen möglichen Hinweis. Vershofen (1940) hat in diesem Zusammenhang den Begriff der „Müheerinnerung" geprägt. Zwar sollte es in der herkömmlichen ökonomischen Sichtweise irrelevant sein, unter welchen Umständen ein gegebenes Einkommen oder Vermögen erzielt wurde. Kirchler (2011, S. 652) spricht diesbezüglich auch vom „ökonomischen Postulat der Ursprungsunabhängigkeit von Ressourcen", von dem im neoklassischen Verhaltensmodell üblicherweise ausgegangen wird. Verhaltensökonomische Studien zeigen jedoch, dass diese Annahme nicht zutreffend ist. So finden sich nach Shefrin und Thaler (1988) in der subjektiven Wahrnehmung von Akteuren verschiedene „Geldformen", die sich in Abhängigkeit davon unterscheiden, wie groß der jeweilige Aufwand zur Erzielung von Einkommen oder Vermögen war. Entsprechend diesem von Thaler (1999) als „mental accounting" bezeichneten Kognitionsmechanismus wird beispielsweise zwischen regulärem Einkommen, Vermögen, Erbschaften, Prämieneinkommen oder auch Zufallsgewinnen differenziert. In ähnlicher Weise kommen auch Loewenstein und Issacharoff (1994) in einer weiteren Untersuchung zu dem Ergebnis, dass die subjektive Wertschätzung eines Einkommenszuflusses höher bewertet wird, wenn dieser auf interne Ursachen (z. B. eigene Leistung) zugerechnet werden kann. Sind für das zusätzliche Einkommen demgegenüber externe Ursachen (z. B. Glück oder Zufall) verantwortlich, fällt dessen subjektive Wertschätzung geringer aus. Dies steht im Einklang mit dem Untersuchungsergebnis von Arkes et al. (1994), wonach unerwartete Gewinne (z. B. Erfolge im Glücksspiel oder zufällig gefundenes Geld) leichtfertiger ausgegeben oder investiert werden als Einkommen, welches durch eigene Arbeit verdient wurde (vgl. hierzu auch die Befragungen von Erben in der Fallstudie von Friedrichs 2015).

In ähnlicher Weise konnten auch Muehlbacher und Kirchler (2009) in einem *Public-Goods-Spiel* zeigen, dass die (freiwilligen) Finanzierungsbeiträge für ein Kollektivgut immer dann höher ausfielen, wenn die Versuchsteilnehmer der Auffassung waren, dass es sich bei diesen Beiträgen um leicht verdientes Geld handelt. War demgegenüber die Mühe des Gelderwerbs groß, waren die Akteure der Meinung, dass ihnen das Geld selbst zustünde, was zu deutlich geringeren Finanzierungsbeiträgen führte. Die zuletzt referierten Untersuchungsergebnisse legen die Schlussfolgerung nahe, dass die Bereitschaft, auf Teile seines Einkommens oder Vermögens – etwa als Ergebnis einer verteilungspolitisch motivierten Besteuerung – zu verzichten, umso größer ist, je geringer der eigene Aufwand war, dieses Einkommen oder Vermögen zu erzielen. Dies spricht für eine vorrangige Besteuerung solcher Einkommens- und Vermögensformen, die – wie etwa Erbschaften, Spekulationsgewinne, Lotteriegewinne, Zinserträge, Dividenden etc. – nicht oder nur bedingt das Resultat eigener Leistung sind. Demgegenüber sollte der Staat in jenen Fällen steuerlich zurückhaltend sein, in denen das erzielte Einkommen oder Vermögen stark mit dem eigenen Arbeitseinsatz korreliert ist (z. B. Prämieneinkommen, Einkommen aufgrund von Überstunden, Einkommen und Vermögen aus unternehmerischer Leistung, erspartes Vermögen zur individuellen Alterssicherung).

3. *Psychologie der Knappheit und Einkommensumverteilung*

Neben der Existenz sozialer Präferenzen und den negativen Auswirkungen einer einkommensbedingt niedrigen Lebenszufriedenheit enthalten zudem Untersuchungen zu den psychologischen Folgen von Knappheitserfahrungen jedweder Art – und damit auch der Knappheit von finanziellen Mitteln in Gestalt von (absoluter oder relativer) Armut – eine weitere Begründung für eine staatliche Umverteilungspolitik. Die zentrale These des Ansatzes einer *Psychologie der Knappheit* lautet dabei, dass eine Situation geringen Einkommens zwangsläufig zu einer Einschränkung der kognitiven Kapazitäten sowie der individuellen Selbstkontrolle der von Armut betroffenen Personen führt. Mullainathan und Shafir (2013, S. 22) gehen in diesem Zusammenhang auch von einer allgemeinen Logik der Knappheit aus, die nicht nur im Fall von Einkommens- bzw. Geldknappheit, sondern ebenso auch im Fall von Zeitknappheit, der Knappheit von Kalorien, der Knappheit von sozialen Kontakten und anderen Formen von Knappheit wirksam ist: „Jede Form von Knappheit erzeugt eine ähnliche Denkweise und Einstellung. Und diese Denkweise kann viele der Verhaltensweisen bei Knappheit und viele der Folgen von Knappheit erklären". Und weiter: „Indem die Knappheit in unserem Denken ganz oben steht, beeinflusst sie, was wir wahrnehmen, wie wir unsere Möglichkeiten abwägen, wie wir nachdenken und schließlich auch, wie wir entscheiden und wie wir uns verhalten" (ebenda). Die Autoren schlussfolgern vor diesem Hintergrund: „Die Knappheitsfalle ist mehr als ein Mangel an physikalischen Ressourcen. Sie basiert auf einem falschen Gebrauch dieser Ressourcen, so dass effektive Knappheit entsteht. Wir sehen in der Welt zwar oft Knappheit, übersehen aber gern ihre selbst verschuldete Verstärkung" (ebenda, S. 148). Entsprechende empirischer Untersuchungsergebnisse zur psychologischen Dynamik von Knappheit findet sich in Mani et al. (2013), Lusardi et al. (2011) oder auch Lavie (2005).

Dieser Effekt, der jede Situation des Umgangs mit Knappheit kennzeichnet, tritt unabhängig von Unterschieden in den Persönlichkeitsmerkmalen und intellektuellen Fähigkeiten von Akteuren ein und führt zum einen zu einer negativen Beeinträchtigung der sogenannten *fluiden Intelligenz*, d. h. der subjektiven Fähigkeit, abstrakt zu denken und Schlussfolgerungen zu treffen sowie Probleme zu lösen. Zum anderen sorgt die Konfrontation mit Knappheit und deren Bewältigung zu einer Reduzierung der *exekutiven Kontrolle*, die der individuellen Fähigkeit zugrunde liegt, kognitive Aktivitäten wie die Planung von Entscheidungen, das Aufbringen von Aufmerksamkeit, das Initiieren und Blockieren von Handlungen sowie die Kontrolle von Impulsen zu beherrschen. Es ist nach Mullainathan und Shafir (2013, S. 77) folglich „die Armut selbst, die das Denken einengt" und auf diese Weise „sowohl die fluide Intelligenz als auch die exekutive Kontrolle" in einer Weise reduziert, dass es zu einer Selbstverstärkung von Knappheit und Armut kommt. In Abb. 5.5 findet sich eine Darstellung der (negativen) Auswirkungen der Knappheit von Einkommen und sonstigen Ressourcen (Zeit, soziale Kontakte etc.) auf das individuelle Entscheidungsverhalten einschließlich des damit verbundenen Rückkopplungseffekts, der zu einer Verschärfung des Knappheitproblems beiträgt.

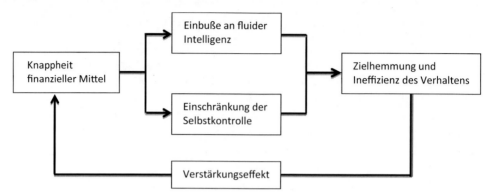

Abb. 5.5 Psychologische Auswirkungen einkommensbezogener Knappheit auf das individuelle Entscheidungsverhalten. (Quelle: Eigene Darstellung)

Die Knappheit in Form von Armut kann hierbei auch als das Fehlen finanzieller Reserven interpretiert werden. Mit solchen Reserven nimmt aus verhaltenspsychologischer Sicht nicht nur die Notwendigkeit ab, ungewünschte Kompromisse eingehen zu müssen. Zugleich verringert sich auch die Wahrscheinlichkeit, dass es zu Fehlern im Entscheidungsverhalten kommt bzw. entsprechende Fehler, wenn sie dennoch auftreten, zu nennenswerten Opfern im Hinblick auf die Befriedigung eigener Bedürfnisse führen. Demgegenüber steigt im Fall von Knappheit die Anfälligkeit für Fehlentscheidungen sowie die Gefahr, subjektiven Impulsen und gegebenen Verführungen nachzugeben. In Anbetracht dessen gilt es als keineswegs zufällig, dass arme Bevölkerungsgruppen im Vergleich zu wohlhabenderen 1) sich schlechter ernähren und dadurch häufig mehr mit Gewichtsproblemen zu kämpfen haben, 2) weniger dafür Sorge tragen, ihre Kinder zur Schule zu schicken, diese impfen zu lassen und adäquat zu erziehen, 3) häufiger mit sozialen und schulischen Konflikten zu tun haben, 4) zu wenig für die Gesundheits- und Altersvorsorge tun oder 5) sich im Alltag weniger hygienisch verhalten, um hier nur die einschlägigsten Untersuchungsergebnisse anzuführen (vgl. für Untersuchungen, die zu diesen Ergebnissen kommen, etwa Garbarino 1976; Clarke und Kurtz-Costes 1997; Tabberer 1998; Paxson und Waldfogel 2002; Drewnowski und Specter 2004; Gennetian et al. 2004; Lee und Bowen 2006; Adler et al. 2007; Galiani und Orsola-Vidal 2010 oder auch Lexmond et al. 2011).

Als ursächlich für die knappheitsinduzierten Einschränkungen von Selbstkontrolle und kognitiven Kapazitäten, die zu einer Art mentalem Tunnelblick führen, gilt eine Grundeigenschaft des Gehirns, die aus psychologischer Sicht als „*bedingte Hemmung*" oder auch „*Zielhemmung*" bezeichnet wird (vgl. hierzu etwa die Ausführungen und Untersuchungsergebnisse in MacLeod 2007 sowie Shah et al. 2002). Diese kognitive Hemmung zeigt sich unter anderen in Experimenten, bei denen die Probanden aufgefordert werden, Begriffe zu bestimmten Sachverhalten oder Themenfeldern assoziativ zu benennen. Sie findet darin ihren Niederschlag, dass diejenigen Untersuchungsteilnehmer eine geringere Zahl an Begriffsnennungen aufweisen, die zu Beginn des Experiments mögliche Begriffe als Hilfestellung vorgegeben bekamen. Jene Untersuchungsteilnehmer, die diese

Vorgaben nicht hatten, können demgegenüber mehr Begriffe nennen (vgl. ebenfalls Slamecka 1972 und Nickerson 1984). Der Tunnelblick verhindert die Konzentration auf eine (wichtige und dringende) Aufgabe das sich Beschäftigen mit konkurrierenden (wichtigen, aber weniger dringenden) Aufgaben. Die Erfahrung von Knappheit in Gestalt von Armut stellt nach Mullainathan und Shafir (2013, S. 29 ff.) einen solchen ebenso dringenden wie wichtigen Sachverhalt dar, wobei das permanente Erfordernis, mit geringen finanziellen Mitteln klarkommen zu müssen, zur entsprechenden Zielhemmung führt. Zwar kann die damit verbundene Fokussierung auf eine zentrale Aufgabe zu kurzfristigen Effizienzgewinnen bei der Problembewältigung führen. Es kommt dabei jedoch – so die Autoren weiter (ebenda, S. 37) – zu einer „Vereinnahmung des Denkens durch die Knappheit", die „unvermeidlich und jenseits von unserer Kontrolle" geschieht und langfristig die individuelle Fähigkeit zur rationalen Entscheidungsfindung erheblich einschränkt. Die Folge ist ein kurzsichtiges Verhalten, welches im Regelfall nicht zu einer Selbstüberwindung des Zustands von niedrigem Einkommen und Armut beiträgt, sondern zu dessen Zementierung führt.

An anderer Stelle umschreiben Mullainathan und Shafir (2013, S. 47) das Problem wie folgt: „Die Knappheit vereinnahmt unser Denken automatisch. Wir machen dann keine Kompromisse auf der Basis einer sorgfältigen Kosten-Nutzen-Rechnung". Und weiter heißt es: „Knappheit führt zu Verhaltensweisen, die uns kurzsichtig machen. Wenn wir viel zu tun haben, ignorieren wir die (zukünftigen) Arztkosten, die uns das ungesunde Essen außer Haus kosten könnte. Wenn wir gerade klamm sind, denken wir nicht über die Auswirkungen der Kredite nach, die (in der Zukunft) zurückgezahlt werden müssen. Wenn wir gerade auf eine Deadline zuarbeiten, berücksichtigen wir nicht den zukünftigen Gewinn, den ein wohlgeordnetes Büro bringt" (ebenda, S. 143). Vor diesem Hintergrund schlussfolgern die Autoren bezogen auf die Folgen von Einkommen- bzw. Geldknappheit: „Das Versagen der Armen ist in aller erster Linie die Folge des Unglücks, arm zu sein. Unter solche Bedingungen würden wir alle versagen – und haben das schon getan" (ebenda, S. 187). In diesem Sinne geht auch Karelis (2009) davon aus, dass die psychologischen Komponenten von Armut eine Handlungssituation konstituieren, die besonders feindlich für das von Knappheit bestimmte Denken der Betroffenen unter der Zielsetzung einer Bewältigung des Armutsproblems ist. Dies erklärt auch, warum – wie etwa die Untersuchungen von Cao (1996) oder auch Ludwig et al. (2012) für die USA zeigen – Personen, sobald sie einmal aufgrund ihrer Einkommenssituation sozialer Unterstützungsleistungen bedurften, im Zeitverlauf immer wieder auf die Hilfe aus Sozialprogrammen angewiesen sind.

In dem Maße, wie die Ursache von Armut angesichts der zurückliegenden Aussagen und dargestellten Untersuchungsergebnisse nicht vorrangig in einem individuellen Versagen verortet werden kann, sondern umgekehrt Armut, d. h. das spezifische Denken und Handeln angesichts einer Situation der finanziellen Knappheit, zu fehlerhaften Entscheidungen und damit zu individuellem Versagen führt, kann daraus ein Bedarf für kollektives Handeln im Gestalt einer staatlichen Umverteilungs- bzw. Sozialpolitik abgeleitet werden. Sollen die mit einer Situation der Armut verbundenen Einschränkungen von *subjektiver Selbstkontrolle* und *kognitiven Kapazitäten* überwunden werden, bildet eine Verbesserung der Einkommenssituation der Betroffenen nicht die einzige, aber doch eine wesentliche Voraussetzung für die Überwindung dieses Zustands. Mullainathan und Shafir (2013, S. 186) stellen zu den Auswirkungen von Armut und deren Überwindung fest: „Es ist die kognitive Belastung, alles im Hier und Jetzt zustande bringen zu müssen: Steigt das Einkommen, steigt auch die kognitive Kapazität". Staatliche Sozialprogramme und Umverteilungsmaßnahmen sind dabei in der Lage, die finanzielle Situation einkommensschwacher Bevölkerungsgruppen in einer Weise zu verbessern, dass es zu einer Überwindung kurzsichtigen und ineffizienten Verhaltens kommt, welches durch die „Armuts- bzw. Knappheitsfalle" ausgelöst wird.

Die Überlegungen zur Psychologie der Knappheit liefern nicht nur eine weitere Begründung für staatliche Umverteilungsmaßnahmen. Darüber hinaus lassen sich auf dieser Grundlage auch Handlungsempfehlungen ableiten, wie eine entsprechende Politik der Umverteilung und sozialen Sicherung ausgestaltet sein sollte. Diesbezüglich wurde bereits an früherer Stelle darauf verwiesen, dass die Gewährung staatlicher Transferzahlungen unter Einsatz bestimmter *Verhaltensauflagen* einen geeigneten Weg darstellt, um einkommensschwache Bevölkerungsgruppen finanziell zu unterstützen (vgl. für diese Bewertung auch Rawlings und Rubio 2005). Allerdings bedarf dieses Ergebnis einer weiteren Konkretisierung: So zeigen einerseits zwar Untersuchungen zweifelsohne, dass die Transferempfänger auf entsprechend ausgestaltete monetäre Anreize zielkonform reagieren. Andererseits wird bei differenzierender Betrachtung jedoch ebenso deutlich, dass nur ein Teil der Bedürftigen durch diese Transferprogramme erreicht wird. Folgt man Mullainathan und Shafir (2013, S. 200), liegt dies daran, dass die mit den Transferprogrammen verknüpften Verhaltensauflagen nicht mit der momentanen Handlungssituation eines nennenswerten Teils der Adressaten kompatibel sind. D. h. die staatlicherseits erwünschten Verhaltensweisen passen oft nicht zu dem, was augenblicklich Akteure in Armut mental bindet. Transferprogramme mit Auflagen, die der Förderung bestimmter Verhaltensweisen dienen, bedürfen freier kognitiver Kapazitäten, um auf Seiten der Programmadressaten die gesetzten Anreize auch zu verstehen und die damit verbundenen Verhaltenskompromisse umsetzen zu können. Je einfacher und unkomplizierter daher solche Transferprogramme gestaltet sind, umso größer ist die Wahrscheinlichkeit, dass diese von den intendierten Transferempfängern auch entsprechend in Anspruch genommen werden. Zu diesem Ergebnis kommen auch Drexler et al. (2010) in ihrer Untersuchung der Ausgestaltung von Fortbildungsprogrammen zur Effizienz- und Gewinnsteigerung für einkommensschwache Kleinstunternehmer in der Dominikanischen Republik. Danach wurden von den Kursteilnehmern im Nachhinein vor allem solche Programminhalte in der unternehmerischen Praxis genutzt, die vergleichsweise einfache Verhaltensregeln enthielten, während auf die Inhalte von Kursen mit vergleichsweise komplizierten Regeln später eher wenig zurückgegriffen wurde.

In ähnlicher Weise ist aus dem Blickwinkel einer Psychologie der Knappheit auch eine zeitliche Befristung von Sozialhilfezahlungen als problematisch zu bewerten. Eine solche zeitliche *Begrenzung von Transferzahlungen* wird herkömmlicherweise in der Ökonomik damit begründet, dass ansonsten keine ausreichende Motivation bestehe, sich aktiv um einen Arbeitsplatz mit auskömmlichen Einkommen zu bemühen. Dieses Argument findet sich vereinzelt auch in der Verhaltensökonomik (vgl. etwa Beck 2014, S. 369 mit Verweis auf Beaulier und Caplan 2007). Um solche Fehlanreize zu vermeiden, besteht beispielsweise in den USA eine lebenslang geltende Deckelung von Sozialhilfeleistungen dergestalt, dass eine Person während ihres gesamten Lebens lediglich für maximal fünf Jahre in das staatliche Unterstützungsprogramm aufgenommen werden kann. Es handelt sich hierbei um das US-Programm mit dem Titel „Temporary Assistance for Needy Families" (vgl. hierzu auch Ellwood und Haskins 2008). Mit dieser Regelung ist die Erwartung verbunden, dass die auf diese Weise erzeugte finanzielle Knappheit zu einem effizienteren Einsatz der verfügbaren Ressourcen führt. Aus verhaltensökonomischer Sicht ist jedoch fraglich, ob eine zeitliche Begrenzung von Transferleistungen tatsächlich entsprechend wirkt. So stellen Mullainathan und Shafir (2013, S. 198 f.) hierzu wörtlich fest: „Eine langfristige Begrenzung wird, wie eine weit entfernte Deadline, […] nur gegen Ende der Frist zum Ansporn, also wenn sie näher rückt. […] Bevor sie unmittelbar bevorsteht und zu einer wirklichen Bedrohung mutiert, wird sie ignoriert und taucht nur selten im Kopf der betreffenden Person auf. Und dann ist es zu spät. Das ist bestimmt nicht das, was die Konstrukteure des Plans gewollt haben: jahrelang die Deadline zu ignorieren, in der letzten Minute Panik zu bekommen und schließlich keine Hilfe mehr zu erhalten". Die zeitliche Begrenzung von Transferzahlungen dürfte in Anbetracht dessen im Regelfall nur dann wirken, wenn das Auslaufdatum einer Maßnahme unmittelbar bevorsteht und ihm erst dadurch im Denken eines Akteurs eine entsprechend hohe Priorität eingeräumt wird.

Ein Sozialprogramm, das nicht allein nur der Einkommenssicherung dient, sondern zugleich auch zur Steigerung der Selbsthilfe beitragen soll, kann aus verhaltensökonomischer Sicht nur funktionieren, wenn die damit verbundenen Anreize auch „sichtbar" (d. h. merklich) sind. Häufig sind Sozialtransferprogramme, die sowohl Verteilungs- als auch Anreizwirkungen entfalten sollen, jedoch so gestaltet, dass die mit der Förderung verknüpften Anreize nicht in das *Wahrnehmungsfeld der Transferempfänger* eindringen, welches durch die Bewältigung der alltäglichen Herausforderungen, die mit einem unzureichenden Einkommen verbunden sind, systematisch eingeschränkt ist. Eine erst zukünftig erfolgende Belohnung oder Bestrafung kann allerdings dann in das aktuelle Wahrnehmungsfeld von Akteuren eindringen, wenn etwa in Form einer regelmäßigen (z. B. vierteljährigen oder sogar monatlichen) Mahnung an die verbleibende Zeit bis zur Wirksamkeit der monetären Anreize erinnert wird. Alternativ könnte auch die Struktur der Transferbegrenzung geändert werden: So ist beispielsweise entsprechend den Verhaltensexperimenten von Ariely und Wertenbroch (2002) oder auch Kurtz (2008) eine Folge von Zwischen-Deadlines verhaltenswirksamer als eine einzige Deadline, die in ferner Zukunft liegt. Zudem kann die Merklichkeit einer solchen Begrenzung von Sozialleistungen dadurch erhöht werden, dass die Transferzahlungen – anstelle der vollständigen Einstellung zu einem bestimmten Zeitpunkt – stufenweise über einen längeren Zeitraum hinweg reduziert werden.

Zu den tieferen Gründen der Armut gehört darüber hinaus, dass das Einkommen oft nur unregelmäßig fließt, weil die betroffenen Akteure über keine durchgehenden Beschäftigungsverhältnisse verfügen, wie dies vor allem auf Arbeitskräfte im Niedriglohnsektor zutrifft. Die Schaffung verlässlicher Arbeitsplätze und ein regelmäßiges Einkommen würden aus psychologischer Sicht diesbezüglich bereits zu einer nennenswerten Veränderung beitragen und zu einer Art *Versicherung gegen Schwankungen* in Arbeitszeit- und Arbeitseinkommen führen. Entsprechend besteht nach Mullainathan und Shafir (2013, S. 162) die Aufgabe des Staates nicht allein darin, „mehr Geld zu geben. Die Diskussion unterstreicht vielmehr die Notwendigkeit, Instrumente zu schaffen, die Schocks abpolstern". So würde beispielsweise eine kostenlose Bereitstellung von Kinderbetreuungsleistungen für einkommensschwache Bevölkerungsschichten nicht nur zu einer finanziellen, sondern vor allem auch zu einer kognitiven Entlastung der Begünstigten beitragen und auf diese Weise zusätzliche kognitive Kapazitäten zur Bewältigung des beruflichen und privaten Alltags erzeugen. Auch zeigt die Erfahrung, dass selbst in Fällen, in denen von Armut betroffene Akteure in der Lage sind, finanzielle Überschüsse zu erwirtschaften, dies oft noch nicht ausreicht, um einem Rückfall in die Knappheitsfalle zu entgehen. Vielmehr bedarf es hier staatlicher Unterstützungs- und Beratungsleistungen zur kontinuierlichen Steigerung solchermaßen erwirtschafteter Überschüsse und Ersparnisse, um vor möglichen zukünftigen Situationen der finanziellen Knappheit effektiv geschützt zu sein. Schließlich zeigen die Untersuchungen von Hall et al. (2014) oder auch Ehret und Sherman (2014), dass sozialpolitische Hilfsmaßnahmen bei den Adressaten immer dann auf eine höhere Akzeptanz- und Folgebereitschaft treffen, wenn diese – zusätzlich zur finanziellen Unterstützung – in einer Art und Weise gestaltet sind, die zugleich auch zu einer Steigerung des Selbstwertgefühls beiträgt. Dies kann etwa dadurch geschehen, dass mit Blick auf die kommunizierte Begründung von Transfer- und Hilfeleistungen nicht auf die Kompensation bestehender Defiziten auf Seiten der Programmadressaten, sondern auf den Aufbau neuer Kompetenzen oder die weitere Förderung von bei diesen bereits vorhandenen Fähigkeiten abgestellt wird.

5.3 Staatseingriffe unter Stabilisierungsaspekten – Verhaltensökonomische Erkenntnisse zu Geldwert und Arbeitslosigkeit

Aus Sicht der ökonomischen Theorie der Wirtschafts- und Finanzpolitik zählen – neben der staatlichen Allokations- ebenso wie der Verteilungspolitik – sowohl die Sicherung des Geldwertes und damit die Bekämpfung von Inflation mittels staatlicher Geldpolitik als auch die Stabilisierung der Konjunktur mit Hilfe einer fiskalpolitischen Steuerung der gesamtwirtschaftlichen Nachfrage und des gesamtwirtschaftlichen Angebots zu den weiteren Aufgaben des Staates (vgl. stellvertretend Klump 2006, S. 108 ff., 137 ff.). Durch Inflation sinkt nicht allein die Kaufkraft des Geldes einschließlich der daraus resultierenden Opportunitätskosten in Form von steigenden Transaktionskosten des wirtschaftlichen

Handelns. Vielmehr führt der in aller Regel unterschiedliche Anstieg der Preise im Zuge einer Inflation zu relativen Preisverzerrungen und einer damit verbundenen Fehlallokation knapper Ressourcen. Unter beiden Ausprägungen einer Entwertung des Geldes leidet die Effizienz von Tauschprozessen auf Märkten, denen durch geldpolitische Maßnahmen entgegengewirkt werden kann. Die Notwendigkeit zu staatlichen Markteingriffen im Fall von Konjunkturkrisen lässt sich demgegenüber vor allem mit dem Problem der Unterbeschäftigung des Produktionsfaktors Arbeit begründen, das entweder das Ergebnis zu hoher Löhne oder einer zu geringen gesamtwirtschaftlichen Nachfrage sein kann. In dem Maße, wie dabei nicht allein durch privatwirtschaftliche Entscheidungen eine konjunkturelle Trendwende herbeigeführt werden kann, bedarf es – so die herkömmliche Argumentation, wie sie sich stellvertretend etwa in Zimmermann et al. (2012, S. 385 ff.) oder auch Mankiw und Taylor (2012, S. 939 ff.) findet – staatlicher Maßnahmen zur Konjunkturstabilisierung, wobei der Staat vor allem mittels seiner Fiskalpolitik die gesamtwirtschaftliche Nachfrage beeinflussen kann.

Auch hier – wie schon in den Kapiteln zuvor – stellt sich wiederum die Frage, welchen Erkenntnisgewinn verhaltensökonomische Untersuchungen bezogen auf die Themenfelder „Geldwert" und „Arbeitslosigkeit" aufweisen, die entweder in Ergänzung zu traditionellen Argumenten zusätzliche Rechtfertigungsgründe für die Notwendigkeit staatlichen Handelns liefern oder die zu einer Korrektur ökonomischer Gründe für stabilitätspolitische Interventionen in das Marktgeschehen veranlassen. Die verhaltenswissenschaftliche Auseinandersetzung mit beiden Themenfeldern – Geld wie Arbeitslosigkeit – reicht dabei weit zurück. So hat bekanntermaßen bereits Keynes (1936, 2009) in seiner Analyse des Problems konjunktureller Unterbeschäftigung sowie im Rahmen seiner geld- und zinstheoretischen Überlegungen und den sich daraus ergebenden wirtschaftspolitischen Implikationen auf die besondere Relevanz verhaltenspsychologischer Faktoren verwiesen. Neben entsprechenden Ausführungen zur „Psychologie der Unternehmer" oder auch zur „Psychologie der Investoren" (vgl. Keynes 1936, 2009, S. 127 f. sowie S. 131 f.) enthalten auch seine Überlegungen zur „allgemeinen Theorie des Zinssatzes" und der in diesem Zusammenhang formulierten Liquiditätspräferenztheorie (vgl. Keynes 1936, 2009, S. 140 ff.) eine psychologische Begründung der Geldnachfrage in Form unterschiedlicher Motive der Geldhaltung (Transkations-, Vorsichts- und Spekulationsmotiv). Für Keynes ist dieser Rückgriff auf verhaltensökonomische Erklärungen kein Einzelfall, wie das Beispiel seiner ökonomischen Analyse des Versailler Vertrages zeigt, bei der er die Wirkungsweise von Heuristiken, Anker- und Framing-Effekten sowie zeitinkonsistenten Präferenzen beschreibt (vgl. Keynes 1920, 2006; vgl. hierzu auch Döring (2013a).

Eine ähnliche Betonung der Bedeutung verhaltens- und motivationspsychologischer Einflussgrößen findet sich bei Schumpeter (1911, 1993) in seiner Erklärung von Prozessen wirtschaftlicher Entwicklung und konjunktureller Schwankungen, wenn auf die habituelle Unbefangenheit dynamischer Unternehmer, deren Lust am Herausfordern von und Kämpfen gegen etablierte Strukturen sowie die diesen Bestrebungen zugrundeliegenden (atavistischen) Einstellungs- und Wertemuster verwiesen wird (vgl. hierzu Schumpeter 1939, 2010; vgl. zu den gesellschaftlichen und personenbezogenen Bestimmungsgründen des unternehmerischen Innovationsverhaltens auch Schumpeter 1928; vgl. für eine zusammenfassende Darstellung von Schumpeters Theorie unternehmerischer Innovation zudem Döring 2013b). Hinsichtlich der Bedeutung und Funktionen des Geldes liefert auch Schmölders (1966) in seiner „Psychologie des Geldes" schon früh eine verhaltenswissenschaftliche Auseinandersetzung mit dem Gegenstandsbereich, die über die herkömmliche ökonomische Betrachtung von Geld als bloßem Mittel zur Realisierung wirtschaftlicher Transaktionen hinausreicht. So stellt Schmölders (1966, S. 16) etwa fest: „[D]as Verhalten der Menschen zu Geld und Geldwert, der Umgang mit eigenem und fremden Geld, das Vertrauen in Kaufkraft und Stabilität der Währung und die Schwellen seiner Gefährdung gehorchen psychologischen, nicht den sogenannten ökonomischen Gesetzmäßigkeiten, die nur die äußerlichen Erscheinungsformen vieler Zusammenhänge erkennen lassen, die letztlich im Seelischen wurzeln". Neuere verhaltensökonomische Untersuchungen enthalten weitere Analyseergebnisse, die mit Blick auf die Rechtfertigungsdiskussion staatlichen Handelns von Bedeutung sind und auf die daher nachfolgend näher eingegangen wird.

5.3.1 Geld und Finanzmärkte aus psychologischer Sicht – Eigenwert des Geldes, wahrgenommene Inflation und Finanzmarktregulierung

Es zählt zu den Kernaussagen der traditionellen Ökonomie, dass Geld über keinen Eigenwert verfügt. Einen Wert gewinnt Geld nur dadurch, dass es bestimmte Funktionen erfüllt. Hierzu ist – folgt man Klump (2006, S. 109) – zum einen die Tauschmittelfunktion zu rechnen, welche im Vergleich zum reinen Naturaltausch die Abwicklung von Tauschprozessen auf Märkten erheblich erleichtert. Zum anderen stellt Geld eine Recheneinheit dar, mit deren Hilfe die Preise von Gütern ausgedrückt und damit vergleichsweise einfach miteinander verglichen werden können. Schließlich dient Geld als Wertaufbewahrungsmittel, so dass neben gegenwärtigen auch zukünftige Transaktionen sichergestellt sind, um auf diese Weise „die Effizienz des intertemporalen Tauschs" zu erhöhen (ebenda).

1. *Subjektive Bedeutung des Geldes und seine Auswirkungen*

Aus psychologischer Sicht lässt sich Geld jedoch nicht allein auf seine ökonomischen Funktionen begrenzen. Neben dem Ausdruck von gegenwärtiger wie zukünftiger Kaufkraft gilt Geld zudem als Symbol für individuellen Erfolg, Macht und Unabhängigkeit ebenso wie für soziale Anerkennung und Ansehen (vgl. für einen Überblick zu den psychologischen Funktionen des Geldes etwa Wiswede 2012, S. 159 ff. oder auch Kirchler 2011, S. 636 ff.). Aus historischer Perspektive kann dabei die *gesellschaftliche Status- und Signalfunktion* des Geldes als den ökonomischen Funktionen vorgelagert gelten, worauf schon früh Polanyi (1957), Schmölders (1966) oder auch Pryor (1977) in ihren finanzpsychologischen Untersuchungen hingewiesen haben. In diesem Sinne betonen auch Belk (1988) und Dittmar (1992) den identitätsstiftenden Charakter des Geldes, welches bezogen auf seinen Gebrauch oder auch seinen Besitz als eine äußere Ausdrucksform des jeweiligen Selbst interpretiert wird. Eine Bestätigung erfährt diese Sichtweise in der Untersuchung von Furnham (1984) zur psychologischen Bedeutung des Geldes. Danach erleben die befragten Probanden Geld als Ausdruck von Macht und individuellem Leistungsvermögen, als ein Mittel zur Realisierung von Sicherheit ebenso wie ein Instrument zur Gewinnung sozialer Zuneigung (vgl. zur Verbindung zwischen Geld und Macht ebenso Lindgren 1991). Auch kann Geld die Akteure zu übertriebener Sparsamkeit, Geiz sowie einem stark ausgeprägten Kontrollbedürfnis verleiten, wobei – folgt man Yamauchi und Templer (1982) – die jeweilige subjektive Bedeutung des Geldes (Sicherheit, Besessenheit, Macht und Prestige) durchaus von Person zu Person variieren kann. Wiswede (2012, S. 161) weist in diesem Zusammenhang darauf hin, dass in „einer Gesellschaft, in der Geld weitgehend ‚Erfolg' symbolisiert, […] auch der Erfolgsorientierte versuchen [wird], seine Leistung an der Messlatte ‚Geld' einzustufen, Geld bietet daher den gemeinsamen Nenner eines sozialen Vergleichsniveaus". Darüber hinaus lassen sich unter anderen auch geschlechtsspezifische Unterschiede der Bedeutung des Geldes feststellen. Während für Männer Geld vor allem Ausdruck von Macht und Prestige ist, scheint für Frauen stärker die Erfüllung individueller Konsumbedürfnisse durch den Einsatz von Geld sowie damit assoziierte Neidgefühle im Vordergrund zu stehen (vgl. Meier-Pesti und Kamleitner 2005; Prince 1993 sowie Dittmar 1992).

Untersuchungsergebnisse der sogenannten Neuroökonomik als einem Teilgebiet der Verhaltensökonomik deuten jenseits dessen darauf hin, dass Geld – abweichend von der herkömmlichen ökonomischen Annahme – aus Sicht der Akteure sehr wohl über einen Eigenwert verfügen kann, der sich nicht bereits darin erschöpft, was man gegenwärtig oder auch zukünftig mit dem verfügbaren Geld kaufen kann. Folgt man Beck (2014, S. 325), zeigen neurologische Befunde, dass „Geld in unserem Kopf die gleichen Gehirnaktivitäten aus[löst] wie Essen, Kokain oder Sportwagen". Danach stiftet bereits der bloße Besitz von Geld einen Nutzen, unabhängig davon, wie es aktuell oder später verwendet wird. Nach Beck (2014, S. 326) ließe sich dieser Befund allerdings auch „dahingehend interpretieren, dass Menschen im Geld den Wert der Güter sehen, den sie damit kaufen können, und dass die Aussicht auf diese Güter Gehirnaktivitäten auslöst, die denen entsprechen, die beim Betrachten der Güter selbst auftreten". Bei der Neuroökonomik handelt es sich um einen vergleichsweise jungen Zweig der verhaltenswissenschaftlichen Forschung, in deren Mittelpunkt die Analyse der psychologischen und physiologischen Grundlagen des individuellen Entscheidungsverhaltens steht. Vorrangig untersucht werden dabei die *biologischen Prozesse* innerhalb des Gehirns, die als Basis sich herausbildender individueller Vorlieben (Präferenzen), der subjektiven Urteilsbildung (Einschätzungen) sowie von spezifischen Verhaltensweisen (Routinen) fungieren (vgl. für einen Überblick zum Ansatz der Neuroökonomik etwa Fehr 2006; vgl. hierzu auch die verschiedenen Beiträge in Glimcher et al. 2009 sowie Priddat 2007). Die im Rahmen der Neuroökonomik zu Anwendung kommenden Untersuchungsmethoden reichen von bildgebenden Verfahren und psychophysischen Messmethoden über die Messung einzelner Neuronen und Hirnschäden bis hin zu neuropsychologischen Methoden und sogenannten transcranialen magnetischen Stimulationen (vgl. zu den Analysemethoden der Neuroökonomik die Erläuterungen in Kable 2011 sowie Murawski 2011).

Mit Blick auf diese biologischen Prozesse kann wiederum zwischen kontrollierten und automatischen Abläufen differenziert werden (vgl. zu diesen Differenzierungen auch Camerer et al. 2005 ebenso wie O'Donoghue und Loewenstein 2004). Im Fall von kontrollierten Prozessen wird von einem schrittweisen, bewusst reflektierenden Umgang mit Problemen ausgegangen, der jederzeit nachvollziehbar ist und gegenüber Dritten dokumentiert werden kann. Im Unterschied dazu handelt es sich bei automatischen Abläufen um solche, die dem menschlichen Bewusstsein nicht zugänglich sind und damit oft in ihrem Ergebnis nicht nachvollzogen werden können. Als Beispiel hierfür verweist Beck (2014, S. 319) auf das Phänomen, dass Akteure oft nicht sagen können, warum sie „ein Gesicht als attraktiv empfinden oder nicht". Im Regelfall – so die weitere Annahme – erfolgt ein kontrollierter Umgang mit Problemen erst dann, wenn sich Akteure mit neuartigen Aufgaben konfrontiert sehen, die sie nicht mehr ohne weiteres automatisch lösen können. Dies deckt sich mit der psychologischen Vorstellung vom dualen Handlungsmodell, bei der – folgt man Kahneman (2011, S. 28) – zwischen einem intuitiv-automatischen und einem reflexiv-rationalen „Entscheidungssystem" unterschieden wird. Zum anderen kann zwischen kognitiven und affektiven Prozessen unterschieden werden, von denen wiederum die erstgenannte Kategorie durch Bewusstsein und Rationalität gekennzeichnet ist, während bei der letztgenannten Prozessvariante Emotionen und Gefühle eine verhaltenssteuernde Rolle entfalten. Kombiniert man die verschiedenen Varianten neuronaler Prozesse, erhält man vier Typen von Entscheidungsverhalten, von denen das traditionelle ökonomische Verhaltensmodell lediglich die Variante der „kontrollierten-kognitiven Prozesse" berücksichtigt. Analytisch ausgeblendet sind demgegenüber „automatische-kognitive", „kontrollierte-affektive" sowie „automatische-affektive" Entscheidungsprozesse.

Wenn Geld – wovon in der Neuroökonomik ausgegangen wird – neben seinem funktionalen Wert als Tauschmittel, Recheneinheit sowie Wertaufbewahrungsmittel darüber hinaus auch einen *Eigenwert* besitzt, dann könnte dessen Verausgaben aus Sicht der Akteure zudem automatisch zu affektiven Reaktionen in Form eines subjektiven Schmerzempfindens führen. Folgt man Beck (2014, S. 326), würde dies unter anderen erklären, warum Menschen beispielsweise „Pauschalgebühren (flat rates) Einzelabrechnungen vorziehen. Auch ließe sich die Verwendung von Ersatzgeld (Chips im Casino, Clubgeld im Urlaub) mit dieser Idee rechtfertigen – gibt man dieses Geld aus, so fühlt es sich nicht an wie der Verlust von echtem Geld". Letzteres könnte dann auch als eine mögliche Lösung angesehen werden, um der von Kahneman und Tversky (1984) aus kognitionspsychologischer Sicht hervorgehobenen Verlustaversion zu begegnen, die dem Geld ausgeben ansonsten im Wege stehen könnte. Auch wenn es sich hierbei um einen interessanten psycho-neurologischen Effekt handelt, der sich unter bestimmten Umständen konjunkturpolitisch nutzen ließe, um beispielsweise die Nachfragewirksamkeit staatlicher Sozialtransfers auf Seiten der privaten Empfänger durch den Einsatz von Gutscheinen anstelle von monetären Transferleistungen zu erhöhen, bleibt dessen geldpolitische Bedeutung allerdings unklar. Eine zusätzliche Rechtfertigung staatlicher Markteingriffe unter dem Ziel der Geldwertstabilisierung lässt sich daraus zumindest nicht ableiten.

Dies gilt in gleicher Weise auch für die weiteren Untersuchungsergebnisse der Neuroökonomik, soweit diese sich mit der Verhaltensrelevanz von Geld beschäftigen. So kommen etwa Vohs et al. (2006) in ihren Verhaltensexperimenten zu dem Ergebnis, dass der Anblick von Geld bei den Akteuren marktkonforme Denkschemata hervorruft. Dies umfasst nicht allein eine stärkere Beachtung von finanziellen Anreizen sowie eine vermehrte Orientierung am Konzept der Leistungsgerechtigkeit. Vielmehr wird zudem mehr Wert auf *soziale Distanz* gelegt, was sowohl mit einer geringeren Hilfsbedürftigkeit als auch einer reduzierten Hilfsbereitschaft einhergeht. Auch gingen die Versuchspersonen dazu über, vermehrt in ökonomischen Kategorien („Handel", „Geschäft", „Gewinn") zu denken (vgl. hierzu ebenso die Untersuchungsergebnisse in Vohs et al. 2008). Des Weiteren weisen Kouchaki et al. (2013) in ihrer Untersuchung zum Zusammenhang von Geld und moralischen Einstellungsmustern nach, dass allein schon der Gedanken an das monetäre Zahlungsmittel die Bereitschaft zu einem unmoralischen bzw. unethischen Verhalten fördert. Nach Beck (2014, S. 326) findet dieses Ergebnis auch in anderen verhaltenswissenschaftlichen Studien eine Bestätigung: „Allein der Anblick eines Geldstapels führt dazu, dass Menschen bei Experimenten im Labor stärker dazu neigen, zu mogeln". Die bislang referierten Ergebnisse legen die Schlussfolgerung nahe, dass schon allein die optische Verfügbarkeit von Geld (und nicht erst dessen Besitz) bei den Akteuren automatisch entweder spezifische Heuristiken oder bestimmte affektive Reaktionen hervorruft, die sich einem kontrollierten-kognitiven Umgang im Sinne eines vollständig rationalen Verhaltens entziehen. Dies wird in der Tendenz auch durch solche Untersuchungen bestätigt, die wie etwa Zhou et al. (2009) oder auch Lelieved et al. (2013) zu dem Ergebnis kommen, dass Ereignisse wie Schmerz oder soziale Ausgrenzung nicht nur das individuelle Bedürfnis nach Geld steigern. Vielmehr konnte ebenso nachgewiesen werden, dass auch umgekehrt der Gedanke an Geld in der Lage ist, ein gegebenes Schmerzempfinden abzumildern. In ihrer Studie zeigen Zaleskiewics et al. (2013) darüber hinaus, dass die mentale Präsenz von Geld sogar dazu führen kann, die Angst vor dem Tod zu reduzieren.

Betrachtet man diese weiteren Untersuchungsergebnisse der Neuroökonomik vor dem Hintergrund einer ökonomischen Rechtfertigung staatlicher Markteingriffe, sind jedoch auch in diesem Fall die daraus abzuleitenden geldpolitischen Schlussfolgerungen unklar. Lediglich die aus Ultimatumspielen gewonnenen Einsichten bezogen auf individuelle Fairnesseinschätzungen und emotionale Reaktionen könnten auch für die Geldpolitik von Bedeutung sein. So konnten Sanfey et al. (2003) in einem Verhaltensexperiment nachweisen, dass die Aktivierung unterschiedlicher Hirnregionen und die sich daran anschließenden Verhaltensreaktionen nicht nur von der Höhe der transferierten Geldbeträge, sondern auch vom Verwendungskontext abhängig sind. Danach führten unfaire Geldangebote bei den Versuchspersonen dazu, dass die darauf folgenden Entscheidungen verstärkt emotionaler Natur waren. D. h. subjektiv als ungerecht wahrgenommene Angebote aktivieren vorrangig die emotionalen Entscheidungszentren des Gehirns und lassen die Wahrscheinlichkeit ansteigen, dass es zu einer negativen Bewertung bzw. Ablehnung des Angebots kommt. Bezogen auf die Geldpolitik ließe sich daraus schlussfolgern, dass – wie etwa im Fall der Hilfsmaßnahmen der Europäischen Zentralbank für die südeuropäischen Mitgliedstaaten der Europäischen Währungsunion im Rahmen der jüngsten Euro-Krise – eine in Teilen der deutschen Bevölkerung als unfair eingestufte Rettungspolitik zu emotionalen Widerstandsreaktionen führen kann, welche die Legitimation der gemeinsamen Geldpolitik in Frage stellt.

Eindeutigere Schlussfolgerungen für die Geldpolitik ergeben sich dann, wenn man – wie etwa Seitz (2015, S. 165 ff.) – aufgrund einer begrenzten Wahrnehmung und Verarbeitung von Informationen und daraus resultierenden Irrationalitäten im individuellen Entscheidungsverhalten von einem lediglich *unvollständigen Wissen* bezüglich des geldpolitischen Transmissionsprozesses (d. h. der Übertragung von monetären Impulsen in den realwirtschaftlichen Teil einer Volkswirtschaft) ausgeht. In diesem Zusammenhang verweist der genannte Autor auch auf Brunner und Meltzer (1993) als Vertreter des klassischen Monetarismus, die ebenfalls schon früh die Relevanz von „Unsicherheit, die Rolle verfügbarer Informationen und Kosten der Informationsbeschaffung" für die Gestaltung der Geldpolitik hervorgehoben haben (ebenda, S. 165). Aus verhaltensökonomischer Sicht wird dieser Transmissionsprozess angesichts der genannten Einflussgrößen insgesamt komplexer und intransparenter, was Wirksamkeitsprognosen der Geldpolitik erheblich erschwert. Nach Grauwe (2012, S. 49 ff.) ist ein wesentlicher Grund für diese erhöhte Wirkungsunsicherheit, dass konjunkturelle Krisen je nach Ausprägung situativer, kognitiver und emotionaler Einflussgrößen des individuellen Entscheidungsverhaltens zu unterschiedlichen Wellen an Optimismus und Pessimismus führen können, was im Ergebnis zu einer starken Pfadabhängigkeit der kurzfristigen realwirtschaftlichen Wirkung der Geldpolitik beiträgt. Daraus resultiert – folgt man wiederum Seitz (2015, S. 167) – zum einen, dass im Fall eines nur begrenzt rationalen Verhaltens sowohl „vergangene Aktionen der Zentralbank wichtig" werden als auch „Glaubwürdigkeit, Commitment und Transparenz einer Zentralbank" erheblich an Bedeutung gewinnen. Zum anderen ist aus verhaltensökonomischer Sicht davon auszugehen, dass Friktionen wie etwa Lohn- und Preisstarrheiten, Geldillusion oder auch adaptive Erwartungen der Regelfall sind, was die kurzfristige realwirtschaftliche Wirksamkeit der Geldpolitik erhöht. Aufgrund der damit einhergehenden „nicht-rationale[n] Erwartungen wird die Geldpolitik automatisch in eine größere konjunkturpolitische Verantwortung gedrängt, da sie eben dann gerade diese realen Effekte, wenn auch kurzfristig, auslösen kann" (ebenda, S. 166) (vgl. hierzu auch Rötheli 2006).

Dies spricht nach Frøyland und Lønning (2000) allerdings nicht für eine diskretionäre und aktionistische Geldpolitik unter dem Ziel der Konjunkturstabilisierung. Eine gestiegene Unsicherheit bezüglich des Transmissionsprozesses liefert vielmehr ein Argument für eine vorsichtig agierende Geldpolitik, die an einfachen und transparent gestalteten Regeln ausgerichtet sein sollte. Mit Reis (2013, S. 35) kann das Erfordernis nach höherer Transparenz der Geldpolitik dabei jedoch nicht mit einem bloßen Mehr an Informationen gleichgesetzt werden, da unter den Bedingungen von beschränkter Rationalität und begrenzten Kapazitäten zur Informationsverarbeitung zu viel oder zu früh kommunizierte Informationen die Eindeutigkeit eines gegebenen Signals reduzieren können (vgl. hierzu ebenso Winkler 2002). Folgt man wiederum Seitz (2015, S. 169), wird in diesem Zusammenhang zudem „auch ‚Framing' wichtig, da sich je nach Präsentation eines geldpolitischen Sachverhalts differierende Ergebnisse einstellen können". Und speziell mit Blick auf geldpolitische Signale der Zentralbank innerhalb des Europäischen Währungsraums gilt es darüber hinaus zu berücksichtigen, „dass je nach Land unterschiedliche individuelle Entscheidungen und Interpretationen möglich sind" (ebenda). Berücksichtigt man schließlich die nur eingeschränkte Fähigkeit der Wirtschaftssubjekte zur langfristigen Optimierung, die mit dem Phänomen der Prokrastination einhergeht und die zum Aufschieben von Kosten führt, die bei sofortigem Handeln vermeidbar gewesen wären, können geldpolitische Entscheidungen der Zentralbank, wie etwa ein bedingungsloser Ankauf von Staatsanleihen zur Erhöhung der umlaufenden Geldmenge, aus verhaltensökonomischer Sicht kontraproduktiv wirken. So sinkt durch eine solche Ausweitung der Liquidität für Regierungen der Anreiz, notwendige Strukturreformen durchzuführen sowie den Staatshaushalt zu konsolidieren, was vor allem dann als bedenklich einzustufen ist, wenn ohnehin die Neigung besteht, mit Mühe verbundene Verhaltensoptionen aufzuschieben. In seiner Konsequenz führt dieses Verhaltensmuster jedoch häufig zu noch größeren Problemen in der Zukunft. Oder mit den Worten von Seitz (2015, S. 170 f.): „Aufgrund der Tendenz, unangenehme Entscheidungen zu verschieben, ist es nicht unbedenklich, in einer Staatsschuldenkrise den Regierungen ‚Zeit zu kaufen'. Wenn diese Zeit nicht genützt wird, sondern nur ein weiterer Aufschub gewährt wird, können solche Maßnahmen die Situation langfristig sogar verschlimmern".

2. *Tatsächliche und wahrgenommene Inflation*

Ein im Kontext der Geldpolitik in der jüngeren Vergangenheit ebenfalls viel diskutierter Sachverhalt ist die aus verhaltensökonomischer Sicht vorzunehmende Unterscheidung zwischen tatsächlicher und wahrgenommener Inflation. Wenn subjektiv wahrgenommene und statistisch gemessene Inflationsraten auf Dauer auseinanderfallen, dann kann diese Diskrepanz – zusätzlich zu einer Kritik an der amtlichen Statistik und deren Messung der Preisentwicklung – nach Hoffmann et al. (2005, S. 706) „das Vertrauen in die Stabilitätsorientierung der Geldpolitik untergraben und zu Fehlallokationen führen". In diesem Zusammenhang stellt Hinze (2006, S. 125) darüber hinaus fest: „Ging es früher eher darum, eine gewisse Überzeichnung des Preisanstiegs durch die Preisstatistik zu korrigieren, drehte sich in der jüngeren Vergangenheit die Diskussion um Diskrepanzen zwischen höherer gefühlter und tatsächlicher Inflation und um adäquate Messkonzepte von Inflationswahrnehmung". Aus psychologischer Sicht unterliegt nicht allein Inflation (d. h. die Veränderung des Geldwertes), sondern auch das Geld selbst subjektiven Wahrnehmungseffekten. So zeigen etwa Webley et al. (1983), dass Münzgeld generell eine geringere subjektive Wertschätzung als Notengeld erfährt. Furnham (1983) ermittelte wiederum, dass in ihrem Design neu gestaltete Banknoten im Vergleich zu den bisherigen Banknoten als kleiner empfunden werden. Ebenfalls bezogen auf ein neu in Umlauf gebrachtes Geld stellen Lea et al. (1987) zudem fest, dass vor allem ältere Personen durch eine generelle Abneigung „gegen neues Geld" gekennzeichnet sind. Darüber hinaus zeigt Lea (1981) in einer weiteren Untersuchung, dass sich eine inflationsbedingte Geldentwertung auch auf die wahrgenommene Größe von Geldmünzen auswirken kann. Danach wurden die betrachteten Münzen als umso kleiner wahrgenommen, je ausgeprägter die Inflation war. Zum gleichen Ergebnis kommen auch Leiser und Izak (1987), d. h. in Zeiten hoher Inflation wird die tatsächliche Größe von Geldmünzen signifikant unterschätzt. Die Untersuchung zeigte zudem, dass der Wertschwund, der sich in der verzerrten Größenschätzung dokumentierte, nicht der Inflation als solcher geschuldet war. Vielmehr wurde deutlich, dass mit der Inflation ein Vertrauensverlust in Wirtschaft und Währung verbunden war. Der Vertrauensverlust konnte auch durch einen Währungswechsel nicht wieder rückgängig gemacht werden, was dadurch zum Ausdruck kam, dass auch die Größenschätzung der neuen Geldmünzen unterhalb von deren tatsächlicher Größe lag. Der Einfluss der wahrgenommenen Inflation auf den subjektiven Wert des Geldes wurde schließlich von Ostaszewski et al. (1998) anhand von in unterschiedlicher Währung erfolgenden monetären Belohnungen untersucht. Dabei zeigte sich, dass – trotz eines objektiv gleichen Geldwertes – diejenige monetäre Gratifikation in ihrem subjektiven Wert als geringer eingestuft wurde, die in einer Währung erfolgte, mit der die Untersuchungsteilnehmer eine hohe Inflation assoziierten. Bestanden demgegenüber keine Inflationsassoziationen, kam es zu keinen Unterschieden in der subjektiven Wertschätzung der gewährten Belohnungen.

Vergleichbare psychologische Dynamiken im Sinne einer verzerrten Wahrnehmung von Geldmünzen zeigen sich nach Mullainathan und Shafir (2013) auch in Verhaltensexperimenten, bei denen nicht die Inflation, sondern die Knappheit von Geld im Mittelpunkt steht. Auch hier kommt es – bei zunehmender Geldknappheit – zu einer systematischen Überschätzung der Größe der jeweiligen Münzen (vgl. hierzu auch Saugstad und Schioldborg 1966; Yeshurun und Carrasco 1998 sowie Carrasco et al. 2004). Eine *verzerrte Wahrnehmung von Geldwert und Inflation* kann aber auch zu einem ökonomisch irrationalen Entscheidungsverhalten führen, wie dies bereits in den frühen Studien von Katona (1951) oder auch Schmölders (1966) betont wurde. Es wird dabei zwischen einer schleichenden Teuerung (creeping inflation) und einer galoppierenden Geldentwertung (runaway inflation) differenziert, für die unterschiedliche Verhaltenseffekte gelten sollen. So kann der sogenannte Creeping-Effekt zu einer falschen Realitätswahrnehmung in dem Sinne führen, dass die tatsächliche Teuerung weitgehend unbemerkt bleibt und das inflationsbedingt steigende Nominaleinkommen fehlerhaft mit einem gestiegenen Realeinkommen gleichgesetzt wird, was aus psychologischer Sicht eine Form von „Geldillusion" darstellt (vgl. zum Phänomen der Geldillusion schon früh Fisher 1928 oder auch Patinkin 1965). Folgt man Schmölders (1966, S. 151) wird die Geldillusion wiederum vom „Staatsbewußtsein und der staatsbürgerlichen Loyalität der Bürger" beeinflusst. Mit dem Verweis auf die Existenz von Geldillusion verbindet sich nach Schmölders (1966, S. 148) zudem die Einsicht, dass die subjektive Wahrnehmung des Geldwertes „nicht linearen quantitativen Gesetzmäßigkeiten, sondern den biologischen Gesetzen der ‚Reizschwelle' [unterliegt]", wobei „eine panikartige Inflationsfurcht erst bei einer relativ hohen ‚Reizschwelle' der Geldwertverschlechterung eintritt" (ebenda, S. 155).

Unter Bezug auf das „Weber-Fechnersche Grundgesetz von der Reizschwelle" und in Abgrenzung zum Fisherschen Preiserwartungseffekt verweist Schmölders (1966, S. 145)

5.3 Staatseingriffe unter Stabilisierungsaspekten – Verhaltensökonomische ...

in diesem Zusammenhang auch auf die frühe Untersuchung zum „Geldwertbewusstsein" von Wilken (1926), um dabei festzustellen: „Unter der Nachwirkung der Quantitätstheorie pflegte man sich den Zusammenhang zwischen Inflation und Geldentwertung meist etwas zu einfach als quantitative Parallelentwicklung zwischen Geldmenge und Preisniveau vorzustellen. In Wirklichkeit handelt es sich dabei […] stets um einen Prozeß, der nach den Gesetzen der Sozialpsychologie abläuft; bis zum Erreichen der ‚Reizschwelle', an der die ersten Zweifel an der Währung auftauchen, folgt das Preisniveau der Vermehrung der Geldmenge noch fast gar nicht, um dann, in der Phase allgemeiner ‚Ansteckung', im Tempo seiner Steigerung die Geldmengenvermehrung immer weiter hinter sich zu lassen, bis der anfänglich vereinzelte, später immer weiter verbreitete ‚Zweifel' in allgemeine ‚Verzweiflung' umschlägt. Diese nur sozialpsychologisch zu erklärende Phasenverschiebung zwischen Inflation und Geldentwertung bietet den Regierungen, die sich der Notenpresse zu Finanzierungszwecken zu bedienen zu müssen glauben, durchaus Möglichkeiten, die Erreichung der genannten Reizschwelle und damit den Beginn der Geldentwertung durch verfeinerte Verfahren der Geldschöpfung und Geldausgabe nicht unerheblich hinauszuzögern" (vgl. für eine Darstellung des Weber-Fechnerschen Gesetzes auch Sinn 2003b). In Abb. 5.6 findet sich eine Darstellung des Phänomens der Geldillusion. Demgegenüber bewegt sich im Fall der schleichenden Geldentwertung das Ausmaß an Kaufkraftverlust in aller Regel unterhalb jener Schwelle, jenseits deren es aus finanzpsychologischer Sicht zu einer inflationsbewussten Änderung des Entscheidungsverhaltens der Wirtschaftssubjekte kommt.

Verhaltensökonomisch von größerem Interesse war und ist allerdings der Sachverhalt, dass Akteure im Fall einer stark steigenden Inflation (Runaway-Effekt) und eines daraus resultierenden Negativzinses – entgegen den Annahmen des neoklassischen Verhaltensmodells – anstelle der Konsumquote ihre Sparquote erhöhen. Strümpel und Katona (1983) interpretieren dieses Verhalten damit, dass hohe Inflationsraten zu einer Verunsicherung der Bevölkerung führen, in deren Folge das gesamte Wirtschaftsgeschehen als besonders problematisch angesehen wird. Als Reaktion auf diese Krisensituation erfolge ein verstärktes „Sicherheitssparen", um auf noch schlechtere Zeiten vorbereitet zu sein. Hierzu vorliegende empirische Untersuchungen deuten allerdings darauf hin, dass ein solches Sicherheitssparen erst dann praktiziert wird, wenn in Abhängigkeit von individuellen Inflationserfahrungen und Zukunftserwartungen bestimmte Schwellenwerte der Verunsicherung erreicht sind. Ein solch vermehrtes Sparverhalten und ein damit verbundener Rückgang der gesamtwirtschaftlichen Konsumnachfrage wirkt – auch ohne Ergänzung durch eine aktive staatliche Stabilisierungspolitik – aufgrund seiner konjunkturdämpfenden Wirkung wie ein automatischer Stabilisator, soweit gegebene inflationäre Tendenzen das Ergebnis eines wirtschaftlichen Booms sind (vgl. zum Zusammenhang zwischen Inflation und Konsumverhalten auch die Untersuchungen von Blomquist 1983 oder auch Wärneryd und Walerud 1982; vgl. bezüglich der kognitiven Einstellungsmuster zu Ursachen und Folgewirkungen von Inflation zudem Leiser und Drori 2005; vgl. zum Sachverhalt, dass Inflationserwartungen auch im Sinne sich selbst erfüllender Prophezeiungen wirken können, des Weiteren Svenson und Nilson 1983; empirische Nachweise für das

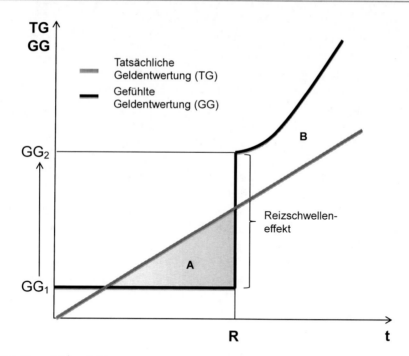

Abb. 5.6 Tatsächliche Geldentwertung, gefühlte Geldentwertung, Reizschwelleneffekt und Geldillusion. (*Erläuterung*: Aus Sicht der Verhaltensökonomik sind tatsächliche (statistisch gemessene) Geldentwertung (*TG*) und subjektiv wahrgenommene (gefühlte) Geldentwertung (*GG*) nicht deckungsgleich, sondern können mehr oder weniger stark auseinanderfallen. Bleibt die inflationsbedingte Geldentwertung weitgehend unbemerkt, kommt es zum psychologischen Effekt der Geldillusion, dessen Ausmaß im Verhältnis zur tatsächlichen Teuerung durch die grau unterlegte Fläche A dargestellt wird. D. h. trotz eines inflationsbedingten Anstiegs der tatsächlichen Geldentwertung im Zeitverlauf bleibt die gefühlte Geldentwertung konstant (GG_1). Erst wenn die tatsächliche Geldentwertung eine bestimmte Reizschwelle (*R*) übersteigt, kommt es zu einer sprunghaften Veränderung der gefühlten Geldentwertung (Anstieg von GG_1 auf GG_2), die nun überproportional stark ansteigt und in eine panikartige Inflationsfurcht übergehen kann, deren Ausmaß graphisch durch die weiß unterlegte Fläche B abgebildet wird. Quelle: Eigene Darstellung)

Auseinanderfallen von tatsächlicher und wahrgenommener Inflation finden sich darüber hinaus bereits bei Gabor und Granger 1961, 1964 sowie Bates und Gabor 1986).

Neben den Auswirkungen auf das Konsum- und Sparverhalten stellt sich aus verhaltensökonomischer Sicht zudem die Frage, in wieweit sich die Inflationsrate auf die Lebenszufriedenheit von Akteuren auswirkt. Eine Antwort auf diese Frage findet sich wiederum in Untersuchungen der ökonomischen Glücksforschung (vgl. hierzu erneut den Überblick bei Weimann et al. 2012, S. 70 f.). Wenn hohe Teuerungsraten zusätzlich zu den gesamtwirtschaftlich negativen Auswirkungen zudem auch das *individuelle Glücksempfinden* negativ beeinträchtigen, wäre dies ein weiterer Legitimationsgrund für eine staatliche Politik der Geldwertstabilität. Die bislang vorliegenden Untersuchungen – wie etwa jene von Di Tella et al. (2003) oder auch Alesina et al. (2004) – kommen diesbezüglich zu einem eindeutigen Ergebnis: Danach besteht ein signifikant negativer Zusammenhang zwischen

Inflationsrate und Lebenszufriedenheit. Dabei zeigt die für die USA erstellte Studie von Di Tella et al. (2001), dass – unter der Bedingung einer kompensatorischen Einkommensvariation (d. h. einem konstanten Realeinkommen) – zum Ausgleich einer um ein Prozent steigenden Inflationsrate ein Betrag in Höhe von durchschnittlich 70 $ gezahlt werden müsste. Eine im Zuge staatlicher Geldpolitik praktizierte Deflationspolitik zur Eindämmung hoher Inflationsraten stellt unter Berücksichtigung dieses Untersuchungsergebnisses einen Beitrag zur Steigerung der individuellen Lebenszufriedenheit dar.

Eine Reaktion auf die Unterscheidung zwischen tatsächlicher und *subjektiv empfundener Inflation* stellt der von Brachinger (2005a) im Nachgang zur Euro-Einführung entwickelte Index der wahrgenommenen Inflation (IWI) dar, mit dessen Hilfe entsprechende Diskrepanzen systematisch erfasst werden sollen und demzufolge beispielsweise im Jahr 2005 die gefühlte Inflation allein in Deutschland viermal so hoch war wie die amtlich gemessene Inflationsrate (vgl. zu diesem Messergebnis Hinze 2005, S. 800, für den der Index der wahrgenommenen Inflation den Versuch „einer Quantifizierung subjektiver, teils eingeschränkter Inflationswahrnehmungen" darstellt; vgl. hierzu auch die Ausführungen in Brachinger 2005b sowie Brachinger 2005c). Die Euro-Bargeldeinführung und die damit verbundene Umstellung der Preise hatte deswegen eine besondere Bedeutung mit Blick auf den Zusammenhang zwischen Inflationswahrnehmung und tatsächlicher Inflation gewonnen, da die meisten Experten die durchschnittliche Preiswirkung dieser Umstellung als gering einstuften, während die Verbraucher – nicht zuletzt aufgrund von einzelnen kräftigen Preiserhöhungen, die in den öffentlichen Medien besonders hervorgehoben wurden – mehrheitlich die Einschätzung teilten, dass die Euro-Umstellung überwiegend zu Preiserhöhungen geführt hat. Die Konstruktion des IWI beruht auf vier Annahmen, die wiederum in Anlehnung an die von Kahneman und Tversky (1991) entwickelte Prospect-Theorie des Entscheidens formuliert wurden. Danach resultiert das Preisempfinden der Verbraucher aus einem Vergleich der aktuellen Preise mit bestimmten Referenzpreisen (Ankereffekt), was im Fall der Euro-Bargeldeinführung und mit Blick auf Deutschland zu einer Verwendung der vormaligen DM-Preise als individuellen Referenzpreisen geführt hat. Höhere Preisforderungen werden dabei subjektiv als Verluste und niedrigere Preisforderungen als Gewinne wahrgenommen. Aufgrund der Verlustaversion werden des Weiteren höhere Preise stärker gewichtet als rückläufige oder unverändert gebliebene Preise. Schließlich wird davon ausgegangen, dass die individuelle Preiswahrnehmung von der Kaufhäufigkeit beeinflusst wird, d. h. je häufiger ein Produkt gekauft wird, desto stärker schlagen sich die Preisveränderungen in der Inflationswahrnehmung der Verbraucher nieder.

In der Berechnung des IWI werden von Brachinger (2005a, S. 1008 ff.) für den Verlustaversionsparameter unterschiedliche Werte angenommen, wobei neben dem Wert 2 alternativ auch Berechnungen des IWI für die Werte 1,5 und 2,5 durchgeführt wurden. Je höher der gewählte Parameterwert ist, desto stärker weicht die wahrgenommene von der auf herkömmliche Weise gemessenen Inflationsrate ab (vgl. für den empirischen Nachweis einer diskrepanten Wahrnehmung von Verlusten und Gewinnen um die genannten Faktoren die Studien von Hardie et al. 1993 oder Fluch und Stix 2005). Die Berücksichtigung der Kaufhäufigkeit führt wiederum dazu, dass im Vergleich zum Preisindex für die Lebenshaltungskosten, der von der amtlichen Statistik zur Inflationsmessung üblicherweise eingesetzt wird, nach Hinze (2006, S. 127) „die zehn am häufigsten gekauften Güter – und damit die Güter mit dem größten Gewicht im Index der wahrgenommenen Inflation – zusammen ein Häufigkeitsgewicht von knapp 25 %, aber nur einen Ausgabenanteil von gut 5 % haben. Auf der anderen Seite haben die zehn gewichtigsten Güter im Verbraucherpreisindex ein Ausgabengewicht von beinahe 40 %, aber nur ein Häufigkeitsgewicht von 7 %". Die von Vogel et al. (2009) untersuchte Inflationswahrnehmung in den Mitgliedstaaten der Euro-Währungsunion kam zu dem Ergebnis, dass zum Zeitpunkt der Währungsumstellung jene Produkte, die im Preis stiegen, von den Konsumenten tatsächlich auch stärker gewichtet wurden als jene Produkte, deren Preise unverändert blieben oder sogar zurückgingen (vgl. zum Zusammenhang von Kaufhäufigkeit und subjektiver Wahrnehmung von Geldentwertung schon früh Wilken 1926, S. 456 ff. oder auch Schmölders 1966, S. 148).

Die genannten Annahmen, die der Berechnung des Index der wahrgenommenen Inflation zugrunde liegen, sind in der Literatur jedoch wiederholt kritisiert worden (vgl. für die Kritik am IWI stellvertretend Hinze 2006, S. 126 ff.; Hoffmann et al. 2005, S. 707 ff. oder auch Hoffmann et al. 2006, S. 143 ff.). Hierbei wird zum einen bemängelt, dass die unterstellte Verlustaversion regelmäßig zu einer Überschätzung des Preisanstiegs von Periode zu Periode führt und dies selbst dann noch, wenn sich Preisanhebungen und Preissenkungen vollständig kompensieren würden. Realistischer erscheint hier die Annahme, dass zumindest im Fall von zusammenhängenden Käufen (z. B. billiger gewordener Kaffee bei gleichzeitig teurer gewordenem Kuchen) seitens der Verbraucher auch auf die Kaufsumme geachtet wird. Zum anderen wird kritisiert, dass die individuelle Merklichkeit von „kleinen" Preisänderungen geringer ausfallen dürfte als die von „großen" Preisänderungen, da die erstgenannte Variation eine geringere Budgetwirksamkeit aufweist und es – folgt man Hoffmann et al. (2005, S. 708) – „deshalb rational ist, sie bei positiven Informationskosten nicht zu beachten". Des Weiteren wird in Frage gestellt, ob allein eine Häufigkeitsgewichtung ausreicht, um die subjektive Preiswahrnehmung der Verbraucher hinreichend zu verstehen. So dürften viele Verbraucher – so das Argument – auch bei unregelmäßig stattfindenden Käufen vergleichsweise gut über die Preisentwicklung informiert sein. Schließlich wird unter Verweis auf einsetzende Gewöhnungseffekte und damit entgegen eines längerfristig wirksamen Ankereffekts als realistischer eingestuft, dass es laut Kirchler (2011, S. 689) bereits kurzfristig „zu einer Anpassung der mentalen Währungsskalierung kommt und dadurch ein Gefühl für Euro-Preise entwickelt wird". So konnten Mussweiler und Englich (2004) für Deutschland zeigen, dass bereits im Sommer 2002 individuelle Preisschätzungen nachgewiesen werden konnten, die unabhängig von externen Ankern erfolgt waren, was eine frühere Untersuchung von Mussweiler und Englich (2003) bestätigt. Zu vergleichbaren Ergebnissen kommen darüber hinaus die Untersuchungen von Marques und Dehaene (2004) für Österreich sowie Jonas (2003) und Jonas et al. (2002) für Deutschland. Folgt man diesen Untersuchungen, verschwand die Einschätzung von

Euro-Preisen in Orientierung an DM-Preisen bzw. Schilling-Preisen bereits innerhalb des ersten Jahres der Euro-Bargeldeinführung.

Jenseits dieser Kritik zeigen die vorliegenden Messergebnisse für die Inflationswahrnehmung der privaten Haushalte innerhalb des Euro-Währungsraums, wie diese monatlich im Rahmen einer Verbraucherumfrage der EU-Kommission erhoben werden, dass es über die Zeit sehr wohl wiederholt zu Diskrepanzen zwischen der amtlich gemessenen Inflationsrate und dem individuellen Preisempfinden der Verbraucher kommen kann. Für Deutschland erfolgt die Erhebung durch die Gesellschaft für Konsumforschung (GfK), bei der 2000 repräsentativ ausgewählte private Haushalte entsprechend befragt werden. Als Begründung für diese Diskrepanzen wird allerdings – abweichend von Kaufhäufigkeit und Verlustaversion – vorrangig auf andere psychologische Einflussfaktoren verwiesen. Folg man Fischer et al. (2002), führt die Einführung einer neuen Währung (wie etwa dem Euro) zu einer *verstärkten Preissensibilisierung*. Dabei verfolgen die Konsumenten nicht selten erstmals mit Aufmerksamkeit die Preise, auf deren Entwicklung ansonsten nicht oder nur in geringem Maße geachtet wird. Erfolgt die Merklichkeit der Preise nur selektiv und wird diese durch eine entsprechende Darstellung in den Medien noch verstärkt, sind in aller Regel pauschale und generalisierende Urteile die Folge. In diesem Zusammenhang spricht Wiswede (2012, S. 163) auch von einer erhöhten „Preissalienz" bzw. einer „verstärkten Preisaufmerksamkeit". Zu einer subjektiv ausgeprägten Inflationswahrnehmung kommt es nach Rotemberg (2004) aber auch in diesem Fall nur dann, wenn gegebene Preisanhebungen als unberechtigt und damit als „unfair" empfunden werden. Ärgern sich die Verbraucher über solche aus ihrer Sicht unberechtigten Preiserhöhungen, kann davon ausgegangen werden, dass sich dies auch negativ in deren Preisgefühl niederschlägt. Umgekehrt werden Preisanstiege immer dann mehrheitlich akzeptiert, wenn die Verbraucher diese Erhöhungen ursächlich auf gestiegene Kosten zurückführen können. Für diesen Fall stimmen aus subjektiver Sicht Leistung (hier: der höhere Preis) und Gegenleistung (hier: die gestiegenen Kosten) überein.

Speziell mit Blick auf die Euro-Bargeldeinführung wurde darüber hinaus von Traut-Mattausch (2004) im Rahmen von Verhaltensexperimenten gezeigt, dass die Verbraucher oftmals gar keine Vergleichspreise mental verfügbar hatten und sie zudem – wenn dennoch ein solcher Referenzpreis vorlag – sie nicht selten Umrechnungs- bzw. Einschätzungsfehler begingen, die lediglich selektiv korrigiert wurden. So akzeptierten die Versuchspersonen errechnete Preisanhebungen – egal, ob diese richtig oder falsch waren – in aller Regel vorbehaltlos, während sie Preissenkungen signifikant häufiger einer kritischen Überprüfung unterzogen. Der empirische Nachweis einer selektiven Fehlerkorrektur findet sich auch in Traut-Mattausch et al. (2007), die in ihrer Untersuchung zeigen, dass Rechenfehler, welche die eigenen Erwartungen stützen, systematisch weniger entdeckt werden, als solche Fehler, die sich nicht mit der eigenen Erwartung decken. Der Grund für dieses asymmetrische Verhalten wird darin gesehen, dass die Akteure von vornherein Preiserhöhungen im Zusammenhang mit der Euro-Bargeldeinführung erwarteten, was zu einer selektiven Informationsverarbeitung geführt hat (confirmation bias). In ihrer Untersuchung des Eurobarometers von 1992–2000 kommen Banducci et al. (2003) zu einem ähnlichen Ergebnis. Danach zeigte sich bei jenen Bürgern, die der EU als solcher kritisch gegenüberstanden, auch eine negative Einstellung mit Blick auf die Euro-Bargeldeinführung. Die Einstellung zum Euro wurde – folgt man Kaltenthaler und Anderson (2001) – zudem durch die nationale Wirtschaftslage sowie die Akzeptanz der nationalen Regierung bestimmt.

Darüber hinaus konnten Greitemeyer et al. (2002) im Rahmen von Verhaltensexperimenten zeigen, dass die Erwartung von Preissteigerungen aufgrund der Euro-Einführung auch zur Wahrnehmung höherer Preise führte. Dieser Einfluss der individuellen Erwartung auf die subjektive Preiswahrnehmung konnte umso deutlicher nachgewiesen werden, je stärker die Erwartungen manipuliert wurden. So zeigen Greitemeyer et al. (2005), dass die induzierte Erwartung steigender Preise auch zu einer verstärkten Wahrnehmung gestiegener Preise führte, auch wenn das tatsächliche Preisniveau unverändert blieb. Wurde demgegenüber eine Erwartung gleichbleibender Preise erzeugt, kam es zu einer Unterschätzung der tatsächlichen Preissteigerung. Zu einem vergleichbaren Ergebnis kommen die Untersuchungen von Mandl (2000) sowie der European Opinion Research Group (2002), die ebenfalls einen engen Zusammenhang zwischen Inflationserwartung und der Wahrnehmung steigender Lebenshaltungskosten aufzeigen. Anhand einer Schätzung von Produktpreisen in DM und Euro untersuchten wiederum Jonas et al. (2002), inwiefern die wahrgenommene Teuerung dem Euro zugerechnet wurde mit dem Ergebnis, dass die Euro-Preise real höher als die DM-Preise waren. Eine Bestätigung dieses Ergebnisses findet sich bei Traut-Mattausch et al. (2004), die anhand des Vergleichs von Speisekarten mit Euro- und DM-Preisen zeigen konnten, dass erstere als generell höher wahrgenommen wurden. Diese Wahrnehmungsverzerrung führt nach Greitemeyer et al. (2008) nicht nur insofern zu einem unterschiedlichen Konsumverhalten, wie beim Vorliegen von DM-Speisekarten sowohl mehr als auch teurere Speisen nachgefragt wurden. Darüber hinaus konnte festgestellt werden, dass diese Wahrnehmungsverzerrung – folgt man Hoffmann et al. (2006) oder auch Kamleitner et al. (2004) – sich in ihrem Auftreten über die Zeit als vergleichsweise stabil erwies. Nach Traut-Mattausch et al. (2004) ist die verzerrte Wahrnehmung der Euro-Inflation zudem davon abhängig, in welchem Umfang kognitive Ressourcen zur Umrechnung von Preisen in vorherige und aktuelle Währung eingesetzt werden: Wurde der Preisumrechnung keine besondere Aufmerksamkeit gewidmet, kam es auch zu keiner Wahrnehmung einer generellen Teuerung durch die Euro-Einführung mit entsprechenden Auswirkungen auf das private Konsumverhalten (vgl. bezüglich der Auswirkungen des „Teuro-Effektes" auf das Investitionsverhalten zudem Jonas und Frey 2003).

Auch wenn sich aus der Gesamtheit der zurückliegenden Ausführungen zum Phänomen der Diskrepanz zwischen wahrgenommener und tatsächlicher Inflation keine zusätzlichen Rechtfertigungsargumente für eine stabilitätsorientierte Geldpolitik ableiten lassen, sollte dennoch deutlich geworden sein, dass vor dem Hintergrund dieses psychologischen Effektes es zu *Fehlallokationen im Entscheidungsverhalten* der Akteure kommen kann, die im Rahmen der Ausgestaltung geldpolitischer Maßnahmen nicht unberücksichtigt bleiben sollten. Vergleichbar der in der ökonomischen Lehrbuchliteratur breit diskutierten

Diskrepanz zwischen erwarteter und effektiver Inflation ist davon auszugehen, dass auch das Auseinanderfallen von wahrgenommener und tatsächlicher Teuerung zumindest kurzfristig zu makroökonomischen Folgewirkungen führt, die für eine staatliche Stabilitätspolitik von Bedeutung sind (vgl. hierzu stellvertretend die Ausführungen in Mankiw und Taylor 2012, S. 969 ff. oder auch Blanchard und Illing 2004, S. 239 ff.). So ist vorstellbar, dass – ähnlich dem Problem der Liquiditätsfalle – eine fehlerhaft als zu hoch wahrgenommene Inflation und eine daraus resultierende Reaktanzen im Kaufverhalten zu einem Rückgang der privaten Nachfrage mit negativen Auswirkungen auf den Konjunkturverlauf führen kann, der durch eine staatliche Informationspolitik sowohl über das Ausmaß der tatsächlichen Inflation als auch die gerechtfertigten Gründen für gegebene Preissteigerungen entgegengewirkt werden könnte. Im Zusammenhang mit der Euro-Einführung wurde allerdings auch der gegenteilige Effekt festgestellt. Aufgrund der in fast allen Euro-Ländern – mit Ausnahme von Irland – geringeren Nominalbeträge des Euro im Verhältnis zur vormals nationalen Währung kam es zum Phänomen der „Euroillusion", d. h. die Konsumenten gaben bereitwilliger als sonst Geld aus, weil die niedrigeren Geldbeträge dazu verführten, auch niedrigere Preise zu vermuten (vgl. hierzu etwa Shafir et al. 1997; Burgoyne et al. 1999; Gamble et al. 2002; Raaij und Rijen 2003; Ferrari und Loza 2003 oder auch Ranyard et al. 2003).

3. *Psychologie der Finanzmärkte und Behavioral Finance*

Betrachtet man nicht allein die Geldpolitik, sondern richtet man den Blick zudem auch auf die Finanzmärkte, führen verhaltensökonomische Überlegungen – abweichend von den bislang dargestellten Untersuchungsergebnissen – nicht nur zu marginalen, sondern zu grundlegend anderen Einsichten bezüglich der Notwendigkeit staatlicher Markteingriffe. Verantwortlich für die Einschätzung sind Studien aus dem Bereich der sogenannten Behavioral Finance als einem weiteren Anwendungsfeld der Verhaltensökonomik, die mit ihren Resultaten im Widerspruch stehen zu herkömmlichen Finanzmarkttheorien, denen die *These effizienter Märkte* zugrunde liegt („market efficiency hypothesis"), wie sie grundlegend von Fama (1970) und Fama (1965) formuliert wurde und sich auch in Schulz-Hardt et al. (2007) sowie Spremann und Gantenbein (2005) findet (vgl. zur Markt-Effizienz-These zudem Böker und Michler 2015, S. 124 ff., Seitz 2015, S. 160 ff.; Beck 2014, S. 349 ff.; Kirchler 2011, S. 587 f. oder auch Vogel 2011, S. 31 ff.). In dieser traditionellen Sicht der ökonomischen Analyse von Finanzmärkten wird bekanntermaßen unterstellt, dass sämtliche Informationen, die für das Anlageverhalten der Marktteilnehmer von Bedeutung sind, unmittelbar in deren Entscheidungen verarbeitet werden. Dies führt im Ergebnis dazu, dass alle relevanten Informationen stets in den Marktergebnissen Berücksichtigung finden und die Märkte aufgrund dessen effizient funktionieren. Eine weitere Implikation ist, dass Kapital- bzw. Finanzmarktschwankungen nur zufällig entstehen können und damit nicht systematischer Natur sind. Kommt es zudem durch Informationsasymmetrien zeitweilig zu Ineffizienzen im Entscheidungsverhalten einzelner Marktteilnehmer, führt Arbitrage zum Ausgleich unvollkommener Information und sorgt mittels entsprechender Lernprozesse zumindest langfristig für effiziente Marktergebnisse im Sinne einer Annäherung an den sogenannten fundamentalen Wert gegebener Anlageoptionen. So schaffen nach Friedman (1953) systematisch „falsche Preise", die das Ergebnis eines irrationalen Verhaltens von Marktteilnehmern sind, einen Anreiz für rationale Akteure, die „falschen Preise" zum eigenen Vorteil auszunutzen, was im Ergebnis zu einer effizienzorientierten Preiskorrektur führt.

Dieser Sichtweise stellt die Behavioral Finance das Konzept irrationaler Finanzmärkte gegenüber, demzufolge die dort anzutreffenden Preisschwankungen ausgeprägter sind, als dies der Effizienz-Markt-These und der ihr zugrunde liegenden Annahme rationaler Akteure entspricht. Diese Einsicht geht auf Shiller (1981) zurück, für den die *Über- und Unterreaktionen* auf Finanzmärkten – gemessen am fundamentalen Wert der Anlageoptionen – zu hoch oder zu niedrig ausfallen. Diese Einschätzung findet sich auch in Shiller (1998), für den diese Abweichungen zudem bis zu einem gewissen Grad prognostizierbar sind, was ebenfalls der Idee der effizienten Finanzmärkte widerspricht (vgl. zudem zu den Erkenntnissen der Behavioral Finance auch Böker und Michler 2015; DeBondt 2008; Baberis und Thaler 2003; Nitzsch und Rouette 2003; Shleifer 2000; Goldberg und Nitzsch 1999; Odean 1999; Nitzsch und Friedrich 1999; Odean 1998 oder auch Shleifer und Vishny 1997). Folgt man Beck (2014, S. 351) kann die Kernaussage der Behavioral Finance darin gesehen werden, dass die auf Finanzmärkten auftretenden irrationalen „Verhaltensweisen systematischer Natur sind; das würde bedeuten, dass mehr oder weniger alle Anleger die gleichen Fehler begehen und damit auch die Finanzmärkte ihren Nimbus als Rationalitätsmaschinen verlieren". In gleicher Weise stellt auch Kirchler (2011, S. 589) fest: „Der Grund für die systematischen Abweichungen vom Rationalmodell könnte darin liegen, dass sich Händler und Investoren nicht rein rational verhalten. […] Akteure am Finanzmarkt sind oft nicht in der Lage und oft nicht motiviert, komplexe Informationen entsprechend detailliert zu verarbeiten. Sie benutzen Heuristiken, unterliegen Urteilsfehlern und neigen je nach Darstellung eines Sachverhaltes zu riskanten Entscheidungen oder reagieren besonders vorsichtig. Oft wird auch nicht nach Informationen gesucht, sondern das Verhalten nach dem Verhalten der übrigen Marktteilnehmer ausgerichtet".

Als Grund für solche Über- und Unterreaktionen auf Finanzmärkten gelten systematische Fehler im Entscheidungsverhalten der Marktteilnehmer aufgrund von subjektiven Kapazitätsbeschränkungen in der Verarbeitung von Informationen, die auch durch verbesserte Möglichkeiten zur Arbitrage nicht aufgehoben werden können. Danach bestünde die Rolle des Staates mit Blick auf die Gestaltung der Rahmenbedingungen von Finanzmärkten nicht darin, durch eine expansive Geldpolitik für mehr Liquidität und mittels einer Politik der Deregulierung für zusätzliche unternehmerische Innovationen bei den Finanzmarktinstrumenten zu sorgen. Vielmehr bedarf es demgegenüber einer Politik der verstärkten Finanzmarktregulierung, um die Handlungsmöglichkeiten der Marktteilnehmer zu begrenzen. Beispiele für solche Markteingriffe sind das Verbot von Leerverkäufen oder auch die Einführung einer Finanzmarkttransaktionssteuer zur Eindämmung von (irrationalen) Kursschwankungen auf den Kapitalmärkten (vgl. für Maßnahmen zur Regulierung der Finanzmärkte aus verhaltensökonomischer Sicht stellvertretend Dullien 2013 oder auch Dullien et al. 2010).

Das aus verhaltensökonomischer Sicht als irrational bezeichnete Entscheidungsverhalten der Marktteilnehmer kann sich dabei in Form verschiedener psychologischer Effekte auf den Finanzmärkten einstellen (vgl. für eine zusammenfassende Darstellung der verschiedenen Fehlerquellen etwa Montier 2003, S. 57 ebenso wie Kirchler 2011, S. 597). So wird etwa von French und Poterba (1991) auf den sogenannten *Home Bias* verwiesen, der für den Sachverhalt steht, dass Anleger oftmals in Wertpapiere des eigenen Landes investieren. Eine rationale Anlagestrategie würde demgegenüber ein international diversifiziertes Portfolio erfordern, um das Anlagerisiko entsprechend zu reduzieren. Begründet wird dieser kognitive Bias mit der Wirksamkeit der Verfügbarkeitsheuristik, die Investoren aufgrund des in aller Regel höheren Informationsstandes zu Unternehmen des eigenen Heimatlandes dazu verleitet, überproportional häufig Anlagen dieser Unternehmen zu kaufen. Diese Verhaltenserklärung wird nach Beck (2014, S. 358) durch die empirische Evidenz gestützt, dass „weniger erfahrene und informierte Anleger mehr dem Home Bias unterliegen als Profis" (vgl. zum Ausmaß des Home Bias auch die Untersuchungen von Ke et al. 2009; Hau und Rey 2008 sowie Sercu und Vanpée 2007). Eine mangelnde Risikostreuung von Anlegern wird auch bereits in der Untersuchung von Kroll et al. (1988) nachgewiesen. Folgt man den Untersuchungsergebnissen von Hedesström et al. (2007), kann jedoch durch eine Verbesserung des Informationsstands der Anleger eine verbesserte Risikostreuung erreicht werden (vgl. darüber hinaus zur Bedeutung der Verfügbarkeitsheuristik am Finanzmarkt auch die empirische Untersuchung von Borges et al. 1999).

Eine weitere Verhaltensanomalie, auf die hier nur am Rande verwiesen wird, stellt das sogenannte *Equity-Premium-Puzzle* dar. Ausgangspunkt hierfür ist der Sachverhalt, dass Aktien im Vergleich zu Anleihen durch einen Renditeaufschlag gekennzeichnet sind, der das Anlagerisiko übersteigt. Unter der Annahme rationalen Verhaltens müsste dies dazu führen, dass verstärkt Aktien gekauft werden, was – folgt man Siegel und Thaler (1997) oder auch Baberis und Thaler (2003) – jedoch nicht der Fall ist. Ein Grund hierfür scheint nach Benartzi und Thaler (1995) die mentale Buchführung von Anlegern zu sein, die zu einer Beurteilung von Anlageoptionen in Jahreshorizonten und – damit verbunden – zu einer Aversion gegen Aktienkäufe führt. Dies ändert sich dann, wenn man den Anlegern anstelle von Einzelinformationen zur jährlichen Rendite einer Aktie für einen längeren Zeitraum eine einzige Information zur Gesamtrendite der Aktie für den kompletten Betrachtungszeitraum zur Verfügung stellt. Im Fall der letztgenannten Variante der Informationsbereitstellung erhöht sich die Bereitschaft zum Aktienkauf deutlich. Wiederum unter Verweis auf die *Verfügbarkeitsheuristik* lässt sich mit Jarrel und Peltzman (1985) das Phänomen erklären, dass Anleger verstärkt in solche Finanzmarktprodukte investieren (oder dies unterlassen), die – vermittelt über eine entsprechende Darstellungen in den Medien und eine damit einhergehende mentale Präsenz bei den Marktteilnehmern – gerade als besonders nachgefragt (oder auch nicht) gelten. Dieser Effekt der mentalen Präsenz wird zugleich dafür verantwortlich gemacht, dass Analysten, Vermögensverwalter oder auch Investmentprodukte, die in der Vergangenheit wiederholt erfolgreich waren, von den

Finanzmarktteilnehmern oftmals als Indiz für überlegene individuelle Fähigkeiten bzw. Produkteigenschaften angesehen werden, was rein statistisch jedoch lediglich Ausdruck zufälliger Ereignisse sein kann.

Als weitere Verhaltensanomalien gelten ein gewinnbezogener *Überoptimismus* und eine daraus resultierende – gemessen an einem vollständig rationalen Verhalten – zu große Umschlagshäufigkeit bestehender Anlagedepots. Dieses Ergebnis findet sich in einer empirischen Studie von Barber und Odean (2001), die anhand von umfangreichen Anlegerdaten aus den 1990er Jahren zeigen, dass die Marktteilnehmer höhere Renditen hätten erzielen können, wenn sie weniger häufig Investmentprodukte verkauft oder neu gekauft hätten. Dabei zeigten sich auch geschlechtsspezifische Unterschiede im Anlageverhalten und zwar dergestalt, dass Männer im Vergleich zu Frauen ein höheres Handelsvolumen aufwiesen, was aufgrund bestehender Transaktionskosten im Ergebnis zu niedrigeren Nettoerträgen in Höhe von durchschnittlich 2,65 % führte. Man kann dies als negative Folgewirkung eines Überoptimismus auf Seiten der Männer interpretieren. Als Ausdruck irrationalen Finanzmarktverhaltens gilt darüber hinaus der sogenannte *Dispositionseffekt*, der nach Shefrin und Statman (1985) darin besteht, dass Anleger dazu neigen, gewinnträchtige Investments zu schnell zu verkaufen, während im Gegenzug verlustreiche Anlageprodukte zu lange gehalten werden. Ein empirischer Nachweis des Dispositionseffekts findet sich bei Odean (1998), Weber und Camerer (1998), Barber et al. (2005), Kirchler et al. (2005), Linnainmaa (2005), Chen et al. (2007) oder auch Lee et al. (2008). Der Dispositionseffekt fällt demgegenüber geringer aus, wenn die Anleger erfahren sind, sich in positiver Stimmung befinden oder unmittelbar zuvor Gewinne realisieren konnten (housemoney-effect). Empirische Belege hierfür in Reihenfolge der genannten Einflussfaktoren finden sich sowohl bei Dhar und Zhu (2006), Fox und Dayan (2004) sowie Thaler und Shefrin (1981), bei Pinón und Gärling (2004) sowie Schwarz (2001) als auch bei Oberlechner (2004) sowie Thaler und Johnson (1990).

Erklären lässt sich diese Verhaltensasymmetrie wiederum mit Hilfe der schon mehrfach genannten Prospect Theory, der zufolge Anleger aufgrund einer bestehenden Verlustaversion immer dann zu einem risikoreichen Verhalten neigen, wenn sich damit die Hoffnung auf ein Vermeiden entsprechender Verluste verbindet. Nicht selten fungiert dabei der jeweilige Kaufpreis eines Investments als kognitiver Referenzpunkt, den es beim Verkauf einer Anlage mindestens zu erreichen gilt (*Ankerheuristik*). Neben dem Kaufpreis können auch von Analysten ausgegebene Kursziele eine vergleichbare psychologische Ankerwirkung entfalten. Ein Überblick zu den empirischen Belegen für die Wirksamkeit der Ankerheuristik auf Finanzmärkten findet sich in Baker und Nofsinger (2002) sowie Heath et al. (1999). Nach Ku et al. (2006) lässt sich aber auch ein „Starting Low but Ending High"-Effekt feststellen, der eine zur Ankerheuristik entgegengesetzte Wirkung entfaltet. Folgt man Benartzi und Thaler (1995), erfolgt die Auswahl eines solchen Referenzpunktes für die eigenen Anlageentscheidungen zumeist unbewusst. An einem solchen kognitiven Anker wird im Kontext von Dispositionseffekt und Verlustaversion mehrheitlich selbst dann festgehalten, wenn dies zu noch höheren Verlusten führt. Dieses in Widerspruch zu einer rationalen Anlagestrategie stehende Verhalten kann durch eine selektiv-affirmative Informationsverarbeitung (*confirmation bias*) noch zusätzlich verstärkt werden. In diesem Zusammenhang weist Beck (2014, S. 360) darauf hin, dass ein von Analysten ausgegebenes Kursziel „von den Anlegern als Anker wahrgenommen werden [kann], in der Folge suchen sie aktiv nach Argumenten, die dieses Kursziel rechtfertigen könnten […], was dieses Kursziel realistischer erscheinen lässt; Argumente, die gegen das Kursziel sprechen, werden systematisch vernachlässigt". Folgt man wiederum Odean (1998), kann der Dispositionseffekt allerdings auch zu einer Stabilisierung der Finanzmärkte beitragen. Dies ist immer dann der Fall, wenn sich die Anleger bei der Berechnung von Gewinnen und Verlusten auf den jeweiligen Einstandspreis eines Investments beziehen. Vor diesem Hintergrund führen unter den Einstandspreis absinkende Anlagekurse dazu, dass die Anleger aufgrund der Verlustaversion den Verkauf dieser Anlagen hinauszögern, was dämpfend auf einen im Abschwung befindlichen Finanzmarkt wirkt. Umgekehrt gilt für eine Aufschwungphase, dass der Dispositionseffekt aufgrund vergleichsweise frühzeitiger Anlageverkäufe zu einer Begrenzung möglicher Kursgewinne beiträgt.

Aus verhaltensökonomischer Sicht können laut Kirchler (2011, S. 600 ff.) wiederum eine Zunahme des Überoptimismus, die Ausrichtung der Erwartungen an der vergangenen Marktentwicklung (Ankerheuristik) oder auch das Ignorieren und Umdeuten von Marktinformationen (confirmation bias) – gemessen an den Fundamentaldaten – zu Überreaktionen auf den Finanzmärkten führen. Dabei gilt vor allem auf bereits destabilisierten Finanzmärkten das Ausmaß an Preisschwankungen aufgrund von Medienberichten als besonders hoch, da im Zuge dessen oftmals alte Informationen systematisch untergewichtet und neue Informationen entsprechend übergewichtet werden. Im Gegenzug kann die Wirksamkeit der Verfügbarkeitsheuristik dazu beitragen, dass sich das individuelle Entscheidungsverhalten nicht oder nur unzureichend an veränderte Rahmendaten anpasst und es in der Folge zu Unterreaktionen auf den Finanzmärkten im Sinne einer lediglich verzögerten Verarbeitung von neuen Marktinformationen kommt. In beiden Fällen könnte zumindest durch eine entsprechende staatliche Informationspolitik einschließlich ausgewählter regulatorischer Vorgaben zu den Informationspflichten der Anbieter von Investmentprodukten bezogen auf Form und Inhalt versucht werden, entsprechenden Über- und Unterreaktionen auf den Finanzmärkten entgegenzuwirken. In Abb. 5.7 findet sich eine Gegenüberstellung der unterschiedlichen inhaltlichen Implikationen der verhaltensökonomischen im Vergleich zur traditionellen (neoklassischen) Sichtweise von Finanzmärkten.

Die empirische Evidenz bezüglich solcher „irrationalen" Schwankungen auf den Finanzmärkten, die staatliche Eingriffe rechtfertigen könnte, ist allerdings nicht eindeutig. So zeigt beispielsweise Fama (1998), dass sich die zyklischen Schwankungen auf Finanzmärkten alles in allem ungefähr ausgleichen, was im Einklang mit der Markteffizienzthese steht und staatliche Interventionen als obsolet erscheinen lässt. Zu einem ähnlichen Ergebnis kommen auch Marquering et al. (2006) in ihrer Untersuchung der Persistenz von Anomalien auf den Finanzmärkten. Die empirische Analyse enthält Hinweise darauf, dass solche Anomalien – gemessen über die Zusatzrenditen, die sich aus deren Ausnutzung erzielen lassen – nach gewissen Anpassungszeiträumen (vollständig) erodieren. Dieses zuletzt genannte Ergebnis, welches als eine Bestätigung der Effizienz-Markt-These

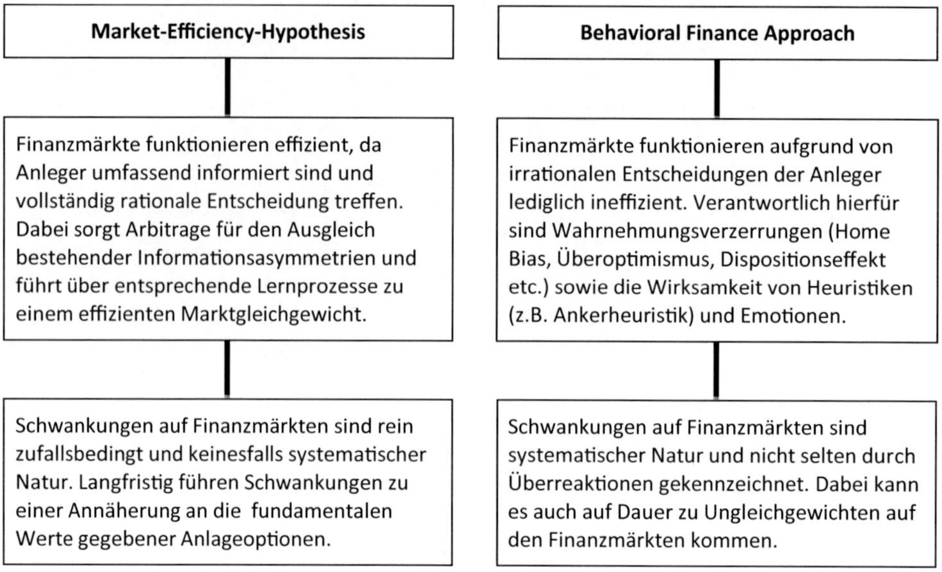

Market-Efficiency-Hypothesis	Behavioral Finance Approach
Finanzmärkte funktionieren effizient, da Anleger umfassend informiert sind und vollständig rationale Entscheidung treffen. Dabei sorgt Arbitrage für den Ausgleich bestehender Informationsasymmetrien und führt über entsprechende Lernprozesse zu einem effizienten Marktgleichgewicht.	Finanzmärkte funktionieren aufgrund von irrationalen Entscheidungen der Anleger lediglich ineffizient. Verantwortlich hierfür sind Wahrnehmungsverzerrungen (Home Bias, Überoptimismus, Dispositionseffekt etc.) sowie die Wirksamkeit von Heuristiken (z.B. Ankerheuristik) und Emotionen.
Schwankungen auf Finanzmärkten sind rein zufallsbedingt und keinesfalls systematischer Natur. Langfristig führen Schwankungen zu einer Annäherung an die fundamentalen Werte gegebener Anlageoptionen.	Schwankungen auf Finanzmärkten sind systematischer Natur und nicht selten durch Überreaktionen gekennzeichnet. Dabei kann es auch auf Dauer zu Ungleichgewichten auf den Finanzmärkten kommen.

Abb. 5.7 Gegenüberstellung der Kernaussagen von Market-Efficiency-Hypothesis und dem Ansatz der Behavioral Finance. (Quelle: Eigene Darstellung)

interpretiert werden kann, findet sich in etwas abgeschwächter Form auch in der Studie von McLean und Pontiff (2012), die ebenfalls die aufgrund von Arbitrage bedingte Veränderung von Zusatzrenditen auf Finanzmärkten untersucht haben. Zwar belegt diese Untersuchung nicht das vollständige Verschwinden bestehender Zusatzrenditen, es zeigt sich in den Ergebnissen jedoch eine starke Reduktion dieser Gewinne, sobald die übrigen Marktteilnehmer über die bestehenden Anomalien informiert werden. Dieses Ergebnis zeigt sich ebenso bei Levya und Yagil (2005), die „irrationale" Kursdifferenzen zwischen den Aktien von Royal Dutch und Shell Transport untersucht haben. Auch hier hat die breite Publikation der ungerechtfertigten Unterschiede in der Marktbewertung beider Aktien dazu geführt, dass diese Preisanomalien verschwunden sind, auch wenn der Anpassungsprozess im Fall der beiden genannten Aktien neun Jahre gedauert hat. Demgegenüber weisen Froot und Dabora (1999) nach, dass mit Blick auf die beiden Aktien die ökonomisch nicht gerechtfertigten Kursdivergenzen im Zeitraum zwischen 1980 und 1995 vergleichsweise persistent waren (vgl. zu den Anomalien in der Kursentwicklung beider Aktien auch Barberis und Thaler 2003).

Nicht im Einklang mit der Effizienz-Markt-These stehen demgegenüber die Untersuchungsergebnisse von DeBondt und Thaler (1985). Analysiert wurde die mittel- bis langfristige Kursentwicklung von 70 Aktien der US-amerikanischen Börse, von denen jeweils die Hälfte sich in der Vergangenheit positiv („Gewinner") bzw. negativ („Verlierer") entwickelt hatte. Trifft die Annahme zu, dass es auf Finanzmärkten aufgrund der genannten Gründe zu zyklischen Über- und Unterreaktionen kommt, müssten die „Gewinneraktien" vergangener Jahre in der Gegenwart eher an Wert verlieren, während die früheren „Verliereraktien" durch aktuelle Kursgewinne gekennzeichnet sein müssten. Genau dieses Ergebnis findet eine Bestätigung in der Untersuchung der beiden genannten Autoren. Empirische Belege für eine übermäßige Volatilität der Preise auf Finanzmärkten aufgrund einer verzerrten Informationsverarbeitung finden sich darüber hinaus bei Schachter et al. (1985) oder auch Andreasson (1990). Moore et al. (1999) verweisen des Weiteren darauf, dass Überoptimismus und Kontrollillusion zu einem überhöhten subjektiven Sicherheitsempfinden beitragen und auf diese Weise zu Selbstüberschätzung und zu optimistischen Prognosen bezüglich der Wertentwicklung von eigenen Investments führen. Svedsäter et al. (2007) zeigen zudem, dass auch eine bestehende Geldillusion zu Überreaktionen auf den Finanzmärkten führen kann. Danach erwarteten jene Versuchspersonen, die im Besitz von Aktien mit einem hohen Nominalwert waren, nach positiven oder negativen Medienmeldungen höhere Preisänderungen als jene, die über Aktien mit einem niedrigen Nennwert verfügten. Ein ähnliches Ergebnis findet sich bei Ikenberry et al. (1996), die zeigen, dass ein Splitting von Aktien trotz gleichbleibendem Aktienvermögen zu einem veränderten Händlerverhalten führt. Danach stiegen die Aktienkurse nach einem solchen Splitting an, während sie im Fall der Zusammenfassung mehrerer Aktien tendenziell sanken.

Neben der Wirksamkeit von Heuristiken und kognitiven Verzerrungen gibt es zudem empirische Belege dafür, wie emotionale Faktoren wie das momentane Befinden, Stimmungen oder auch Gefühle die Entwicklung auf Finanzmärkten beeinflussen. So zeigen beispielsweise Cohn et al. (2014) in einer empirischen Untersuchung, wie Angst die individuelle Nutzenfunktion verändert. Dazu wurden Probanden zufälligen Elektroschocks ausgesetzt, was zu einer Reduzierung der individuellen Risikobereitschaft geführt hat. Dieser Rückgang der Risikobereitschaft zeigte sich auch im Fall von konjunkturbedingten Abwärtsbewegungen an der Börse bei den Aktienhändlern (vgl. zum Einfluss von emotionalen Faktoren auf Finanzmärkten auch Oberhuber 2014; vgl. zu grundsätzlichen Überlegungen, wie für die bisherige Makroökonomik unter Einbezug des Finanzmarktgeschehens eine angemessene Mikrofundierung auf der Grundlage verhaltensökonomischer Ansätze entwickelt werden kann, zudem Baddeley 2014). Nach Peters et al. (2006) kann bezüglich des Einflusses von Gefühlen auf das Finanzmarktgeschehen zwischen drei *Arten von Emotionen* differenziert werden: Der erste Typus von Emotionen tritt zwar zum Zeitpunkt der Entscheidung auf, ohne jedoch im Zusammenhang mit der zu treffenden Entscheidung zu stehen. Davon zu unterscheiden sind antizipierte Emotionen (Bedrohung, Optimismus, Pessimismus), die einen lediglich mittelbaren Zusammenhang mit der zu erfüllenden Aufgabe aufweisen. Der dritte Typus von Emotionen ist schließlich direkt mit der getroffenen Entscheidung verbunden (Freude, Bedauern oder Enttäuschung über die getroffene Wahl).

Auch wenn empirische Studien über die Auswirkungen solcher Emotionen am Finanzmarkt eher selten sind, weisen Au et al. (2003) anhand eines internetbasierten Handelssystems nach, dass jene Anleger den höchsten Gewinn erzielten, die in einer neutralen Stimmung waren, während solche in einer positiven Stimmung den geringsten Erfolg aufwiesen. Dowling und Lucey (2005) sowie Nosfinger (2005) belegen zudem die Wirksamkeit stimmungsauslösender Einflussfaktoren (Temperatur, Sonnenschein, Regen) auf das Finanzmarktgeschehen. So gingen die Aktienkurse bei schlechtem Wetter stärker zurück als bei Sonnenschein. In gleicher Weise zeigen auch Hirshleifer und Shumway (2003) sowie Saunders (1993), dass die Aktienkurse an sonnigen Tagen tendenziell steigen. MacGregor et al. (2000) kamen wiederum in einem Verhaltensexperiment zu dem Ergebnis, dass die Aktien von Unternehmen einer Branche, die mit einem negativen Gefühl belegt war (z. B. Biotechnologie oder Logistik), weniger gekauft wurden als die Unternehmensaktien solcher Branchen, die mit einem positiven Gefühl besetzt waren (z. B. Gesundheitswesen). Auch wurde von den Versuchsteilnehmern angenommen, dass die Aktien der Unternehmen mit positivem Image eine bessere Marktentwicklung aufweisen würden als die Aktien von Unternehmen aus negativ erlebten Branchen, was allerdings nicht der Realität entsprach.

Mit Blick auf die Entstehung von *spekulativen Blasen* am Finanzmarkt zeigen wiederum Smith et al. (1988), dass insbesondere das Entscheidungsverhalten von unerfahrenen Händlern zu entsprechenden Überreaktionen in Form hoher Amplituden führen kann. Zu dem gleichen Ergebnis gelangen auch Caginalp et al. (2000) in ihrer Auswertung von mehr als 150 Verhaltensexperimenten zur Kursentwicklung auf Finanzmärkten. Dabei wird ebenfalls deutlich, dass Kursblasen dann geringer ausfallen, wenn Versuchspersonen sowohl über entsprechende Erfahrungswerte verfügen als auch ein vergleichsweise hohes Bildungsniveau aufweisen. Folgt man Averbeck (2010), Fenzl (2009), Wärneryd (2001) sowie Shiller (2000), lässt sich die Entwicklung von Spekulationsblasen auf verschiedene Mechanismen zurückführen. Neben der sogenannten finanziellen Ansteckung, die auf physische Geldflüsse im internationalen Handel mit Gütern zurückgeht, ist darüber hinaus eine gegenseitige psychologische Ansteckung von Bedeutung, die mit der Ausbreitung einer Seuche aufgrund einer Virusansteckung verglichen werden kann, wobei Emotionen, Einstellungen und Erwartungen der Anleger für den entsprechenden Ansteckungseffekt verantwortlich sind. Davon zu unterscheiden ist der Effekt des psychologischen Aufschaukelns, bei dem etwa durch Medienmeldungen über den zukünftigen Erfolg von Unternehmen oder neuen Technologien ein euphorisches Gefühl bei den Anlegern ausgelöst werden kann, was aufgrund der dadurch erhöhten Nachfrage zu entsprechend massiven Preissteigerungen führt (vgl. hierzu auch Kirchler 2011, S. 619 f., der in diesem Zusammenhang auf psychologische Analysen der jüngsten Kreditmarkt- und Finanzkrise verweist; vgl. diesbezüglich ebenso Leiser und Rötheli 2010; Lewis 2010 oder auch Rötheli 2010; vgl. zur Wirksamkeit von Gerüchten für das Entstehen von Spekulationsblasen darüber hinaus DiFonzo und Bordia 1997; zu Prozessen der Informationsweitergabe und deren Akzeptanz (sogenannte Informationskaskaden) als einer weiteren Ursache von Überreaktionen auf den Finanzmärkten vgl. schließlich auch Schulz-Hardt et al. 2007 sowie Anderson und Holt 1997).

Zwar kann der Staat nicht direkt auf die genannten Bestimmungsfaktoren von Über- und Unterreaktionen auf Finanzmärkten einwirken. In dem Maße jedoch, wie solche extremen Entwicklungen nach Gärling et al. (2010) das Vertrauen in die Märkte und Finanzinstitute untergraben, kann jedoch durch eine staatliche Regulierung der Rahmenbedingungen von Finanzmärkten zu einer entsprechenden Vertrauensbildung bei Sparern und Investoren beigetragen werden. Hierzu zählen unter anderem staatliche Vorgaben, die sicherstellen, dass die Vertreter von Banken und Finanzinstituten sowohl über ein sachlich fundiertes Wissen bezüglich der gehandelten Finanzprodukte verfügen als auch dazu in der Lage sind, den Anlegern dieses Wissen korrekt zu übermitteln. Dies schließt eine ehrliche, sorgfältige und verständliche Beratung der Kunden mit ein, um für Integrität und Transparenz zu sorgen. Auch sollte die Regulierung der Finanzmärkte mit solchen Anreizen verbunden sein, die auf eine kontinuierliche und langfristige Ertragssicherung und damit die Stabilität von Geldinstituten und Versicherungsgesellschaften ausgerichtet sind. Nach Kirchler (2011, S. 625) impliziert dies die (gesetzliche) Forderung nach Etablierung eines nachhaltigen Geschäftsmodells, bei dem „die Interessen der ‚Stakeholder' vor den Interessen der ‚Shareholder' stehen, und nicht nur kurzfristige Gewinne für die Aktionäre maximiert werden. Folglich muss sichergestellt werden, dass Interessengruppen generell berücksichtigt werden und vor allem die Nachhaltigkeit unternehmerischer Tätigkeit als vorrangiges Ziel verfolgt wird". Dies kann neben staatlichen Standards für die Gewährung von Bonuszahlungen an Unternehmensmanager und Investmenttrader ebenso Vorgaben für die Gestaltung der Unternehmensverfassung unter der Zielsetzung einer stärkeren gesellschaftlichen Verantwortung umfassen, um nur zwei Beispiele zu nennen.

5.3.2 Verhaltensökonomische Aspekte der Verursachung, Attribution und Folgewirkungen von Arbeitslosigkeit

Neben einer Sicherung der Geldwertstabilität sowie dem Bedarf zur Regulierung der Finanzmärkte stellt die Reduzierung der Arbeitslosigkeit – sei diese konjunkturell oder strukturell bedingt – eine weitere zentrale Problemstellung der Wirtschafts- und Finanzpolitik dar. Dabei steht das Ziel eines hohen Beschäftigungsniveaus seit dem Auftreten einer anhaltenden Massenarbeitslosigkeit in den meisten Industrieländern in Folge der Weltwirtschaftskrise der 1920er und 1930er Jahre auf der wirtschaftspolitischen Agenda. Die aus ökonomischer Sicht bestehende Notwendigkeit staatlicher Interventionen in das Marktsystem zwecks Abbau bestehender Arbeitslosigkeit lässt sich laut Klump (2006, S. 258 f.) mit den folgenden Argumenten begründen: „Arbeitslosigkeit bedeutet unter Effizienzgesichtspunkten eine Verschwendung der volkswirtschaftlichen Ressource Arbeit. Ein Einkommensausfall durch Arbeitslosigkeit führt zu wachsender Ungleichheit der personellen Einkommensverteilung. Durch sinkende Einnahmen und wachsende Ausgaben wirkt sich Arbeitslosigkeit negativ auf die Finanzlage der öffentlichen Haushalte aus. Schließlich sind die sozialen und politischen Folgen von Arbeitslosigkeit zu bedenken. Produktive Arbeit bietet Selbstbestätigung und die Möglichkeit zur persönlichen Entfaltung. Arbeitslosigkeit schließt dagegen Individuen von ökonomischen und gesellschaftlichen Entscheidungsprozessen aus. Sie kann gerade in Marktwirtschaften Zweifel an der Funktionsfähigkeit der Wirtschaftsordnung entstehen lassen, die – wie zur Zeit der Weltwirtschaftskrise – tiefgreifende Änderungen des politischen, gesellschaftlichen und ökonomischen Systems nach sich ziehen".

Bezogen auf die unterschiedlichen Gründen, die im Zitat genannten werden und die wirtschaftspolitische Maßnahmen des Staates zur Bekämpfung von Arbeitslosigkeit als (zwingend) erforderlich erscheinen lassen, wird mit dem Verweis auf eine Beeinträchtigung des Selbstwertgefühls und der Begrenzung der Persönlichkeitsentfaltung bereits auf psychologische Folgen eines zu geringen Beschäftigungsniveaus verwiesen. Mit den folgenden Ausführungen soll die psychologische Dimension von Arbeitslosigkeit und das sich daraus ableitende Erfordernis staatlichen Handelns noch weiter ausgeleuchtet werden.

1. *Ursachen und Folgen von Arbeitslosigkeit aus psychologischer Sicht*

Während bereits in den 1930er Jahren mit der makroökonomischen Analyse der Weltwirtschaftskrise und den Möglichkeiten zu ihrer Überwindung durch Keynes (1936, 2009) das Thema der Arbeitslosigkeit in den ökonomischen Fokus geriet, finden sich in der wirtschaftspsychologischen Forschung nach Wiswede (2012, S. 153 ff.) erst mit den Beschäftigungskrisen der 1970er Jahre und einer damit einhergehenden hohen Sockelarbeitslosigkeit zahlreiche Untersuchungen zu den Ursachen und psychologischen Folgen einerseits sowie der individuellen Attribuierung und den psychischen Wirkungen der Antizipation von Arbeitslosigkeit andererseits (vgl. diesbezüglich die Arbeiten von Wacker 1976; Hentschel et al. 1977; Kieselbach und Offe 1979; Kirchler 1984; Furnham 1988; Pelzmann 1988; Kirchler 1993 sowie Paul und Moser 2001; vgl. darüber hinaus die verschiedenen Beiträge in Kutsch und Wiswede 1978 oder auch Zempel et al. 2001; vgl. für eine zusammenfassende Darstellung der Untersuchungsergebnisse der wirtschaftspsychologischen Arbeitslosenforschung zudem Pelzmann 2012, S. 97 ff.). Einen historischen Vorläufer zu den genannten Untersuchungen der 1970er und 1980er Jahre bildet die weithin bekannte Marienthal-Studie von Jahoda et al. (1960). In dieser unter Leitung von Paul Lazarsfeld durchgeführten Langzeit-Untersuchung wurde von Ende 1931 und in den folgenden Jahren die Situation des österreichischen Dorfes Marienthal analysiert, dessen Bewohner nach Stilllegung der einzigen Fabrik vor Ort arbeitslos geworden waren (vgl. zum Untersuchungsdesign dieser Studie sowie deren Ergebnissen auch die zusammenfassende Darstellung in Kirchler 2011, S. 454 ff.).

Richtet man den Blick zunächst auf die *Ursachenanalyse von Arbeitslosigkeit*, gelten auch aus psychologischer Sicht in erster Linie sozial-strukturelle sowie ökonomische Faktoren als maßgeblich. So kommen etwa Lynn et al. (1984) im Einklang mit den Ergebnissen ökonomischer Untersuchungen zu der Einsicht, dass Grad und Richtung der individuellen Ausbildung zu den wichtigsten strukturellen Bestimmungsfaktoren von Arbeitslosigkeit gehören. Dabei werden unterschiedliche Verursachungs- bzw. Vorhersagefaktoren (Prädiktoren) von Arbeitslosigkeit wie etwa das familiäre Umfeld („home background"), der Wissensstand („intelligence"), die Persönlichkeitsstruktur („personality"), die Art der Schule („school type") oder auch das Ausbildungsumfeld („educational environment") identifiziert. Die Wahrscheinlichkeit, im Zeitverlauf arbeitslos zu werden, fällt danach vergleichsweise hoch aus bei Personen ohne abgeschlossene Berufsausbildung, Personen mit zu geringer Berufsausbildung sowie Personen, die – folgt man Wiswede (2012, S. 154) – durch „erschwerende Faktoren" (Alter, Geschlecht, Migrationshintergrund etc.) gekennzeichnet sind.

Neben diesen strukturellen Bestimmungsgründen lassen sich aber auch *psychische Verursachungsfaktoren* von Arbeitslosigkeit benennen. Folgt man diesbezüglich der Untersuchung von Noelle-Neumann und Gillies (1987), soll Arbeitslosigkeit vor allem aus einer niedrigen Arbeitsmotivation bzw. einem zu geringen Arbeitsengagement resultieren. Als verantwortlich hierfür gelten eine veränderte Einstellung zur Arbeit, eine Abnahme der Arbeitsmotivation, eine geringe Mobilitätsbereitschaft oder auch ein lediglich eingeschränkter Wille zu Kompromissen. Arbeitslosigkeit wird damit jedoch – so auch die häufig an diesen Untersuchungsergebnissen geäußerte Kritik – allein auf das aus ökonomischer Sicht wohlbekannte Modell einer freiwilligen Beschäftigungslosigkeit reduziert. Demgegenüber verweist etwa Reuband (1987) auf die ausgeprägte Wirksamkeit struktureller Verursachungsfaktoren (sektorale Nachfrageverschiebungen, technologischer Wandel, arbeitsrechtliche Bestimmungen, hohe Tarifabschlüsse etc.). Wiswede (2012, S. 154 f.) stellt in diesem Zusammenhang zudem fest: „Die Auswirkungen von Arbeitslosigkeit sind heute [...] durch die Existenz eines engmaschigen Auffangnetzes sozialer Sicherungen abgemildert, und in manchen Fällen könnte gerade dieses Sicherungsnetz ein Anreizsystem darstellen: durch Arbeitslosenunterstützung plus Schwarzarbeit plus Steuerhinterziehung Nutzen zu maximieren und sich kontrollierenden Instanzen zu entziehen (dies entspricht wohl auch dem Postulat rationalen Verhaltens). Allerdings übersieht die Studie von Noelle-Neumann, [...] dass das Modell der freiwilligen Arbeitslosigkeit auf recht begrenzte Fälle eingeschränkt werden muss und allenfalls dort einige Geltung hat, wo Arbeitslosigkeit durch Schwarzarbeit kompensiert wird". In der Summe der kritischen Einwände wird letztlich auf mögliche Ursachen von Arbeitslosigkeit verwiesen, wie diese auch herkömmlicherweise im Rahmen der (Makro-)Ökonomik diskutiert werden.

Einen zusätzlichen Hinweis auf die Bedeutung psychischer Verursachungsfaktoren von Arbeitslosigkeit enthält demgegenüber das sogenannte *Phasenmodell der Arbeitslosigkeit*, wie es schon früh von Eisenberg und Lazarsfeld (1938) entwickelt wurde. Weitere Phasenmodelle der Arbeitslosigkeit finden sich bei Hopson und Adams (1976), Harrison (1976), Briar (1977), Hill (1978) oder auch Hilpert (1981). In diesen Modellen wird ein Zusammenhang zwischen dem individuellen Wohlbefinden in Abhängigkeit vom Beschäftigungsstatus und der Dauer der Arbeitslosigkeit hergestellt (vgl. hierzu auch Pelzmann 2012, S. 143 ff. ebenso wie Kirchler 2011, S. 552 ff.). Eine Bestätigung dafür, dass Arbeitslosigkeit aus Sicht der Betroffenen einen Prozess darstellt, der durch verschiedene Phasen gekennzeichnet ist, findet sich auch in der Tagebuchstudie von Kirchler (1984). Diese mit 33 Arbeitslosen durchgeführte Untersuchung zeigt, dass sich Arbeitslose nach etwa drei bis sechs Monaten in ihrer Handlungsfreiheit deutlich stärker eingeschränkt fühlen, als dies für Beschäftigte gilt. Als Reaktion auf diese Wahrnehmung einer eingeschränkten Handlungsfreiheit bzw. einer fehlenden Kontrollmöglichkeit bezüglich der gegebenen Situation der Arbeitslosigkeit zeigen sich passive ebenso wie resignative Verhaltensweisen, die nicht selten von misserfolgsorientierten Einstellungen begleitet werden.

Wenn aversive Bedingungen nicht beeinflusst oder kontrolliert werden können, führt dies nach Seligman (1979) zu einer „erlernten Hilflosigkeit", die eine aktive Suche nach einer neuen Beschäftigung motivational zunehmend untergräbt und damit zu einer Verfestigung der bestehenden Arbeitslosigkeit beiträgt (vgl. zum Modell der erlernten Hilflosigkeit auch Pelzmann 2012, S. 204 ff. mit weiteren Literaturverweisen).

Die Bedeutung von Merkmalen der *Persönlichkeitsstruktur* im Hinblick auf die Verursachung von Arbeitslosigkeit wird zudem in der Untersuchung von Wanberg et al. (2005) berücksichtigt. Sie fanden heraus, dass Arbeitslose mit einem positiven Selbstkonzept schneller wieder Arbeit finden als andere. Unter einem positiven Selbstkonzept wird dabei ein mentaler Zustand verstanden, der durch eine hohe Selbstwirksamkeit, eine internale Kontrollüberzeugung sowie eine emotionale Stabilität gekennzeichnet ist. In ähnlicher Weise stellt auch Uhlendorff (2004) fest, dass Arbeitslose mit einer hohen Kontrollüberzeugung (und damit einer geringen „erlernten Hilflosigkeit") sowie einer ausgeprägten geographischen Mobilitätsbereitschaft schneller eine neue Beschäftigung finden als andere. Dies gilt nach Warr (1983) in gleicher Weise für Personen, die über eine hohe Widerstandsfähigkeit, eine ausgeprägte Belastbarkeit sowie eine hohe Extravertiertheit und Normorientierung verfügen. Schließlich weisen Kokko und Pulkkinen (2000) in einer weiteren Untersuchung darauf hin, dass Aggressivität in der Kindheit einen indirekten Einfluss auf die Dauer der Arbeitslosigkeit hat. Danach erleben aggressive Kinder Fehlanpassungen in der Schule und zählen häufiger zu jenem Personenkreis, der die Schulausbildung frühzeitig abbricht, was sich negativ auf die späteren beruflichen Karriereaussichten auswirkt. Das führt dazu, dass Personen mit dieser Persönlichkeitseigenschaft später öfter und länger arbeitslos sind. Bezogen auf den staatlichen Interventionsbedarf zur Begrenzung von Arbeitslosigkeit kann daraus abgeleitet werden, dass staatliche Maßnahmen nicht erst mit dem Eintreten von Arbeitslosigkeit erforderlich sind, sondern schon deutlich früher zum Zeitpunkt der schulischen und beruflichen Ausbildung einer Person ansetzen sollten.

Gegen das ökonomische Argument der freiwilligen Arbeitslosigkeit als Ausdruck einer Maximierung von Freizeit sprechen darüber hinaus all jene Untersuchungen, in denen Arbeitslosigkeit von den betroffenen Akteuren als erhebliche psychische Belastung empfunden wird. So wird in den Meta-Analysen von Murphy und Athanasou (1999) oder auch von Paul und Moser (2001) festgestellt, dass Arbeitslosigkeit zu einem *verminderten Selbstwertgefühl* sowie einer Beeinträchtigung des subjektiven Wohlbefindens führt. Dabei werden die psychischen Belastungen durch Arbeitslosigkeit in aller Regel deutlich stärker wahrgenommen als jene Belastungen, die aus den mit dem Verlust des Arbeitsplatzes verbundenen ökonomischen Einschränkungen resultieren. Dies entspricht auch den Annahmen der von Jahoda (1986) formulierten Deprivationstheorie, wonach die Erwerbsarbeit in modernen Gesellschaften zusätzlich zur unmittelbaren Funktion des Gelderwerbs zudem weitere mittelbare Funktionen erfüllt, die der Aufrechterhaltung des psychischen Wohlbefindens sowie des individuellen Selbstkonzepts dienen und zu denen die Auferlegung einer festen Zeitstruktur, die Realisierung von Sozialkontakten, die Definition von sozialem Status und persönlicher Identität, das Verfolgen einer regelmäßigen Tätigkeit

5.3 Staatseingriffe unter Stabilisierungsaspekten – Verhaltensökonomische ...

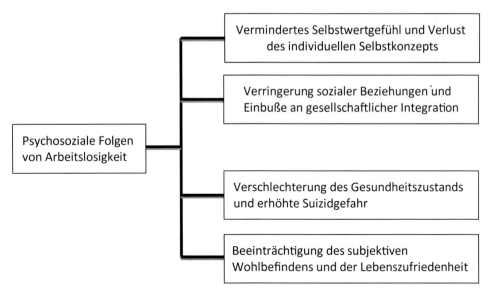

Abb. 5.8 Psychosoziale Folgen von Arbeitslosigkeit. (Quelle: Eigene Darstellung)

sowie die Teilhabe an gesellschaftlichen Zielen und kollektiven Anstrengungen gehören. Entsprechend stellt Wiswede (2012, S. 155) fest, dass „Beruf und Arbeit immer noch als die wichtigsten Quellen sozialer Geltung und des Selbstwertgefühls angesehen werden". In ähnlicher Weise schlussfolgert auch Kirchler (2011, S. 543): „Arbeitslosigkeit stellt ein volkswirtschaftliches, politisches und vor allem ein psychosoziales Problem dar". In Abb. 5.8 findet sich – neben der Minderung des Selbstwertgefühls – eine Darstellung noch weiterer psychosozialer Negativeffekte, die häufig mit dem Auftreten von Arbeitslosigkeit verbunden sind.

Spiegelbildlich zur Erfüllung der genannten psychosozialen Funktionen, die aus einem regelmäßigen Beschäftigungsverhältnis resultieren, lassen sich nach Frese und Mohr (1978, S. 311 f.) eine Reihe von Verlustereignissen als Auswirkungen von Arbeitslosigkeit benennen. Der Verlust des Arbeitsplatzes bedeutet danach – folgt man Kirchler (2011, S. 543) – zugleich den Verlust „der Struktur des Tages durch die Arbeit, von ökonomischer Sicherheit, der Karriereperspektive, von sozialer Anerkennung, von Sozialkontakten mit Arbeitskollegen, des Gefühls der eigenen Wichtigkeit in der Gesellschaft, von Anregungen durch die soziale Umwelt und, vor allem für Männer, der Ernährerrolle in der Familie". Die Art und Weise der Auswirkung von Arbeitslosigkeit auf die Zeitstruktur ist allerdings nicht eindeutig. Vielmehr lassen sich grundsätzlich drei Typen von Wirkungsweisen differenzieren, die von „Rigidität" über „Rahmenstruktur" bis hin zu „Strukturlosigkeit" reichen (vgl. hierzu Rogge et al. 2007; Behringer 1998 oder auch Behringer und Jurczyk 1995). Bezogen auf die unterschiedliche Wirkung von Arbeitslosigkeit auf Männer und Frauen kommen Paul und Moser (2009) in einer Meta-Analyse, in der 237 Querschnittsstudien ausgewertet wurden, zu dem Ergebnis, dass arbeitslose Männer signifikant häufiger von gesundheitlichen Problemen betroffen waren als arbeitslose Frauen. Eine frühe

Untersuchung zur geschlechtsdifferenzierenden Wirkung von Arbeitslosigkeit findet sich bereits bei Brinkmann (1976), der zu dem Ergebnis kommt, dass die psychosozialen Belastungen bei arbeitslosen Männern deutlich ausgeprägter sind als bei arbeitslosen Frauen. Nach Warr (1983) lässt sich eine den Männern vergleichbare psychosoziale Belastung bei arbeitslosen Frauen allerdings dann nachweisen, wenn die Arbeit dazu dient, den Lebensunterhalt zu bestreiten.

Zu gänzlich anderen empirischen Ergebnissen kommen Kirchler und Nowy (1988), in deren Untersuchung Frauen angaben, depressiver, ängstlicher, müder und öfter verärgert zu sein, als dies bei zugleich untersuchten Männern der Fall war. Die Frauen tendierten zudem dazu, seltener gute Laune zu haben, häufiger nervös sowie mit ihrer Ausbildung und Gesundheit unzufrieden zu sein. Unabhängig vom Geschlecht zeigt wiederum die Untersuchung von Wagner (1999), in der knapp 350 Personen innerhalb des Zeitraums von 1995 bis 1997 zu den subjektiven Ursachen von Arbeitslosigkeit, zur Selbstwirksamkeit und Handlungsorientierung, zu Leistungs- und Arbeitsorientierung sowie zu Selbstwert, Depressivität, Ängstlichkeit und darauf bezogenen Bewältigungsstrategien befragt wurden, dass sich in Abhängigkeit von der Dauer der Arbeitslosigkeit die Werte aller genannten psychologischen Faktoren verschlechterten. Während die Depressivitätswerte ebenso wie die gesundheitlichen Beschwerden zu Beginn der Messung noch vergleichsweise gering waren, stiegen diese bei den Probanden in der Phase der Antizipation der Arbeitslosigkeit stark an, sanken dann zu Beginn der Arbeitslosigkeit leicht ab, um im weiteren Verlauf der Arbeitslosigkeit jedoch zunehmend signifikant stark anzusteigen. Parallel dazu entwickelten sich die Messwerte zum Selbstwert.

Eine Untersuchung von Rottmann (2015) auf der Basis von Daten für 25 OECD-Staaten für den Zeitraum von 1970–2011 kommt wiederum zu dem Ergebnis, dass in Abhängigkeit von der Höhe der Arbeitslosigkeit die *Suizidraten* sowohl bei Männern als auch bei Frauen ansteigen. Demgegenüber führen im Fall von Arbeitslosigkeit gewährte staatliche Sozialleistungen zu einer signifikant sinkenden Suizidrate der Männer, wobei die Rate umso niedriger ausfällt, je höher die Arbeitslosenunterstützung ist. Nach Fröhlich (1979) erleben darüber hinaus arbeits- und berufsorientierte Personen die Arbeitslosigkeit deutlich negativer als jener Personenkreis, welcher der Arbeit nur einen geringen Wert beimisst. D. h. Arbeitslose, welche die Arbeit hoch bewerten, sind in der Tendenz durch ein größeres Unbehagen, einen schlechteren Gesundheitszustand sowie ein geringes Selbstwertgefühl gekennzeichnet (vgl. hierzu auch Stafford et al. 1979 ebenso wie Payne et al. 1983). Neben der Berufsorientierung wirkt sich auch die Motivation, Arbeit zu finden, in unterschiedlicher Form auf das subjektive Wohlbefinden aus. So kommen Feather und Davenport (1981) in einer Befragung von 212 jungen Arbeitslosen zu dem Ergebnis, dass jene Personen, die hochmotiviert nach einer neuen Arbeitsstelle suchten, auch höhere Depressionswerte in Folge der Arbeitslosigkeit aufwiesen. Zugleich wurde bei diesem Personenkreis die Ursache der eigenen Arbeitslosigkeit eher auf äußere (strukturelle) Umstände zugerechnet als auf die eigene Person.

Dies entspricht nach Kirchler (2011, S. 557) den Annahmen des sogenannten *Erwartungs-Wert-Ansatzes*, der besagt, dass „depressive Affekte besonders bei jenen Arbeitslosen auftreten, deren Motivation, Arbeit zu finden, hoch ist". Wird die Ursache der eigenen Arbeitslosigkeit auf externe Faktoren und nicht die eigenen Person zugerechnet, ist die „Kontrollhoffnung" im Sinne einer durch eigenes Handeln überwindbaren Arbeitslosigkeit vergleichsweise groß, wie dies auch bereits in der Untersuchung von Frese (1979) zum Zusammenhang von Arbeitslosigkeit und Depressivität festgestellt wurde. Wird diese Hoffnung jedoch nicht erfüllt, d. h. erweist sich der Zustand der Arbeitslosigkeit als persistent, ist die daraus resultierende Depressivität vergleichsweise ausgeprägt. Die aus diesem individuellen Einstellungsmuster resultierende Konsequenz fasst Kirchler (2011, S. 554) wie folgt zusammen: „Langzeitarbeitslosigkeit oder wiederholte Arbeitslosigkeit führten bei jenen Personen, deren Kontrollhoffnung anfangs hoch war, später zu höheren Depressivitätswerten als bei Personen mit anfangs ‚realistischer Hoffnungslosigkeit'. Arbeitslosigkeit führt mit zunehmender Dauer auch zu verringerten Kontrollerwartungen und zu Hoffnungslosigkeit".

Mit Blick auf die Auswirkungen staatlichen Handelns ist dabei zum einen die Einsicht von Bedeutung, dass sich aufgrund einer öffentlichen Arbeitslosenunterstützung in Form der gesetzlichen Arbeitslosenversicherung zwar die ökonomischen Nachteile von Arbeitslosigkeit abmildern lassen, nicht jedoch die daraus erwachsenen psychischen Belastungen. Damit wird der Auffassung von Cole (2007) widersprochen, der davon ausgeht, dass unter anderen aufgrund der besseren materiellen Absicherung, die Erfahrung von Arbeitslosigkeit zur Zeit der Weltwirtschaftskrise in den 1920er und 1930er Jahren nicht mit heutigen Erfahrungen vergleichbar sei. Dem hält Kirchler (2011, S. 549) entgegen: „Trotz der relativ besseren materiellen Lage ist die psychische Belastung der Arbeitslosen heute mit jener vor über acht Jahrzehnten vergleichbar. Damals wie heute verschafft der Verlust der Arbeit, die Erschütterung des gewohnten Lebensrhythmus in seinem Wechsel von Arbeit und Freizeit, Probleme bei der Organisation des täglichen Lebens". Zum anderen kann festgestellt werden, dass die positive Anreizfunktion einer restriktiven Gewährung staatlicher Arbeitslosenunterstützung, wie dies bekanntermaßen im Rahmen von ökonomischen Job-Search-Modellen unterstellt wird, in psychologischen Untersuchungen nicht oder lediglich bedingt bestätigt wird. Entsprechend diesen Modellen falle die individuelle Suche nach Wiederbeschäftigung umso intensiver und zugleich erfolgreicher aus, je stärker der finanzielle und soziale Druck anwächst, dem eine arbeitslose Person ausgesetzt ist. Folgt man den empirischen Untersuchungen von Pelzmann (2012), werden Arbeitslose jedoch lediglich in der Anfangsphase der Arbeitslosigkeit durch finanziellen und sozialen Druck positiv stimuliert. Bei anhaltender Arbeitslosigkeit werden demgegenüber finanzielle und soziale Anreize der geschilderten Art zunehmend als ein weiterer Belastungsfaktor ohne positive Handlungsmotivation empfunden (vgl. zu dieser Kritik an den Job-Search-Modellen auch Wiswede 2012, S. 156).

Die „psychischen Kosten" von Arbeitslosigkeit, soweit diese sich im Verlust sozialer Kontakte, dem Abgleiten in die soziale Isolation oder auch einem wachsenden Gefühl der Hilflosigkeit und Ohnmacht ausdrücken, scheinen dann geringer auszufallen, wenn die *soziale Integration* arbeitslos gewordener Personen in einem Umfeld hoher sozialer Vernetzung sowie einer ausgeprägten solidarischen Orientierung der Gesellschaft erfolgt. So waren einer Untersuchung von Martella und Maass (2000) zufolge Arbeitslose aus dem Süden Italiens, wo eine vergleichsweise kollektivistische Gesellschaftsorientierung vorherrscht, mit ihrer aktuellen Lebenssituation weit weniger unzufrieden, als Arbeitslose aus dem stärker individualistisch geprägten Norden Italiens. Begründet wird dieses Ergebnis mit den in Süditalien dichteren Beziehungsnetzen, in denen Arbeitslose finanzielle und soziale Unterstützung erfahren. Während sich solche sozialen Netze nicht einfach staatlich erzeugen lassen, zeigen jedoch weitere Untersuchungen, dass der Staat auf andere Weise sehr wohl einen Beitrag zur Steigerung des Wohlbefindens von Arbeitslosen leisten kann. So erleben Arbeitslose dann ihre Lage weniger negativ als andere, wenn öffentliche (oder auch private) Einrichtungen zur Verfügung stehen, die von Arbeitslosen zur sozialen, emotionalen und informationellen Unterstützung genutzt werden können, um die eigene Situation besser zu bewältigen. So zeigte die Studie von Stafford (1982), in der das Wohlbefinden von arbeitslosen Schulabgängen untersucht wurde, die am sogenannten British Government's Youth Opportunities Programm teilnahmen, dass das genannte staatliche Programm mit einem positiven Effekt verbunden war. Zum gleichen Ergebnis gelangen Kemp und Mercer (1983) in ihrer Untersuchung von Arbeitslosen, die sich in einem Employment Rehabilitation Centre engagierten. Wiederum in einer Studie von Winter-Ebmer und Zweimüller (1991) wird nachgewiesen, dass Arbeitslose, die an Schulungsmaßnahmen des Arbeitsamtes teilgenommen hatten, durch eine größere Chance auf Wiederbeschäftigung gekennzeichnet waren. Damit im Einklang stehen auch die Untersuchungsergebnisse von Fryer und Payne (1982) sowie Hepworth (1980), die zeigen, dass die Folgen der Arbeitslosigkeit dann besonders negativ sind, wenn – neben fehlenden Sozialbeziehungen, ungenügenden persönlichen Fertigkeiten oder geringen finanziellen Mitteln – die Arbeitslosen zudem aufgrund mangelnder öffentlicher Maßnahmen an der Entfaltung eigener Aktivitäten gehindert werden.

Ebenfalls von zentraler Relevanz innerhalb der psychologischen Arbeitslosenforschung ist die Frage, inwieweit eine anhaltende Arbeitslosigkeit zu *Gewöhnungseffekten* führt und sich somit die psychischen Belastungen über die Zeit verringern. Folgt man der sogenannten Set-Point-Theorie, der zufolge ein durch einschneidende Lebensereignisse bewirktes Absinken des individuellen Wohlbefindens aufgrund von subjektiven Adaptionsprozessen im Zeitverlauf ausgeglichen wird, dürfte auch der Verlust des Arbeitsplatzes langfristig zu keinen negativen Auswirkungen auf das individuelle Zufriedenheitsgefühl führen. Lucas (2007) zeigt jedoch in einer Untersuchung, dass dies keineswegs der Fall ist, d. h. es kommt zu keinen entsprechenden Gewöhnungseffekten bei Langzeitarbeitslosen. Dies wird auch durch eine Studie von Paul und Moser (2009) bestätigt, die zeigen, dass sich Gesundheit und Wohlbefinden mit zunehmender Dauer der Arbeitslosigkeit stetig verschlechtern und dass auch selbst nach deutlich mehr als zwei Jahren eine solche negative Entwicklung des Gesundheitszustands festgestellt werden kann. „Menschen ‚gewöhnen' sich nicht an Arbeitslosigkeit", ist daher die von Kirchler (2011, S. 555) aus diesen Befunden abgeleitete Schlussfolgerung, die auch innerhalb der verhaltensökonomischen Glücksforschung eine entsprechende Bestätigung findet. So stellen auch Weimann et al. (2012, S. 64) fest: „Weder Männer noch Frauen gewöhnen sich an die Arbeitslosigkeit".

5.3 Staatseingriffe unter Stabilisierungsaspekten – Verhaltensökonomische ...

Folgt man diesbezüglich Weimann et al. (2012, S. 62 ff.), reduziert Arbeitslosigkeit die *Lebenszufriedenheit* sowohl dramatisch als auch dauerhaft. So zeigt eine für Deutschland vorgenommene Auswertung von SOEP-Daten für den Zeitraum von 1984 bis 2010, dass Arbeitslosigkeit die durchschnittliche Lebenszufriedenheit von Männern um mehr als 22 % und die von Frauen um etwas weniger als 17 % reduziert. Unter dem Zeitaspekt wird zudem deutlich, dass die Lebenszufriedenheit im dritten Jahr nach Verlust des Arbeitsplatzes noch deutlich niedriger ausfällt als im ersten und zweiten Jahr. Eine Untersuchung der Lebenszufriedenheit von Langzeitarbeitslosen durch Hetschko et al. (2011) zeigt allerdings auch, dass mit dem Eintritt in das Rentenalter das Glücksgefühl bei dieser Personengruppe (wieder) deutlich ansteigt. Aus Sicht der ökonomischen Glücksforschung resultiert der Rückgang an Lebenszufriedenheit, der durch Arbeitslosigkeit bewirkt wird, dabei nicht allein aus der Einkommenseinbuße der Arbeitslosen. D. h. auch wenn der Einkommensverlust vollständig durch staatliche Sozialtransfers kompensiert wird, sind arbeitslose Personen immer noch unzufriedener als Personen, die Arbeit besitzen. Damit bestätigt sich nach Weimann et al. (2012, S. 61) die psychologische Einsicht, dass „die Arbeit ein wichtiger Teil der Selbstverwirklichung" ist: Sie „bestimmt unser Selbstbild und verschafft das Gefühl gebraucht zu werden" (ebenda). Auch kommen weitere Untersuchungen wie etwa die von Winkelmann und Winkelmann (1998) oder Clark et al. (2001) zu dem Ergebnis, dass ehemalige Arbeitslose eine im Durchschnitt geringere Lebenszufriedenheit aufweisen als Personen, die zu keiner Zeit von Arbeitslosigkeit betroffen waren, was auf einen *langfristigen „Vernarbungseffekt"* eines einmal erfahrenen Arbeitsplatzverlustes hindeutet. Folgt man Knabe und Rätzel (2011), ist dieser Vernarbungseffekt darauf zurückzuführen, dass ein einmaliger Verlust des Arbeitsplatzes die Wahrscheinlichkeit erhöhen kann, auch in Zukunft wieder von Arbeitslosigkeit betroffen zu sein. In Einklang mit dieser Sichtweise stehen auch die Untersuchungsergebnisse von Dolan und Powdthavee (2012), die besagen, dass Personen, die in Besitz eines Arbeitsplatzes sind und für die Arbeitslosigkeit eine „bedeutsames Ereignis" darstellen würde, eine gleich hohe Lebenszufriedenheit aufweisen wie Arbeitslose, für die der Verlust des eigenen Arbeitsplatzes nicht als ein gravierendes Ereignis im Lebensverlauf eingestuft wird. Zugleich gibt es nicht so etwas wie einen Abhärtungseffekt im Umgang mit Arbeitslosigkeit. So zeigen die Untersuchungen von Clark et al. (2008) und Lucas et al. (2004), dass Personen, die wiederholt ihren Arbeitsplatz verlieren, in gleicher Weise eine Zufriedenheitseinbuße erleiden, wie Personen, die zum ersten Mal arbeitslos werden.

Weitere interessante Ergebnisse der ökonomischen Glücksforschung in Bezug auf das Phänomen der Arbeitslosigkeit lassen sich wie folgt zusammenfassen: So zeigen zum einen Alesina et al (2004) in ihrer Untersuchung des Zusammenhangs zwischen politischer Wertorientierung, Arbeitslosigkeit und Lebenszufriedenheit, dass die Wähler von konservativen Parteien im Unterschied zu den Wählern von linken Parteien stärker unter dem Verlust des Arbeitsplatzes leiden. Bezogen auf das Alter kommen wiederum Winkelmann und Winkelmann (1998) zu dem Ergebnis, dass die jüngeren Alterskohorten (und hier vor allem die unter 30jährigen) am stärksten unter Arbeitslosigkeit leiden, während sich in jenen Alterskohorten, die am Ende ihres Erwerbslebens stehen (d. h. die über 50jährigen), dieser negative Effekt reduziert. Dies würde für eine entsprechend altersbezogene Ausrichtung arbeitsmarktpolitischer Maßnahmen des Staates auf die jüngeren Alterskohorten (Stichwort: Bekämpfung der Jugendarbeitslosigkeit) sprechen. Diesem Ergebnis widerspricht allerdings die Untersuchung von Pichler (2006), der zufolge in der Alterskohorte der unter 30jährigen ein Arbeitsplatzverlust als deutlich weniger problematisch angesehen wird als in sämtlichen anderen Alterskohorten. Eine weitere Fragestellung im Rahmen der ökonomischen Glücksforschung ist, ob der Beschäftigungsumfang einen Einfluss auf die Lebenszufriedenheit hat. Diesbezüglich kommen Schoon et al. (2005) für England zu dem Ergebnis, dass Personen in Teilzeitbeschäftigung einen geringeren Zufriedenheitsgrad aufweisen als Personen, die vollzeitbeschäftigt sind. Für die USA findet sich demgegenüber – folgt man Blanchflower und Oswald (2005) – keine entsprechende Bestätigung. Danach hat ein unterschiedlicher Beschäftigungsgrad keine differentiellen Auswirkungen auf die Lebenszufriedenheit. In der ebenfalls für die USA durchgeführten Untersuchung von Luttmer (2000) zeigt sich sogar, dass Personen mit einer Vollzeitbeschäftigung durch eine geringere Lebenszufriedenheit im Vergleich zu Teilzeitbeschäftigten gekennzeichnet sind. Mit Blick auf Deutschland weisen wiederum Rätzel (2009) ebenso wie Meier und Stutzer (2006) in ihrer Auswertung von SOEP-Daten eine positive Korrelation zwischen Arbeitszeit und Lebenszufriedenheit nach. Folgt man Rätzel (2009), ist dieser Zusammenhang jedoch nicht linear, vielmehr führt eine steigende Arbeitszeit ab einem bestimmten Niveau wieder zu einem Rückgang der Lebenszufriedenheit. Nach Weimann et al. (2012, S. 68) ist dieses Ergebnis „in hohem Maße plausibel. Die meisten Menschen, die Vollzeit arbeiten wollen, sind weder zufrieden, wenn sie nur drei Tage die Woche arbeiten können, noch sind sie zufrieden, wenn sie der Chef regelmäßig auch am Wochenende ins Büro beordert".

Während sich aus den zuletzt genannten Befunden nur schwer Argumente für die Notwendigkeit staatlicher Markteingriffe zur Reduzierung der Arbeitslosenraten ableiten lassen, trifft dies nicht auf jene empirischen Untersuchungen zu, die einen Zusammenhang zwischen *politischer Radikalisierung*, zunehmender Gewaltbereitschaft und hoher Arbeitslosigkeit nachweisen. So kommen Falk und Zweimüller (2005) in einer Auswertung von kriminalstatistischen Daten von insgesamt 44403 rechtsextremistischen – gewalttätigen wie nicht-gewalttätigen – Verbrechen im Zeitraum von 1996 bis 1999 zu dem Ergebnis, dass rechtsextremistische Verbrechen und eine hohe Arbeitslosenrate positiv miteinander korrelieren. In ähnlicher Weise scheint auch ein Zusammenhang zwischen hoher Arbeitslosigkeit und Fremdenfeindlichkeit gegeben zu sein. So konnte etwa Siedler (2006) zeigen, dass rechtsextremistische und fremdenfeindliche Einstellungen bei solchen Jugendlichen vergleichsweise häufig auftreten, die in ihrer Kindheit mit der Erfahrung elterlicher Arbeitslosigkeit konfrontiert waren. Zu einem ähnlichen Ergebnis kommen auch Krosch und Amodio (2014) im Rahmen von Verhaltensexperimenten mit (weißen) Versuchspersonen, die Gesichter danach einstufen sollten, ob sie einem Schwarzen oder Weißen gehören. Dabei zeigte sich, dass mit zunehmender Angst vor Einkommenseinbußen und sozialem Abstieg, wie dieser etwa durch Arbeitslosigkeit verursacht werden kann, die Probanden umso eher dazu neigten, nicht eindeutige Mischgesichter als „schwarz" einzustufen. D. h. mit Änderung der ökonomischen Rahmenbedingungen veränderte sich zugleich das individuelle Urteilsvermögen in Richtung einer verstärkten Wahrnehmung vermeintlicher Rassemerkmale. Angesichts der genannten Zusammenhänge könnten staatliche Maßnahmen zum Abbau von Arbeitslosigkeit einen positiven Beitrag zur Verringerung von Fremdenfeindlichkeit und rechtsextremistischer Kriminalität leisten.

2. *Psychologische Effekte der Antizipation und Attribution von Arbeitslosigkeit*

Aus Sicht der ökonomischen Glücksforschung wirkt sich nicht allein der Verlust des Arbeitsplatzes als solcher, sondern auch bereits die Wahrscheinlichkeit, arbeitslos werden zu können, negativ auf die Lebenszufriedenheit aus. Diese negative Wirkung einer *mangelnden Arbeitsplatzsicherheit* zeigt sich unter anderen in der Untersuchung von Dekker und Schaufeli (1995), die den Effekt einer angekündigten Unternehmensumstrukturierung auf die Lebenszufriedenheit der Betroffenen zum Gegenstand hat. Dabei zeigte sich, dass erst nach der definitiven Entscheidung darüber, welche Unternehmensabteilungen geschlossen werden, die Lebenszufriedenheit (wieder) anstieg und zwar sowohl bei den Arbeitnehmern, die bleiben konnten, als auch bei jenen, die entlassen wurden. Für weitere Studien zum Zusammenhang von Arbeitsplatzsicherheit und Lebenszufriedenheit kann hier auf Clark (2010), Clark et al. (2009) sowie DeWitte (1999) verwiesen werden. Der darin ebenfalls zum Ausdruck kommende negative Zusammenhang zwischen einer hohen Arbeitslosenrate, die für eine geringe Arbeitsplatzsicherheit spricht, und der individuellen Lebenszufriedenheit zeigt sich auch in den Studien von Helliwell (2003) und Alesina et al. (2004). Nicht bestätigt wird dieser Zusammenhang in der Untersuchung von Rehdanz und Maddison (2005), in der eine Auswertung von entsprechenden Daten aus 67 Ländern erfolgte. Clark et al. (2009) zeigen wiederum, dass der Verlust an Lebenszufriedenheit kleiner ausfällt, wenn die Arbeitslosigkeit im regionalen Umfeld groß ist und damit zu einer „selbstverständlichen" Erscheinung wird (vgl. zu dieser Bedeutung der „relativen Position" auch Clark 2003).

Wenn auch nicht auf die Lebenszufriedenheit, sondern auf das gesundheitliche Wohlbefinden bezogen, kommt auch Dragano (2007) in einer Befragung von mehr als 20000 Beschäftigten in Deutschland in den Jahren 1998 und 1999 zu dem Ergebnis, dass der Gesundheitszustand der Mitarbeiter von Unternehmen, in denen Personal abgebaut wurde, vergleichsweise niedrig war und dies unabhängig davon, ob die Mitarbeiter von Rationalisierungsmaßnahmen betroffen waren oder auch nicht. Neben einer schlechteren Gesundheit weisen nach Wiswede (2012, S. 159) von Arbeitsplatzverlust bedrohte Personen zudem häufig die folgenden Symptome auf: „Gefühle der Ungerechtigkeit, Depression, Stress, reduzierte Motivation, Erschütterung der […] Identifizierung mit dem Unternehmen". Bezogen auf die vom Arbeitsplatzabbau innerhalb eines Unternehmens letztlich nicht negativ Betroffenen stellt Wiswede (2012, S. 159) zugleich fest: „Die verbleibenden Mitarbeiter entwickeln dagegen ein Survivor-Syndrom, das gleichfalls mit Motivationsverlust verbunden ist" (vgl. zu den genannten Auswirkungen auch Noer 1993; Baeckmann 1998 ebenso wie Kalimo et al. 2003). Folgt man einer Studie des Internationalen Instituts für empirische Sozialökonomie (INIFES 2012), führt eine Ausweitung sogenannter prekärer Beschäftigungsverhältnisse und hier insbesondere die zunehmende Verwendung zeitlich befristeter Arbeitsverträge zu ähnlichen Ergebnissen. Neben einer steigenden sozialen Abhängigkeit, die aus solchen Beschäftigungsformen resultiert, wird vor allem die damit einhergehende Unsicherheit und *psychische Beeinträchtigung* von Arbeitnehmern hervorgehoben. Neben den negativen psychologischen Effekten von atypischen Beschäftigungsverhältnissen wird zudem auf die daraus resultierende Gefahr einer wachsenden Altersarmut verwiesen. Aus beiden Effekten ließe sich das Erfordernis einer staatlichen Begrenzung entsprechender Beschäftigungsverhältnisse zum Schutz von Arbeitsnehmern ableiten.

Mangelnde Arbeitsplatzsicherheit führt aus psychologischer Sicht nicht nur zu dem gleichen Stressempfinden, wie dies beim Verlust des Arbeitsplatzes der Fall ist. Frühe empirische Studien, wie etwa die von Frese und Mohr (1978) oder auch von Cobb und Kasl (1977) deuten vielmehr darauf hin, dass die Befürchtung, der eigene Arbeitsplatz könnte verloren gehen, zu einem größeren Unwohlsein bzw. mehr Stress führt als der tatsächliche Arbeitsplatzverlust als solcher. Folgt man dabei der Untersuchung von Borg und Braun (1992), kann hinsichtlich der *subjektiven Unsicherheit* der Arbeitsstelle zwischen einer affektiven (Befürchtung) und einer kognitiven (Bedenken) Variante differenziert werden. Je größer die ökonomische Abhängigkeit und je geringer die soziale Unterstützung sind, desto ausgeprägter fällt die affektive Unsicherheit bezüglich des eigenen Arbeitsplatzes aus. Demgegenüber reduziert sich die kognitive Unsicherheit, wenn das „Arbeits-Involvement" und die affektive Bindung an das Unternehmen groß sind. Grundsätzlich führt eine hohe subjektive Unsicherheit der Arbeitsstelle in beiden Dimensionen sowohl zu einer geringen Leistungsbereitschaft als auch zu einer zunehmend negativen Einstellung gegenüber allen Aspekten der Arbeit, wie die Untersuchungen von Jacobson (1987) sowie Greenhalgh und Rosenblatt (1984) belegen. Mit Verweis auf die zuletzt genannte Studie spricht Wiswede (2012, S. 159) im Zusammenhang mit dieser Rückzugsstrategie auch von einer „antizipativen Trauer", die sich im Umgang mit der Arbeitsplatzunsicherheit bei den betroffenen Personen einstellt.

Neben den Auswirkungen eines antizipierten Arbeitsplatzverlustes auf das subjektive Wohlbefinden ist aus psychologischer Sicht schließlich auch die *Attribution von Arbeitslosigkeit* von Bedeutung (vgl. hierzu etwa die empirischen Untersuchungen von Kirchler 1999; Furnham 1997; Kastner 1988 oder auch Pelzmann 1988; vgl. für eine Zusammenfassung der Untersuchungsergebnisse auch Wiswede 2012, S. 157 f. ebenso wie Kirchler 2011, S. 558 ff.). Dabei zeigt sich, dass Personen, die arbeitslos sind, und Personen, die im Besitz einer Arbeitsstelle sind, durch unterschiedliche Muster bezüglich der Erklärung von Arbeitslosigkeit gekennzeichnet sind. Ausgehend von einer Differenzierung zwischen individualistischen, gesellschaftlichen und fatalistischen Ursachenzuschreibungen kommt Furnham (1988) zu dem Ergebnis, dass Arbeitslose eher externe Umstände (ökonomische, politische, soziale) sowie fatalistische Ereignisse (Glück, Chance, Schicksal) für das Eintreten von Arbeitslosigkeit verantwortlich machen, während Beschäftigte mehrheitlich dazu neigen, unter Verweis auf Persönlichkeits- oder Einstellungsmerkmale die Gründe bei den Arbeitslosen selbst zu suchen („individualistic explanations"). Damit wird das Ergebnis der frühen Untersuchung von Hentschel et al. (1977) bestätigt, wonach 52 %

der Beschäftigten der Auffassung waren, dass Arbeitslose nicht hinreichend arbeitswillig seien und sich nicht genügend anstrengen würden, um wieder eine neue Arbeitsstelle zu finden. Allerdings vertraten auch 25 % der Arbeitslosen diese Meinung, was sich mit dem Ergebnis einer Befragung von arbeitslosen Männern zum Vorwurf der Arbeitsunwilligkeit durch Grau und Thomsen (1985) deckt, dem zufolge etwas mehr als 23 % der Probanden die Ansicht vertraten, dass der Grund für diese Vorwürfe in der Person der Arbeitslosen selbst liege.

Folgt man wiederum Pelzmann (2012, S. 167 ff.), die die Änderung der Attribution von Arbeitslosen anhand zweier insolventer Unternehmen über ein Jahr hinweg untersucht hat, werden von 90 % der Betroffenen stabil externe Ursachen für die Arbeitslosigkeit verantwortlich gemacht. Damit unterscheidet sich die mehrheitliche Attribution von Arbeitslosen grundlegend von jener, die sich bei staatlichen Arbeitsvermittlern findet. So führen professionelle Arbeitsvermittler nach einer Untersuchung von Kirchler (1993) die Arbeitslosigkeit vorrangig auf personenbezogene Faktoren zurück. Als Eigenschaften von Arbeitslosen werden dabei unter anderen eine mangelnde Arbeitsmotivation, Interessenlosigkeit, Bequemlichkeit, mangelnde Ausdauer, arbeitshemmende Einstellungen oder auch fehlende Flexibilität genannt, woraus sich ein Bild der individuellen Verschuldung ergibt (vgl. hierzu auch Kirchler 2011, S. 558 ff.). Hinsichtlich der sich daraus ergebenden Folgen für Arbeitslose stellt Wiswede (2012, S. 155) fest: „Der Arbeitslose – zumal in einer Umgebung, in der sonst keine Arbeitslosen wohnen – gilt vielfach als gezeichneter, der für sein Schicksal selbst verantwortlich ist und mit dem man keinen Umgang haben möchte. [...] Die etwas voreilige Assoziation von ‚arbeitslos = arbeitsscheu' verstärkt dabei die Verstrickung in die Defizitsituation. Die psychische Belastung wird meist begleitet von einer fortschreitenden sozialen Desintegration". In ähnlicher Weise attribuieren auch potentielle Arbeitgeber – folgt man Pelzmann (2012, S. 133 ff.) – die subjektiven Ursachen von Arbeitslosigkeit: Danach deutet eine längere Arbeitslosigkeit auf Verwahrlosung, Motivationslosigkeit, Leistungsunvermögen, soziale Unverträglichkeit ebenso wie psychische und physische Problemlagen hin, um lediglich die am häufigsten genannten Zuschreibungen zu nennen. Unter Anwendung der *Labeling-Theorie* auf Arbeitslosigkeit stellt Wiswede (2012, S. 156) diesbezüglich fest: „Dies alles scheint darauf hinzudeuten, dass das Merkmal Arbeitslosigkeit mit zunehmender Dauer zum Stigma werden kann". Die daraus sich ergebenden Konsequenzen mit Blick auf die Arbeitslosen selbst fasst Kirchler (2011, S. 558) wie folgt zusammen: „Die gesellschaftliche Stigmatisierung der Arbeitslosen als ‚Faulenzer' und ‚Schmarotzer' hat ihre Wirkung dahingehend, als sich nicht nur viele Arbeitslose kaum gegen dieses Bild wehren können, sondern es verinnerlichen und auch selbst häufig der Meinung sind, Arbeitslose seien faul und arbeitsunwillig".

In diesem Zusammenhang spricht auch Wacker (1983, S. 31) von „verinnerlichten Sozialnormen", die Arbeitslosigkeit überwiegend als allein individuelles Problem erscheinen lassen, wodurch arbeitslose Personen für ihre Situation mindestens mitverantwortlich gemacht werden. Bezogen auf die bereits an früherer Stelle genannten psychischen Belastungen von Arbeitslosigkeit führt die Übernahme gesellschaftlicher Schuldzuweisungen durch die von Arbeitslosigkeit betroffenen Personen nach Kieselbach und Schindler

(1984) zu (noch stärker) ausgeprägten Formen von Depression, Apathie und Resignation in Verbindung mit einem negativen Selbstbild sowie einer verringerten Bereitschaft, bestehende psychische Probleme einzugestehen und therapieren zu lassen. Auch in den Untersuchungen der ökonomischen Glücksforschung spiegeln sich die Folgen dieser Auswirkungen von Arbeitslosigkeit wider, wenn dort der Frage nachgegangen wird, inwiefern sich das *emotionale Alltagsempfinden* (affektives Glück) von Arbeitslosen und Beschäftigten voneinander unterscheidet. Folgt man Knabe et al. (2010), lässt sich dabei empirisch zeigen, dass beide Personengruppen mit Blick auf ein vorgegebenes Set an Aktivitäten den jeweiligen Einzelaktivitäten zwar die gleiche Rangordnung beimessen. Davon abgesehen weisen Arbeitslose jedoch bei der weit überwiegenden Zahl dieser Aktivitäten signifikant niedrigere Zufriedenheitswerte auf, als dies bei der Gruppe der Beschäftigten der Fall ist, auch wenn diesem negativen Glückseffekt ein positiver Zeitverwendungseffekt gegenübersteht, der sich aus der größeren Freizeit von Arbeitslosen ergibt. Dieses Resultat einer negativen Gesamtwirkung deckt sich mit dem Untersuchungsergebnis von Krueger und Mueller (2008), die diesbezüglich von einem „Saddening"-Effekt der Arbeitslosigkeit sprechen.

Mit Blick auf die Frage nach der Notwendigkeit staatlichen Handelns zur Reduzierung von Arbeitslosigkeit weisen allerdings Weimann et al. (2012, S. 143) darauf hin, dass „das affektive Glück auf keinen Fall eine geeignete Orientierung für die Bewertung gesellschaftlicher Zustände ist. Menschen können auch unter sehr schlechten Bedingungen noch gute Gefühle entwickeln, aber diese guten Gefühle rechtfertigen nicht die schlechten Bedingungen". In Anbetracht dessen liefern nur Werte zur kognitiven Zufriedenheit von Arbeitslosen einen Anhaltspunkt dafür, ob staatliche Eingriffe in das Marktgeschehen zur Erhöhung des Beschäftigungsniveaus gerechtfertigt sind. Da die kognitive Zufriedenheit von Arbeitslosen – wie schon an früherer Stelle hervorgehoben – deutlich schlechter ausfällt als jene von Beschäftigten, kann darin eine verhaltensökonomische Legitimation für arbeitsmarktpolitische Interventionen des Staates gesehen werden. In gleicher Weise stellen daher auch Weimann et al. (2012, S. 142) fest: „Geht man von der kognitiven Lebenszufriedenheit aus, spricht vieles dafür, dass durch Politikmaßnahmen, die die Menschen zurück in Lohn und Brot bringen, erhebliche Wohlfahrtsgewinne erzielt werden können".

5.4 Verhaltensökonomische Schlussfolgerungen für die Notwendigkeit und Gestaltung staatlicher Interventionspolitik

Bezogen auf die Notwendigkeit ebenso wie die Ausgestaltung staatlicher Markteingriffe lässt sich aus den psychologischen Erkenntnissen der Verhaltensökonomik eine Reihe von Schlussfolgerungen ableiten, die zum einen dazu dienen, die herkömmlicherweise aus finanzwissenschaftlicher Sicht angeführten Rechtfertigungsgründe bezüglich der Art und Weise staatlicher Interventionstätigkeit sowohl zu erweitern als auch in Teilen zu korrigieren. In all jenen Fällen, in denen die verhaltensökonomische Perspektive zu keinen fundamental neuen Erkenntnissen führt, lassen sich zum anderen bekannte Argumente für

Markteingriffe des Staates darüber hinaus zusätzlich fundieren. Da sich die verhaltensökonomische Analyse staatlicher Interventionstätigkeit vor allem mit Fragen der Relevanz von Fairness und Reziprozität, der Bedeutung des Handlungskontextes, des Einflusses von Emotionen oder auch der Wirkung kognitiver Wahrnehmungsverzerrungen auf das individuelle Entscheidungsverhalten beschäftigt, sind diese auch Gegenstand der aus diesen Analysen abgeleiteten Schlussfolgerungen. Im Einzelnen lassen sich dabei die folgenden Erkenntnisse mit Blick auf das „Ob" und „Wie" staatlicher Markteingriffe benennen:

(1) *Bereitstellung öffentlicher Güter* – Abweichend von der finanzwissenschaftlichen Standardargumentation, aufgrund deren eine staatliche Bereitstellung öffentlicher Güter angesichts eines strategisch motivierten Freifahrerverhaltens aus Eigennutzmotiven als zwingend erforderlich gilt, deuten verhaltensökonomische Experimente darauf hin, dass ein großer Teil der Nutznießer staatlicher Leistungen bereit ist, einen freiwilligen Beitrag zu deren Erstellung zu leisten. Diese Bereitschaft zur freiwilligen Kooperation hinsichtlich der Bereitstellung öffentlicher Güter ist nach Behnke (2012) umso größer, je höher der Stellenwert von sozialen Normen wie „Fairness" (Gerechtigkeit) und „Respekt vor anderen" (Reziprozität) aus individueller Sicht ausfällt und je stärker diese Normen innerhalb der Gesellschaft verhaltenswirksam verankert sind. Umgekehrt sinkt die Bereitschaft zu freiwilligen Kooperationsbeiträgen, je stärker Normen wie „Unabhängigkeit" und „Individualität" das Akteursverhalten beeinflussen. Neben der verhaltenskoordinierenden Wirkung entsprechender Normen und Wertvorstellungen kommt aus verhaltensökonomischer Sicht zudem den jeweiligen Kontextbedingungen eine entscheidende Bedeutung zu: Danach fallen die freiwilligen Beiträge zur Erstellung öffentlicher Güter dann groß aus, wenn das eigene Entscheidungsverhalten gegenüber Dritten transparent ist, die Akteure miteinander kommunizieren können, wirksame Bestrafungsmöglichkeiten für den Fall eines nicht-kooperativen Verhaltens verfügbar sind und der soziale Zusammenhalt der betroffenen Akteure hoch ist. Unter diesen Rahmenbedingungen ist davon auszugehen, dass nicht Vorteilsmaximierung und Eigennutz sondern Fairness und Reziprozität das individuelle Entscheidungsverhalten bestimmen. Da diese Bedingungen nicht selten auf der lokalen Ebene – unter Abstrichen auch auf der regionalen Ebene – gegeben sind, spricht aus verhaltensökonomischer Sicht einiges dafür, insbesondere im Fall der Bereitstellung von lokalen und regionalen öffentlichen Gütern noch stärker als bislang auf „Bürgerbeteiligung" und „ehrenamtliches Engagement" zu setzen. Danach ist nicht die Bereitstellung der öffentlichen Güter als solche die vorrangige Aufgabe des Staates als vielmehr das Schaffen von Anreizbedingungen, welche die mehrheitlich vorhandene Bereitschaft zu freiwilligen Beiträgen bei der Erstellung von Kollektivgütern auch entsprechend aktiviert.

(2) *Internalisierung externer Effekte* – Neben der Bereitstellung öffentlicher Güter zählt aus finanzwissenschaftlicher Sicht auch die Internalisierung externer Effekte zu den zentralen Aufgaben des Staates. Auch wenn mit Verweis auf Coase (1960) nicht per se auszuschließen ist, dass eine entsprechende Internalisierung externer Effekte mittels privater Verhandlungen erfolgen kann, verhindern jedoch im Regelfall

bestehende Transaktionskosten eine solche Verhandlungslösung, so dass staatliche Markteingriffe unter Effizienzaspekten unumgänglich sind. Diese Einsicht wird aus Sicht der Verhaltensökonomik nicht grundlegend in Frage gestellt. Vielmehr zeigen verhaltenspsychologische Untersuchungen, dass durch eine Internalisierung externer Effekte nicht allein verzerrte Marktpreise vermieden werden können, sondern sich darüber hinaus durch entsprechende Marktinterventionen des Staates auch das individuelle Glücksgefühl steigern lässt. Verhaltensökonomische Erkenntnisse können hier zum einen dazu beitragen, dass sich die Wirksamkeit einer staatlichen Internalisierung externer Effekte erhöht. Dies kann etwa dadurch erreicht werden, dass die staatlicherseits zum Einsatz kommenden Anreiz- und Sanktionsinstrumente mit einer affektiven Komponente (z. B. besseres Lebensgefühl) verknüpft werden. Auf diese Weise lassen sich die mit staatlichen Interventionen verbundenen Gefühle der Belohnung bzw. Bestrafung entsprechend intensivieren, um das unter Effizienzaspekten gewünschte Entscheidungsverhalten der privaten Akteure zu realisieren. Auch kann die Wirksamkeit solcher Marktinterventionen durch eine Erhöhung der Merklichkeit (Salienz) der entsprechenden Handlungsfolgen (z. B. mittels optischer Rückmeldungen des Handlungserfolgs) gesteigert werden. Zum anderen liefern verhaltensökonomische Ansätze durch den Verweis auf die Existenz von psychologischen Externalitäten (z. B. in Gestalt eines subjektiven Unwohlseins aufgrund der Armut anderer), die zusätzlich zu pekuniären und technologischen Externalitäten auftreten können, ein weiteres Argument für staatliche Eingriffe in das Marktgeschehen. Um solche psychischen Nutzeninterdependenzen, die oft Anlass für ein karitatives Verhalten (Altruismus) sind, zu internalisieren, kann der Staat sowohl Vereine und gemeinnützige Organisationen (steuerlich) fördern als auch zivilgesellschaftliches Engagement und Bürgerbeteiligung rechtlich wie finanziell unterstützen.

(3) *Beseitigung informationsbedingter Marktunvollkommenheiten* – Zusätzlich zum Auftreten externer Effekte können zudem Informationsmängel auf Seiten der Marktakteure die Funktionsweise von Märkten negativ beeinträchtigen. Entsprechende Marktunvollkommenheiten liefern aus finanzwissenschaftlicher Sicht einen weiteren Rechtfertigungsgrund für mögliche Staatseingriffe. So wird etwa die Notwendigkeit für staatliche Regulierungen im Bereich des Verbraucherschutzes vorrangig aus bestehenden Informationsasymmetrien zulasten der Konsumenten abgeleitet. Diesem Argument, wie es sich unter anderen bei Sinn (1989) oder auch Shapiro (1983) findet, wird zwar aus Sicht der Verhaltensökonomik nicht widersprochen. Auf Kritik stößt jedoch die daraus abgeleitete Handlungsempfehlung, wonach eine ausreichende Bereitstellung von Informationen bereits für einen hinreichenden Konsumentenschutz und damit eine Beseitigung bestehender informationsbedingter Marktunvollkommenheiten sorgen soll. Aus verhaltensökonomischer Sicht können Informationsasymmetrien nicht einfach durch ein Mehr an Informationen überwunden werden. Vielmehr erweisen sich qualitativ hochwertige Informationen in geringen Mengen häufig als deutlich wirksamer als ein Überfluss an (qualitativ minderwertigen) Informationen. Auch gilt die Art und Weise der Präsentation von Informationen als entscheidend dafür, ob ein Verbraucher diese auch zur Verbesserung seiner Kaufent-

scheidungen aufnimmt. Dies ist insofern von besonderer Bedeutung, wie angesichts von kognitiven Wahrnehmungsverzerrungen, der Verwendung von Entscheidungheuristiken, der Bedeutung emotionaler Einflussfaktoren oder auch der Wirksamkeit von Kontexteffekten davon auszugehen ist, dass die überwiegende Mehrheit der Verbraucher sich in den meisten Fällen nicht reflektiert und bewusst mit bestehenden Informationsangeboten auseinandersetzt, sondern diese lediglich flüchtig aufnimmt. Jenseits des Umfangs und der Qualität an Informationen zu einem bestehenden Marktangebot gilt aus verhaltensökonomischer Sicht schließlich auch die Fülle des Angebots an Produkten selbst als eine mögliche Ursache von Marktunvollkommenheiten, die einer staatlichen Regulierung bedürfen. Damit wird explizit der in der traditionellen Ökonomik anzutreffenden Annahme widersprochen, dass mit steigender Angebotsvielfalt (z. B. in Form der Tariffülle im Bereich von Telekommunikation und Energieversorgung oder Produktvielfalt auf Finanz- und Versicherungsmärkten) auch der potentielle Nutzen der Verbraucher steigt. Alle genannten Einsichten der Verhaltensökonomik zum Problem informationsbedingter Marktunvollkommenheiten lassen sich nach Funk (2014, S. 791) „insbesondere […] fruchtbar auf dem Gebiet einer problemorientierten und realitätsgerechteren Verbraucherpolitik anwenden".

(4) *Bereitstellung (de-)meritorischer Güter* – Während aus finanzwissenschaftlicher Sicht eine staatliche Bereitstellung öffentlicher Güter dazu dienen soll, bestehende Präferenzen für solche Leistungen zu befriedigen, gilt eine zu hohe oder zu niedrige Nachfrage im Fall von meritorischen Gütern als Ausdruck individuell verzerrter Präferenzen, die – notfalls auch unter Einsatz von Zwangsmitteln – einer paternalistischen Korrektur bedürfen. Das im Rahmen der Verhaltensökonomik entwickelte Verständnis eines asymmetrischen (libertären) Paternalismus unterscheidet sich grundlegend von dieser traditionellen Sicht meritorischer Güter. Bedeutsam ist hierbei die Annahme, dass Akteure in Entscheidungssituationen lediglich über begrenzte kognitive Fähigkeiten verfügen, unvollständige Informationen verwenden oder durch eine eingeschränkte Willenskraft gekennzeichnet sind, was zum Problem einer mangelnden Selbstkontrolle führt, so dass einmal getroffene Entscheidungen zu einem späteren Zeitpunkt bereut werden. Anstelle staatlicher Zwangsmaßnahmen zur Verhaltenskorrektur leiten sich aus den Überlegungen der Verhaltensökonomik alternative Möglichkeiten und Formen der paternalistischen Regulierung ab. Mit Bruttel und Stolley (2014, S. 767) besteht die zentrale Idee darin, „durch eine bedeutsame, quasi ‚minimalinvasive' Umgestaltung der Entscheidungssituation z. B. komplexe Entscheidungen zu erleichtern oder Selbstkontrollprobleme zu reduzieren, ohne dabei de facto die Entscheidungsfreiheit zu beschneiden". Dabei lassen sich staatlich gesetzte Framing-Effekte (Stichwort: Entscheidungsarchitektur) zum Zweck einer „sanften" Verhaltenssteuerung nutzen, die sich anhand ihrer Eingriffsintensität in das individuelle Entscheidungsverhalten voneinander unterscheiden lassen. Den geringsten Interventionsgrad weisen danach – neben der bloßen Versorgung mit Informationen – die Verwendung von Default-Optionen, mit denen das individuelle Verhalten durch „Voreinstellungen" (Nudges) beeinflusst wird, oder auch der Gebrauch von „Cooling-off-Regulierungen" auf, die eingeschränkt rational agierende Akteure vom

Druck vor allem emotional bestimmter Handlungssituationen befreien. Eine höhere Eingriffsintensität weisen demgegenüber die Einführung von sogenannten Sündensteuern (z. B. Alkohol- oder Tabaksteuern), mit denen finanzielle Anreize zugunsten einer höheren Selbstkontrolle einhergehen, oder auch die Einschränkung bestehender Handlungsrechte (z. B. Verbot des Verzichts auf ein gegebenes Widerrufsrecht bei Waren- und Dienstleistungskäufen) auf, die zur Durchsetzung einer „echten" Wahlfreiheit von Akteuren beitragen können.

(5) *Korrektur der Einkommens- und Vermögensverteilung* – Neben der Erfüllung effizienzbezogener Aufgaben im Rahmen der Allokationsfunktion zählt aus Sicht der Finanzwissenschaft auch die Verteilungsfunktion zu den grundlegenden Aufgaben des Staates, die neben einer Absicherung bestehender Lebensrisiken (Krankheit, Arbeitslosigkeit, Altersversorgung etc.) auch die Umverteilung von Einkommen und Vermögen unter dem Ziel einer Korrektur der Primärverteilung des Marktes umfasst. Richtet man den Blick vor allem auf die staatliche Umverteilungspolitik, die traditionell unter Rückgriff auf verschiedene (sozialphilosophische) Gerechtigkeitspostulate zu begründen versucht wird, tragen verhaltensökonomische Analysen zu einer Erweiterung dieser Argumente bei, indem auf die Existenz sozialer Präferenzen als Rechtfertigung staatlicher Markteingriffe unter dem Verteilungsziel verwiesen wird. Soziale Präferenzen können empirisch unterschiedliche Ausprägungsformen annehmen, so etwa in Form von sozialen Normen oder subjektiven Werten wie Altruismus, Fairness und Reziprozität, einer subjektiven Aversion gegen Ungleichheit, einer Vorliebe für die Gleichverteilung von Einkommen und Vermögen oder von Angst um den Verlust der eigenen sozialen Position innerhalb der Gesellschaft. Sind soziale Präferenzen und gesellschaftliche Realität nicht deckungsgleich, kann durch staatliche Umverteilungspolitik zu deren stärkerer Übereinstimmung beigetragen werden, um die subjektive Zufriedenheit zumindest mehrheitlich zu erhöhen. Mit Blick auf den Zusammenhang zwischen Einkommensungleichheit und Lebenszufriedenheit ist allerdings zu berücksichtigen, dass die individuelle Lebenszufriedenheit nur dann steigt, wenn das eigene Einkommen stärker steigt als das der Vergleichsgruppe. Für eine staatliche Verteilungspolitik, die unter dem Ziel einer Einkommensnivellierung erfolgt, bedeutet dies, dass sie möglicherweise zu keiner Erhöhung des gesamtgesellschaftlichen Glücksempfindens beiträgt, da der Gewinn an Lebenszufriedenheit bei den verteilungspolitischen Nutznießern zu einem ebensolchen Verlust bei jenen Akteuren führt, deren relative Einkommens- und Vermögensposition sich dadurch verschlechtert. Dies legt – so Beck (2014) oder auch Weimann et al. (2012) – die Schlussfolgerung nahe, dass die Notwendigkeit staatlicher Umverteilungspolitik bei weitem nicht so groß ist, wie landläufig vielfach unterstellt wird.

(6) *Ausgestaltung verteilungspolitischer Maßnahmen* – Aus verhaltensökonomischer Sicht führt eine Situation geringen Einkommens nicht nur zu einer reduzierten Lebenszufriedenheit, sondern zwangsläufig auch zu einer Einschränkung der kognitiven Kapazitäten sowie der individuellen Selbstkontrolle der von Armut betroffenen Akteure mit negativen Folgen für die Rationalität des Entscheidungsverhaltens. Diese Einsicht liefert nach Mullainathan und Shafir (2013) nicht nur eine zusätzliche

Begründung für verteilungs- und sozialpolitische Interventionen des Staates, sondern enthält zudem auch Hinweise bezüglich der Ausgestaltung verteilungspolitischer Maßnahmen. Danach ist zwar mit Blick auf Sozialprogramme, die mit Verhaltensauflagen sowie begrenzten Laufzeiten versehen sind, davon auszugehen, dass Transferempfänger auf entsprechend ausgestaltete Anreize zielkonform reagieren. Zugleich ist jedoch ebenso davon auszugehen, dass nur ein Teil der Bedürftigen durch in dieser Weise ausgestaltete Transferprogramme erreicht wird. Als Grund hierfür gilt, dass die mit den Transferprogrammen verknüpften Anreize bzw. Verhaltensauflagen nicht mit der momentanen Handlungssituation eines nennenswerten Teils der Adressaten kompatibel sind: Häufig sind Sozialtransferprogramme, die sowohl Verteilungs- als auch Anreizwirkungen entfalten sollen, so gestaltet, dass die mit der Förderung verknüpften Anreize nicht in das Wahrnehmungsfeld der Transferempfänger eindringen, welches durch die Bewältigung der alltäglichen Herausforderungen, die mit einem unzureichenden Einkommen verbunden sind, systematisch eingeschränkt ist. Um in das Wahrnehmungsfeld von Transferempfänger einzudringen, sind Maßnahmen erforderlich, die regelmäßig an bestehende Verhaltensauflagen erinnern (z. B. in Form vierteljähriger oder sogar monatlicher Mahnungen) oder – wie im Fall einer zeitlichen Transferbegrenzung – durch einen schrittweisen Abbau der Unterstützungsleistungen ebenso frühzeitig wie wiederholt auf die Notwendigkeit einer verstärkten Eigeninitiative hinweisen.

(7) *Sicherung der Geldwertstabilität* – Die Begründung staatlicher Geldpolitik unter dem Ziel der Inflationsbekämpfung und Stabilisierung des Geldwertes erfolgt bekanntermaßen mit Verweis auf die Sicherung der makroökonomischen Funktionen des Geldes (Zahlungsmittel, Recheneinheit, Wertaufbewahrung). Aus verhaltensökonomischer Sicht lässt sich Geld jedoch nicht allein auf seine ökonomischen Funktionen reduzieren, sondern es gilt darüber hinaus als Symbol für individuellen Erfolg, Macht, Unabhängigkeit oder auch soziale Anerkennung. Während die aus jenem Eigenwert des Geldes abzuleitenden geldpolitischen Schlussfolgerungen eher unklar sind, trifft dies nicht in gleicher Weise auf die verhaltensökonomische Erkenntnis zu, dass eine als ungerecht empfundene Geldverwendung vorrangig emotional (und nicht rational) bewertet wird. Etwa bezogen auf die Geldpolitik der Europäischen Zentralbank zur Stabilisierung des Banken- und Finanzsektors in einigen Mitgliedsstaaten der EWU kann dies dazu führen, dass subjektiv als ungerecht eingestufte Rettungsmaßnahmen emotionale Widerstandsreaktionen hervorrufen, welche die Legitimation der gemeinsamen Geldpolitik in Frage stellen. Ein Vertrauensverlust bezogen auf die Stabilitätsorientierung der Geldpolitik kann auch dann eintreten, wenn subjektiv wahrgenommene und statistisch gemessene Inflationsraten wiederholt oder sogar auf Dauer auseinanderfallen und es aufgrund dessen – verstärkt durch eine selektive Informationsverarbeitung – zu Fehlallokationen im Entscheidungsverhalten der Wirtschaftssubjekte kommt. So führt bereits eine lediglich als zu hoch empfundene Inflationsrate aus verhaltensökonomischer Sicht zu einem verstärkten Sicherheitssparen als Reaktion auf eine als krisenhaft wahrgenommene Wirtschaftslage mit entsprechend negativen Auswirkungen auf die gesamtwirtschaftliche Nach-

frage. Solchen Fehlwahrnehmungen sollte durch eine staatliche Informationspolitik entgegengewirkt werden, die sowohl über das Ausmaß der tatsächlichen Inflation als auch die gerechtfertigten Gründe für gegebene Preissteigerungen aufklärt. Ein zusätzliches Rechtfertigungsargument für eine staatliche Politik der Geldwertstabilität ergibt sich schließlich aus dem verhaltensökonomisch nachgewiesenen Sachverhalt, dass hohe Inflationsraten – neben den aus makroökonomischer Sicht hinlänglich bekannten Negativeffekten (Rückgang der Kaufkraft, erhöhte Anpassungskosten, inflationsbedingte Steuerverzerrungen, willkürliche Vermögensumverteilung etc.) – zudem auch das subjektive Glücksempfinden mindern.

(8) *Regulierung der Finanzmärkte* – Betrachtet man nicht allein die Geldpolitik, sondern richtet man den Blick auch auf die Finanzmärkte, ergeben sich aus verhaltensökonomischer Sicht grundlegend andere Einsichten bezüglich der Notwendigkeit staatlicher Markteingriffe, als dies im Rahmen der traditionellen (neoklassischen) Betrachtung von Finanzmärkten der Fall ist, die von der Effizienz-Markt-These bestimmt wird. So ist mit Shiller (1998) davon auszugehen, dass die Schwankungen im Anlageverhalten auf Finanzmärkten – gemessen an einem als effizient einzustufenden Marktgeschehen – übermäßig ausfallen, was vor allem auf kognitiv begrenzte Fähigkeiten in der Verarbeitung von Informationen zurückzuführen ist, die auch durch ein entsprechendes Arbitrageverhalten nicht ausgeglichen werden können. Sollen (irrationale) Kursschwankungen auf den Finanzmärkten begrenzt werden, bedarf es einer verstärkten staatlichen Regulierung dieser Märkte etwa in Form des Verbots von Leerkäufen oder auch der Einführung einer Finanzmarkttransaktionssteuer, um nur zwei mögliche Interventionsformen zu benennen. Abweichungen von einem effizienten Marktgeschehen können zudem durch weitere psychologische Effekte wie etwa den Home Bias, einen gewinnbezogenen Überoptimismus, den Dispositionseffekt in Verbindung mit einer bestehenden Verlustaversion oder auch das Umdeuten von Marktinformationen bewirkt werden. Um durch die genannten Faktoren ausgelöste Über- und Unterreaktionen auf den Finanzmärkten entgegenzuwirken, werden aus Sicht der Verhaltensökonomik sowohl eine staatliche Informationspolitik unter der Zielsetzung einer verbesserten Aufklärung der Marktteilnehmer als auch die Durchsetzung regulatorischer Vorgaben zu den Informationspflichten der Anbieter von Investmentprodukten gefordert. Neben der Wirksamkeit von Heuristiken und kognitiven Verzerrungen gelten schließlich auch emotionale Faktoren wie das momentane Befinden, aktuelle Gefühle oder situative Stimmungslagen (Herdenverhalten) als verantwortlich für die (irrationale) Entwicklung auf Finanzmärkten. Zwar kann der Staat nicht direkt auf diese Bestimmungsfaktoren einwirken. In dem Maße jedoch, wie diese Einflussgrößen das Vertrauen in die Märkte und Finanzinstitute nachhaltig untergraben können, sollte durch eine staatliche Gestaltung der Rahmenbedingungen zur Vertrauensbildung von Sparern und Investoren beigetragen werden. Hierzu zählen unter anderen staatliche Vorgaben, die sicherstellen, dass die Vertreter von Banken und Finanzinstituten sowohl über ein hinreichend fundiertes Wissen bezüglich der gehandelten Finanzprodukte als auch über die Fähigkeit verfügen, den Anlegern dieses Wissen korrekt zu vermitteln. Dies schließt eine ehrliche, sorgfältige

5.4 Verhaltensökonomische Schlussfolgerungen für die Notwendigkeit ...

und verständliche Beratung der Kunden mit ein, um für Integrität und Transparenz zu sorgen. Auch sollte die Regulierung der Finanzmärkte solche Anreize setzen, die auf eine langfristige Ertragssicherung und damit die Stabilität von Banken und sonstigen Finanzinstituten ausgerichtet sind.

(9) *Begrenzung von Arbeitslosigkeit* – Die Reduzierung von Arbeitslosigkeit zählt traditionell zu den wirtschaftspolitischen Aufgaben des Staates. Als Begründung dafür wird auf die mit einer konjunkturellen oder auch strukturellen Unterbeschäftigung verbundene Unterauslastung des Produktionsfaktors Arbeit verwiesen, was im Ergebnis zu einer Nichtausschöpfung des vorhandenen Potentials an wirtschaftlicher Entwicklung und damit einhergehender Wohlfahrtseinbußen führt. Aus verhaltensökonomischer Perspektive wird dieser Argumentation nicht widersprochen. Vielmehr werden weitere Rechtfertigungsgründe für staatliche Maßnahmen zum Abbau von Arbeitslosigkeit identifiziert, zu denen vor allem die erheblichen psychischen Belastungen zu rechnen sind, die mit dem Verlust des Arbeitsplatzes einhergehen. Der Grund hierfür ist, dass die Erwerbsarbeit nicht allein die ökonomische Funktion der Einkommenserzielung erfüllt, sondern darüber hinaus auch eine Vielzahl mittelbarer Funktionen (Realisierung von Sozialkontakten, Auferlegung einer festen Zeitstruktur, Definition von sozialem Status und persönlicher Identität etc.), die im Fall von Arbeitslosigkeit ebenfalls unerfüllt bleiben. Auch ist nachweislich mit einer steigenden Arbeitslosigkeit ein Anstieg von Fremdenfeindlichkeit und Rechtsextremismus verknüpft. Nach Weimann et al. (2012) spricht daher aus Sicht der Verhaltensökonomik vieles dafür, dass durch beschäftigungspolitische Interventionen des Staates erhebliche Wohlfahrtsgewinne erzielt werden können. Bezogen auf die Ausgestaltung des arbeitsmarktpolitischen Handelns des Staates ist darüber hinaus zum einen bedeutsam, dass sich mittels der gesetzlichen Arbeitslosenversicherung zwar die ökonomischen Nachteile von Arbeitslosigkeit reduzieren lassen, nicht jedoch die damit einhergehenden „psychischen Kosten", die zudem keinerlei Gewöhnungseffekt aufweisen. Die damit verbundenen Einschränkung des Selbstwertgefühls scheint dabei – entgegen herkömmlichen Annahmen – in jüngeren Alterskohorten ausgeprägter zu sein als in jenen Alterskohorten, die am Ende ihres Erwerbslebens stehen, was für eine stärkere Gewichtung von arbeitsmarktpolitischen Maßnahmen zur Bekämpfung von Jugendarbeitslosigkeit spricht. Zum anderen ist von Relevanz, dass die positive Anreizfunktion einer restriktiven Gewährung staatlicher Arbeitslosenunterstützung, wie dies herkömmlicherweise im Rahmen von ökonomischen Job-Search-Modellen unterstellt wird, in verhaltenswissenschaftlichen Untersuchungen keine empirische Bestätigung findet. Demgegenüber erweisen sich solche staatlichen Maßnahmen als zweckdienlich, die Arbeitslose dabei unterstützen, ihre eigene Situation besser zu bewältigen. Hierzu zählen etwa die Verfügbarkeit von öffentlichen Einrichtungen (oder die staatliche Förderung entsprechender privater Einrichtungen), die von Arbeitslosen zur informationellen, sozialen und emotionalen Unterstützung genutzt werden können. Gleiches gilt für solche staatlichen Maßnahmen, die auf Seiten der Arbeitslosen zu einem positiven Selbstkonzept, der Steigerung der eigenen Widerstandsfähigkeit und Belastbarkeit oder auch einer verstärkten Normorientierung beitragen,

da Arbeitslose mit entsprechenden Persönlichkeitseigenschaften schneller eine neue Beschäftigung finden. Auch sollten staatliche Maßnahmen nicht erst mit dem Eintritt von Arbeitslosigkeit einsetzen sondern schon deutlich früher, da sich häufig bereits die Rahmenbedingungen der kindlichen Entwicklung einschließlich des jeweiligen familiären Umfelds auf die Dauer einer späteren Arbeitslosigkeit auswirken.

Die dargelegten Schlussfolgerungen der Verhaltensökonomik für eine staatliche Interventionspolitik verdeutlichen, dass die überwiegende Zahl der bekannten Effizienz-, Verteilungs- und Stabilisierungsargumente zumeist eine zusätzliche psychologische Fundierung erfährt, in bestimmten Teilen aber auch als Erweiterung der traditionellen finanzwissenschaftlichen Rechtfertigungsgründe staatlicher Markteingriffe verstanden werden kann. Soweit sich Unterschiede zwischen der traditionellen und der verhaltensökonomischen Sicht ergeben, trifft dies vor allem auf die Ausgestaltung staatlichen Handelns zu. Der Grund hierfür kann letztlich im höheren Realitätsgehalt des verhaltensökonomischen Ansatzes gesehen werden, der ausschlaggebend ist für den Erfolg staatlicher Interventionspolitik.

Literatur

Adler, N., Stewart, J., Cohen, S., Cullen, M., Roux, A.D., Dow, W. und D. Williams (2007): Reaching for a Healthier Life – Facts on Socioeconomic Status and Health in the U.S., San Francisco.

Akerlof, G.A. (1970): The Market of Lemons: Quality Uncertainty and the Market Mechanism, in: Quarterly Journal of Economics, Vol. 84, S. 488–500.

Alesina, A., Di Tella, R. und R. McCulloch (2004): Inequality and Happiness – Are Europeans and Americans Different?, in: Journal of Public Economics, Vol. 88, S. 2009–2042.

Allcott, H. (2010): Social Norms and Energy Conservation, in: Science, Vol. 327, S. 1204–1205.

Andel, N. (1984), Zum Konzept der meritorischen Güter, in: Finanzarchiv, Bd. 42, S. 630–648.

Anderson, L. und C. Holt (1997): Information Cascades in the Laboratory, in: The American Economic Review, Vol. 87, S. 847–862.

Andreasson, P.A. (1990): Judgemental Extrapolation and Market Overreaction – On the Use and Disuse of News, in: Journal of Behavioral Decision Making, Vol. 3, S. 153–174.

Andreoni, J. (1988): Privately Provided Public Goods in a Large Economy – The Limits of Altruism, in: Journal of Public Economics, Vol. 35, S. 57–73.

Ariely, D. und K. Wertenbroch (2002): Procrastination, Deadlines, and Performance – Self-Control by Precommitment, in: Psychological Science, Vol. 13, S. 219–224.

Arkes, H.R., Joyner, C.A., Pezzo, M.V., Nash, J.G., Siegel-Jacobs, K. und E. Stone (1994): The Psychology of Windfall Gains, in: Organizational Behavior and Human Decision Processes, Vol. 59, S. 331–347.

Asch, S.E. (1951): Effects of Group Pressure upon the Modification and Distortion of Judgements, in: Guetzkow, H. (Hrsg.), Groups, Leadership, and Men, Pittsburg, S. 177–190.

Asch. S.E. (1955): Opinions and Social Pressure, in: Scientific American, Vol. 193, S. 31–35.

Au, K., Chan, F., Wang, D. und I. Vertinsky (2003): Mood in Foreign Exchange Trading – Cognitive Processes and Performance, in: Organizational Behavior and Human Decison Processes, Vol. 9, S. 322–338.

Averbeck, D. (2010): Die Rolle der Behavioral Finance bei der Preisbildung an Aktienmärkten – Implikationen für die Entstehung von Spekulationsblasen, Saarbrücken.

Baberis, N. und R.H. Thaler (2003): A Survey of Behavioral Finance, in: Constantinidis, G., Harris, M. und R. Stulz (Hrsg.), Handbook of the Economics of Finance, Amsterdam, S. 1051–1121.

Baddeley, M. (2014): Rethinking the Micro-Foundations of macroeconomics – Insights from Behavioral Economics, in: European Journal of Economics and Economic Policies, Vol. 11, S. 99–112. Baeckmann (1998

Baeckmann, I. von (1998): Downsizing, München.

Baker, H.K. und J.R. Nofsinger (2002): Psychological Biases of Investors, in: Financial Service Review, Vol. 11, S. 97–116.

Balcerovic, L. (2004): Toward a Limited State, in: Cato Journal, Vol. 24, S. 185–204.

Banducci, S.A., Karp, J.A. und P.H. Loedel (2003): The Euro, Economic Interests and Multi-Level Governance – Examining Support for the Common Currency, in: European Journal for Political Research, Vol. 42, S. 685–703.

Barber, B.M. und T. Odean (2001): Boys will be Boys – Gender, Overconfidence, and Common Stock Investment, in: The Quarterly Journal of Economics, Vol. 116, S. 261–292.

Barberis, N.C. und R.H. Thaler (2003): A Survey of Behavioral Finance, in: Constantinides, G.M., Harris, M. und R. Stulz (Hrsg.), Hanbook of the Economics of Finance, Vol. 1B: Finanical Markets and Asset Pricing, Noth Holland, S. 1053–1128.

Barber, B.M., Odean, T. und L. Zheng (2005): Out of Sight, Out of Mind – The Effects of Expenses on Mutual Fund Flows, in: Journal of Business, Vol. 78, S. 2095–2120.

Bates, J.M. und A. Gabor (1986): Price Perception in Creeping Inflation – Report on an Inquiry, in: Journal of Economic Psychology, Vol. 6, S. 291–314.

Beales H., Craswell, R. und S.C. Salop (1981): The Efficient Regulation of Consumer Information, in: Journal of Law and Economics, Vol. 24, S. 491–539.

Beaulier, S. und B. Caplan (2007): Behavioral Economics and Perverse Effects of the Welfare State, in: Kyklos, Vol. 60, S. 485–507.

Becchetti, L., Pelloni, A. und F. Rossetti (2008): Relational Goods, Sociability, and Happiness, in: Kyklos, Vol. 61, S. 343–363.

Beck, H. (2014): Behavioral Economics – Eine Einführung, Wiesbaden.

Beck, H. und D. Wentzel (2015): Medien, Märkte und Marotten – Wie rational sind Mediennutzer?, in: Müller, C. und N. Otter (Hrsg.), Behavioral Economics und Wirtschaftspolitik, Stuttgart, S. 255–279.

Becker, G.S. (1981): Altruism in the Family and Selfishness in the Market Place, in: Economica, Vol. 48, S. 1–15.

Becker, T. (1998): Markt versus Staat – Ein Vergleich unvollkommener Mechanismen, in: Hermann, R. et al. (Hg.), Landwirtschaft in der Weltwirtschaft, Frankfurt am Main, S. 2–36.

Behnke, J. (2012): Entscheidungs- und Spieltheorie, Baden-Baden.

Behnke, J., Hintermaier, J. und L. Rudolph. (2010): Die Bedeutung von Werten für Verteilungsergebnisse im Ultimatum- und Diktatorspiel, in: Behnke, J., Bräuninger, T. und S. Shikano (Hrsg.), Jahrbuch für Handlungs- und Entscheidungstheorie, Band 6, Wiesbaden, S. 165–192.

Behringer, L. (1998): Lebensführung als Identitätsarbeit – Der Mensch im Chaos des modernen Alltags, Frankfurt am Main.

Behringer, L. und K. Jurcyk (1995): Umgang mit Offenheit – Methoden und Orientierungen in der Lebensführung von JournalistInnen, Opladen.

Belk, R.W. (1988): Possessions and the Extended Self, in: Journal of Consumer Research, Vol. 15, S. 139–162.

Bénabou, R. und J. Tirole (2006a): Incentives and Prosocial Behavior, in: American Economic Review, Vol. 96, S. 1652–1678.

Bénabou, R. und J. Tirole (2006b): Belief in a Just World and Redistributive Politics in: Quarterly Journal of Economics, Vol. 121, S. 699–746.

Benartzi, S. und R.H. Thaler (1995): Myopic Loss Aversion and the Equity Premium Puzzle, in: The Quarterly Journal of Economics, Vol. 110, S. 73–92.

Bengtsson, N. und P. Engström (2014): Replacing Trust with control – A Field Test of Motivation Crowd-Out Theory, in: The Economic Journal, Vol. 124, S. 833–858.
Bentham, J. (1789, 1968): An Introduction to the Principles of Morals and Legislation, in: Page, A.N. (Hrsg.), Utility Theory – A Book of Readings, New York et al., S. 3–29.
Berndt, H. (1984): Informationsmenge und Informationsverarbeitungsleistung bei Konsumentenentscheidungen, in: Marketing, Jg. 6, S. 181–188.
Billen, G. (2011): Zwischen Eigenverantwortung und Schutz der Verbraucher – Platz für neue Instrumente der Verbraucherpolitik, in: Wirtschaftsdienst, Jg. 91, S. 159–161.
Blanchard, O. und G. Illing (2004): Makroökonomie, 3. Auflage, München.
Blanchflower, D.G. und A.J. Oswald (2005): Happiness and the Human Development Index – the Paradox of Australia, in: Australian Economic Review, Vol. 38, S. 307–318.
Blankart, Ch.B. (2011): Öffentliche Finanzen in der Demokratie, 8. Auflage, München.
Blomquist, H.C. (1983): On the Formation of Inflationary Expectations – Some Empirical Evidence from Finland, in: Journal of Economic Psychology, Vol. 3, S. 319–334.
Blount, S. (1995): When Social Outcomes aren't Fair – The Effect of Causal Attribution on Preferences, in: Organizational Behavior and Human Decision Processes, Vol. 63, S. 131–144.
Böker, T. und A.F. Michler (2015): Finanzmärkte – Behavioral Finance als richtungsweisender Ansatz zur Erklärung aktueller Entwicklungen, in: Müller, C. und N. Otter (Hrsg.), Behavioral Economics und Wirtschaftspolitik, Stuttgart, S. 123–156.
Bolton, G.E. und A. Ockenfles (2000): ERC – A Theory of Equity, Reciprocity, and Competition, in: American Economic Review, Vol. 90, S. 166–193.
Bolton, G., Katok, E. und R. Zwick (1998): Dictator Game Giving – Rules of Fairness versus Acts of Kindness, in: International Journal of Game Theory, Vol. 27, S. 269–299.
Borg, I. und M. Braun (1992): Arbeitsethik und Arbeitsinvolvement als Moderatoren der psychologischen Auswirkungen von Arbeitsplatzunsicherheit, ZUMA Arbeitsbericht.
Borges, B., Goldstein, D.G., Ortmann, A. und G. Gigerenzer (1999): Can Ignorance Beat the Stock Market?, in: Gigerenzer, G., Todd, P.M. und ABS Research Group (Hrsg.), Simple Heuristics that Make Us Smart, Oxford, S. 59–72.
Bosworth, S. und S. Bartke (2014): Implikationen von Nudging für das Wohlergehen von Konsumenten, in: Wirtschaftsdienst, Jg. 94, S. 774–777.
Bourdieu, P. (1982): Die feinen Unterschiede – Kritik der gesellschaftlichen Urteilskraft, Frankfurt am Main.
Bowles, S. (2004): Microeconomics – Behavior, Institutions and Evolution, Princeton.
Bowles, S. und H. Gintis (2011): A Cooperative Species, Princeton.
Brachinger, H.W. (2005a): Der Euro als Teuro? – Die wahrgenommene Inflation in Deutschland, in: Wirtschaft und Statistik, Nr. 9/2005, S. 999–1013.
Brachinger, H.W. (2005b): Euro gleich Teuro – wahrgenommene versus gemessene Inflation, in: Greulich, G., Lösch, M., Müller, C. und W. Stier (Hrsg.), Empirische Konjunktur- und Wirtschaftsforschung, Zürich, S. 11–30.
Brachinger H.W. (2005c): Measuring Perceived Inflation – A Prospect Theory Approach, Lecture at the 55th World Congress of the International Statistical Institute (ISI), Sydney (April 2005).
Brandstätter, E. (1998): Ambivalente Zufriedenheit – Der Einfluss sozialer Vergleiche, Münster.
Brandstätter, E. und H. Brandstätter (1996): What's Money Worth? – Determinants of the Subjective Value of Money, in: Journal of Economic Psychology, Vol. 17, S. 443–464.
Brennan, G. (1973): Pareto Desirable Distribution – The Non-Altruistic Dimension, in: Public Choice, Vol. 14, S. 43–67.
Brennan, G. und J.M. Buchanan (1985): The Reason of Rules – Constitutional Political Economy, Cambridge (MA) et al.
Briar, R. (1977): The Effect of Long-Term Unemployment on Workers and Their Families, in: Dissertation Abstracts International, Vol. 37, S. 6062.

Brinkmann, C. (1976): Finanzielle und psycho-soziale Belastungen während der Arbeitslosigkeit, in: Mitteilungen aus der Arbeitsmarkt- und Berufsforschung, Jg. 9, S. 397–413.

Bruner, J. und C. Goodman (1947): Value and Need as Organizing Factors in perception, in: Journal of Abnormal and Social Psychology, Vol. 42, S. 33–44.

Brunner, K. und A.H. Meltzer (1993): Money and the Economy – Issues in Monetary Analysis, Cambridge.

Bruttel, L.V. und F. Stolley (2014): Ist es im Interesse der Bürger, wenn ihre Regierung Nudges implementiert?, in: Wirtschaftsdienst, Jg. 94, S. 767–771.

Buchanan, J.M. und G. Tullock (1962): The Calculus of Consent – Logical Foundations of Constitutional Democracy, Ann Arbor.

Burgoyne, C., Routh, D. und A. Ellis (1999): The Transition of the Euro – Some Perspectives from Economic Psychology, in: Journal of Consumer Policy, Vol. 22, S. 91–116.

Caginalp, G., Porter, D. und V.L. Smith (2000): Overreactions, Momentum, Liquidity, and Price Bubbles in Laboratory and Field Asset Markets, in: The Journal of Psychology and Financial Markets, Vol. 11, S. 24–48.

Camerer, C.F. (2003): Behavioral Game Theory, Princeton (NJ).

Camerer, C.F. und R.H. Thaler (1995): Anomalies – Ultimatums, Dictators and Manners, in: Journal of Economic Perspectives, Vol. 9, S. 209–219.

Camerer, C.F., Issacharoff, S., Loewenstein, G.F., O'Donoghue, T. und M. Rabin (2003): Regulation for conservatives: Behavioral Economics and the Case for Asymmetric Paternalism, in: University of Pennsylvania Law Review, Vol. 151, S. 1211–1254.

Camerer, C.F., Loewenstein, G.F. und M. Rabin.(2004): Advances in Behavioral Economics, Princeton.

Camerer, C.F., Loewenstein, G.F. und D. Prelec (2005): Neuroeconomics – How Neuroscience Can Inform Economics, in: Journal of Economic Literature, Vol. 43, S. 9–64.

Cao, J. (1996): Welfare Recipiency and Welfare Recidivism – An Analysis of the NLSY Data, University of Wisconsin, Institute for Research on Poverty Discussion Papers, 1081–1096.

Caplowitz, D. (1963): The Poor Pay More, New York.

Carrasco, M., Ling, S. und S. Read (2004): Attentian Alters Appearance, in: Nature Neuroscience, Vol. 7, S. 308–313.

Carter, J.R. und M. Irons (1991): Are Economists different, and if so, why?, in: Journal of Economic Perspectives, Vol. 5, S. 171–177.

Chaicken, S. und Y Trope (1999): Dual Process Theories in Social Psychology, New York.

Charness, G. und M. Rabin (2002): Understanding Social Preferences with Simple Tests, in: Quarterly Journal of Economics, Vol. 117, S. 817–869.

Chen, G., Kim, K., Nofsinger, J. und O. Rui (2007): Trading Performance, Disposition Effect, Overconfidence, Representativeness Bias and Experience of Emerging Market Investors, in: Journal of Behavioral Decision Making, Vol. 20, S. 425–451.

Cherry, T.L., Frykblom, P. und J.F. Shogren (2002): Hardnose the Dictator, in: American Economic Review, Vol. 92, S. 1218–1221.

Clapperton, D. and S. Corones (2007): Unfair Terms in 'Clickwrap' and other Electronic Contracts, in: Australian Business Law Review, Vol. 35, S. 152–180.

Clark, A.E. (2003): Unemployment as a Social Norm – Psychological Evidence from Panel Data, in: Journal of Labor Economics, Vol. 21, S. 323–351.

Clark, A.E. (2010): Work, Jobs and Well-Being across the Millennium, in: Diener, E., Helliwell, J. und D. Kahneman (Hrsg.), International Differences in Well-Being, New York, S. 436–464.

Clarke, A.T. und B. Kurtz-Costes (1997): Television Viewing, Educational Quality ot the Home Environment, and School Readiness, in: The Journal of Educational Research, Vol. 90, S. 279–285.

Clark, A.E., Georgellis, Y. und P. Sanfey (2001): Scarring – The Psychological Impact of Past Unemployment, in: Economica, Vol. 68, S. 221–241.

Clark, A.E., Diener, E., Georgellis Y. und R.E. Lucas (2008): Lags And Leads in Life Satisfaction – A Test of the Baseline Hypothesis, in: Economic Journal, Vol. 118, S. 222–243.

Clark, A.E., Knabe, A. und S. Rätzel (2009): Boon or Bane? – Other's Unemployment, Well-Being and Job Insecurity, in: Labour Economics, Vol. 17, S. 52–61.

Coase, R. (1960): The Problem of Social Cost, in: Journal of Law and Economics, Vol. 3, S. 1–44.

Cobb, S. und S.V. Kasl (1977): Termination – The Consequences of Job Loss, Cincinatti.

Cohn, A., Engelmann, J., Fehr, E. und M.A. Maréchal (2014): Evidence for Countercyclical Risk Aversion – An Experiment with Financial Professionals, UBS Center Working Paper Series, Working Paper No. 4., Zürich.

Cole, M. (2007): Re-Thinking Unemployment – A Challenge to the Legacy of Jahoda et al., in: Sociology, Vol. 41, S. 1133–1149.

Coleman, J.S. (1988): Social Capital in the Creation of Human Capital, American Journal of Sociology, Vol. 94, S. 95–120.

Coleman, J.S. (1990): Foundations of Social Theory, Cambridge (Mass.).

Damasio, A.R. (1996): The Somatic Marker Hypothesis and the Possible Functions of the Prefrontal Cortex, in: Philosophical Transactions of the Royal Society B: Biological Sciences, Vol. 351, S. 1413–1420.

Damasio, A.R., Tranel, D. und H. Damasio (1991): Somatic Markers and the Guidance of Behaviour - Theory and Preliminary Testing, in: Levin, H.S., Eisenberg, H.M. und A.L. Benton (Hrsg.), Frontal Lobe Function and Dysfunction, New York, S. 217–229.

Darby, R.R. und E. Karni (1973): Free Competition and the optimal amount of fraud, in: Journal of Law and Economics, Vol. 16, S. 67–88.

Dawes, R.M. und R.H. Thaler (1988): Anomalies – Cooperation, in: Journal of Economic Perspectives, Vol. 2, S. 187–197.

DeBondt, W.F.M. (2008): Stock Prices – Insights from Behavioral Finance, in: Lewis, A. (Hrsg.), The Cambridge Handbook of Psychology and Economic Behavior, Cambridge, S. 64–104.

DeBondt, W.F.M. und R.H. Thaler (1985): Does the Stock Market Over-React?, in: Journal of Finance, Vol. 40, S. 793–805.

Decker, S. und W.B. Schaufeli (1995): The Effects of Job Insecurity on Psychological Health and Withdrawal – A Longitudinal Study, in: Australian Psychologist, Vol. 30, S. 57–63.

DeGrauwe, P. (2012): Lectures on Behavioral Macroeconomics, Princeton und Oxford.

DeMeza, D., Irlenbusch, B. und D. Reyniers (2008): Financial Capability – A Behavioural Economics Perspective, Report prepared for the Financial Services Authority (FSA), Consumer Research Report No. 69, London.

Deutscher Spendenrat e. V. (2015): Bilanz des Helfens 2015, Berliner Pressekonferenz, 11. März 2015.

DeWitte, H. (1999): Job Insecurity and Psychological Well-Being – Review of the Literature and Exploration of Some Unresolved Issues, in: European Journal of Work and Organizational Psychology, Vol. 8 (2), S. 155–177.

Dhar, R. und N. Zhu (2006): Up Close and Personal – Investor Sophistication and the Disposition Effect, in: Management Science, Vol. 52, S. 726–740.

Di Tella, R., McCulloch, R.J. und A.J. Oswald (2001): Preferences over Inflation and Unemployment – Evidence from Surveys of Hapiness, in: American Economic Review, Vol. 91, S. 335–341.

Di Tella, R., McCulloch, R.J. und A.J. Oswald (2003): The Macroeconomics of Happiness, in: Review of Economics and Statistics, Vol. 8, S. 809–827.

Diekmann, A. (2008): Soziologie und Ökonomie – Der Beitrag der experimentellen Wirtschaftsforschung zur Sozialtheorie, in: Zeitschrift für Soziologie und Sozialpsychologie, Jg. 60, S. 528–550.

DiFonzo, N. und P. Bordia (1997): Rumor and Prediction – Making Sense (But Losing Dollars) in the Stock Market, in: Organizational Behavior and Human Decision Processes, Vol. 71, S. 329–353.

Dijk, E. v. und R. Vermunt (2000): Strategy and Fairness in Social Decision Making – Sometimes it pays to be Powerless, in: Journal of Experimental Social Psychology, Vol. 36, S. 1–25.

Dittmar, H. (1992): The Social Psychology of Material Possessions – To Have is to Be, Hempstead.

Dohse, D. (2001): Knowledge Creation, Knowledge Diffusion and Regional Growth, in: Bröcker, J. und H. Hermann (Hrsg.), Spatial Change and Interregional Flows in the Integrating Europe, Heidelberg und New York, S. 131–142.

Dolan, P. und N. Powdthavee (2012): Thinking About It – A Note on Attention and Well-Being Losses from Unemployment, in: Applied Economics Letters, Vol. 19, S. 325–328.

Döring, T. (1994), Subsidiaritätsprinzip, in: Wirtschaftswissenschaftliches Studium, Jg. 23, S. 243–246.

Döring, T. (1995), Das Subsidiaritätsprinzip in der Europäischen Union, in: ORDO – Jahrbuch für die Ordnung von Wirtschaft und Gesellschaft, Jg. 47, S. 293–323.

Döring, T. (2013a): John Maynard Keynes als Verhaltensökonom – illustriert anhand seiner Analyse des Versailler Vertrags, in: ORDO, Jg. 64, S. 27–51.

Döring, T. (2013b): Schumpeter und die Theorie unternehmerischer Innovation – Kernaussagen, kritische Abgrenzung zu anderen Ansätzen sowie Bausteine für eine Weiterentwicklung, in: Pies, I. und M. Leschke (Hrsg.), Joseph Schumpeters Theorie gesellschaftlicher Entwicklung, Tübingen, S. 161–202.

Döring, T. und F. Rischkowsky (2014): Problemorientierte Verbraucherpolitik – Der Beitrag der Verhaltensökonomik zu einem verbesserten Verbraucherschutz, sofia-Diskussionsbeiträge zur Institutionenanalyse Nr. 14–1, Darmstadt.

Döring, T. und F. Rischkowsky (2015): Verbraucherschutz – Verhaltensökonomische Rechtfertigung und verbraucherpolitische Maßnahmen, in: Müller, C. und N. Otter (Hrsg.), Behavioral Economics und Wirtschaftspolitik, Stuttgart, S. 217–242.

Döring, T. Blume, L. und M. Türck (2008): Ursachen der unterschiedlichen Wirtschaftskraft der deutschen Länder – Gute Politik oder Resultat günstiger Rahmenbedingungen?, Baden-Baden.

Dowling, M. und B.M. Lucey (2005): The Role of Feelings in Investor Decision-Making, in: Journal of Economic Survey, Vol. 19, S. 211–237.

Dragano, N. (2007): Personalabbau, Outsourcing, Restrukturierung – Gesundheitliche Folgen von Rationalisierungsmaßnahmen und mögliche Erklärungen, in: Psychosozial, Jg. 109, S. 39–54.

Drewnowski, A. und S.E. Specter (2004): Poverty and Obesity – The Role of Energy Density and Energy Costs, in: The American Journal of Clinical Nutrition, Vol. 79, S. 6–16.

Drexler, A., Fischer, G. und A. Schoar (2010): Keeping it Simple – Financial Literacy and Rules of Thumb, Centre of Economic Policy Research, Discussion Paper 7994.

Duesenberry, J. (1952): Income, Saving and the Theory of Consumer Behavior, New York.

Dullien, S. (2013): Umbau der Finanzärkte – Übermäßiges Vertrauen in die Marktrationalität hält an, in: Wirtschaftsdienst, Jg. 93, S. 23–29.

Dullien, S., Heise, M., Schick, G. und H.-P. Burghof (2010): Nach der Krise - Wirksame Regelungen auf dem Finanzmarkt?, in: Wirtschaftsdienst, Jg. 90, S. 75–91.

Dunn, B.D., Dalgleish, T. und A.D. Lawrence (2006): The Somatic Marker Hypothesis: A Critical Evaluation, in: Neuroscience and Biobehavioral Reviews, Vol. 30, S. 239–271.

Ehret, P.J. und D.K. Sherman (2014): Public Policy and Health – A Self-Affirmation Perspective, in: Policy Insights from the Behavioral and Brain Sciences, Vol. 1, S. 222–230.

Eisenberg, G.P. und P.F. Lazarsfeld (1938): The Psychological Effects of Unemployment, in: Psychological Bulletin, Vol. 35, S. 358–390.

Eisenkopf, A. und A. Knorr (2015): Verkehrspolitik – Der Beitrag der Verhaltensökonomik, in: Müller, C. und N. Otter (Hrsg.), Behavioral Economics und Wirtschaftspolitik, Stuttgart, S. 195–215.

Ellwood, D. und R. Haskins (2008): A Look Back at Welfare Reform, in: Institute for Policy Research News, Vol. 30, S. 20–21.

Engelmann, D. und M. Strobel (2000): An Experimental Comparison of the Fairness-Models by Bolton and Ockenfels and by Fehr and Schmidt, Discussion Paper, Interdisciplinary Research Project 373: Quantification and Simulation of Economic Processes, No. 2000-28.

Englerth, M. (2004): Behavioral Law and Economics – Eine kritische Einführung, Preprints of the Max Planck Institute for Research on Collective Goods, Nr. 2004-11, Bonn.

Enste, D.H. und M. Hüther (2011): Verhaltensökonomik und Ordnungspolitik – Zur Psychologie der Freiheit, Köln.

Erlei, M. (2015): Soziale Präferenzen und begrenzte Rationalität in der experimentellen Verhaltensökonomik, in: Müller, C. und N. Otter (Hrsg.), Behavioral Economics und Wirtschaftspolitik, Stuttgart, S. 29–51.

Esser, H. (1996): Die Definition der Situation, in: Kölner Zeitschrift für Soziologie und Sozialpsychologie, Jg. 48, S. 1–34.

Eucken, W. (2012), Grundsätze der Wirtschaftspolitik, 7. Auflage, Tübingen.

European Opinion Research Group (2002), Perception of the Euro – First Elements, Brüssel.

Falk, A. und U. Fischbacher (2006): A Theory of Reciprocity, in: Games and Economic Behavior, Vol. 54, S. 293–315.

Falk, A. und J. Zweimüller (2005): Unemployment and Right-Wing Extremist Crime, IZA Discussion Paper, No. 1540.

Falk, A., Fehr, E. und U. Fischbacher. (2005): Driving Forces Behind Informal Sanctions, IZA Discussion Paper No. 1635.

Fama, E.F. (1965): The Behavior of Stock Market Prices, in: Journal of Business, Vol. 38, S. 34–105.

Fama, E.F. (1970): Efficient Capital Markets – A Review of Theory and Empirical Work, in: Journal of Finance, Vol. 25, S. 383–417.

Fama, E.F. (1998): Market Efficiency, Long-Term Returns, and Behavioral Finance, in: Journal of Financial Economics, Vol. 49, S. 283–306.

Fazio, R.H. (1990): Multiple Processes by which Attitudes Guide Behavior – The MODE Model as an Integrative Framework, in: Zanna, S.D. (Hrsg.), Advances in Experimental Social Psychology, San Diego, S. 75–109.

Featherstone, M. (1990): Perspectives on Consumer Culture, in: Sociology, Vol. 24, S. 5–22.

Feather, N. und P. Davenport (1981): Unemployment and Depressive Effect – A Motivational and Attributional Analysis, in: Journal of Personality and Social Psychology, Vol. 41, S. 422–436.

Fehr, E. (2006): Neuroökonomik – Die Erforschung der biologischen Grundlagen des menschlichen Sozialverhaltens, Volkswirtschaftliche Beiträge der Universität St. Gallen, Nr. 3 (August 2006).

Fehr, E. und U. Fischbacher (2004): Third-Party Punishment and Social Norms, in: Evolution and Human Behavior, Vol. 25 (2), S. 63–87.

Fehr, E. und S. Gächter (1998): Reciprocity and Economics – The Economic Implications of Homo Reciprocans, in: European Economic Review, Vol. 42, S. 845–859.

Fehr, E. und S. Gächter (2000): Fairness and Retaliation – The Economics of Reciprocity, in: Journal of Economic Perspectives, Vol. 14, S. 159–181.

Fehr, E. und L. Goette (2005): Do Workes Work More if Wages Are High? – Evidence from a Randomized Field Experiment, University of Zurich, Institute for Empirical Research in Economics, Working Paper Series, No. 125.

Fehr, E. und K.M. Schmidt (1999): A Theory of Fairness, Competition and Cooperation, in: Quarterly Journal of Economics, Vol. 114, S. 817–868.

Fehr, E. und K.M. Schmidt (2000): Theories of Fairness and Reciprocity – Evidence and Economic Applications, CESifo Working Paper Series, No. 403.

Fehr, E. und K.M. Schmidt (2005): The Economics of Fairness, Reciprocity and Altruism – Experimental Evidence and New Theories, Department of Economics, University of Munich, Discussion Paper 2005-20.

Fehr, E., Fischbacher, U. und M. Kosfeld (2005): Neuroeconomic Foundations of Trust and Social Preferences. IZA Discussion Paper No. 1641.

Fenzl, T. (2009): Die Massenpsychologie der Finanzmarktkrise – US-Immobilienblase, Subprime Desaster, Schulden-Bubble und ihre Auswirkungen, Wien.

Ferrari, L. und E. Lozza (2003): Price Expectations Bias and Non-Neutrality of the Currency as a Unit of Account – An Experiment Inspired by the supposed Lira-Euro Double Monetary Standard, Paper Presented at the IAREP Euro-Workshop (July 2003), Wien.

Fershtman, C., Gneezy, U. und J.A. List (2012): Equity Aversion – Social Norms and the Desire to be Ahead, in: American Economic Journal - Microeconomics, Vol. 4 (4), S. 131–144.

Fisher, I. (1928): The Money Illusion, New York.

Fischer, L., Katzer, C. und G. Kiell (2002): Der TEURO und die Geldillusion, in: Wirtschaftspsychologie, Jg. 4, S. 43–60.

Fluch, M. und H. Stix (2005): Wahrgenommene Inflation in Österreich – Ausmaß, Erklärungen, Auswirkungen, in: Geldpolitik & Wirtschaft, 3-2005, S. 25–54.

Forsythe, R., Horowitz, J.L., Savin, N.E. und M. Sefton (1994): Fairness in Simple Bargaining Games, in: Games and Economic Behavior, Vol. 6, S. 347–369.

Fox, S. und K. Dayan (2004): Framing and Risky Choice as influenced by Comparison of one's Achievements with Others – The Case of Investment in the Stock Exchange, in: Journal of Business and Psychology, Vol. 18, S. 301–320.

Frank, R., Gilovich, T. und D. Regan (1993): Does Studying Economics inhibit Cooperation?, in: Journal of Economic Perspectives, Vol. 7, S. 159–171.

French, K. und J. Poterba (1991): Investor Diversification and International Equity Markets, in: American Economic Review, Vol. 8, S. 222–226.

Frese, M. (1979): Arbeitslosigkeit, Depressivität und Kontrolle – Ein Studie mit Wiederholungsmessung, in: Kieselbach, T. und H. Offe (Hrsg.), Arbeitslosigkeit - Individuelle Verarbeitung, gesellschaftlicher Hintergrund, Darmstadt, S. 222–257.

Frese, M. und G. Mohr (1978): Die psychopathologischen Folgen des Entzugs von Arbeit – Der Fall Arbeitslosigkeit, in: Frese, M., Greif, S. und N. Semmer (Hrsg.), Industrielle Psychopathologie, Bern, S. 282–320.

Frey, B.S. (2008): Happiness – A Revolution in Economics, Cambridge (MA).

Friedman, M. (1953): The Case of Flexible Exchange Rates – Essays in Positive Economics, Chicago.

Friedrichs, J. (2015): Eine Klasse für sich, in: Zeit-Magazin, Nr. 11 (12. März 2015), S. 12–22.

Fritsch, M. (1984): Die legitimation kollektiven Handelns in der neueren Vertragstheorie – Nozick, Buchanan und Raels im Vergleich, in: Jahrbuch für Neue Politische Ökonomie, Jg. 3, S. 31–59.

Fritsch, M. (2011), Marktversagen und Wirtschaftspolitik, 8. Auflage, München.

Fröhlich, D. (1979): Psychosoziale Folgen der Arbeitslosigkeit – eine empirische Untersuchung in Nordrhein-Westfalen, Köln.

Froot, K. und E. Dabora (1999): How Are Stock Prices Affected by the Location of Trade?, in: Journal of Financial Economics, Vol. 53, S. 189–216.

Frøyland, E. und I. Lønning (2000): The Significance of Uncertainty in Monetary Policy, in: Norges Bank Economic Bulletin, Q 4, S. 136–142.

Funk, L. (2014): Sanfter Paternalismus und verhaltensökonomisch fundierte Ordnungspolitik im Verbraucherschutz, in: in: Wirtschaftsdienst, Jg. 94, S. 787–791.

Furnham, A. (1983): Inflation and the Estimated Sites of Motes, in: Journal of Economic Psychology, Vol. 6, S. 349–352.

Furnham, A. (1984): Many Sides of the Coin – The Psychology of Money Usage, in: Personality and Individual Differences, Vol. 5, S. 95–103.

Furnham, A. (1988): Unemployment, in: Raaji, W.F. van, Veldenhoven, G.M. van und K.E. Wärneryd (Hrsg.), Handbook of Economic Psychology, Dordrecht, S. 594–637.

Furnham, A. (1997): The Psychology of Behavior at Work, Hove East Sussex.
Gabor, A. und C.W. Granger (1961): On the Price Consciousness of Consumers, in: Applied Statistics, Vol. 10, S. 170–180.
Gabor, A. und C.W. Granger (1964): Price Sensivity of the Consumer, in: Journal of Advanced Research, Vol. 4, S. 40–44.
Galiani, S. und A. Orsola-Vidal (2010): Scaling Up Handwashing Behavior, Washington DC.
Gallagher, K. (1997): Globalization and Consumer Culture, in: Goodwin, N.R. et al. (Hrsg.), The Consumer Society, Washington D.C., S. 301–308.
Gamble, A., Gärling, R., Charlton, J. und R. Ranyard (2002): Euro Illusion - Psychological Insights into Price Evaluations with a Unitary Currency, in: European Psychologist, Vol. 7, S. 302–311.
Garbarino, J. (1976): A Preliminary Study of Some Ecological Correlates of Child Abuse – The Impact of Socioeconomic Stress on Mothers, in: Child Development, Vol. 47, S. 178–185.
Gärling, T., Kirchler, E., Lewis, A. und W.F. van Raaij (2010): Psychology, Financial Decision Making, and Financial Crises, in: Psychological Science in the Public Interest, Vol. 10, S. 1–47.
Gennetian, L.A., Duncan, G., Knox, V., Vargas, W., Clark-Kauffman, E. und A.S. London (2004): How Welfare Policies Affect Adolescents' School Outcomes – A Synthesis of Evidence from Experimental Studies, in: Journal of Research on Adolescence, Vol. 14, S. 399–423.
Gilovich, T., Medvec, V.H. und K. Savitsky (2000): The Spotlight Effect in Social Judgement – An Egocentric Bias in Estimates of the Salience of One's Own Actions and Appearnces, in: Journal of Personality and Social Psychology, Vol. 78, S. 211–222.
Gino, F. (2004): Getting Advice from the Same Source but at a Different Cost: Do We Overweigh Information Just Because We Paid for It?, Harvard Business School Working Paper Series, No. 05-017.
Glaeser, E.L. (2003), Psychology and the Market, Harvard Institute of Economic Research, Discussion Paper, No. 2023 (December 2003).
Glaeser, E.L., Kallal, H.D., Scheinkman, J.A. und A. Shleifer (2001): Growth in Cities, in: Journal of Political Economy, Vol. 100, S. 1126–1152.
Gleason, K., Mathur, I. und M. Peterson (2004): Analysis of Intraday Herding Behavior among the Sector ETFs, in: Journal of Empirical Finance, Vol. 11, S. 681–694.
Glimcher, P., Camerer, C.F., Fehr, E. und R.A. Poldrack (2009) (Hrsg.): Neuroeconomics – Decision Making and the Brain, Amsterdam et al.
Gneezy, U. und J.A. List (2006): Putting Behavioral Economics at Work – Testing for Gift Exchange in Labor Markets Using Field Experiments, Econometrica, Vol. 74, S. 1365–1385.
Goette, L., Huffman, D. und E. Fehr (2004): Loss Aversion and Labor Supply, in: Journal oft he European Economic Association, Vol. 2, S. 215–228.
Goldberg, J. und R. von Nitzsch (1999): Behavioral Finance – Gewinne mit Kompetenz, München.
Goldstein, D. und E. Johnson (2003), Do Defaults Save Life?, in: Science, Vol. 302, S. 1338–1339.
Goldstein, D., Johnson, E., Herrmann, A. und M. Heitmann (2008), Nudge Your Costumers toward Better Choices, in: Harvard Business Review, Vol. 86 (12), S. 99–105.
Grant, A. (2013): Give and Take – Why Helping Others Drives Our Success, London.
Grau, T. und K. Thomsen (1985). Die Attribuierung des Vorwurfs der Arbeitsunwilligkeit – Zur Rolle der Arbeitslosen, in: Kieselbach, T. und A. Wacker (Hrsg.), Individuelle und gesellschaftliche Kosten der Massenarbeitslosigkeit, Weinheim und Basel, S. 107–119.
Greenhalgh, L. und Z. Rosenblatt (1984): Job Insecurity – Towards Conceptual Clarity, in: Academy of Management Review, Vol. 9, S. 438–448.
Greif, A. (1993): Contract Enforceability and Economic Institutions, in Early Trade: The Maghribi Traders' Coalition, in: American Economic Review, Vol. 83, S. 525–548.
Greitemeyer, T., Schulz-Hardt, S., Traut-Mattausch, E. und D. Frey (2002): Erwartungsgeleitete Wahrnehmung bei der Einführung des Euro – Der Euro ist nicht immer ein Teuro, in: Wirtschaftspsychologie, Jg. 4, S. 22–28.

Greitemeyer, T., Schulz-Hardt, S., Traut-Mattausch, E. und D. Frey (2005): The Influence of Price Trend Expectations on Price Trend Estimates – Why the Euro Seems to Make the Life More Expensive, in: Journal of Economic Psychology, Vol. 25, S. 541–548.

Greitemeyer, T., Traut-Mattausch, E. und D. Frey (2008): Psychologische Konsequenzen der Euro-Einführung (Information Nr. 7), Roman Herzog Institute, München.

Gruber, J. und S. Mullainathan (2002): Do Cigarette Taxes Make Smokers Happier?, NBER Working Paper No. 8872, Cambridge (MA).

Gurr, T.R. (1970): Why Men Rebel, Princeton.

Güth, W. und E.van Damme (1998): Information, Strategic Behavior and Fairness in Ultimatum Bargaining, in: Journal of Economic Behavior & Organization, Vol. 3, S. 367–388.

Güth, W. und H. Kliemt (2014): Nudging – Obrigkeitsdenken und Verwaltungsfreude in neuem Gewand?, in: Wirtschaftsdienst, Jg. 94, S. 771–774.

Güth, W., Schmittberger, R. und B. Schwarze (1982): An Experimental Analysis of Ultimatum Bargaining, in: Journal of Economic Behavior and Organization, Vol. 3, S. 367–388.

Haley, K.J. und D.M.T. Fessler (2005): Nobody's Watching? – Subtle Cues Affect Generosity in an Anonymous Economic Game, in: Evolution of Human Behavior, Vol. 26, S. 245–256.

Hall, C., Zhao, J.C. und W. Shafir (2014): Self-Affirmation among the Poor – Cognitive and Behavioral Implications, in: Psychological Science, Vol. 25, S. 619–625.

Hanesch, W., Krause, P. und G. Bäcker (2000): Armut und Ungleichheit in Deutschland, Reinbek.

Hardie, B., Johnson, E.J. und P.S. Fader (1993): Modeling Loss Aversion and Reference Dependence Effects on Brand Choice, in: Marketing Science, Vol. 12, S. 378–394.

Harrison, R. (1976): The Demoralizing Experience of Prolonged Unemployment, in: Department of Employment Gazette, Vol. 4, S. 339–348.

Hau, H. und H. Rey (2008): Home Bias at the Fund Level, NBER Working Paper No. 14172.

Haucap, J. (2015): Wettbewerbspolitik – Implikationen der Verhaltensökonomik, in: Müller, C. und N. Otter (Hrsg.), Behavioral Economics und Wirtschaftspolitik, Stuttgart, S. 175–193.

Haupt, M. (2014): Nudging im Bereich der Alterssicherung – warum und wie?, in: Wirtschaftsdienst, Jg. 94, S. 784–787.

Head, J. G. (1988): On Merit Wants – Reflection on the Evolution, Normative Status and Policy Relevance of a Controversial Public Finance Concept, in: Finanzarchiv, Jg. 46, S. 1–37.

Heath, C., Huddart, S. und M. Lang (1999): Psychological Factors ans Stock Option Exercise, in: Quarterly Journal of Economics, Vol. 114, S. 601–627.

Hedesström, T., Svedsätter, H. und T. Gärling (2007): Determinants of the Use of Heuristic Choice Rules in the Swedish Premium Pension Sheme – An Internet-Based Survey, in: Journal of Economic Psychology, Vol. 27, S. 113–126.

Heider, F. und M.-A. Simmel (1944): An Experimental Study of Apparent Behavior, in: American Journal of Psychology, Vol. 57, S. 243–259.

Helliwell, J.F. (2003): How's Life? – Combining Individual and National Variables to Explain Subjective Well-Being, in: Economic Modelling, Vol. 20, S. 331–360.

Helliwell, J.F. und R.D. Putnam (1995): Economic Growth and Social Capital in Italy, in: Eastern Economic Journal, Vol. 21, S. 295–307.

Henrich, J.A., Boyed, R., Bowles, S., Camerer, C.F., Fehr, E., Gintis, H. et al. (2005): „Economic Man" in Cross-Cultural Perspective – Behavioral Experiments in 15 Small-Scale Societies, in: Behavioral and Brain Sciences, Vol. 28, S. 795–855.

Hentschel, U., Möller, C. und R. Pintar (1977): Zur Lage der Arbeitslosen in Nordrhein-Westfalen, Köln.

Hepworth, S.J. (1980): Moderating Factors of the Psychological Impacts of Unemployment, in: Journal of Occupational Psychology, Vol. 53, S. 139–145.

Hernstein, R.J., Loewenstein, G.F., Prelec, D. und W. Vaughan (1993): Utility Maximization and Melioration – Internalities in Individual Choice, in: Journal of

Hetschko, C., Knabe, A. und R. Schöb (2011): Changing Identity – Retiring from Unemployment, in: The Economic Journal, Vol. 124, S. 149–166.

Hill, J. (1978): The Psychological Impact of Unemployment, in: New Society, Vol. 43, S. 118–120.

Hilpert, H.R. (1981): Psychische und psychosomatische Beschwerdebilder bei Arbeitslosen, in: Zeitschrift für Arbeits- und Organisationspsychologie, Jg. 3, S. 151–159.

Hinze, J. (2005): Konjunkturschlaglicht – ‚Gefühlte' Inflation, in: Wirtschaftsdienst, Jg. 85, S. 800–801.

Hinze, J. (2006): ‚Wahre' Teuerungsrate – Divergenzen zwischen Preismessung und Inflationswahrnehmung, in: Wirtschaftsdienst, Jg. 86, S. 125–131.

Hirshleifer, H. und T. Shumway (2003): Good Day Sunshine – Stock Returns and the Weather, in: Journal of Finance, Vol. 58, S. 1009–1032.

Hobbes, T. (1651, 1966): Leviathan, Neuwied und Berlin.

Hochman, H.M. und J.D. Rogers (1969): Pareto Optimal Redistribution, in: American Economic Review, Vol. 59, S. 542–557.

Hoffman, E., McCabe, K., Shachat, K. und V. Smith (1994): Preferences, Property Rights, an Anonymity in Bargaining Games, in: Games and Economic Behavior, Vol. 7, S. 346–380.

Hoffmann, J., Leifer, H.-A. und A. Lorenz (2005): Index der wahrgenommenen Inflation oder EU-Verbraucherumfragen? – Zu einem Ansatz von Hans Wolfgang Brachinger, in: Wirtschaftsdienst, Jg. 85, S. 706–714.

Hoffmann, J., Leifer, H.-A. und A. Lorenz (2006): Index of Perceived Inflation or EU Consumer Surveys? – An Assessment of Professor H.W. Brachinger's Approach, in: Intereconomics, Vol. 41, S. 142–150.

Homann, K. und I. Pies (1996): Sozialpolitik für den Markt – Theoretische Perspektiven konstitutioneller Ökonomik, in: Pies, I. und M. Leschke (Hrsg.), James Buchanans konstitutionelle Ökonomik, Tübingen, S. 203–239.

Hopson, B. und J. Adams (1976): Towards an Understanding – Defining some Boundaries of Transition Dynamics, in: Adams, J., Hayes, J. und B. Hopson (Hrsg.), Transition – Understanding and Managing Personal Change, London, S. 3–25.

Hörner, J. (2002), Reputation and Competition, in: American Economic Review, Vol. 92, S. 644–663.

Howell, N. (2006): Catching Up with Consumer Realities – The Need for Legislation Prohibiting Unfair Terms in Consumer Contracts, in: Australian Business Law Review, Vol. 34, S. 447–465.

Ikenberry, D.L., Rankine, G. und E.K. Stice (1996): What Do Stock Splits Really Signal?, in: Journal of Financial and Quantitative Analysis, Vol. 31, S. 299–317.

Imkamp, H. (2015): Niedrige Preis-Qualitätskorrelationen und ihre Bedeutung für den Verbraucherschutz, in: Wirtschaftswissenschaftliches Studium, Jg. 44, S. 145–151.

INIFES – Internationales Institut für Empirische Sozialökonomie (2012): Gute Erwerbsbiographien: Erwerbsverläufe und Alterseinkünfte im Paar- und Haushaltskontext, Stadtbergen.

Ireland, T.R. und D.B. Johonson (1970): The Economics of Charity, Blacksburg.

Iyengar, S.S. und M.R. Lepper (2000): When Choice is Demotivating – Can One Desire to Much of a Good Thing?, in: Journal of Personality and Social Psychology, Vol. 9, S. 995–1006.

Jacobson, D. (1987): A Psychological Study of the Job Insecurity Experience, in: Social Behavior, Vol. 2, S. 143–155.

Jacoby, J., Speller, D.E. und C. Kohn (1974), Brand Choice Behavior as a Function of Information Load, in: Journal of Marketing Research, Vol. 11, S. 63–69.

Jahoda, M. (1986): Wieviel Arbeit braucht der Mensch? – Arbeit und Arbeitslosigkeit im 20. Jahrhundert, 3. Auflage, Weinheim und Basel.

Jahoda, M., Lazarsfeld, P.F. und H. Zeisel (1960): Die Arbeitslosen von Marienthal, Allensbach.

Jansen, A. und M. Neumann (2014): Durch Wachstum zum Wohlbefinden – Der Eifluss der Wachstumsrate auf die Lebenszufriedenheit, in: Wirtschaftswissenschaftliches Studium, Jg. 43, S. 484–490.

Jarrel, G. und S. Peltzman (1985): The Impact of Product Recalls on the Wealth of Sellers, in: Journal of Political Economy, Vol. 98, S. 521–536.

Johnson, E.J., Hershey, J., Meszaros, J. und H. Kunreuther (1993): Framing, Probability Distortions, and Insurance Decisions, in: Journal of Risk and Uncertainty, Vol. 7, S. 35–51.

Jolls, Ch., Sunstein, C.R. und R. Thaler (1998), A Behavioral Approach to Law and Economics, in: Stanford Law Review, Vol. 50, S. 1471–1550.

Jonas, E. (2003): Introduction to the Euro – Goodbye to the Deutschmark, Paper Presented at the IAREP Euro-Workshop (July 2003), Wien.

Jonas, E. und D. Frey (2003): Searching for Information about Financial Decisions in Euro versus DM, in: European Psychologist, Vol. 8, S. 92–96.

Jonas, E., Greitemeyer, T., Frey, D. und S. Schulz-Hardt (2002): Psychological Effects of the Euro – Experimental Research on the Perception of Salaries and Price Estimations, in: European Journal of Social Psychology, Vol. 32, S. 147–169.

Kable, J.W. (2011): The Cognitive Neuroscience Toolkit for the Neuroeconomist – A Functional Overview, in: Journal of Neuroscience, Psychology, and Economics, Vol. 4 (2), S. 63–84.

Kagel, J.H., Kim, C. und D. Moser (1996): Fairness in Ultimatum Games with Asymmetric Information and Asymmetric Payoffs, in: Games and Economic Behavior, Vol. 13, S. 100–110.

Kahneman, D. (2003): Maps of Bounded Rationality – Psychology for Behavioral Economics, in: American Economic Review, Vol. 93, S. 1449–1475.

Kahneman, D. (2011): Thinking, Fast and Slow, London.

Kahneman, D. und A. Tversky (1984): Choices, Values and Frames, in: American Psychologist, Vol. 39, S. 341–350.

Kahneman, D. und A. Tversky (1991): Loss Aversion in Riskless Choices – A Reference-Dependent Model, in: Quarterly Journal of Economics, Vol. 106, S. 1039–1061.

Kahneman, D. und A. Tversky (2000) (Hrsg.): Choices, Values, and Frames, Cambridge (MA).

Kahneman, D., Krueger, A.B., Schkade, D., Schwarz, N. und A. Stone (2004): Toward National Well-Being Accounts, in: American Economic Review, Vol. 94, S. 429–434.

Kalimo, R., Taris, T.W. und W.B. Schaufeli (2003): The Effects of Past and Anticipated Future Downsizing on Survivor Well-Being – An Equity Perspective, in: Journal of Occupational Health Psychology, Vol. 8, S. 91–109.

Kaltenthaler, K. und C. Anderson (2001): Europeans and their Money – Explaining Public Support for the Common European Currency, in: European Journal for Political Research, Vol. 40, S. 139–170.

Kamleitner, B., Kirchler, E. und E. Hofmann (2004): The Euro – Perception of a Loss in Purchasing Power, Presentaton at IAREP/SABE (International Association for Research in Economic Psychology and Society for the Advancement of Behavioral Economics) Conference, Philadelphia, July 2004.

Karelis, C. (2009): The Persistence of Poverty – Why the Economics of the Well-Off Can't Help the Poor, New Haven.

Käseberg, T. (2013): Verbraucherschutz als Teil der Marktordnung, in: Wirtschaftsdienst, Jg. 93, S. 33–38.

Kastner, M. (1988): Psychische Störungen durch Arbeitslosigkeit, Mainz.

Katona, G. (1951): Psychological Analysis of Economic Behavior, New York.

Ke, D., Ng, L. und Q. Wang (2009): Home Bias in Foreign Investment Decisions, in: Journal of International Business Studies, Vol. 41, S. 960–979.

Kemp, N.J. und R.A. Mercer (1983): Unemployment, Disability and Rehabilitation Centers and Their Effects on Mental Health, in: Journal of Occupational Psychology, Vol. 56, S. 37–48.

Keynes, J.M. (1920, 2006): Krieg und Frieden – Die wirtschaftlichen Folgen des Vertrages von Versailles, 3. Auflage, Berlin.

Keynes, J.M. (1936, 2009): Allgemeine Theorie der Beschäftigung, des Zinses und des Geldes, 11. Auflage, Berlin.

Kieselbach, T. und H. Offe (1979): Psychologische, gesundheitliche, soziale und politische Probleme von Arbeitslosigkeit, Darmstadt.

Kieselbach, T. und H. Schindler (1984): Psychosoziale Auswirkungen von Arbeitslosigkeit und Hindernisse für eine Aktivierung Arbeitsloser, Bremen.

Kirchgässner, G. (2012): Sanfter Paternalismus, meritorische Güter, und der normative Individualisums, Center for Research in Economics, Management and the Arts, Working Paper, No. 2012-09, Basel.

Kirchler, E. (1984): Arbeitslosigkeit und Alltagsbefinden, Linz.

Kirchler, E. (1993): Arbeitslosigkeit, Göttingen.

Kirchler, E. (1999): Reactance to Taxation – Employers' Attitudes toward Taxes, in: Journal of Socio Economics, Vol. 28, S. 131–138.

Kirchler, E. (2011): Wirtschaftspsychologie – Individuen, Gruppen, Märkte, Staat, 4. Auflage, Göttingen et al.

Kirchler, E. und C. Nowy (1988): Wo bleibt das Glück am Herd? - Geschlechtsspezifische Reaktionen auf Arbeitslosigkeit, in: Wirtschafts- und sozialpolitische Zeitschrift des ISW, Jg. 11, S. 69–87.

Kirchler, E., Maciejovsky, B. und M. Weber (2005): Framing Effects, Selective Information, and Market Behavior – An Experimental Analysis, in: Journal of Behavioral Finance, Vol. 6, S. 90–100.

Klocke, A. und K. Hurrelmann (2002): Kinder und Jugendliche in Armut, Opladen.

Klopp, K. (2007): Steuerhinterziehung – Empirie und Experimente, Norderstedt.

Klump, R. (2006): Wirtschaftspolitik – Instrumente, Ziele und Institutionen, München et al.

Knabe, A. und S. Rätzel (2011): Scarring or Scaring? – The Psychological Impact of Past Unemployment and Future Unemployment Risk, in: Economica, Vol. 78, S. 283–293.

Knabe, A., Schöb, R., Rätzel, S. und J. Weimann (2010): Dissatisfied with Life, but Having a Good Day – Time-Use and Well-Being of the Unemployed, in: Economic Journal, Vol. 120, S. 867–889.

Kokko, K. und L. Pulkkinen (2000): Aggression in Childhood and Long-Term Unemployment in Adulthood – A Cycle of Maladaptation and some Protective Factors, in: Developmental Psychology, Vol. 36, S. 463–472.

Kopcke, R.W., Little, J.S. und M.B. Geoffrey (2004): How Humans Behave – Implications for Economics and Economic Policy, Conference Overview, New England Economic Review, First Quaarter 2004, Proceedings of the 48th Economic Conference of the Federal Reserve Bank of Boston.

Koopman, C. und N. Ghei (2013): Behavioral Economics, Consumer Choice, and Regulatory Agencies, in: Mercatur Center – George Mason University (Hg.), Economic Perspectives, August 2013, Washington D.C., S. 1–4.

Kouchaki, M., Smith-Crowe, K., Brief, A.P. und K.R. Olson (2013): Seeing Green-Mere Exposure to Money Triggers a Business Decision Frame and Unethical Outcomes, in: Organizational Behavior and Human Decision Processes, Vol. 121, S. 53–61.

Krämer, W. (2014): Thünen-Vorlesung 2014 – Zur Ökonomie von Panik, Angst und Risiko, in: Perspektiven der Wirtschaftspolitik, Jg. 15, S. 367–377.

Kroeber-Riel, W. (1977): Kritik und Neuformulierung der Verbraucherpolitik auf verhaltenswissenschaftlicher Grundlage, in: Die Betriebswirtschaft, Vol. 37, S. 89–103.

Kroeber-Riel, W. (1992): Konsumentenverhalten, 5. Auflage, München.

Kroeber-Riel, W. und P. Weinberg (2003): Konsumentenverhalten, 8. Auflage, München.

Kroll, Y., Levy, H. und A. Rapoport (1988): Experimental Tests of the Mean-Variance Model for Portfolio Selection, in: Organizational Behavior and Human Decision Processes, Vol. 42, S. 388–410.

Krosch, A.R. und D.M. Amodio (2014): Economic Scarcity Alters the Perceptoin of Race, in: Proceedings of the National Academy of Science of the United States (PNAS), Vol. 111, S. 9079–9084.

Krueger, A.B. und A. Mueller (2008): Job Search and Unemployment Insurance – New Evidence from Time Use Data, IZA-Discussion Paper, No. 3667 (August 2008).

Kruger, J. und P. Vargas (2008): Consumer Confusion on Percent Differences, in: Journal of Consumer Psychology, Vol. 18, S. 49–61.

Ku, G., Galinsky, A.D. und J.K. Murnighan (2006): Starting Low but Ending High – A Reversal of the Anchoring Effect in Auctions, in: Journal of Personality and Social Psychology, Vol. 90, S. 975–986.

Kubon-Gilke, G. (2001): Verständnis und Einsicht: Kategorien psychologischer Lerntheorien und ihre Relevanz für ökonomische Fragen, in: Ökonomie und Gesellschaft, Jg. 17, S. 343–367.

Kuhlmann, E. (1990): Verbraucherpolitik – Grundzüge ihrer Theorie und Praxis, München.

Kurtz, J.L. (2008): Looking at the Future to Appreciate the present – The Benefits of Perceived Temporary Scarcity, in: Psychological Science, Vol. 19, S. 1238–1241.

Kutsch, T. und G. Wiswede (1978)(Hrsg.), Arbeitslosigkeit, Band 1: Sozialstrukturelle Probleme, Königstein.

Lang, A.-S. (2014): Da hilft nur der Taschenrechner, in: Die Zeit, 16. April 2014, Nr. 17, S. 33.

Lavie, N. (2005): Distracted and Confuse? – Selective Attention under Load, in: Trends in Cognitive Science, Vol. 9, S. 75–82.

Lea, S.E.G. (1981): Inflation Decimalization and the Estimated Site of Coins, in: Journal of Economic Psychology, Vol. 4, S. 79–81.

Lea, S.E.G., Tarpy, R.M. und P. Webley (1987): The Individual in the Economy – A Textbook of Economic Psychology, Cambridge.

Ledyard, J.O. (1995): Public Goods – A Survey of Experimental Research, in: Kagel, J.H. und A.E. Roth (Hrsg.), The Handbook of Eperimental Economics, Princeton, S. 111–194.

Lee, J.S. und N.K. Bowen (2006): Parent Involvement, Cultural Capital, and the Achievement Gap among Elementary School Children, in: American Educational Research Journal, Vol. 43, S. 193–218.

Lee, H., Park, J., Lee, J. und R.S. Wyer (2008): Disposition Effects and Underlying Mechanisms in E-Trading of Stocks, in: Journal of Marketing Research, Vol. 65, S. 362–378.

Leimgruber, K.L., Shaw, A., Laurie, R. und K.R. Olson (2012): Young Children are More Generous when Others are Aware of Their Actions, in: PLoS ONE 7(10) e48292. doi: 10.1371/journal.pone.0048292.

Leiser, D. und S.G. Drori (2005): Naive Understanding of Inflation, in: Journal of Socio-Economics, Vol. 34, S. 179–198.

Leiser, D. und G. Izak (1987): The Money Size Illusion as a Barometer of Confidence? – The Case of High Inflation in Israel, in: Journal of Economic Psychology, Vol. 10, S. 347–356.

Leiser, D. und T.F. Rötheli, (2010): The Financial Crisis – Economic and Psychological Perspectives, in: Journal of Socio-Economics, Vol. 39, S. 117–118.

Lelieved, G.-J., Bregtje, G., Crone, E.A., Karremans, J.C. und I. van Beest (2013): A Penny for Your Pain? – The Financial Compensation after Exclusion, in: Social Psychological and Personality Science, Vol. 4, S. 206–214.

Levya, T. und J. Yagil (2005): The Informational Content of Article Publication – The Case of Twin Stocks, in: Applied Financial Economics, Vol. 15, S. 1199–1202.

Lewis, A. (2010): The Credit Crunch – Ideological, Psychological and Epistemological Perspective, in: Journal of Socio-Economics, Vol. 39, S. 127–131.

Lexmond, J., Bazalgette, L. und J. Margo (2011): The Home Front, London.

Lindgren, H.C. (1991): The Psychology of Money, Malabar.

Linnainmaa, J. (2005): The Individual Day Trader, The Anderson Law School at UCLA, Working Paper, Los Angeles.

List, J.A. (2007): On the Interpretation on Giving in Dictator Games, in: Journal of Political Economy, Vol. 115, S. 482–493.

Locke, J. (1690, 1967): Two Treatises of Government, 2. Auflage, Cambridge.

Loewenstein, G.F. (1996): Out of Control – Visceral Infuences on Behavior, in: Organizational Behavior and Human Decision Processes, Vol. 65, S. 272–292.

Loewenstein, G.F. (2000): Emotions in Economic Theory and Economic Behavior, in: American Economic Review: Papers and Proceedings, Vol. 90, S. 426–432.

Loewenstein, G.F. und S. Issacharoff (1994): Source Dependence in the Valuation of Objects, in: Journal of Behavioral Decision Making, Vol. 7, S. 157–168.

Loewenstein, G.F. und T. O'Donoghue (2006): "We can do this the easy way or the hard way" – Negative Emotions, Self-Regulation, and the Law, in: University of Chicago Law Review, Vol. 73, S. 183–206.

Lucas, R.E. (2007): Adaption and the Set-Point Model of Subjective Well-Being, in: Current Directions in Psychological Science, Vol. 16, S. 75–79.

Lucas, R.E., Clark, A.E., Georgellis, Y. und E. Diener (2004): Unemployment Alters the Set-Point for Life Satisfaction, in: Psychological Science, Vol. 15, S. 8–13.

Ludwig, J., Duncan, G.J., Gennetian, L.A., Katz, L.F., Kessler, R., Kling, J.R. und L. Sanbonmatsu (2012): Neighborhood Effects on the Long-Term Well-Being of Low-Income Adults, in: Science, Vol. 337, S. 1505–1510.

Lury, C. (1996): Consumer Culture, Cambridge.

Lusardi, A., Schneider, D.J. und P. Tufano (2011): Financially Fragile Households – Evidence and Implications, National Bureau of Economic Research, Working Paper, No. 17072.

Luttmer, E.F.P. (2000): Inequality and Poverty Dynamics in Transition Economics – Disentangling Real Events from Noise Data, Policy Research Working Paper Series, No. 2549, World Bank.

Luttmer, E.F.P. (2005): Neighbors as Negatives – Relative Earnings and Well-Being, in: The Quarterly Journal of Economics, Vol. 120, S. 963–1002.

Lynn, R., Hampson, S. und M. Magee (1984): Home Background, Intelligence, Personality and Education as Predictors of Unemployment in Young People, in: Personality and Individual Differences, Vol. 5, S. 549–557.

MacGregor, D.G., Slovic, P., Dreman, D. und M. Berry (2000): Imagery, Affect, and Financial Judgment, in: Journal of Psychology and Financial Markets, Vol. 1, S. 104–110.

MacLeod, C.M. (2007): The Concept of Inhibition in Cognition, in: Gorfein, D.S. und C.M. MacLeod (Hrsg.), Inhibition in Cognition, Washington D.C., S. 3–23.

Mandl, C. (2000): Der Euro im Schluss-Sprint – Nüchterne Betrachtung versus Medienhype, in: Euro-Bulletin, 25 (online).

Mani, A., Mullainathan, S., Shafir, E. und J. Zhao (2013): Poverty Impedes Cognitive Function, in: Science, Vol. 341, S. 976–980.

Mankiw, N.G. und M.P. Taylor (2012): Grundzüge der Volkswirtschaftslehre, 5. Auflage, Stuttgart.

Marquering, W., Nisser, J. und T. Valla (2006): Disappearing Anomalies – A Dynamic Analysis oft he Persistence of Anomalies, in: Applied Financial Economics, Vol. 16, S. 291–302.

Marques, F.J. und S. Dehaene (2004): Developing Intuition for Prices in Euro – Rescaling or Relearning Prices?, in: Journal of Experimental Psychology – Applied, Vol. 10, S. 148–155.

Martella, D. und A. Maass (2000): Unemployment and Life Satisfaction – The Moderating Role of Time Structure and Collectivism, in: Journal of Applied Social Psychology, Vol. 30, S. 1095–1108.

Marwell, G. und R. Aimes (1981): Economists Free Ride, Does Anyone Else?, in: Journal of Public Economics, Vol. 15, S. 295–310.

Maynes, E.S. (1979): Consumer Protection – The Issues, in: Journal of Consumer Policy, Vol. 3, S. 97–109.

Maynes, E.S., Douthitt, R.A., Duncan, G.J. und L.V. Geistfeld (1989): A Tale of Three Cities – Large, Medium and Small Consumer Markets Compared, in: Journal of Consumer Policy, Vol. 12, S. 451–463.

McAurey, I. (2007): Roundtable on Economics for Consumer Policy, Summary Report by the Committee on Consumer Policy (CCP) of the OECD, Paris.

McLean, R.D. und J. Pontiff (2012): Does Academic Research Destroy Stock Return Predictability?, AFFI/EUROFIDAL Finance Meetings Papers, Paris (December 2012).

Meier, S. und A. Stutzer (2006): Is Volunteering Rewarding in Itself?, Center for Behavioral Economics and Decision Making, Federal Reserve.

Meier, S. und A. Stutzer (2007): Is Volunteering Rewarding in Itself?, in: Economica, Vol. 75, S. 35–59.

Meier-Pesti, K. und B. Kamleitner (2005): Geiz und Verschwendung, in: Mummert, U. und F. Sell (Hrsg.), Emotionen, Markt und Moral, Münster, S. 133–149.

Meyer, D. (1990), Asymmetrische Information, Institutional Choice und die Funktion von Wertorientierungen, in: Jahrbuch für Sozialwissenschaft, Jg. 41, S. 104–121.

Milgrom, P., Douglas, R., und Weingast, B.R. (1990): The Role of Institutions in the Revival of Trade: The Law Merchant, Private Judges, and the Champagne Fairs, in: Economics and Politics, Vol. 2, S. 1–23.

Mitropoulos, S. (1996), Verbraucherpolitik in der Marktwirtschaft, Mainz.

Montier, J. (2003): Behavioral Finance – Insights into Irrational Minds and Markets, New York.

Moore, D.A., Kurtzberg, T.R, Fox, C.R. und M.H. Bazerman (1999): Positive Illusions and Forecasting Errors in Mutual Fund Investment Decisions, in: Organizational Behavior and Human Decision Processes, Vol. 79, S. 95–114.

Morris, R.T. und C.S. Bronson (1969): The Caos of Competition Indicated by Consumer Reports, in: Journal of Marketing, Vol. 33, S. 26–34.

Muehlbacher, S. und E. Kirchler (2009): Origins of Endowments in Public Good Games – The Impact on Effort on Contributions, in: Journal of Neuroscience, Psychology, and Economics, Vol. 2, S. 59–67.

Mulholland, J. (2007): Behavioural Economics and the Federal Trade Commission, Paper presented at the Australian Government Productivity Commission Roundtable on Behavioural Economics and Public Policy, Melbourne, 8-9th August 2007.

Mullainathan, S. und E. Shafir (2013): Knappheit – Was es mit uns macht, wenn wir zu wenig haben, Frankfurt am Main.

Murawski, K. (2011): Neuroeconomics – Investigating the Neurobiology of Choice, in: Australian Economic Review, Vol. 44, S. 215–224.

Murphy, G.C. und J.A. Athanasou (1999): The Effect of Unemployment on Mental Health, in: Journal of Occupational and Organizational Psychology, Vol. 72, S. 83–99.

Musgrave, R.A. (1959): The Theory of Public Finance, New York et al.

Musgrave, R.A., Musgrave, P.B. und L. Kullmer (1990): Die öffentlichen Finanzen in Theorie und Praxis, Band 1, 5. Auflage, Tübingen.

Mussweiler, T. und B. Englich (2003): Adapting to the Euro – Evidence from Bias Reduction, in: Journal of Economic Psychology, Vol. 23, S. 285–292.

Mussweiler, T. und B. Englich (2004): Sicherheit im Umgang mit dem Euro – Evidence für eine schnelle Gewöhnung an die neue Währung, in: Wirtschaftspsychologie, Jg. 6, S. 66–70.

Nelson, P. (1970): Information and Consumer Behavior, in: Journal of Political Economy, Vol. 78, S. 311–329.

Nelson, P. (1974), Advertising as Information, in: Journal of Political Economy, Vol. 81, S. 721–754.

Neumann, R. (2013): Libertärer Paternalismus, Tübingen.

Nickerson, R. (1984): Retrieval Inhibition from Part-Set Cuing – A Persisting Enigma in Memory Research, in: Memory & Cognition, Vol. 12, S. 531–552.

Nitzsch, R. von und C. Friedrich (1999): Entscheidungen in Finanzmärkten – Psychologische Grundlagen, Aachen.

Nitzsch, R. von und C. Rouette (2003): Kapitalmarktorientierte Unternehmensführung, Aachen.

Noelle-Neumann, E. und P. Gillies (1987): Arbeitslos – Report au seiner Tabuzone, Frankfurt am Main und Berlin.

Noer, D.M. (1993): Healing the Wounds, San Francisco.

Nolen-Hoeksema, S. (1991): Responses to Depression and their Effects on the Duration of Depressive Episodes, in: Journal of Abnormal Psychology, Vol. 100, S. 569–582.

Normann, H-T. (2010): Experimentelle Ökonomik für die Wettbewerbspolitik, Düsseldorfer Institut für Wettbewerbsökonomie, Ordnungspolitische Perspektiven, Nr. 6 (Dezember 2010).

Nosfinger, J.R. (2005): Social Mood and Financial Economics, in: Journal of Behavioral Finance, Vol. 6, S. 144–160.

Nozick, R. (1974): Anarchy, State, and Utopia, New York.

O'Donoghue, T. und G. Loewenstein (2004): Animal Spirits – Affective and Deliberative Processes in Economic Behavior, Working Paper, Cornell University.

O'Donoghue, T. und M. Rabin (1999): Doing It Now or Later, in: American Economic Review, Vol. 89, S. 103–124.

O'Donoghue, T. und M. Rabin (2001): Choice and Procrastinatoin, in: Quarterly Journal of Economics, Vol. 116, S. 121–160.

Oberhuber, N. (2014): Nicht blind der Herde folgen, in: Die Zeit, 23. Oktober 2014, Nr. 44, S. 34.

Oberlechner, T. (2004): The Psychology of the Foreign Exchange Market, Chichester.

Odean, T. (1998): Are Investors Reluctant to Realize Their Losses?, in: Journal of Finance, Vol. 53, S. 1775–1798.

Odean, T. (1999): Do Investors Trade too much?, in: American Economic Review, Vol. 89, S. 103–124.

OECD (2010): Consumer Policy Toolkit, Paris.

Oehler, A. und L. Reisch (2008): Behavioral Economics – Eine neue Grundlage für Verbraucherpolitik, Berlin.

Ölander, F. (2005): Consumer Psychology, in: Grunert, K. G. und J. Thøgersen (Hg.), Consumers, Policy and the Environment, Heidelberg, S. 1–22.

Ostaszewski, P., Green, L. und J. Myerson (1998): Effects of Inflation on the Subjective Value of Delayed and Probabilistic Rewards, in: Psychonomic Bulletin and Review, Vol. 5, S. 324–333.

Ostrom, E. (1999): Die Verfassung der Allmende, Tübingen.

Oswald, A.J., and N. Powdthavee (2008): Death, Happiness Equations, and the Calculation of Compensatory Damages, in: Journal of Legal Studies, Vol. 37, S. 217–252.

Paqué, K.H. (1986): Philanthropie und Steuerpolitik – Eine ökonomische Analyse der Förderung privater Wohltätigkeit, Tübingen.

Patinkin, D. (1965): Money, Interest and Prices, 2. Auflage, New York.

Paul, K. und K. Moser (2001): Negatives psychisches Befinden als Wirkung und als Ursache von Arbeitslosigkeit – Ergebnisse einer Metaanalyse, in: Zempel, J., Bacher, J. und K. Moser (Hrsg.), Erwerbslosigkeit – Ursachen, Auswirkungen und Interventionen, Opladen, S. 83–110.

Paul, K.I. und K. Moser (2009): Metaanalytische Moderatorenanalysen zu den psychischen Auswirkungen der Arbeitslosigkeit – ein Überblick, in: Hollederer, A. (Hrsg.), Verbesserung der Beschäftigungsfähigkeit von Arbeitslosen – Gesundheit fördern und Krankheiten zuvorkommen, Frankfurt am Main, S. 39–61.

Pauly, M.V. (1973): Income Redistribution as a Local Public Good, in: Journal of Public Economics, Vol. 2, S. 35–58.

Paxson, C. und J. Waldfogel (2002): Work, Welfare, and Child Maltreatment, in: Journal of Labor Economics, Vol. 20, S. 435–474.

Payne, J.W. (1982): Contingent Decision Behavior, in: Psychological Bulletin, Vol. 92, S. 382–402.

Payne, R.L., Warr, P.B. und J. Hartley (1983): Social Claas and the Experience of Unemployment, SAPU Memo, No. 5449, Sheffield.

Pelzmann, L. (1988): Wirtschaftspsychologie – Arbeitslosenforschung, Schattenwirtschaft, Steuerpsychologie, 2. Auflage, Wien.

Pelzmann, L. (2012): Wirtschaftspsychologie – Behavioral Economics, Behavioral Finance, Arbeitswelt, 6. Auflage, Wien.

Peters, E., Västfjäll, D., Gärling, T. und P. Slovic (2006): Affect and Decision Making – A Hot Topic, in: Journal of Behavioral Decision Making, Vol. 19, S. 79–85.

Pham, M.T. (2007): Emotion and Rationality – A Critical Review and Interpretation of Empirical Evidence, in: Review of General Psychology, Vol. 11, S. 155–178.

Pichler, F. (2006): Subjective Quality of Life of Young Europeans – Feeling Happy But Who Knows Why?, in: Social Indicators Research, Vol. 75, S. 419–444.

Pinón, A. und T. Gärling (2004): Effects of Mood on Adoption of Loss Frame in Risky Choice, in: Göteborg Psychological Reports, Vol. 34, S. 1–11.

Polanyi, K. (1957): The Economy as Instituted Process, in: Polanyi, K., Arensberg, C.M. und H.W. Pearson (Hrsg.), Trade and Market in the Early Empire, New York, S. 243–270.

Pommerehne, W.W. (1980): Public Choice Approaches to Explain Fiscal Redistribution, in: Roskamp K.W. (Hrsg.), Public Choice and Public Finance, Paris, S. 169–190.

Powdthavee, N. (2008): Putting a Price Tag on Friends, Relatives, and Neighbours – Using Surveys of Life Satisfaction to Value Social Relationships, in: Journal of Socio-Economics, Vol. 37, S. 1459–1480.

Priddat, B.P. (2007)(Hrsg.). Neuroökonomie – Neue Theorien zu Konsum, Marketing und emotionalem Verhalten in der Ökonomie, Marburg.

Prince, M. (1993): Women, Men, and Money Styles, in: Journal of Economic Psychology, Vol. 14, S. 175–182.

Pryor, F.L. (1977): The Origins of Money, in: Journal of Money, Credit and Banking, Vol. 9, S. 391–409.

Putnam, R.D. (1995): Bowling Alone – America's Declining Social Capital, in: Journal of Democracy, Vol. 6, S. 65–78.

Putnam, R.D. (2000): Bowling Alone – The Collapse and Revival of American Community, New York.

Putnam, R.D. (2001): Social Capital – Measurement and Consequences, in: Canadian Journal of Policy Research, Vol. 2, S. 41–51.

Putnam, R.D., Leonardi, R. und R.Y. Nanetti (1993): Making Democracy Work – Civic Traditions in Modern Italy, Princeton.

Raaij, W.F. van und C. van Rijen (2003): Money Illusion, Paper Presented at the IAREP Euro-Workshop (July 2003), Wien.

Rabin, M. (1993): Incorporating Fairness into Game Theory and Economics, in: American Economic Review, Vol. 83, S. 1281–1302.

Rand, D.G. und Z.G. Epstein (2014): Risking Your Life without a Second Thought – Intuitive Decision-Making and Extreme Altruism, in: PLoS ONE, Vol. 9(10): e109687 (www.plosone.org).

Rand, D.G., Greene, J.D. und M.A. Nowak (2012): Spontaneous Giving and Calculated Greed, in: Nature, Vol. 489, S. 427–430.

Ranyard, R., Burgoyne, C., Saldanha, G. und D. Routh (2003): Living with the Euro but Thinking in Punts? – A Preliminary Report of Experiences in the Republic of Ireland, Paper Presented at the IAREP Euro-Workshop (July 2003), Wien.

Rätzel, S. (2009): Revisiting the Neoclassical Theory of Labour Supply – Disutility of Labour, Working Hours, and Happiness, FEMM Working Paper, Nr. 05–2009.

Rawlings, L.B. und G.M. Rubio (2005): Evaluating the Impact of Conditional Cash Transfer Programs, in: The World Bank Research Observer, Vol. 20, S. 29–55.

Rawls, J. (1971): A Theory of Justice, Cambridge (MA).
Rehdanz, K. und D. Maddison (2005): Climate and Happiness, in: Ecological Economics, Vol. 52, S. 111–125.
Reis, R. (2013): Central Bank Design, in: Journal of Economic Perspectives, Vol. 27, S. 17–43.
Reisch, L. und A. Oehler (2009): Behavioral Economics – eine neue Grundlage für die Verbraucherpolitik?, in: Vierteljahreshefte zur Wirtschaftsforschung, Jg. 78 (3), S. 30–43.
Reiss, S. (2000): Who Am I? – The 16 Basic Desires That Motivate Our Action and Define Our Personalities, New York.
Reuband, K.H. (1987): Die Arbeitsmoral der Arbeitslosen, in: Kölner Zeitschrift für Soziologie und Sozialpsychologie, Jg. 39, S. 550–559.
Richter, R. und E.G. Furubotn (2010): Neue Institutionenökonomik, 4. Auflage, Tübingen.
Rischkowsky, F. (2007): Europäische Verbraucherpolitik – Theoretische Grundlagen und neue Probleme am Beispiel des Internets, Marburg.
Rischkowsky, F. und T. Döring (2004): E-Commerce und europäische Verbraucherpolitik, in: Wirtschaftsdienst, Jg. 84, S. 317–324.
Rischkowsky, F. und T. Döring (2008): Consumer Policy in a Market Economy, in: Journal of Consumer Policy, Vol. 31, S. 285–313.
Rischkowsky, F. und T. Döring (2009): Konsumentenverhalten und Verbraucherpolitik, in: Kärntern Jahrbuch für Politik, Jg. 16, S. 289–331.
Rodgers, J.D. (1974): Explaining Income Redistribution, in: Hochman, H.M. und E.G. Peterson (Hrsg.), Redistribution through Public Choice, New York und London, S. 165–205.
Rogge, B.G., Kuhnert, P. und M. Kastner (2007): Zeitstruktur, Zeitverwendung und psychisches Wohlbefinden in der Langzeitarbeitslosigkeit, in: Psychosozial, Jg. 109, S. 85–103.
Rosenblat, T.S. (2008): The Beauty Premium – Physical Attractiveness and Gender in Dictator Games, in: Negotiation Journal, Vol. 24, S. 465–481.
Roßmanith, T. (2001): Informationsverhalten und Involvement im Internet, Dissertation an der Fakultät für Wirtschaftswissenschaften der Universität Karlsruhe, Karlsruhe.
Rotemberg, J. (2004): Fair Pricing, NBER Working Paper No. 10915.
Roth, A.E. (1995): Bargaining Experiments, in: Kagel, J.H. und A.E. Roth (Hrsg.), The Handbook of Experimental Economics, Princeton, S. 253–348.
Rötheli, T.F. (2006): Elements of Behavioral Monetary Economics, in: Altmann, M. (Hrsg.), Handbook of Contemporary Behavioral Economics – Foundations and Developments, New York, S. 689–705.
Rötheli, T.F. (2010): Causes of the Financial Crises – Risk Misperception, Policy Mistakes, and Banks' Bounded Rationality, in: Journal of Socio-Economics, Vol. 39, S. 119–126.
Rottmann, H. (2015): Arbeitsmarkt und Arbeitslosigkeit – Zu den empirischen Determinanten des Suizidverhaltens in den OECD-Ländern, in: Müller, C. und N. Otter (Hrsg.), Behavioral Economics und Wirtschaftspolitik, Stuttgart, S. 243–254.
Runciman, W.C. (1961): Problems of Research on relative Deprivation, in: Archives Europeennes de Sociologie, Vol. 2, S. 315–323.
Russo, J. (1974), More Information is Better – A Reevaluation of Jacoby, Speller and Kohn, in: Journal of Consumer Policy, Vol. 1, S. 68–72.
Samuelson, P.A. (1954): The Pure Theory of Public Expenditure, in: Review of Economics and Statistics, Vol. 36, S. 386–389.
Sanfey, A.G., Rilling, J.K., Aronson, J.A., Nystrom, L.E. und J.D. Cohen (2003): the Neural Basis of Economic Decision-Making in the Ultimatum Game, in: Science, Vol. 300, S. 1755–1758.
Saugstad, P. und P. Schioldborg (1966): Value and Size Perception, in: Scandinavian Journal of Psychology, Vol. 7, S. 102–114.
Saunders, E.M. (1993): Stock Prices and Wall Street Weather, in: American Economic Review, Vol. 83, S. 1337–1345.

Schachter, S., Hood, D.C., Gerin, W., Andreasson, P.A. und M. Rennert (1985): Some Causes and Consequences of Dependence and Independence in the Stock Market, in: Journal of Economic Behavior and Organization, Vol. 6, S. 339–357.

Schelling, T. (1960): The Strategy of Conflict, Cambridge.

Scherf, W. (2009): Öffentliche Finanzen – Eine Einführung in die Finanzwissenschaft, Stuttgart.

Schmölders, G. (1966): Psychologie des Geldes, Berlin.

Schnellenbach, J. (2011): Wohlwollendes Anschubsen – Was ist mit liberalen Paternalismus zu erreichen und was sind seine Nebenwirkungen?, in: Perspektiven der Wirtschaftspolitik, Jg. 12, S. 445–459.

Schnellenbach, J. (2012a): Nudges and Norms – On the Political Economy of Soft Paternalism, in: European Journal of Political Economy, Vol. 28, S. 266–277.

Schnellenbach, J. (2012b): Weicher Paternalismus? – Normative Implikationen beschränkter individueller Rationalität, in: Wirtschaftswissenschaftliches Studium, Jg. 41, S. 595–600.

Schnellenbach, J. (2014): Unvollständige Rationalität ist keine hinreichende Begründung für paternalistisches Eingreifen, in: Wirtschaftsdienst, Jg. 94, S. 778–781.

Schoon, I., Hansson, L. und K. Salmela-Aro (2005): Combining Work and Family Life – Life Satisfaction Among Married and Divorced Men and Women in Estonia, Finland and the UK, in: European Psychologist, Vol. 10, S. 309–319.

Schuler, H. und M. Prochaska (2000): Entwicklung und Konstruktvalidierung eines berufsbezogenen Leistungsmotivationstests, in: Diagnostica, Vol. 46 (2), S. 61–72.

Schulz-Hardt, S., Vogelgesang, F. und A. Mojzisch (2007): Finanzpsychologie, in: Moser, K. (Hrsg.), Wirtschaftspsychologie, Heidelberg, S. 193–219.

Schumpeter, J.A. (1911, 1993): Theorie der wirtschaftlichen Entwicklung, 9. Auflage, unveränderter Nachdruck der 1934 erschienen 4. Auflage, Berlin.

Schumpeter, J.A. (1928): Unternehmer, in: Handwörterbuch der Staatswissenschaften, Bd. 7, S. 476–487.

Schumpeter, J.A. (1939, 2010): Konjunkturzyklen, unveränderter Nachdruck der ersten Auflage der deutschen Übersetzung des englischsprachigen Originals, Göttingen.

Schwarz, N. (2001): Feelings as Information – Implications for Affective Influences on Information Processing, in: Martin, L.L. und G.L. Glore (Hrsg.), Theories of Mood and Cognition – A User's Guidebook, Hillsdale, S. 159–176.

Scott, A.J. und M. Storper (2003): Regions, Globalization, Development, in: Regional Studies, Vol. 37, S. 579–593.

Seitz, F. (2015): Geldpolitik und Behavioral Finance, in: Müller, C. und N. Otter (Hrsg.), Behavioral Economics und Wirtschaftspolitik, Stuttgart, S. 157–174.

Sela, A., Berger, J. und W. Liu (2009): Variety, Vice, and Virtue – How Assortment Size Influences Options Choice, in: Journal of Consumer Research, Vol. 35, S. 941–951.

Seligman, M.E.P. (1979): Erlernte Hilflosigkeit, Wien.

Sercu, P. und R. Vanpée (2007): Home Bias in International Equity Portfolios – A Review, University Leuven, Department of Accountancy, Finance and Insurance, Working Paper.

Shafir, E., Diamond, P. und A. Tversky (1997): Money Illusion, in: The Quarterly Journal of Economics, Vol. 112, S. 341–374.

Shah, J.Y., Friedman, R. und A.W. Kruglanski (2002): Forgetting All Else – On the Antecedents and Consequences of Goal Shielding, in: Journal of Personality and Social Psychology, Vol. 83, S. 1261–1280.

Shapiro, C. (1983): Consumer Protection Policies in the United States, in: Journal of Institutional and Theoretical Economics, Vol. 139, S. 527–544.

Shefrin, H. und M. Statman (1985): The Disposition to Sell Winners too early and Ride Loosers too long – Theory and Evidence in: Journal of Finance, Vol. 60, S. 777–790.

Shefrin, H. und R.H. Thaler (1988): The Behavioral Life-Cycle Hypothesis, in: Economic Inquiry, Vol. 26, S. 609–643.

Shiller, R.J. (1981): Do Stock Prices Move too much to be Justified by Subsequent Changes in Dividends?, in: American Economic Review, Vol. 71, S. 421–436.

Shiller, R.J. (1998): Human Behavior and the Efficieny of the Financial System, NBER Working Paper No. 6375.

Shiller, R.J. (2000): Irrational Exuberance, Princeton.

Shiller, R.J. (2008): The Subprime Solution, Princeton.

Shleifer, A. (2000): Inefficient Markets – An Introduction to Behavioral Finance, Clarendon.

Shleifer, A. und R. Vishny (1997): The Limits of Arbitrage, in: Journal of Finance, Vol. 52, S. 35–55.

Siedler, T. (2006): Family and Politics – Does Parental Unemployment Cause Right-Wing Extremism?, IZA Discussion Paper, No. 2411.

Siegel, J.J. und R.H. Thaler (1997): Anomalies – The Equity Premium Puzzle, in: Journal of Economic Perspectives, Vol. 11, S. 191–200.

Sinn, H.-W. (1989): Verbraucherschutz als Problem asymmetrischer Informationskosten, in: Ott, C. und H.-B. Schäfer (Hrsg.), Allokationseffizienz in der Rechtsordnung, Berlin et al., S. 81–90.

Sinn, H.-W. (2003a), Verbraucherschutz als Staatsaufgabe, in: Perspektiven der Wirtschaftspolitik, Jg. 4, S. 281–294.

Sinn, H.-W. (2003b): Weber's Law and the Biological Evolution of Risk Preferences, in: The Geneva Papers on Risk and Insurance Theory, Vol. 28, S. 87–100.

Slamecka, N.J. (1972): The Question of Associative Growth in the Learning of Categorized Material, in: Journal of Verbal Learning and Verbal Behavior, Vol. 11, S. 324–332.

Smith, V.L. (2003): Constructivist and Ecological Rationality in Economics, in: American Economic Review, Vol. 93, S. 465–508.

Smith, V.L. (2005): Behavioral Economics Research and the Foundations of Economics, in: Journal of Socio-Economics, Vol. 34, S. 35–150.

Smith, V.L. (2008): Rationality in Economics, New York.

Smith, V.L., Suchanek, G. und A. Williams (1988): Bubbles, Crashes and Endogenous Expectations in Experimental Spot Asset Markets, in: Econometrics, Vol. 56, S. 1119–1151.

Solnik, S.J. und M.E. Schweitzer (1999): The Influence of Physical Attractiveness and Gender on Ultimatum Games, in: Organizational Behavior and Human Decision Processes, Vol. 67, S. 199–215.

Spence, M. (2002), Signalling in Retrospect and the Informational Structure of Markets, in: American Economic Review, Vol. 92, S. 434–459.

Spremann, K. und P. Gantenbein (2005): Kapitalmärkte, Stuttgart.

Stafford, E.M. (1982): The Impact of the Youth Opportunities Programme on Young People's Employment Prospects and Psychological Well-Being, in: British Journal of Guidance and Counselling, Vol. 10, S. 12–21.

Stafford, E.M., Jackson, P. und M. Banks (1979): Young People Starting Work – First Survey of Leeds 1978 School Leavers, SAPU Memo, No. 355, Sheffield.

Stigler, G. J. (1961): The Economics of Information, in: Journal of Political Economy, Vol. 69, S. 213–225.

Strümpel, B. und G. Katona (1983): Psychologie gesamtwirtschaftlicher Prozesse, in: Irle, M. und W. Sussmann (Hrsg.), Handbuch der Psychologie, Marktpsychologie, Band 1: Marktpsychologie als Sozialwissenschaft, Göttingen, S. 225–247.

Strünck, C., Arens-Azevédo, U., Brönneke, T., Hagen, K., Jaquemoth, M., Kenning, P., Liedtke, C., Oehler, A., Schrader, U. und M. Tamm (2010): Wollen wirklich alle den mündigen Verbraucher? – Wie Interessengruppen ein Leitbild instrumentalisieren, Stellungnahme des Wissenschaftlichen Beirats für Verbraucher- und Ernährungspolitik beim BMVEL, Berlin.

Strünck, C., Arens-Azevédo, U., Brönneke, T., Hagen, K., Jaquemoth, M., Kenning, P., Liedtke, C., Oehler, A., Schrader, U. und M. Tamm (2012): Ist der mündige Verbraucher ein Mythos? – Auf dem Weg einer realistischen Verbraucherpolitik, Stellungnahme des Wissenschaftlichen Beirats für Verbraucher- und Ernährungspolitik beim BMVEL, Berlin.

Sunstein, C.R. (2003): Why Societies Need Dissent, Cambridge.

Svedsäter, H., Gamble, A. und T. Gärling (2007): Money Illusion in Intuitive Financial Judgments – Influences of Nominal Representation of Share Prices, in: Journal of Socio-Economics, Vol. 36, S. 698–712.

Svenson, O. und G. Nilson (1983): Mental Economics – Subjective Representations of Factors Related to Expected Inflation, in: Journal of Economic Psychology, Vol. 3, S. 327–351.

Swim, J.K., Clayton, S., Doherty, T., Gifford, R., Howard, G., Reser, J. et al. (2009): Psychology and Global Climate Change, Washington D.C.

Tabberer, R. (1998): Cildhood Poverty and School Attainment, Causal Effect and Impact on Lifetime Inequality, in: Centre for Analysis of Social Exclusion (Hrsg.), Persistent Poverty and Lifetime Inequality – The Evidence, London, S. 123–128.

Tapia, W. und J. Yermo (2007): Implications of Behavioral Economics for Mandatory Individual Account Pension Systems, OECD Working Paper on Insurance and Private Pension, No. 11, Paris.

Thaler, R.H. (1999): Mental Accounting Matters, in: Journal of Behavioral Decision Making, Vol. 12, S. 183–206.

Thaler, R.H. und E. Johnson (1990): Gambling with the House-Money and Trying to Break Even – The Effects of Prior Outcomes on Risky Choice, in: Management Science, Vol. 36, S. 643–660.

Thaler, R.H. und H.M. Shefrin (1981): An Economic Theory of Self-Control, in: Journal of Political Economy, Vol. 89, S. 392–406.

Thaler, R.H. und C.R. Sunstein (2012): Nudge – Wie man kluge Entscheidungen anstößt, 2. Auflage, Berlin.

Thøgersen, J. (2005): How May Consumer Policy Empower Consumers for Sustainable Lifestyles?, in: Journal of Consumer Policy, Vol. 28, S. 143–177.

Tirole, J. (1990): The Theory of Industrial Organization, Cambridge (Mass.) and London.

Traut-Mattausch, E. (2004): Die T€uro-Illusion – Urteilsverzerrungen bei Preisvergleichen, Hamburg.

Traut-Mattausch, E., Schulz-Hardt, S., Greitemeyer, T. und D. Frey (2004): Expectancy-Confirmation in Spite of Disconfirming Evidence: The Case of Price Increases Due to the Introduction of the Euro, in: European Journal of Social Psychology, Vol. 34, S. 739–760.

Traut-Mattausch, E., Greitemeyer, T., Frey, D. und S. Schulz-Hardt (2007): Illusory Price Increases after the Euro Changeover in Germany – An Expectancy-Consistent Bias, in: Journal of Consumer Policy, Vol. 30, S. 421–434.

Triandis, H. C. (1994): Culture and Social Behavior, New York.

Uhlendorff, A. (2004): Der Einfluss von Persönlichkeitseigenschaften und soziale Ressourcen auf die Arbeitslosigkeitsdauer, in: Kölner Zeitschrift für Soziologie und Sozialpsychologie, Jg. 56, S. 279–303.

Ungern-Sternberg, T. und C.C. von Weizsäcker (1981): Marktstruktur und Marktverhalten bei Qualitätsunsicherheit, Zeitschrift für Wirtschafts- und Sozialwissenschaften, Jg. 101, S. 609–629.

Vahrenkamp, K. (1991): Verbraucherschutz bei asymmetrischer Information - informationsökonomische Analysen verbraucherpolitischer Maßnahmen, München.

Veenhoven, R. (2006): World Data Base of Happiness – Happiness in Nations, Rank Report 2006-1, Erasmus University Rotterdam.

Vershofen, W. (1940): Handbuch der Verbrauchsforschung, Band 1: Grundlegung, Berlin.

Vogel, J. (2011): Das Gespenst des Kapitals, 3. Auflage, Zürich.

Vogel, L., Menz, J.-O. und U. Fritsche (2009): Prospect Theory and Inflation Perceptions – An Empirical Assessment, University of Hamburg, Department of Economics and Politics, DEP Discussion Papers Macroeconomics and Finance Series 3/2009.

Vohs, K., Mead, N. und M.R. Goode (2006): The Psychological Consequences of Money, in: Science, Vol. 314, S. 1154–1156.

Vohs, K.D., Mead, N.L. und M.R. Miranda (2008): Merely Activating the Concept of Money Changes Personal and Interpersonal Behavior, in: Current Directions in Psychological Science, Vol. 17 (3), S. 208–212.

Wacker, A. (1976): Arbeitslosigkeit, Frankfurt am Main.

Wacker, A. (1983): Arbeitslosigkeit – Soziale und psychische Folgen, Frankfurt am Main.

Wagner, R. (1999): Attributionsmuster und Arbeitslosigkeit – eine Längsschnittstudie über die Entwicklung von Atrributionsmustern und deren psychischen Konsequenzen während der Arbeitsplatzunsicherheit und der anhaltenden Arbeitslosigkeit (Dissertation an der Universität Wien), Wien.

Walsh, G. (2002): Konsumentenverwirrtheit als Marketingherausforderung, Wiesbaden.

Wanberg, C.R., Glomb, T.M., Song, Z. und S. Sorenson (2005): Job-Search Persistence during Unemployment – A 10-Wave Longitudinal Study, in: Journal of Applied Psychology, Vol. 3, S. 411–430.

Warmbier, W. (2008): Der programmierte Kunde – Neuromarketing: Frontalangriff auf unsere Sinne, Berlin.

Wärneryd, K.E. (2001): Stock-Market Psychology – How People Value and Trade Stocks, Cheltenham.

Wärneryd, K.E. und B. Walerud (1982): Taxes and Economic Behavior – Some Interview Data on Tax Evasion in Sweden, in: Journal of Economic Psychology, Vol. 2, S. 187–211.

Warr, P.B. (1983): Job Loss, Unemployment and Psychological Well-Being, in: Allen, V. und E. van de Vliert (Hrsg.), Role Transitions, New York, S. 263–285.

Weber, M. und C.F. Camerer (1998): The Disposition Effect in Securities Trading – An Experimental Analysis, in: Journal of Economic Behavior and Organization, Vol. 33, S. 176–184.

Webley, P., Lea, S.E.G. und G. Hussein (1983): A Characteristics Approach to Money and the Changeover From 1 Pound note to 1 Pound Coin, Paper Presented at the 8th International Symposium of Economic Psychology, Bologna.

Weiber, R. und J. Adler (1995): Informationsökonomisch begründete Typologisierung von Kaufprozessen, in: Zeitschrift für betriebswirtschaftliche Forschung, Jg. 47, S. 43–65.

Weimann, J. (2010): Politikberatung und die Verhaltensökonomie – Eine Fallstudie zu einem schwierigen Verhältnis, Universität Magdeburg, Faculty of Economics and Management, Working Paper Series, No. 13–2010.

Weimann, J., Knabe, A. und R. Schöb (2012): Geld macht doch glücklich – Wo die ökonomische Glücksforschung irrt, Stuttgart.

Wein, T. (2001): Consumer Information Problems – Causes and Consequences, in: Grundmann, S., Kerber, W. und S. Weatherhill (Hrsg.), Party Autonomy and the Role of Information in the Internal Market, Berlin, S. 80–97.

Weinberg, P. (1981): Das Entscheidungsverhalten der Konsumenten, Paderborn.

Wheeler, L., Reis, H. und J.B. Nezlek (1983): Loneliness, Social Interaction, and Sex Roles, in: Journal of Personality and Social Psychology, Vol. 45, S. 943–953.

Wilken, F. (1926): Die Phänomenologie des Geldwertbewußtseins, in: Archiv für Sozialwissenschaft und Sozialpolitik, Jg. 56, S. 417–469.

Williamson, O.E. (1979): Transaction Cost Economics – The Governance of Contractual Relations, in: Journal of Law and Economics, Vol. 22, S. 233–261.

Wilkinson, R. und K. Pickett (2009): Gleichheit ist Glück – Warum gerechte Gesellschaften für alle besser sind, Berlin.

Winkelmann, L. und R. Winkelmann (1998): Why Are the Unemployed So Unhappy? – Evidence from Panel Data, in: Economica, Vol. 65, S. 1–15.

Winkler, B. (2002): Which Kind of Transparency? – On the Need for Clarity in Monetary Policy-Making, in: IFO-Studien, Jg. 48, S. 401–427.

Winter-Ebmer, R. und J. Zweimüller (1991): Sind Schulungsmaßnahmen ein wirkungsvolles Mittel zur Bekämpfung individueller Arbeitslosigkeit?, in: Wirtschaftspolitische Blätter, Jg. 37, S. 695–700.

Winterrich, K.P. und K.L. Haws (2011): Helpful Hopefulness – The Effect of Future Positive Emotion on Consumption, in: Journal of Consumer Research, Vol. 38, S. 505–524.

Wiswede, G. (2012): Einführung in die Wirtschaftspsychologie, 5. Auflage, München und Basel.

Witheman, G. (2006): Against the New Paternalism – Internalities and the Economics of Self-Control, Cato Institute, Policy Analysis No. 563 (February 2006).

Woolcock, M. (2001): The place of social capital in understanding social capital and economic outcomes, in: Hell, J.F. (Hrsg.), The contribution of human and social capital in sustained economic growth and well-being, Proceedings of OECD/HRDC Conference, Ottawa.

Yang, Ch.-L., Weimann J. und A. Mitropoulos (2006): An Alternative Approach to Explaining Bargaining Behavior in Simple Sequential Games, in: Pacific Economic Review, Vol. 11, S. 201–222.

Yaacov, T. und A. Fishbach (2000): Counteractive Self-Control in Overcoming Temptations, in: Journal of Personality and Social Psychology, Vol. 79, S. 493–506.

Yaari, M.E. und M. Bar-Hillel (1984): On dividing justly, in: Social Choice and Welfare, Vol. 1, S. 1–24.

Yamauchi, K. und D. Templer (1982): The Development of Money Attitude Scale, in: Journal of Personality Assessment, Vol. 46, S. 522–528.

Yeshurun, Y. und M. Carrasco (1998): Attention Improves or Impairs Visual Performance by Enhancing Spatial Resolution, in: Nature, Vol. 396, S. 72–75.

Zaleskiewics, T., Gasiorowska, A., Kesebir, P., Luszczynska, A. und T. Pyszczynski (2013): Money and the Fear of Death – the Sybolic Power of Money as an Existential Anxiety Buffer, in: Journal of Economic Psychology, Vol. 36, S. 55–67.

Zempel, J., Bacher, J. und K. Moser (2001) (Hrsg.): Erwerbslosigkeit – Ursachen, Auswirkungen und Interventionen, Opladen.

Zhou, X., Vohs, K.D. und R.F. Baumeister (2009): The Symbolic Power of Money – Reminders of Money Alter Social Distress and Physical Pain, in: Psychological Science, Vol. 20, S. 700–706.

Zimmermann, H., Henke, K.-D. und M. Broer (2012): Finanzwissenschaft, 11. Auflage, München.

Schlussbetrachtung und Ausblick 6

Mit den Ausführungen des vorliegenden Buches sollte verdeutlicht werden, dass eine verhaltensökonomische Analyse von öffentlichen Aufgaben, Ausgaben und Einnahmen lohnenswert ist. Der Erkenntnisgewinn der Verhaltensökonomik liegt hierbei vor allem in der Zielsetzung, die erfahrungswissenschaftliche Grundlage der Finanzwissenschaft systematisch zu verbreitern. Einen Anknüpfungspunkt zur Verwirklichung dieser Zielsetzung bilden die frühen Arbeiten der Steuer- und Finanzpsychologie, denen jedoch über viele Jahre und Jahrzehnte nicht mehr als eine randständige Rolle innerhalb der Finanzwissenschaft zuteil wurde. Mit der zunehmend innerhalb der Wirtschaftswissenschaften an Aufmerksamkeit gewinnenden Verhaltensökonomik bietet sich nun die (erneute) Chance zu einer stärker verhaltenswissenschaftlich fundierten Forschung zu den öffentlichen Finanzen. Ein wesentlicher Vorteil des verhaltensökonomischen Ansatzes dürfte dabei sein, dass dieser im Unterschied zu den älteren Untersuchungen der Steuer- und Finanzpsychologie über ein konsistentes verhaltenstheoretisches Fundament in Form des dualen Handlungsmodells verfügt, welches zugleich als empirisch unterfüttert gelten kann (vgl. Kahneman 2011; Thaler und Sunstein 2012). Auf dieser Grundlage ist die Verhaltensökonomik bei ihrer Anwendung auf Probleme und Fragestellungen der öffentlichen Finanzen nicht nur in der Lage, mit der Perspektive eines einheitlichen theoretischen Analyserahmens zu operieren. Darüber hinaus sorgt die konsequente empirische Ausrichtung dafür, dass der Realitätsgehalt finanzwissenschaftlicher Analysen und daraus abgeleiteter finanzpolitischer Handlungsempfehlungen als vergleichsweise hoch bewertet werden kann.

Zwar finden sich auch innerhalb der traditionellen Finanzwissenschaft Ansätze, die unter Einbezug verhaltenswissenschaftlicher Einflussfaktoren auf eine realitätsnahe Erfassung und Erklärung der öffentlichen Finanzwirtschaft abzielen, wie dies etwa bei einem Teil der Erklärungsansätze zur Staatsanteilsentwicklung oder zum staatlichen Verschuldungsverhalten der Fall ist. Anders als im Rahmen der Verhaltensökonomik werden jedoch bei diesen Ansätzen kognitions- und sozialpsychologische Effekte nicht systematisch sondern lediglich in Form von Ad-hoc-Argumenten in die Analyse mit einbezogen. Der weitüberwiegende Teil der herkömmlichen finanzwissenschaftlichen Betrachtung von öffentlichen Aufgaben, Ausgaben und Einnahmen ist mit Blick auf das zugrunde liegende Verhaltensmodell demgegenüber durch eine Orientierung an der ökonomischen (neoklassischen) Standardtheorie mit ihren Annahmen der vollständigen Rationalität, der individuellen Nutzenmaximierung sowie der Existenz stabiler und zeitkonsistenter Präferenzen gekennzeichnet, wobei der Gegenstandsbereich der öffentlichen Finanzen – analog etwa zur mikroökonomischen Markttheorie oder der politökonomischen Demokratietheorie – ein Anwendungsfeld neben anderen darstellt.

Die analytische „Stärke" dieser Betrachtungsweise finanzwirtschaftlicher Sachverhalte kann vorrangig in der Beantwortung normativer Fragestellungen gesehen werden, die unter der zugespitzten Prämisse der Universalität rationalen Verhaltens unter anderen Auskunft darüber gibt, in welchen Fällen staatliche Markteingriffe zwingend erforderlich sind (Stichwort: Theorie der öffentlichen Güter), wie ein öffentlicher Haushalt oder auch ein Finanzausgleichssystem zweckmäßigerweise gestaltet sein sollten (Stichworte: Theorie des optimalen Budgets, ökonomische Theorie des Föderalismus) und durch welche ökonomischen Wirkungen finanzpolitische Instrumente in Form von Ausgaben und Einnahmen im Idealfall gekennzeichnet sind (Stichworte: Inzidenzanalyse von Ausgaben und Einnahmen, Optimalsteuertheorie, ökonomische Theorie der Verschuldung). Zudem ermöglicht die am ökonomischen Standardmodell individuellen Verhaltens ausgerichtete Betrachtungsweise zumindest in engen Grenzen auch eine positive Analyse haushaltspolitischer Entscheidungsprozesse, wenn mit Verweis auf das Eigeninteresse politischer Akteure (Neue Politische Ökonomik) sowie unter Betonung der informationsbezogenen Grenzen des staatlichen Handlungs- bzw. Steuerungspotenzials (Informations- und Transaktionskostenökonomik) die konkrete Ausgestaltung von Finanzpolitik unter bestimmten Bedingungen erklärt werden kann.

Vor allem mit Blick auf letzteres – d. h. den Versuch einer positiven Analyse des Entscheidungsverhaltens finanzpolitisch relevanter Akteure (Steuerzahler, Wähler, Regierungspolitiker, Verwaltungsbeamte etc.) sowie der effektiven Wirkung finanzpolitischer Instrumente – kann die „Überlegenheit" des verhaltensökonomischen Ansatzes jedoch gerade darin gesehen werden, dass dieser zu einer differenzierteren und damit zugleich „realitätsnäheren" Analyse der öffentlichen Finanzen, also der tatsächlichen finanzpolitischen Prozesse und der davon ausgehenden ökonomischen Effekte von staatlichen Einnahmen und Ausgaben beiträgt. Dies dokumentiert sich vor allem darin, dass neben den Eigeninteressen der finanzpolitisch relevanten Akteure zugleich weitere (psychologische) Bestimmungsfaktoren des individuellen Entscheidungsverhaltens umfassend mit in den Blick genommen werden (Stichworte: Wahrnehmungsverzerrungen, Entscheidungsheuristiken, Stimmungslagen und Emotionen, adaptive Präferenzen, mangelnde Selbstkontrolle, situative Framing-Effekte, Fairness- und Gerechtigkeitsnormen), um – entgegen der Fiktion einer allein auf angemessene Problemlösung und hinreichende Sachrationalität ausgerichteten Finanzpolitik einerseits und der Vorstellung rein hyperrationaler (bzw.

nutzenmaximierender) Interessenverfolgung andererseits – den nicht selten „irrationalen" Charakter sowie die Kontextgebundenheit des individuellen Entscheidungsverhaltens im Bereich der öffentlichen Finanzwirtschaft aufzuzeigen.

Dabei liegt der Fokus der Verhaltensökonomik allerdings weniger darauf, das traditionelle (neoklassische) Verhaltensmodell, wie es bislang überwiegend in der Finanzwissenschaft zur Anwendung kommt, zu verwerfen und vollständig durch kognitions- und sozialpsychologische Überlegungen und Ansätze zu ersetzen. Vielmehr werden die bestehenden neoklassischen Rechtfertigungen, Wirkungsanalysen und finanzpolitischen Gestaltungsempfehlungen im Bereich von öffentlichen Aufgaben, Ausgaben und Einnahmen durch realistischere Verhaltensannahmen bezüglich des Treffens von individuellen Entscheidungen sowie der Verarbeitung von Informationen ergänzt. Im Ergebnis kommt es damit zu einer Paradigmenerweiterung und nicht zum Ersetzen des gesamten neoklassischen Paradigmas, welches als ein Spezialfall menschlichen Verhaltens auch innerhalb des verhaltensökonomischen Ansatzes erhalten bleibt (vgl. zu dieser Einschätzung auch Böker und Michler 2015, S. 148, die in diesem Zusammenhang von einer „Paradigmenergänzung" anstelle eines „Paradigmenwechsels" sprechen). Ermöglicht wird diese Erweiterung durch eben jenes dualistische Handlungsmodell, dem zufolge das Bemühen um ein hohes Maß an Rationalität nicht ausgeschlossen ist, aber aus subjektiver Sicht als „aufwendig" gilt und daher eher selten das individuelle Entscheidungsverhalten bestimmt. In Abhängigkeit bestimmter Problem- und Situationsmerkmale einerseits sowie individueller Gefühlslagen und kognitiver Prozesse andererseits zeigt sich daher das Alltagshandeln vorrangig durch eine lediglich beschränkte Rationalität in Form von Verhaltensroutinen, Entscheidungsabkürzungen oder auch bloßen „Bauchentscheidungen" bei Realisierung eines zugleich „nur" zufriedenstellenden Nutzenniveaus (Satisfying) gekennzeichnet.

Auch wenn damit die Erkenntnisse der traditionellen Finanzwissenschaft in einem eng begrenzten Rahmen nach wie vor ihre Gültigkeit bewahren, kann die zukünftige Aufgabe der Verhaltensökonomik darin verortet werden, noch umfassender als bislang die Implikationen theoretischer wie empirischer Verhaltensanalysen für die staatliche Ausgaben- und Einnahmenpolitik sowie die öffentliche Interventionstätigkeit zu reflektieren. So dokumentiert der mit dem vorliegenden Buch gegebene Überblick zum aktuellen Stand des verhaltensökonomischen Wissens im Bereich der öffentlichen Finanzen nicht nur die Fülle hierzu bereits vorliegender Untersuchungsergebnisse. Zugleich wird ebenso deutlich, dass bestimmte Themenfelder, die zum „Kernbestand" der Finanzwissenschaft zählen, bislang nicht oder zumindest noch nicht hinreichend einer verhaltensökonomischen Analyse unterzogen wurden. Dies trifft etwa auf die spezielle Steuerlehre zu, in deren Kontext die ökonomische Rechtfertigung und Wirkung einzelner Steuern betrachtet wird. Anders als mit Blick auf die allgemeine Steuerlehre, in deren Mittelpunkt grundlegende Begründungsargumente und Effekte von Steuern und ganzen Steuersystemen stehen und wozu Untersuchungsergebnisse der Steuer- und Finanzpsychologie schon früh zu einer Erweiterung des Erkenntnishorizonts geführt haben, sind detaillierte verhaltensökonomische Studien zu Einzelsteuern (Einkommensteuer, Umsatzsteuer, Körperschaftsteuer etc.) nach wie vor nicht vorhanden. Dies trifft in gleicher Weise auch auf andere Gegenstandsbereiche der öffentlichen Finanzwirtschaft zu wie beispielsweise die wirtschaftliche Tätigkeit des Staates in Form öffentlicher Unternehmen oder die föderale Staatsstruktur und die damit einhergehende Gestaltung des Finanzausgleichssystems, zu denen gegenwärtig – wenn überhaupt – nur punktuell erste verhaltensökonomische Erkenntnisse vorliegen, die häufig auf singuläre Effekte (wie z. B. den Flypaper-Effekt) beschränkt sind. Hier besteht nach wie vor noch ein erheblicher Bedarf für entsprechende verhaltenswissenschaftliche Analysen.

In gleicher Weise ist auch für die grundlegende Rechtfertigung und Ausgestaltung der budgetwirksamen staatlichen Tätigkeit als solcher für die Zukunft noch mit weiteren verhaltensökonomischen Erkenntnisfortschritten zu rechnen. Zwar haben diesbezüglich – vor allem auf den Resultaten von Verhaltensexperimenten gründende – Konzepte und Ansätze der Verhaltensökonomik zum einen bereits aktuell sowohl zu einer zum Teil weitreichenden Neubewertung und Reformulierung der Theorie der öffentlichen Güter (einschließlich der Theorie der (de-)meritorischen Güter) als auch verteilungs- und stabilisierungspolitischer Begründungen staatlichen Handelns geführt. Zum anderen liegen zudem für solche Bereiche staatlicher Wirtschaftspolitik, die nur begrenzt bzw. lediglich indirekt einen Bezug zur öffentlichen Finanzwirtschaft aufweisen, wie dies etwa auf die Wettbewerbspolitik oder die staatliche Medienpolitik zutrifft, vermehrt verhaltensökonomische Untersuchungen vor, die entweder abweichend oder ergänzend zur ökonomischen Standardtheorie zum Überdenken von Inhalt und Form staatlichen Handelns veranlassen (vgl. hierzu stellvertretend die verschiedenen Beiträge in Müller und Otter 2015). Eine entsprechende Neubestimmung des öffentlichen Interventionsbedarfs steht darüber hinaus noch für andere Felder der Wirtschaftspolitik an, auf welche das duale Handlungsmodell der Verhaltensökonomik bislang nicht oder noch nicht weitreichend genug angewendet wurde, wie dies beispielsweise für die Bildungs- und Kulturpolitik, die Umwelt- und Energiepolitik oder auch die Entwicklungs- und Handelspolitik der Fall ist. In Anbetracht dieser analytischen Herausforderungen ist nicht zu erwarten, dass der Erkenntnisfortschritt der Verhaltensökonomik im Bereich der öffentlichen Finanzen in absehbarer Zeit an seine Grenzen stoßen wird.

Literatur

Böker, T. und A.F. Michler (2015): Finanzmärkte – Behavioral Finance als richtungsweisender Ansatz zur Erklärung aktueller Entwicklungen, in: Müller, C. und N. Otter (Hrsg.), Behavioral Economics und Wirtschaftspolitik, Stuttgart, S. 123–156.
Kahneman, D. (2011): Thinking, Fast and Slow, London.
Müller, C. und N. Otter (Hrsg.) (2015): Behavioral Economics und Wirtschaftspolitik, Stuttgart
Thaler, R.H. und C.R. Sunstein (2012): Nudge – Wie man kluge Entscheidungen anstößt, 2. Auflage, Berlin.

Sachverzeichnis

A
Abzinsung, hyperbolische, 28
Agenda Setting, 199, 201
Aktualitäts-Effekt, 191
Akzelerator-Effekte, 61
Altruismus, 239, 243, 278, 281, 332
Ankerheuristik, 23, 48, 60, 98, 123, 160, 193, 195, 252, 303, 310, 311
Anti-foreign Bias, 197
Anti-market Bias, 197
Äquivalenz, fiskalische, 96, 131, 206
Äquivalenzprinzip, 9, 43, 44
Arbeitslosigkeit, 2, 10, 58, 60, 164, 169, 209, 293, 315, 316, 335
Arbeitsmotivation, 60
Armutsfallen-Effekt (poverty trap), 156, 160
Ausgabenpolitik, 132, 144, 149, 167, 168, 174, 176, 204, 205, 206, 210
Austauschgerechtigkeit, 79

B
Ballungskosten, 117, 129
Baumolsche Kostenkrankheit, 117, 128
Behavioral Finance, 307
Behavioral Political Economy, 113, 173
Brechtsches Gesetz, 117
Bumerang-Effekt, 68
Bürgerbeteiligung, 97, 206, 329

C
Certainty Effect, 22, 25, 93, 175, 198
Confirmation Bias, 305, 311
Cooling-off-Regulierungen, 273, 331
Creeping-Effekt, 300
Crowding-Out-Effekt, 45, 93, 159, 252

D
Default-Optionen, 272, 331
Deklarationsverhalten, 68
Demokratie, direkte, 85, 96, 126, 129, 166, 206
Diktatorspiel, 65, 238, 240, 279
Dispositionseffekt, 310, 311, 334

E
Effekte, externe, 10, 54, 244, 267, 329
Effizienz, 10, 40, 45, 48, 51, 53, 54, 87, 114, 131, 156, 230, 252, 255, 259, 275, 279, 293, 294, 336
Effizienzlohnmodelle, 58
Effizienz-Markt-These, 307, 311, 334
Eigenwert
  der Arbeit, 52
  des Geldes, 294
Einkommen, relatives, 53, 60, 79, 97, 155, 282, 284
Einkommensbesteuerung, progressive, 54
Einkommenseffekt, 45, 46, 147, 157, 284
Einkommenselastizität, 118, 121
Eliminationsheuristik, 24
Embeddedness-Approach, 19
Emotionen, 201, 270, 313, 314, 362
Endowment-Effekt, 22, 43, 73, 97, 98, 121, 132, 133, 154, 188
Entscheidungsarchitektur, 268
Equity-Premium-Puzzle, 309

Equity-Theorie, 31, 41, 44, 59, 97, 131, 132, 154, 172
Equivalency framing, 200
Erfahrungsgüter, 257
Erwartungen, rationale, 148
Erwartungshaltungs-Effekt, 191
Erwartungs-Wert-Ansatz, 320
Externalität
    pekuniäre, 245
    psychologische, 248, 252, 330
    technologische, 246

F
Facilitation Effect, 22
Fairness, 4, 16, 30, 32, 41, 42, 44, 51, 59, 77, 132, 160, 204, 236, 239, 329, 332, 362
Finanzausgleich, 188, 362
Finanzpsychologie, 6, 7, 39, 40, 82, 209
Fisherscher Preiserwartungseffekt, 300
Fiskalillusion, 7, 91, 125, 126, 127, 130, 140, 175, 178, 179, 181, 185, 206, 209
Flypaper-Effekt, 8, 181, 182, 183, 185, 209, 364
Focus Illusion, 22, 150, 173, 193, 198
Föderalismus, 96, 186, 206, 362
Framing-Effekt, 28, 45, 61, 64, 73, 74, 99, 122, 150, 154, 172, 182, 198, 201, 210, 252, 273, 293, 362
Freifahrerverhalten, 64, 233, 329
Funktionen des Geldes, 294

G
Gefangenendilemma, 64, 233, 250
Gegenseitigkeit
    intentionale, 282
Geldentwertung, 300, 301, 302
Geldillusion, 300, 301
Geldpolitik, 298, 303, 306, 333
Geldwert, 292, 293, 296, 333
Gelegenheitsstruktur, 76
Gerechtigkeit, 4, 16, 31, 32, 42, 44, 77, 97, 131, 144, 172, 238, 277
    distributive, 41
    prozedurale, 42, 78, 85
    retributive, 42
    vertikale, 79
Gewissensappelle, 68

Gewöhnungseffekt, 8, 43, 74, 123, 155, 304, 322, 335
Gift-Exchange-Spiel, 237
Glücksforschung, ökonomische, 3, 52, 53, 55, 129, 208, 253, 284, 323
Güter
    meritorische, 10, 266, 331
    öffentliche, 1, 10, 65, 153, 182, 184, 232, 265, 329, 362

H
Hamsterrad-Effekt, 54, 155
Handlungs-Ereignis-Kontingenzen, 164
Handlungsmodell, duales, 20, 172, 361
Herdenverhalten, 29, 62, 63, 151, 152, 269, 334
Hilflosigkeit, erlernte, 162, 165, 318
Home Bias, 309, 334
Homo Oeconomicus, 15, 16, 17, 19
How-do-I-fell-Heuristik, 195

I
Ignoranz, rationale, 90
Imperialismus, ökonomischer, 16
Inflation, 10, 292, 299, 301, 334
    wahrgenommene, 299, 302, 307, 333
Information
    asymmetrische, 256, 259, 330
    Overload, 261
Informationsökonomik, 187, 255, 258, 259, 263, 362
Informationspflichten, 258
Inkrementalismus, budgetärer, 128, 173
Innovation, 2, 294
Inspektionsgüter, 257
Institution
    formelle, 17
    informelle, 17, 80
Intelligenz
    affektive, 202, 203
    fluide, 287
Inzidenzanalyse, 147
Isolation Effect, 29
Issue framing, 200

J
Job-Search-Modelle, 321, 335
Jugendarbeitslosigkeit, 335

K

Kaldor-Hicks-Kriterium, 275
Knappheit, 10, 287, 288, 290
Knappheitsfalle, 287, 292
Kompetenz-Schwierigkeitslücke, 83
Kongruenz, emotionale, 203
Konjunktur, 2, 46, 60, 63, 153, 208, 293
Konjunkturzyklus, politischer, 127, 168, 169
Konsumentensouveränität, 266
Kontrollverlust, 92
Kontrollwahrscheinlichkeit, 68, 69, 70, 75

L

Labeling-Theorie, 327
Langzeitarbeitslosigkeit, 159, 321, 322
Lastenverschiebung, intergenerative, 87
Lebenszufriedenheit, 53, 56, 129, 253, 323, 324, 325, 332
Leistungsfähigkeitsprinzip, 9, 40, 44, 97
Leistungsgerechtigkeit, 281
Leistungsmotivation, 164
Lernen, 90, 99, 130, 149, 162, 163, 185, 198, 243
Likeability-Heuristik, 194
Lock-In-Effekt, 23

M

Make-work Bias, 197
Marktunvollkommenheit, 255, 263, 330
Marktversagen, 230, 231, 244, 249
Maslowsche Bedürfnishierarchie, 118
Medianwählertheorem, 168
Melioration, 28, 93, 100, 125
Mental Accounting, 29, 137, 182
Merklichkeit (Salienz), 43, 47, 61, 71, 72, 74, 88, 99, 126, 134, 138, 140, 146, 149, 154, 204, 208, 247
Methodismus, 63, 92
Modelle, mentale, 17, 80
Moral Hazard, 156, 255
Motivation
    extrinsische, 70
    intrinsische, 70
Multiplikator-Effekte, 61, 147, 149, 208

N

Neue Institutionenökonomik, 16, 19, 80
Neue Politische Ökonomik, 1, 113, 166, 167, 170, 362
Neuroökonomik, 269, 295, 297
Nicht-Anwendbarkeit des Ausschlussprinzips, 233
Nichttrivialität im Konsum, 232
Niveauverschiebungseffekt (displacement effect), 122, 124, 130
Nutzen, expressiver, 173
Nutzeninterdependenz, 249, 330

O

Ökonomik, experimentelle, 3, 30, 31, 65
Optimalsteuertheorie, 3, 8, 46, 52, 54, 362
Overconfidence Bias, 21, 76, 92, 173, 198
Overoptimistic Bias, 21, 310

P

Paternalismus, asymmetrischer, 267, 270, 275, 331
Pessimistic Bias, 197
Pfadabhängigkeit, 63, 205, 262
Phasenmodelle der Arbeitslosigkeit, 317
Post-Materialismus-These, 120
Präferenzen
    adaptive, 19, 362
    soziale, 10, 278, 281, 283, 332
    verzerrte, 266, 331
Preiselastizität, 47, 49, 50
Primacy of affect-Hypothese, 201
Prokrastination, 93, 100, 271
Prospect-Theorie, 74, 75, 133, 154, 179, 207
Psychologie, ökonomische, 3
Public-Goods-Spiel, 235, 238, 240
Puviani-Illusion, 92

Q

Quantitätstheorie, 301

R

Rational-Choice-Ansatz, 193, 202, 234
Rationalität

begrenzte, 5, 15, 267
beschränkte, 82
Rational-Wahl-Modell, 15, 26
Referenzeinkommen, 53
Reiz-Reaktions-Kompatibilität, 61, 150, 208
Reiz-Reaktions-Verbundenheit, 47
Reizschwellen-Effekt, 191
Rekognitionsheuristik, 23
Repräsentation, soziale, 83
Repräsentativitätsheuristik, 97, 139, 140, 194, 195
Reziprozität, 30, 32, 59, 160, 237, 239, 329, 332
Ricardo-Illusion, 91

S

Satisfying, 363
Schattenwirtschaft, 51, 85
Schuldenbremse, 100, 129
Schuldenillusion, 88, 90, 99, 175, 179
Schuldenwiderstand, 89
Selbstkontrolle, 15, 27, 269, 270, 287, 288, 332, 362
Selbstkonzept, 318, 335
Selbstwertgefühl, 319
Selektion, adverse, 255
Self-serving Bias, 21, 32, 41, 93, 132, 150, 193, 198, 202
Set-Point-Theorie, 322
Slippery-Slope-Modell, 95, 96
Somatic-marker-hypothesis, 270
Sozialausgaben (Sozialtransfers), 127, 138, 146, 154, 156, 158, 161, 163, 165, 197, 208, 209, 290, 323, 333
Sozialkapital, 19, 253
Spenden, 250
Spotlight-Effekt, 29, 63, 269
Staatsanteil, 113, 115, 122, 361
Status-Effekt, 284
Status-quo Bias, 21, 43, 48, 49, 62, 98, 121, 132, 133, 134, 142, 150, 152, 173, 188, 206, 271
Steueramnestie, 95
Steuerausweichung, 76, 84
Steuerbelastungsgefühl, 56, 71, 72, 73, 75
Steuerehrlichkeit, 74, 75, 80, 82, 95, 98
Steuergerechtigkeit
horizontale, 40
vertikale, 40
Steuerhinterziehung, 4, 8, 9, 39, 52, 64, 66, 67, 69, 72, 74, 75, 78, 80, 81, 84, 95
Steuermentalität, 6, 80, 82
Steuermoral, 6, 8, 41, 52, 64, 82, 83, 84, 95, 96, 98
Steuerpolitik, 61, 94
Steuerpsychologie, 5, 6, 39, 94, 131, 134
Steuerwiderstand, 70, 74, 98, 122, 124, 130
Subsidiarität, 96, 206, 230
Substitutionseffekt, 45, 46, 157
Subventionen, 137, 147, 197
Sündensteuern, 274, 332
Sunk-costs Effect, 29

T

Take-The-Best-Heuristik, 24
Third-Party-Punishment-Spiel, 280
Trägheitseffekt, 48
Transaktionskosten, 239, 270, 292, 330

U

Ultimatumspiel, 65, 235, 239, 242, 279
Umverteilung, 54, 121, 147, 153, 208, 276, 332
Pareto-optimale, 249
Ungleichheitsaversion, 30, 279, 332

V

Verbundprinzip, intertemporales, 88
Verfügbarkeitsheuristik, 23, 62, 97, 99, 152, 176, 194, 252, 309
Verhalten
habituelles, 132
reaktantes, 32, 43, 44, 49, 51, 72, 98, 122, 133, 137, 162, 206
Verhaltensmodell, neoklassisches, 3, 17, 19, 161, 167, 207, 363
Verhandlungslohnmodelle, 59
Verlustaversion, 22, 24, 73, 76, 79, 97, 98, 137, 173, 207
Verschuldungspolitik, 94
Verteilungsgerechtigkeit, 281
Vertrauen, 30, 31, 94, 98
Vertrauensgüter, 257

Vertrauensspiel, 65, 237
Verzögerungstheorie (Lag-Hypothese), 121

W
Wagnersches Gesetz, 115, 129
Wählerverhalten, 166, 189, 195, 196, 203, 210
Weber-Fechnersche Reizschwelle, 300

Wertewandel, 120
Willensbildungsprozess, politischer, 10, 96, 166, 178, 207

Z
Zeitinkonsistenz, 9, 28, 32, 93, 209, 293
Zusatzlast der Besteuerung, 46

Printed by Books on Demand, Germany